WALTHER
25 Jahre
GSP

WALTHER

Eine deutsche Legende

VERLAG WEISPFENNIG

THÜRINGEN ZELLA MEHLIS
WALTHER
ULM
047201
100 Jahre
WALTHER
047201
WALTHER

WALTHER

Eine deutsche Legende

MANFRED KERSTEN
Herausgeber: Wulf-H. Pflaumer · Franz Wonisch

von Herrn u. Frau Walter
am 4.3.1999 bekommen

Die Deutsche Bibliothek – CIP-Einheitsaufnahme

Walther – Eine deutsche Legende / Manfred Kersten.
Hrsg.: Wulf-H. Pflaumer; Franz Wonisch. –
Wuppertal: Weispfennig, 1997
ISBN 3-00-001356-3

NE: Kersten, Manfred; Pflaumer, Wulf-H. [Hrsg.]

1. Auflage 1997

Gestaltung und Satz: Weispfennig Werbeagentur GmbH
Druck und Weiterverarbeitung:
Greven & Bechtold GmbH, Hürth
Printed in Germany
ISBN 3-00-001356-3

Dieses Buch wurde auf chlorfreiem Papier gedruckt.

Wenn es einen Weg gibt, etwas besser zu machen, finde ich ihn.

Thomas Alva Edison

INHALT

Vorwort

Die Geschichte

Die Pistolen

Die Langwaffen

Sport

Anhang

VORWORT

Dr. Lothar Späth

Der Name WALTHER ist einer der großen in der deutschen Industriegeschichte. Er ist zum Inbegriff höchster Präzision, zuverlässiger Qualität und funktionsgerechter Form geworden, mithin aller Tugenden, die den Ruf »Made in Germany« in der Welt begründet haben. Wer heute eine Waffe von WALTHER in Händen hält, hat Teil an der reichen Erfahrung einer 110jährigen Tradition, der dieses Buch gewidmet ist.

WALTHER wäre aber kein so typisches Unternehmen, hätte es nicht alle Turbulenzen der neueren Geschichte Deutschlands durchgemacht, alle Höhen und Tiefen erlebt, einschließlich des Neuanfangs am Punkt Null nach 1945. Nur wenige wissen noch, daß der schwäbische Mittelständler WALTHER aus Ulm in Wahrheit ein »Ostunternehmen« ist. 1886 hatte Carl Wilhelm Walther in Zella St. Blasii im Thüringer Wald den Schritt in die Selbständigkeit gewagt. Sein Mut und sein Können haben den Namen WALTHER in wenigen Jahrzehnten zu weltweitem Ruhm verholfen und es dem Unternehmen ermöglicht, die Zeiten zu überdauern.

Wenn ich heute aus der mir eigenen schwäbisch-thüringischen Perspektive auf Deutschland schaue, so wünsche ich mir, daß ein Beispiel wie WALTHER wieder Schule macht. Nicht umsonst nennt man das ausgehende 19. Jahrhundert, auf das auch der Ursprung von WALTHER zurückgeht, die »Gründerzeit«. Kreative Erfinder, ambitionierte Handwerker und risikofreudige Kapitalgeber haben damals auf die Industrie gesetzt. Heute stehen wir vor einer neuen, der dritten industriellen Revolution. Doch die Tugenden, die man zum erfolgreichen Unternehmer braucht, sind keine anderen als die von Carl Wilhelm Walther, die seine Nachfolger bis in die Gegenwart lebendig gehalten haben.

Dem Leser wünsche ich nun einen spannenden und anschaulichen Streifzug durch die Geschichte der WALTHER-Werke von der guten alten Zeit bis zur Gegenwart und vielleicht auch einige inspirierende Gedanken zum Thema »Wenn es einen Weg gibt, etwas besser zu machen, finde ihn!«. Der Firma WALTHER kann man eigentlich nur eines wünschen: Die Fortsetzung ihrer 110jährigen Erfolgsgeschichte unter eben diesem, nie veraltendem Motto.

Dr. Lothar Späth
Ministerpräsident von Baden-Württemberg a.D.
Vorsitzender des Vorstandes JENAOPTIK AG Jena

VORWORT DER HERAUSGEBER

Wulf-H. Pflaumer

Franz Wonisch

Bis heute prägten 110 Jahre Weltgeschichte die Entwicklung der Firma WALTHER. Die ereignisreiche Historie seit 1886 und die legendären WALTHER-Waffen haben global große Beachtung gefunden. Zahllose Anfragen, die im Laufe der Jahre bei uns eingegangen sind, bestätigen das eindrucksvoll.

Um diesem überaus großen Interesse gerecht zu werden, entschlossen wir uns, den vielen Waffen-Liebhabern und -Sammlern mit der vorliegenden Chronik Einblicke in unsere Firmengeschichte und Produktpalette zu geben. Hier findet die große Tradition des Hauses WALTHER zum erstenmal eine umfassende Würdigung. Sie bedeutet Verpflichtung und Ansporn zugleich für unsere wichtigste Aufgabe: Das Unternehmen erfolgreich in das nächste Jahrtausend zu führen, damit der Name WALTHER auch in Zukunft die Anerkennung genießt, die ihn bis heute auszeichnet.

Die Herausgeber

Wulf-H. Pflaumer *Franz Wonisch*

Die Geschichte

Zella-Mehlis heute: Blick von der Fritz-Walther-Villa auf die Stadt. Rechts unten der heutige Marktplatz, der seit Ende 1945 »Karl Marx-Platz« hieß. Der früher einfach »Zellaer Markt« genannte Platz erhielt 1936 von der Stadt die Ehrenbezeichnung »Carl-Walther-Platz«. (Charlotte Bohn)

»IM GRÜNEN HERZEN DEUTSCHLANDS...«,

so steht es in der Festschrift zum 50jährigen Bestehen der Firma Walther zu lesen, liegt in Thüringen das Städtchen Zella-Mehlis. Das weiß heute jeder, der sich auch nur entfernt mit der Waffengeschichte beschäftigt. Eingerahmt vom Sternberg, dem Spitzen Berg, Böhmer Berg, Regenberg und Ruppberg wuchs der Ort heran. Bereits im Jahre 841, während der Regierungszeit von Karl dem Großen, wird »Mehlis« – damals noch »Meles« – anläßlich einer Grenzbeschreibung zwischen Franken und Thüringen (Sachsen) erwähnt. »Zella«, oder zumindest Vorläufer dieses Ortes, existierten zu dieser Zeit noch nicht. Erst im Jahre 1112, als der Würzburger Bischof über das Stammkloster Reinhardsbrunn die Gründung des Oratoriums »Celle Sankti Blasii« veranlaßte, erschienen in den Annalen die ersten Hinweise. Und diese »Blasien*zelle*« des Stammklosters sollte sich zu »Zella« entwickeln.

Zwei wichtige Kriterien sicherten den Bestand beider Ortschaften: die zentrale geographische Lage für den Handel, verbunden mit der Holzverarbeitung, Viehhaltung und Köhlerei und der Abbau von Eisenerzen, Silber und Gold, sowie deren Verarbeitung. Kein Wunder also, daß bereits Anno 1357 in Mehlis ein Eisenhammer seine Arbeit verrichtete, just zu dem Zeitpunkt, an dem die beiden Orte dem Wettinischen Besitz einverleibt wurden.

Etablierte sich ein Handwerk erst einmal in einer gewissen Region, so blieb es meistens auch dort, selbst wenn sich der Weg dieser Kunst immer mehr verzweigte.

Dröhnend verrichteten die Schmiedehämmer in den Waffen-Metropolen der Welt ihr Tagewerk. (Service K)

Im Talkessel ging es also weiter mit der Waffenherstellung, als das Pulver und die Donnerbüchse, sowie das Stand-, Hand- und Faustrohr erfunden wurden, die allesamt Stein- oder Eisenkugeln verschossen. Denn für diese Geräte benötigten die Handwerksleute Eisen und Holz, was reichlich vorhanden war. Das Pulver kam aus anderen Regionen. Gründungen von Pulverfabriken verzeichnen die Geschichtsbücher um 1340 in Augsburg, 1344 in Spandau und 1348 in Liegnitz.

Eine neue Ära brach an, und das Scheppern der Rüstungen, das Klingen der Blankwaffen und das Surren der Pfeile und Bolzen traten in den Hintergrund. Nun krachte und dröhnte es überall, und die Erfindungen auf dem Gebiet der Feuerwaffen überschlugen sich. Auch noch um 1420 gehörten Schmutz und Schweiß zum äußeren Erscheinungsbild der Gewerker, als die Schmiedehämmer »beim Dorff zu Sull und Melß« ihr Tagewerk verrichteten. In der gesamten Region, so zum Beispiel am Damberg bei Suhl oder in den Roteisen Steingruben bei Zella, förderten die Bergleute weiterhin das Erz. In rußverschmierten Hütten und kleinen Steinhäusern ging es darum, das Geschenk der Natur in Eisen besonderer Güte zu verwandeln. Neben zivilen Gerätschaften gehörten besonders Gegenstände zur »Waff und Wehr« zu den begehrtesten Produkten. Und so gesellten sich zu den bereits etablierten Harnischmachern, Panznern, Plattnern und Waffenschmieden neue Berufszweige, wie die Büchsenmacher, mitsamt den Schäftern und Rohrschmieden. Geräte für die Jagd, aber auch für die scheinbar immerwährenden kriegerischen Auseinandersetzungen, fanden reißenden Absatz. Profan ausgedrückt: Wenn es irgendwo in der Welt galt, mit Gewalt gegeneinander vorzugehen, dann klingelten die Münzen in den Schatullen, Kisten und Beuteln der Waffenspezialisten.

Um 1517 erfand ein Nürnberger Uhrmacher das Radschloß. Drei Jahrzehnte später führte Frankreich für Reiter und Mineure den Karabiner ein, während gleichzeitig ein Münchener den Doppelabzug baute und in Spanien das Schnapphahnschoß aufkam. Alle diese Neuerungen gelangten auf verschlungenen Wegen auch nach Thüringen. Um das Jahr 1535 gehörte Mehlis bei der Erzgewinnung und Eisenverarbeitung zu den erfolgreichsten Orten. Roheisen, Eisenwaren und Waffen fanden über den Handelsknotenpunkt Erfurt ihren Weg nach Holland, dem damaligen Tor zur überseeischen Welt. Bis etwa 1563 bestanden die Waffenlieferungen aus Hellebarden, Spießen, Schwertern, Armbrüsten, Harnischen und »Stäben«, wie damals die Läufe für Pulverwaffen hießen. Und just im diesem Jahr fanden sich am 22. Januar in der Grafschaft Henneberg die Schlosser, Winden-, Sporen- und Büchsenmacher zusammen. Bereits hier gehörte der Name Walther zu den Waffen- und Hufschmieden. Zwar ist der Name belegt, doch es handelte sich wohl nicht um die Linie unserer Familie Walther. Die Ausbeute der genannten Zusammenkunft gipfelte in einem Handwerksprivileg, abgesegnet für den hennebergischen Teil von Mehlis durch Graf Georg Ernst von Henneberg. Zwei Monate später folgte der sächsische Teil durch die Akribie des Gemeindeschreibers Johann Siegfried.

Der Büchsenschäffter.

Die Eysern Rohr kan ich eynfaßn/
In Hültzen Schäfft / künstlicher maßn/
Mit verschrottem werck / sauber rein/
Mit eingelegtem Helffenbein/
Kurtz vnde lang / klein vnde groß/
Die man führet zu Fuß vnd Roß/
Wohin reyset ein ehrlich Mann/
Sich der Räuber auffhalten kan.

Zu jener Zeit knallte es schon ganz gehörig im Talkessel, denn die Herstellung von »Büxen-Rohren« nahm immer mehr Raum ein – und damit auch die Schäden. Zeitgenössische Gemeinderechnungen weisen auf der Ausgabenseite ständig wachsende Reparaturkosten am Schießgebäude und für zerschossene Fensterscheiben in der Nachbarschaft aus. Viel Energie stand zum damaligen Zeitpunkt allerdings noch nicht zur Verfügung. Auf 50 Meter Entfernung fügte eine Kugel dem Harnisch gerade mal eine Delle zu, während Pfeile der Winden-Armbrust eine solche Panzerung durchschlugen. 1579 erhielt die Rohrschmiede-Innung in Suhl, der zehn Rohrschmiede und 48 Gesellen angehörten, ihren ersten Zunftbrief. 1593, als das gemeinsame Schaffen der einzelnen Betriebe dazu führte, auch über die Grenzen des eigenen Ortes zu blicken, entwickelte sich ein erheblicher Streit zwischen Suhl, Zella und Mehlis. Nach einer zufriedenstellenden Einigung für alle Parteien, die zur Anerkennung der Artikel von 1563 führte, traten schließlich Zella und Mehlis der Suhler Innung bei. Aber im Jahre 1605 flackerten die Auseinandersetzungen zwischen den Städten erneut auf. Nun erhielten die in Zella und Mehlis ansässigen Laufmacher ein eigenes Innungs-Privileg. 1615 folgte dann die Aufwertung der »Blasienzelle« zum Flecken mit eigenem Marktrecht, was den Handel wesentlich erleichterte.

Während die bisher gefertigten Waffen nur weit entfernt von Thüringen ihr blutiges Werk verrichteten, sollten auch die Zellaer und Mehliser in der Folgezeit am eigenen Leib die Wirkung von gewaltsamer Konfliktaustragung erfahren. Mit dem Jahr 1618 begann der Dreißigjährige Krieg. Zwar zählten die Gefechte im ersten Jahrzehnt noch als eine äußerst willkommene Einnahmequelle, als aber im Oktober 1634 der Kroatengeneral Isolani über das Land herfiel, dachten die Bewohner der thüringischen Ortschaften bald ganz anders darüber. Bereits 1624 ließen die Bergleute ihre Erzstollen in und um Zella-Mehlis auf und deckten den Bedarf durch Lieferungen aus Saalfeld und Westfalen, aber auch durch den Abbau im nahegelegenen Schmalkalden, der übrigens erst im Jahre 1990 endete.

Die zähesten Streitigkeiten finden bekanntlich zwischen Verwandten oder aber Nachbarn statt, und das in besonderem Maße, wenn es sich um Konkurrenten handelt. Vielleicht lag es an der Suhler Dominanz, denn 1629 wollten die Zellaer Büchsenmacher ihre Unabhängigkeit, die sie auch tatsächlich als »Ehrbare Gesellschaft des Büchsenmacher-, Schlosser-, Sporer-, Uhr- und Windenmacherhandwerks« erhielten. Nach den »Haken«, »Hakenbüchsen« und »Luntenmusketen« begann nach 1630 die Entwicklung von Waffen modernerer Bauart. Aus dem spanischen Schnapphahnschloß ging in Frankreich die Steinschloßmuskete hervor und löste langsam alle bisher gebräuchlichen Zündmechanismen ab. Nahezu gleichzeitig tauchte das Bajonett auf, und diese beiden Geräte sollten für die nächsten 200 Jahre das Bild der Infanterie bestimmen.

In Mehlis arbeiteten um 1642, dem Jahr, an dem die Orte an Sachsen-Gotha und Sachsen-Weimar fielen, nicht nur 106 Büchsenmacher, sondern es existierten bereits zwei Gewehrfabriken und zehn Hammerbetriebe, sowie ein eigener Schmelzofen.

Des einen Leid, des anderen Freud: Sowohl der Dreißigjährige Krieg als auch die drei Schlesienkriege im 18. Jahrhundert, ausgelöst von Preußens großem Friedrich, füllten die Kassen wieder. Das Gewicht der Muskete verringerte sich, und 1730 führte Leopold von Dessau den eisernen Ladestock ein. Gleichzeitig tauchten zur Schulter hin angewinkelte Gewehrschäfte auf. Piken und Rüstungen besaßen nun keinen Verwendungszweck mehr, und 1704 gehörten zum Beispiel in England die Pikenträger bereits der Vergangenheit an. Der Musketier mit seinen 30 bis 40 Papierpatronen im Kartuschkasten, seiner Steinschloßflinte und dem Bajonett darauf, übernahm nun seinen Part als Hauptträger und Hauptleidtragender des Schlachtgeschehens.

Diese Entwicklung bescherte den Thüringern wieder reichlich Arbeit und Vermögen. Eine sorgsam geführte und gepflegte Bürokratie brachte eine genaue Buchführung mit sich, die später in den Jahrbüchern ihren Niederschlag fand. So überliefert die Zellaer Chronik allein zwischen 1791 und 1794 den Beschuß von über 14 000 Flintenläufen. 126 000 Musketen und Gewehre fanden von 1795 bis 1811 ihre Abnehmer. Pistolen, Stand- und Pürschbüchsen kamen noch dazu. Alle Läufe dieser Waffen entstanden lediglich mit zwei Rohrhämmern, bedient durch vier Rohrschmiede und tatsächlich nur einem Rohrschleifer. 79 Büchsenmachermeister, unterstützt durch neun Gesellen, drei Lehrlinge, sechs Stecher und 25 Schäfter stellten dann die kompletten Waffen fertig. Aber auch noch jeweils zwei Graveure und Bajonettmacher sorgten dafür, daß den zehn ortsansässigen Waffenhändlern nie die Ware ausging.

Mit dem 19. Jahrhundert kamen tiefgreifende Veränderungen. In der Bewaffnung löste das Zündhütchen den Feuerstein schrittweise ab, und die Büchsenmacher experimentierten mit gezogenen Läufen und konischen Geschossen. Bis 1845 führten nahezu alle europäischen Heere

Ein Musketier mit Luntenschloßarkebuse. Das Bild stammt aus dem berühmten »Handbuch für Feuerwaffen« von Jacques de Gheyn aus dem Jahre 1607.

nur noch Waffen der neuen Art ein. Politisch brachte das Ende der napoleonischen Kriege auch einen Wechsel in den Herrschaftsverhältnissen: Am 22. Mai 1815 mußte der König von Sachsen einen Teil seines Landes, zu dem auch die Grafschaft Henneberg gehörte, an Preußen abtreten.

Ab 1851 stagnierte der Absatz, denn schließlich herrschte Frieden, und die Heere benötigten keine neuen Waffen mehr. In den Werkstätten ging es trotzdem weiter, wenn auch nicht mehr in den Dimensionen der vergangenen Jahre. Der scheinbare Leerlauf brachte jedoch auch Vorteile. Die nun gewonnene Zeit investierten die Waffenbauer in den konstruktiven, feinwerklichen und künstlerischen Part der Waffenfabrikation. Es entstanden Waffen, die heute größtenteils nur noch in Museen zu bewundern sind und deren handwerkliche Arbeit ihresgleichen sucht.

DER WALTHER-CLAN: NAMEN UND BEGEGNUNGEN

Neben den großen Geschichtsläufen bis zu diesem Zeitpunkt sind es aber die kleinen, nebensächlich erscheinenden Begebenheiten, die unser Interesse erregen. So zum Beispiel die familiären Verhältnisse eines gewissen Carl Walther. Die Wurzeln dieses Mannes liegen im 18. und 19. Jahrhundert, einer Zeit des Umbruchs: der Epoche der Aufklärung, des aufsteigenden Bürgertums und der beginnenden Industrialisierung.

Es wird um 1740 gewesen sein, als der Name des evangelischen Johann Georg Walther in irgendwelchen Verzeichnissen des geschichtsträchtigen Rudolstadt auftauchte. Vielleicht ist ihm sogar Friedrich Schiller persönlich begegnet, denn dessen »Rudolstädter Sommer« von 1788 ging in die Literaturgeschichte ein. Hier lernte der Dichter seine spätere Ehefrau Charlotte kennen und traf erstmals Goethe. Die damals in der Stadt angesiedelte Glockengießerei mag ihn vielleicht zu seinem berühmten »Lied von der Glocke« inspiriert haben. Wie dem auch sei: Während Schillers Nachlaß Wort für Wort der Welt erhalten blieb, gelten Dokumente zu Johann Walther als verschollen, so daß über diesen Mann wenig bekannt ist. Jedenfalls wurde ihm am 11. Juni 1764 ein Sohn geboren, der den Namen Johann Christian Friedrich erhielt. Dieser ehelichte am 19. Januar 1790 Johanna Auguste Barbara Urlauber aus Rudolstadt. Im Jahre 1800 siedelte er nach Creuzburg an der Werra über, um dort seinen Dienst im dortigen Justizamt anzutreten. Er starb am 3. Juni 1824. Einer seiner Söhne war Heinrich Bernhard, der am 4. November 1801 das Licht der Welt erblickt hatte und im Jahre 1823 die Gerichtsboten-Meister-

Die Silhouette zeigt den am 30. November 1691 geborenen Büchsenmacher und Oberzeugmeister des Kasseler Zeughauses, Matthias Conrad Pistor. Er ist der Vorfahre und Stammvater einer ruhmreichen Büchsenmacher-Generation. Aufgrund seiner besonderen Leistungen erhielt er das Privileg zur Gründung einer Gewehrfabrik und verlegte seinen Wirkungskreis später in das Schmalkaldener Gebiet in Thüringen, wo seine Nachkommen das Büchsenmacherhandwerk fortführten.
Welche Bedeutung dieser Waffenwerkstätte damals beigemessen wurde, geht aus einem Brief Goethes vom 12. September 1780 an Charlotte von Stein hervor, aus dem ersichtlich ist, daß in den ersten Tagen des Monats September 1780 diesem Unternehmen, von Herzog Carl August von Weimar und Goethe selbst, ein Besuch abgestattet wurde.

August Theodor Albert Walther
**** 10. November 1827***
† 17. Mai 1903
(Charlotte Bohn)

Rosalia Wilhelmine Amalia Pistor
**** 30. Juli 1835***
† 22. Februar 1889
(Charlotte Bohn)

Auf dem Katzenbuckel Nummer 2 richteten sich Rosalia und August Walther ein. Später würde dieses Haus ihrem Sohn Carl gehören. Der hintere Anbau stammt aus späterer Zeit.
(Charlotte Bohn)

stelle in Zella St. Blasii übernahm. Am 17. Juli 1825 heiratete er die aus dem Ort stammende Marie Henriette Bodenschatz.

Bisher hatten die Walthers nichts mit der Waffenherstellung im Sinn gehabt. Das sollte sich drastisch ändern, denn bei der familiären

ZELLA-MEHLIS FERTIGUNGEN VON 1886–1890

Jahr	Büchsen	Jagdgewehre	Teschings	Terzerole	Revolver	Pistolen	Insgesamt
1886	1380	334	9 117	125 675	35 474	14 960	186 940
1887	2018	483	8 736	119 722	41 219	15 311	197 489
1888	1999	482	11 287	135 618	44 985	17 863	212 234
1889	2307	544	12 635	104 860	51 039	19 910	191 295
1890	2388	738	14 363	131 947	52 738	24 898	227 072

Bindung an die Familie Bodenschatz gehörte ein hohes Maß an Waffenpraxis zur Mitgift. Drei Jahre nach der Hochzeit, am 10. November 1827, kam als zweites Kind August Theodor Albert zur Welt. Er erlernte das Handwerk des Gelb- und Weißgießers beim Meister Ernst Ludwig Barthelmes. Nach vierjähriger Lehre trat er für drei Jahre bei einer Metallgießerei in Schmalkalden als Former- und Gießergehilfe ein. Anschließend wanderte er nach Amerika aus, wobei die Überfahrt mit dem Segelschiff fünf Monate und 17 Tage dauerte. Nach zwei Jahren kehrte er zurück, arbeitete wiederum in Schmalkalden und ehelichte am 21. Februar 1858 die am 30. Juli 1835 geborene Rosalie Wilhelmine Amalie Pistor. Sie war die Tochter des Fabrikbesitzers Wilhelm Pistor, der ebenfalls aus einer langen Reihe von Büchsenmachern und Waffenhandwerkern stammte. Aus der Verbindung von Rosalia und August Walther ging am 22. November 1858 in Zella St. Blasii als erster von drei Söhnen Carl Wilhelm Freund hervor.

Diese Büchse wurde zwischen 1740 und 1780 von Rosalia Walthers Urgroßvater Thomas Wilhelm Pistor in Schmalkalden hergestellt. Heute befindet sie sich in der hauseigenen Walther-Sammlung. *(M. Kersten)*

Nach seiner Ausbildung diente Carl Walther in der Zweiten Kompanie des Thüringischen Infanterie-Regiments Nr. 95 in Gotha. *(Charlotte Bohn)*

CARL WILHELM FREUND WALTHER, ZELLA-MEHLIS

Der spätere Begründer der Walther-Dynastie wuchs zwischen Waffen auf und trat nach seiner Schulentlassung Ostern 1873 beim Büchsenmacher Willibald Barthelmes in die Lehre. Im Anschluß an seine dreijährige Ausbildung und den Besuch der Gewerbeschule erhielt er den ersehnten Gesellenbrief. Noch vier Jahre unterstützte er seinen Lehrmeister und rückte dann als Soldat bei der Zweiten Kompanie des Thüringischen Infanterie-Regiments Nr. 95 in Gotha ein. Nach seiner Entlassung kehrte er für einige Zeit zu seinem alten Meister zurück und nahm schließlich einen Posten als Gehilfe beim Büchsenmacher Albin Schneider an. Hier bestand wohl ein ideales Arbeitsverhältnis, in welchem Meister und Geselle mit gleichen Kräften, sowie gleicher Geschicklichkeit und Akribie ihre Erzeugnisse herstellten, die schnell bei den Abnehmern gesucht und geschätzt wurden.

Trotzdem verließ Carl Walther nach zwei Jahren seinen Chef und Freund Albin, um sich in mechanischen Betrieben größere Kenntnisse und Fertigkeiten anzueignen. Sein Weg führte in die Werkstatt von Andreas Jopp in Mehlis, der sich in der Ritze-Fabrik von Emil Barthelmes niedergelassen hatte. Hier stand hauptsächlich die Fertigung von Büchsen mit Mauser-System auf dem Programm. Nach einem Jahr konnte der Meister ihm keine weiteren Fertigkeiten mehr vermitteln. Der nun 28jährige Carl Walther wagte im Herbst 1886 den Schritt in die Selbständigkeit. In seinem geerbten Haus, auf dem »Katzenbuckel Nummer 2« in Zella St. Blasii, richtete er eine Werkstatt ein. Neben dem üblichen Kleinwerkzeug für das Büchsenmacherhandwerk standen ihm zunächst lediglich ein Schraub-

Bescheidene Anfänge: Wenige Gerätschaften, eine kleine Feldschmiede und sein fester Wille waren die Grundsteine zu einer Firma, die Weltruf erlangen sollte.

(Mit freundlicher Genehmigung: Elisabeth Krämer, Waffenmuseum Suhl).

Minna Georgine Walther, geb. Pickert
** 14. März 1864 in Mehlis*
† 3. Mai 1935 in Arnstadt

(Foto: M. Kersten)

Carl Wilhelm Freund Walther
** 22. November 1858 in Zella St. Blasii*
† 9. Juli 1915 in Jena

(Foto: M. Kersten)

Die Familie Carl Walther mit ihren fünf Söhnen. Von links: Georg, Erich, Mutter Minna, Lothar, Willy, Chef Carl und sein Sohn Fritz. (Charlotte Bohn)

stock, eine kleine Feldschmiede und eine von der Maschinenfabrik Konrad Thorwirth aus Schwarza stammende Drehbank mit Fußbetrieb zur Verfügung. Es ging gut voran, und Carl Walther stellte zunächst einen, kurze Zeit später dann den zweiten Lehrling und weiterhin einen Gehilfen ein. Neben seiner Arbeit dachte er aber auch an die Gründung einer Familie. Am 14. April 1888 ehelichte er die am 14. März 1864 geborene Minna Georgine Pickert, die Tochter des bekannten Revolver-Herstellers Christian Friedrich Pickert aus Großfahner bei Gotha, der seine Produkte unter dem einprägsamen Namen »Arminius« auf den Markt brachte.

Mutter Minna sorgte dafür, daß die Freizeit nicht zu kurz kam. Sie schickte ihre Söhne zum Tanzunterricht. (Service K)

Zunächst stellte die aufstrebende Firma Walther ausschließlich Scheibengewehre mit dem damals favorisierten Martini-System her. Später folgten Waffen mit dem Aydt-System. Eine vernünftige und ertragsteigernde Arbeit aber gestaltete sich in den engen Räumen ziemlich schwierig. So investierte Carl Walther in die Zukunft, die für den Ort Mehlis bereits 1894 mit der Verleihung der Stadtrechte begann. 1903 wuchs auf dem Katzenbuckel ein dreistöckiger Anbau empor, und bald besaß Carl Walther auch genügend Geld zur Anschaffung einer eigenen Dieselkraftanlage, die er im Erdgeschoß installierte.

Zum Stolz der Walthers zählten die fünf Söhne, die nach alter Familiensitte Doppelnamen erhielten: Fritz August (geboren am 24. März 1889), Georg Carl (16. März 1890), Willy Alfred (2. Juli 1891), Erich Hans (4. November 1895) und der am 3. Mai 1899 letztgeborene Carl Lothar. Schon vor ihrer Schulentlassung wurden sie zu kleineren Arbeiten herangezogen und durften ihr Können an der schweren Drehbank messen. Sohn Fritz kannte sich deshalb schon sehr früh in der Werkstatt genau aus. Und so absolvierte er als erster Sohn bei seinem Vater eine strenge Lehrzeit. Es blieb ihm nichts erspart, und bald hatte er sich an die dauerhafte, harte Arbeit gewöhnt. In seine Fußstapfen traten später auch die Brüder Georg und Willy.

Für einen gewissen Ausgleich sorgte jedoch die Mutter, indem sie u.a. ihren Fritz zum Tanzunterricht schickte. Dort lernte er Gertrud Martha Schmidt, die Tochter des Drechslermeisters Emil Schmidt und dessen Frau Helene näher kennen, die fortan – nicht nur als Tanzstundenpartnerin – seinen Lebensweg begleiten würde.

Mit der Note »sehr gut« legte Fritz Walther am 6. April 1906 vor dem Prüfungsausschuß der Büchsenmacher-, Schlosser-, Kurzwarenarbeiter- und Gelbgießer-Innung zu Zella St. Blasii seine Gesellenprüfung ab. Natürlich widmete er seine Arbeitskraft weiterhin dem väterlichen Betrieb, doch seinem erwachenden Unternehmergeist reichte die eingefahrene Produktionsrichtung nicht mehr aus. So sagte er kurz nach seiner Prüfung zum Firmenchef: »Vater, es ist wohl besser, wenn einer von uns sich mal ein wenig in der Welt umsieht.« Carl Walther gab dem Wunsch seines Sohnes statt, denn die Auftragslage war momentan ohnehin nicht gut, und ernsthafte Krisen zeichneten sich ab.

Lehrbrief

Der [illegible] Geselle

Fritz Walther

geboren am 24. März 1889 zu Zella hat,
nachdem derselbe seine [illegible] jährige Lehrzeit bei dem
Herrn Carl Walther
zu Zella vollendet, seine Prüfung vor dem unterzeichneten Prüfungsausschuss der [illegible]-Innung
zu Zella St.-Blasii abgelegt. Das Gesellenstück, bestehend
in [illegible]
wurde für [illegible] befunden und der Prüfling als Geselle aufgenommen.

Zu Urkund dessen ist dieser Lehrbrief an den Prüfling ausgehändigt worden.

Zella St.-Blasii, den [illegible]

Der Prüfungsausschuss der Büchsenmacher-, Schlosser-, Kurzwarenarbeiter- u. Gelbgiesser-Innung zu Zella St.-Blasii

[illegible] Vorsitzender. [illegible] Beisitzer. [illegible] Gesellenbeisitzer.

Carl Walther

Mit 17 Jahren und etwas weichen Knien stand Fritz Walther am 6. April 1906 vor dem Prüfungsausschuß der Büchsenmacher-Innung in Zella St. Blasii. Seine Nervosität war unbegründet. Mit einem »sehr gut« bestand er seine Gesellenprüfung. (Firma Walther)

Fritz Walther ging nach Berlin und fand als Werkzeugmacher Arbeit in der großen Firma Loewe & Co. Es gab nur wenig Lohn, und so schickte ihm eines Tages sein Bruder Georg aus Zella St. Blasii einige Pistolen. Sie stammten aus der Konkursmasse einer in Zahlungsschwierigkeiten geratenen Firma. Diese sollte Fritz nun verkaufen, um etwas mehr Geld zur Verfügung zu haben. Fritz sah sich die Waffen an, und als er sie in der Hand wog, kam dem Praktiker ein Gedanke, der entscheidend für die spätere Entwicklung der Walther-Werke werden sollte. Er verkaufte die Waffen nicht, sondern nahm sie Abend für Abend nach seiner regulären Arbeit auseinander. Diese Basteleien waren der Anfang des späteren kometenhaften Aufstiegs der Firma Walther. Denn von Berlin aus konnte er seinen Vater zu einer das übliche Scheibenwaffenprogramm ergänzenden Pistolenfertigung überreden. Bald liefen in Zella-Mehlis die ersten Vorbereitungen, und Fritz Walther kehrte nach zwei Jahren in seine Heimatstadt zurück, um die projektierte Pistolenfabrikation zügig voranzutreiben.

1908 standen in seinem elterlichen Betrieb bereits 15 Mitarbeiter in Lohn und Brot, mit denen sich die Serienfertigung eines neuen Pistolentyps gut bewerkstelligen ließ. So startete das Familienoberhaupt Carl Walther mit der ersten 6,35 mm Pistole. Mit den damals üblichen Phantasiebezeichnungen hatte er wenig im Sinn, und so nannte er sie schlicht und einfach »Modell 1«. Aber wie vielen damaligen Schrittmachern des mittelständischen Übergangs vom handwerklichen zum industriellen Betrieb lag auch Carl Walther das Fabrikantentum nicht sonderlich. Er hielt sich lieber in der Werkstatt auf und tüftelte an neuen Konstruktionen, unterstützt durch seine Söhne, unter denen sich nach wie vor der jetzt 19jährige Fritz hervortat.

Das Fabrikantentum lag Carl Walther nicht sonderlich. Er tüftelte lieber in der Werkstatt. Der Chef, hier bei einer kurzen Pause vor der Haustür. Im Fenster schaut Lothar dem Treiben zu. *(Charlotte Bohn)*

Um es vorweg zu nehmen: Die ersten drei Söhne setzten die Büchsenmacher-Tradition fort, während sich Hans Erich dem kaufmännischen Sektor zuwendete und Carl Lothar die Werkzeugmacherkunst wählte. Da alle zunächst im elterlichen Betrieb blieben, deckten sie so die berufsbezogenen Sparten für eine effektive Firmengestaltung und -fertigung ab.

Schon 1909 folgte das Modell 2, ebenfalls im Kaliber 6,35 mm. Abermals nach einem Jahr kam Walther mit den Modellen 3 und 4 heraus. Die letztgenannte Pistole entwickelte sich zu einem Verkaufserfolg. Drei Jahre später folgte das Modell 5, eine Neuauflage des Modells 2.

Auch private Freuden standen ins Haus. Ostern 1912 feierten Fritz Walther und Gertrud Schmidt stille Verlobung, wobei nur Mutter Schmidt und Carl Walther als Gäste zugegen waren. Minna Walther mußte zu diesem Zeitpunkt in einer Magdeburger Klinik eine Operation über sich ergehen lassen. Und ihre Freude war groß, als sich am nächsten Tag das frische Verlobungspaar bei ihr einfand. Am 18. Januar 1913 ehelichte dann Fritz seine Gertrud, und am 25. Juni 1913 kam als erster Sohn Gerhard Carl Emil zur Welt. Am 9. Juni 1914 folgte Anneliese Helene Minna und am 27. März 1916 Charlotte Paula Erika. Zuletzt wurde Karl-Heinz am 3. November 1923 in Erfurt geboren.

Im Jahre 1908 bot Carl Walther der Kundschaft seine erste Pistole an. Phantasiebezeichnungen behagten ihm wenig, so nannte er die Waffe einfach Modell 1. *(M. Kersten)*

Die Walther-Schleife war eigentlich ein Banner. (M. Kersten)

Die Banner-Schleife

Während sich bis dato die Konstrukteure in der Waffenbranche lediglich mit der schriftlichen Kennzeichnung der Produkte begnügten, ging der Trend immer mehr zu einer deutlichen, auf den ersten Blick erkennbaren Markierung über. Logos entstanden, die Markenzeichen und Werbeträger zugleich waren. Walther zog mit. Wie man heute in Zella-Mehlis noch zu berichten weiß, zeigten sich andere Fabrikanten, die ebenfalls Schleifen, Banner oder ähnliche Gebilde verwendeten, nicht sonderlich erbaut von Walthers Idee. So mußte der Firmenchef manche Mark zum Gericht tragen, um sein Zeichen durchsetzen zu können. Banner oder Schleife? Das ist die Frage, wenn man sich das Markenzeichen näher ansieht. Tatsächlich hat die Form des Firmenemblems absolut nichts mit einer Schleife zu tun. Vielmehr ist hier die stilisierte Form einer Fahne – oder eben Banners – abgebildet, welche an einem imaginären Mast, Stock oder einer Lanze flattert. Und genau in dieser schräg liegenden, wenig geschwungenen Form wurde das Walther-Zeichen am 8. Oktober 1912 angemeldet und in die Warenzeichenrolle des Reichspatentamtes eingetragen. Im Warenzeichenblatt erschien es unter dem Schutzdatum 12. November 1912. Nach dieser Vorgabe entstand der Stempel. Nur: in der vorgesehenen Form war er nicht zu verwenden. Der Raum auf der Verschlußstückseite war einfach zu gering. Zwar versuchte Walther bei den ersten Stempelungen, den Mißgriff zu kaschieren, indem die Anschrift etwas nach oben verlagert wurde, aber vom

Das Walther-Banner. Erstanmeldung 8. Oktober 1912. (Karl Schäfer)

Gesamtbild her machte das einen wenig schönen Eindruck. So wurde zunächst einmal der Stempel beim Einschlagen etwas gekippt, wodurch die allgemein bekannte querliegende Form entstand. Jetzt paßte er, aber nun stand der Schriftzug »Walther« schräg. Also mußte ein neuer Stempel mit einem aktualisierten Banner her. Das Markenzeichen hatte damit seine endgültige Form erreicht. Erst am 8. Mai 1925 wurde diese Form in die Zeichenrollen des Patentamtes eingetragen. Und der alte Stempel? Er blieb erhalten und kam in Zeiten, wo es in der Fertigung hoch herging, gelegentlich zur Anwendung. So geschehen bei fast allen späteren Modellen.
Seltsamerweise hat sich die Bezeichnung »Walther-Schleife« in der Waffengeschichte etabliert, und so soll es auch bleiben. Aber ob Banner oder Schleife: der Name »Walther« ist dabei wichtig. Das »CW im Oval« – die Initialen von Carl Walther –, die sich in der Regel auf den Griffschalen befanden, sowie der Schriftzug »WALTHER«, wurden übrigens schon am 16. und 21. April 1917 geschützt.

Am 18. Januar 1913 heiratete Fritz Walther seine Tanzstundenliebe Gertrud Schmidt. (Service K)

Fabrikanten und Händler aus der Region um Zella-Mehlis:

Adler Waffen- und Metallwarenfabrik
Anschütz I. G. Germania-Waffenwerke
Anschütz, Richard Gewehrfabrik
Anschütz, Udo Gewehrfabrik
Anschütz, Curt Waffenreparaturen
Anschütz, Curt Waffenfabrik
Anschütz, Erdmann Waffenfabrik
Anschütz, Bruno Waffenfabrik
Ansorg, C. K. Waffenfabrik
Bader & Sohn Waffenfabrik
Bader, Richard & Otto Eck Gewehrschaft-Großhandlung
Barthelmes, Engelhardt Waffenfabrik
Barthelmes, Emil Gewehrfabrik
Bohling & Eschrich Gewehrfabrik
Bolte & Anschütz Waffenfabrik
Büchel, Ernst Friedrich Waffenfabrik
Büchel, August & Söhne Gewehrfabrik
Böhmer, Hermann Gewehrfabrik
Catterfeldt, Ludwig Gewehrfabrik
Deneke & Co. Waffenfabrik
Dill & Co. Waffenproduktion
Fährmann, Georg Waffenfabrikation
Helftricht & Fischer Gewehrfabrik
Helftricht, Traugott Gewehrfabrik
Helftricht, Gebrüder Gewehrfabrik
Hiller, Albert Gewehrfabrik
Hubing, Gustav Gewehrfabrik
Jaeger, Wilhelm Richard Gewehrlauffabrik
Kirchner, Oskar Waffenfabrik
Kommer, Theodor Waffenfabrik
Krausser Waffenfabrik
König, Albin Waffenhandel
König, Heinrich Gewehrfabrikation
König, Willi Waffenfabrikation
Langenhan, Emil Gewehrfabrik
Langenhahn, Fritz Gewehr- u. Fahrradfabrik
Langenhahn, Friedrich Waffenfabrik
Lepper, Max Gewehrfabrik
Manteuffel & Co. Gewehrfabrik
Marr, Friedrich Gewehrfabrik
Merkel, Franz Gewehrfabrik
Metzner, Max Gewehrfabrik
Meyer, Gustav & Sohn Waffenfabrikation
Moritz, Wilhelm Waffenfabrikation
Moritz & Gerstenberger Waffenfabrik
Möller, Max Gewehrfabrik
Nordheim, Gotthilf Gewehrfabrik
Nordheim, Emil Waffenfabrikation
Oehring, Otto Gewehrschäfterei
Otto, Richard Waffenfabrik
Paatz, Bernhardt Waffenfabrik
Pfestdorf, Karl Waffenfabrik
Pickert, Friedrich Waffenfabrik
Rasch, Otto Büchsenmacher u. Reparatur
Reuß, Ferdinand Waffenfabrikation
Roth, Otto Waffen- u. Reparaturwerkstatt
Rätzel, Gustav Gewehrfabrik
Schmidt, Franz & Herbert Waffenfabrik
Schmidt, Franz Waffenfabrikation
Schneider, Max Gewehrfabrik
Schneider, Ernst Hugo Gewehrfabrik
Schneider, Gustav Gewehrfabrik
Schneider, Eduard Gewehrfabrik
Schulte Gewehrfabrik
Schüller, Otto Büchsenmacherei u. Gewehrschäfterei
Seyffaerth, Fritz Gewehrlaufzieherei
Spörer, Oskar Waffenfabrikation
Spörer, Otto Waffenfabrikation
Stötzer, Hilmar Gewehrfabrik
Thomas, Fritz Jagd- u. Sportgerätefabrik
Wahl, Albin Waffenfabrik
Walther, Lothar Feinwerkbau
Walther, Carl Jagdwaffenfabrik
Walther, Carl Waffenfabrik
Wegner, Louis Waffenhandel u. Werkzeuge
Weihrauch, Hermann Waffenfabrik
Will, Julius Luftgewehr-Fabrik
Will, Oskar Venus-Waffenwerk
Wolf, Fritz Schaftfabrikation
Wolf, Julius Waffen-Spezialwerkstatt
Wolff & Anschütz Waffenhandel & Werkzeuge
Zimmermann, Carl Schußwaffenfabrik
Zink, Fritz Gewehrfabrik
Zink, Karl Waffenfabrik

CARL WALTHER
WAFFENFABRIK
CARL WALTHER WAF

In den ursprünglichen Firmengebäuden von Carl Walther wurde mit echten Neukonstruktionen Waffengeschichte gemacht. Die Bauten in Zella-Mehlis/Thüringen wurden nach dem Zweiten Weltkrieg vollkommen zerstört.

Nach einer Verwundung in der Schlacht bei Lodz starb Willy Alfred Walther am 24. Dezember 1914 im Lazarett Blankenburg. (Service K)

KRIEG UND FRIEDEN

Am 28. Juni 1914 erschoß Gavrilo Princip mit einer Browning-Pistole in Sarajewo den designierten österreichischen Thronfolger, Erzherzog Franz Ferdinand und seine Frau. Das Attentat zog die europäischen Mächte sowie die Türkei und später die USA in den am 1. August 1914 ausbrechenden Ersten Weltkrieg hinein. Bereits in den ersten Tagen der Mobilmachung mußten die Walther-Söhne Georg und Willy einrücken. Erich und Lothar besuchten noch die Schule. Fritz war als Ältester reklamiert worden und stand nun dem Betrieb vor. Zu diesem Zeitpunkt arbeiteten 80 Betriebsangehörige an 50 Maschinen in der Firma. Das reichte nun nicht mehr aus, und auch an Platz mangelte es auf dem Katzenbuckel. Deshalb planten die Walthers eine neue, wesentlich größere Fabrik auf dem Märzenberg.

Der Krieg stellte größte Anforderungen an das Werk, und die Arbeit lief Tag und Nacht. Die Rüstungsanstrengungen des Kaiserreichs sorgten zunächst einmal für Aufschwung, denn das Militär bezog auch die Firma Walther in die Versorgung der Streitkräfte mit ein. Ein tragischer Verlust überschattete die Expansionsgedanken der Familie: Willy Alfred zog sich am 21. November in der Schlacht bei Lodz eine Verwundung zu und starb daran am 24. Dezember im Lazarett zu Blankenburg im Harz.

1915 siedelte die Firma in den ersten fertiggestellten Bauabschnitt, auf einem 22 000 Quadratmeter großen Areal im Bereich der Straße Langewiese um. Von der Gebäudegrundfläche standen 6750 Quadratmeter für die eigentliche Fertigung zur Verfügung. Nur zwei Jahre später würde der nächste Fabrik-Komplex hinzukommen, und 500 Männer würden an 750 Maschinen den permanenten Nachschub für die Front sicherstellen. Nicht nur eigene Entwicklungen, sondern besonders auch Klein- und Einzelteile für Fremdwaffen und -geräte, wie zum Beispiel aus der MG-Fertigung, gehörten zum Fertigungsumfang. In der Konstruktionswerkstatt begann Fritz Walther bereits mit der Konzeption des Pistolen-Modells 6 im neuen Kaliber 9 mm Parabellum, das 1915 erschien. Aber diese Waffe lernte Carl Walther nicht mehr kennen.

CARL WALTHER TRITT AB

Der Tod des Sohnes Willy und die Eindrücke, die der Krieg mit seinen Folgen ausübte, gingen nicht spurlos an Carl Walther vorbei. Die stete Aufregung und die immer größer werden-

Georg Walther (Service K)

den Ansprüche an den Betrieb forderten ihren Tribut. Carl Walther erkrankte an Gehirnhöhlen-Wassersucht, und überall suchte die Familie nach Heilung oder Linderung für das Familienoberhaupt. Doch alle Hoffnungen erwiesen sich als trügerisch. Auch die Behandlung durch Geheimrat Prof. Dr. Biswanger in Jena führte nicht zum Erfolg. In seiner Klinik verstarb der Firmengründer in den frühen Morgenstunden des 9. Juli 1915. Drei Tage später fand die Einäscherung im Krematorium zu Jena statt. An der Trauerfeier für das Mitglied der Stadtverordneten-Versammlung, des Schulvorstandes, der Feuerwehr, des Kriegervereins und der privilegierten Schützengilde, nahmen neben den Vertretern dieser Gremien zahlreiche Freunde, Bekannte, Arbeiter und Beamte teil. Die Beisetzung der Urne fand später in aller Stille auf dem Friedhof von Zella St. Blasii statt.

Der Verlust des Vaters wog schwer, doch die Söhne erinnerten sich an den Geschäftsgrundsatz, den er ihnen mit auf den Weg gegeben hatte: »Alles so gut machen, daß es niemand übertreffen kann.« – Die Zukunft würde zeigen, daß sie diese Mahnung beherzigten. Die Leitung lag nun bei den drei ältesten Söhnen. Während Fritz die Gesamtleitung übernahm, lenkten Georg und Hans Erich als Generaldirektor und Verkaufsleiter die Geschicke der Firma. Im Jahre 1917 folgte schließlich das Pistolen-Modell 7.

KRIEGS-PRODUKTION

Bereits im Frühjahr 1915 erkannte die Feldzeugmeisterei, daß die staatlichen Institute nicht in der Lage waren, den Bedarf an Gewehren 98 zu decken. So erhielt die Königliche Gewehrfabrik Spandau den Auftrag, Privatfabriken mit der Einzelteilfertigung zu beauftragen. Als nun die ersten Lieferungen lehrenhaltiger und abgenommener Teile in Spandau zu fertigen Gewehren zusammengesetzt werden sollten, zeigte sich das Desaster: Nur nach einer umfangreichen Nacharbeit war der Zusammenbau möglich. Die Schuld für dieses Versagen schoben die Militärs den Privatfabriken in die Schuhe. Inzwischen bestand das »Waffen- und Munitions-Beschaffungsamt«, kurz: Wumba, mit Professor Romberg an der Spitze. Und dieser ordnete umgehend eine Untersuchung und Beseitigung der offensichtlich bestehenden Fehler in der Maßtafel und den Abnahmelehren an. Hierzu richtete er ein Fabrikationsbüro, das »Fabo-I«, in der Spandauer Fabrik ein, welches die Untersuchungsergebnisse schnellstens über das Infanterie-Konstruktionsbüro dem Kriegsministerium vorlegen mußte.

Mit dem Gewehr 98 war es allerdings nicht getan. Im Herbst 1916 mußte die Gewehrfabrik Spandau einsehen, daß das von der Truppe so dringend angeforderte MG 08 nicht ohne Einbeziehung der Privatindustrie in genügend großen Stückzahlen gefertigt werden konnte. Insbesondere die Lieferung der verschleißanfälligen MG-Schlosse bereitete große Schwierigkeiten. Das Fabo-I wurde nun beauftragt, zunächst zwölf Privatfirmen für die Schloß-Fertigung auszusuchen. Die Betriebe erhielten sämtliche Unterlagen, sowie ein Musterschloß, Lehren und Material. Unverzüglich sollten sie wenigstens vier Schlosse an das Fabo-I zur Begutachtung schicken.

Die Entwicklung des MG 08 geht auf Hiram Maxim zurück, der 1888 sein Maschinengewehr in Deutschland vorführte. 1892 erwarb die Firma Ludwig Loewe & Co. in Berlin die Fertigungslizenz von der »Nordenfeldt Guns and Ammunition Co. Ltd.«. Loewe fusionierte 1896 mit den »Deutschen Waffen und Munitionsfabriken«, kurz DWM, wobei die Lizenz übertragen wurde. Als Folgemodell führte die Reichswehr das MG 99, später das MG 01 ein. Deutsche Beobachter des Russisch-Japanischen Krieges 1904/05 zeigten sich beeindruckt von der Effizienz des MG. Das deutsche Heer führte daraufhin das MG 08 ein, was beim Ausbruch des Ersten Weltkrieges in einer Stückzahl von etwa 4900 Exemplaren zur Verfügung stand. In der Folgezeit stellten neben DWM auch die staatlichen Spandauer Werke das MG 08 und die späteren Versionen 08/15 und 08/18 her.

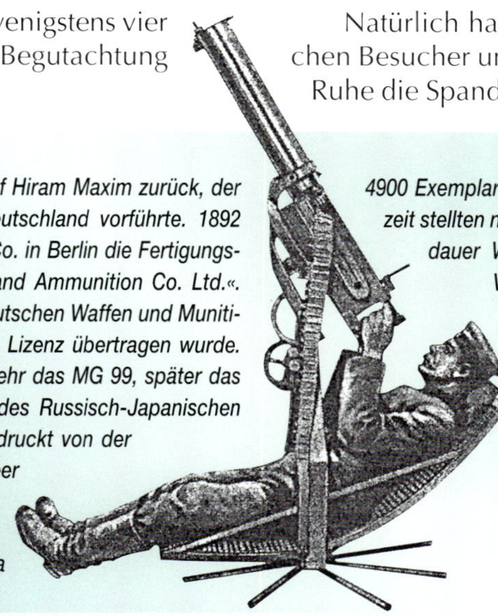

Das MG 08 bildete das Rückgrat der deutschen Infanterie-Bewaffnung, hier die wassergekühlte Maschinenwaffe auf einer Versuchsanordnung für die Luftabwehr. *(Service K)*

DER MANN IM BRAUNEN MANTEL

Oberingenieur Rudolf Rückels fungierte in einer der folgenden Nächte nach der Materialausgabe als Ingenieur vom Dienst im Spandauer Werk. Bei seinem zweiten Rundgang, so gegen 23 Uhr, entdeckte er in der »Abteilung MG Schloß 08« einen Zivilisten in einem Überzieher, mit steifem Hut und Aktentasche, der sich sehr interessiert die einzelnen Operationen von Maschine zu Maschine ansah. Rückels blieb zunächst in Deckung und überlegte, ob es nun nach seiner Dienstvorschrift Pflicht sei, den Mann festnehmen zu lassen. Da er zur Belegschaft des Fabo-I gehörte, sahen die Herren der Spandauer Direktion ihn ohnehin nicht sehr gerne. Wenn es sich nun bei dem Mann im braunen Mantel um einen hochgestellten Firmenangehörigen handelte, würde er Schwierigkeiten bekommen. Dieser Mann ließ sich auch nicht stören, als Rückels auf ihn zuging und vorsichtig fragte, was er hier mache und wer er sei. »Wenn ich solche Schlosse machen soll, dann werde ich mir wohl auch ansehen dürfen, wie sie hier gemacht werden.« Und mit Nachdruck: »So wie hier werde ich sie allerdings nicht machen, dessen können Sie versichert sein!« Als der IvD nun doch gerne wissen wollte wer der Mann sei, griff dieser in die Aktentasche und zog eine Pistole. Rückels erschrak heftig. »Hier meine Visitenkarte«, meinte der Mann, »da steht mein Name drauf«.

Natürlich handelte es sich bei dem nächtlichen Besucher um Fritz Walther, der sich in aller Ruhe die Spandauer Fabrikation ansehen wollte. Die Unterhaltung dauerte noch mehrere Stunden und zum Schluß schleuste Ingenieur Rückels den Besucher aus Zella-Mehlis am Portierhaus vorbei ins Freie. – Übrigens: Rudolf Rückels zählte ab Februar 1919 zum Stammpersonal des Walther-Werkes.

Als die vier ersten MG-Schlosse der Firma Walther in Spandau eintrafen, wurden sie sofort geprüft und beschossen, obwohl keines der Teile einen Abnahmestempel trug. Ein Hintergedanke beseelte anscheinend die Abnahme-Beamten der Spandauer Fabrik. Es werde sich schon zeigen, daß die Privatindustrie, bar jeder Erfahrung, solche MG-Schlosse nicht fertigen konnte. Was aber keiner erwartet hatte: Ehe es Abend war, sprach man in der Gewehrfabrik und im Wumba von nichts anderem als der Firma aus Zella-Mehlis, die schon MG-Schlosse liefere. Bereits in den nächsten Tagen erhielt Walther lukrative Aufträge für diesen speziellen Waffenzweig.

Während des Krieges stellte Walther die Modelle 4 bis 7 her, wobei sich bei den einrückenden Truppen besonders das Modell 4 großer Beliebtheit erfreute. (M. Kersten)

WAFFENSTILLSTAND FÜR 20 JAHRE

Am 11. November 1918 wurde der Kampf an der Westfront eingestellt, und am 28. Juni 1919 folgte das Friedensdiktat von Versailles mit den für alle Parteien unbefriedigenden Ergebnissen. Selbst Frankreichs Marschall Ferdinand Foch, dessen Denkweise maßgeblich die militärische Führung der Westfront beeinflußte, meinte: »Das ist kein Frieden. Es ist ein Waffenstillstand für 20 Jahre!«

Während der gesamten Kriegszeit hatte Walther die Modelle 4 bis 7 hergestellt, doch nun schlug der Versailler Vertrag viele Türen für Waffenproduktionen in Deutschland zu. Aber bekanntlich gab und gibt es immer etliche Hintertüren, um unangenehme Forderungen und Richtlinien zu umgehen. Die Firmenstruktur beruhte ja nicht in erster Linie auf der Kriegswaffenproduktion, und so geriet Walther auch nicht wie viele andere Firmen in eine existenzbedrohende Lage.

Dennoch brach der Waffenmarkt erheblich ein. Gewaltige Umwälzungen standen bevor, denn nach 18 Monaten Produktionsverbot, begleitet von einer abermaligen, ausschließlichen Umstellung auf zivile Handelswaffen, stand jede erneute Fertigung unter Aufsicht des Völkerbundes. Die Belegschaft sank in den ersten Jahren auf 350 Beschäftigte. Diese Reduzierung tat weh, denn alle Erwerbstätigen zeichneten sich als Spezialarbeiter aus. Bei vielen gehörte das Büchsenmacherhandwerk zur Familientradition.

Marschall Ferdinand Foch war kein Seher, aber er hatte trotzdem recht: »Das ist kein Frieden. Es ist ein Waffenstillstand für zwanzig Jahre«, sagte er. (Service K)

1920 erschien das Modell 8. Rückblickend bedeutet diese Konstruktion den Anfang einer Konzeption, die bis zum heutigen Tage Bestand hat. (M. Kersten)

Auch auf der politischen Ebene tat sich einiges, denn Zella St. Blasii und Mehlis schlossen sich im Jahre 1919 zur Gemeinde »Zella-Mehlis« zusammen. Was damals keiner ahnen konnte: Der Name dieser heute rund 14 000 Einwohner zählenden Stadt sollte nur einige Jahre später zusammen mit dem Walther-Banner auf der ganzen Welt bekannt werden. Die thüringischen Regenten der immer noch bestehenden Kleinstaaten dankten ab. Coburg fiel an Bayern, und die restlichen Staaten bildeten am 1. Mai 1920 das neue Land Thüringen mit seiner Hauptstadt Weimar. Für den Waffensammler ist das Jahr 1920 ein Kernpunkt, denn hier fand in der laufenden Walther-Fertigung die Änderung des Schriftzuges »Zella St. Blasii« in »Zella-Mehlis« statt. Für Fritz Walther stellten diese Veränderungen nur Nebensächlichkeiten dar, denn er saß vertieft vor einer neuen Konstruktion.

Zu diesen Tüfteleien existiert eine amüsante Anekdote: Eine Eigenschaft – oder Eigenheit – von Fritz Walther bestand darin, immer und überall einen sehr spitzen Bleistift dabei zu haben. Spontane Ideen konnten dadurch sofort niedergeschrieben oder skizziert werden. Dabei spielte es keine Rolle, ob als Schreibbasis nun ein ordentliches Stück Papier, ein Bierdeckel, eine Speisekarte oder aber das frisch gestärkte, weiße Tischtuch am sonntäglichen Mittagtisch zur Verfügung stand. Gelegentlich kam es daher vor, daß dem Walther-Chef der Gänsebraten plötzlich einerlei war und er seinen Bleistift zückte. Ehefrau Gertrud sah das nicht sonderlich gern. »Bei der nächsten Wäsche geht das wieder raus«, meinte er dann tröstend – und Gertrud ließ ihn resigniert gewähren. Das Ergebnis einer solchen spontanen Aktion bildete wenig später das Modell 8, eine hervorragende Taschenpistole, die er 1920 auf den Markt brachte. Sie galt als Vorbote einer später folgenden Waffe, die den Bereich der Selbstladepistolen auf der ganzen Welt revolutionieren sollte.

SPARTAKUS

Die »Gruppe Internationale«, ein Zusammenschluß revolutionärer Sozialisten, hatte sich während des Ersten Weltkriegs gegründet. Am 11. November 1918 war daraus mit ihren Anführern Karl Liebknecht und Rosa Luxemburg die »Spartakusgruppe« geworden. Sie bekämpften nun die »Burgfriedenpolitik« der SPD-Führung

Bewaffnete Rotgardisten auf dem Marktplatz von Zella-Mehlis, ein alltägliches Bild in den unruhigen Anfangstagen der Weimarer Republik. *(Service K)*

Die Fluchtburg der Familie Fritz Walther, ihr Haus in Oberhof. (Charlotte Bohn)

und proklamierten den internationalen Klassenkampf. An der Ruhr brach im April 1920 ein großer kommunistischer Aufstand aus, und die »Rote Ruhr-Armee« marschierte gegen Polizeikasernen und schnell aufgestellte Freikorps der Regierung Ebert. Die Aufstände entwickelten sich zu einem Flächenbrand, der im März 1920 auch vor Zella-Mehlis nicht Halt machte.

Am Mittag des 13. März umstellten etwa 1000 Spartakisten aus dem Raum Gotha das Werk. Was sie wollten, war klar: Waffen und Munition. Tatsächlich erschien am nächsten Tag eine Kolonne von 30 Leuten in der Fabrik und legten eine Quittung ihres Aktionsausschusses vor. Etliche tausend Patronen im Kaliber 7,65 mm sollten ihnen ausgehändigt werden. Rudolf Rückels ließ die Kolonne in einer Reihe antreten, und hieß sie, den linken Unterarm anzuwinkeln. Darauf legte er dann jeweils 25 volle Patronenschachteln. Erst beim zehnten Mann angekommen, ließen die ersten ihre Munition fallen. Schnell merkten sie, daß ein Transport auf diese Art nicht möglich war und legten alle Schachteln auf einen Haufen. »Wir besorgen einen Wagen«, meinten sie und zogen ab. Doch scheinbar hatten sie keine große Lust mehr, einen Handwagen den Amtshügel heraufzuschieben, denn es ließ sich keiner mehr blicken. Leider half die »Schlepp-Taktik« nicht immer, und so mußten in den nächsten Tagen große Mengen an Pistolenmodellen 4 und 8 herausgegeben werden.

Ein besonders großes Kommando wurde von dem ehemaligen Marineheizer Schmidt angeführt, der einfach alles gebrauchen konnte. Den galt es nun hereinzulegen. Der Walther-Mann Kurt Berkes füllte zum Beispiel alle leeren Benzinfässer mit Wasser, aber nur das vorderste Faß enthielt wirklich Benzin. Berkes lockerte den Verschluß, so daß etwas Brennstoff herauströpfelte. Spartakist Schmidt glaubte nun, den gesamten Benzinbestand des Werkes vor sich zu haben und transportierte sämtliche Fässer zur roten Armee nach Gotha ab.

Die wilden Gesellen – mit den blutroten Fahnen, der Schiebermütze auf dem Kopf und den 98er über der Schulter – versammelten sich immer wieder auf dem Marktplatz, was natürlich ein Ereignis für die Kinder war. Unter ihnen Charlotte Walther, die neugierig die Geschehnisse in sich aufnahm. Daß scharf geschossen wurde, realisierten die Kinder nicht. Eines Tages sah eine Bekannte die Kinder zwischen den bewaffneten Männern herumlaufen und brachte sie nach Hause. Neben einer kräftigen Standpauke war es auch ein Signal für Fritz Walther, die Stadt zu verlassen. Wenn es um die Sicherheit der Familie ging, kannte er keine Grenzen. Kurz zuvor hatte er von einem Schweizer Geschäftsmann ein wunderschönes Haus in der Ortschaft Oberhof gekauft, die etwa zehn Kilometer von Zella-Mehlis entfernt lag. Hier waren Gertrud und seine drei Kinder in Sicherheit. Damit war ein Fluchtpunkt geschaffen worden, der auch in späteren unruhigen Zeiten gerne von der Familie aufgesucht wurde.

Nachdem sich Ende 1920 die Stürme etwas gelegt hatten, machte nun die »Interalliierte Militär-Kontrollkommission« unter Führung des französischen Majors Gros dem Walther-Werk zu schaffen. Niemand wußte, was diese Kommission eigentlich wollte. Wohl hundertmal durchsuchte sie die Fabrik und versicherte immer wieder, beim nächsten Besuch den Freigabeschein für die Fertigung kleinerer Handfeuerwaffen mitzubringen. Unter den Betriebsangehörigen machte sich Unmut breit, und so verließ die Kommission einmal fluchtartig den Maschinensaal I, als plötzlich aus allen Ecken Muttern und kleine

Scheinbar mußte die Firma Walther im Jahre 1923 gewaltige Summen zahlen. Fünf Millionen Mark gingen am 28. August durch Georg Walther an einen unbekannten Empfänger. Aber es war nur Papiergeld. Wegen der Inflation reichte der Gegenwert allenfalls für eine kleine Flasche Schmieröl. (M. Kersten)

No. 1161

Gut für 5 000 000 Mark

Commerz- u. Privat-Bank Aktiengesellschaft Filiale Zella-Mehlis

Zahlen Sie gegen diese Platzanweisung aus Guthaben an Inhaber

Fünf Millionen Mark

Den 28. August 1923.

Carl Walther

Unterschrift

Firmenstempel mit Ortsangabe

Die Inzahlungnahme kann von allen Geschäftsinhabern unbedenklich erfolgen.

Für diese Platzanweisung hat die Bankfirma die Deckung. Diese Platzanweisung wird nicht in bar eingelöst.

Buchdruckerei Heinr. Schröder, Zella-Mehlis (Thür.)

Fabrikationsteile auf sie niederhagelten. Fortan wurden die Besuche seltener und hörten schließlich ganz auf. Das war auch gut so, denn Fritz Walther begann mit der Fertigung seiner Pistole Modell 9 und der Automatik-Flinte.

Die laufenden Störungen waren nur ein kleines Übel im Vergleich zu den geschäftlichen Anstrengungen, die während der Inflation zu bewältigen waren. Die nahm nach dem Krieg immer krassere Formen an. Für den Staat war der Geldverfall jedoch eine ganz einträgliche Sache, denn er konnte so seine Kriegsschulden an das Volk mit schlechtem Geld begleichen.

Für die Wirtschaft traten verheerende Folgen ein. Im Sommer 1921 war die »Groschenmark« durch die »Bil-Mark« ersetzt worden; Bil stand für Billionen. Zu diesem Zeitpunkt kostete das Porto für einen normalen Brief schon zwei Millionen Mark. Noch am 18. September 1923 gab zum Beispiel der Ullstein-Verlag an seine Abteilungsleiter eine Notiz heraus, daß ein privates Telefongespräch 500 000 Mark kosten würde.

STAGNATION UND EXPLOSION

Außer der laufenden Modell 9-Fertigung gab es zu dieser Zeit nicht viel zu tun. Da dies besonders die Werkzeugmacherei betraf, sahen sich die Betriebsangehörigen nach anderen Beschäftigungen im Werk um. Kürzlich hatte Fritz Walther einen Benz-Dreizylinder-Dieselmotor mit direkt gekuppelter Drehstrom-Maschine erworben. Und für dieses Gerät gossen die Walther-Leute nun das Fundament. Anschließend bauten sie noch den Kühlturm dazu. Trotz der schweren und gefährlichen Arbeit lief alles ohne größere Unfälle ab. Leider nicht so in der Härterei.

Am 5. August 1922 explodierte dort eine Sauerstoffflasche, nachdem aus der nebenstehenden Acetylenflasche Gas ausgeströmt war und sich im Hauptraum der Härterei an den Koksöfen entzündete. Die darauffolgende Explosion erzeugte einen solchen Luftdruck, daß alle Fenster im weiten Umkreis zersprangen, das Dach hochgehoben, die Giebelmauer umgelegt und ein Nebenraum, in dem die Flaschen standen, bis auf die Fundamente auseinandergerissen wurde. Die Giebelmauer begrub Otto Hengelhaupt, den besten Büchsenmacher des Werks und Schulkamerad von Fritz Walther, unter sich. Kollegen bargen ihn. Er lebte noch eine Stunde, ohne das Bewußtsein wiedererlangt zu haben. In seiner Hand hielt er eine Zeichnung des Steuerschiebers zur Walther-Flinte. Damit hatten sich seine Gedanken zuletzt befaßt. Die Zeichnung erhielt seine Ehefrau zum Andenken.

FÜR KÜHLE RECHNER

Das neudeutsche Wort »Konversion« gab es zwar noch nicht, aber gleichwohl suchte nicht nur Walther nach alternativen Möglichkeiten. Fast alle Fabrikanten fanden neue Artikel, um ihr Lieferprogramm zu ergänzen und auszuweiten. Die Walthers begannen mit der Fertigung von Fahrradteilen, Getrieben, Steuersätzen und Freiläufen. Weil das nicht reichte, befaßten sich die Brüder mit Maschinen für Menschen, denen die Mathematik nicht sonderlich zusagte. Im Jahre 1924 war die Richtung klar: Rechenmaschinen sollten das Firmenangebot erweitern. Walther war eine der wenigen Firmen, die zu diesem Zeitpunkt Massenentlassungen vermei-

Die Mercedes Werke in Zella-Mehlis, zur damaligen Zeit eine der führenden Rechenmaschinen-Firmen Deutschlands. *(Service K)*

den konnte. Während andere angesehene Waffenfabriken Konkurs anmeldeten, stand die Firma durch die Rechenmaschinen-Produktion relativ gefestigt da.

Die einfachste Grundrechenart ist zweifellos die Addition, und hierfür baute 1642 der Franzose Blaise Pascal sein erstes Gerät. Auch der deutsche Philosoph und Mathematiker Leibniz begann 1672 mit verschiedenen Konstruktionen. Er gilt als Vater der Staffelwalzen- und vielleicht auch der Sprossenrad-Rechenmaschine. Es war kein Zufall, daß derartige Geräte gerade in Gegenden entstanden, wo bereits seit alters die Präzisionsarbeit zum Alltag gehörte. In Deutschland zählten hierzu Braunschweig, der Schwarzwald, das Erzgebirge und Thüringen.

Der Ingenieur Arthur Burckhardt aus dem thüringischen Apolda begann zum Beispiel schon im Jahr 1878 mit der Konstruktion seiner Staffelwalzen-Rechenmaschine. Die Geräte erhielten die Modellbezeichnung »Archimedes«. Chemnitz war die Geburtsstätte der ersten deutschen Addiermaschinen, der Continental und Astra-Geräte. In Zella-Mehlis entstanden in den »Mercedes-Büromaschinenwerken« weitere Konstruktionen.

Georg Walther nahm sich diesem neuen Produktionszweig an. Da gab es den Konstrukteur Christian Hamann, der kurz nach dem Ersten Weltkrieg eine eigenwillige Tastatur-Maschine entwarf, deren Bau 1920 von einer Berliner Firma begonnen wurde. Ein Jahr später kaufte das Thales-Rechenmaschinenwerk in Rastatt die Patente, das Versuchsmodell und den Maschinenpark auf. Es brachte dieses Modell zunächst unter dem Namen »Thales« heraus. Einige Jahre später ging die Herstellung dieser Maschine von dem Thaleswerk auf die neue Rechenmaschinen-Abteilung von Walther über. Hier erhielt das Gerät den Namen »TASMA«, was nichts anderes als »Tasten-Maschine« bedeutete. Es war die kleinste, sichtbar druckende Volltastatur-Maschine, die je geliefert wurde. Die Ausmaße betrugen 28 × 14 × 20 cm.

Zu dieser Zeit kam es auch zu einem Vertrag mit der Firma Mercedes, bzw. mit dem Leiter Dr. Mez, bezüglich der Fertigungsübernahme einer

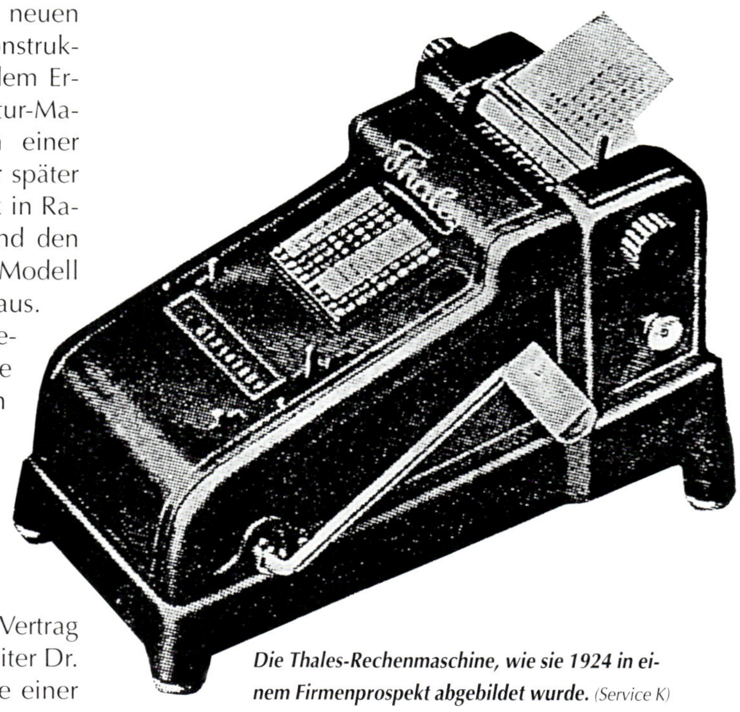

Die Thales-Rechenmaschine, wie sie 1924 in einem Firmenprospekt abgebildet wurde. *(Service K)*

Walther setzte auf den zivilen Bereich. Rechenmaschinen mit dem Sprossenradsystem bildeten fortan den wichtigsten Vertriebszweig. *(Walther)*

kleinen Sprossenrad-Rechenmaschine. Dr. Mez ließ, als die vereinbarte Anzahl von Maschinen drei Monate hintereinander pünktlich zur Ablieferung gekommen war, durch einen Boten mitteilen, daß er vorerst keine Maschinen mehr abnehmen könne. Das war ein glatter Vertragsbruch. Aber die Walthers ließen sich nicht aus der Ruhe bringen. Kurzerhand fertigten sie neue Deckbleche, versehen mit dem bekannten Walther-Banner. Den Rest besorgte Erich Walther. In kürzester Zeit baute er eine eigene Verkaufsorganisation auf. Nun stand die Firma Carl Walther auf zwei sicheren Füßen: auf Waffen und Büromaschinen. Schon in den ersten Jahren erwarb sich die Walther-Maschine einen guten Namen. Später, zum 50jährigen Jubiläum, würde die Firma auf 16 verschiedene Modelle zurückblicken können, unter ihnen die Elektro-Rechenmaschine »EMKD«, die lange Zeit die einzige elektrisch angetriebene Apparatur ihrer Art darstellte.

KONSTRUKTION UND PRODUKTION

Gerade als sich die Walther-Brüder besonders ernsthafte Gedanken über die Waffenfabrikation machten, erhielten sie durch die Vermittlung eines Oberstleutnants Erdmann den Entwicklungsauftrag für eine Leuchtpistole, die in allen Teilen austauschbar sein mußte. Fritz Walther griff zu, und gleichzeitig mit den Musterpistolen stellte er auch die Werkstattzeichnungen fertig. Nur kurze Zeit später traf der erste große Auftrag von der Reichswehr ein. In den Jahren 1926/27 verließen Tausende von Leuchtpistolen das Werk.

1929 stellte Fritz Walther seine PP und zwei Jahre später die PPK vor. Mit diesen Waffen gingen auch die Namen Walther und Zella-Mehlis um die ganze Welt. Vier Jahre später würde der Firmenchef schon stolz von einer Million verkaufter Pistolen berichten können.

Die Walthers hatten es geschafft. Fritz, Georg und Erich bewohnten jeweils eine pompöse Villa. Und nicht nur zu Silvester schossen sie sich – aus ihren erfolgreichen Leuchtpistolen – Neujahrgrüße zu. Sie dominierten in der Stadt. Allerdings gab es auch wieder einen Trauerfall in der Familie. Im Alter von 71 Jahren verstarb Minna Walther am 3. Mai 1935 in Zella-Mehlis.

Die Villa der Familie Fritz Walther. *(Service K)*

Vor dem Jahr 1933 zeigte die Firma Walther eigentlich kaum Ambitionen, im militärischen Bereich Abnehmer zu finden. Aber mit dem Anbruch des sogenannten Dritten Reiches sahen sich die Zella-Mehliser veranlaßt, in dieser Sparte aufzuholen. Nach dem beispiellosen Erfolg der Polizei-Pistolen folgte 1938 der nächste Schritt mit der neuen Dienstpistole P 38 für die Wehrmacht. Nicht nur deswegen überreichte der thüringische Gauleiter Fritz Sauckel Mitte des Jahres 1938 den Walther-Brüdern »für hervorragende Leistungen im Leistungswettkampf der Betriebe« das sogenannte Gaudiplom. Diese Auszeichnung wird er mit Sicherheit nur ausgesprochen ungern ausgehändigt haben, denn von Anfang an hatte er versucht, durch Quertreibereien und politische Widerstände den Erfolg der P 38 zu boykottieren. Schließlich zählte er

Mitte der dreißiger Jahre wurden die Betriebsräume wesentlich vergrößert. Damals konnte man diese Fabrikhallen in einer Firmenschrift noch als »hell, luftig und schön« bezeichnen, was im Vergleich zur Jahrhundertwende wohl auch zutraf. *(Walther)*

Das Deckblatt der Jubiläumsschrift aus dem Jahr 1936.
(Walther)

Am Anfang des Kreises: Walter Riem

Im Jahr 1933 legte Walther Riem, ein Mitarbeiter der Firma, seinem Chef das Konzept einer in Heimarbeit entwickelten Schreckschußpistole vor. Eine Produktionsmöglichkeit im Werk bestand nicht, da alle Kapazitäten voll ausgeschöpft waren. So gestattete Fritz Walther seinem Mitarbeiter die Herstellung auf privater Basis. Ob er sich später darüber geärgert hat – zumal sein Konkurrent dieses Gerät fertigte –, ist nicht bekannt. Als »Perfekta« verließ die Pistole jedoch bis zum Kriegsende das »Germania-Werk J. P. Anschütz«. Diese Nebensächlichkeit findet hier Erwähnung, weil sich 1994, also ein halbes Jahrhundert später, ein Kreis schloß. Auf die interessante Konstruktion der »Prä-Perfekta«, erhielt Riem am 27. August 1936 das Patent 635 215.

Wahrscheinlich nur widerwillig überreichte Gauleiter Fritz Sauckel im Jahre 1938 der Firma Walther das Gaudiplom.
(Service K)

als Schirmherr der Gustloff-Werke zu den stärksten Konkurrenten im Wettlauf um eine neue Militärpistole.

Die Arbeit war kaum noch zu bewältigen, was sich deutlich in der stetig anwachsenden Mitarbeiterzahl wiederspiegelt:

1931	350 Personen
1933	425 Personen
1935	825 Personen
1937	1100 Personen
1939	1550 Personen
1941	2100 Personen
1943/45	2500 Personen

Dazu kam eine stetig anwachsende Zahl mittlerer und kleinerer Unterliefer-Betriebe. Die Umsätze stiegen von sechs Millionen Mark im Jahre 1935 auf etwa 22 Millionen Mark im Jahre 1944. Die Kapazität des Betriebes erreichte An-

Dank einem für Fritz Walther selbstverständlichen Angebot konnte Zella-Mehlis in kürzester Zeit auf dem Lärchenberg ein Ehrenmal errichten.
(Service K)

fang des Jahres 1945 mit 25 000 Stück Karabinern 43 und Volksgewehren sowie der gleichen Stückzahl an Pistolen pro Monat ihren absoluten Höhepunkt. Die Fabrikanlagen mußten in ihrem Umfang laufend den wachsenden Anforderungen angepaßt werden. Dies geschah durch Erweiterungsbauten auf dem eigentlichen Fabrikgelände, wie zum Beispiel dem Härterei-Neubau. In Zella-Mehlis mangelte es an Arbeitskräften, doch im Werragrund in der Rhön waren Fachkräfte noch verfügbar. So kaufte Walther in Wasungen eine Papierfabrik auf und baute sie in den folgenden Jahren zu einem modernen Zweigwerk aus. 1938 kam die ehemalige »Wissnersche Fabrik« in der kleinen Bahnhofstraße von Zella-Mehlis dazu. 1942 wurden auf Befehl des Oberkommandos der Wehrmacht die »Metallwerke GmbH« errichtet, die zuletzt 900 Arbeitskräfte beschäftigten. Ein Jahr darauf mußte auch noch die neue Staatliche Beschußanstalt als Betriebsstätte herangezogen und in Verbindung hiermit eine große, überdeckte Schießanlage neben dem Thüringen-Schießstand geschaffen werden.

SOZIALES

Die Firma stand im Zenit der Leistungsfähigkeit, und eine gut geschulte Arbeiterschaft vollbrachte dank modernster Maschinen auch wahre Spitzenleistungen. In Zella-Mehlis war jeder Stolz darauf, bei der Firma Walther zu arbeiten. Um sich dieses Potential zu erhalten, legten die Walther-Brüder ein besonderes Augenmerk auf die Lehrlingsausbildung. Doch auch die soziale Betreuung der Gefolgschaft war richtungsweisend für alle Zella-Mehliser Betriebe. Dazu zählten die zahlreichen Feiern, wie Betriebsfeste im Mühlwasser, oder die Weihnachtsfeiern, verbunden mit Extra-Zuwendungen.

Schon 1925 richteten die Walthers eine betriebseigene Krankenkasse ein, die ihre Mitglieder im Vergleich zur Ortskrankenkasse bei geringen Beträgen mit wesentlich höheren Leistungen versah. Das war nur durch entsprechende Zuschüsse der Firma zu den Verwaltungskosten möglich. Weiterhin baute die Firma im gleichen Jahr das Walther-Schwimmbad für Betriebsangehörige, welches später noch ausgebaut und 1933 der Stadt zum Geschenk gemacht wurde. 1934 stiftete die Betriebsleitung ihren Mitarbeitern einen Omnibus, mit dem die Beschäftigten abwechselnd und kostenlos Ausflugsfahrten unternehmen konnten.

1934 gründete sich der Unterstützungsverein der Firma. Diese Kasse war beitragsfrei für alle Betriebsangehörigen und gewährte neben der Rente zusätzliche Unterstützungen bei Geburten, Schuleinführungen, Hochzeiten, Krankheits- und Todesfällen. Viele Sorgen wurden durch diese Stiftung von den Familien ferngehalten. 1935/36 baute die Firma ein modernes, zweckmäßiges Gemeinschaftshaus mit Speisesaal, Kantine und Nebenräumen. Im Anschluß daran entstanden 1938 eine Kegelbahn und Kleinkaliber-Schießstände. Eine werkseigene Musikkapelle sorgte bei verschiedenen Gelegenheiten für Unterhaltung.

Mit zunehmender Dauer des Krieges wurden in steigender Zahl bewährte Arbeitskräfte an die Front beordert. Diese mußten auf Befehl der zuständigen Stellen durch ausländische Zwangsarbeiter ersetzt werden. Die Betreuung und Verpflegung dieser Ausländer, die teils in dem von der Stadt gepachteten Arbeitslager, teils in fabrikeigenen Baracken wohnten – so berichteten später Betroffene – war vorbildlich.

Die Stadt Zella-Mehlis besaß im Jahre 1933 noch keine Erinnerungsstätte für ihre Gefallenen des Ersten Weltkrieges.

Fritz Walther erklärte sich auf einer Stadtratssitzung sofort bereit, 5000 Mark für ein solches Ehrenmal zu stiften. Der Oberbürgermeister Walter Grupe nahm das Angebot zum Anlaß, ein goldenes Buch anzulegen, in dem akribisch alle Spenden ihren Eintrag fanden. In kurzer Zeit

Im Jahre 1936 benannten die Stadtväter den Marktplatz in Carl-Walther-Platz um.
(Charlotte Bohn)

standen 35 000 Mark zur Verfügung, und schnell wuchs das Denkmal auf der Höhe des Lärchenberges empor.

Um dem Krankentransportwesen in der Stadt zu helfen, stiftete die Firma im Jahre 1939 einen neuen Mercedes-Krankenwagen. Auch bei den sonstigen Spenden, zum Beispiel für das Deutsche Rote Kreuz, stand Walther immer an erster Stelle. Ebenso flossen reichlich Gelder für die Privilegierte Schützengesellschaft Zella. Diese Beträge gaben den Impuls zur Errichtung der für die Waffenstadt so wichtigen Schießanlage. Die offiziell als »Thüringen-Schießstände« getaufte Anlage ermöglichte es, daß die Stadt Zella-Mehlis sich in die Spitzengruppe des deutschen Schießsports einreihen konnte. Aus Dankbarkeit für alle diese Taten benannte die Stadt im Jahre 1936 den Marktplatz in »Carl-Walther-Platz« um.

WAFFEN FÜR DIE HELFER

Bis 1933 zählten die Offiziere der Reichswehr zu Fritz Walthers guten Kunden. Jetzt gaben sich in dem kleinen Städtchen neben den Offizieren die nationalsozialistischen Parteiorganisationen die Klinke in die Hand. Außer den üblichen in- und ausländischen Behörden wollten auch diese Gruppierungen der NSDAP, wie zum Beispiel der NSKK, NSFK, HJ, SA und SS, mit Walther-Pistolen ausgestattet werden. Besonders beliebt bei den politischen Leitern waren dabei die PP und PPK, die sie gerne als sogenannte »Ehrengabe« entgegennahmen. Aber auch den niedrigeren Rängen bereitete anscheinend die Waffenbeschaffung keine großen Probleme.

Am 18. März 1938 verabschiedeten die Machthaber ein neues Waffengesetz. Nicht wenige Waffenträger und -händler wandten sich hilfesuchend an Fritz Walther, um Klarheit über die neue Regelung zu erhalten. Der Firmenchef veröffentlichte in seiner Hauspostille »Kimme und Korn« am 1. Juni 1938 unter anderem auch die Kriterien zur Weiterführung der Waffenherstellung, des Waffenhandels und des Waffenerwerbs. Hierzu zählte die Reichsangehörigkeit; ein fester Wohnsitz im Reichsgebiet; persönliche Zuverlässigkeit; fachliche Eignung und eine nichtjüdische Abstammung. Dieser Nachweis mußte spätestens bis zum März 1939 auf den Schreibtischen der NSDAP-Führung liegen.

Ein Runderlaß des Reichs- und Preußischen Ministers des Inneren vom 2. Mai 1938 betraf die Abgabe von Schußwaffen an Angehörige der SA, SS, des NSKK und der HJ. Keinen Waffenschein zum Führen einer Waffe benötigten:

- NSDAP: ab Ortsgruppenführer
- SA, SS, NSKK: ab Sturmführer
- HJ: ab Bannführer

Die Bestimmung »ab ...« umfaßte auch die Angehörigen der Reichs-, Gau- und Kreisleitung, wenn sie mindestens den Rang eines Stellvertreters bekleideten. Aber auch sonst waren die Nazis sehr spendabel. Anträge von Unterführern konnten vom zuständigen Kreisleiter, oder bei der NSKK von den Führern der Motor-Standarte bearbeitet und genehmigt werden. Bei der HJ und anderen Gruppierungen verhielt es sich ähnlich. Die Schußwaffen gehörten ausschließlich zur Uniform, von der in zivil auftretenden Gestapo abgesehen. Die Waffen des »Fußvolks«, speziell der SA, erhielten meist auf der Vorderseite des Griffes eine Gravur, die Auskunft über die Gruppenzugehörigkeit gab. Die Liste solcher Stempel ist endlos, aber es gab auch Unbezeichnetes.

Nicht immer reichten Wehrmachtsangehörigen oder den Mitgliedern der entsprechenden Organisationen die ihnen zur Verfügung gestellten Waffen, und so bestellten sie bei Walther direkt. Dabei zahlten sie zwar den damals aktuellen Ladenpreis, aber wenn sich fünf Kunden eines entsprechenden Truppenteils oder einer Gruppierung zusammentaten, räumte die Firma Behördenpreise ein. Neben dem Verkauf dachte Fritz Walther auch an Service. Mitte 1938 richtete er eine »Schießtechnische Beratungsstelle« ein. Eingehende Fragen aller Art wurden kostenlos und akribisch bearbeitet. Hatten Wiederverkäufer Probleme mit denen ihn zugesandten Waffen, war ebenfalls diese Stelle zuständig. Anhand der eingesandten Waffe und gegebenenfalls beigelegter Munition, Scheiben und Schußbilder erstellte sie ein Gutachten.

WAS DIE AMERIKANER FANDEN

Mit dem Tausendjährigen Reich, was nur wenige – und doch zu viele – Jahre bestand, war auch der Nationalsozialismus mit einem Schlag zu Ende. Deutschland lag in Trümmern. Am 3. April 1945 hatte sich die amerikanische 11th Armored Division als Vorauskommando der 3. US-Armee an Zella-Mehlis herangeschoben und die Stadt eingeschlossen. Die Lage war sehr verworren und brisant, denn der Volkssturm lag mit 2000 Mann in den umliegenden Wäldern. In der Stadt befanden sich nur kleine Reste von Wehrmachtseinheiten. Zwar standen zwei Panzer zur Verfügung, aber sie waren nicht voll funktionsfähig. Der als Kampfkommandant für Zella-Mehlis fungierende General wollte mit seinen Leuten aus der Stadt herauskommen, doch die Parteidienststellen wollten die Stadt um jeden Preis mit Hilfe des Volkssturms verteidigen.

Fritz Walther setzte sich nun zusammen mit dem Oberbürgermeister Grupe energisch dafür ein, daß der Ort kampflos übergeben wurde. Am Nachmittag des 3. April zogen sich die Reste der Wehrmacht in Richtung Oberhof zurück, gegen Abend verließen die Parteibonzen die Stadt. Der Oberbürgermeister blieb und löste den Volkssturm auf. Um Mitternacht erkundigte sich Fritz Walther telefonisch im Bürgermeisteramt nach dem Stand der Dinge. Nachdem er die nötigen Informationen erhalten hatte, atmete er auf. »Gott sei Dank« waren seine einzigen Worte, bevor er auflegte. Tatsächlich war großes Unheil von der Stadt und den Bewohnern abgewendet worden: Zella-Mehlis blieb unversehrt.

Auf Veranlassung von Fritz Walther versammelten sich am Vormittag des 4. April alle maßgeblichen Industriellen der Stadt, um über die weiteren Schritte zu beraten. Am Nachmittag rückten dann die Amerikaner, von Benshausen kommend, mit starken Panzerkräften in die Stadt ein. Eine der ersten Fragen, die einem Einheimischen gestellt wurde: »Where is Walther?« Zum Zeichen der Stadtübergabe mußte Grupe auf dem Kühler des Kommandanten-Jeeps die Fahrt durch die Hauptstraßen der Stadt bis zur Firma Walther mitmachen. Dort wurde die Fabrik im Beisein der drei Walther-Brüder durch die Amerikaner übernommen. Der amerikanische Captain setzte ein sachlich gehaltenes Schriftstück auf, welches die nun aufgezogenen Wachtposten anwies, den Brüdern im Bedarfsfall Einlaß zu gewähren.

Es gab im Werk weder die »Aktion verbrannte Erde« noch kleine Beschädigungen. Und so schauten die Besatzer genüßlich auf einen hochmodernen Maschinenpark, Waffen in sämtlichen Fertigungsstadien, Produktionsunterlagen, Dokumentenberge, Konstruktionspläne und Projektstudien. Das Interesse einzelner Soldaten lag besonders bei der firmeneigenen Mustersammlung und den Prototypen, die griffbereit in den Konstruktionsbüros ruhten.

Was griffbereit herumliegt, verleitet auch zum schnellen Griff. Zwar war es verboten,

Leutnant Daniel H. Howell zeigt Colonel A. I. Schepps eines der Beutestücke aus dem Walther-Werk, eine gravierte und vergoldete PP mit Elfenbein-Griffschalen. *(U. S. Army)*

Rüstungsgüter aus privatem Interesse an sich zu nehmen, aber die Besatzer fragten nicht danach. So füllten sich blitzartig Brotbeutel und andere Behältnisse. Nicht wenige GIs hatten nach ihrer kurzen Visite im Werk erstaunlicherweise etliche Pfund zugelegt.

Als erste Verfügung der Besatzungsmacht wurde die Abgabe sämtlicher Privatwaffen verlangt. Am Abend zuvor saß Fritz Walther noch am Wohnzimmertisch und betrachtete lange eine besonders schöne Pistole in rotem Samtetui, die am nächsten Tag ein amerikanischer Offizier an sich nahm.

Die gravierten Jagdgewehre und sonstigen Privatwaffen, ebenso sämtliche Fotoapparate, landeten auf einem Handwagen, den zwei Mitarbeiter zum Rathaus karrten.

Die Beiden kamen bald zurück und meinten, sie seien nicht weit gekommen. Schnell hätten die in der Stadt marodierenden Ausländer den halben Wagen ausgeräumt, und am Rathaus würde alles auf einen Haufen geworfen. Schließlich suchten sich die Amerikaner das aus, was ihnen gerade gefiel. Schnell schaffte man die restlichen Waffen noch ins Werk, aber das nützte wenig. Trotz amerikanischer Bewachung gelangten die Ausländer ins Werk und nahmen alles, was nicht niet- und nagelfest war, in ihren Besitz. Manche hatten sogar die Pistolen an Schnüren aufgereiht um den Hals hängen.

Nun begannen die ständigen Verhöre der Walther-Brüder. Bange Stunden und Tage lösten sich ab. Oft war die Sperrstunde überschritten, und die Walthers waren noch nicht zurück, bis sie dann endlich in Polizeibegleitung auftauchten. Einmal mußten sie zwei Stunden mit auf sie gerichteten Gewehren an einer Mauer stehen und Schmähworte über sich ergehen lassen.

Gertrud Walther hatte ihr Silberbesteck, Konserven und einige Flaschen Schnaps und Wein im Garten vergraben. Doch am gleichen Tag tauchten die Amerikaner mit Suchgeräten auf, weil sie auf eine Denunziation hin nach weiteren Waffen suchten. In zehn Minuten war das Versteck gefunden. Das Besteck erhielt die Familie zurück, doch die Flaschen wurden an Ort und Stelle von den GIs geleert.

Der 7. April brachte einen weiteren Schock. Frühmorgens um acht Uhr erschien ein amerikanisches Kommando und gab den Befehl, innerhalb einer Stunde das Haus zu räumen. Glücklicherweise konnte Georg Walther einen Wagen organisieren, auf dem die Familie das Nötigste aufpackte. Was sie nicht mitnehmen konnten, fiel in der kommenden Nacht Plünderern zum Opfer, denn über 80 Italiener randalierten in dem Haus. Die amerikanischen Wachposten schauten zu.

Bei Übernahme des völlig unzerstörten Werkes durch die Amerikaner befanden sich noch ungefähr 1600 P 38 und HP in den Lagerhallen ... *(U. S. Army)*

WALTHER PRIVAT

Obwohl die Amerikaner in jedem Deutschen einen Feind sahen, verhielten sie sich während der gesamten Zeit ihres Aufenthalts relativ human. Das traf allerdings nicht auf die Kommunisten zu, die jetzt Morgenluft witterten, wieder Farbe bekannten und mit Billigung der Besatzer die Stadt übernahmen. Sie fühlten sich dazu berufen, eine rigorose Aufräumaktion zu starten. Neben vielen anderen Ortsansässigen führten sie am 12. April auch Fritz Walther ab. Tägliche Verhöre an verschiedenen Orten schlossen sich an. Drei Wochen vergingen, und Fritz Walther zog sich eine Wirbelsäulen-Erkrankung zu, die stationär kuriert werden mußte. Gertrud Walther setzte sich mit dem zuständigen amerikanischen Gouverneur in Verbindung, und am 18. Mai 1945 wurde Fritz Walther auf freien Fuß gesetzt. Es war drei Tage vor Pfingsten, und die Familie beabsichtigte, diese Tage in ihrem Domizil im zehn Kilometer entfernten Oberhof zu verbringen, wo Fritz Walthers Tochter Charlotte mit ihrem dreijährigen Sohn Lutz wohnte. Ein Kontakt von Oberhof zur Außenwelt bestand nicht mehr, denn die Amerikaner hatten sämtliche Telefonleitungen aus den Wänden gerissen. Am Dienstag nach Pfingsten stand für Fritz Walther eine Bestrahlung im Zella-Mehliser Hospital an. Hierfür mußte er einen langen Fußweg in Kauf nehmen. Vorsorglich bat seine Tochter einen ihrer ehemaligen Schulkameraden, den Vater zu begleiten. Am Nachmittag erschien dieser, blaß und völlig aufgelöst: »Frau Walther, man hat ihren Mann von der Straße weg verhaftet!«

Fritz Walther und sein Begleiter befanden sich bereits wieder in Oberhof, als sie einen mit C.I.C.-Personal besetzten Jeep passierten. Wenige Augenblicke zuvor hatte der Fahrer einen Ortsansässigen gefragt, ob er Fritz Walther kennen würde. Just in diesem Moment kam der Genannte vorbei. Der Oberhofer kannte den Sachverhalt nicht und sagte verständnislos: »Natürlich, dort ist er.«

Die Tragik der Situation: Es war keine böswillige Denunziation, denn der Tipgeber und Fritz Walther kannten sich gut und kamen her-

Der kämpfenden Truppe folgten die Spezialisten der »Technical Intelligence Teams« auf dem Fuße. Sie zeichneten für die Sicherstellung der technischen Innovationen verantwortlich. Aber auch bei den offiziellen Abtransporten ging nicht alles mit rechten Dingen zu. Je länger der Weg war, um so mehr schrumpfte der Inhalt der Kisten. Alles das lief unter dem Deckmantel der Requirierung. Es erstaunt also kaum, daß erst nach vielen Jahrzehnten einige der seltenen und heute kaum noch zu bezahlenden Stücke auf dem Markt auftauchten. Die Souvenirjäger von damals sind mittlerweile verstorben, und so versilbern ihre Nachkommen die Mitbringsel aus jener Zeit. Hierbei ist der Waffensektor ja bekanntlich nur ein äußerst geringer und zu vernachlässigender Teil des alliierten Raubzuges. Denn der begann nicht erst bei Kunstgegenständen von der Güte des Schliemann-Schatzes und endete auch nicht bei der Verwertung von erbeuteten Patenten. Neben den Raritäten fielen den Alliierten aber auch normale Waffen aus der Serienproduktion in die Hände. Etwa 1600 P 38 und HP waren noch versandfertig im Lager der Fabrik deponiert, und etliche Maschinenkarabiner stapelten sich auf den Werkbänken. In vielen Bahnhöfen standen Züge mit Waggons voller Waffen. Kampflos übernahmen die vorrückenden britischen, amerikanischen und russischen Truppen ganze Lastwagenkolonnen mit Gerät.

... und auf den Werkbänken der Montage-Abteilung stapelten sich fertige und halb zusammengesetzte Walther-Maschinenkarabiner. *(U. S. Army)*

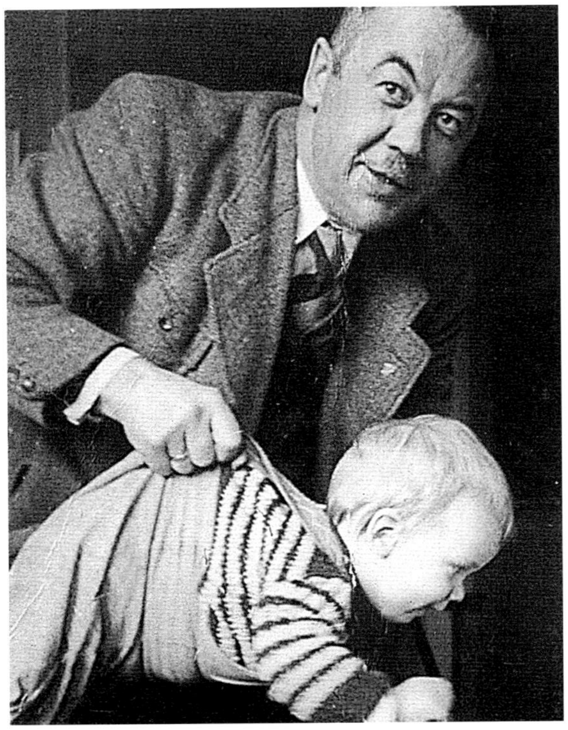

Wiedersehensfreude in Oberhof: Fritz Walther mit seinem Enkel Lutz. *(Service K)*

vorragend miteinander aus. Das Familienoberhaupt tauchte nicht mehr auf, aber Tochter Lotte ergriff die Initiative. Kurze Zeit davor hatte die Familie den Chefarzt eines benachbarten amerikanischen Lazaretts kennengelernt. Noch am gleichen Abend wußten die Walthers, daß der Verschwundene sich unter den 7000 Insassen des Lagers Ohrdruf befand. Hier pferchten die Amerikaner die Führungspersönlichkeiten von Thüringen zusammen. Die Männer lagen auf der blanken Erde, in Schafställen und in behelfsmäßigen Baracken. 40 Zentimeter Platz für jeden, kein Gefäß und kein Löffel zum Essen. Mit dem Fahrrad fuhr Tochter Lotte am nächsten Tag nach Ohrdruf. Dort residierte in einer Villa die Lager-Kommandantur und ein Mister Sims, der ausgezeichnet deutsch sprach. Die Walther-Tochter erzählte ihm die ganze Geschichte, und er versprach zu helfen.

»Sie müssen weg, und zwar in zwei Tagen. Es wird ein Lastwagen kommen, den beladen Sie mit ihren wichtigsten Sachen.« Das war die Nachricht, die der Stadtkommandant Mister Tender den Walthers einige Tage später zukommen ließ. Nochmals kontaktierte Lotte Mr. Sims, um ihm die neue Lage zu schildern. Abermals sagte der Amerikaner Hilfe zu. Am 28. Juni 1945, um acht Uhr morgens, kam der Lastwagen. Als Insassen zwei farbige GIs, Mr. Tender – und Fritz Walther, mager, ausgezehrt, aber frohen Mutes. »In einer Stunde geht es weiter, mit unbekanntem Ziel«, meinte Tender nur.

»Lotte, paß' einmal auf ...!« Bei dieser einleitenden Aufforderung spitzte Lotte bereits seit ihrer frühesten Kindheit die Ohren. Und dann folgte das, was bisher nur wenige Menschen wußten. Neben dem Wohngebäude in Oberhof stand ein Gärtnerhaus mit integrierter Garage. Unter den Dielenbrettern hatte Fritz Walther vor einiger Zeit die Werkszeichnungen der Rechenmaschinen ausgelagert. Diese wurden jetzt an den beiden GIs vorbei herausgeschmuggelt und in einem Kleiderschrank versteckt. Kaum war diese Aktion beendet, da drängten die Amerikaner schon zum Aufbruch.

Die Fahrt ging nach Südwesten und endete in einem ehemaligen Kriegsgefangenenlager nahe der Stadt Heidenheim, hinter Stacheldraht. Diese als »Zwangsevakuierung« deklarierten Auszüge waren keine Seltenheit. Allen führenden Köpfen der Industrie, der Forschung und Entwicklung erging es nicht anders. Schließlich wußten die Amerikaner, daß die Russen diese Gebiete nach dem Potsdamer Abkommen für ihre Besatzungszone übertragen bekamen. Da die USA auf Reparationsleistungen verzichtete, bedienten sie sich am Know-how Deutschlands. Und dazu gehörten weniger die Dichter, sondern mehr die Denker.

DIE ZEIT DER RUSSEN

Die Sowjets übernahmen am 2. Juli Thüringen und stellten die Besitztümer mit dem Befehl Nr. 124 SMAD unter Sequester. Alles was die Amerikaner übrig gelassen hatten – und das war noch recht viel – verschwand wenig später hinter dem Eisernen Vorhang. Mit großer Sorgfalt folgte eine Demontage-Welle nach der anderen. Später zerrissen gewaltige Sprengungen die Betriebsanlagen des ehemaligen Walther-Werkes, und verdeckt begann eine Hatz auf Konstrukteure, Werkzeug- und Systemmacher. Sie alle wurden

Das Walther-Werk wurde bis auf die Grundmauern zerstört. *(Fritz Walther)*

Thüringer Volkszeitung

Walther-Werke, Zella-Mehlis

Ehemaliger Nazi-Musterbetrieb

Die Firma Carl Walther gehörte mit zu den Musterbetrieben, hatte als erste in Zella-Mehlis eine NSBO-Betriebszelle und war im Besitz der goldenen Fahne. Daß in diesem Betrieb die Belegschaft vollkommen vergiftet war, braucht nicht besonders betont zu werden, und wenn man weiß, daß einer der Besitzer Wehrwirtschaftsführer war, so sagt das genug. Der Betrieb konnte sich durch seine Staatsaufträge ausbauen und vergrößern, ohne daß dies irgendwelche finanziellen Schwierigkeiten ergeben hätte.

Jeder Arbeiter mitverantwortlich

Nachdem die Besitzer der Firma mit den Amerikanern verschwanden, wird der Betrieb jetzt kommissarisch von zwei Betriebsführern geleitet. Der antifaschistische Betriebsrat von 7 Mann arbeitet in bestem Einvernehmen mit der Leitung, so daß auch jede Neueinstellung, die über das Arbeitsamt erfolgt, genau kontrolliert wird. Schon unter amerikanischer Besatzung hatte der damalige Mitinhaber alles in die Wege geleitet, um wieder zu arbeiten und demzufolge auch ausschließlich seine Leute eingesetzt. Selbstverständlich mußte da eine gründliche Säuberung vorgenommen werden, wie sie für die Ingangsetzung erst einmal tragbar war. Jetzt ist eine Belegschaft von 350 Menschen beschäftigt, die es sich nicht nehmen läßt, sich mitverantwortlich zu fühlen. Diese Verantwortlichkeit ergibt sich auch schon aus der Art der Arbeitsteilung. Es werden vor allem Rechenmaschinen, die auch früher in kleinerem Umfange produziert wurden, hergestellt, und zwar so, daß die Arbeit, die am laufenden Band geht, von jedem selbst nachkontrolliert wird. Das Werkstück wird nur aus der Hand gegeben, wenn der betreffende Arbeiter überzeugt ist, daß es wirklich fertig ist. Eine stundenlange Revision der fertigen Maschine fällt auf diese Weise weg. Die Arbeitsfreude und der Arbeitseifer wird auf diese Art besonders angeregt, denn auf jedem liegt ein großer Teil Mitverantwortung, der sich keiner entziehen mag. Bemerkenswert ist, daß dies alles im Stundenlohn erfolgt und daß das Akkordsystem versuchsweise abgeschafft worden ist.

Außer der besonders gut entwickelten Anfertigung von Rechenmaschinen wird, um die Maschinen und das vorliegende Material auszuwerten, auch die Produktion von landwirtschaftlichen Artikeln, Schieferkästen, Stopfpilzen, Quirle u. ä. durchgeführt. Dies half dem Betrieb auch über die ersten Schwierigkeiten hinweg. Der Initiative der neuen Betriebsführung ist es zu verdanken, daß ein größerer Auftrag der Landesregierung gebucht werden kann.

Mehr Frauen in den Betrieb

Im Betrieb sind bis jetzt bereits 20 Frauen beschäftigt, deren Zahl noch weiter erhöht werden kann. Wir haben bei dieser Gelegenheit die Frage einer Unterbringung für die Kinder der werktätigen Frauen angeschnitten und stießen auf sehr großes Verständnis. Denn gerade bei den evakuierten Frauen ist es doch so, daß sie nur deswegen nicht gern zur Arbeit gehen, weil sie nicht wissen, wo sie ihre Kinder während der Arbeitszeit unterbringen können. Sollte diese Frage erst ernstlich geklärt sein, dann wird die Zahl der arbeitenden Frauen sich auch ständig vergrößern.

Soziales Verhalten

Erwähnenswert wäre noch, daß bei der Fa. Walther-Werke nur an fünf Tagen gearbeitet wird, die Belegschaft aber sich bereit erklärt hat, den sechsten Tag dazu zu verwenden, unentgeltlich im Walde Holz zu schlagen, um somit der Allgemeinheit zu helfen. Da die Walther-Werke selbst ihre Heizungsfrage für den Winter gelöst haben, sie haben eine besondere Anlage, die mit Kohlenstaub arbeitet, hat sie sich bereit erklärt einen Teil ihres Kantinenraumes als Schulraum abzutreten, um das Heizungsproblem in den Schulen mit zu erleichtern.

Wichtig ist es noch, zu betonen, mit welchen Schwierigkeiten. die Firma Walther-Werke zu kämpfen hat. Wie eingehend erwähnt, hatten die Werke vor allem Lieferungen ans Reich und infolgedessen auch große Forderungen, die ja heute nicht eingetrieben werden können, andererseits aber ist das Finanzamt unerbittlich. Die kommissarische Betriebsführung ist daher auch vorstellig geworden und ist noch immer mit der Regelung dieses besonderen Sachverhalts beschäftigt. Wenn nun z. B. Kredite aufgenommen würden, dann müßten sie zuerst dazu herhalten, die rückwirkenden Steuern zu zahlen, mit anderen Worten, der Betrieb würde neue Schulden haben und könnte sich nach wie vor kaum bewegen. Es wäre wichtig, dieser Lage Beachtung zu schenken.

W. W.

Polizeibericht Zella-Mehlis

Einige Gebäude aber überdauerten die Zerstörungswut der neuen Machthaber: Neben der Hauptverwaltung des Walther-Werkes existiert auch das ehemalige Gemeinschaftshaus noch. Heute ist dort eine Gewerbeschule untergebracht. (Walther)

in das ehemalige Röhm-Werk verpflichtet, damit dort Kopien der Walther-Waffen entstehen konnten. Muster und Zeichnungen wanderten daraufhin quer durch den gesamten Ostblock, woher gerade heute immer wieder Relikte dieses Transfers auf den Sammlermarkt kommen: Ob Makarow, R 61, PA 63, Walam 48, AP 66 oder wie sie alle heißen: die Vorlagen kamen direkt aus Zella-Mehlis. 1947 deklarierten die neuen Machthaber schließlich alles zum »herrenlosen Gut«, die Basis für eine problemlose Enteignung und Verstaatlichung.

Zella-Mehlis zählte vormals zu den Metropolen der Waffenherstellung in Deutschland. Nach der uralten Beschußanstalt im Schießhaus war die mittlerweile staatliche Beschußanstalt – bekannt als »Knallhött« – bis 1942 in der Ortslage Mehlis in Betrieb gewesen. Im gleichen Jahr zogen die Prüfer in einen Neubau am Böhmerberg um. Das warf die Frage auf, ob nicht eine Anstalt im Umkreis ausreiche. 1944 sollte Suhl dicht machen. Aber bereits zu dieser Zeit herrschten wirre Verhältnisse, und so wurde nichts daraus. Nach 1945 setzte die systematische Zerschlagung der Waffenindustrie in Zella-Mehlis ein, um den Standort Suhl hervorzuheben. So

PPs aus der DDR. Bis heute ist die Frage ungeklärt, ob es sich um Restbestände aus der 1945er Zeit, oder um eigenständige Nachkriegsfertigungen handelt. (M. Kersten)

ergab sich später die fälschliche Vorstellung von Suhl als »die Waffen- und Rüstkammer Europa«.

In Zella-Mehlis stellten die Büchsenmacher in ihren kleinen Werkstätten fortan nur noch einige KK-Modelle und Jagdwaffen her. Problematisch gestaltete sich auch die Lehrlingsausbildung, für die der Eleve nicht nur keine Vergütung bekam, sondern auch noch Geld mitbringen mußte. Früher war es so, daß sich die hochqualifizierten Büchsenmacher oder andere Spezialisten, wie zum Beispiel die Stecher-Macher, ein oder zwei Lehrlinge aussuchten. Diesen vermittelten sie dann alle Tricks und Kniffe, die jeder Meister als sein persönliches Geheimnis hütete. Nun starb ein Meister nach dem anderen, ohne sein Können und Wissen an eine neue Generation weitergegeben zu haben. Im Laufe der Zeit verblaßte der Ruf der einst großen und weltbekannten Firmen in dem Thüringer Tal. Zwar blieben zunächst noch die Erinnerungen, doch bald waren sie verschüttet, denn wer konnte schon offen seine Meinung sagen? Und so ist es auch bei vielen Einwohnern und selbst bei öffentlichen Einrichtungen bis zum heutigen Tag geblieben.

DIE NACKTEN UND DIE 1001-0

Nach Übernahme der Fabrik durch die Russen ging der gesamte Maschinenpark und die noch vorhandenen Rohmaterialien – so sagt man – in unbekannte Gebiete der Sowjetunion. Entweder existierte noch eine große Menge an Halbware, oder aber diese Maschinen spuckten innerhalb kürzester Zeit wieder Teile aus. Wie auch immer, bald gab es nicht nur wieder echte PPs, sondern auch etliche neue Varianten, die ihre Abstammung nicht verleugnen konnten. Dazu gehörten erst einmal PPs, die mit denen der letzten Kriegsfertigung vollkommen identisch waren. Weder die Bohrung für einen Signalstift noch eine Beschriftung wurde angebracht. Selbst Fertigungsvereinfachungen, die noch 1944/45 in die Produktion eingeflossen waren, sind bei diesen Nachkriegsstücken vorhanden. Und als Tüpfelchen auf dem i tragen etliche noch das Kürzel »ac«, den Code von Walther. Also doch keine eigene DDR-Fertigung, sondern lediglich die Aufbereitung von Beutegut? Hierzu müssen auch die Pistolen mit der Numerierung 1001-0 zählen.

Aus der Anfangszeit in Heidenheim: Fritz Walther mit Familie. (Charlotte Bohn)

Vor etwa zehn Jahren erfuhr die breite Öffentlichkeit im Westen erstmals etwas von diesen Geräten, deren Ankäufe aus Volkspolizei-Arsenalen durch eine Schweizer Firma erfolgte. Die Walther-Identität ging soweit, daß auf einigen Magazinen noch das schlecht weggeschliffene Banner stand. Dieses Eignerzeichen durfte natürlich auch auf den Griffschalen nicht erscheinen. Deshalb findet man dort – außer dem Fischhautmuster – absolut nichts. Und das ist vielleicht der einzige Hinweis, daß in der DDR wirklich Einzelteile der PP auch gefertigt und nicht nur zusammengesetzt wurden. Diese nackten Griffschalen bestehen aus einem schwarz/bräunlichen »Plaste«-Material. Daß an den ehemaligen Walther-Produkten zu Ulbrichts oder Honeckers Zeiten herumgebastelt worden ist, belegen nur vage Auskünfte, die auf die Herstellung eines gewissen Kontingents von Läufen in den Ernst-Thälmann-Werken hinweisen.

Selbst heute, viele Jahre nach dem Mauerfall, besteht immer noch eine Blockade in den Köpfen der Menschen, die mit dieser Thematik befaßt waren. Nichts wird berichtet, nichts wird veröffentlicht. Und so wird dieser Abschnitt wohl vorerst als weißer Fleck in der Geschichtsschreibung bestehen bleiben. Die Ambivalenz der damaligen Machthaber wird deutlich, wenn man sich folgendes vor Augen führt: Während einerseits durch Hetzschriften und andere Kampagnen versucht wurde, den Ruf oder gar die Existenz von Walther zu eliminieren, gab die »Hauptverwaltung der Deutschen Volkspolizei im Ministerium des Inneren der Deutschen Demokratischen Republik« im Jahre 1950 eine Dienstanweisung heraus. Und diese »DVP Nr. 66« hatte es in sich. Alle im Gebrauch befindlichen Pistolen der Polizei wurden genau beschrieben. Neben 08 Parabellum, frühen Sauer & Sohn-Waffen, über Uralt-Modelle von Mauser und Dreyse, führte man auch PP und PPK auf. Damit nicht genug: Sie wurden als Walther-Waffen bezeichnet und samt dem Banner abgebildet. Aus der PP war jetzt die WPP (Walther-Polizei-Pistole) und dementsprechend die WPPK geworden.

STUNDE NULL

Nichts war in Heidenheim von den zuvor versprochenen Häusern zu entdecken, die angeblich schöner als diejenigen sein sollten, die sie in Zella-Mehlis verlassen mußten. Die Möbel wurden in einer Baracke untergebracht, und die Fritz-Walther-Familie bezog mit ihren fünf Personen eine einfache Stube. Als Schlafgelegenheiten dienten Strohsäcke, und anstelle des Porzellangeschirrs trat der Blechnapf. Nachts bestrahlten grelle Scheinwerfer das Gelände. Nach zwei Tagen Aufenthalt mußte erst einmal ein 131 Fragen umfassender Verhörbogen ausgefüllt werden.

Der 57jährige Fritz Walther hatte viel verloren. Zwar waren einige wichtige Zeichnungen gerettet und seine Rechte an über 80 Patenten erhalten geblieben, aber was sagte das schon angesichts der katastrophalen Verhältnisse aus? Durch die im Lager verteilten, ständig krächzenden Lautsprecher folgten nun namentliche Auf-

Schwäbische Neuanfänge: »Bei mir kommet keiner mehr rei !!«, meinte Christine Dörflinger zunächst. Das Klima besserte sich jedoch schnell. (Karl Dörflinger)

Null-Start: Die Firma Waldenmayer in Heidenheim stellte ihr »Pulverhäusle« ... *(Fritz Walther/Hämmerli)*

... und einen Kellerraum, samt einiger Geräte zur Verfügung. *(Fritz Walther/Hämmerli)*

rufe. Besonders die Techniker und Erfinder mußten – neben einer halbherzig ausgeführten Entnazifizierung – laufend speziellen Verhör-Teams der militärischen Nachrichtendienste Rede und Antwort stehen. Viele sah man anschließend nie mehr wieder. Sie unterschrieben lukrative Verträge, und die meisten der Befragten fanden in den Staaten ein neues Zuhause.

Die Walthers wollten dagegen in Deutschland bleiben. Als nach drei Wochen ihre Entlassung aus dem Lager anstand, fragten die Amerikaner sogar, wohin sie wollten – in die Stadt Heidenheim oder aufs Land? Für Fritz Walther keine Frage. Aufs Land natürlich, denn dort gab es schließlich Lebensmittel, um die sich zu diesem Zeitpunkt alles drehte. Am 1. Juli 1945, an einem glühend heißen Tag, stand abermals ein Lkw bereit, beladen mit den Habseligkeiten der Familie. Die Fahrt dauerte diesmal nicht lange, denn in dem 800 Einwohner zählenden Ort Bissingen-Oblohn kamen sie bei der Bauersfrau Christine Dörflinger unter. Auf dem Gehöft befand sich eine alte Schusterwerkstatt, der Startplatz einer neuen Walther-Karriere.

Die Walthers arrangierten sich mit Frau Dörflinger, und Fritz Walther begann erneut mit der Arbeit. Nach den herausgeschmuggelten Zeichnungen entstanden in der Werkstatt ideenhaft die ersten Skizzen für Verbesserungen. Mutter Walther gefiel es im Ort so gut, daß sie dortbleiben wollte. Früher existierten sogenannte »Altensitze« oder das »Altenteil« auf jedem größeren Bauernhof. Das waren zumeist kleinere Häuschen, in denen der Altbauer nach Übergabe des Hofes an den Sohn lebte. Und ein solches Altenteil stand bei einem Bauern frei, in das nun Fritz Walther und Ehefrau einzogen. Einige Jahre blieben sie dort.

In der Zwischenzeit siedelten sich in Bissingen weitere Familien aus Zella-Mehlis an, wie die Volkmars, Bucherers und Spörers – alles altgediente Mitarbeiter aus dem thüringischen Walther-Werk. Bruder Georg landete übrigens im April 1946 in Gerstetten und Erich in Niederstotzingen. Mit dieser Stamm-Mannschaft konnte Fritz Walther schon etwas anfangen.

ERSTE KEIME

Die befreundete Firma Waldenmayer in Heidenheim stellte den Walthers einen besseren Schuppen – das sogenannte »Pulverhäusle« – daneben einen Keller samt einiger Utensilien sowie kleinere Maschinen, leihweise zur Verfügung. Hierzu gehörte glücklicherweise auch ein antiquierter Salzbad-Härteofen. Bei der Firma Oberdorfer richtete Fritz Walther ein kleines Büro ein. Einziges Inventar war eine ebenfalls geliehene Schreibmaschine. Die Walther-Leute setzten sich daran, die erste Rechenmaschine nach Kriegsende auf den Markt zu bringen. Probleme behinderten aber den Neuanfang. Hochwertige Materialien standen nicht zur Verfügung. Was nicht in der Rüstung des Dritten Reiches verbraucht worden war, hatten die Alliierten requiriert. Aber 1947 beschäftigte Walther bereits 22 Mitarbeiter in Heidenheim, die an der kleinen Kurbel-Rechenmaschine werkelten.

Fritz Walther wollte im wahrsten Sinne des Wortes ein »Walther-Produkt« schaffen, und das bedeutete für ihn nichts anderes, als die Herstellung jedes einzelnen Teiles im eigenen Betrieb. Seine Maxime: »Wenn einer ein Walther-Produkt kauft, dann soll auch wirklich alles von Walther kommen«. Trotzdem ging es nicht ganz allein, zumindest die Federn mußten erst einmal angekauft werden. Die Mitarbeiter wunderte allerdings eines sehr: Man bastelte nun schon so lange an dem kleinen Gerät, und bisher war kein einziges Exemplar verkauft worden. Trotzdem erhielten sie pünktlich ihren Lohn. Wie konnte das gehen?

Heute wissen wir die Antwort. Neben dem immer spitzen Bleistift des Fritz Walther gab es einen weiteren Gegenstand, den der Chef wie seinen Augapfel hütete: eine eiserne Geldkassette, die er noch in Zella-Mehlis hatte greifen können. Sie zählte seit alters her als Behältnis für den »Notgroschen«. Und aus dieser »Eisernen Ration« erhielten die Mitarbeiter ihr Geld. »Lotte, schau, es wird immer weniger«, hatte Fritz Walther einmal bedauernd zu seiner Tochter gesagt, und diese konnte nur bedrückt zustimmen.

In der Zwischenzeit knüpfte Fritz Walther immer wieder Kontakte zu den ehemaligen Vertretern; dabei spielte Ulm eine wesentliche Rolle. Schließlich war die Stadt den Walthers schon länger recht gut bekannt. Während der Zella-Mehlis-Zeit verbrachte die Familie nämlich die Sommerferien immer am Bodensee, im eigenen Domizil. Auf der Fahrt dorthin hieß es regelmäßig: »Mittagspause, wir sind in Ulm«.

Hier besuchte Fritz Walther auch jedesmal einige Geschäftspartner. Diese und neue Verbindungen waren ihm beim Wiederaufbau sehr behilflich.

NIEDERSTOTZINGEN UND GERSTETTEN

Trotz aller Schwierigkeiten ging es langsam bergauf. Georg Walther mietete 1947 in Gerstetten ebenfalls eine Baracke, um dort die Schaltwerke der Rechenmaschine zu bauen. Schließlich stand am Heiligabend des Jahres 1947 das erste Gerät unter dem Weihnachtsbaum. Doch der Verkauf lief vorerst nur schleppend an. Unsicherheit und sogar Angst machten sich breit, denn schließlich hatte die aufstrebende Firma ziemlich blauäugig bereits mit dem Bau einer Massiv-Baracke, wie Fritz Walther es untertrieben formulierte, begonnen. Aber zum Zeit-

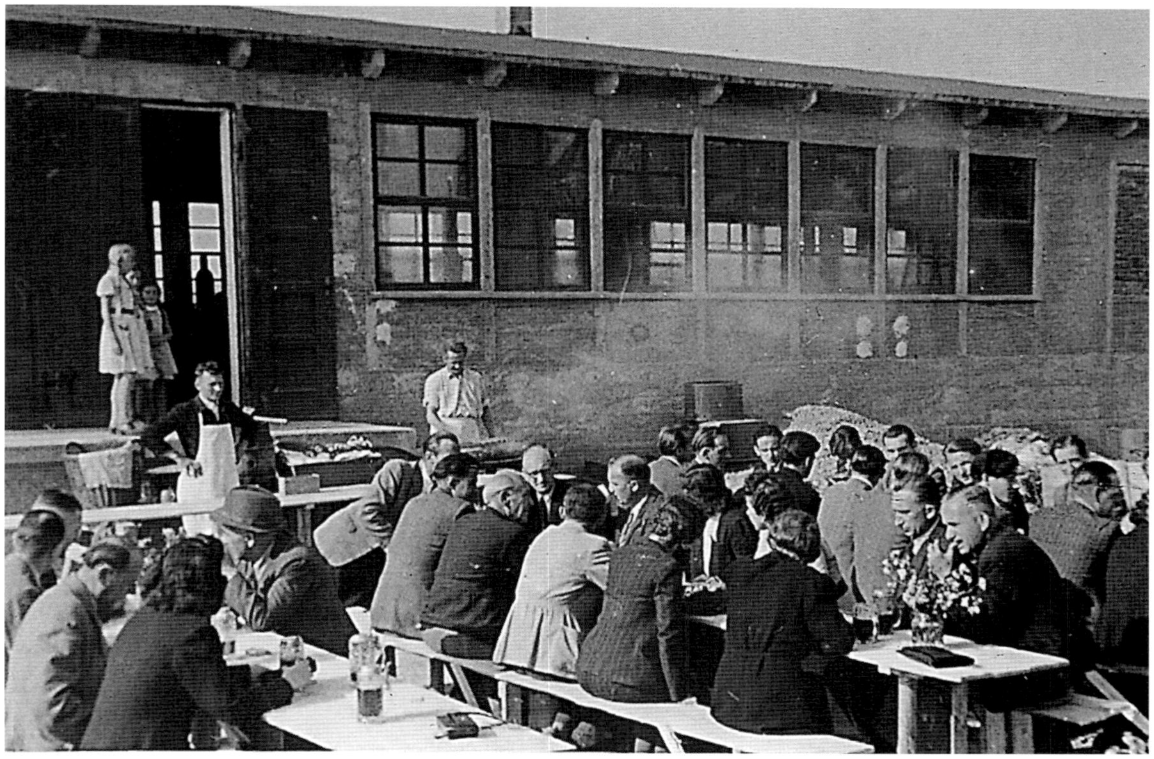

Gerne feierten die neuen und alten Mitarbeiter, was im Sommer zweckmäßigerweise im Freien stattfand. *(Heinrich Möckl)*

In dem einzigen Fabrikationsraum in Niederstotzingen siedelte Fritz Walther entlang der Außenwände die Maschinen und in der Hallenmitte die Montage an. *(Hämmerli)*

Richtfest in Niederstotzingen: Ein dreistöckiger Anbau zur bestehenden Anlage war entstanden. *(Hämmerli)*

punkt der Währungsreform am 21. Juni 1948 war diese erst zur Hälfte fertiggestellt. Glücklicherweise häuften sich jetzt die Aufträge. Schließlich erfolgte im September 1948 der Umzug nach Niederstotzingen. Parallel dazu kaufte Georg Walther in Gerstetten eine eigene Baracke von der Firma Fahr in Gottmardingen. Die Fertigungshalle in Niederstotzingen verfügte nur über einen einzigen Raum. Während an den Rändern die Maschinen standen, siedelte Fritz Walther in der Mitte die Montage an. Wie die Mitarbeiter noch heute aus dieser Zeit zu berichten wissen, war Fritz Walther streng, solide und gerecht. Und das betraf auch das Feiern, was wie die Arbeit zum Firmenleben gehörte. Selbst wenn es mal zwei oder drei Uhr nachts wurde – ein pünktlicher Arbeitsbeginn zählte zu den Selbstverständlichkeiten.

Am 7. April 1949 feierte Walther mit einer Ausstellung in Heidenheim die Fertigung der tausendsten Maschine. Das Niederstotzinger Werk konnte jetzt erweitert und ein Neubau in Gerstetten geplant werden. Gleichzeitig gelang es mit Hilfe der Kreisbaugenossenschaft Heidenheim, ein Siedlungshaus für vier Betriebsangehörige hochzuziehen. Im Jahre 1950 war es endgültig geschafft. Der Export lief an – und das gleich in über 40 Länder.

Das aufkeimende Wirtschaftswunder machte sich bald bemerkbar, und das Zweitwerk in Gerstetten wuchs empor. Aus der »Abteilung Büromaschinen« entstand ein eigenständiger Betrieb, den Georg Walther übernahm. Weitere Expansion auch in Niederstotzingen: Am 7. Juni 1951 wurde der Grundstein zu einem dreistöckigen Neubau gelegt, und am 10. September stand Fritz Walther anläßlich des Richtfestes auf dem Dach des 32 × 14 Meter großen Gebäudes.

(Walther/Hämmerli)

Der Startschuß für die Wiederaufnahme der Waffenproduktion fiel in den Unterkünften der Ulmer Donaubastion. *(Service K)*

ULMER NEUBEGINN

Das Hauptinteresse Fritz Walthers galt aber nach wie vor der Waffenfertigung. Und er war entschlossen, auf diesem Gebiet wieder tätig zu werden, wenn sich denn dazu eine Gelegenheit ergab. Zunächst blieb es nur beim Wunschdenken, denn dem Gesetz Nr. 24 der Alliierten Hohen Kommission vom 30. März 1950 konnte man die »Bedingungen für die Herstellung und den Gebrauch von schießfähigen Geräten« entnehmen. Alles war genau geregelt, und ein Verstoß hatte saftige Strafen zur Folge.

Trotz der gesetzlichen Beschränkungen begann Walther wieder Waffen herzustellen, und das sprach sich in der jungen Nachkriegsrepublik bei den überall zaghaft gegründeten Schützenvereinen schnell herum. Da die West-Alliierten Schußwaffen mit Luftdruck lediglich als eine Art Spielzeug einstuften, konnte Fritz Walther über solche Sport- und Freizeitgeräte wieder in die Waffenfabrikation, seinem ureigensten Gebiet zurückkehren. Dafür bezog er mit seinem Schwiegersohn Kurt Bohn und dem Gewerbelehrer Fritz aus Thüringen einen doppelstöckigen Teil der alten Donaubastion in der Schillerstraße 1, der bereits zu Maria Theresias Zeiten als Pferdestall gedient hatte.

Zunächst standen die Vorarbeiten zur Schäfte-Anfertigung an, wobei Kurt Bohn als Fachmann Holzbehandlungsmittel herstellen konnte, die es sonst nirgendwo gab. Einige überzählige Räume stellte Fritz Walther der Firma Anschütz zur Verfügung, damit auch diese ausgesiedelte Zella-Mehlis-Firma wieder von neuem beginnen konnte. Fritz Walther erwarb eine neue Fagus-Schaftmaschine und einige weitere, gebrauchte Spezialmaschinen. Mit Unterstützung der Mitarbeiter Wahl und Spörer aus Niederstotzingen konnte endlich die Fertigung der ersten Luftgewehre mit glattem Lauf beginnen. Bereits im Dezember 1950, zu dem Zeitpunkt, als auch die Sitzverlegung der OHG von Zella-Mehlis nach Ulm ins Handelsregister eingetragen wurde, lagen die ersten 100 Stück fertig zum Versand. Während Fritz Walther noch in Bissingen wohnte, siedelte sein Sohn Karl-Heinz, zur Unterstützung seines Vaters, nach Ulm über und bezog

ein Zimmer unter dem Dach der Donaubastion. Für die fachgemäße Schäftefabrikation stellte der Chef den Fachmann Karl-Heinz Wolf ein.

Da der Erwerb der Luftgewehre frei war, stieg der Umsatz. So kam Geld in die Kassen, und dazu trug auch wesentlich der wiedergegründete Deutsche Schützenbund (DSB) bei, dessen Mitglieder das neue Walther-Sportgerät dankend annahmen. Ein großes Hemmnis bei der Produktion bildeten einstweilen die immer wieder notwendigen Lizenzerteilungen der Militärregierung. Aber diese Hindernisse überwand

Immer wieder zählten Amerikaner zu den Gästen im neuen Ulmer Werk. (Walther)

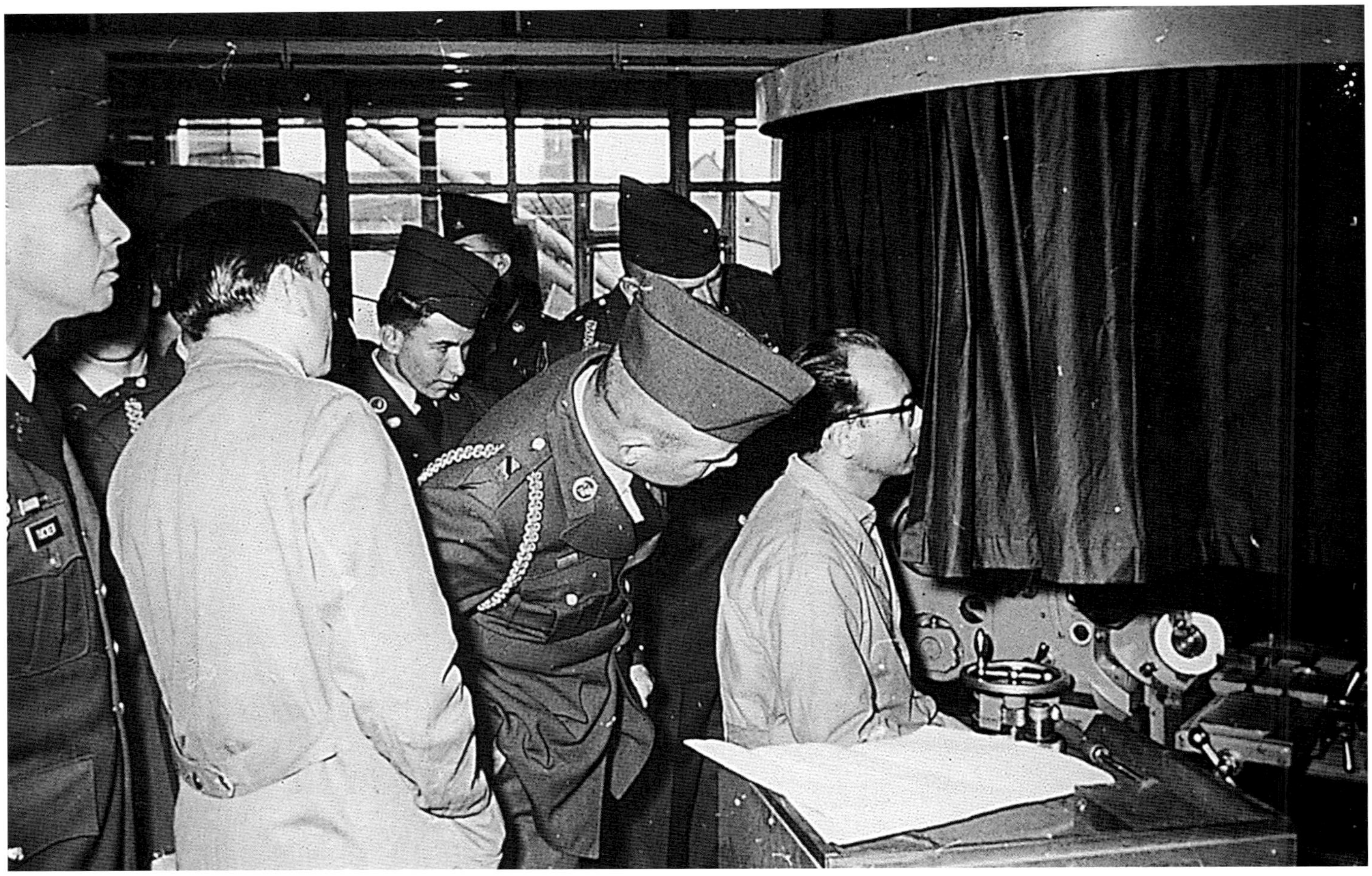

Fritz Walther am blumengeschmückten Rednerpult im Bundesbahnhotel in Ulm: Hier begeht er am 24. März 1953 nicht nur seinen Geburtstag, sondern auch sein 50jähriges Arbeitsjubiläum. (Walther)

Fritz Walther geschickt, und bald füllte sich die Bastion mit immer mehr Arbeitern. Schon 1951 mußte Fritz Walther an den Umzug in größere Räume denken. Er wollte ein neues Werk mitten in der Stadt bauen, denn dort befanden sich in zentraler Lage der Bahnhof, das Zollamt und die entsprechenden Behörden. Nach zähen Verhandlungen und mit Unterstützung des Stadtbaudirektors Guther erwarb die Firma schließlich ein größeres Grundstück in der Wilhelmstraße 28. Bereits im Oktober 1953 konnte dort der erste Neubau bezogen und mit der Herstellung einer neu projektierten Luftpistole begonnen werden.

DER WEITERE WEG

An eine Neuauflage der schon zur Legende gewordenen Faustfeuerwaffen der Zella-Mehlis-Produktion durfte allerdings vorerst nur gedacht werden, denn eine eigenständige Fabrikation scheiterte weiterhin an den behördlichen Genehmigungen. Wenn man die eigenen Entwicklungen schon nicht selber herstellen darf, dachte sich Fritz Walther, dann soll das eben ein anderer tun. Er schloß mit der Firma Hämmerli AG in der Schweiz ein Abkommen zur Fertigung der Sportpistole »Olympia« und mit der französischen Firma Manurhin (Manufacture De Machines Du Haut-Rhin) in Mühlhausen/Elsaß einen Vertrag über die Nutzung seiner Patente zur PP und PPK, die dort im Oktober 1952 in Produktion gingen.

Mittlerweile lockerten sich auch in der Bundesrepublik die waffenrechtlichen Beschränkungen. Unter gewissen Voraussetzungen gaben die Alliierten sogar einen Teil der beschlagnahmten Waffen zurück und erließen eine Amnestie für Besitzer, die ihre Waffen versteckt hatten. Die Industrie erhielt, wenngleich begrenzt, Ausfuhrgenehmigungen. Das bedeutete für die ehemaligen waffenproduzierenden Firmen, daß sie nun zu ihren alten Produkten zurückkehren konnten. Hierbei wurde jedoch noch lange Zeit die Herstellung von Waffen jeder Art kontingentiert und prozentual auf die gesamten Hersteller der Bundesrepublik aufgeteilt.

Für Walther bedeuteten diese Lockerungen sehr viel. Nach der Luftpistole folgte das erste KK-Gewehr und schließlich eine Schonzeitbüchse, die sich zum Exportschlager entwickelte. Die Zahl der Mitarbeiter war inzwischen auf 200 Personen angewachsen, und Fritz Walther

Freudig nahm Fritz Walther Anfang der 60er Jahre die Rudolf-Diesel-Medaille entgegen. Die Verleihung des Bundesverdienstkreuzes lehnte er jedoch ab. (Walther)

Ein Geschenk der Belegschaft. (Charlotte Bohn)

schmiedete neue Pläne. Nun stellte er zur Komplettierung der Manurhin-Lizenzpistolen ab 1953 Teile der PP und PPK her. Fritz Walther war wieder ganz auf sein Spezialgebiet konzentriert und konzipierte erst einmal eine Schreckschußpistole, zugeschnitten auf die Selbstschutz-Bedürfnisse von Frauen.

Da nun auch die Bundeswehr aufgebaut wurde und diese an der P 38 großes Interesse zeigte, begann man mit entsprechenden Vorarbeiten. Diese bereiteten dem Firmenchef manche schlaflose Nacht, denn er mußte, ohne daß die Lage restlos geklärt war, Investitionen tätigen, Kredite aufnehmen, den Fabrikraum vergrößern, Maschinen und Material ankaufen und schwierige Verhandlungen führen. Letztendlich wollte er unbedingt die vertraglich vereinbarten Lieferfristen einhalten. Tatsächlich konnten auch im Mai 1957 die ersten Pistolen ausgeliefert werden.

In der Zwischenzeit hatte die Firma das Fabrikgebäude vom Treuhänder der Stadt Ulm zum Gestehungspreis erworben. Die von der Stadt für den Bau aufgenommenen Bundes- und Landesdarlehen blieben zunächst als Hypothek stehen. Auch der bereits vor einiger Zeit projektierte zweite Bauabschnitt des Hauptgebäudes war fertig, die Susonotkirche umgebaut und der Shedbau hochgezogen worden. Von privaten Grundstücksbesitzern und der Stadt kaufte die Firma zwischen der Wilhelm-Syrlin- und Karlstraße weiteres Areal hinzu, und kurze Zeit später änderte sich die Adresse des Werkes in Karlstraße 33. Privat ließ sich Fritz Walther mit seiner Ehefrau im Jahre 1955 am Michelsberg nieder.

AUSZEICHNUNGEN, EXPANSIONEN UND ABSTIEG

In den 60er Jahren erhielt Fritz Walther in der Meistersinger-Halle zu Nürnberg die Rudolf-Diesel-Medaille, die er freudig annahm. Auch eine andere Auszeichnung sollte er erhalten, und Frau Gertrud meinte, daß man diese einfach nicht ablehnen könnte. »Doch«, sagte Fritz Walther, »man kann!« – Es war das Bundesverdienstkreuz.

1966 starb Fritz Walther in Alter von 77 Jahren. Sein Sohn Karl-Heinz nahm als Familiengesellschafter den Platz in der Firmenführung ein. Auch er kannte natürlich den Ausspruch seines Großvaters: »Alles so gut machen, daß es nie-

Karl-Heinz Walther
_* 3.11.1923_
_† 2.11.1983_

mand übertreffen kann.« Zunächst forcierte er den Bereich der Sportwaffen und führte neue Fertigungstechnologien ein. Neben seiner beruflichen Forderung stand er aber auch den Fach- und Schützenverbänden mit Rat und Tat zur Seite. Für seine Tätigkeit erhielt er die goldene Ehrenmedaille des Deutschen Schützenbundes. Gleichwohl flossen auch seine Erkenntnisse in die Fertigung des immer differenzierter werdenden Marktsegments der Sportgeräte ein. So setzte die Firma einen weiteren Meilenstein, der sich zu einem ganzen Programm entwickeln würde. Die Kürzel OSP und GSP fanden Eingang in die Sportgeschichte.

Mit Genugtuung konnte die Familie Walther im Jahr 1970 auf ein breit gefächertes Firmen-Imperium blicken: die Walther Büromaschinen GmbH mit Werken in Gerstetten und Niederstotzingen, die Walther Elektronik GmbH in Ulm, die Walther Feinmechanik KG in Königsbronn und natürlich die Carl Walther Jagd- und Sportwaffenfabrik in Ulm. Am 23. Oktober 1970 feierte man Richtfest für das sechste Werk in Wört, Kreis Aalen. In diesen neuen Produktionshallen mit ihrer Nutzfläche von etwa 5000 Quadratmetern sollten Teile, Unter- und Baugruppen für die Werke in Gerstetten und Niederstotzingen hergestellt und montiert werden. Die Bausumme betrug stolze 2,3 Millionen Mark, und den Bezug sah die Firma für den Januar 1971 vor. Ein Richtfest gab es auch am 6. November des Jahres für den dritten Bauabschnitt des Fabrikgebäudes in Ulm-Böfingen, mit dem Walther sein dortiges Werk um 1200 Quadratmeter vergrößerte, was noch einmal 1,2 Millionen Mark verschlang. Nutznießer sollte die »Walther Electronik GmbH« mit ihren 70 Mitarbeitern sein, deren Zahl auf 120 Beschäftigte stieg. Dazu kam das »Walther Entwicklungszentrum«, in dem die Ingenieure die Zukunft der Rechenmaschinen und Daten-Erfassungsgeräte für die Büromaschinen GmbH erarbeiteten. Im September 1970 hatte der Zweig in Königsbronn eine neue Montagehalle bezogen. 600 Quadratmeter standen nun für die Montage-Abteilung der WSR-Maschinen sowie für die Baugruppenmontage der Rechen- und Datenträgermaschinen zusätzlich zur Verfügung. Hier kam am 11. November 1970 noch eine 960 Quadratmeter messende Halle für eine Styropor-Schäumanlage hinzu.

Die Welt schien für Walther in Ordnung. Nur wenige sahen die dunklen Wolken am Horizont aufziehen, und ihre Warnungen schlug man in den Wind. Wenige Jahre später stand Karl-

Karl-Heinz Walther (rechts) im Gespräch mit Mitarbeitern.
(Walther)

Auch Jagdmesser aus dem Hause Walther gehörten kurz zum Lieferprogramm.
(M. Kersten)

Heinz Walther vor einer schwierigen Aufgabe: Die an Erfolg gewöhnte Firma mußte durch die Rezession gesteuert werden. Gleichzeitig erfolgten auf dem inländischen Markt herbe Einbrüche durch das 1972 neu aufgelegte Waffengesetz mit seinen Restriktionen. Alarm auch in anderen Sektoren: der Bereich der Büromaschinen ging vollkommen unter.

Völlig überraschend starb Karl-Heinz Walther am 2. November 1983, einen Tag vor seinem 60. Geburtstag, auf der Jagd an einem Herzinfarkt. Die Firmenleitung blieb zunächst in der Familie, denn bereits 1980 war Dipl.-Ing. Hans Fahr, ein Neffe Karl-Heinz Walthers, mit einem hundertprozentigen Vertrauensvotum des Walther-Stammes in die Leitung der Firma eingetreten. Genau zehn Jahre nach dem Aus für die Büromaschinen GmbH kamen schlimme Erinnerungen auf, denn es kriselte wieder ganz gewaltig: Nach Abwicklung sämtlicher Behördenaufträge entstand eine klaffende Lücke in der Produktion.

Am 19. Januar 1984 heftete die Geschäftsleitung ihre Prognose für die »Entwicklung im Geschäftsjahr 1984« ans schwarze Brett: *»In den letzten Jahren war unsere Produktionskapazität durch die Umrüstung der Polizei überproportional ausgelastet. Ende 1983 sind die öffentlichen Aufträge ausgelaufen, so daß 1984 die Umsatzerwartung um mindestens 20 Prozent reduziert werden muß. Diesen veränderten Bedingungen muß auch der Personalbestand angepaßt werden. Im Produktionsbereich sind dabei 20 Arbeitsplätze einzusparen. Naturgemäß würde eine Personalreduzierung zunächst die zuletzt Eingestellten, bzw. die »Doppelverdiener« betreffen. Um aber soziale Härten zu vermeiden, möchten wir zunächst alle Mitarbeiter ansprechen, die in ihren Familien über ein doppeltes Arbeitseinkommen verfügen, um festzustellen, wer für eine Übergangszeit bereit ist, das Arbeitsverhältnis vorübergehend ruhen zu lassen, bzw. in ein Halbtags-Arbeitsverhältnis umzuwandeln. Sobald der Personalbestand durch die natürliche Fluktuation auf die erforderliche Höhe gesunken ist, oder durch eine verbesserte Auftragslage mehr Mitarbeiter benötigt werden, kann das Arbeitsverhältnis auf Wunsch, unter voller Anrechnung der Betriebszugehörigkeit, im alten Rahmen fortgeführt werden. Die betroffenen Mitarbeiter werden wir in den kommenden Tagen schriftlich benachrichtigen. Wir hoffen auf Ihr Verständnis und Ihre Mithilfe.«*

Trotz aller aufgetürmten Schwierigkeiten konnte die Firma 1986 auf ihr 100jähriges Bestehen blicken. Von einer Euphorie war allerdings bei den großen Feierlichkeiten anläßlich der IWA nur vordergründig etwas zu spüren, denn bereits dreimal hatte die Firma vor dem Ende gestanden: 1918 nach dem Ersten und 1945 nach dem Zweiten Weltkrieg. Dann bröckelte 1974 der größte Teil des Firmen-Imperiums ab. Jetzt zeigten die Jahres-Bilanzen für 1986 und 1987 Verluste in Millionenhöhe, und 1988 verließ Hans Fahr als letzter Angehöriger der Familie Walther die Firmenleitung, weil ihm der Clan das Vertrauen entzogen hatte. Man dachte sogar schon an Konkurs, aber die Volksbank Ulm ließ einen solchen drastischen Schluß nicht zu. Zu diesem Zeitpunkt gehörten die Familienanteile noch ungefähr jeweils zur Hälfte den Familien Walther und Fahr.

Im Jahr 1990 gab die Firma Walther eine Pressenotiz heraus: *»Wir konzentrieren uns jetzt auf Sportpistolen und Luftdruckwaffen. Die P 38 wird weiterhin gebaut. TPH, PP und PPK gehen vorwiegend nach Südamerika, Portugal und Spanien. Infolge der Rezession in den USA sanken dort 1990 die Verkaufszahlen der P 88 auf 5000 Exemplare.«*

Das klang nicht gerade nach einer hoffnungsvollen und in die Zukunft weisenden Firmenpolitik. So bezeichneten auch viele die durchgeführte Gesundschrumpfung eher als eine

Amputation. Alles, was sich irgendwie verkaufen ließ, wurde zu Geld gemacht. Dazu gehörte nicht nur das Firmengelände samt Gebäuden, sondern auch die besten und teuersten Gildemeister-Präzisionsmaschinen, das Handwerkzeug der Walther-Leute. Fortan mußten Läufe und Schäfte – die jetzt aus Tirol kamen – eingekauft werden. Neben der Schäfterei und Härterei wurde auch die Werkzeugschleiferei dicht gemacht. Nach der Freien Pistole fielen die Kleinkaliber-Gewehre aus dem Programm. Das brachte den Konkurrenten einen erfreulichen und unerwarteten Gewinn von Marktanteilen. Die letzten Markstücke brachten einige Exemplare aus der hauseigenen Sammlung.

Auf der Nürnberger IWA-Fachmesse 1994: Der russische Nationaltrainer Oleg Lapkin (v. l.), Europameisterin Anna Maloukhina und Walther-Chef Wulf-H. Pflaumer. (Umarex)

UMAREX KAUFT WALTHER

Nicht wenige Brancheninsider schauten verblüfft, und bei der Konkurrenz schlug die Nachricht wie eine Bombe ein: Umarex kauft Walther. Daß die Carl Walther GmbH in einer Krise steckte, war allen längst bekannt, und auch über einen eventuellen Verkauf war einiges durchgesickert. Allerdings stand für viele fest, daß die österreichische Firma Steyr-Mannlicher den Zuschlag bekommen würde, denn ein Vorvertrag lag bereits unterschrieben auf dem Schreibtisch.

Aber schnelle, wohl überlegte Entschlüsse gelten als eine Eigenschaft der Umarex-Chefs Wulf-H. Pflaumer und Franz Wonisch. Nicht umsonst wiesen die Bücher in Arnsberg für 1993 einen Umsatz von 115 Millionen Mark aus. Den Löwenanteil daran brachten die in jenem Jahr 1,1 Millionen verkauften Gas- und Signalpistolen, von denen allein die ehemaligen Ostblock-Länder 350 000 Stück abnahmen. Rückwirkend zum 1. Januar 1993 kaufte nun die Umarex-Tochter »PW Interarms GmbH« 90 Prozent der Walther-Anteile. Die restlichen zehn Prozent verblieben bei Karl-Heinz Walthers Frau Ira und Sohn Jürgen.

In Arnsberg liefen die Telefone heiß und jeder wollte wissen, wie es weitergehen würde. »Unser erstes Ziel ist der Rückgewinn der Marktbedeutung von Walther«, konnte jeder erfahren der es wissen wollte. Um das zu erreichen, stellten die Firmenchefs erst einmal 10 Millionen Mark für den Sportwaffenbereich zur Verfügung. Den 1,5 Millionen im DSB und anderen Verbänden organisierten Sportlern mußten adäquate, ultramoderne Sportgeräte mit dem neuen Know-how aus dem Hause Walther angeboten werden.

Das Walther-Banner besaß bereits früher eine große Bedeutung für Umarex. Schließlich waren die ab Oktober 1989 in Lizenz mit dem Signet gebauten Signalwaffen PP, PPK und P 88 die Renner auf dem internationalen Markt und damit die größten Umsatzträger. Erstmals auf der IWA '94 lief nun die Vorstellung der Walther GmbH unter der Regie von Umarex. Europameisterin Anna Maloukhina und der russische Nationaltrainer Oleg Lapkin reisten eigens für diese Veranstaltung aus Moskau an, hielten Pressekonferenzen und stellten das neue Erfolgs-Luftgewehr LGM 2 vor. Die permanent umlagerten Stände hatten aber noch mehr zu bieten: Neben dem Standardprogramm sorgten die neue CPM Atlanta und OSP 2000 für Aufsehen.

Nur einige Monate später hieß es: »An alle Schützensportvereine! Machen Sie mit beim WaltherCup '94!« Die neuen Chefs hatten sich eine ungewöhnliche Publicity-Kampagne einfallen lassen, die gleichzeitig dazu diente, den Breitensport und die Nachwuchsförderung beim Schießen anzuregen. In Zusammenarbeit mit dem Deutschen Schützenbund und mit aktiver Unterstützung durch dessen Präsidenten Ambacher fand ein Luftgewehr-Wettkampf statt, an dem sich Teams aus der ganzen Bundesrepublik beteiligen konnten. Während bei allgemein übli-

chen Wettkämpfen Pokale oder kleinere Sachpreise an die Gewinner gehen, fuhr Walther schwere Geschütze auf, wobei der Hauptgewinn – ein Mercedes-Benz C 180 Sport – schon als »Dicke Berta« bezeichnet werden kann. Auf der Olympia-Schießanlage in München-Hochbrück fand das Finalschießen mit Walther-Luftgewehren während der Deutschen Meisterschaft statt. Die aus den Vorentscheidungen hervorge-

Ein Kreis schließt sich

In Zella-Mehlis begonnen, schloß sich mit der Übernahme von Walther durch Umarex ein Kreis. Während die Walthers in Heidenheim ein neues Domizil fanden, hatte es Walter Riem nach Arnsberg verschlagen. Hier gründete er zusammen mit den Brüdern Karl und Paul Mayer die »Feinmechanische Fabrik Mayer & Riem«. Da auf eine Waffenproduktion verzichtet werden mußte, tat Walter Riem es seinem ehemaligen Chef gleich und konstruierte Rechenmaschinen. Anfang der 50er Jahre lockerte sich das Besatzungsrecht und Riem griff auf seine ehemalige Erfindung zurück – die Gas- und Schreckschußpistole »Modell G«. Selbst heute noch gehört dieses Erfolgsmodell zum Umarex-Programm. Walther Riem starb 1955, und die Mayer-Brüder übernahmen die Firma.

Josef Ambacher, DSB-Präsident und Förderer des WaltherCups

gangenen 20 besten Mannschaften traten vor zahlreichem Publikum in den Endkampf. »Der Bund« aus München siegte, gefolgt von den Teams aus Rodach und Ödernhardt. Den Mercedes nahm der Einzelkämpfer Hannes Hirschvogel mit nach Hause.

Auch die IWA '95 stand ganz im Zeichen des neuen Kleinkaliber-Gewehres KK 200 Power Match, konzipiert für den Olympischen Dreistellungskampf. Spitzenschützen wie Olympiasieger Malcolm Cooper oder Weltmeister Hubert Bichler, der maßgeblich an der Konstruktion dieses neuen Geräts beteiligt war, gehörten zu den illusteren Gästen. Für ausgesuchte Fachleute gab es einen weiteren Leckerbissen: Sie konnten hinter verschlossenen Türen die neu entwickelte Großkaliberpistole P 99 zu Gesicht zu bekommen.

Unter der neuen Führung ging es Schlag auf Schlag. »Mit Preßluft in die Zukunft« war die Devise des WaltherCups 1995. Der Slogan kam nicht von ungefähr, denn die neue »LP 200 Power Air« schickte sich an, den Markt zu erobern. Bereits Monate vor dem Wettkampfereignis lagen die Informationsbroschüren bereit. Ein VW Golf Cabrio »WaltherCup« prangte als Hauptgewinn auf der Titelseite. Und dahinter – nur nebulös erkennbar – die »Power Air«. Sie stand im Mittelpunkt, denn nur mit diesem, vom Hersteller für den Endkampf bereitgestellten Gerät durften die entscheidenden Schüsse abgegeben werden. Als Sieger ging der 38jährige Zahnarzt Eberhard Jungbauer aus Deggendorf aus dem Match hervor.

Bislang mit getrennten Ständen auf der Nürnberger Fachmesse präsent, zeigten Walther und Umarex auf der IWA '96 erstmals ihre Produkte auf einem gemeinsamen Areal. Ein eigens aufgebauter Schießstand ermöglichte es dem Besucher, die neuen Walther-Sportwaffen direkt zu testen. In der Tat gab es schon wieder Neuigkeiten, darunter die »LP 200 Power Air« mit Preßluftantrieb und waagerechter Kartusche, die »LP 201« mit Preßluftantrieb und senkrechter Kartusche, die »CP 200« mit CO_2-Antrieb und waagerechter Kartusche, die »CP 201« mit CO_2-Antrieb und senkrechter Kartusche, sowie die »LPM 1« mit Spannsystem. Dazu stieg Walther mit einer weiteren Produktgruppe erstmals in den Markt ein, deren Dominanz bisher bei amerikanischen Firmen lag: CO_2-Pistolen für Freizeit, Training und Wettkampf, die Originalmodellen gleichen. Während die US-Modelle alle aus Kunststoff bestanden, ging Walther/Umarex einen neuen Weg und präsentierte ein aus Metall hergestelltes Modell der P 88 Compact, das im Gewicht, in den Bedienelementen und der Funktion vollkommen der scharfen Waffe entsprach. Ferner ruhte die P 99 nun für jedermann sichtbar in der Vitrine. Um auch Interessenten ohne Waffenbesitzkarte die Möglichkeit zum Erwerb einer P 99 zu geben, präsentierte Walther dieses Modell gleich auch als Gas- und Schreckschußpistole.

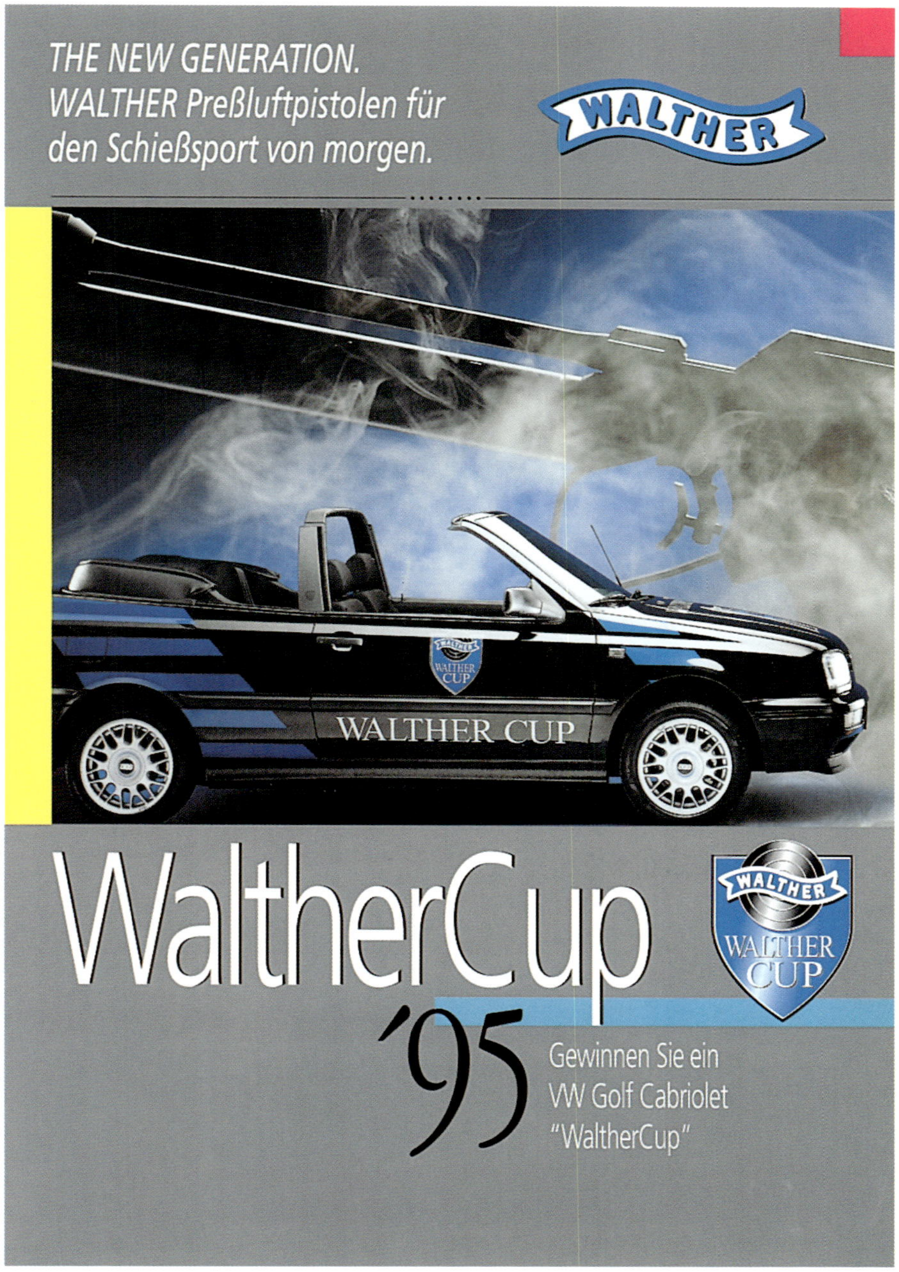

Mit dem WaltherCup starteten die neuen Chefs eine ungewöhnliche Werbeoffensive, um dem Namen Walther wieder die volle Geltung im Sportbereich zu bringen.
(Umarex)

Mit der Übernahme durch Umarex änderte sich die Adresse des Hauses Walther zum dritten Mal in diesem Jahrhundert. Einst war es Zella-Mehlis an der Langenwiese, Anfang 1950 die Karlstraße 33 in Ulm. Und nun lautet die Anschrift der Zentralverwaltung »Umarex/Walther, Donnerfeld 2 in 59757 Arnsberg«. Hier, in einer der schönsten Ecken Nordrhein-Westfalens, im produktionstechnischen und administrativen Schwerpunkt – obwohl die Wurzeln des Unternehmens eigentlich genau wie die von Walther im thüringischen Zella-Mehlis liegen.

Die Zentralverwaltung in Arnsberg. (Umarex)

Blick auf Arnsberg im idyllischen Sauerland.

UNTERNEHMENS-GRUPPE UMAREX

Im Jahr 1952 nahm die Mayer & Riem KG die Produktion der Start-, Signal- und Gaspistole »Perfekta« wieder auf. Die schnell wachsende Fertigung führte zu neuen Organisationsformen, die 1972 unter Leitung von Wulf-H. Pflaumer und Franz Wonisch zur Gründung der Umarex-Firmengruppe führte. Geschickt baute die Unternehmensleitung ein integriertes Netzwerk von Spezial- und Zulieferfirmen auf, die sich gegenseitig ergänzen und in Zusammenarbeit mit internationalen Partnern und Tochtergesellschaften für eine starke Position im Inland wie auf dem Exportmarkt sorgten: Dazu gehören Lizenz- und Kooperationsverträge mit anderen Waffenherstellern wie Daisy und Marksman im Freizeit- und Luftdruckwaffenbereich oder auch mit renommierten Firmen wie Smith & Wesson, FN/Browning und Colt zwecks Verwendung der Markenzeichen bei Gas- und Schreckschuß-Nachbauten. So startete Umarex 1996 eine breit angelegte Marktoffensive bei CO_2- und Signalwaffen mit einer geplanten Produktpalette, an deren Ende ausbaufähige Colt M 1911er Kopien im IPSC-Stil, komplett mit Kompensatoren, Tuningteilen und variablen Griffschalen stehen.

HighEnd Cad-Systeme in der Entwicklungsabteilung.
(Umarex)

Solche Vorstöße wären nicht möglich ohne den entsprechenden Rückhalt: Die Arnsberger Firmenleitung verstand es, in den letzten Jahren eine verschworene Gruppe von einfallsreichen Mitarbeitern um sich zu scharen, die Denkanstöße schnell aufgreift, neue Ideen umsetzt und zuverlässig von der ersten Planung bis zur serientechnischen Verwirklichung begleitet.

Gleichzeitig entwickelte sich in der Firmengruppe das entsprechende logistische Netzwerk, zu dem beispielsweise die Fürstenberg Holzwaren GmbH gehört, in der die Gewehrschäfte und Griffschalen entstehen. Die PW Arms-Geschäfte in Dortmund und Wien stellen nicht einfach nur Verkaufsstellen dar, sondern dienen als Testfelder für Werbemaßnahmen, neue Produkte und Verkaufsformen. Darüber hinaus besitzt Umarex einen 30prozentigen Anteil an der Pyrotechnik Silberhütte GmbH (an der auch Rheinmetall beteiligt ist), einem Hersteller von Feuerwerksartikeln, Gas-, Signal- und Knallmunition, mit gut zwei Jahrhunderten Tradition. Diese Verbindung erweist sich natürlich als äußerst nützlich bei der Entwicklung neuer Gas- und Alarmwaffen.

Der Arnsberger Komplex beschränkt sich aber nicht nur auf Waffen, sondern besitzt in einem Geschäftsfeld für Freizeit und Sport ein breites Warenangebot, das von Fahrradzubehör bis zum Trekkingzelt reicht und den Luftdruck- und Freizeitwaffenbereich gut ergänzt. Auf der anderen Seite existiert in der Firmengruppe der optoelektronische und feinmechanische Betrieb Mayer & Wonisch GmbH & Co. KG, dessen Know-how auch auf allen anderen Fertigungsebenen einfließen kann. Mit solch einer geballten Portion von Know-how und Produktionsfähigkeit im Rücken braucht eine Firmengruppe

Die geschäftsführenden Gesellschafter Franz Wonisch und Wulf-H. Pflaumer, von links nach rechts

Franz Wonisch ist Techniker mit Leib und Seele. Aus einer Handwerksfamilie stammend, hält es ihn nach Abschluß seiner Ausbildung zum Elektromechaniker nicht mehr in seiner Heimat Steiermark. Er siedelt nach Essen um und findet eine Anstellung in der Entwicklungsabteilung des Essener Unternehmens ELMED.
Bereits mit 24 Jahren übernimmt er die Entwicklungsabteilung im Unternehmen seines Schwiegervaters und wird nach weiteren 3 Jahren Mitgesellschafter. Mit 36 Jahren folgt dann die Entscheidung zur Selbstständigkeit. Er gründet die Firma Mayer & Wonisch. Seit dem Ausscheiden des Schwiegervaters aus der Firma Umarex ist er zusammen mit seinem Partner Wulf-H. Pflaumer geschäftsführender Gesellschafter.

Familientradition bestimmt den Lebenslauf von Wulf-H. Pflaumer. Bereits in fünfter Generation beginnt er seine berufliche Laufbahn mit einer Ausbildung zum Messerschmied. Nach dem Schulabschluß der HTBL Ferlach, Abteilung Büchsenmacher, legt er seine Meisterprüfung bei der renommierten Waffenschmiede Springer´s Erben in Wien ab. Sein kaufmännisches Know-how erwirbt sich der Praktiker durch seinen Wechsel zum Versandhaus-Giganten Neckermann.
Mit 29 Jahren beginnt er seine Unternehmertätigkeit bei der Gründungsfirma der heutigen Umarex-Unternehmensgruppe. Als geschäftsführender Gesellschafter leitet er zusammen mit seinem Partner Franz Wonisch bis heute erfolgreich das Unternehmen.

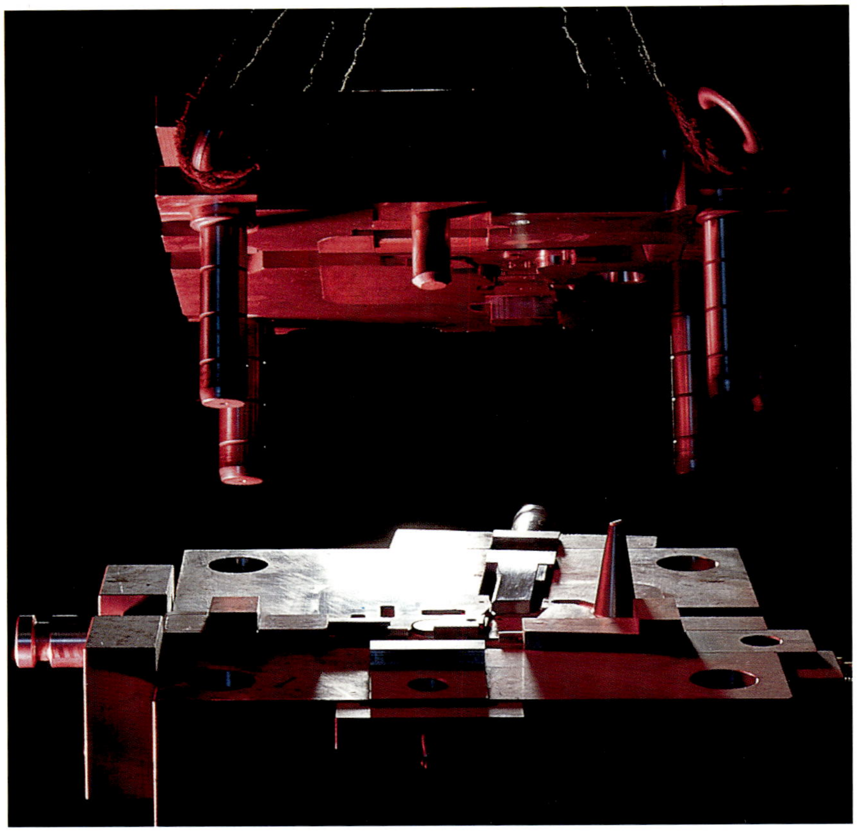

Bilder aus dem Werkzeugbau. *(Umarex)*

sich nicht auf das Inland beschränken, weshalb Wulf-H. Pflaumer und Franz Wonisch schon vor Jahren den Einstieg in ausländische Märkte wagten und sich besonders in Österreich und Rußland engagierten.

So konnte der Konzern 1996, knapp ein Vierteljahrhundert nach seiner Gründung, auf eine durchaus stolze Erfolgsbilanz zurückblicken: Die rund 300 Mitarbeiter erwirtschafteten allein in diesem Jahr über 80 Millionen Mark. Dazu kamen noch einmal 90 Millionen Gesamtumsatz der internationalen Tochter- und Partnergesellschaften – nicht zu vergessen die sportlichen Erfolge bei der Olympiade in Atlanta.

MITGLIEDER DER UMAREX-GRUPPE

UMAREX Sportwaffen GmbH & Co. KG, Arnsberg

Carl Walther GmbH Sportwaffen

Mayer & Wonisch GmbH & Co. KG

Pyrotechnik Silberhütte GmbH, Silberhütte

Fürstenberg Holzwaren GmbH, Arnsberg

Umarex Sport & Freizeit GmbH & Co. KG, Österreich

Umarex Moskau GU AG, Rußland

PW ARMS GmbH & Co. KG, Dortmund

PW ARMS Sportwaffen GmbH & Co. KG, Österreich

DIE PISTOLEN

WALTHER

Nr. 486.
Lokal-Zeitung.
Deutsche
Selbstlade-Pistolen
Walther
WALTHER
Caliber
6.35
Walthers Patent Mod. 9
Walther's Patent Cal. 7.65

MODELL 1

Um die Jahrhundertwende boomte der zivile Waffenmarkt. Sogenannte Taschenpistolen im Kaliber 6,35 und 7,65 mm bestimmten das Bild. Die große Nachfrage ging nicht zuletzt auf die genialen Konstruktionen von John Moses Browning für die belgischen FN-Werke zurück. Jetzt sprangen andere wie Nikolaus Dreyse oder die Steyr-Werke auf den Zug, aber auch kleinere Firmen beteiligten sich an diesem Marktsegment, welches vor allem mittelständischen Handwerkern noch eine Chance zu bieten schien.

Ein Wort zu den Ausführungen

Für den Sammler sind die verschiedenen Ausführungen eines Modelles interessant. Diese gründen sich zunächst einmal auf eine vereinfachte Herstellung und auf das Einfließen neuer, konstruktiver Erkenntnisse. Auch Kundenwünsche gingen oft direkt in die Fabrikation ein. Damit nicht genug: Im Verlauf der Herstellung kam es immer wieder zu Vermischungen von neuen und alten Einzelteilen. Änderungen der Beschriftung rundeten das Bild ab. Es entstand so ein Wust an Varianten. Eine Entwirrung und damit eine klare Auflistung aller Variationen sind deshalb nicht möglich. Man stelle sich zum Beispiel beim Artenreichtum des Modells 4 vor, nun noch jede Variante zusätzlich mit einer Laufhülse, entweder mit rundem oder dreieckigem Korn zu versehen – was durchaus möglich ist. Allein diese Pistole würde für sich ein eigenes Sammelgebiet darstellen. Weiterhin kann eine Waffennummer nie als Einordnungsfaktor herangezogen werden. Dieses Buch geht zwar näher auf die Unterschiede ein, jedoch sind nur solche Waffen als eigenständige »Ausführungen« bezeichnet, bei denen dieser Anspruch auch firmenseitig gegeben war. Pistolen mit weiteren Unterscheidungsmerkmalen können lediglich als Varianten dieser Ausführungen angesehen werden. Und da ist man bei jeder Waffe, die auf dem Sammlermarkt auftaucht, vor neuen Überraschungen nie sicher.

Ein frühes Modell mit der Nummer 3093. Es besitzt 13 Spannrillen und bereits den Hinweis »D.R.P. & Auslandspatente« auf dem Verschlußstück. (M. Kersten)

Daten Modell 1	
Herstellung	1908
Kaliber	6,35 mm
System	Rückstoßlader
Verriegelung	Masseverschluß
Sicherung	Knopfsicherung
Gewicht, leer	375 g
Länge	113 mm
Höhe	82 mm
Breite	22 mm
Lauflänge	54 mm
Züge	4
Drall	rechts
Magazinkapazität	6 Patronen
Material	Stahl
Finish	brüniert
Griffschalen	Hartgummi

Zu den kuriosen Exemplaren zählt eine späte Pistole mit der Nummer 16 070. Die 12 Spannrillen besitzen eine ungewöhnliche Form und sind nicht in der bekannten, nach oben durchgezogenen Form eingebracht. Die Griffschalen bestehen aus Horn. (M. Kersten)

Auch die Walthers wandten sich diesen Taschenpistolen zu. Allerdings nicht so, wie es viele ihrer Konkurrenten praktizierten. Carl Walther und seine Söhne kopierten nicht, und schon der erste Entwurf aus dem Jahr 1908 zeigte die unabhängige Denkweise. Am 8. August 1909 erhielt Carl Walther unter der Nummer 235 994 für die Konstruktion des Modells 1 sein erstes Patent.

Ausführungen

Beim Modell 1 kam es zu Ausführungen mit und ohne Verschlußstücksperre. Die frühen Modelle besaßen 17, spätere 13 oder 12 senkrecht angeordnete Spannrillen. Auch verschiedene Beschriftungen gibt es. Neben »SELBSTLADE-PISTOLE CAL. 6,35/ PATENT« ist recht häufig der Eintrag »WALTHER'S SELBSTLADEPISTOLE CAL. 6,35/ D.R.P. & AUSLANDSPATENTE« zu finden. Dabei steht »DRP« für »Deutsches Reichs-Patent«. Bekannt ist ebenfalls der Patenthinweis: »E.R.G.M. IN- & AUSLANDSPATENT AFG.« Später änderte sich die Inschrift in »SELBSTLADE-PISTOLE CAL. 6,35, WALTHER'S PATENT (Walther-Banner)«. Hinzu kommen Sonderausführungen mit einem 18 Zentimeter langen Lauf. Sie wurden im Jahre 1913 in einer geringen Stückzahl nach Österreich geliefert.

Diese halbautomatische Taschenpistole besteht nur aus wenigen Einzelteilen. Etwa die Hälfte des oberen Verschlußstückbereichs ist offen. Der feststehende Lauf wird durch eine aufschraubbare Hülse verdeckt, die vorn ein Korn trägt. Lediglich eine Visiernut, in der vorn der Auszieher eingelagert ist, ermöglicht eine gewisse Zielaufnahme. Unter dem Laufmantel liegt die Schließfeder samt Führungsstange. Eine Zündung erfolgt über den vorgespannten, an einer Nase gehaltenen Schlagbolzen, in dessen hinterem Hohlraum die Schlagbolzenfeder Halt findet. Hinten stützt sie sich – durch eine kleine Führungsstange gehalten – an einem Ausleger des Griffstücks ab. Die Abzugstange sitzt eingebettet in der linken Griffstückseite, der dornförmige Zerlegehebel ist vorn im Abzugbügel beweglich gelagert. Ein verschiebbarer Sicherungsknopf, der innen einen Sperr-Riegel bedient, befindet sich auf beiden Seiten des Griffstücks, unterhalb der Spannrillen. Bei einer späteren Ausführung kam eine Verschlußstück-Sperre hinzu. Das Magazin wird durch einen untenliegenden Magazinhalter arretiert, der Hülsenauswurf erfolgt konstruktionsbedingt nach oben. Auf dem Verschlußstück unterhalb der Spannrillen sind die Buchstaben »S« und »F« für die gesicherte und feuerbereite Stellung eingeschlagen. Die Seriennummer steht auf der linken Seite des Griffstücks, hinter dem Sicherungsknopf. Auf der rechten Verschlußstückseite am Anfang der Ausfräsung findet sich in der Regel das Beschußzeichen »Krone über N« und auf der entsprechenden Griffstückseite hinter dem Sicherungsknopf die Stempelung »Walther's Patent«. Die Griffschalen mit eingeprägtem Fischhautmuster tragen das CW-Logo. Bei den späteren Versionen kam es erstmalig zum Walther-Banner.

Raritäten: die Langlauf-Modelle aus der Österreich-Lieferung, hier die Seriennummer 20 464. (Rankin)

Ein spätes Modell 2 mit der Nummer 41406: Mit der nur 250 Gramm leichten Mini-Waffe brachte Walther 1909 die zur damaligen Zeit kleinste Taschenpistole heraus.
(M. Kersten)

MODELL 2

Gemäß dem Anspruch eines guten Konstrukteurs, nie mit seiner abgelieferten Arbeit zufrieden zu sein, widmete sich speziell Sohn Fritz der Verbesserung des Modells 1. 1909 lag bereits das zweite Modell vor. Noch war deutlich der Einfluß der ersten Pistole zu erkennen, aber ebenso deutlich auch die konstruktiven Änderungen. Jetzt besaß die Waffe ein geschlossenes Verschlußstück, was eine Auswurföffnung nötig machte.

Walther stellte diese Pistole in zwei unterschiedlichen Ausführungen her. Die zweite Version zeichnete sich durch eine besondere Visierung aus: »Automatisches Visier« nannte Fritz Walther seine Erfindung, bei der die Kimme erst hervortrat, wenn sich eine Patrone im Lager befand. Besonders häufig wurde diese Version jedoch nicht verkauft.

An der Laufmündung der Pistole befindet sich eine gerändelte Mutter, die zum Zerlegen abgenommen werden muß. Gleichzeitig dient sie als Gegenlager der Schließfeder, die hier anders als beim Modell 1 um den Lauf geführt wird. Eine technische Neuerung also, die heute aus

Fritz Walther selbst stellte seine Erfindung so vor: »Mit der Walther-Selbstlade-Pistole mit automatischer Visierung ist eine Taschenwaffe erschienen, die alle Vorzüge bisher bekannter Selbstlade-Pistolen Kaliber 6,35 mm in den Schatten stellt. Das Gewicht von nur 250 Gramm macht die Walther-Selbstlade-Pistole zu der leichtesten und kleinsten aller zur Zeit auf dem Markte befindlichen Taschenpistolen im Kaliber 6,35 mm. Die Konstruktion mit den verschiedenen, ganz hervorragenden Neuerungen ist durch deutsche Reichs- und Auslandspatente sowie durch eine Anzahl von Gebrauchsmustern geschützt. Beide Modelle besitzen feststehenden Lauf und gefederten Verschluß, ohne mechanische Verriegelung. Die der natürlichen Hand angepaßte äußere Form sowie die Schloßkonstruktion sind bei beiden Modellen dieselbe. Die folgende Beschreibung gilt daher nicht nur für die Pistole mit automatischer Visierung, sondern auch für die Pistole mit glatter Visierrinne. Wenn die Waffenfabrik zwei Modelle gleichen Kalibers herstellt, so geschieht dies nur deshalb, um das Publikum, welches Wert auf eine einfache, trotzdem aber gute Waffe legt, zufriedenzustellen. Der Umstand, daß bei der neuen Walther-Selbstlade-Pistole nur Spiralfedern Verwendung finden, bürgt in Verbindung mit der durchaus fachmännischen Leitung, unter welcher diese Waffe hergestellt wird, für eine absolut sichere Funktion derselben. Außerdem werden bei der Fabrikation nur die ausgesucht besten Materialien mit Hilfe moderner Spezialmaschinen verarbeitet. Die inneren, stark beanspruchten Schloßteile, werden u.a. aus bestem schwedischem Uhrfederstahl hergestellt. Irgendein Bruch derselben ist daher vollständig ausgeschlossen. Als konkurrenzlose, hochwichtige Neuerung muß das automatische Visier bezeichnet werden, womit das eine Modell ausgestattet ist. Man ersieht an der Stellung des Visiers sofort, ob sich eine Patrone im Lauf befindet oder nicht. Man nimmt dies auch in der größten Dunkelheit durch Tasten mit der Hand wahr. Von großer Wichtigkeit ist ferner die Magazinsicherung desselben Modells: Diese ist derart konstruiert, daß die Pistole auf jeden Fall gesichert ist, sobald das Magazin sich nicht in dem Griffstück befindet. Die mattierte Visierschiene der Walther-Selbstlade-Pistole mit automatischer Visierung verleiht der ganzen Waffe ein vornehmes Aussehen. Der außerordentlich leichte Abzug ermöglicht dem Schießenden einen sicheren Anschlag und ein gutes Abkommen. Die Sicherung ist als Drehsicherung ausgebildet und hat eine dreifache Wirkung, indem sie gleichzeitig Hahn, Abzug und Abzugstollen sichert. Die Pistole läßt sich nur im gespannten Zustand sichern und in gesichertem Zustand völlig gefahrlos entladen. Die Abzugvorrichtung ist so konstruiert, daß die Pistole nur durch den Druck auf den Abzug abgefeuert werden kann. Ein unwillkürliches Losgehen derselben ist daher vollständig ausgeschlossen. Das Magazin faßt sechs Patronen, eine siebte kann in den Lauf eingeführt werden. Die äußere Form ist eine gefällige und glatte. Irgendwelche Vorsprünge sind nicht vorhanden. Die Pistole kann aus diesem Grund bequem in der Westentasche untergebracht werden. Sie liegt sicher in der Hand und der Rückstoß beim Schießen ist kaum wahrzunehmen. Das Zerlegen ist infolge der einfachen Konstruktion der Pistole sehr leicht und kann von jedem Laien in wenigen Sekunden mit einigen Handgriffen ohne Zuhilfenahme irgendeines Werkzeuges vorgenommen werden. Dabei ist ein Verlieren oder ein falsches Einsetzen der inneren Teile vollständig ausgeschlossen, da dieselben alle fest angebracht sind und nicht herausfallen können. Die Treffsicherheit ist hervorragend, was durch den feststehenden Lauf bedingt wird.«

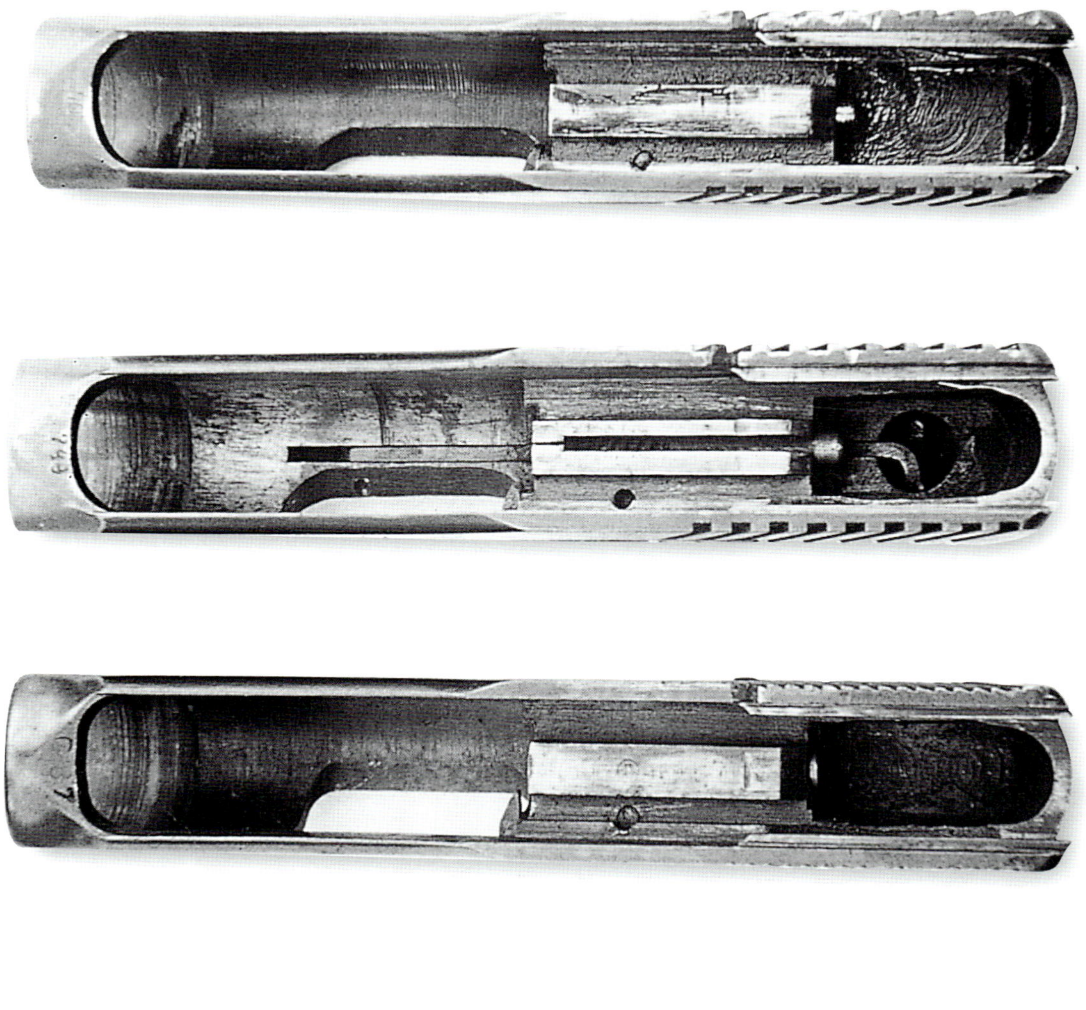

Verschlußstücke von innen (von links): Modell 5, Modell 2 mit automatischer Kimme, Modell 2 mit Visierrille. (Walther)

Ungewöhnlich ist die Beschriftung mit »Mod. 2«, die offensichtlich nicht zu den regulären Bezeichnungen gehörte. Als einzige logische Erklärung bietet sich an, daß dieses Stück ursprünglich zur Walther-Sammlung oder Versuchswerkstatt in Zella-Mehlis gehörte. Um besser differenzieren zu können, kennzeichnen selbst heute noch einige Firmen ihre Prototypen und Versuchsstücke in ähnlicher Art. Diese These wird durch die Existenz von weiteren Zusatzbeschriftungen mit derselben Frästype auf anderen Modellen gestützt.
(Rankin)

Ausführungen Modell 2:
Das Modell 2 wurde mit Visierrille oder mit automatischem Visier angeboten. Die linksseitige Verschlußstückinschrift lautet: »SELBSTLADE-PISTOLE CAL. 6,35. WALTHER'S Patent«. Darunter das Walther-Banner.

Daten Modell 2	
Herstellung	1909
Kaliber	6,35 mm
System	Rückstoßlader
Verriegelung	Masseverschluß
Sicherung	Hebelsicherung
Gewicht, leer	276 g
Länge	114 mm
Höhe	77 mm
Breite	23 mm
Lauflänge	53 mm
Züge	6
Drall	rechts
Magazinkapazität	6 Patronen
Material	Stahl
Finish	brüniert
Griffschalen	Hartgummi

der Waffentechnik nicht mehr wegzudenken ist. Die Auswurföffnung liegt auf der rechten Seite, der Auszieher außen. Anstelle des Sicherungshebels trat ein Druckknopf, und die Abzugstange wird nun innerhalb des Griffstücks geführt. Die Verschlußstücke beider Ausführungen besitzen neun breite, schräggestellte Spannrillen. Das ist als Unterscheidungsmerkmal für den Sammler wichtig, da das spätere Modell 5 sechzehn schmale Rillen aufweist. Sogenannte Übergangsmodelle, wie sie in der Vergangenheit in der Fachliteratur propagiert wurden, gab es nicht. Die Waffennummer des Modells 2 ist auf der rechten Seite des Abzugbügels eingeschlagen, während sie beim Modell 5 auf der linken Griffstückseite hinter dem Abzug steht.

Dieses kleine Modell 2 fand auch in Behördenkreisen starke Beachtung. Leider liegen keine näheren Auskünfte mehr vor, welche Städte- und Gemeindepolizeien nun diese Pistolen in ihre Uniformtaschen steckten. An den Einschlag eines Eignerstempels dachten die Behörden damals noch nicht, und so lassen sich derartige Waffen nicht zuweisen.

MODELL 3

Kaum ein Jahr nach dem Modell 2 lag das Modell 3 auf den Ladentischen. Erstmals hatte Walther das Kaliber 7,65 mm verwendet, was sich deutlich auf die Maße der Waffe auswirkte. Bei den ersten Waffen wurde noch auf das Walther-Banner verzichtet, weil die jetzt linksliegende Auswurföffnung den ohnehin knapp bemessenen Platz für die Firmen-Stempelung zusätzlich einschränkte. Später praktizierte Walther wieder die bereits beim Modell 1 eingeführte Möglichkeit: Die Schrift rückte nach oben, um darunter noch das Banner einschlagen zu können.

Die Produktion, oder zumindest der Zusammenbau, sowie der Vertrieb lagen nicht allein bei Walther. So sind verschiedene Exemplare bekannt, die von den »VULKAN«-Werken in Solingen stammen und eine entsprechende Beschriftung tragen. Es ist durchaus möglich, daß Walther gegen Ende der Produktion Restteile dorthin verkaufte, um Platz für das Folgemodell Nr. 4 zu bekommen. Einleuchtender ist aber eine noch heute praktizierte Marktstrategie: Wahrscheinlich gingen die VULKAN-Modelle ins Ausland. Das zumindest könnte die Stempelung des Zwischenhändlers »TENSON« aussagen. Wenn Walther nun keine Ausfuhrgenehmigung besaß, war es leicht, eine andere Firma damit zu beauftragen. Der Name Walther erschien nicht, folglich lagen VULKAN-Produkte vor. Eine Auftragsarbeit im Namen von Walther kommt wohl kaum in Frage, denn dann wäre mit Sicherheit das Walther-Banner eingesetzt worden. So fehlt bei diesen seltenen Stücken auch das CW-Logo auf den Griffschalen. Hierfür steht im Oval die Bezeichnung »Caliber 7,65«.

Auf den ersten Blick besteht eine gewisse Ähnlichkeit mit dem Modell 2. Beim näheren Vergleich fallen jedoch die gravierenden Unterschiede auf: Die Spannrillen stehen senkrecht, und die Auswurföffnung liegt auf der linken Seite. Anstelle der gerändelten Laufmutter tritt jetzt ei-

Ausführungen Modell 3:
1. normale Walther-Fertigung, 2. mit verlängertem Lauf, 3. die VULKAN-Fertigung. Zuerst besaß das Modell 13, später 12 senkrechte Spannrillen. Die Inschriften variieren zwischen: »SELBSTLADE-PISTOLE CAL. 7,65. WALTHER'S-PATENT«, dito mit Walther-Banner. Die VULKAN-Ausführung, links: »Messerfabrik VULKAN G.m.b.H. Solingen, Germany«, rechts: »TENSON registered trade mark«

Gegensätze: Modell 3 und Modell 4. *(M. Kersten)*

Eine Rändelung an der Verschlußhülse fiel weg, dafür kam eine Verschlußstücksperre hinzu. *(M. Kersten)*

Rarität: Modell 3 mit langem Lauf.
(Rankin)

Daten Modell 3	
Herstellung	1910
Kaliber	7,65 mm
System	Rückstoßlader
Verriegelung	Masseverschluß
Sicherung	Hebelsicherung
Gewicht, leer	467 g
Länge	127 mm
Höhe	87 mm
Breite	28 mm
Lauflänge	64 mm
Drall	rechts
Magazinkapazität	6 Patronen
Material	Stahl
Finish	brüniert
Griffschalen	Hartgummi

ne glatte Laufbuchse, und die Abzugstange liegt wieder außen. Neu ist eine Sperrklinke für das Verschlußstück, die sich auf der rechten Seite unmittelbar vor der Laufbuchse befindet. Auf Kimme und Korn wurde ganz verzichtet, nur eine Visierrille ist vorhanden. Recht selten kommen auch Pistolen mit einem verlängerten Lauf vor. Der Grund oder die Besteller sind nicht mehr bekannt.

MODELL 4

Ebenfalls 1910 entstand das Modell 4, dessen Grundkonzeption in vielen späteren Entwicklungen wiederkehrte. Mit dieser Pistole machte Walther sehr gute Umsätze. Durch ihre Maße war sie kaum noch als Taschenpistole zu bezeichnen. Sie entsprach mehr einer Holsterwaffe und bot sich so zur dienstlichen Benutzung an. Sie fand bei der Polizei und anderen Behörden, aber auch unter Offizieren des in- und ausländischen Militärs zufriedene Abnehmer, besonders als vier Jahre später der Weltkrieg ausbrach. Zu einer ordonnanzmäßigen Einführung kam es nicht, denn hier gab es den Reichsrevolver und die Pistole 08 als fest etablierte Größen. Offiziere konnten sich allerdings über den Handel privat eine Waffe kaufen. Die Walther kostete damals nach einer speziellen Vorzugs-Preisliste für das Kaiserheer 32 Mark.

Ein Pendant zu den »VULKAN«-Ausführungen des Modells 3 sind Modell 4-Exemplare, deren Zusammenbau und Vertrieb offensichtlich die Firma Krieghoff in Suhl übernahm. Das jedenfalls belegen einige Pistolen, auf denen die Produktionsstätte »Carl Walther, Zella-Mehlis« überstempelt und der Eintrag durch »Heinrich Krieghoff, Suhl, Germany« ersetzt wurde. Auch diese Eigenart, besonders in bezug auf den Hinweis »Germany«, stützt die bereits beim Modell 3 vertretene These der Ausland-Lieferungen. Nach unbestätigten Aussagen stellte Walther bis zum Jahr 1928 nicht weniger als 300 000 Exemplare des Modells 4 her. Hierzu gehören auch sehr ansprechende Ausführungen im Nickelfinish, zusätzlich dekoriert mit Holz- oder Perlmutt-Griffschalen.

Spontan ist der Betrachter dazu geneigt, im Modell 4 eine gänzlich neue Entwicklung zu sehen, doch das täuscht: Es ist die Vergrößerung des Modells 3 mit Anleihen beim Modell 2, von dem bei den frühen Ausführungen die Spannrillen-Struktur stammt. Während das Verschlußstück dem des Modells 3 entspricht, der Lauf aber um 2,4 cm länger ausfiel, griff Walther auf eine angepaßte Laufbuchse zurück. Frühe Modelle besitzen lediglich eine Visierrille. Die Verlängerung des Griffs machte die Verwendung eines um zwei Patronen erweiterten Magazins möglich. Bei den späteren Versionen kamen Kimme und Korn hinzu.

In der bisherigen Literatur werden sporadisch die frühen Exemplare als sogenannte »Übergangsmodelle« oder gar »Übergangsmodell 3/4« bezeichnet. Zwar sind bei den ersten Waffen deutliche Attribute des Modells 3 – wie der Verschlußhalter und das Fehlen von Auskehlungen am vorderen unteren Verschlußstückbereich – vorhanden, aber das reicht wohl kaum für eine derartige Namensgebung aus. So ist das »3/4-Modell« tatsächlich die Frühform und damit die erste Version des Modells 4. Die Verschlußstück-Gestaltung entspricht dem des Modells 3. Etwas später, wahrscheinlich im Nummernbereich um 34 000, ging Walther zu breiten, schrägen Spannrillen über. Danach fiel der Verschlußhalter gänzlich fort, das Verschlußstück erhielt vorne Auskehlungen und die breiten Spannrillen wurden durch 16 schmale ersetzt.

Das Modell 4 mit der dazugehörigen Pistolentasche: Mit diesem Typ besaß Walther einen Verkaufsschlager; besonders Offiziere führten die privat erworbene Waffe als Seitenwaffe. Bei der Ausführung mit breiten Spannrillen fiel die Verschlußstücksperre fort. *(M. Kersten)*

Auch die Deutsche Reichsbahn kaufte einige Exemplare des Modells 4 für ihre Bahnpolizei und Kassenbeamten. Als Eignerzeichen erhielten diese Pistolen das »D. R-Emblem«. Diese Waffe trägt die Nummer 483 148. *(M. Kersten)*

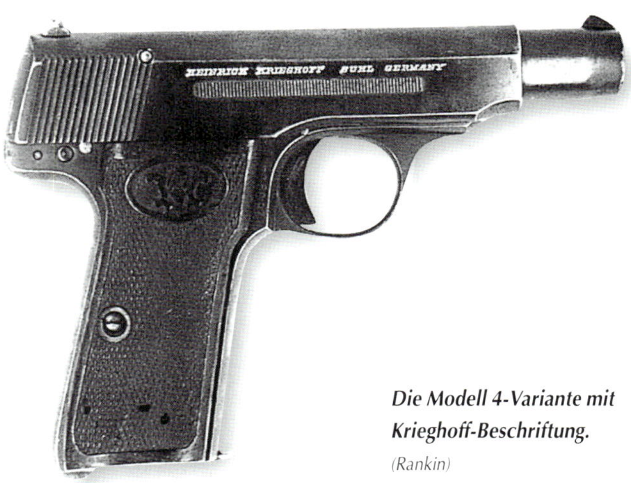

Die Modell 4-Variante mit Krieghoff-Beschriftung. *(Rankin)*

Kunstgriff: Nur durch einen Federstrich wurde aus dem Modell 2 das Modell 5. Während die Umstellung der Spannrillengestaltung beim Modell 4 nahtlos in den Fertigungsprozeß einfloß, bildeten die schmalen Rillen das äußere Erkennungszeichen für das fünfte Modell. In Wirklichkeit steckte aber die fehlende Akzeptanz der Käuferschaft für das »automatische Visier« beim Modell 2 dahinter. An seine Stelle traten nun eine fest installierte Anordnung des Korns und der Kimme.
(M. Kersten)

Daten Modell 5	
Herstellung	1913
Kaliber	6,35 mm
System	Rückstoßlader
Verriegelung	Masseverschluß
Sicherung	Hebelsicherung
Gewicht, leer	ca. 250 g
Gewicht, voll	ca. 305 g
Länge	107 mm
Höhe	77 mm
Breite	24 mm
Lauflänge	53 mm
Züge	4
Drall	rechts
Magazinkapazität	6 Patronen
Material	Stahl
Finish	brüniert
Griffschalen	Hartgummi

MODELL 5

Ein Jahr vor Kriegsausbruch kam das Modell 5 auf den Markt. Diese neue, von Walther so benutzte Bezeichnung ist schon recht eigenartig, denn die Waffe unterscheidet sich nur in unwesentlichen Punkten vom Modell 2. Möglicherweise liegt hier ein Kunstgriff vor, um das ehemalige Modell erneut anbieten zu können. Man kann also getrost von einer Neuauflage oder modifizierten Fertigung der älteren Taschenpistole Modell 2 sprechen. Abgesehen von der Beschriftung besteht lediglich bei der Spannrillengestaltung ein Unterschied. 16 schmale nahmen den Platz der neun breiten Rillen des Modells 2 ein. Während die ersten Ausführungen eine Visierrille besaßen, erhielten die späteren Versionen feststehende Visierkomponenten. Und das war es auch schon, alle anderen technischen Attribute entsprechen denen des Modells 2.

Ausführungen Modell 5:
1. mit Visierrille, 2. mit feststehender Visierung. Die linksseitige Verschlußstückbeschriftung: »SELBSTLADE-PISTOLE CAL. 7,65. WALTHER'S-PATENT (Walther-Banner)« und »WALTHER'S PATENT CAL. 6,35 (Walther-Banner)«. Rechts: »CARL WALTHER WAFFENFABRIK ZELLA-MEHLIS«.

Unterschiede: das Modell 2 mit seinen breiten Spannrillen und der Waffennummer vorn auf dem Abzugbügel. Dahinter das Modell 5 mit seinen schmalen Spannrillen und der Nummer auf dem Griffstück hinter dem Abzugbügel. (M. Kersten)

MODELL 6

»Außer den Pistolen Kaliber 6,35 und 7,65 mm wird von der Carl Walther Waffenfabrik, Zella St. Bl., eine Pistole Kaliber 9 mm, welche jedoch in der Hauptsache für Kriegszwecke in Frage kommt, gefertigt. Sie ist deswegen auch für die Militärpatrone 08 eingerichtet und leistet in bezug auf Durchschlagskraft dasselbe als die Armeepistole Modell 08 ...« stand in einer zeitgenössischen Bedienungsanleitung zu lesen, welche eigentlich nur die Modelle 4, 5 und 7 behandelte. Lediglich der genannte Passus, begleitet von einem vagen Bildchen auf der Titelseite, weisen auf das Modell 6 hin. Kein Wunder, denn es sollte keine Pistole für die zivile Nutzung, sondern eine Ordonnanzwaffe für das Heer sein.

Die Fertigung der sattsam bekannten Parabellum 08 war sehr aufwendig, was sich letztendlich auch auf den Preis niederschlug. Deshalb: Einfachheit, schnelle Fertigung und ein

günstiger Preis waren nun die Eckpfeiler des Waltherschen Konzepts. Die Firma versuchte dabei konstruktiv an das Erfolgsmodell 4 anzuknüpfen. Nur die größeren Maße unterschieden das »aufgeblasene« Modell 6 von der Ursprungswaffe. Die Auswurföffnung lag wieder – wie bei den Modellen 2 und 5 – auf der rechten Seite. Eine bloße Anpassung an das ausgesprochen starke Kaliber 9 × 19 mm reichte jedoch nicht aus, um eine effektive Waffe zu gestalten. Störungen bei den unterschiedlich geladenen Munitionsarten traten auf. Zwar nahm das Oberkommando die Pistole ab, führte sie aber nur in geringen Stückzahlen ein. Nach knapp 1000 Exemplaren und zwei Jahren Produktionszeit endete die 6er-Episode. Fazit: Diese Pistole ist der »Rolls Royce« einer jeden Walther-Sammlung und nur eine einzige Version dieses Modells ist bekannt.

Die Waffe besitzt sieben schräggestellte Spannrillen, und die linksseitige Verschlußstückbeschriftung lautet: »Selbstlade-Pistole Cal. 9 mm Walther´s-Patent«, gefolgt vom Walther-Banner. Auf der rechten Seite steht: »Carl Walther Waffenfabrik, Zella St. Bl.«.

Mit dem Modell 6 versuchte Walther, auf dem militärischen Sektor Fuß zu fassen und die Pistole 08 abzulösen. Was dabei herauskam, war ein aufgeblasenes Modell 4 ohne Verriegelung. Das reichte für die starke Patrone 9 mm Para nicht aus. (M. Kersten)

Ein massives, eckiges Schlagstück und eine starke Schließfeder sollten der Waffe einen reibungslosen Funktionsablauf mit der Neun-Para-Ladung sichern. (M. Kersten)

Daten Modell 6	
Herstellung	1915–1917
Kaliber	9 mm Para
System	Rückstoßlader
Verriegelung	Masseverschluß
Sicherung	Hebelsicherung
Gewicht, leer	964 g
Länge	215 mm
Höhe	136 mm
Breite	24 mm
Lauflänge	123,5 mm
Züge	4
Drall	rechts
Magazinkapazität	8 Patronen
Material	Stahl
Finish	brüniert
Griffschalen	Hartgummi

Daten Modell 7

Herstellung	1917–1918
Kaliber	6,35 mm
System	Rückstoßlader
Verriegelung	Masseverschluß
Sicherung	Hebelsicherung
Gewicht, leer	305 g
Gewicht, voll	375 g
Länge	135 mm
Höhe	104 mm
Breite	25 mm
Lauflänge	77 mm
Züge	4
Drall	rechts
Magazinkapazität	8 Patronen
Material	Stahl
Finish	brüniert
Griffschalen	Hartgummi

Änderungen beim Modell 7:

Firmenseitig gab es nur eine Ausführung. Allerdings besaßen die frühen Modelle 9 breite, die späteren 16 feine Spannrillen. Die linksseitige Verschlußstückbeschriftung: »WALTHER'S PATENT CAL. 6,35« oder »SELBSTLADE-PISTOLE CAL. 6,35 WALTHER'S-PATENT«, jeweils mit Walther-Banner. Auf der rechten Seite stand »Carl Walther Waffenfabrik, Zella St. Bl.«. Nach Umbenennung des Ortes wurde hier »Zella-Mehlis« eingetragen.

Die frühen Modelle der größten 6,35 mm-Pistole von Walther besaßen 9 breite Spannrillen. *(M. Kersten)*

Mit Originalholster: eine späte Ausführung des Modells 7 mit 16 Spannrillen und nachträglich gefertigten Nußbaumgriffschalen.
(M. Kersten)

MODELL 7

Mit der Nummer 7 kam die bisher größte Walther-Pistole im Kaliber 6,35 mm auf den Markt. Während die Vergrößerung des Modells 3 zum Modell 4 führte, stand beim Modell 7 das Fünfer-Stück Pate. Demnach gab es optisch kaum Unterschiede zum Modell 4, wenn man einmal von der Verlagerung der Auswurföffnung auf die rechte Seite und das andere Kaliber absieht. Des öfteren steht zu lesen, daß diese Waffe gern von Offizieren im Ersten Weltkrieg getragen wurde. Das mag wohl sein, aber vorzugsweise wanderte das Modell 4 – seines Kalibers wegen – in die kleinen Lederholster der höheren Stabsdienstgrade.

Fritz Walther erkannte schnell, daß mit dem Modell 7 der Erfolg ausblieb, und so standen die Fertigungsmaschinen ein Jahr später still. Damit war auch die Reihe der Adaptionen, die beim Modell 2 begonnen hatte, zu Ende.

Mit dem Modell 8 startete die neue Generation Walther-Pistolen. Die Pistole mit der Nummer 717 279 gehört zur späten Ausführung mit außenliegendem Auszieher. Ein Sperrschieber ist nicht mehr eingebaut. (M. Kersten)

MODELL 8

»Die neue neunschüssige Walther Modell 8, Caliber 6,35 mm, ist das Erzeugnis jahrzehntelanger, wirklich praktischer Erfahrungen im Bau von Selbstladewaffen. Die Waffenfabrik Walther hat bekanntlich die erste deutsche Selbstladepistole Cal. 6,35 auf den Markt gebracht. Als schlagender Beweis für die große Beliebtheit, deren sich bereits die bisherigen Walther-Modelle erfreuen, ist der sich von Jahr zu Jahr steigende Umsatz anzusehen. Gegenwärtig befinden sich nahezu eine halbe Million Walther-Pistolen im Verkehr. Wenn die Waffenfabrik Walther trotz der starken Nachfrage nach ihren früheren Modellen eine neue Pistole herausgebracht hat, so ist für jedermann ohne weiteres klar, daß die jetzige Walther 8 das Vollkommenste und Zweckmäßigste darstellt, was sich an derartigen Waffen bis jetzt auf dem Markt befindet.« – Soweit eine aus Fritz Walthers Füllfederhalter geflossene Vorstellung der neuen Pistole.

Ausgesprochene Raritäten sind Versionen des Modells 8 mit langem Lauf. Diese Pistole mit der Nummer 712 352 besitzt einen außenliegenden Auszieher und einen Sperrschieber. (Rankin)

Nickel und Elfenbein: Eine Version in dieser Ausführung zählte um 1939 noch nicht zum Verkaufsprogramm, gleichwohl lieferte Walther diese Zusammenstellung auf Kundenwunsch aus.
(M. Kersten)

Graphisch aufwendig im Prospekt vorgestellt: die Einzelteile des Modells 8.
(M. Kersten)

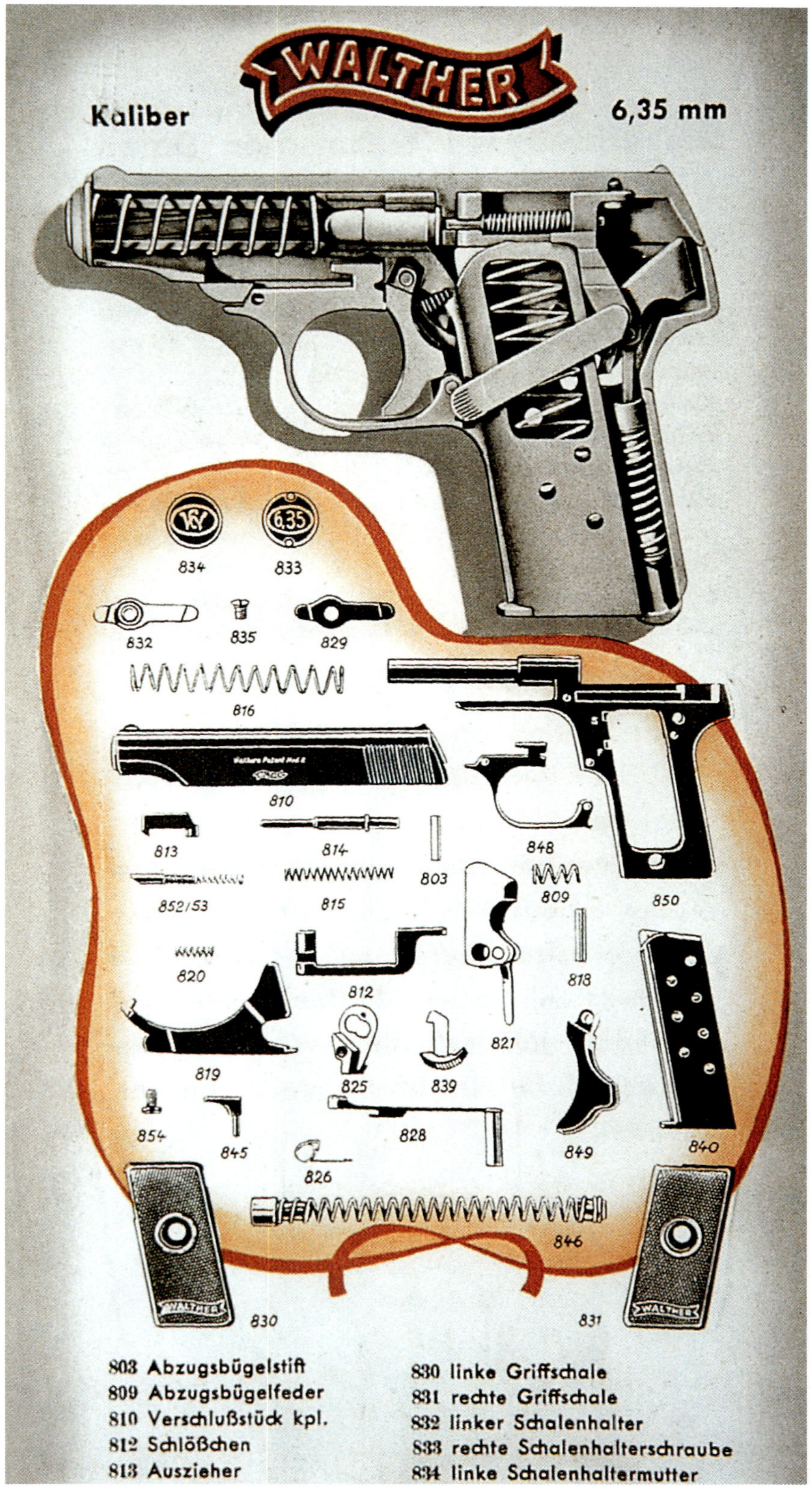

Früher Walther-Werbeprospekt, der nicht nur die Vorzüge des Modells 8 schildert, sondern auch detailliert über die Technik berichtet.
(M. Kersten)

Technische Änderungen beim Modell 8:
Neben den aufgezeigten konzeptionellen Ausführungen gab es im Verlauf der Produktion wichtige technische Änderungen. Frühe Modelle besaßen auf der rechten Seite vorn am Abzugbügel einen Sperrschieber. Hierdurch konnte der abklappbare Bügel entriegelt werden. Später machte eine starke Feder diese Art der Arretierung überflüssig. Der Auszieher liegt bei den frühen Modellen innen, bei den späteren außen. Hierbei kam es beim Fertigungsprozeß zu Vermischungen der technischen Änderungen, so daß auch Pistolen mit außenliegendem Auszieher und Schieber gefertigt wurden.

Modell 8: Ausführungen & Preisvergleich (Reichsmark)	1933	1939
Kal. 6,35 mm, 9schüssig, brüniert	27,50	33,–
dito, vernickelt	28,90	34,60
dito, matt verchromt	30,25	36,30
schwarz brüniert mit reicher Gravur	?	63,–
vernickelt mit Elfenbeinschalen und reicher Gravur	?	91,–
vergoldet mit Perlmuttschalen ohne Gravur	?	76,–
vergoldet mit Elfenbeinschalen ohne Gravur	?	76,–
vergoldet mit Permuttschalen und reicher Gravur	?	108,–
vergoldet mit Elfenbeinschalen und reicher Gravur	?	8,–
Mehrpreise		
Reservemagazin	1,60	1,70

Bei den Beträgen von 1933 handelt es sich um Behördenpreise. Deshalb wurden auch keine Luxusausführungen genannt. Bei einer Abnahme von 10–24 Stück 5%, bei 25–99 Stück 7,5%

Ledertaschen: Modelle & Preise	1933	1939
ohne Bezeichnung	1,20	1,70
einfache Qualität mit Schlaufe	2,40	1,40

Daten Modell 8	
Herstellung	1920–1943
Kaliber	6,35 mm
System	Rückstoßlader
Verriegelung	Masseverschluß
Sicherung	Hebel
Gewicht, leer	350 g
Länge	130 mm
Höhe	90 mm
Breite	22 mm
Lauflänge	73 mm
Züge	6
Drall	rechts
Magazinkapazität	8 Patronen
V_0	230 m/s
E_0	8,9 mkg
Material	Stahl
Finish	brüniert/etc.
Griffschalen	Hartgummi
Sonstiges	graviert/Nickel

Diese mit einer leichten Ätzgravur versehene Ausführung nannte Fritz Walther »Modell 9b«. Durch die Unterteilung der Modellbezeichnung vermied die Firma Irrtümer bei den Kundenbestellungen, da weiterhin ein reiches Angebot an handwerklich ausgezeichneten, tiefen Gravuren bestand. (M. Kersten)

Der Firmenchef wußte genau, was er da im Jahre 1920 auf den Waffenmarkt brachte. Es war schon eine interessante und in vielen Bereichen wirklich neue Pistole, die jetzt das Werk verließ. Das sich zur Mündung von unten verjüngende Verschlußstück reichte bis ans Rohrende und legte damit den Grundstein für ein Profil, welches nur kurze Zeit später die Welt erobern würde. Getrost kann das Modell 8 deshalb als »Baby-PP« bezeichnet werden, denn sie war die Basis und somit der Vorbote zur späteren Entwicklung einer der bekanntesten Pistolen aller Zeiten. Bis zum Jahr 1943 hielt die Produktion des Modells 8 an, und bereits zum 50jährigen Bestehen der Firma blickte Walther auf eine Fertigung von 200 000 Exemplaren zurück.

Bei der unverriegelten Pistole erleichtern 16 schräggestellte Spannrillen das Durchladen. Runde, emaillierte Metallplaketten halten die Griffschalen, wobei auf der linken Seite die Initialen »CW« und rechts die Kaliberbezeichnung »6,35« stehen. Bei allen Modellen ist auf der rechten Seite zu finden: Die Seriennummer (auf dem Griffstück hinter den Griffschalen, unterhalb der Spannrillen), das Beschußzeichen (bei den frühen Modellen »Krone über N«, später »Adler über N«: auf dem Patronenlager innerhalb der Auswurföffnung, in der Mitte des Verschlußstücks über der Abzugbügelöffnung und auf dem Griffstück, über dem Abzug). Die wichtigste Neuerung bestand allerdings in dem abklappbaren Abzugbügel, der eine einfache Demontage ermöglichte. Hierfür bekam Walther am 18. Juli 1919 das Patent mit der Nummer 334 042. Am Ende konnten nicht nur etwa eine halbe Million dieser eleganten Serienpistolen verkauft werden, sondern es entstanden auch etliche Luxusversionen, darunter vornehmlich vernickelte Exemplare mit Perlmutt-Griffschalen. Aber auch vergoldete, gravierte Stücke mit Elfenbein-Griffschalen, eingebettet in eigens dafür hergestellte Repräsentationskästchen, fanden ihre Abnehmer.

Heute zählen die reich gravierten, vergoldeten und mit Elfenbein-Griffschalen versehenen Luxuswaffen zu gesuchten Sammlerstücken. 1939 kostete diese Ausführung 98,– RM und lag damit an der oberen Grenze der Preisliste. (M. Kersten)

Technische Änderungen beim Modell 9:
Neben den Firmenausführungen kam es im Fertigungsverlauf zu technischen Änderungen. Die frühen Modelle besaßen blauemaillierte Griffschalenplaketten. Links stehen die Initialen »CW«, rechts die Kaliberangabe »6,35«. Dahinter verbarg sich ein Riegel. Zum Zubehör gehörte ein spezielles Werkzeug für die Abnahme. Diese Art der Griffschalenhalterung war zu aufwendig, so daß später einfache Metallrosetten mit Schraube eingesetzt wurden.

MODELL 9

Über viele Monate hatte Fritz Walther Tag und Nacht an seiner neuen Konstruktion gearbeitet. Als das Jahr 1921 zu Ende ging, wurde in der Montage eine Abteilung abgetrennt und mit Linoleum belegten Werkbänken bestückt. An jedem Arbeitsplatz lag nur ein einziger Schraubenzieher. Die nun aus der Fertigung angelieferten Einzelteile paßten von Anfang an ohne jegliche Nacharbeit so exakt, daß die beiden Büchsen-

Für den hohen Preis bot Walther auch viel handwerkliches Können. Die bis in die Details ausgearbeitete Gravur wäre heute kaum bezahlbar. (M. Kersten)

Modell 9: Ausführungen & Preisvergleich (Reichsmark)	1933	1939
Kal. 6,35 mm, 7schüssig, brüniert (Modell 9a)	23,–	27,–
dito, vernickelt	24,15	28,40
dito, verchromt	25,30	30,–
Kal. 6,35 mm, 7schüssig, Verschluß mit leichter Ätzgravur (Modell 9b)	27,50	30,–
dito, vernickelt	28,90	31,50
dito, verchromt	37,50	33,–
schwarz brüniert mit reicher Gravur	?	57,–
vernickelt mit Elfenbeinschalen und reicher Gravur	?	84,–
vergoldet mit Perlmuttschalen ohne Gravur	?	69,–
vergoldet mit Elfenbeinschalen ohne Gravur	?	69,–
vergoldet mit Permuttschalen und reicher Gravur	?	98,–
vergoldet mit Elfenbeinschalen und reicher Gravur	?	98,–
Mehrpreise		
Reservemagazin	1,40	1,50

Bei den Beträgen von 1933 handelt es sich um Behördenpreise. Deshalb wurden auch keine Luxusausführungen genannt. Bei einer Abnahme von 10–24 Stück 5%, bei 25–99 Stück 7,5%

Ledertaschen: Modelle & Preise	1933	1939
einfache Qualität	1,20	1,40

Daten Modell 9	
Herstellung	1921–1945
Kaliber	6,35 mm
System	Rüchstoßlader
Verriegelung	Masseverschluß
Sicherung	Hebel
Gewicht, leer	255 g
Länge	102 mm
Höhe	70 mm
Breite	20 mm
Lauflänge	51 mm
Züge	6
Drall	rechts
Magazinkapazität	6 Patronen
V_0	255 m/s
E_0	109 Joule
Schießweite	ca. 750 m
Durchschlagskraft in Tannenholz auf 15 m	ca. 8 cm
Streuung auf 25 m	ca. 10 cm
Material	Stahl
Finish	brüniert
Griffschalen	Hartgummi

Die »Denkende Schußwaffe«, ein Unikum: Das Einzelstück gehört heute wieder zur Walther-Haussammlung.

(M. Kersten)

***Vergleich:* Das zerlegte Denk-Modell (oben) neben einer Normalausführung, bei der sich deutlich die technisch aufwendigen Änderungen erkennen lassen.**
(M. Kersten)

macher Max Schneider und Paul Blum 80 Pistolen am Tag montierten. Um die neue Pistole gleichzeitig bei allen Waffenhändlern in Deutschland vorlegen zu können, mußten zunächst etwa 20 000 Stück gefertigt werden. Fritz Walther persönlich überwachte laufend die Fabrikation.

Mit dem Modell 9 baute Walther die vorerst letzte Taschenpistole im Kaliber 6,35 mm. Der bis 1945 gebaute Zwerg konnte sich mit seinen geringen Maßen durchaus mit dem Vorbild der FN Baby als eine der zierlichsten Selbstlade-Pistolen der Welt messen. Von der Größe her unterbot sie jede bis dato gefertigte Walther-Waffe. Firmenseitig wurden zwei Ausführungen angeboten, die 1933 als »Modell 9a« für RM 23,– und »Modell 9b« für RM 27,50 in den Preislisten standen. Der Unterschied zwischen den beiden bestand lediglich in einer leichten Ätzgravur auf dem Verschlußstück der »b«-Version.

Das Lauflager umschließt den von hinten eingepreßten Lauf in seiner gesamten Länge und ist als Einheit mit dem Griffstück aus dem Vollen gefräst. Das eigentliche Verriegelungsstück in Form einer »8« hat mehrere Funktionen. Es stellt die Verbindung zwischen Schlitten und Griffstück her. Die obere Hälfte dieser 8 dient als Gegenlager für die Schlagbolzenfeder und Führung des Schlagbolzens; ist dieser gespannt, ragt er aus der 8 heraus. Das Verriegelungsstück wird im hinteren Griffstück gehalten und steht unter der Tension einer Schraubenfeder. Drückt man die Sperrfeder mit dem Fingernagel nach oben, so springt das Verriegelungsstück durch die Kraft der Schlagbolzenfeder und einer weiteren Feder heraus. Dadurch löst sich die Verbindung zwischen Schlitten und Griffstück, und das Verschlußstück samt Schlagbolzen läßt sich jetzt einfach nach oben abheben.

Unikum: Die denkende Schußwaffe

»Das Denken sollte man den Pferden überlassen« heißt ein Sprichwort, »denn sie haben die größeren Köpfe«. Auf dem Waffensektor brüten die Konstrukteure immer wieder Neuerungen aus, um ein Maximum aus ihren ursprünglichen Ideen herauszuholen. Daß allerdings eine Schußwaffe selbständig denken kann, ist neu. Gut, die per Hand in das Verschlußstück gravierte Bezeichnung ist zwar stark übertrieben, aber ein Blick auf dieses Einzelstück lohnt sich allemal. Was das Ding so interessant macht, ist nicht nur der Abzug, sondern besonders die qualitativ hochwertige Arbeit, die keinesfalls einer privaten Bastlerwerkstatt entsprungen sein kann. Es handelt sich schließlich um »Miniaturarbeiten«, denn die Basis bildet ein Rohling des konventionellen Modells 9. Irgendwann landete dieses Unikat in der Walther-Sammlung. Der Konstrukteur ist nicht bekannt.

Der geänderte DA-Abzugmechanismus des »Denk-Modells« macht ein Tragen im entspannten und durchgeladenen Zustand möglich. Am Schlitten ist zur normalen Bohrung für den Schlagbolzen zusätzlich beidseitig eine etwa zwei Millimeter breite Nut hinzugekommen. Hierin gleiten zwei Flügel, die an den ursprünglichen Schlagbolzen geschweißt wurden. Während der eine die ganze Sache stabilisiert, greift der andere, sozusagen als Übersetzungsstück, in die Abzugstange ein. Der Ausstoßer wanderte auf die andere Seite. Feinarbeit war bei der Änderung des Griffstücks erforderlich, denn erst einmal mußte der normale Abzugbügel durch seinen angeblich selbstdenkenden Kollegen ersetzt werden. Dieser reichte jetzt nicht nur bis zur Mündung, sondern nahm auch die wichtigsten Komponenten des Systems auf. In dem Bügel läuft ein neues Abzugzüngel, was nach vorne zu einer Führungsschiene verlängert ist. Links wurde der Abzug zu einer Stange mit zwei Sicherungsnuten verlängert, die oben den Übersetzer trägt. Die Nuten machen eine Arretierung zusammen mit dem Abzugstollen in vorderer entspannter und hinterer gespannter Stellen möglich.

SPANNUNG: PP WIE POLIZEI-PISTOLE

Auch wenn die PP über Nacht – wie oftmals propagiert wurde – den Pistolenbereich revolutionierte, so fielen die Innovationen doch nicht vom Sternenhimmel. Neben dem Modell 8 als gewichtigem Vorboten gab es da noch einige Tüftler, die bereits zuvor die Technik des Spannabzugs in ihre Waffen einbauten.

Einer davon war der 1861 in Pardubice geborene tschechische Waffenkonstrukteur Alois Tomiska. Um 1890 arbeitete er in Wien als Büchsenmacher und widmete sich ab 1900 der Konstruktion eines Spannabzug-Selbstladers. Zwischen 1908 und 1917 erhielt er hierfür mehrere Patente. Da die genaue Geschichte im dunkeln liegt, kann nur angenommen werden, daß er um 1919 seine Patente und Fabrikationsrechte an die Wiener Waffenfabrik verkaufte. Kurz, das Produkt seiner Idee erhielt den Namen »Little Tom« und wurde in den Kalibern 6,35 mm und 7,65 mm bis etwa 1925 hergestellt. Nun wird Fritz Walther das Potential dieser Erfindung erkannt und die noch mit Mängeln behafteten Spannabzüge konstruktiv verbessert haben.

Der Startschuß zur Idee seiner neuen Waffe fiel Überlieferungen zufolge im Jahre 1924. Er führte diese Abzugtechnik zur Serienreife und machte sie zu einem der wichtigsten Bestandteile – nicht nur der nachfolgenden firmeneigenen Entwürfe, sondern der weltweiten Pistolenentwicklung überhaupt. Zwar dauerte es noch einige Jahrzehnte, aber spätestens seit den 70er Jahren kam kaum noch ein Hersteller von Gebrauchspistolen am Waltherschen Spannabzug vorbei.

Mit der Einführung der Baureihe PP und PPK hatte das bislang verwendete Nummernsystem als Modellbezeichnung ausgedient. Von nun an wurde alles anders. Neue Konstruktionen erhielten einprägsame Namen, bei denen der geplante Einsatzbereich oder angestrebte Kundenkreis klar hervortraten. Solche spezifischen Bezeichnungen ließen sich auch in der Werbung besser verwenden. Die Kürzel PP und PPK standen für »Polizei-Pistole« und »Polizei-Pistole-Kriminal«. Gelegentlich steht in Publikationen zu lesen, daß das »K« die Abkürzung für »kurz« sei.

Das stimmt schon deshalb nicht, weil Walther von Anfang an – auch in der Werbung – die Waffe ausschließlich als »Kriminalmodell« bezeichnete.

Die reguläre Numerierung begann bei der Ziffer 750 000. Bei Prototypen oder Vorserienmodellen – so genau weiß man das heute nicht mehr – kam eine weitere Zahl hinzu. Die ersten Versuchsmuster trugen keine Modellbezeichnung, weil zu diesem Zeitpunkt noch kein Name feststand. Zwar besaß das Verschlußstück bereits

Der Prototyp mit der Nummer 750 003 zählt zu den ersten Versuchen in Richtung PP. Die Sicherung sitzt noch am Griffstück unter dem Magazinknopf. Um den in der Ruhestellung halb im Verschlußstück versenkten Ringhahn mit seiner kleinen Bohrung besser handhaben zu können, lötete ein Walther-Techniker eine kleine Scheibe auf den Sporn. (Rankin)

Auch der Prototyp 750 007 besitzt noch keine Modellbezeichnung, der Ringhahn hat aber bereits seine endgültige Form und Stellung in der Ruherast erreicht. (Sturgess)

die Form der späteren PP, jedoch fehlte der nacher so typische Sicherungshebel, samt der dafür notwendigen Ausfräsung in den Spannrillen. Dafür saß ein anderer knopfähnlicher Hebel am linksseitigen Griffstück, unten an der Wurzel des Abzugbügels. Auch Kimme und Korn existierten noch nicht, sondern lediglich eine Visierrille. Die hintere Partie des Schlittens und der Griffstückpartie war nur leicht geschwungen und der Hahn deshalb zur Hälfte verdeckt. Auf dem Ringsporn saß eine kleine Platte, die das Spannen erleichtern sollte. Auf der linken Seite lag ein Druckknopf-Magazinhalter. Recht bald war Fritz Walther einen Schritt weiter gekommen. Ein erhaltengebliebener Prototyp ohne Nummer dokumentiert die unmittelbar bevorstehende Massenfertigung. Klassisch für diese frühen Waffen ist auch die kleine, dreieckige Magazinverlängerung.

Polizei-Pistole Kriminal

Erstaunlich, daß ein PPK-Vormodell mit Griffstücksicherung existiert, denn schließlich lief seit einiger Zeit die PP-Fertigung mit einer Sicherung im Verschlußstück. Dieses 7,65er-Vormodell zeigt keinerlei Beschriftungen oder Stempelungen. Abgesehen

von der ungewöhnlichen Sicherung entspricht es größtenteils der später in Serie gegangenen Pistole. Der Hahn besitzt Norm-Format und liegt tief in der hinteren Schlittenpartie. Das alles läßt nur zwei Schlüsse zu: entweder wurde bereits seit dem Startschuß der PP-Konstruktion auch an der PPK gearbeitet, oder es handelt sich um eine geschickte Fälschung. (Rankin)

Kaum hatte sich die Überraschung nach dem Auftauchen der PP gelegt, da folgte im Jahr 1931 die PPK. Gleich der PP sollte sie einen Siegeszug rund um den Globus antreten. Dem Run auf die neuen Walther-Pistolen tat auch der beachtliche Preis keinen Abbruch. 1933 lagen die Preise für eine PP bei RM 45,– und für eine PPK bei 42 Reichsmark. Wer zusätzlich einen Signalstift haben wollte, legte 1,50 Mark dazu. Käufer mit vollen Geldbörsen genehmigten sich eine vernickelte oder verchromte Ausführung, meist zusätzlich verziert durch aufwendige Gravuren mit Eichenlaub oder Arabesken-Ornamenten sowie verschnittenen Holzgriffschalen. Noch edlere Pistolen im Gold-Finish und mit Elfenbein-Griffschalen kosteten satte 136 Mark. Weiterhin standen Läufe aus rostträgem Material und Leuchtkorne in den Preislisten.

Die ersten PPKs trugen auf der linken Verschlußstückseite noch die Bezeichnung »PP«, wobei die bisher frühste bekannte Pistole die Nummer 757 819 besaß und sich diese Kennzeichnung bis in den Bereich 757 9xx zog. Danach scheinen sich Fritz Walther – und wohl auch die maßgeblichen Behörden – auf einen neuen Modellnamen geeinigt zu haben. Neben der Bezeichnung sind die 90-Grad-Sicherung, besonders aber der große Ringhahn ein deutlicher Hinweis auf die frühen Modelle der PPK. Mit der Nummer 760 000 begann dann die eigentliche Serienfertigung.

Der Norm entsprechend steht bei der PP und PPK auf der linken Verschlußstückseite die Herstelleradresse. Sie besteht aus dem Walther-Banner, dem Schriftzug »Waffenfabrik Walther Zella-Mehlis (Thür.)« sowie der Bezeichnung »Walther´s Patent Cal. ...«, gefolgt von der entsprechenden Kaliberangabe. Anschließend ist die Modellbezeichnung »Mod. PP« oder »Mod. PPK« eingebracht.

Die Waffennummern sind auf der rechten Seite hinter dem Abzug zu finden. Gelegentlich kommen auch Doppel-Numerierungen vor. Dann steht die zweite Nummer auf dem Verschlußstück, unterhalb der Auswurföffnung. Auch auf dem Boden der zusammen mit den Waffen ausgelieferten Magazinen ist hin und wieder die entsprechende Seriennummer zu finden. Die Magazine tragen in der Regel das Walther-Banner und die Kaliberbezeichnung. Das Beschußzeichen »Krone über N« befindet sich auf der rechten Seite des Griffstücks über dem Abzug, auf dem Patronenlager und auf der rechten Seite des Laufs, in der Nähe der Mündung. Ab April 1940 änderte sich das Zeichen in »Reichsadler über N«. Für das Militär kamen noch Abnahmestempel auf der linken Seite des Griffstücks hinter dem Abzug und ebenfalls links auf dem Verschlußstück vor den Spannrillen hinzu. Die Polizei-Abnahmestempel stehen in etwa an der gleichen Stelle. Auch an Ausnahmen und Sonderstempeln mangelt es nicht, denn neben den Standardzeichen und -beschriftungen gab es noch eine Vielzahl von Zusätzen. Schließlich kennzeichneten die unterschiedlichen Bedarfsträger und Organisationen ihr Besitztum mit speziellen Zeichen.

Leichtmetall gehörte damals in der Waffenproduktion noch nicht zu den gängigen Werkstoffen. Zwar versuchten etliche Konstrukteure das Gewicht der Waffe durch den Einsatz von Aluminium zu reduzieren, doch die Nachteile überwogen. Das Metall war zu weich und damit der Verschleiß sehr groß. Hinzu kam, daß die Kundschaft die so gearbeiteten Waffen als Billig-Pistolen ansah, obwohl das – vom Materialpreis her gesehen – nicht stimmte. Erst später rechtfertigten neue Legierungen den Einsatz in der Waffenfertigung, auch bei Walther. Trotzdem stellte Walther schon früh Dur-Aluminium-Griffstücke her, das belegt das Beschußzeichen »Krone über N« auf Waffen ab der Seriennummer 800 000. Sowohl für das Kaliber 7,65 mm als auch für 9 mm kurz existieren diese Griffstücke. Dabei ist bei den frühen Ausführungen das Metall tiefblau eloxiert. Später mußte ein einfacher schwarzer Lackanstrich reichen.

Einige wenige PPs erhielten einen untenliegenden Magazinhalter, die abgebildete Waffe trägt die Nummer 885 835. (Rankin)

Walther arbeitete gegen Ende des Krieges permanent unter Hochdruck. Das Militär hatte kaum noch Waffen. Rüstungsminister Albert Speer pochte auf die Straffung der Produktion und sagte allen überflüssigen Arbeitsgängen den Kampf an. Die Vereinfachung zeigte auch Auswirkungen auf die so hochgepriesene Qualität der etablierten Walther-Waffen. Bei den Modellen für das Waffenamt ging es etwa ab der Nummer 310 000 P los. Fast alle Pistolen besitzen eine nur flüchtig bearbeitete Oberfläche, und an Griffschalen nahm man das, was gerade die Einzelteilefertigung verließ. Schwarze und rötliche Plastikgriffschalen oder gepreßtes Holz – es war gleichgültig geworden. Auch ein Signalstift spielte keine Rolle mehr. PPKs ab der Nummer 310 000 K zeigten auf der Oberfläche Werkzeugspuren, die korrekte Passung der Einzelteile blieb aus. Da zudem ein großer Prozentsatz der Arbeitskräfte an die Front mußte, kamen in Zella-Mehlis ungelernte Arbeitskräfte zum Einsatz. Für die Firmeninschrift blieb zum Schluß keine Zeit mehr, und die letzten der mit dem Codezeichen »ac« gestempelten Waffen verließen nicht mehr nummerngleich das Werk.

Dazu gehörten auch Waffen mit Aluminium-Griffstücken, die zunächst schwarz lackiert, dann aber unbehandelt an die Front gingen. Am Ende blieb von den vielen Zeichen auf der Waffe nur noch die Seriennummer übrig; ein Beschuß erfolgte nicht mehr. Beispiele dafür sind PPs der 396 6xx-Staffel, die auf der rechten Seite unter den Griffschalen ein eingeschlagenes »R« besitzen. Die Bedeutung ist heute nicht mehr bekannt, aber man kann es sinngemäß als Kürzel für den letzten »Rest« nehmen. Eine Ausnahme: Während sich in der laufenden Produktion der Begriff Qualität zum Fremdwort entwickelte, entstanden während dieser Zeit aus unbekannten Gründen 1000 PPKs im Kaliber .22 l.r. in einer hervorragenden Hochglanz-Ausführung. Die Numerierung begann bei 430 000. Die mit schwarzen Plastikgriffschalen ausgestatteten Waffen sind heute nur noch recht selten anzutreffen und erzielen unter Sammlern einen entsprechenden Preis.

PPK im Kaliber 7,65 mm mit Aluminium-Griffstück: Als Oberflächenbeschichtung probierte Walther verschiedene Eloxierungen und Lacke aus. *(Walther)*

Fritz Walther steckte viel Geld und Aufwand in die Werbung, wie der mehrfach auffaltbare Prospekt beweist, der die Entnahme einer PPK aus dem Holster simuliert. (Walther)

Der Zeit voraus: So warb Fritz Walther für seine neue Polizeipistole. (Walther)

Zum Werbematerial für Händler und Ladengeschäfte gehörten auch umfangreiche Walther-Prospekte, bei denen die PP oder PPK auf dem Titelbild als Magneten wirkten. Allerdings präsentierten solche Kataloge dann nicht nur die Pistolen, sondern gleich das gesamte Waffensortiment der Firma. (Walther)

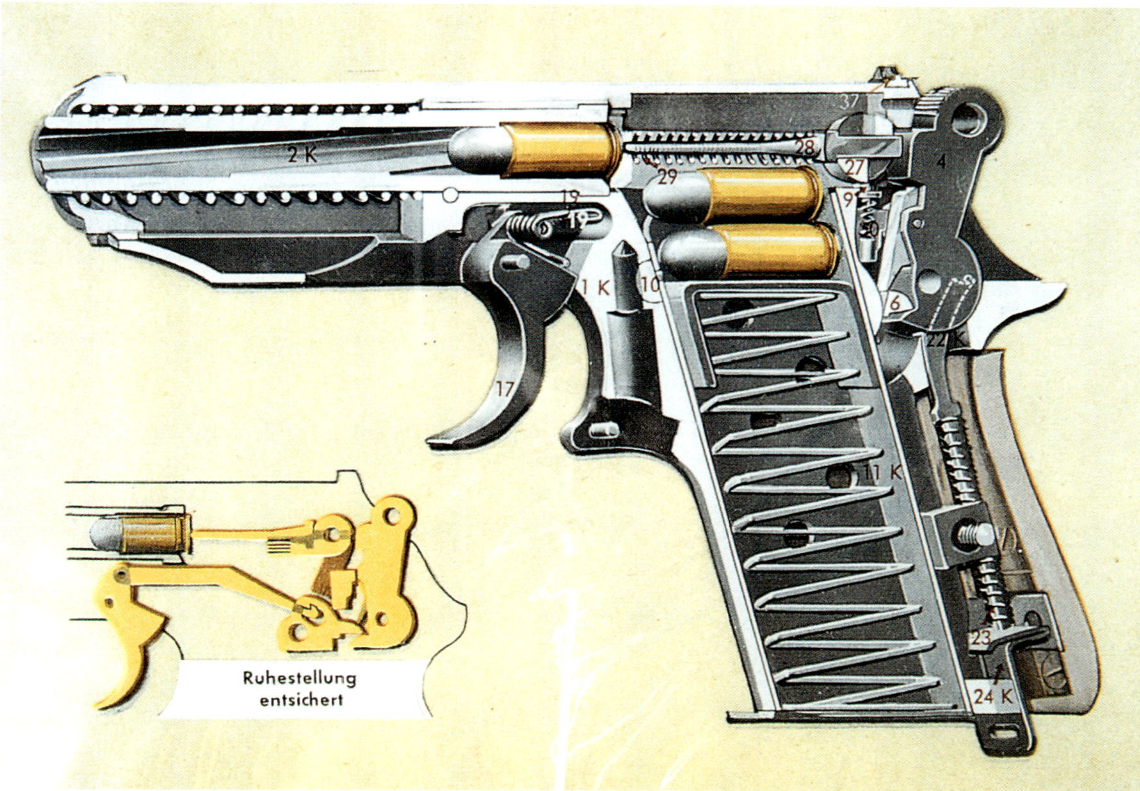

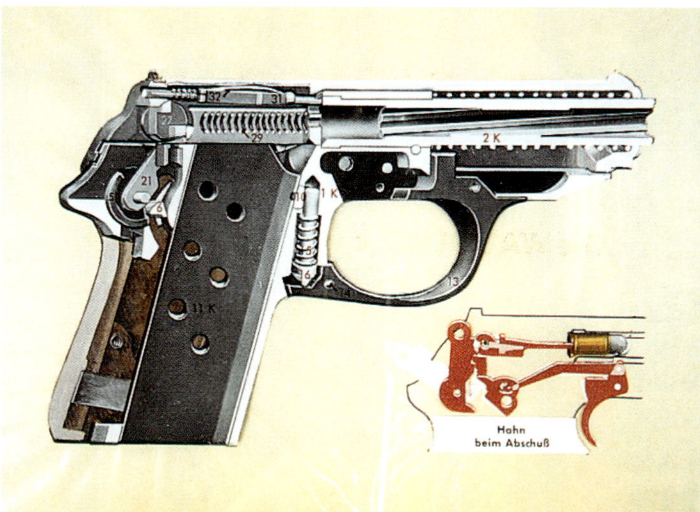

Zur Darstellung der Technik ließ sich Walther vor dem Krieg ein aufwendiges Druckwerk in Folientechnik herstellen, das in exakten, überlappenden Schnitten die Funktion der neuen Polizeipistolen veranschaulichte. *(Walther)*

Kaliber 6,35 mm

Es dauerte nicht lange, und die 7,65 mm-Waffen erhielten Zuwachs: die Kaliber 6,35 mm, .22 l.r. und 9 mm kurz folgten. Allerdings war die Zeit der leistungsschwachen 6,35er längst abgelaufen. Wer tatsächlich eine Pistole im Westentaschen-Kaliber erwerben wollte, griff natürlich auf andere, kleinere Modelle zurück. Deshalb stellte Fritz Walther die Produktion der 6,35er bald wieder ein. Zur Gewichtsreduzierung trat bei den relativ wenigen PPKs dieses Kalibers die Fräse in Aktion: im Inneren der Verschlußstücke verschwand Substanz, um eine gute Funktion zu ermöglichen. Beim Magazin mußte der gegenteilige Weg beschritten werden: Damit die kleinere Patrone in die normalen 7,65er-Magazine hineinpaßte, fütterten die Techniker die Wände mit einer Einlage aus.

Die 6,35er-PP und -PPK tragen ausschießlich das Beschußzeichen »Krone über N«, da eine Produktion in der »Adler über N-Zeit« nicht mehr stattfand. Der damaligen geringen Auflagenhöhe entsprechend, sind diese Stücke heute recht selten und entsprechend teuer.

Kleinkaliber-PP mit doppelter Sicherung: Das Verschlußstück trägt die zeitgemäße 90-Grad-Sicherung, aber hinter dem Abzug befindet sich eine zusätzliche Arretierung. *(Rankin)*

PPK im Kaliber .22 l.r. Waffen mit dem Beschußzeichen »Adler über N« sind selten. (M. Kersten)

Kaliber .22 l.r.

»Übung macht den Meister!« lautete die Überschrift im ersten Prospekt der Firma, der die Kleinkaliber-Versionen der Spannabzug-Waffen vorstellte. Weiter: »Eine Fertigkeit in der Handhabung der Gebrauchswaffe, die auch im Ernstfalle nicht versagt, läßt sich nur durch intensives Scharfschießen erreichen. Das Übungsschießen mit der Pistolenmunition ist jedoch zu kostspielig, oftmals auch zu störend, als daß es in der wünschenswerten Weise durchgeführt werden könnte. Aus dieser Erkenntnis heraus werden die Walther-Polizeipistolen Mod. PP und PPK nunmehr als Übungswaffen Kal. 22 lang für Büchse hergestellt. Die Übungswaffen haben die gleichen Abmessungen und die gleiche Form wie ihre 7,65 mm-Schwestern, haben den gleichen Abzuggang wie diese und sind ihnen in der Handhabung vollkommen gleich. Das Magazin faßt 8 Patronen. Sie ermöglichen es jedem Träger einer Walther-Polizeipistole Kal. 7,65 mm, sich mit einer Waffe, die seiner Gebrauchswaffe ganz und gar entspricht, eine hohe Schießfertigkeit anzueignen und sich mit ihrer Handhabung durch und durch vertraut zu machen. Die Munitionsersparnis ist so bedeutend, daß sich die Anschaffung in kurzer Zeit bezahlt macht. 100 Schuß kosten nur 2,25 Mark, was im Vergleich zur Pistolenmunition eine Ersparnis von 5,75 Mark bedeutet. Da, wo es sich um Ausbildung von Polizei-, Bewachungspersonal, Kassenbeamten und dergleichen handelt, ist die Anschaffung der Walther-Übungspistolen Kal. 22 lang für Büchse geradezu eine Notwendigkeit. Das außerordentlich starke Interesse, das die neuen Übungswaffen in allen interessierten Kreisen auslösen, beweist hinreichend, daß mit ihrer Schöpfung einem wirklichen, allgemeinen Bedürfnis Rechnung getragen worden ist.«

Um eine Funktion mit der rückstoßschwachen Kaliber .22er Patrone überhaupt zu ermöglichen, mußte das Gewicht des Verschlußstücks deutlicher als bei der 6,35er-Ausführung reduziert werden. Äußerlich erkennbar ist das generell an der schlanken Linienführung. Von der Nummer 778 000 bis etwa 143 500 P tragen die ausschließlich hochglanzbrünierten Übungswaffen den Beschuß »Krone über N«, von 143 500 P bis 306 500 P »Adler über N«.

Innerhalb der Nummernbereiche entstanden unterschiedliche Variationen, die meist speziell für den jeweiligen Schützen zurechtgemacht wurden. So sind auch verlängerte und mit Fischhaut versehene Griffschalen keine Seltenheit. Einige Waffen erhielten ein Nickel-Finish und Mikrometervisierung. Während im Mai 1938 für die normale Ausführung 46,50 Reichsmark gezahlt werden mußte, kostete die verlängerte Pistole RM 55,50, eine PPK derselben Kategorie 43 Mark. Interessant sind Waffen mit doppelter Sicherung. So besitzt zum Beispiel die Kleinkaliber-PP mit der Nummer 942 559 auf der linken Griffstückseite hinter dem Abzug einen nach unten schwenkbaren Hebel und in den Spannrillen des Verschlußstücks die für diese Zeit typische 90-Grad-Sicherung.

Bei den sehr frühen Ausführungen der PPK, als die Konstrukteure noch mit dem Gewicht der Verschlußstücke experimentierten, kam es nur zu Ausfräsungen der Verschlußstück-Innenwand. Deshalb sind diese Pistolen vom äußeren Erscheinungsbild her nicht von den größeren Kaliberversionen zu unterscheiden. Der Nummernbereich ging bei dem Beschußzeichen »Krone über N« etwa von 775 000 bis 242 000 K und bei »Adler über N« von 262 000 K bis 431 000 K. Von letzteren Pistolen wurden nur sehr wenige Exemplare hergestellt.

Kaliber 9 mm kurz

Kurz nach Einführung der PP und PPK testete Fritz Walther den Markt mit einer Ausführung in 9 mm kurz. Dafür nahm er zunächst normale 7,65er-Pistolen und baute sie entsprechend um. Diese Pistolen besaßen der Serienproduktion entsprechend einen Druckknopf-Magazinhalter. Heute sind das gesuchte Sammlerstücke, da die spätere Massenherstellung ausschließlich mit einem untenliegenden Magazinhalter ablief. Die Waffen gingen hauptsächlich in den Export, wobei Amerika das größte Kontingent erhielt. Mit der 9 mm kurz war jedoch die Leistungsgrenze erreicht, denn für die 9 mm-Parabellum reichte der unverriegelte Verschluß nicht aus. Allzu viele PPKs im Kaliber 9 mm kurz gab es nicht, das Verhältnis zur PP beträgt etwa 1:25. Die PPKs mit dem Beschuß »Krone über N« liegen im Bereich 802 000 bis 256 000 K. Den »Adler« trugen Waffen im Serienbereich von 254 000 bis 303 000.

Spezialisten & Spezialitäten

Bei manchen 7,65er-PPs beschränkte sich Walther nicht auf die in den Bedienungsanleitungen ausgewiesenen Daten. Auch eigene Anleitungen zu diesen Pistolen gab es nicht. Es waren entweder Einzelstücke oder nur in einer Kleinstauflage herausgegebene Exemplare, bei denen sich die Mühen und das Geld für eine Druckauflage der Begleitheftchen nicht lohnte. Entweder ging es in die Länge, in die Höhe, oder die Feuerleistung wuchs je nach Überlegungen der Konstrukteure oder Forderungen des Kunden.

Zu diesen Pistolen gehören Einzelstücke, die ein Fassungsvermögen von zehn oder elf Patronen besitzen wie die PP mit der Nummer 966 773 mit längerem Griff, der ein 10schüssiges Magazin aufnehmen kann. Unbestätigten Aussagen zufolge stellte Fritz Walther sie eigens für einen seiner Neffen her. Eine weitere Waffe dieser Kategorie mit der Nummer 961 410 soll sogar ein Fassungsvermögen von elf Patronen besitzen. Sie ruht versteckt in einer amerikanischen Sammlung.

Während die vorstehenden PPs unterschiedliche Höhen aufweisen, sind auch einzelne verlängerte Pistolen bekannt. Vier solcher Exemplare, gefertigt für eine kleine Firma in der Schweiz, tragen Seriennummern ab 779 150. Eine Besonderheit dabei ist das Material: »Anitit«, ein spezieller, halbwegs rostträger Laufstahl, der von der Firma Böhler in Wien seinen Weg nach Zella-Mehlis fand. Eigentlich war das Metall für hochwertige Jagdwaffen vorgesehen, aber hier hatte Fritz Walther für diese Spezial-PPs wohl etwas abgezweigt.

Die Beschriftung »BÖHLER STAHL ANITIT« findet sich auf der Außenwand des Patronenlagers, dessen Lauf eine Länge von 127 Millimeter aufweist und natürlich von einem entsprechend langen Verschlußgehäuse umgeben ist. Die gesamte Waffe ist matt verchromt, ein Prachtexemplar. Ein vergleichbares Prunkstück mit tiefschwarzer Brünierung gehört heute noch zur hauseigenen Walther-Sammlung. Sie soll Georg Walther selbst gehört haben, was als durchaus möglich erscheint. Der Erhaltungszustand, auch der Nußbaumgriffschalen, ist absolut neuwertig.

Zeitgenössischer Prospekt zu Einstecksystemen im Kaliber 4 mm-Zentralfeuer. *(M. Kersten)*

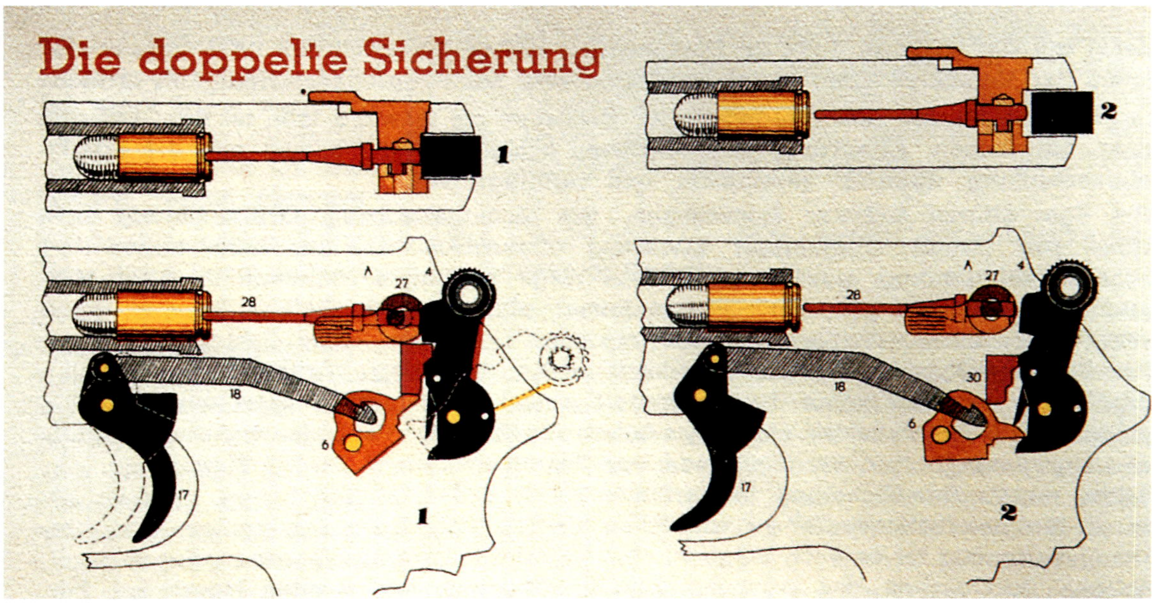

Schematische Darstellung der Sicherungseinrichtung zur PP/PPK. *(Walther)*

Daten	PPK	PP
Herstellung	1933 bis dato	1929 bis dato
Kaliber	a) 7,65 mm, b) 6,35 mm, c) 9 mm kurz, d) .22 l.r.	a) 7,65 mm, b) 6,35 mm, c) 9 mm kurz, d) .22 l.r.
System	Spannabzug	Spannabzug
Verschluß	Masse/Feder	Masse/Feder
Sicherung	Hebel	Hebel
Gewicht, Stahl	a) 530 g, d) 560 g	a) 650 g, d) 675 g
Gewicht, Leichtm.	a) 480 g	a) 580 g
Länge	150 mm	170 mm
Höhe	100 mm	109 mm
Breite	22 mm	22 mm
Lauflänge	83 mm	98 mm
Magazinkapazität	a) 7 Patronen, d) 8 Patronen	a) 8 Patronen, d) 8 Patronen
V_0	a) 280 m/s	a) 289 m/s
V_0	d) 280 m/s	d) 305 m/s

Ein neuwertiges, hochglanzbrüniertes Einzelstück in der hauseigenen Walther-Sammlung wird dem persönlichen Besitz Georg Walthers zugesprochen. Die überlange Waffe mit der Nummer 788 781 verfügt zudem über ein Fassungsvermögen von 10 Patronen. *(M. Kersten)*

In den Jahren 1934 bis 1944 versuchte sich Fritz Walther auch an einer PP-Reihenfeuer-Version in Neun-kurz. Nach einer konstruktiven Änderung des Griffstücks für die Aufnahme eines zweireihigen Magazins zeigte sich die Pistole jedoch extrem hecklastig. Deshalb erhielt das Verschlußstück auf beiden Seiten Zusatzgewichte, erkennbar an den jeweils vier Gewindebohrungen. Die Gewichte beim vorliegenden Belegstück gingen verloren, während die Absicht zur Installation einer Umstellmöglichkeit für Einzel- und Reihenfeuer noch erkennbar ist. Am 28. August 1961 bestätigte Fritz Walther ausdrücklich die Echtheit der Reihenfeuer-PPs. Die wenigen Versuchswaffen dieser Kategorie liegen im Nummernbereich ab 321 250.

Zum Zubehör zählte ein Leuchtkorn für die Dämmerung, es konnte auf jedes Korn der Serienfertigung montiert werden.
(M. Kersten)

PP: Ausführungen & Preisvergleich (Reichsmark)	1933[1)]	1939
Kal. 6,35 mm	37,50	–
Kal. 6,35 mm mit Signalstift	38,75	–
Kal. 7,65 mm, 9schüssig, brüniert	37,50	42,–
Kal. 7,65 mm, 9schüssig, mit Signalstift	38,75	43,50
dito, vernickelt[2)]	40,70	45,70
dito, matt verchromt[2)]	42,65	47,90
Kal. 7,65 mm, mit Leichtmetall-Griffstück und Signalstift	–	46,50
Kal. 9 mm kurz, 8schüssig, mit Signalstift, brüniert	–	45,50
Kal. .22, ohne Signalstift, brüniert	41,25	46,50
Nur Kaliber 7,65 mm		
schwarz brüniert mit reicher Gravur	?	73,50
vernickelt mit Elfenbeinschalen und reicher Gravur	?	127,–
vergoldet mit Elfenbeinschalen ohne Gravur	?	106,–
vergoldet mit Elfenbeinschalen und reicher Gravur	?	136,–
Mehrpreise		
Handschutz	–	3,–
Handschutz zum Selbstanpassen	–	–,75
buntgefärbte Visierung	–	–,60
nichtrostender Stahllauf	3,–	2,–
Leuchtkorn zum Aufstecken 7,65 mm	3,75	2,20
verlängerte Holzgriffschalen bei Kal. 7,65 mm und .22 (1933 nur .22)	7,50	7,50
Griff-Verlängerung aus Trolit	–	1,50
dito, mit Magazin 7,65 mm	–	3,75
dito, mit Magazin .22	–	5,25
Reservemagazin 7,65 mm und 6,35 mm (1939 nur noch 7,65 mm)	2,–	2,25
Reservemagazin 7,65 mm und 6,35 mm, mit Verlängerungsstück (1939 nur noch 7,65 mm)	2,50	2,80
Reservemagazin .22	3,–	3,75
Reservemagazin .22 mit Verlängerungsstück	–	4,30
Putzzeug	–	1,20

1) Bei den Beträgen von 1933 handelt es sich um Behördenpreise. Bei einer Abnahme von 10–24 Stück 5%, bei 25–99 Stück 7,5%.
2) Um 1933 wurden ebenso auch die Ausführungen im Kaliber 6,35 mm sowie Waffen ohne Signalstift vernickelt und verchromt. Zuschlag zum Verkaufspreis: 5 bzw. 10%.

Einsteckläufe, Kal. 4 mm M 20	1933[1)]	1939
Ausführung I in Etui, einschl. 8 Stahlpatronen, Wischstock, Hülsenausstoßer	12,75	–
Ausführung I in Etui, einschl. 3 Stahlpatronen, Wischstock, Hülsenausstoßer	–	9,–
Stahlpatronen extra	–,45	–,50
Läufchen allein, nur mit Hülsenausstoßer	–	6,60
Ausführung II im Etui, einschl. Ladelöffel, Wischstock, Hülsenausstoßer (1933 8 Stahlpatronen)	8,75	8,10
Läufchen allein, nur mit Hülsenausstoßer	–	6,40
Patronenausstoßer extra	–,25	–

Zubehör

Eine altbekannte Tatsache ist die Schwierigkeit des Zielens bei Dunkelheit oder schlechtem Licht. Abhilfe sollte das von Walther gefertigte Leuchtkorn schaffen. Eine große Abnahme war aber nicht zu verzeichnen. Bei den Verlängerungen sah das schon anders aus. In einer Firmenschrift vom März 1939 steht zu lesen: »Wenn auch die Walther-Pistole durch ihr reichlich bemessenes Griffstück gut umfaßt werden kann, wurde doch eine Vorrichtung konstruiert, die auch großhändigen Personen gestattet, die Waffe sicher und ohne Gefahr des Verkrampfens zu führen. Diese Vorrichtung besteht aus einer Griffverlängerung, die unter dem Magazin montiert wird. Hierdurch wird der Griff der Pistole in seinem ganzen Umfang um 20 mm bei der PPK und um 15 mm bei der PP verlängert und in seiner gefälligen und als zweckmäßig erkannten Form fortgesetzt.«

Die Verlängerung konnte nachträglich bezogen und von jedermann an ein normales Magazin montiert werden. Hierzu drückte der Kunde mit einem Dorn o. ä. durch das Loch im Magazinboden den Magazinhalter so weit ins Innere, daß durch das zweite Sichtloch auf der rechten Seite ein weiterer Dorn gesteckt und so die zusammengedrückte Magazinfeder zurückgehalten werden konnte. Nach Abnahme des konventionellen Magazinbodens stellte die Installation der Verlängerung keine Schwierigkeit dar. Nach Entfernung des seitlichen Dorns schnellte die Magazinfeder samt Boden nach unten. Der Preis dieser Verlängerung lag bei RM 1,50.

Übung ist das A und O, und deshalb fertigte Walther auch Einsteckläufe. Die Firma berichtete im Februar 1933: »Zum Üben des Schießens mit der Selbstladepistole in geschlossenen Räumen ist die Pistolenpatrone Cal. 7,65 ungeeignet, weil sie eine wenigstens 30 Meter lange, mit Kugelfang, Anzeigerdeckung und Blenden versehene Schießbahn notwendig macht. Ununterbrochenes regelmäßiges Üben mit der Selbstlade-Taschenpistole ist aber ebenso erforderlich wie das Üben der Büchsenschützen und Kleinkaliberschützen. Wie diese während des Winters ihre Übungsschießen mit Zimmerstutzen und der Zielmunition 20, der Zentralfeuerpatrone Cal. 4 mm

PPK: Ausführungen & Preisvergleich (Reichsmark)	1933[1]	1939
Kal. 6,35 mm	35,–	–
dito, mit Signalstift	36,25	–
Kal. 7,65 mm, 8schüssig, brüniert	28,75	39,–
Kal. 7,65 mm, 8schüssig, mit Signalstift	35,–	40,50
dito, vernickelt[2]	36,75	42,50
dito, matt verchromt[2]	38,50	44,50
Kal. 7,65 mm, 9schüssig, brüniert	–	42,–
Kal. 7,65 mm, 9schüssig, mit Signalstift	–	43,50
Kal. 7,65 mm, mit Leichtmetall-Griffstück und Signalstift	–	43,50
Kal. 9 mm kurz, 7schüssig, mit Signalstift, brüniert	–	42,50
Kal. .22, ohne Signalstift, brüniert	38,75	43,50
schwarz brüniert mit reicher Gravur	?	71,50
vernickelt mit Trolitschalen und reicher Gravur	?	74,50
vergoldet mit Trolitschalen ohne Gravur	?	53,50
vergoldet mit Trolitschalen und reicher Gravur	?	84,50
Mehrpreise		
buntgefärbte Visierung	–	–,60
nichtrostender Stahllauf	3,–	2,–
Leuchtkorn zum Aufstecken 7,65 mm	2,20	2,20
Griff-Verlängerung aus Trolit	–	1,50
dito, mit Magazin 7,65 mm	–	3,75
dito, mit Magazin .22	–	5,25
Reservemagazin 6,35 mm	2,–	–
Reservemagazin 7,65 mm	2,–	2,25
Reservemagazin 6,35 mm, mit Verlängerungsstück	2,50	–
Reservemagazin 7,65 mm, mit Verlängerungsstück	2,50	2,80
Reservemagazin .22	3,–	3,75
Reservemagazin .22 mit Verlängerungsstück	–	4,30
Putzzeug	?	1,20

[1]Bei den Beträgen von 1933 handelt es sich um Behördenpreise. Bei einer Abnahme von 10–24 Stück 5%, bei 25–99 Stück 7,5%
[2]Um 1933 wurden ebenso auch die Ausführungen im Kaliber 6,35 mm sowie Waffen ohne Signalstift vernickelt und verchromt. Zuschlag zum Verkaufspreis: 5 bzw. 10%.

PP & PPK Ledertaschen: Modelle & Preise	1933[1]	1939
PP, aus steifem Blankleder	3,50	4,80
PPK, aus steifem Blankleder	3,50	4,30
aus naturfarbigem, weichem Leder mit Koppelschlaufe und Magazintäschchen	2,30	–
Modell »Anuschat« mit herabfallender Klappe und Koppelschlaufe für PP	3,30	3,60
Modell »Anuschat« mit herabfallender Klappe und Koppelschlaufe für PPK	3,30	3,40
dito, mit zusätzlichem Magazintäschchen für PP	4,–	4,30
dito, mit zusätzlichem Magazintäschchen für PPK	4,–	4,60
die vor (PP und PPK), Mehrpreis für grüne Futterale	–	–,45
Modell »Anuschat« mit Schulterriemen für PP	4,35	4,90
Modell »Anuschat« mit Schulterriemen für PPK	4,35	4,60
Modell »Anuschat«, unter dem Rock oder in der Tasche zu tragen, aus weichem Rindleder, die als Verschluß dienende Schlaufe läßt sich durch eine Fingerbewegung öffnen, der Griff der Pistole liegt frei.	3,–	–
Modell »Reichsbank« D.R.G.M. mit Riementragevorrichtung, die das Tragen als Schulterfutteral ermöglicht	3,75	–
Modell »Geco« der Griff der Pistole liegt frei.		
Ausführung I mit Koppelschlaufe	3,15	3,35
dito, mit Umhängeriemen	4,70	4,05

Zeitgeschichte: Es mußte schon ein Braunhemd sein, das Fritz Walther auf seiner Werbebroschüre zur Nazizeit präsentierte. Die SA hatte die PP zu ihrer Lieblingswaffe erkoren. (M. Kersten)

oder der Randfeuerpatrone Cal. 4 mm, durchführen, mit der manche Schützenvereinigungen sogar das ganze Jahr hindurch schießen, so soll auch der Schütze, welcher sich im gebrauchsmäßigen Pistolenschießen die im Sommer erworbene Fertigkeit erhalten will, Gelegenheit haben, diese Übungen in geschlossenem Raum unter Benutzung der gleichen Munition – Zentralfeuer Cal. 4 mm – durchzuführen.« Dazu gab es zwei Möglichkeiten: einmal den Einstecklauf samt Stahlpatronen, in denen die Winzlinge eingesetzt wurden, und den Lauf mit Ladelöffel. Hierbei diente ein löffelartiges Gebilde zum Einsetzen einer einzelnen Patrone in das Patronenlager.

Werbestratege Fritz Walther sah bei der SA einen guten Absatzmarkt und stiftete gelegentlich eine Trophäe in Form einer speziell beschrifteten PP. *(M. Kersten)*

In der Regel hinterließen die einzelnen SA-Gruppen ihre Adresse auf der Vorderseite des Griffes oder auf dem Griffrücken. Seltener wählten sie die rechte Verschlußstückseite. *(M. Kersten)*

GESCHICHTEN UND HINTERGRÜNDE

Waffen für das Militär

Die deutsche Luftwaffe kämpfte mit Schwierigkeiten beim Erwerb der Spannabzug-Pistolen. Mitte 1941 orderten die zuständigen Herren eine beträchtliche Anzahl von PPs und PPKs im Kaliber 7,65 mm. Aber am 3. Juni 1941 erhielten sie von Walther eine Absage, weil ein Produktionsverbot für beide Modelle in Zella-Mehlis vorlag, um die freiwerdenden Kapazitäten für die Fertigung der P 38 zu nutzen. Die Sperre griff jedoch nicht so recht, denn die Pistolenfertigung lief im großen Umfang weiter: Das belegen die Fabrikationszahlen. Das Waffenamt – die gebräuchliche Abkürzung war WaA – orderte über einen größeren Zeitraum hinweg PPs und PPKs, wobei die Lieferungen im Nummernbereich von 167 000 P bis 383 000 P lagen. Es begann mit 7,65er-PPs, gefolgt ab etwa der Nummer 198 000 P bis 215 000 P mit Waffen im Kaliber 9 mm kurz, anschließend kehrte man wieder zum Kaliber 7,65 mm zurück. Ab 360 000 P tauchen unterschiedliche Beschußzeichen auf, und von 380 000 P an fehlte gar der »Adler über N«. Mit den PPKs verhielt es sich ähnlich. Von etwa 172 000 K bis 419 000 K reichte der Nummernbereich der in Kaliber 7,65 mm und 9 mm kurz ausgelieferten Waffen.

Waffen für die Polizei

Die PP und PPK der Polizei sind am Polizei-Abnahmestempel zu erkennen, der aus dem Hoheitszeichen und den Buchstaben C, F, K oder L besteht. Diese Zeichen stehen auf der linken Griffseite, hinter dem Abzug. Von der C-Stempelung existieren bei der PP nur wenige Exemplare, während im Nummernbereich 355 000 bis 378 000 (wozu auch einige »ac«-codierte Waffen gehören) das F-Zeichen zu finden ist. Bei der PPK beginnt der C-Bereich etwa bei 200 000 K, das F bei 410 000 K. Letztere besitzen größtenteils ein Leichtmetall-Griffstück. Andere Orte, andere Sitten: Da München eine überaus große Polizeiabteilung besaß, kennzeichnete sie nicht nur ihre Waffen, sondern auch alle Ausrüstungsgegenstände – wozu auch Aktenschränke und Schreibmaschinen gehörten – in den Jahren von 1926 bis 1937 mit dem Kürzel »PDM«, was für Polizeidirektion München steht. Die Griffstücke der bayerischen Waffen bestehen bei der PP aus Ganzstahl, bei der PPK aus Leichtmetall.

Waffen für andere Institutionen

Jede für die Nationalsozialisten produzierende Firma mußte den Segen der sogenannten Reichszeugmeisterei besitzen, ohne den keine Fertigung oder Handel möglich war. Zu ihren wesentlichsten Aufgaben zählte die Beschaffung von Ausrüstungsgegenständen für die NSDAP, wobei die Mitarbeiter dieser zentralen Beschaffungsbehörde selbst PPs und PPKs zum Selbstschutz trugen. Auf diesen Waffen steht das Symbol »RZM« auf der linken Verschlußstückseite, unmittelbar vor den Spannrillen. Die PPKs liegen im Nummenbereich von 803 000 bis 290 000 K, wobei die Nummern von 820 000 bis 845 000 eine geschlossene Einheit bilden. Während es relativ viele PPKs gibt, sind PPs der RZM recht selten.

Noch spärlicher auf dem Sammlermarkt gesät sind die Waffen der Deutschen Reichspost mit ihrem »DRP« auf der linken Seite, hinter dem Abzug. Diese Waffen liegen im Nummernbereich von 912 000 bis 955 000. Auch einzelne vernickelte Ausführungen kommen vor.

Ein weiteres Kürzel ist »RFV«, was heute von Kennern der Reichsfinanzverwaltung zugeschrieben wird. Diese PPs und PPKs gehörten bis 1945 zur Ausrüstung des Zolls und der Steuerfahndung. »RJ« steht für Reichsjustizministerium oder Reichsinnenministerium, »RBD« bedeutet Reichsbahndirektion und »RRZ« diente als Kürzel für die Reichsrundfunkzentrale.

AUSLAND: PP/PPK INTERNATIONAL

»Es dürfte an sich kaum notwendig sein, meine werten Abnehmer auf die Dringlichkeit des Exports hinzuweisen, nachdem der Führer in seiner großen Reichstagsrede am 30. Januar des Jahres die Pflege des Ausfuhrgeschäfts als besonders bedeutungsvoll bezeichnet hat. Wie der gesamten Industrie, ist es selbstverständlich auch meine Pflicht, dem Exportgeschäft erhöhte Aufmerksamkeit zuzuwenden. Daraus ergibt sich von selbst, daß Exportaufträge bevorzugt erledigt werden müssen und eine Zurückstellung der Inlandsbedarfsdekkung nicht immer vermieden werden kann ...«, warnte im Februar 1939 Fritz Walther in der Firmenschrift »Über Kimme und Korn«. Die Auslandsgeschäfte brachten schließlich Devisen ins Land, die Waffen fehlten aber in der Heimat. Obwohl es sich nicht um ungewöhnlich große Exportzahlen handelte: Sie trugen dennoch dazu bei, daß die Gesamtherstellung auf Kosten der Qualität beschleunigt werden mußte.

Für den lukrativen Persien-Vertrag setzte Walther das Wappen der Pahlewis auf die linke Verschlußstückseite. *(Rankin)*

PPs für den Schah

Jahrelang hatten englische Händler nach Parabellum-Pistolen gefahndet, die einst von Mauser an den Iran geliefert worden waren. 1972/73 gelang es ihnen, diese seltenen Stücke ausfindig zu machen. Der Haken beim Kauf bestand darin, daß die Briten auch andere Ausschußwaffen der iranischen Armee mit übernehmen mußten. Dazu zählten neben Mauser C 96 und FN-Pistolen auch einige PPs, die eine interessante Geschichte erzählten:

Kurz vor dem Zweiten Weltkrieg, während der Regierungszeit von Reza Schah Pahlewi, kam Ende 1938 ein Vertrag zwischen Walther und der iranischen Polizei zustande. Vor Ort, in Zella-Mehlis, überzeugte sich eine iranische Delegation zuvor von der Qualität und Fertigung der PP. Die Iraner orderten etwa 2000 Exemplare im Kaliber 9 mm kurz. Das Geschäft lief über einen im Iran ansässigen Walther-Vertreter und das dortige Innenministerium. In einzelnen Portionen – also nicht in einem zusammenhängenden Nummernblock – erfolgte dann der Versand.

Die normale Walther-Beschriftung wanderte auf die rechte Seite, um links Platz für eine iranische Inschrift plus dem Staatswappen der Pahlewis zu machen. Die Farsi-Schriftzeichen bedeuten von links nach rechts gelesen die Zahl 1317 plus dem Wort für »Modell«. Das sagt dem Europäer wenig, denn die islamische Zeitrechnung beginnt beim Jahr 622, als der Prophet Mohammed von Mekka nach Medina floh. Die Summe der beiden Zahlen ergibt 1939, das für uns verständliche Einführungsjahr der Pistolen. Nach dem Wappen kommt in Richtung Laufmündung auf der Schlittenseite die Bezeichnung »Shareboni«, was als »Polizei« oder besser »Staatspolizei« übersetzt werden kann. Alle bekannten PP-Typen besitzen einen untenliegenden Magazinhalter. Nur wenige dieser Pistolen kehrten nach Europa zurück.

Die matt verchromten Ausführungen zählten damals zu den besonderen, aber relativ wenig gefragten Stücken – obwohl der Kunde nur etwa fünf Reichsmark mehr dafür bezahlen mußte. (M. Kersten)

Amerika und Afrika

Zu Walthers Handelsvertretern in Amerika gehörte die »Firma A. F. Stoeger Inc.« in New York. Entsprechend erhielten die nach dort versandten 7,65er-Waffen auf der linken Verschlußstückseite, oberhalb der gebräuchlichen Firmenadresse, die Inschrift »A. F. Stoeger Inc. New York«. Ein »Made in Germany« stand im vorderen Teil des Abzugbügels, und auf der Vorder- und Hinterpartie des Griffes kam ein Fischhautmuster. Alle Waffen besaßen den Beschußstempel »Krone über N«.

Dieses Zeichen trugen ausschließlich auch eine Anzahl PPs für den schwarzen Kontinent. Die Firma »Chas. Heyer and Co.« in Nairobi versah den dortigen Waffenmarkt mit einem reichhaltigen Walther-Sortiment, das vom Modell 8 bis zu den unterschiedlichen Gewehren reichte. Die Kennzeichnung dieser Stücke gestaltete sich ähnlich denen des amerikanischen Marktes. »CHAS. A. HEYER & CO. NAIROBI« stand über der normalen Beschriftung auf dem Verschlußstück zu lesen.

Dänemark

Die Rigspolitiet, eine Organisation regionaler dänischer Polizeibehörden, erhielt als Bewaffnung zunächst dreitausend Browning-Modelle 1922, die jedoch schnell durch den Zukauf von 1200 PPs und 200 PPKs im Kaliber 7,65 mm ergänzt wurden. Bereits in Zella-Mehlis erhielten diese PPs eine Riemenöse. Nicht alle Pistolen für Dänemark besaßen den klassischen, obenliegenden Druckknopf-Magazinhalter, denn nicht nur die Rigspolitiet orderte Walther-Waffen. Der Zoll hatte PPs im Kaliber 9 mm kurz eingeführt

»Ehre heißt Treue« steht auf den Präsent-PPKs, die vom SS-Chef Heinrich Himmler an verdiente Angehörige der Schutz-Staffeln gingen. Welche Leistung nun der ehemalige Besitzer der hier abgebildeten Waffe vollbrachte, läßt sich trotz Inschrift kaum nachvollziehen: Anstelle einer Seriennummer ist das Datum »9. Nov. 1944« eingraviert. (Walther)

Heinrich Himmler (Service K)

und später der Polizei übergeben. Hier erfolgte ein Umbau auf das Kaliber 7,65 mm mit dem Ergebnis, daß diese Stücke nun den Magazinhalter unten am Griffstück aufwiesen.

Etliche weitere Behörden und Institutionen trugen ebenfalls Walther-Waffen, so zum Beispiel die Leuchtturm- und Küstenbehörde, die Grenzpolizei, die Gefängnis- und Gendarmerie-Behörde, die Marine-Artillerie und die Marine selbst.

Schweden

»STATENS VATTENFALLSWERK« steht rechtsseitig auf einigen Verschlußstücken. Das sind seltene 7,65er-PPs und -PPKs, die aus einer Bestellung über 300 Stück für Wachen der Staatlichen Wasserwerke in Schweden stammen. Zusätzlich wurde über der Inschrift eine interne Inventarnummer eingebracht. Diese Nummer diente zur Identifizierung durch die schwedische Sicherheitsabteilung. Neben der schlechten Verarbeitung der letzten Kriegsjahre wiesen einige dieser PPs auch Leichtmetall-Griffstücke auf.

GLÄNZENDE ÄUSSERLICHKEITEN

Die bevorzugten Oberflächenbeschichtungen von Repräsentationsstücken jener Epoche bestanden aus Gold, Nickel und Chrom. Bei den Chrom-Ausführungen stand nicht das Aussehen, sondern auch die Rostresistenz im Vordergrund. Diese Waffen spielten für den Export vor allem in die USA eine wesentliche Rolle. Natürlich kosteten diese Exemplare wesentlich mehr – wenn man sie nicht geschenkt bekam. Die Nazi-Größen brauchten nicht in die Tasche zu greifen. Präsente oder Ehrengaben für »hervorragende Leistungen« gehörten zum täglichen Bild.

SS-Chef Heinrich Himmler offerierte seinen Offizieren gerne Auszeichnungen, zu denen auch vergoldete und speziell gravierte PPKs gehörten. Auf der rechten Verschlußstückseite steht hier der nachgebildete Handschriftzug des Namens Heinrich Himmler, links thront die überdimensionale und prunkvolle Eintragung »Meine Ehre heißt Treue«. Pistolen dieser Art entstammen nicht den Gravur-Werkstätten von Walther.

Das war bei speziellen, personenbezogenen Ehrengaben anders: Fritz Sauckel, der Gauleiter von Thüringen, erhielt anläßlich seines fünfzigsten Geburtstages im Oktober 1944 seine vergoldete Ehrenwaffe direkt aus Zella-Mehlis. Eine persönliche Überreichung durch Fritz Walther ist unwahrscheinlich, denn für den Firmenchef hieß der Gauleiter nur »Saukerl«. Die Griffschalen der Sauckel-PP trugen die vergoldeten Initialen »FS«. Damit wäre eigentlich alles gesagt – wenn es nicht noch eine sonderbare, aber belegte Geschichte dazu gäbe:
Am Ende des Dritten Reiches hielt sich Sauckel im Berchtesgadener Land auf, wo er sich auch seiner Waffe entledigen mußte. Seltsamerweise trug er seine Ehrenwaffe mit sich herum. Mitsamt dem Holster versteckte er das teure Stück in einer Felsspalte. 30 Jahre später durchquerte die Tochter Sauckels bei Wanderungen mit ihrer Familie immer wieder diese Gegend und erwähnte dabei, daß »genau dort« ihr Vater seine Pistole versteckt habe. Eines Tages beschloß ihr Mann, etwas genauer nachzusehen. Sie befand sich noch im Versteck, unberührt und bis auf einige marode, von der Feuchtigkeit angegriffene Kleinteile sowie äußere Flecken vom Holster vollkommen intakt. Die Pistole wanderte zur Überholung an den Spezialisten Alfred Büttner, der sie wieder instandsetzte und fotografierte. Anschließend ging sie an die Familie zurück.

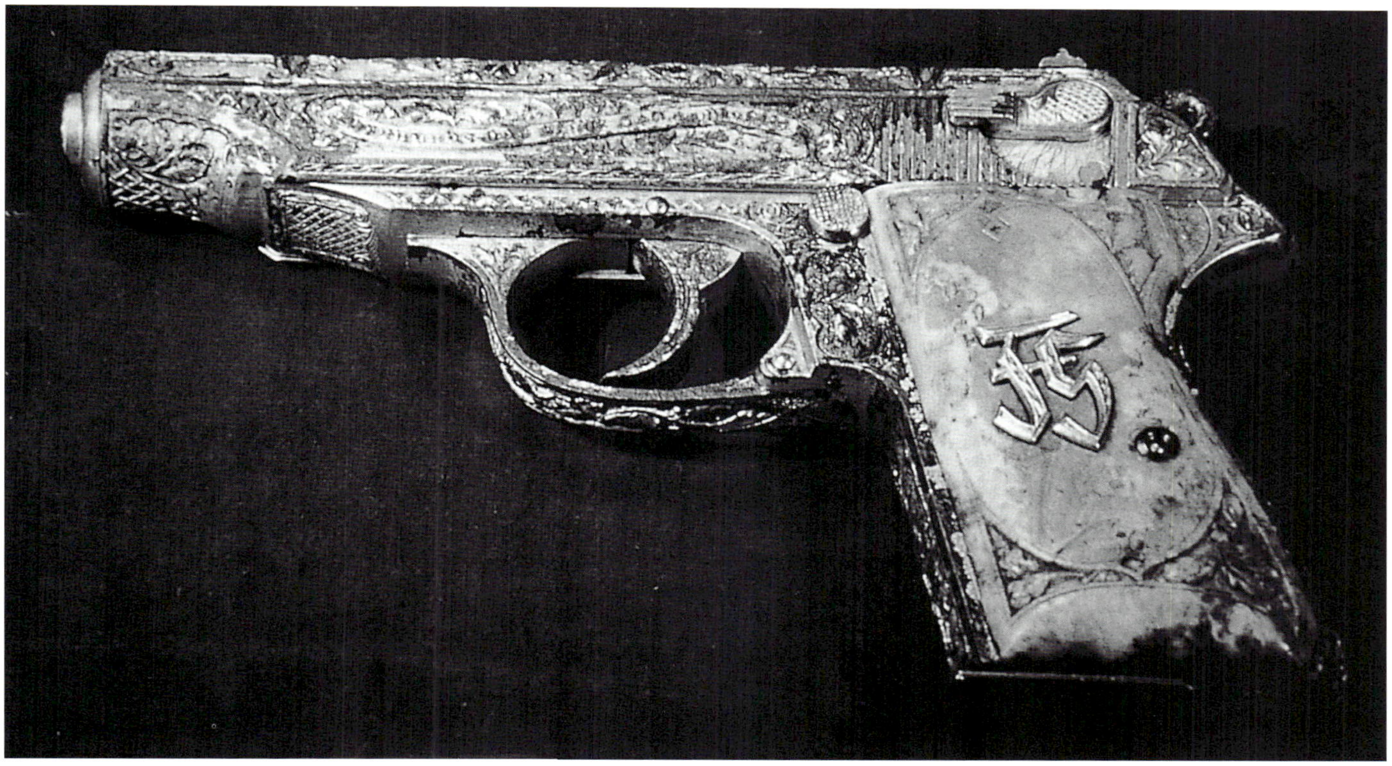

Sie überdauerte 30 Jahre in einem feuchten Felsversteck: Fritz Sauckels Ehrenpistole. (Büttner)

Der vom Fabrikarbeiter in höchste Ämter des Dritten Reiches avancierte Fritz Sauckel. (Service K)

Liebte Waffen, Prunk und barocke Formen: Die Ehren-PP »Hermann Göring« war nur eine von vielen Pistolen aus seiner Sammlung. (Rankin)

Pompöse Artefakte gehörten zum Erscheinungsbild Hermann Görings, und dazu paßt auch hervorragend eine vergoldete, mit Eichenlaub reich gravierte und mit Elfenbein-Griffschalen versehene PP. Auf der linken Schale ist ein Medaillon mit den Intitialen »HG«, rechts ein goldener Adler samt Kranz und Hakenkreuz angebracht. Was bei Präsentationsstücken selten zu beobachten ist: Die Pistole besitzt eine Seriennummer, und zwar 192 930 P. Auf der linken Verschußstückseite steht in einem Band eine recht persönliche Inschrift eingraviert: »Zum 50jährigen. In Erinnerung an frohe Waidmannsstunden. F. u. G. Walther«, die Abkürzung der passionierten Jäger Fritz und Georg Walther.

Erhielt Adolf Hitlers persönliche Ehrenwaffe zum Geschenk: Flieger-As Werner Mölders. (Service K)

Die Adolf Hitler zum 50. Geburtstag überreichte PP traf nicht seinen Geschmack. (Mohawk Arms)

Hermann Göring, der 1943 seinen 50. Geburtstag feierte, war nicht nur Chef der Luftwaffe, sondern führte auch den Titel des Reichsjäger- und Reichsforstmeisters als oberster Funktionär des Jagdwesens im Dritten Reich.

Auch Adolf Hitler erhielt zum 50. Geburtstag eine solche Walther-Sonderwaffe, die Mitte der 60er Jahre wieder auftauchte und 1987 bei einer Versteigerung der Mohawk Arms 115 000 Dollar einbrachte. Die vergoldete PP mit Arabeskengravur und gleichartig gestalteten Elfenbein-Griffschalen trägt auf der linken Verschlußstückseite in einer Schleife die Gravierung »Ehrengabe der Familien Walther« und rechts »Carl Walther Waffenfabrik Zella-Mehlis. (Th)«. Auf der linken Griffschale stehen die Initialien »AH« und rechts ein goldenes Walther-Banner. Zur Waffe gehörte noch ein Holster samt Koppel in der Sonderausführung für politische Leiter der NSDAP. Das reichte einem Händler aus Cleveland, der die »Führer-Waffe« zunächst erwarb, als Beweis für die Echtheit nicht aus.

Recherchen führten ihn zum Hitler-Adjutanten Heinz Linge in Hamburg, der auch artig die Originalität der Waffe bestätigte. Zwar nahm Hitler damals die Pistole an, aber er mochte derartig verzierte Waffen nicht. Damit kam eine weitere Person als Besitzer ins Spiel: das Flieger-As Werner Mölders. Der hatte mit der »Legion Condor« im spanischen Bürgerkrieg gekämpft und wurde in Deutschland nach 13 Abschüssen als erfolgreichster deutscher Jagdflieger gefeiert. Im Juni 1940 erhielt Major Mölders ein Jagdgeschwader und drei Monate später aus der Hand Hitlers das Eichenlaub zum Ritterkreuz. Der 101. Abschuß brachte ihm am 16. Juli 1941 nicht nur das erste Ritterkreuz mit Eichenlaub, Schwertern und Brillanten, sondern als Zugabe auch Hitlers persönliche Ehren-PP. Bei einem Flug am 22. November 1941, zur Beisetzung des Fliegergenerals Ernst Udet, stürzte die Passagiermaschine ab. Mölders fand auf dem Berliner Invalidenfriedhof neben Manfred von Richthofen seine letzte Ruhe. Die weitere Geschichte der Pistole liegt im dunkeln. Durchaus denkbar ist der spätere Verkauf durch Angehörige bei Kriegsende.

Eine letzte, einfache Serien-PPK soll noch erwähnt werden: Über den 30. April 1945, etwa 15.30 Uhr, weiß John Toland in seinem Buch »Adolf Hitler« zu berichten: »Das Ehepaar Hitler saß nebeneinander auf dem Sofa im Wohnzimmer des Führerbunkers. Eva ging zuerst in den Tod – durch Gift. Hitler nahm seine 7,65 mm-Pistole, Typ Walther. Er setzte den Lauf an die rechte Schläfe und drückte ab. Im oberen Teil des Bunkers las Traudl Junge den Goebbels-Kindern ein Märchen vor, um sie abzulenken, als sie den Schuß hörte. Der kleine Helmuth dachte, es sei eine feindliche Bombe, und sagte: Volltreffer!«

Ob es sich wirklich so zugetragen hat, wird heute wahrscheinlich nur noch Traudl Junge selbst mit absoluter Sicherheit sagen können. Zu viele Versionen dieser Handlung kursieren durch die Zeitgeschichte. Es sind Interpretationen von überlebenden Bunkerbewohnern um Hitler. Hinzu kamen Verschleierungstaktiken, initiiert von Stalin und dem KGB. Toland beschreibt akribisch den Zustand des Wohnzimmers, vermerkt, daß eine Metallkapsel für das Gift gefunden wurde. Doch von der Waffe fehlt jede Spur. Irgendwer wird sie an sich genommen haben, als Souvenir oder Reliquie, je nach Finder. Die Selbstmordwaffe ist nie wieder aufgetaucht.

Manurhin

Der Zweite Weltkrieg war zu Ende, Deutschland besetzt und an eine Neuaufnahme der Waffenproduktion nicht zu denken. Fritz Walther und seine Brüder entschlossen sich, einen neuen Weg zu beschreiten. Die Firma »Manurhin« in Mulhouse-Bourtswiller/Frankreich erhielt eine Lizenz für die Fertigung der PP und PPK. Eine 6,35 mm-Version stand dabei nicht mehr auf dem Produktionsplan. Alle Kalibervarianten erhielten den Druckknopf-Magazinhalter und die PPKs im Kaliber .22 l.r. und 7,65 mm ein Leichtmetall-Griffstück.

Den PPKs spendierten die Franzosen eine der PP entsprechende Abschrägung an der Mündungspartie, wodurch die Pistole eleganter wirkte. »MANUFACTURE DE MACHINES DU HAUT RHIN; LIC. EXCL. WALTHER« lautet die Verschlußstück-Beschriftung, ergänzt durch das Firmenemblem, ein Zahnrad mit dem Schriftzug »MANURHIN«, durch »Made in France« und das französische Beschußzeichen von St. Etienne – eine Krone über einem Schild –, oft begleitet von dem Schriftzug »St. Etienne«. Das steht im Auswurffenster auf dem Patronenlager und davor auf dem Verschlußstück. Die Waffennummer befindet sich normalerweise rechts vor dem Auswurffenster und hinter dem Abzug auf dem Griffstück. Nur bei frühen Modellen aus den Jahren 1951 und 1952 steht anstelle der Griffstücknummer ein Beschußzeichen. Mit der Firma änderte sich auch die Beschriftung auf den Griffschalen: Nur noch der Hinweis: »Lic. Walther PP« bzw. PPK am unteren Rand erinnert an den Ursprung, während darüber das Manurhin-Emblem in einer Raute auf den Hersteller hinweist.

Für den Sportbereich baute Manurhin die PP-Sport in den Kalibern .22 kurz und .22 l.r., und zwar in Lauflängen von 15,2 und 19,3 Zentimetern. Eine verstellbare Sportvisierung, Gewichte und entsprechende Griffschalen kamen hinzu. Eine Variante stellte die PP-Sport Competition dar, eine Single-Action Waffe mit 19,4 Zentimeter langem Lauf und äußerst genauem Mikrometervisier für das Präzisionsschießen. Neben Stahl standen auch Leichtmetall-Griffstücke zur Auswahl. Der Ringhammer machte einem Hahn mit langem Sporn Platz. Alle Waffen erhielten eine Hochglanzbrünierung, bis auf die etwas kostspieligeren Ausführungen. Sie hatten ein Nickel-Finish und weiße Griffschalen. Zum Zubehör gehörten abnehmbare Mündungsbremsen, Holzgriffschalen und unterschiedliche Zusatzgewichte. Großartige Verkaufserfolge konnten diese Sport-Adaptionen jedoch nicht für sich verbuchen, da sich speziell für den Hochleistungssport in der Zwischenzeit fortgeschrittene Entwicklungen anderer Firmen anboten.

Da in der Nachkriegszeit zunächst nur Manurhin die PP und PPK baute, lag auch der Export erst einmal ausschließlich in französischer Hand. Für Amerika orderte ab Juli 1953 die »Thalson Import Company« die Pistolen, 1956 folgte die »Interarmco, International Arms Company« in Alexandria im US-Bundesstaat Virginia. Bereits damals legten die Amerikaner großen Wert auf das Walther-Banner. So machte also das Manurhin-Zahnrad dem Walther-Logo Platz, ergänzt durch die Bezeichnung »Mark II«.

Bei den ersten Lieferungen hatten die Exportleiter allerdings einen Kunstgriff versucht. In Anlehnung an das reguläre Walther-Logo standen hier die Namen Walther und Manurhin vereint in einer Schleife; daneben: »Manufacture De Machines Du Haut-Rhin; Made in France«, und rechts davon »Lic. Excl. Mod. Sport-Competition, Cal. 5,6 mm, .22 l.r. Automatic«. Zur Modell- und Kaliberbezeichnung gehörte weiterhin der Eintrag »Made in France«.

Manurhin-PP und -PPK für die Berliner Polizei: Durch einen kleinen Umweg wurden aus deutschen Pistolen ausländische Produkte, weil nach den Statuten der Vier-Sektoren-Stadt nur die Waffen der Westalliierten in West-Berlin ausgegeben wurden. (Kupsch)

Nicht nur die Berliner kamen in den Genuß von Manurhin-PP. Wie alte Markierungen auf Sammlerwaffen beweisen, waren sie auch in anderen Ländern im Einsatz, hier zum Beispiel ein Stempel der schwedischen Polizei. (Kupsch)

Startnummern der Manurhin-Fertigungen

Modell	Kaliber	Nummer
PP, Start 1952	7,65 mm Br.	10 001 – 100 000, 300 001 –
PP	9 mm kurz	10 001 A
PP	.22 l.r.	10 001 LR
PP Sport, Lauf 15,2 cm	.22 l.r.	50 001 C
PP Sport, Lauf 19,3 cm	.22 l.r.	50 001 L
PP Sport	.22 kurz	200 001
PPK, Start 1954	7,65 mm Br.	100 000
PPK	9 mm kurz	100 001 A
PPK	.22 l.r.	100 001 LR
PPK Leichtmetall-Griffstück	7,65 mm	500 001
PPK Leichtmetall-Griffstück	.22 l.r.	500 001 LR

LIC. EXCL. WALTHER
MOD. PP Cal. 7,65mm
MANURHIN
MANUFACTURE DE MACHINES
DU HAUT-RHIN
Made in France
MANURHIN
WALTHER
INTERARMS
ALEXANDRIA-VIRGINIA

Made in Ulm

Ab 1955 lief die Produktion der Pistolen auch in Ulm wieder an, und das »Made in Germany« auf den Waffen drängte die französischen Fertigungen in den Hintergrund. Außer dem Kaliber 6,35 standen wieder alle bekannten Munitionsvarianten zur Verfügung. Auch edle Stücke mit Griffverschneidungen, Gravuren und Oberflächen mit Edelmetallen lagen für Leute, die mittlerweile wieder etwas tiefer in die Tasche greifen konnten, zum Kauf bereit.

Die PP und PPK aus Ulm sind mit denen der Manurhin-Fertigung identisch. Als Nitro-Beschußzeichen steht hier natürlich der »Adler über N«, sowie der Ulmer Beschußstempel, die Geweihstange. Bei der Waffennumerierung folgt der jeweilen Zahl beim Kleinkaliber »LR«, bei der 9 mm kurz-Version ein »A«. PPKs mit Leichtmetall-Griffstück erhielten die Bezeichnung »PPK-L«.

Einen herben Rückschlag für den Export brachte 1968 eine Änderung des Federal Firearms Law, des amerikanischen Bundeswaffengesetzes. Aufgeschreckt durch die Morde an den Kennedys und an dem Bürgerrechtler Martin Luther King wollte der Gesetzesgeber mit dem neuen »Gun Control Act« die Importflut von Taschenpistolen unterbinden, wobei auch die Walther-Waffen durch das ausgetüftelte Punkte-Raster auf den Index kamen. Nun lautete in Ulm die Devise: aus zwei mach eins. Durch die Kombination des Verschlußstücks der PPK und dem Griffstück der PP entstand die PPK/S, wobei das »S« auf die Spezialausführung hinweist. Durch die so entstandenen neuen Maße umging Walther geschickt das US-Importverbot. Auf der rechten Griffschale saß zusätzlich ein Adler, und im unteren Bereich stand der Vermerk »Distributed by Interarms, Alexandria, Virginia, USA«, die Adresse des neuen Importeurs.

1979 feierte die PP mit einer 2350 Mark kostenden Jubiläums-Ausgabe ihren 50. Geburtstag. 300 Exemplare im Kaliber 7,65 mm trugen die Nummern CW 001 bis CW 300, weitere 500 Stück im Kaliber 9 mm kurz die Nummern CW 301 bis CW 800. Die Beschriftung des Verschlußstücks war eingraviert und mit Gold ausgelegt; Hahn, Abzug, Magazinhalter und Auszieher waren vergoldet. Die Griffschalen bestanden aus Nußbaum, genauso wie die mit Eichenlaub verschnittene Kassette, die nummerngleich zur Pistole gehörte. 1981 folgte die Geburtstag-PPK. Zum Fünfzigjährigen legte Walther 700 Stück im Kaliber 7,65 mm und 300 in 9 mm kurz auf. Neben den großzügigen Holzverschneidungen der Nußbaumgriffschalen war wieder die Schrift »50 Jahre – Walther-Banner – PPK 1931–1981« auf der linken Verschlußstückseite in Gold ausgelegt, und der Abzug und der Hammer waren mit dem gleichen Edelmetall überzogen. Bereits vor der Fertigung war der größte Teil dieser Auflage verkauft. Der empfohlene Ladenpreis lag bei 2950 Mark.

Inserat der Thalson Company.

(Hoffschmidt)

1981 stellte Walther 700 Jubiläumsexemplare der PPK her. (M. Kersten)

100 Jahre
1886 - 1986
WALTHER
401

1986 feierte Walther den 100. Geburtstag. Zu diesem Anlaß legte die Firma eine auf 500 Exemplare limitierte Sonderauflage der P 5 mit einem eigenen Nummernbereich auf. Der Hahn, Abzug und Auszieher wurden vergoldet und die einzelnen Schriftzüge auf dem Verschlußstück mit dem gleichen Edelmetall ausgelegt. Edle Griffschalen aus Nußbaum mit Eichenlaub-Verschneidungen kontrastierten ausgezeichnet zur Hochglanzpolierung der Metallteile. (Stoll GmbH)

Nachkriegsfertigung: brünierte PPK im Kaliber 9 mm kurz aus Ulm und eine Stainless-PPK/S für die gleiche Patrone von der Interarms.
(Walther)

Auch nach dem Krieg wurde sie ihrem Namen gerecht: Polizeipistole. Die meisten Länder der neuen Bundesrepublik statteten ihre Beamten mit dieser Waffe aus. (Service K)

Ab 1955 fertigte Walther in Ulm wieder eigene Pistolen. Die in Hochglanzbrünierung und vorbildlicher Qualität ausgeführten PPs und PPKs verdrängten schnell die Manurhin-Fertigungen vom internationalen Markt. (Walther)

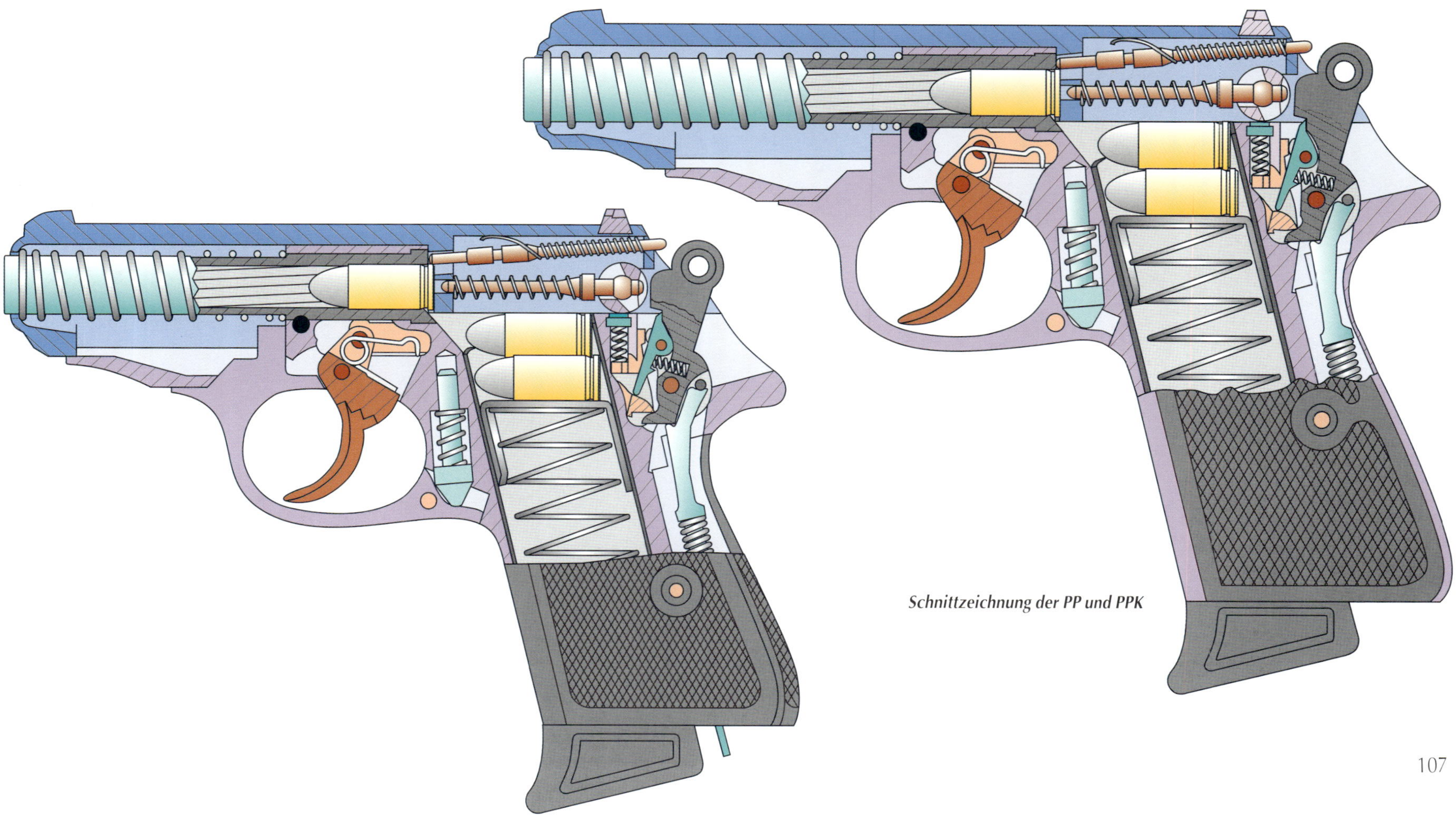

Schnittzeichnung der PP und PPK

Carl Walther Waffenfabrik Ulm/Do. Made in
WALTHER
Modell PP Cal. 7,65 mm W.Germany
WALTHER
Carl Walther Waffenfabrik Ulm/Do. Made in
WALTHER
Modell PP Cal. 9 mm kurz W.Germany
WALTHER

Sein Name ist Bond

»Ich habe eben erst die meisten kleinen automatischen Waffen getestet. Je fünf Magazine aus 25 m. Unter allen würde ich die Walther-PPK wählen. Eine Waffe mit wirklicher Durchschlagskraft! Mir sagt auch der leichte Druckpunkt zu. Außerdem können Sie überall Munition für die Walther bekommen. Damit ist sie den japanischen und russischen Pistolen überlegen.«
Das sagte Major Boothroyd, einer der bekanntesten Experten für Handfeuerwaffen zu Mister »M«, dem Chef eines gewissen Bond, James Bond. Aufgezeichnet wurde diese Erklärung durch Ian Fleming, den Schöpfer der 007-Storys. Und nachzulesen ist sie in dem Buch »Dr. No«.
Geheimagent 007 hat in mehr als zehn Filmen die PPK 7,65 mm mit wahrhaft durchschlagendem Erfolg geführt. In den späteren Filmen »Octopussy« und »Sag niemals nie« schießt er mit der Walther P 5 Kaliber 9 mm Parabellum.
Auf den Plakaten des Films »Liebesgrüße aus Moskau« genügte ihm allerdings zur allgemeinen Freude von Waffenkennern die Walther-Luftpistole LP 53 zur Einschüchterung der bösen Widersacher. Der neue Bond alias Pierce Brosnan greift in »Goldeneye« allerdings wieder auf die bewährte PPK zurück. Etwas aus der Reihe scheint in diesem Streifen jedoch ein Gangster zu sein, der am Druck der Waffenmündung zwar exzellent feststellt, daß es sich um eine Walther PPK handelt: Wahrscheinlich hat er zuvor als Eremit gelebt, da er nur drei Leute kennt, die eine solche Waffe führen.
Auffallend ist, wieviel Filmausstatter auf die PP, die PPK und P 38 zurückgegriffen haben. In früheren Zeiten gehörten diese Pistolen zur Grundausstattung jedes Krimis. Auch in neueren Hollywood-Streifen sieht man oft die P 5. Und die P 88 natürlich, die auch zur Ausstattung einiger Filme mit Clint Eastwood, aber auch zur deutschen Krimi-Serie »Doppelter Einsatz« gehört.

Konstellation aus dem Hause Walther: eine PPK Kaliber .22 l.r. mit Schalldämpfer. (M. Kersten)

Interarms stellt auch heute noch die erfolgreiche PPK/S in ihrer Firma EMCO in Gadsden/Alabama her.

(M. Kersten)

Samuel Cummings, Chef von Interarms.

(Interarms)

Made by Interarms

Interarms schloß im Jahre 1979 mit der Firma Mid-South Industries in Gadsden/Alabama einen Vertrag zur Herstellung der Modelle PPK und PPK/S. Später sollte die Fertigung der TPH folgen. Das war möglich, denn Firmenchef Samuel Cummings besaß mittlerweile eine Lizenz zur Herstellung dieser Waffen. Beide PPK-Versionen besaßen das Kaliber 9 mm kurz (.380 ACP) und erstmals glänzten diese Pistolen im makellosen Stainless-Steel.

Auf der linken Verschlußstückseite steht das Walther-Banner mit dem Hinweis »Made in USA«, nebst dem Schriftzug »Under License of Carl Walther Waffenfabrik Ulm/Do. Modell PPK/S Cal. 9 mm kurz/.380 ACP«. Rechts folgt der Auftraggeber »Interarms, Alexandria, Virginia«. Die Waffennummer steht ebenfalls rechts, auf dem Griffstück.

Direkt nach dem Zweiten Weltkrieg begann die türkische Firma MKE ohne Lizenz mit dem Nachbau der PP. Nach Sättigung des inländischen Marktes exportierte sie ab den späten 50er Jahren diese Kopien, vornehmlich in die arabischen Länder und nach Nordafrika. (M. Kersten)

ZUM SCHLUSS: DIE ANDEREN WALTHERS

Nur Manurhin und Interarms besaßen Lizenzen für die Fertigung von Walther-Konstruktionen. Aber auch andere Firmen sprangen auf den fahrenden Zug. Die ungenierte Kopiererei begann schon unmittelbar nach dem Krieg, so zum Beispiel in der Türkei, in China und in nahezu allen Ostblockstaaten. Angesichts des »Gun Control Act« in den Staaten, verbunden mit in Europa ansteigenden Herstellungskosten und gleichzeitiger Dollar-Abwertung, fertigten aber auch einige amerikanische Waffenschmieden Ebenbilder von der PPK. Nachfolgend einige beispielhafte Kopien aus aller Welt. Die neueste Nachahmung feierte übrigens auf der Shot Show 1996 in Dallas ihr Debüt: ein Produkt des koreanischen Daewoo-Konzerns.

Kirikkale

Bereits vor dem Zweiten Weltkrieg führte die türkische Armee die Walther-PP ein, doch nach 1945 versiegten die Quellen aus Zella-Mehlis. So wurde beschlossen, das Gerät unter eigener Regie herzustellen. Die Firma »MAKINA ve KIMYA ENDÜSTRISI, Kuruma/Ankara«, kurz: »MKE«, fertigte den nahezu originalen Nachbau für das Kirikkale-Arsenal. Ursprünglich sollten nur die Offiziere im eigenen Land diese Pistolen tragen, aber nach der Bedarfsdeckung gingen Waffen ab 1948 in den Export.

Diese türkischen PPs sind recht gut gemacht, wenn man bedenkt, daß der überwiegende Teil in Handarbeit gefertigt werden mußte, denn Maschinen für die Massenfertigung gab es nicht. Bei den Schlittenbeschriftungen sind verschiedene Ausführungen zu unterscheiden. Auf der linken Verschlußstückseite steht die Inschrift »Kirikkale Tuiek Fb Cap 9 mm«, rechts normalerweise das Fertigungsdatum und die Waffennummer. Es gibt auch Ausführungen, bei denen auf dieser Seite nur das Kürzel »MKE« zu finden ist.

Waffen in 9 mm kurz und 7,65 mm standen auf dem Produktionsplan, wobei das kleinere Kaliber den weitaus größten Prozentsatz ausmachte; schließlich wurde diese Patrone offiziell als Armeemunition benutzt.

Die 7,65er fallen durch ihre eigenartige Schriftplazierung auf, die in einer Ausnehmung des Schlittens liegt. Bei Militärwaffen kann weiterhin die Inschrift »T. C. Ordusu; Subaylarina Mahsus« entdeckt werden, was in etwa bedeutet: »Nur für Offiziere der türkischen Armee«. Die häufigste Darstellung des Wortes »Kirikkale« erfolgte in einer dem Walther-Banner nachempfundenen Schleife. Eine andere Variante zeigt ein gerades Banner auf den Griffschalen. Letztendlich ist auf den Schalen das »MKE im Kreis« anzutreffen. Bei dieser letzten Ausführung fehlt auch das Herstellungsdatum.

China

In China ging das Abkupfern der PPK bis zum Walther-Banner. So glaubt der oberflächliche Betrachter auch zunächst, eine Walther aus Zella-Mehlis vor sich zu haben. Beim genaueren Hinsehen wird jedoch schnell klar, daß es sich um eine plumpe Fälschung handelt. Die Einbringung des Walther-Banners klappte nicht so richtig, und auch der ungelenke Schriftzug auf dem Verschlußstück verrät das Plagiat. Das äußere Erscheinungsbild ist allerdings sehr gut getroffen, auch wenn es an der gehörigen Feinarbeit mangelt. Bei den »inneren Werten« griffen die Chinesen sogar in die Konstruktion ein und bearbeiteten die Abzugbeschaffenheit. Auf der rechten Verschlußstückseite steht bei einigen Waffen, in Form von entsprechenden Schriftzeichen, der Eigentumshinweis der chinesischen Volksarmee.

Nachdem sie es nicht schafften, auch nur annähernd eine exakte Kopie der PPK herzustellen, setzten sie gelegentlich ihre eigenen Schriftzeichen in das Walther-Banner.

(M. Kersten)

Ein weiterer PPK-Ableger aus dem ehemaligen Ostblock liegt mit dem Modell 74 vor, auch wenn das Griffstück von der bekannten Form abweicht. (M. Kersten)

Ungarn

In Ungarn entstand bei der bekannten Firma FEG in Budapest 1948 die erste PP-Kopie. Diese Waffen in den Kalibern 7,65 mm und 9 mm kurz wurden allgemein als »Walam 48« bekannt. Außer einer kleinen optischen Korrektur erfuhr diese Kopie wenige Abweichungen vom Original. Lediglich der Ladeanzeiger wanderte direkt über das Patronenlager.

Sowohl die ungarische Polizei als auch das Militär führten diese Pistole als Dienstwaffe, wobei auf den Griffschalen das Wappen der Kommunistischen Partei steht. Nicht allzu viele Waffen gingen in den Export, wobei wahrscheinlich unter diesen wenigen Ägypten den größten Prozentsatz erhielt. 1966 folgte eine grundlegende Modernisierung, welche sich in der neuen Bezeichnung »AP 66« ausdrückte. Es gab aber noch andere Export- oder Tarnnamen, so zum Beispiel »Hege-West-Germany«, »Attila« und die bei palästinensischen, türkischen und anderen nahöstlichen Terroristen aufgetauchten »GSM Mauser-Oberaudorff Germany SLP 1«, die 1982 in gewissen Mengen von den Israelis erbeutet wurden und so in den westlichen Sammlermarkt gelangten. Eine Variante erreichte als »PA 63« nach 1989 mit ihrem unbehandelten und deswegen silberfarbenem Leichtmetall-Griffstück traurige Berühmtheit: Die »Securitate«, die Staatspolizei Rumäniens, führte diese Pistole im Kaliber 9 mm Makarov.

Traurige Berühmtheit erlangte die PA-63 von FEG als Bewaffnung des berüchtigten rumänischen Geheimdienstes Securitate. (M. Kersten)

Das Pendant zur AP 66 stellt die PPK-Kopie R 61 von der FEG in Budapest dar. (M. Kersten)

DIE P 38: DER ANFANG

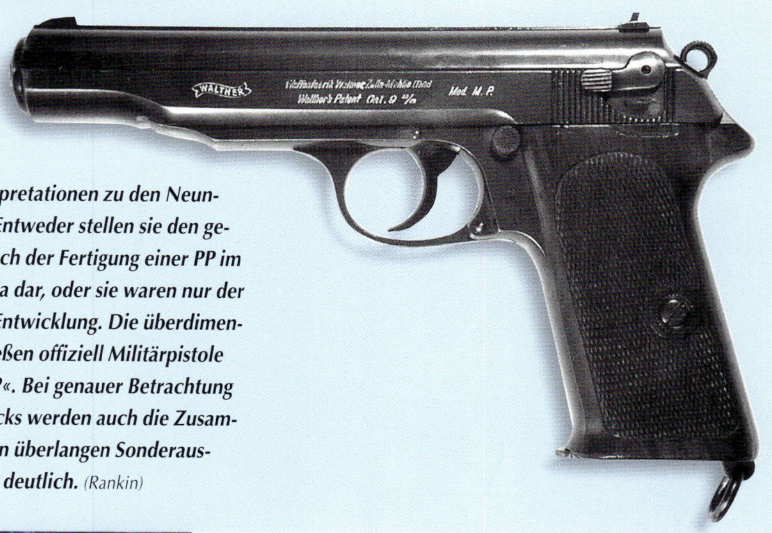

Es gibt zwei Interpretationen zu den Neun-Para-Versionen: Entweder stellen sie den gescheiterten Versuch der Fertigung einer PP im Kaliber 9 mm Para dar, oder sie waren nur der Beginn der P 38-Entwicklung. Die überdimensionierten PPs hießen offiziell Militärpistole oder einfach »MP«. Bei genauer Betrachtung des Verschlußstücks werden auch die Zusammenhänge mit den überlangen Sonderausführungen der PP deutlich. *(Rankin)*

Schon im Jahre 1931 begann die Suche der Reichswehr nach einem Ersatz für die Parabellum 08. Denn die technisch sehr aufwendige Pistole von Georg Luger kostete einfach zuviel. Fritz Walther erkannte sofort seine Chance und wußte, daß nur ein Entwurf im Kaliber 9 mm Parabellum erfolgreich sein konnte. Der Konstruktionsweg war durch die Achillesfersen der 08 vorgeschrieben: Neben einer wirtschaftlicheren Herstellung mußte die neue Pistole widerstandsfähiger sein und aus weniger Einzelteilen bestehen.

Also mußten neue Prinzipien und Materialien her. Das war leichter gesagt als getan, denn die Verwendung von Leichtmetall-Legierungen oder Blechprägeteilen entsprach nicht den Vorstellungen der Militärs. Schließlich existierte im Waffenbau zu diesem Zeitpunkt noch keine geeignete Aluminium-Legierung, und auch die Oberflächenbehandlung der Leichtgewichte ließ zu wünschen übrig. Es war also weiterhin eine Stahlfertigung, die im Vordergrund stand. Hinter den Kulissen ließ Fritz Walther aber bereits erste Versuchswaffen in Blechpräge-Verfahren und Aluminium bauen. Denn ihm war klar, daß irgendwann der Zeitpunkt für diese Metalle kommen würde.

Am Beginn des Weges zur P 38 stand die PP. Bei Walther glaubte man anfänglich, nur die Dimensionen dieser Erfolgswaffe vergrößern zu müssen, um eine vernünftige Neun-Para-Waffe zu erhalten. Ein unverriegelter Masseverschluß war billiger und einfacher herzustellen als irgend etwas mit Verriegelungsmechanismen. Dabei unterschätzten die Techniker aber zwei zwingende, konstruktive Voraussetzungen: die Masse des Schlittens und die überaus starke Schließfeder. Fritz Walther klammerte auch die ablehnende Haltung der militärischen Auftraggeber zu un-

(Kupsch)

verriegelten Systemen in der Parabellum-Kategorie zunächst aus. Im Anschluß an die seit der PP gebräuchlichen Modell-Kürzel erhielt seine erste unverriegelte Konstruktion die Bezeichnung »MP« (Militärpistole).

***Folgemodell 021:* Die Pistole hat die Zeit gut überstanden. Sie wanderte nach ihrem Abhandenkommen aus der Waltherschen Musterkollektion direkt in eine ausländische Sammlung.** (Buxton)

Die MP-PP

Die erste Ausführung des Modells MP-PP begann dort, wo die Neun-kurz-Variante endete. Aber das hohe Gewicht und auch die beim Durchladen nur schwer zu komprimierende Schließfeder fanden wenig Bewunderer. Die unverriegelte Pistole funktionierte zwar, aber es reichte eben nur für zivile Belange. Etwa ein Dutzend dieser Waffen konnten damals das Werk verlassen, wovon bis heute nur sechs Exemplare erhalten blieben. Eine davon war Fritz Walthers Lieblingspistole. Er schoß selbst damit und bewahrte sie als einzige Pistole des reichhaltigen Walther-Repertoires in seinem Privathaus auf. Während einer Vernehmung durch einen amerikanischen Offizier blieb ihm 1945 nichts anderes übrig, als seine MP-PP abzugeben. Das gute Stück endete schließlich nach einigen Umwegen in einer renommierten britischen Privatsammlung.

Nun mußte doch ein Verriegelungssystem her. Das fand der Konstrukteur aus Zella-Mehlis bei dem Amerikaner Pedersen, der es für Remington-Pistolen entwickelt hatte. Blieben noch Gewicht und Umfang. Tatsächlich konnte etwa ein Viertel abgespeckt werden. Ein Exemplar dieses Entwicklungsschrittes ist erhalten geblieben und wird als »MP(2)« bezeichnet. Danach folgte die »MP(3)«. Allerdings ist kaum etwas darüber bekannt, da sich Realstücke den wachen Augen der Spezialisten bisher entzogen. Diese überdimensionierte PP besaß ein Verriegelungsprinzip mit Laufdrehung. Kurzum: Alle drei Entwürfe stießen bei den Militärs auf Ablehnung, denn nicht nur die hohen Fertigungskosten, sondern auch ein Schlitten bis zur Laufmündung ließ die Wehrmacht abwinken.

Fritz Walther legte daraufhin die Sache mit der großen PP ad acta. In der Folge entstanden einige Modelle, die als »Pistolen mit innenliegendem Hahn« in die Geschichtsschreibung eingingen und endlich auf Empfehlungen der Militärs basierten. Diese weiterhin als »MP« bezeichneten Pistolen besaßen bereits fast alle konstruktiven Merkmale der späteren P 38, wie zum Beispiel zwei separate Schließfedern, das einfache Zerlegen mit Hilfe des Laufhaltehebels, den Spannabzug und die automatisch wirkende Schlagbolzensicherung. Der Hahn lag innen, und es fehlte noch die Brücke, vorne über den offenen Schlitten. Die wohl bemerkenswerteste Neuerung war aber der freiliegende Lauf, den die Wehrmacht zwingend forderte. Der Hintergrund: In den Schützengräben gelangte häufig Dreck in die Läufe der Parabellum 08, was im Eifer des Gefechts nicht auffiel. Das Resultat: Beim nächsten Schuß entwickelte sich eine Laufaufbauchung. Bei einer kompletten Schlittenführung würde beim nächsten Rücklauf das Verschlußstück hängenbleiben. Nicht so bei einem freiliegenden Lauf, hier blieb zumindest noch die Funktion gesichert. Ein Pluspunkt für diese Konfiguration.

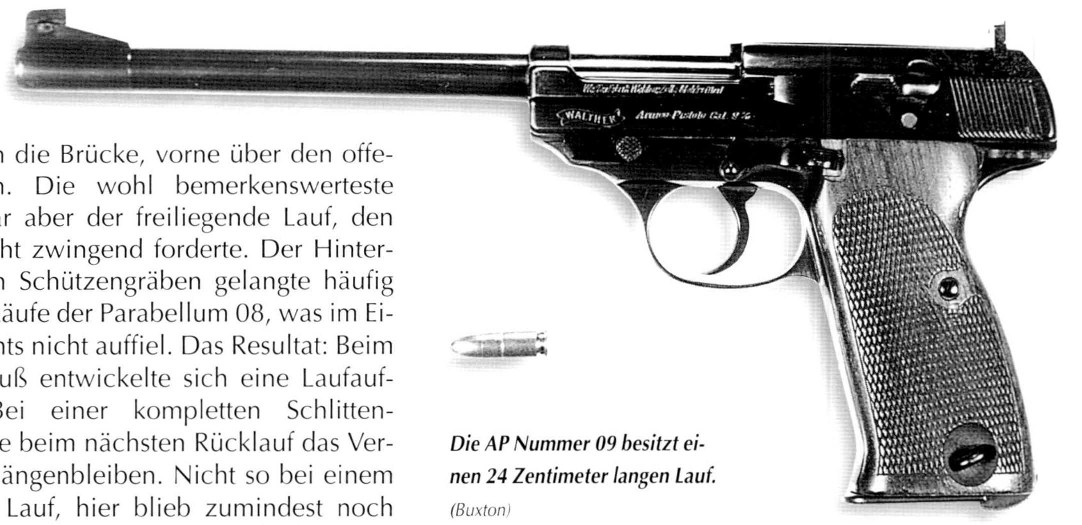

Die AP Nummer 09 besitzt einen 24 Zentimeter langen Lauf. (Buxton)

Die AP

Neue Wünsche aus Wehrmachtskreisen brachten weitere konstruktive Änderungen, die in der sogenannten Armee-Pistole, oder abgekürzt dem Modell »AP«, mündeten. Das Abzugsystem sah nun anders aus, und der Zerlegevorgang lief jetzt über einen Hebel am Griffstück. Außerdem erhielt der Schlitten an seinem Vorderteil eine Brücke.

Die zwei wichtigsten Unterschiede zwischen den Modellen MP und AP lagen aber im Verriegelungssystem und in der Sicherung. Anstelle der beiden Verriegelungsblöcke saß nun ein einzelner, großer Riegel. Dieses System blieb bei allen folgenden Experimentalpistolen bestehen und gehörte später als wichtiger Bestandteil zur P 38. Nach einigen vergeblichen Versuchen zur Installierung neuer Sicherungssysteme blieb Walther bei der PP-Variante. Während der Konstruktionsarbeiten in der AP-Modellreihe stießen die Walther-Leute immer wieder auf interessante technische Erkenntnisse, die sie aber nicht unmittelbar in die AP-Baureihe eingliederten, sondern in neue Prototypen einbauten. Derartige Waffen besaßen unterschiedliche Schloßkonstruktionen, Verriegelungssysteme und Sicherungen und fungierten fortan als Versuchsmuster. Bei einigen dieser Experimentalwaffen saßen die Schließfedern im Schlitten, oder der Rückstoßdämpfer lag im Griffstück. Andere Exemplare dienten nur zur Erprobung neuer Herstellungsverfahren, Maschineneinstellungen oder Materialerforschungen.

Zu letzteren zählte auch der erste Verwendungsversuch einer Leichtmetall-Legierung. Die Lauflängen der AP variierten von 10 bis 18 Zentimetern. Einige der langläufigen Versionen besaßen ein verstellbares Visier und einen Anschlagschaft. Die Stückzahl der AP-Reihe hat die Marke 100 nicht überschritten. Was geblieben ist, sind einige wenige Exemplare, sorgsam gehütet in großen Sammlungen auf der ganzen Welt.

Die HPs gehörten größtenteils in den zivilen Bereich. Was äußerst selten ist: Pistolen mit nummerngleichem Einsteck-System, wie hier die Nummer 2 951. (M. Kersten)

Wieder MP

Unter dem Namen »MP-Flach« ist das Folgemodell in die Waffenliteratur eingegangen. Bei den früheren MPs und APs sollten Verstärkungsrippen ein Verbiegen der fragilen Seitenteile des Schlittens verhindern. Das brachte nichts und die Konstrukteure strichen die Stabilisierungselemente. Der Schlitten wurde so flacher, was zu der willkürlichen Modellbezeichnung führte. In der Zwischenzeit zeigte sich, daß eine Härtung der Riegellagerung ausreichte, um eine Rißbildung zu vermeiden. Diese Taktik setzte sich später bei der P 38 fort. Erwähnenswert ist, daß gerade von diesem Flach-Modell Pistolen im Kaliber .45 ACP erhalten geblieben sind.

Auch die Folge-Entwicklungen, die jetzt einen außenliegenden Hahn besaßen, liefen weiter unter der Bezeichnung »MP«. Zwei Exemplare mit den Nummern 015 und 017 sind aus dieser Staffel bekannt. Neben der Flachbauweise besaßen die ersten Stücke noch eine PP-Sicherung. Aber das änderte sich, und drastische Modifikationen der Griffstück- und Schlittenkonstruktion begleiteten ein neues Sicherungssystem, wobei die Hahnsperre im Griffstück verschwand. Der Hahn besaß einen auffälligen Vorsprung an der Oberseite seiner Schlagfläche, der auf das Schlittenende schlug. Daher stammt auch die gelegentliche Verwendung des Begriffes »Amboßhahn«.

Langsam zeichnete sich das Ende der Entwicklungsarbeiten ab, und Anfang 1938 bastelte Walther nur noch an Pistolen mit außenliegendem Hahn. Die nächste Sequenz lieferte bereits Pistolen mit Serienreife.

HP: Die Pistole für das Heer

Nicht Militär- oder Armee-, sondern Heeres-Pistole sollte die neue Waffe nun heißen. Nach fünf Entwicklungsstufen und zahlreichen Versuchsmustern konnten Seriennummern vergeben werden. Die begannen bei 1000 – und endeten erst einmal bei 1025. Diese Stücke gingen für weitere Untersuchungen an die Beschaffungsstellen und Behörden, und nach einigen kleineren Änderungen entsprach die Pistole endlich den Wünschen der Wehrmacht. »P. 38« lautete nun die offizielle Modellbezeichnung. Aber auch das Kürzel »HP« blieb bestehen, und zwar für Pistolen des Zivilmarktes.

In den ersten Produktionsmonaten gerieten zwar ganze Waffen oder Teile zwischen den Modellreihen HP und P 38 durcheinander, aber das lag an den noch fehlenden Fertigungsstraßen für

In Schweden waren die Militärs den Deutschen einen Schritt voraus. Bereits Anfang 1939 führten sie die Walther HP als Ordonnanzwaffe unter dem Kürzel »m/39« ein. Die Waffen sind an dem »H« vor der Nummer leicht erkennbar. Walther lieferte aber nur wenige hundert Stück. Denn als im September 1939 der Krieg mit Polen, Frankreich und England begann, ging der Eigenbedarf vor. Das neutrale Schweden orderte stattdessen die finnische Lahti-Pistole m/1940. (Kupsch)

die Militärausführung. Neben der anderen Beschriftung erfolgten bei der P 38 noch kleinere Änderungen, wie zum Beispiel ein außenliegender Auszieher und Überarbeitungen am Sicherungssystem. Die Seriennummern dieser Entwicklungsstufe endeten zwischen 2 050 und 2 100, während die Fertigung der HP als »Modell P 38« – man beachte den kleinen Unterschied – bis zum Kriegsende neben der großen militärischen Auflage der »P 38« lief. Selbst Anfang 1945 bastelten die Techniker in Zella-Mehlis noch an der Zivilausführung, was jedoch nur einer rationelleren Herstellungsweise diente. Zahlreiche Varianten, Abarten und technisch unterschiedliche Details der HP, beziehungsweise des Modells P 38, sind heute noch bekannt. Hierzu gehören auch Kontingente für den Export, nach Kroatien, Rumänien, Portugal und Schweden.

Raritäten: Bevor die P 38 in der endgültigen Fassung vorlag, experimentierte Fritz Walther mit unterschiedlichen Kimmen- und Schlittenformen, wie es der Prototyp von 1939 mit abgeflachter Verschlußbrücke (links) belegt. (Kupsch)

Entwicklungsstufen der P 38 bis zur Einführung			
Stufe	**Serienbereich**	**Stückzahl**	**Technik & Sonstiges**
1	01–035	35	HP mit P 38-Beschriftung und Walther-Banner. Hauptmerkmale: verdeckter Auszieher, Hahn mit Nase, rechteckiger Schlagbolzen, Beschußzeichen »Krone über N«. Fertigung in Handarbeit. Erprobung im Werk bei Anwesenheit von Waffenamt-Personal
2	035–01000	925	Flache Nase am Hahn. Späte Ausführungen: Beschuß »Adler über N«. Fertigung auf Maschinen für die Serienproduktion
3	01001–03600	2600	Außenliegender Auszieher. Die Pistolen gingen an die Front, um sie unter realen Bedingungen zu testen
4	03600–013000	9400	Runder Schlagbolzen. Willkürliche Anbringung von Griffschalen mit Fischhaut oder Längsrippen

Produktionszahlen der Walther-Fertigung	
Jahr	**Stückzahl**
1941	112 795
1942 (bis Sept.)	98 600
1943	135 000
1944	?
1945	40 000

DIE P 38

Von Anfang an richtete Fritz Walther sein Augenmerk auf eine materialsparende Konstruktion. Dafür ist das Griffstück ein gutes Beispiel. Einen Griffrücken bezog er erst gar nicht in sein Kalkül mit ein. Diesen Part übernahmen nach Art der PPK die Griffschalen. Der Schwenkriegel belastete das Griffstück kaum und setzte genau dort ein, wo das Griffstück die größte Masse aufwies: vor dem Abzugbügel. Mit Ausnahme der Führungsschienen blieben vom Rest nur dünne Wandungen stehen, ohne daß die Widerstandsfähigkeit oder Sicherheit darunter litten. Dem Schlitten erging es ebenso. Alle Stellen, die nicht unbedingt der Sicherheit und Funktion dienten, fielen rigoros der Fräse zum Opfer, und nur die Seitenwände und Brücke blieben stehen. Die zwei Schließfedern lagen nebeneinander und relativ weit nach hinten auf dem Griffstück. Als Ergebnis reduzierte sich die Schlittenlänge auf die Hälfte der meisten zeitgenössischen Pistolen. Und der Lauf lag frei. Nirgendwo gab es Hohlräume, die nicht durch großflächige Öffnungen oder Bohrungen zugänglich waren. Erstmals diente ein Griffstück lediglich als Halterung für angebrachte Teile.

Codes und Numerierung:
Im letzten Drittel der 30er Jahre führte die Deutsche Wehrmacht ein Code-System ein, denn der Feind sollte keine Rückschlüsse auf die wahre Produktionsrate und -firma anstellen können. Diese Codes bestanden anfänglich aus Nummern, später aus Buchstaben-Kombinationen. Walther-Waffen trugen zunächst die Bezeichnung »480«, später »ac«, mit den jeweils letzten Jahreszahlen. Die Waffennumerierung lief kontinuierlich von 1 bis 9999, um anschließend wieder bei eins, plus einem ergänzenden Buchstaben, zu beginnen. Beispiel: 1a bis 9999a, dann 1b bis 9999b, usw.

480: Etwa 7000 Exemplare dieser Kategorie verließen das Werk, wozu zahlreiche Varianten gehörten. Diese entstanden aus fertigungstechnischen Gründen. So zum Beispiel die Riemenfangösen-Gestaltungen, die von rundem Rücken auf ein flaches Profil geändert wurden. Solche kleinen Korrekturen gehörten zur Anpassung an die militärischen Anforderungen sowie zur Entwicklung wirksamerer Verfahren für die Massenproduktion.

ac: Wenige Wochen nach der Produktionsaufnahme erfolgte der Austausch des Codes »480« durch »ac«. Nur die Umbenennung unterschied diese Pistolen von den Vorgängern. Der Nummernbereich ging etwa von 7150 bis 9850.

480/40: Obwohl die »ac«-Bezeichnung bereits längere Zeit lief, befanden sich noch immer einige 480er-Exemplare des Nummernbereichs bis 3000 im Werk. Sie erhielten vor der Auslieferung als zusätzliche Kennzeichnung die Ziffer »40«.

ac40: Etwa bei der Nummer 9999a begann der Standard-Code. Die Stempelung erfolgte in der Mitte der Beschriftungsreihe auf dem Schlitten. Mit der Nummer 9999b ging das Jahr 1940 zu Ende.

ac41: Anfang 1941 fing die Waffennumerierung wieder mit der Eins an. Bis zum Jahresende war ungefähr die 9999j erreicht. Drei Hauptvarianten sind in diesem Zeitraum zu verzeichnen:
Die Nummern 1 bis etwa 4550b: Außer der »41« hatte sich nichts geändert.
Die Nummern 4550b – ca. 4800i: die »ac«-Stempelung auf der linken Vorderseite des Abzugbügels fiel weg. Die Nummern 4800i - ca. 9999j: Ab jetzt mußte die teuere und aufwendige Hochglanzbrünierung einer matten Militärversion weichen.

ac42: Begann wieder mit Eins und endete im Dezember 1942 etwa bei 9999k. Kleine technische Änderungen, die hauptsächlich der schnelleren Fertigung dienten, fanden Eingang in die Produktion. Die Anbringung der Abnahmestempel erfolgte gelegentlich an anderen Stellen. Bei manchen Teilen fiel eine Kennzeichnung – wie z. B. auf Magazinen und Griffschalen – vollkommen weg. Die militärischen Stellen hatten eingesehen, daß sich eine derart strenge und zeitaufwendige Prüfung nicht lohnte.

ac43: In diesem Jahr ging es von 1 bis etwa 9999n. Langsam zeichnete sich die Hast und Materialknappheit ab: Die Qualität sank. Eine Umstellung der Codierung ergab ein anderes Bild. Aus dem übereinanderstehendem »ac 43« wurde das nebeneinanderstehende Zeichen »ac-43«.

ac44: Der Nummernbereich im Jahre 1944 führte bei Walther von 1 bis 9999L. Auch jetzt fielen etliche Details der Rationalisierung zum Opfer. Bereits im Vorjahr hatten Lieferungen von Einzelteilen aus anderen Betrieben stattgefunden. Das wurde im Laufe des Jahres 1944 in immer größer werdendem Maßstab praktiziert.

ac45: Mit dem Jahr 1945 begann die Konfusion. Wie üblich begann es mit der Nummer eins. Diesmal sind aber weder die laufende Numerierung noch ihr Abschluß überschaubar. Zwei Gründe für die Änderung des Produktionsverfahrens: die sich rapide verschlechternde Kriegslage und das Fertigungsverfahren der Hauptteile in Zella-Mehlis.

Zwei Jahre Unterschied: Walther P 38 mit »ac«-Code, oben aus dem Jahre 1942 darunter von 1944. *(Stoll GmbH)*

Das alles sah die Wehrmacht mit Wohlwollen und orderte deshalb am 1. April 1939 erst einmal 800 Exemplare. Während die Versuche beim Wa Prüf 2 noch bis zum Juli 1939 andauerten, lief die Produktion bereits, und im August gingen die ersten 100 Stück des bestellten Kontingents an das Heer. Ein anschließender Versuchsauftrag von Wa Prüf 2 bescherte vom September bis zum Jahresende weitere 1 370 Stück. Bis Februar 1940 folgten 925 P 38, so daß die Firma sich an eine Prognose wagte: Von März bis Juni sollten pro Monat 2 000, im Juli 3 000 und im August 3 500 Stück das Werk verlassen. Hierzu gehörten 11 000 Exemplare aus einem geplatzten Auftrag mit Schweden.

Übrigens: Die erste Bezeichnung »P. 38« (noch mit Punkt) erhielt eine modifizierte HP mit der Seriennummer 1 020. Andere umbenannte HPs schlossen sich an, denn in der Serienfertigung zwischen 1939 und 1940 gab es nur eine Pistolengattung dieser Art.

Die ersten wirklich echten P 38 stammten aus einer Null-Serie mit den Nummern 01-13 000. Nach den letzten Tests folgte offiziell am 26. April 1940 die Einführung durch das Waffenamt, und die Wehrmacht bestellte sofort 410 600 Stück. Auch die Maschineneinrichtungen und Produktionsvorbereitungen galten zu diesem Zeitpunkt als abgeschlossen. Aber von der gewünschten, schnellstmöglichen Massenfertigung konnte keine Rede sein. In den ersten Monaten führten Schwierigkeiten bei der Lehrenbeschaffung und ab Juli auch noch Arbeiter-Mangel zur Stagnation. Von den ursprünglich projektierten 145 000 Pistolen des Zeitraums März-Juni wurden lediglich etwa 9 750 fertig. Auch von September bis Dezember 1940 kämpfte Walther noch mit der beginnenden Serienproduktion, lieferte aber immerhin schon 16 825 Stück aus. Während des eisigen Januars 1941 führten Schneeverwehungen zum Ausfall von Arbeitsstunden, und auch in den beiden darauffolgenden Monaten lief die Fertigung nur mäßig. Erst im April 1941 erreichte die Firma die Soll-Menge von 10 000 Stück pro Monat. Das blieb bis Ende 1942 so. Allerdings mußte das Heer ab August 1941 monatlich auf ein Viertel der Produktion verzichten, denn die Luftwaffe erhielt regelmäßig 2 500 P 38. Von den etwa 1,2 Millionen fabrizierten Exemplaren dürfte Walther ca. 580 000 Stück hergestellt haben.

Mauser

Daß die Firma Walther mit einer monatlichen Stückzahl von 10 000 Pistolen an die Grenzen ihrer Leistungsfähigkeit stieß, wußte die Wehrmacht bereits vor Serienbeginn. Auch eine permanente Produktion unter Kriegsbedingungen schien in Zella-Mehlis kaum realistisch zu sein, zumal eine Auslieferung durch Maschinenschäden oder Feindeinwirkung ganz versiegen konnte. Und so gingen die Beschaffungsstellen von drei Herstellerbetrieben aus.

Daher erhielt die Firma Mauser im Juni 1940 die Order, ihre Fertigung der alten Parabellum-Pistole zugunsten der P 38 einzustellen. Dazu mußten die Leiter des Oberndorfer Werks einen Zeitplan erarbeiten. Nach intensiven Beratungen mit Walther schlug Mauser für die Produktionsaufnahme den April 1941 vor. Wie bei jedem neuen Produkt traten auch hier Probleme auf,

Mauser-Fertigung: In der Mitte und unten »byf«-codierte Pistolen von 1943 und 1944, darüber eine »svw« 45 mit der Nummer 8984g. Deutlich ist das französische Beschußzeichen – ein Stern – auf dem Verschlußstück zu erkennen. *(Stoll GmbH)*

P.38
P.38

welche die Umstellung um Monate verzögerte. Im Mai 1941 erging schließlich eine Anordnung des Heereswaffenamtes an Mauser, nun endlich mit der Maschinen-Umstellung für das neue Pistolenmodell zu beginnen. Mauser gehorchte, aber das Waffenamt wartete vergebens.

Man muß wissen, daß die P 38-Fertigung von den dortigen Technikern nicht gern gesehen wurde und deshalb nur am Rande lief. Schließlich erforderte die Fabrikation der eigenen Waffensysteme auch ihre Zeit. Hinzu kam, daß die neu eingerichtete Waffenforschungsanstalt Monat für Monat neue und innovative Ideen ausspuckte. Zahllose Lieferaufträge und Änderungswünsche – auch an Fremdwaffen – trugen zu einer totalen Überlastung in Oberndorf bei. Zudem stapelten sich immer noch Rohmaterial und Teile der Parabellum 08. Walther führte bei der Fertigungsumstellung nicht nur die Aufsicht, sondern lieferte auch Kleinteile sowie Läufe, Riegel, Schlitten und Griffstücke, die während der Erprobungen in der Montage Verwendung fanden.

Erst Ende Juli 1942 machte Mauser den ersten selbständigen Versuch, aber der Fertigungsanlauf verzögerte sich noch einmal bis zum September. Bis dahin lieferte Mauser nicht eine Pistole an die Wehrmacht, und es war klar, daß das auch im Oktober so bleiben würde. Die offensichtliche Verzögerungstaktik blieb dem Waffenamt nicht verborgen, und der Schriftverkehr gestaltete sich daraufhin etwas förmlicher. Mitte November 1942 lief die Maschinerie endlich an, und Ende Dezember verließen die ersten 700 Pistolen, versehen mit dem Mauser-Code »byf«, der Jahreszahl »42« und dem Abnahmestempel »Reichsadler über 135«, das Werk. Sie dienten den Heeres-Abnahmestellen erst einmal als Prüfmuster zur Feststellung der Serienreife. Die ersten echten Serienwaffen mit stumpfblau brüniertem Finish verließen Anfang Januar 1943 die Oberndorfer Lagerhallen.

Die Numerierung begann auch in Oberndorf bei eins. Die letzte P 38 im Jahr 1943 lag etwa bei 5400p. Jetzt liefen die Nummern weiter, bis Mitte 1944 die 9999z vorlag. Nun fing Mauser wieder bei eins an. Deshalb existieren bei den Pistolen mit dem Code byf44 zwei Durchgänge des Alphabets, wobei letzterer etwa bis 5700b lief. Etwa bei dieser Nummer führte die Firma Mauser auch eine neue Art der Oberflächenbehandlung ein. Die nun verwendete Phosphatierung gehörte bereits seit geraumer Zeit zu den gebräuchlichen Beschichtungen für Militärwaffen im In- und Ausland. Im Vergleich zur herkömmlichen Brünierung standen hierbei Kosten- und Zeitersparnis, einfachere Arbeitsabläufe und eine hervorragende Widerstandsfähigkeit im Vordergrund. 1945 ging die Numerierung von 1 bis ca. 1000g, begleitet von dem am 6. Dezember 1944 geänderten Code »svw« und dem Beschuß »Reichsadler über WaA 135«.

Neben dem Militär versorgte Mauser bereits vor der P 38-Zeit die diversen Polizei-Organisationen mit Neun-Para-Pistolen. Die Einstellung der Parabellum 08-Fertigung ließ diese Einnahmequelle zunächst versiegen. Da alle Fabriken Deutschlands durch Militäraufträge unter voller Belastung liefen und Mauser die Abnahmeregelungen der Polizei bestens kannte, produzierten die Oberndorfer auch für diesen Bereich die P 38. Vom November 1943 bis ins Jahr 1945 dauerten die Lieferungen, in einer Gesamtzahl von 9 000 bis 10 000 Exemplaren und begleitet von einem großen Variantenreichtum. Während der gesamten Fertigungszeit stellte Mauser etwa 300 000 P 38 her.

Spreewerke

Die »Spreewerke GmbH Metallwarenfabrik« in Berlin-Spandau zeichnete als dritter großer Hersteller von P 38-Pistolen verantwortlich. Als Konzern mit Staatsbeteiligung und versehen mit über ganz Deutschland verteilten Zweigwerken, fertigte die Firma keine Markenprodukte aus eigenem Hause. Im Vordergrund standen Lizenz-Herstellungen, besonders aber Halbzeuge für andere Industriezweige. Erfahrungswerte für eine komplette Handfeuerwaffen-Produktion besaßen die Spreewerke nicht. Etwaige Fähigkeiten in diesem Bereich beschränkten sich auf die Teilefertigung für Flugzeug-Bordwaffen und Geschützteile mit Handbedienung – und das schien dem Waffenamt zu reichen.

Die Herstellung der P 38 lief im Zweigwerk der Doppelstadt Zittau-Grottau an. Zittau lag in Deutschland, während Grottau zur Tschechoslowakei gehörte. Im September 1941 erhielt die Firma vom Waffenamt den Auftrag, Produktionsvorbereitungen einzuleiten. Gleichzeitig erging an Mauser und Walther die Anweisung, hier Schützenhilfe zu leisten. Ende Juni 1942 erfolgte ein Probelauf für fünfzig komplette Waffen zwecks Feinabstimmung der Maschinen. Die Waffen selbst besaßen anschließend nur noch Schrottwert. Im Juli folgten weitere 50 Pistolen für die Inspektionsabnahme durch das Waffenamt. Die Prüfer sagten nein, und die restlichen Julitage gehörten der Problembeseitigung. Ende August folgte ein erneuter Probelauf, und die 300 Pistolen dieses Kontigents erhielten den ersehnten Abnahmestempel.

Das Waffenamt forderte jetzt eine Ausstoßrate von 10 000 Pistolen im Monat: Erst dann wäre die Firma als geeigneter P 38-Lieferant anzuerkennen. Die Produktion der folgenden Monate im Jahre 1942 kam nicht einmal in die Nähe der gewünschten Mengen: September 550, Oktober 1 100, November 2 000, Dezember 3 000. Die Herstellung der 10 000 Stück projektierte die Firma erst auf Februar 1943. Erreicht wurde diese Zahl aber nie, und von allen Herstellern lieferten die Spreewerke die miserabelste Verarbeitung. Gleichwohl konnte die Firma Qualitätsprodukte liefern. Das bewies sie bei den ersten paar tausend Pistolen, die u. a. eine Hochglanzbrünierung aufwiesen.

Der Herstellercode lautete zunächst »cyq« ohne Jahreszahl, später »cvq«. Die Numerierungen entsprachen denen der beiden anderen Firmen. Ende 1944 erreichten die Spreewerke die 9999z, und im März 1945 legte die Firma einen weiteren Nummernbereich auf. Er begann mit 01 und ging ungefähr bis 010 000. Anstelle des Abnahmestempels ist bei diesen Pistolen häufig ein »U« zu finden. Dieses Zeichen bedeutet »ungehärtet« und weist auf die Verwendung von nichtgehärteten Stählen hin. Die Spreewerke bauten insgesamt etwa 285 000 P 38.

Zulieferbetriebe

Die drei großen Firmen schafften es nicht allein. Bereits Mitte 1941 fabrizierten Zulieferbetriebe Magazine und Griffschalen. Aber auch das reichte nicht, und 1944 mußten weitere Firmen für die Einzelteilefertigung herangezogen werden. Nebenher gestaltete sich so die Fertigung der P 38 als nicht zu unterschätzender Wirtschaftsfaktor. Kein Wunder, daß weitere Firmen versuchten, direkt komplette Waffen herzustellen: So die »Fabrique Nationale d'Armes de Guerre« (FN) in Belgien und die tschechoslowakischen Firmen »Ceska Zbrojovka« (CZ) in Brünn und »Privni Severoceske« in Zelezarny. Das belgische Unternehmen besaß zwar den Code »ch«, verwandte ihn bei der P 38-Herstellung jedoch nicht. Ceska Zbrojovka benutzte den Code »fnh« und Privni – ein Zweigwerk der großen Brünner Waffenfabrik – »dov«. Ein weiterer und wenig bekannter tschechischer Blechteile-Hersteller versah seine P 38-Teile mit »jvd«. Mitte des Jahres 1942 beschäftigte sich das Waffenamt mit Studien für die Einrichtung von weiteren Produktionsstätten. Wahrscheinlich sollte auch bei Sauer & Sohn, Erma, BSW und Krieghoff die P 38-Fertigung laufen; es kam jedoch nicht mehr dazu.

P 38, Code »cyq«: Die Spreewerke lieferten die qualitativ schlechtesten Waffen ab. *(Stoll GmbH)*

Fliegende Blätter: frühe Lichtpause der P 38-Bedienungsanleitung. *(M. Kersten)*

P.38
ac
41
3218 j
GEHEIME
STAATSPOLIZEI
1210

FAKTEN & GESCHICHTEN

P 38 für Hermann Göring

Görings Luftwaffengeneräle zeigten direkt beim Serienanlauf ihr Interesse an der P 38. Die Chefs des Heeres fanden das ziemlich dreist, schließlich handelte es sich um eine reine Entwicklung und Finanzierung ihres Wehrmachtbereichs. Kurzum: keiner beim Heer war bereit, die schnell zu einem Statussymbol gewordene P 38 mit anderen Teilstreitkräften zu teilen. Die Luftwaffe aber ließ nicht locker, und inoffiziell gingen immer wieder Anfragen an Fritz Walther. Das Heer erfuhr davon, und zwischen den beiden Streitkräften brach ein mit Schriftstücken und Aktenvermerken geführter Kleinkrieg aus. Den Luftwaffenanfragen folgten barsche Zurückweisungen durch das Heer, und die Behörden machten deutlich, daß die Herumtreiberei von Fliegerpersonal im Walther-Werk und ungebetene Besuche bei Heereserprobungen aufhören müßten. Die Luftwaffe möge sich mit der Parabellum 08 zufriedengeben oder einen eigenen Entwicklungsauftrag ausschreiben.

Es blieb beim hartnäckigen Nachbohren in Richtung P 38. Mitte 1940 stellte die Luftwaffe ihren ersten offiziellen Lieferantrag über 4000 Pistolen. Das Heer lehnte natürlich ab, mußte jedoch auf politischen Druck Ende des Jahres Zugeständnisse machen. Alles, was über einer monatlichen Ausstoßrate von 10 000 Stück lag, sollten die Flieger bekommen. Ohne näher darauf einzugehen, bestand die Luftwaffe auf 2 500 Exemplaren im Monat, die sie ab August 1941 auch erhielt. Von da an bis zum Dezember 1942 bekam die Luftwaffe monatlich ihr Kontingent, bis eine Gesamtstückzahl von 42 500 Waffen erreicht war. Im Januar 1943 schaltete sich Hitler selbst ein und befahl, daß ab jetzt alle gefertigten P 38 an das Heer auszuliefern seien. Trotzdem gingen auf verschiedenen Wegen weitere P 38 und auch HP an die Luftwaffe. Weder von Walther noch vom Abnahmepersonal der Luftwaffe wurden jemals Stempel aufgebracht, die eine Pistole als Eigentum der Luftwaffe auswiesen.

Eine ac41 mit der Nummer 3218j wirft Fragen auf: Unikat, Exemplar einer Kleinserie für die Gestapo, oder doch nur eine Fälschung? *(M. Kersten)*

Andere Interessenten

Jede Teilstreitkraft, jede Behörde und Gruppierung im Dritten Reich wollte ein Stück vom P 38-Kuchen haben. Natürlich stand jedem der offizielle Weg oder ein direkter Kontakt mit der Firma offen, aber Schleichwege waren effektiver. Ein Durcheinander an Kompetenzen und Lieferungen förderte weiterhin die indirekten Versuche. So freute sich zum Beispiel die Kriegsmarine Mitte 1943, als sie eine gewisse Anzahl von normalen Heeres-P 38 erhielt, ohne sie bestellt zu haben. Eine besondere Kennzeichnung – zum Beispiel in Form eines Stempels – erfolgte auch hier nicht, genauso wie bei den vielen P 38 der Waffen-SS, denen niemals ein offizieller Lieferantrag vorausging. Ab Ende 1943 beschaffte sich auch eine Reihe von Polizeidienststellen die P 38 in begrenzter Anzahl. Mit wenigen Ausnahmen stammten diese Waffen nicht von der Firma Walther, sondern aus anderen Werken oder Quellen.

Fritz Walther selbst richtete sein Auge auf den kaufkräftigen amerikanischen Markt und baute sehr früh einige Muster für die Patronen .45 ACP und .38 Super. Es blieb bei den Versuchsstücken. Einzig eine für den sportlichen Bereich gedachte Variante im Kaliber 7,65 mm Para erreichte bis 1945 eine Stückzahl von 14 000. Diese Waffen entsprachen in ihrer äußeren Form weitgehend den 9 mm-Ausführungen, besaßen aber aufgrund eines völlig unterschiedlichen Innenlebens keinen Spannabzug.

P.38
byf
4561 z
F

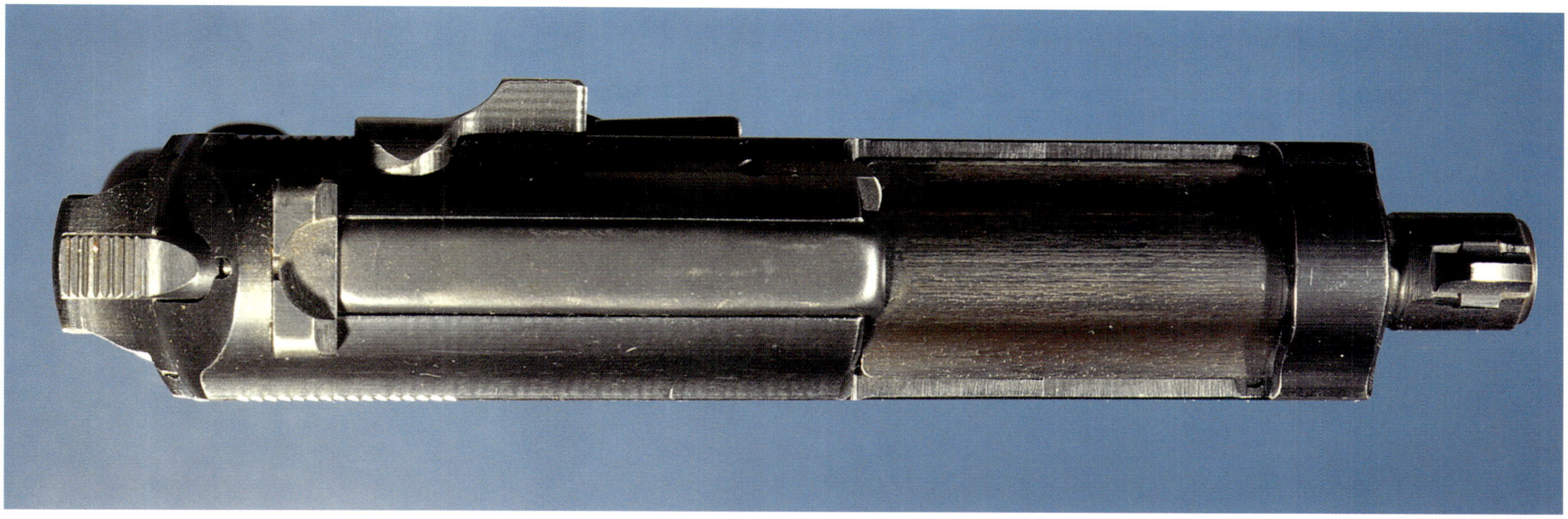

Sporadisch tauchen P 38-Kurzversionen auf, wie etwa dieses seltene Mauser-Stück mit dem Code »byf« und dem WaA-Stempel »135«. Die brünierte Pistole trägt die Nummer 4561 Z und stammt offensichtlich aus dem ersten Durchgang, um April 1944. Geradezu klassisch für die Stummelläufe dieser Zeit ist, daß sie – im Gegensatz zu den späten Fertigungen – das Korn noch auf dem Lauf, also nicht auf der Brücke tragen. Leider sind auch zu diesem Stück keine schriftlichen Unterlagen erhalten geblieben. (Sturgess)

DIE KURZEN UND DIE LANGEN

Von einigen Mustern abgesehen, baute Walther selbst keine P 38 mit unterschiedlichen Lauflängen. Während Kurzversionen in anderen Werkstätten entstanden, fertigten die Leute in Zella-Mehlis kurz vor Kriegsende lediglich sechs Exemplare mit mittellangem Lauf. Die einzigen lang- und kurzläufigen 9 mm-Pistolen der Firma stammen aus den MP- und AP-Baureihen.

Bliebe die Geschichte der sogenannten Gestapopistolen, bisher abgelegt unter der Kategorie Märchen. Vor über 30 Jahren erwarb ein Sammler eine P 38 kurz, ac41 mit der Nummer 3218j, samt Handschellen und Gestapomarke von der Witwe eines einstigen Gestapomannes. Die Pistole entspricht vollkommen der damaligen Norm, bis auf den exakt 70 Millimeter kurzen Lauf und ein Korn auf der Brücke – genau wie bei der Nachkriegsfertigung. Eine neuzeitliche Umkonstruktion? Der Sammler versichert an Eides statt, keinerlei Manipulationen vorgenommen zu haben. Daß Walther diese Pistole fertigte, ist kaum vorstellbar, wohl aber die Änderung durch einen Büchsenmacher, denn die Bearbeitung verrät den Fachmann. Wichtige Aufschlüsse könnten die unmittelbar anschließenden Nummern geben, aber diese Waffen haben sich bis jetzt jeder Recherche entzogen.

P 38-NACHWEHEN

Auch nach dem Mai 1945 ging die P 38-Produktion weiter, denn sie zählte damals zu den innovativsten Produkten der deutschen Rüstungsindustrie. Bis in unsere Tage rangierte sie in vielen Ländern als offizielle Dienstwaffe, darunter: Angola, Argentinien, Österreich, Bangladesh, Bolivien, Tschad, Chile, Kolumbien, Tschechoslowakei, DDR, Frankreich, Iran, Irak, Nigeria, Pakistan, Paraguay, Peru, Portugal, Nordkorea, Nordvietnam, Norwegen, Rhodesien, Sowjetunion, Südafrika, Türkei, Venzuela und die Bundesrepublik Deutschland – um nur einige zu nennen.

Die ehemalige DDR fertigte Einzelteile und komplette Pistolen, und die Tschechoslowakei montierte fast 3 000 Pistolen aus Teilen, die aus den Spreewerken stammten. Später kauften etliche Länder Neuteile von Walther, nachdem das Ulmer Werk in den 50er Jahren die Fertigung wieder aufnahm. So sind einige sehr interessante Pistolen entstanden, die aus einer Mischung aus Kriegs- und späteren Teilen bestehen. Bei diesen Waffen der unmittelbaren Nachkriegszeit gibt es einen unglaublichen Reichtum an Varianten, verbunden mit interessanten Geschichten.

Hier ist eine davon: Am 20. April 1945, um 15.00 Uhr, übernahmen die Franzosen die Mauser-Werke in Oberndorf am Neckar. Unter Mißachtung der alliierten Vereinbarungen ordneten sie sofort die Wiederaufnahme der Produktion an, wozu auch die P 38-Fertigung zählte. Die französischen Streitkräfte im Alliierten Heer verfügten fast ausschließlich über britische und amerikanische Leihwaffen, was ihnen nicht ausreichte. Da das eigene Land wirtschaftlich am Boden lag, stellten die in den Mauser-Regalen gestapelten Einzelteile eine willkommene Rüstungshilfe dar. Daß es sich dabei um von der Wehrmacht zurückgewiesenes Material handelte, störte anscheinend nicht weiter. Die Bestände

Unter ihrem Code »svw« mußte Mauser noch 1946 für die Franzosen weitere P 38 aus Restmaterial herstellen. *(Buxton)*

neigten sich erst im Mai 1946 dem Ende zu, und da besonders die Sowjets immer heftiger gegen die Fertigung protestierten, standen die Maschinen nun endlich still. Die gefertigten Stücke gingen an Truppenteile in Übersee oder an die französische Polizei.

Das Erkennungsmerkmal dieser französischen P 38 ist das französische Beschußzeichen, ein großer fünfstrahliger Stern auf der rechten Schlittenseite. Viele der brünierten oder phosphatierten Pistolen besaßen Metallgriffschalen, deren Entwicklung Mauser noch Ende 1944 eingebracht hatte. Die tatsächliche Gesamtzahl dieser »französischen P 38« läßt sich nicht mehr feststellen. Es ist die Rede von 30 000 bis 67 000 Exemplaren, wobei es zwei unterschiedliche Gruppen in der Beschriftung und zahlreiche Varianten gibt, die aus dem geschilderten Sammelsurium der Einzelteile resultieren.

Mit Langlauf, zeitgenössischer Eichenlaubgravierung und Vergoldung: eine P 38-Ehrengabe mit der Nummer 2 467. *(Walther)*

P 38 MANURHIN

Aufgrund des besonderen Status der drei Westsektoren, der schließlich sogar Anfang der 70er Jahre in den Berlin-Verträgen zwischen der Bundesregierung und den alliierten Besatzungsmächten bestätigt wurde, durfte die Polizei im westlichen Teil Berlins ab 1945 keine deutschen Waffen führen. Ein Vertrag zwischen Walther/Ulm und Manurhin/Mulhouse umging dieses diplomatische Problem. Ulm baute die Waffen, und Manurhin stempelte seinen Namen plus den Beschußstempel darauf. Einer Lieferung nach Berlin stand somit nichts mehr im Wege. Alle Manurhin-P 38 erhielten in der Schlittenbeschriftung die Typenbezeichnung »P 1«. Die Lieferungen dauerten von 1966 bis 1975.

Da die meisten Pistolen aus einer 1960er Produktion stammten, mußten die P 38 in Berlin erst einmal auf den technisch neuesten Stand gebracht werden.

Aufgrund der unsicheren politischen Weltlage kauften auch einige Polizei- und Militärdienststellen außerhalb Deutschlands diese P 1 von Manurhin. Merkwürdigerweise erhielten neben Berlin auch einige deutsche Polizeidienststellen gelegentlich Manurhin-Pistolen. Insgesamt fertigte Manurhin etwa 50 000 Stück. Mit der 1984 erfolgten Übernahme der Firma durch den Konzern Matra endete die gute Zusammenarbeit. Manurhin-Matra verwickelte die Firma Walther in einen Namensstreit, der bis zur Internationalen Handelskammer in Paris ging. Als Folge verzichtete Manurhin-Matra letztendlich auf alle weiteren Lizenzfertigungen.

INTERARMS UND DIE P 38

Die Interarms-Waffen bilden für den Walther-Sammler ein eigenes Gebiet, da gelegentlich nur Einzelstücke spezielle Beschriftungen erhielten. So existieren nur ein paar Dutzend der frühen Ulmer Zivil-P 38 mit dem Markenzeichen der Muttergesellschaft, dem vielstrahligen Stern mit dem Zusatz »Interarmco«. Neue P 1 von Manurhin hingegen sucht der Sammler im Sortiment vergebens. Lediglich einige gebrauchte Polizeiwaffen importierte Sam Cummings nach der Ausmusterung aus dem Berlin-Pool. Von 1967 bis Ende 1971 gelangten generell nur wenige Waffen mit verstärktem Schlitten auf den Zivilmarkt, mit einer Ausnahme: Interarms orderte ausschließlich für die Staaten ein paar hundert Pistolen, die auf besonderen Wunsch die Modellbezeichnung »P 38/II« erhielten. Nachdem der verstärkte Schlitten zum Standard gehörte, fiel diese Bezeichnung wieder fort.

Walther/Ulm selbst hat bisher keine Jubiläumsmodelle der P 38 mit Leichtmetallgriffstück herausgegeben. Das besorgte Interarms. Ende 1986 gingen ungefähr 900 speziell gefertigte Exemplare über den großen Teich, um bei Interarms in Holzkassetten gebettet zu werden. Die Seriennummern lagen im Bereich 446 000. Der einzige Unterschied zwischen der Sonderausführung und der Standardwaffe ist die Schlittenbeschriftung, die auf das 100jährige Bestehen der Firma hinwies.

In der Arbeit zwischen Walther und Manurhin stellte sich so etwas wie Routine ein. Daher gab es auch keine Schwierigkeiten, als es hieß, die P 38 alias P 1 an die Berliner Polizei zu liefern. *(Buxton)*

WALTHER
Carl Walther Waffenfabrik Ulm/Do.
P38 Cal.9mm
312902
P1 Kal 9mm
7/73
078
brik, Ulm-Donau

Ab dem 24. April 1957 durfte Walther in Ulm wieder selbständig arbeiten. Kaum zehn Monate später waren bereits für die Bundeswehr 10 000 P 1 und 1 500 Pistolen für den zivilen Markt fertiggestellt. *(M. Kersten)*

P 38 ULM

Die permanent ansteigenden Diskrepanzen zwischen Ost und West ließen nach dem Zweiten Weltkrieg eine Wiederbewaffnung Westdeutschlands sinnvoll erscheinen. Ab dem 7. Juli 1956 verfügte Deutschland über die Bundeswehr, und die Soldaten erhielten zunächst ausrangierte Geräte, wie den .30 M1-Karabiner und das MG 42, adaptiert auf das Kaliber .308 Winchester. Keine Kompromisse hingegen machte das neue Bundesverteidigungsministerium bei der Beschaffung von Kurzwaffen. Nach einer Anfrage in Ulm gingen die Techniker sofort ans Werk, und Ende 1954 lagen die ersten aktualisierten Zeichnungen vor. Nach einer kurzen Episode mit Stahlgriffstücken blieb das Leichtmetall übrig, denn diese Waffen zeichneten sich durch ihr leichtes Gewicht und günstigere Fertigungskosten aus. So spielte Walther ganz nebenbei eine Vorreiterrolle bei der Leichtmetallverarbeitung für Faustfeuerwaffen.

Anfang 1956 lagen einige Vormodelle bereit, und im November begann die Probefertigung. Nach der Beseitigung einiger technischer Hürden konnten im Mai 1957 in Ulm die Produktionsstraßen anlaufen. Am 24. April 1957 erhielt Walther von den Genehmigungsbehörden grünes Licht für die Serienfertigung, die mit der Nummer 1001 begann. Damit galt auch gleichzeitig die neue P 38 – jetzt als P 1 bezeichnet – als offiziell bei der Bundeswehr eingeführt. Nun ergaben sich aber neue Schwierigkeiten: Die Zulieferfirmen versagten auf der ganzen Linie. Die entsprechenden Teile mußten nun ebenfalls von der Firma Walther selbst hergestellt werden. Endlich waren auch diese Schwierigkeiten überwunden, und Ende 1957 konnte mit den zugesagten verbindlichen Lieferungen begonnen werden. Anfang 1958 blickte Walther bereits auf eine Fertigung von 10 000 Militärwaffen und 1 500 Pistolen der Zivilausführungen zurück.

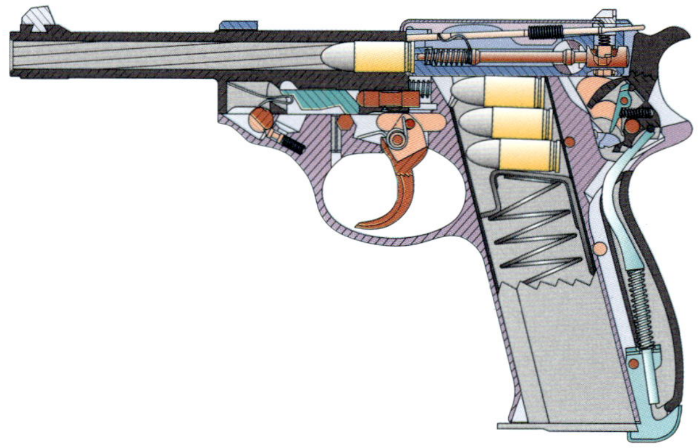

Später führte ein verstärktes Verschlußstück zu einer zweiten Version. Hier ist ein normaler Lauf eingesetzt. *(M. Kersten)*

Die Konzeption

Gegenüber der Grundkonstruktion aus der Zella-Mehlis-Fertigung weisen die Ulmer Produkte einige Unterscheidungsmerkmale auf. Neben dem Leichtmetallgriffstück erfolgte eine Modifikation des Sicherungssystems, wobei der Schlagbolzen eine andere Form erhielt und sich die Funktionsweise der Sicherungselemente änderte. Anstelle einer Laufherstellung aus einem Stück etablierte sich jetzt die Fertigung aus zwei Rohlingen – dem eingepreßten, sogenannten »Futterlauf« mit Zügen und Feldern sowie dem Laufträger, der die äußere Form des Laufs bildete. Dieses Verfahren sparte Kosten und vereinfachte die Herstellung.

Anfang 1958 folgten weitere Korrekturen an der Sicherung, dem Schlitten und dem Hahn, gefolgt Ende 1967 von wesentlichen Änderungen der gesamten Struktur. Es hatte sich gezeigt, daß bei einer Dauerbelastung mit starker Munition Risse im Bereich der Aussparungen für den Riegel entstanden. Deshalb erhöhten die Konstrukteure die Materialstärke des Schlittens um anderthalb Millimeter und setzten eine zwei Millimeter starke Verstärkungsrippe auf die obere Schlittenschiene zwischen Brücke und Stoßboden. Die Spannrillen wuchsen von 24 mm auf 42 mm Breite, um eine bessere Handhabung mit Handschuhen zu ermöglichen. Dieses neue Verschlußstück wird allgemein als die »dicke« Ausführung bezeichnet, das alte dagegen als »dünne« Ausführung. Die Fertigung des verstärkten Schlittens begann im Juni 1968, und nahezu der gesamte Produktionsausstoß der ersten Jahre ging, um die dünne Ausführung zu ersetzen, an die Bundeswehr. Polizeien, Behörden und andere Vertragspartner schlossen sich an, und erst Ende 1971 kam der Zivilmarkt an die Reihe.

Weitere Änderungen folgten. Zwischen Ende 1970 und Anfang 1975 führten Probeserien zum Fortfall des Haltestifts, der bei der Fixierung des Futterlaufs im Laufmantel half. An seine Stelle trat hinten ein Flansch. Zudem änderte sich der abgerundete Mündungsbereich. Jetzt stand der Futterlauf leicht aus dem Mantel hervor und bildete so einen stufenartigen Abschluß. 1976 erhielt das Griffstück einen sechskantigen Stahlstift zur Verstärkung, wobei dieser Stift nicht unmittelbar zur Konstruktion der P 38, sondern eigentlich zur P 4 gehörte. Neben einer schwarzen Phosphatierung für den Behördenbereich blieb die Hochglanzbrünierung ganz dem Zivilmarkt vorbehalten. Neue Versuche in der Oberflächenbehandlung von Leichtmetall führten zu einer Lackbeschichtung in einem Anodisierungsverfahren.

Das Trainingsmodell in .22 l.r. arbeitet als unverriegelter Rückstoßlader.

(M. Kersten)

Zeichen und Beschriftungen:
Die Numerierung der Waffen erfolgte in zwei gleichen, aber getrennten Nummernsätzen, die jeweils mit 001000 begannen. Nach der ersten Serie für die Bundeswehr und Polizei folgte der Zivil- und Auslandsbereich, erkennbar durch ein zusätzliches »E«. Die Beschußzeichen auf den Zivilwaffen stehen vorne links auf dem Abzugbügel: das deutsche Beschußzeichen (Bundesadler über N), das Zeichen des Beschußamtes Ulm und die Jahreszahl des Beschusses. Die Behördenwaffen tragen einen eigenen Beschußstempel, so zum Beispiel »Adler über 125«, wobei die Zahl dem Inspektor eines bestimmten Bereichs zugeordnet ist. Der Bundesadler steht für das Bundesamt für Wehrtechnik und Beschaffung, abgekürzt BWB. Zwei andere Zeichen finden sich sowohl auf den Zivil- als auch auf den Militärwaffen. Das erste ist ein Punkt in einem Kreis (DIC) und zeigt an, daß die Pistole alle Überprüfungen und Inspektionen im Werk erfolgreich bestanden hat. Auf der Unterseite des Riegels steht das Kontrollzeichen für die Härtung des Riegels, ein kleines Quadrat mit einem Buchstaben, einer Zahl oder einer Kombination, wie zum Beispiel A3. Während das DIC-Zeichen die gesamte Produktion begleitete, fiel die Härteprüfung bereits in den 70er Jahren fort.

Kleinkaliber

Eine Kleinkaliberausführung erschien erstmals 1963 in Form eines Wechselsystems mit einem Einstecklauf, zwei Magazinen und einem Schlitten. Letzterer bestand aus einem ausgefrästen Normteil der 9 mm-Pistole. Nur so konnte die Waffe als Rückstoßlader mit unverriegeltem Masseverschluß arbeiten. Die meisten Wechselsysteme aus der frühen Fertigung gingen an die Länderpolizeien, denn hier bestand ein Mangel an geeigneten Schießständen für Großkaliberwaffen. Die Bundeswehr kaufte nur eine Handvoll zur Erprobung, und auch der Verkaufserfolg auf dem Zivilmarkt hielt sich in Grenzen. Nach der Produktionszeit von 1963 bis 1970 wechselte Walther zu einem eigenständigen KK-Lauf, wobei die Herstellung nur sporadisch erfolgte. Bis Mitte der 80er Jahre entstanden insgesamt etwa 4 000 Wechselsysteme, wobei nur wenige zur zweiten Version mit eigenem 22er Rohr gehörten. Hintergrund der geringen Stückzahl: bereits 1967 stellte Walther eine komplette P 38 im Kaliber .22 l.r. her, bei der die Techniker auf den Schlitten und die Magazine der Wechselsysteme zurückgriffen. Diese Waffe sollte nun den Durchbruch auf dem zivilen Markt bringen. Es blieb bei der Hoffnung, und nach einigen tausend Stück fiel Mitte der 70er Jahre die Waffe aus dem Programm. Alle Kleinkaliberwaffen tragen die Bezeichnung »P 38« und die Kaliberangabe, entweder in europäischer (5,6 mm) oder amerikanischer Schreibweise (.22 l.r.).

7,65 mm Parabellum

Die P 38 im Kaliber 7,65 Parabellum, konzipiert für den Zivilmarkt, bereicherte ab Februar 1968 das Programm. In Ulm richteten sich die Blicke damals auf Länder wie zum Beispiel Italien, wo Waffen im Kaliber 9 mm Para zu den verbotenen Geräten zählten. Die ersten 1 200 Exemplare mit dünnem Schlitten gingen ausnahmslos ins Ausland, danach folgten Fertigungen in der stärkeren Ausführung. Anders als beim Kleinkaliber sah Walther bei dieser Variante keine großen Absatzchancen, und wie erwartet ließen sich die 7,65er nur langsam verkaufen. In den späten 80er Jahren lief deshalb die Produktion nach etwa 5 000 Pistolen aus. Auch diese Pistolen trugen ausschließlich die Bezeichnung »P 38«, ergänzt durch die europäische Schreibweise des Kalibers »7,65 mm P.«.

Die P 38 Stahl

Während der ersten Überlegungen zur erneuten P 38-Etablierung beim Militär war sich Walther nicht sicher, ob Leichtmetallgriffstücke eine allgemeine Zustimmung finden würden. So lagen als Alternative erst einmal 200 Griffstücke aus Stahl bereit. Nach Einführung der Leichtgewichte interessierte sich niemand mehr für die Stahlteile, und so flossen sie innerhalb von zehn Jahren in die Zivilfertigung. Nun beschloß Walther Anfang der 80er Jahre für 1986, anläßlich des 100jährigen Bestehens der Firma, ein P 38-Sondermodell herauszugeben. Es sollte schon ein Stahlgriffstück sein, und so liefen die alten Maschinen wieder an. Kostbare Stücke mit hochglänzender dunkelblauer Brünierung und Holzgriffschalen, eingebettet in einer entsprechenden Holzschatulle und durchnumeriert von 1 bis 500, lagen für finanzkräftige Käufer bereit. Eine einfache Ausführung kostete 1 596 DM, gravierte Exemplare 1 970 DM.

Nach der Jubiläumsausgabe blieben einige Stahlgriffstücke übrig, und auch diese wanderten auf den Zivilmarkt. Für Freunde von erlesenen und besonderen Waffen fertigte Walther – neben den Jubiläumsmodellen – natürlich auch Sonderausführungen der P 38. Die »normalen« Edelmodelle besitzen ein Finish in Hochglanzbrünierung, Gold oder Silber, sowohl mit als auch ohne Gravierung in Arabesken- oder Eichenlaub.

Daten P 38	
Herstellung	ab 1956
Kaliber	a) 9 mm Parabellum, b) 7,65 mm, c) .22 l.r.
System	Rückstoßlader
Verriegelung	Schwenkriegel
Sicherung	Hebel
Magazinkapazität	8 Patronen
Länge	216 mm
Höhe	137 mm
Breite	37 mm
Lauflänge	a, b) 125 mm, c) 129 mm
Drall-Länge	250 mm
Gewicht, leer	Dural: 800 g, Stahl: 980 g
V_0 (m/s)	a) 356, b) 367, c) 290
E_0 (Joule)	a) 508, b) 406, c) 107
Material, Verschluß	Stahl
Material, Griffstück	Dural/Stahl
Finish	brüniert/eloxiert, Gold, Silber
Griffschalen	Kunststoff, weiß u. schwarz, Holz

WALTHER
Carl Walther Waffenfabrik Ulm/Do.
P 38 - K
500121

Die P 38 kurz, Ulm

Nach der Münchener Tragödie im Jahre 1972 und dem anschließenden Aufbau von SEKs (Sondereinsatzkommandos) war auch die Zeit reif für adäquate Sonderwaffen. Ulm legte hierfür einige P 38 mit 70 mm-Lauf zur Erprobung vor, wobei das Korn auf der Brücke saß. Der Schlittendeckel und der Signalstift fielen weg, und der Hahnsporn fiel kürzer aus. Das reichte nicht aus, denn die Polizei war inzwischen auch an einem neuen Sicherungssystem interessiert. Walther übernahm hierzu die Grundelemente der PP-Super-Entspann-Sicherung.

Die Entwicklung lief von Oktober 1972 bis Mai 1973. Bis zum Dezember baute Walther nur einige wenige Stücke mit Nummern über 400 000. Erst Anfang 1974 begann die Serienfertigung mit der Nummer 500 000 und endete Mitte 1978 nach etwa 3 000 Exemplaren. Während der kurzen Produktionszeit kam es zu zahlreichen und ungewöhnlichen Änderungen. Dazu gehören auch einige hundert Waffen für Interarms mit dem entsprechenden Logo. Ursprünglich sollten diese Stücke die Bezeichnung »P 38/III« führen; es blieb jedoch bei P 38k. Auch ein knappes Dutzend gravierter Stücke existieren und wahrscheinlich sogar einige mit dem Manurhin-Schriftzug. Zu den Seltenheiten zählen ebenfalls P 38k im Kaliber 7,65 mm Para als Einzelwaffe oder Wechselsystem. Das Zusammenwirken der Patrone mit ihrem leichten Geschoß und dem kurzen Lauf liefert nur einen kurzen und schnellen Rückstoßimpuls, der für eine richtige Rücklauffunktion des Schlittens nicht ausreicht. Das Ausbauen einer Schließfeder löste dieses Problem.

Daten P 38 kurz	
Herstellung	*April 1974 – Juni 1981*
Vorserie	*Sept. 1972*
Stückzahl	*ca. 2600*
Nummernbereich	*500 001 – 502 595*
Kaliber	*9 mm Parabellum*
Sicherung	*Entspannwalze*
Länge	*160 mm*
Höhe	*139 mm*
Breite	*35 mm*
Gewicht, leer	*790 g*
Lauflänge	*70 mm*
Visierlinie	*117 mm*
V_0	*321 m/s*
E_0	*412 Joule*
Material, Verschluß	*Stahl*
Material, Griffstück	*Leichtmetall*
Finish	*brüniert/eloxiert*
Griffschalen	*Kunststoff/Holz*

1972 fügte Walther der P 38-Familie die P 38 kurz hinzu.

(M. Kersten)

Unter Umständen kam es zu recht eigenwilligen Gestaltungen, auch ein »Doppel-Korn« war anscheinend bei der Endausgabe möglich.

(M. Kersten)

Eine von wenigen: P 38 Ulm mit langen Lauf. *(Stoll GmbH)*

Die P 38 lang

Eine Pistole mit langem Lauf fehlte noch in der P 38-Familie. 1988 behob der Hersteller dieses Manko und fertigte etwa 50 Exemplare mit unterschiedlichen Lauflängen von 178 mm, 203 mm und 152 mm. Das letzte Maß bildete das Gros der Auflage. Die Präzision verbesserte sich, was aus der erweiterten Geschoßführung und höheren Mündungsgeschwindigkeit bzw. -energie resultierte. Die 152 mm-Läufe verfügten anstelle des Normaldralls von 250 Millimeter jetzt über 476 Millimeter. Beim Griffstück machte Walther keine Kompromisse und nahm, von einigen Musterstücken abgesehen, den bewährten Stahl. Das schlug sich natürlich auf das Gewicht nieder, was die Sportschützen gerne in Kauf nahmen. Nicht nur die Handlage verbesserte sich wesentlich, sondern auch das Verhalten der Waffe beim Schuß.

Daten P 38 lang

Herstellung	*1988*
Kaliber	*9 mm Parabellum*
Sicherung	*Entspannwalze*
Länge	*243 mm*
Höhe	*137 mm*
Breite	*35 mm*
Gewicht, leer	*1020 g*
Lauflänge	*152 mm*
Drall-Länge	*476 mm*
V_0	*374 m/s*
Material	*Stahl*
Finish	*brüniert/eloxiert*
Griffschalen	*Kunststoff/Holz*

P 38 SD

Für wen und wozu einige P 38 Schalldämpfer erhielten, steht größtenteils in den Sternen, wahrscheinlich aber als Testobjekte für Spezialeinheiten. Bei einem gewissen Kontingent Walther-fremder Geräte ist allerdings näheres bekannt: Etwa zehn Exemplare mit einem langen und fest installierten Schalldämpfer fertigte im Jahre 1950 die britische Firma Cogswell & Harrison für Saudi-Arabien, ohne sie jemals dorthin auszuliefern. Die Stücke wanderten tröpfelweise auf den Sammlermarkt und tauchten – wie zum Beispiel bei Weller & Dufty Limited – zu Auktionen auf. Bei und für Walther beugten sich im ersten Drittel der 60er Jahre Siegfried Hübner und Karl-Heinz Walther über Neukonstruktionen in diese Richtung. Ergebnis: neben einem Schweizer Patent die deutschen Schriften: 1 275 412 vom 3. April 1969, 1 553 921 vom 21. Januar 1971 und 1 703 420 vom 15. Juni 1976. Auch Realstücke sind zu verzeichnen. Eine aufschraubbare Variante erforderte keine konstruktiven Änderungen an der Waffe, wohl aber eine aufgeschobene Version mit Klemmvorrichtung. Anstelle des Schlittenfanghebels trat hier ein Verschluß-Arretierhebel, der ein Öffnen des Schlittens während der Schußabgabe verhinderte. Eine Geräuschentwicklung beim Rücklauf und Hülsenauswurf entstand somit nicht. Der Nachteil: Nach jedem Schuß mußte per Hand repetiert werden.

Für einen unbekannten Kunden stellte Walther diese Schalldämpferexemplare her. Auf dem Dämpferrohr sitzt eine große Hilfsvisierung mit Dämmerungsmarken. *(M. Kersten)*

DIE VERBESSERUNG: P 4

Die Polizeien der Bundesländer trugen nach dem Zweiten Weltkrieg als Dienstwaffe größtenteils die PP und PPK im Kaliber 7,65 mm. Nicht so die Bereitschaftspolizeien. Das BMI beschaffte für diese kasernierten Einheiten zunächst die SIG 210-4 und Astra 600, gefolgt von der P 1. Der Ruf nach einem polizeitypischen Kaliber ließ die 9 mm Ultra in einigen Ländern eine kurze Renaissance erleben, führte aber beim BMI nur zu Kopfschütteln. Die Bundesbeamten behielten ihre 9 mm Parabellum.

Allerdings sollten die P 1 nach der Beseitigung einiger Mängel eine schnellere Erstschußbereitschaft besitzen. Diesen Wünschen entsprach Walther mit einer modifizierten P 38-Variante. Der Lauf verkürzte sich um 15 Millimeter, und neben dem Einbau einer Entspannsicherung nahm sich die Herstellung auch einer besonderen Schwachstelle an: dem Riegel und dessen Widerlager im Griffstück. Er bestand jetzt aus besserem Material. Das Widerlager im Leichtmetallgriffstück erhielt eine Stahleinlage. Diese Änderungen führten zu einer erhöhten Belastbarkeit und fanden auch Eingang in die laufende P 1-Produktion. Zu den kleineren Änderungen zählte der Austausch der Visierung. Der runde Kimmenausschnitt und das spitze Korn machten Combatkomponenten mit eckigem Korn und Ausschnitt Platz. Am Anfang entsprach diese Waffe auch größtenteils dem Pflichtenheft der Polizei und erhielt deswegen die behördliche Bezeichnung »P 4«.

Besonders die Westberliner Polizei interessierte sich für das neue Modell, und der Beschaffungsweg verlief abermals über Manurhin. 500 der P 38k-Nachfolger lieferte die französische Firma für die Berliner SEKs, MEKs und für den Staats- und Personenschutz. Walther in Ulm fertigte etwa 7300 Pistolen, wovon Interarms 200 Exemplare orderte. Letztere Pistolen trugen allerdings nicht die Modellbezeichnung P 4, sondern »P 38/IV«. Zivilwaffen sind an dem Ulmer Beschußzeichen zu erkennen. Dazu gehört die Geweihstange, das Nitro-Beschußzeichen »Adler über N« und zwei Großbuchstaben, die Verschlüsselung des Beschußjahres. Natürlich erhielten diese Pistolen weder das BWB-Zeichen noch Polizeistempelungen wie »BMI«. Walther baute keine P 4 im Kaliber 7,65 mm Para, das besorgten einige private Händler, die sich eine Verkaufsförderung davon versprachen. Nach einem kurzen Gastspiel bei der Polizei erfolgte die Ausmusterung der P 4. Den größten Prozentsatz kaufte die Firma Hämmerli in Tiengen auf und vertrieb sie nach einer Überholung auf dem europäischen Zivilmarkt.

Daten P 4

Herstellung	*1975–März 1981*
Stückzahl	*ca. 6500*
Kaliber	*9 mm Parabellum*
System	*DA-Rückstoßlader*
Verriegelung	*Schwenkriegel*
Sicherung	*Entspannhebel*
Gewicht, leer	*ca. 800 g*
Länge	*200 mm*
Höhe	*139 mm*
Breite	*35 mm*
Lauflänge	*110 mm*
Kimmenausschnitt	*4 × 3 mm*
Korn	*3,5 mm*
Magazinkapazität	*8 Patronen*
DA	*6 kg*
SA	*1,8 kg*
Material, Verschluß	*Stahl*
Material, Griffstück	*Leichtmetall*
Finish	*brüniert/eloxiert*
Griffschalen	*Kunststoff*
Griffwinkel	*65 Grad*
V_0	*ca. 373 m/s*
E_0	*ca. 480 Joule*

Etwa 7300 Exemplare der P 4 fertigte das Ulmer Werk. *(M. Kersten)*

KURIOSITÄTEN & FRAGLICHE STÜCKE

Die Anti-Luger

Georg Luger eroberte einst mit seiner Parabellum 08 den Markt im Sturm. Doch er war es nicht alleine, der den von Hiram Maxim erfundenen und von Hugo Borchardt für Handfeuerwaffen weiterentwickelten Kniegelenkverschluß nutzte. Wie andere Werkstätten bastelten auch Mauser und Walther an eigenständigen Pistolen mit diesem System. Nur zwei Zella-Mehlis-Exemplare dieser Art sind heute noch bekannt – wobei die Frage bleibt, ob es je mehr davon gegeben hat. Zumindest eine der Pistolen gelangte während der Requirierungsaktionen in die Hän-

Nur zwei Exemplare der Kniegelenkpistole von Walther sind heute noch bekannt, wobei es fraglich ist, ob jemals mehr gebaut wurden. (Sturgess)

Daten Kniegelenkpistole	
Herstellung	Anfang der 30er Jahre
Kaliber	9 mm Parabellum
System	Rückstoßlader
Verriegelung	Masse/Kniegelenk
Sicherung	Hebel
Lauflänge	110 mm
Magazinkapazität	16 Patronen
Material	Stahl
Finish	brüniert
Griffschalen	Nußbaumholz, einteilig

de eines GI, um erst im Herbst des Jahres 1984 wieder aufzutauchen. Sie sorgte für Aufsehen, was sich auf den Kaufpreis niederschlug: satte 45 000 Dollar brachte sie zunächst, um dann ein Jahr später für 4 000 Dollar weniger in die renommierte britische Sammlung von Dr. G-L. Sturgess einzugehen.

Die KPK-Spekulation

Eine Einordnung der mit »KPK« bezeichneten Pistolen wird nicht nur durch das Fehlen zeitgenössischer Dokumente erschwert. Auch alle sonst üblichen Schrift- und Beschußzeichen fehlen. Lediglich das Walther-Banner und die Bezeichnung »KPK« sind auf der linken Seite des Verschlußstücks zu finden. Zwischen den drei bekannten Exemplaren gibt es weiterhin eklatante Unterschiede. Eine frühe 7,65 mm-Waffe besitzt einen durchgehenden und mit Fischhautmuster versehenen Griffrücken und gleichartig gestaltete, zweiteilige Holzgriffschalen. Auffallend ist das hinten runde Verschlußstück, was bei keiner bekannten Pistole der PP/PPK-Familie vorkommt. Der Hahn steht etwa zu zwei Drittel vor, der Magazinhalter sitzt am Griffboden. Wichtig ist noch die Sicherung, die sich wie bei allen frühen PP/PPK-Prototypen nicht im Verschlußstück, sondern auf der linken Seite des Griffstücks hinter dem Abzug befindet. Auch der massive Abzug ist einmalig. Eine echte Walther-Versuchswaffe oder eine Fälschung? Die Fragmente der Beschriftung sind schon recht seltsam. Entweder trugen Walther-Muster überhaupt keine oder aber die komplette Firmeninschrift, plus Walther-Banner. Eine Modellbezeichnung kam erst später hinzu. Und was bedeutet »KPK«? Kurze Pistole Kriminal? Kaum vorstellbar!

Noch eigenartiger ist eine spätere Ausführung. Da gibt es ein weißfertiges oder aber nichteloxiertes Leichtmetallgriffstück mit obenliegendem Magazinhalter. Der Griff trägt eine einteilige Griffschale, die ansonsten nur NSDAP-Größen vorbehalten blieb und die auf der linken Seite oben eine Aussparung für ein besseres Handling des Sicherungshebels besitzt. Nur: Eine Sicherung, gleich welcher Art, fehlt der Pistole gänzlich. Der Clou ist jedoch der hintere, fast rechtwinklige Abschluß des Verschlußstücks, ebenso einmalig und unlogisch wie beim Vorgänger. Und zum Schluß: Lediglich die Bilder beider Waffen geistern seit geraumer Zeit in der Literatur herum, wobei besonders bei den letzten Ausführungen immer wieder geschönte Aufnahmen zu bemerken sind. Bis dato ist kein sachkundiger Waffenfachmann bekannt, der diese beiden Modelle wirklich als Realstück untersuchen konnte. Also: schnellstens zu gesicherten Erkenntnissen zurück.

Abbildung einer angeblichen KPK: Die hintere Griffstückpartie verbesserte eine ungelenke Zeichnerhand. Auch die Gestaltung des Walther-Banners gibt Anlaß zum Grübeln. (Blacksmith)

Eine weitere KPK der ersten Kategorie mit weißfertigem Griffstück. Völlig untypisch sind die fehlende Firmeninschrift und die eigenartige Gestaltung der hinteren Verschlußstückpartie. Weiterhin ist keine Sicherung eingebaut. (Rankin)

Die zweite Version gibt ebenso Rätsel auf. Die Sicherung befindet sich wie bei den Prototypen der PP am Griffstück, und das Verschlußstück ist hinten abgerundet. Auch hier fehlt die Firmeninschrift, und für die Modellbezeichnung »KPK« verwendete der Konstrukteur eine eigenartig modern anmutende Frästype. (Rankin)

PPK, 9 mm Parabellum

Gesichert sind dagegen die Erkenntnisse in bezug auf eine gefälschte PP im Kaliber 9 mm Parabellum, zusammengebastelt Anfang der siebziger Jahre in Italien. Das Griffstück stammt von einer serienmäßigen PP. Ein senkrechter Schnitt mit anschließender Überbrückung des Magazinschachts machte die Aufnahme der längeren 9 mm-Patrone in einem gekürzten P 38-Magazin möglich. Da das Verschlußstück breiter und schwerer sein mußte, fabrizierte der unbekannte Konstrukteur es angeblich selbst. Total mißlungen ist auch der Schriftzug, der zwar an die typische Walther-Adresse samt Banner erinnert, jedoch von der Typenart stark abweicht. Spezialisten des Ulmer Beschußamtes bescheinigten der Waffe die Schußunfähigkeit. Tatsächlich wanderte dieses gefährliche Unikum später für viel Geld als Original in eine amerikanische Sammlung.

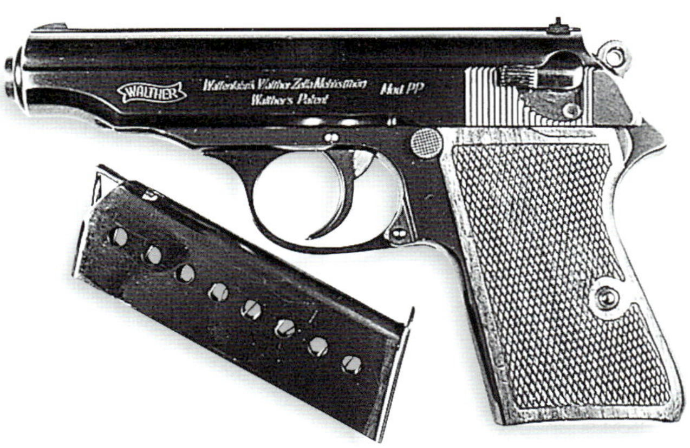

Eine gemeingefährliche Fälschung: PPK im Kaliber 9 mm Parabellum. (Rankin)

Die Namenlose: Kaliber 4 mm

Während bei den vorangegangen Stücken zumindest ein Bezug zu Walther – sei er jetzt echt oder falsch – bestand, schwindet dieser bei einer eigenartigen Waffe im Kaliber 4 mm. Der einzige Aspekt, der auf Walther deutet, liegt in der äußeren Ähnlichkeit zu den Zella-Mehlis-Produkten. Und das wäre eigentlich schon alles. Die 4 mm-Waffe ist keine Selbstladepistole, denn eine solche Funktion ist bei der schwachen Patrone unmöglich. Also muß das Verschlußstück nach jedem Schuß per Hand zurückgezogen werden. Vorn am Abzugbügel sitzt eine Zerlegeklinke, die natürlich nicht den konstruktiven Merkmalen der PP/PPK entspricht. Auch zum Scheibenschießen taugt die Waffe wenig, da lediglich eine feste Visierung vorhanden ist.

Glücklicherweise trägt die Pistole keinerlei Bezeichnungen. Wäre irgendwo der Hinweis auf die Firma Walther vorhanden, stände abermals die Frage nach einer Fälschung im Raum. So bleibt die Überlegung, ob dieses Gerät die Konstruktionsbüros von Walther überhaupt jemals gesehen hat. Als Vormuster für die PP und PPK kommt sie keineswegs in Frage, da nicht nur die technischen Voraussetzungen, sondern besonders das Kaliber in eine vollkommen andere Richtung weisen. Und diese »Hinweisschilder« deuten mit großer Wahrscheinlichkeit auf eine ganz andere Firma.

Nur entfernt erinnert diese 4 mm-Pistole an die Walther-PP. Ob das für eine Zuweisung ausreicht? (Sturgess)

Projekt ULTRA

Eine reguläre Modellbezeichnung für diese Pistole existiert nicht, und so kreierten Sammler einen Namen nach der verwendeten Patrone 9 mm Ultra. Über das Ultra-Projekt, das Mitte der 30er Jahre anlief und bis Anfang 1940 dauerte, ist nur sehr wenig bekannt. Eine bisweilen angeführte Theorie, daß diese Entwicklung aufgrund von Luftwaffen-Anforderungen erfolgte, erscheint kaum möglich. Das Konzept war für eine einzige Teilstreitkraft viel zu umfangreich. Gleichwohl nahm die Luftwaffe auf bestimmte Abschnitte des Projekts Einfluß. Der eigentliche Schwerpunkt lag in der Zusammenfassung der besten Eigenschaften bekannter Pistolen und Patronen.

Eine solche ultimative Waffe hätte die Anzahl der Kaliber und Pistolenmodelle deutlich reduziert. Zwei bekannte Ultra-Patronen sind hervorragende Beispiele für dieses Konzept: Die 8 mm Ultra lag mit ihrer Leistungsfähigkeit zwischen der 7,65 mm Browning und der 9 mm kurz und somit wäre die PP/PPK einfach zu konvertieren gewesen. Die 9 mm Ultra besaß nun Werte zwischen der 9 mm kurz und der 9 mm Para. Eigentlich ein Idealfall, denn die Dimensionen und Leistungen ermöglichten ein Gerät exakt zwischen der PP und P 38. Und genauso sah die Waffe auch aus.

Bei der Erprobung der Patrone 8 mm Ultra baute Fritz Walther einige PPs für dieses Kaliber um, aber diese Muster bewährten sich nicht. 1936 ging er zur Patrone 9 mm Ultra über, und auch hier setzte er geänderte PPs ein. Jetzt zeigte die Luftwaffe ein gewisses Interesse. 1938/39 entstand nach Einführung der P 38 schließlich eine völlig neue Experimentalpistole, äußerlich eine Mischung zwischen PP und P 38. Der Schließmechanismus fand unter den Griffschalen Platz. Sowohl der Spannabzug als auch das Sicherungssystem basierten auf den entsprechenden Teilen der PP. Die anlaufende Produktion der HP und P 38 ließ jedoch keine weitere Tätigkeit zu, und auch die Luftwaffe zeigte später kein Interesse mehr. Fritz Walther legte das Ultra-Projekt ad acta.

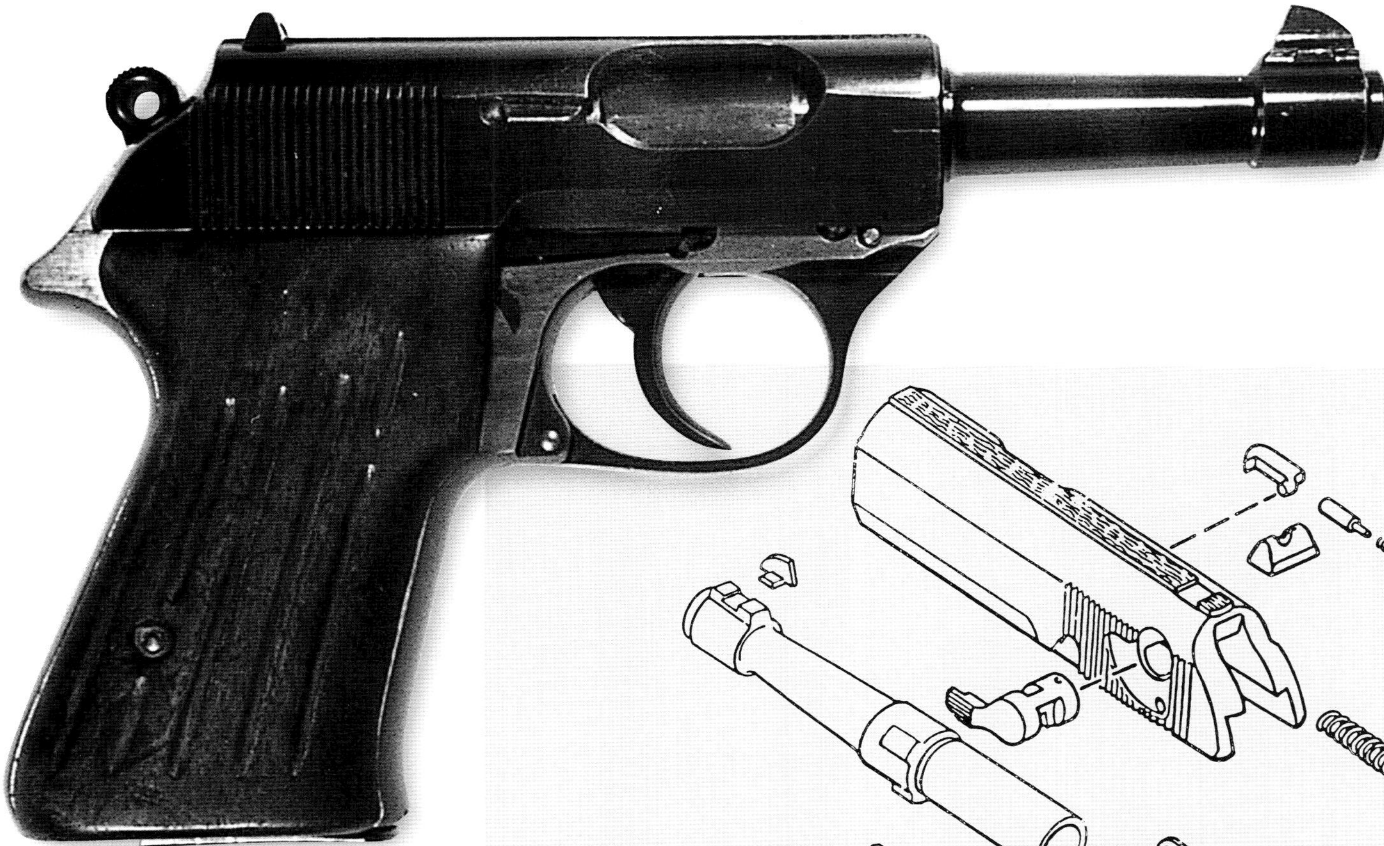

Die Ultra-Pistole stellte eine ideale Mischung zwischen der PP und P 38 dar. (Buxton)

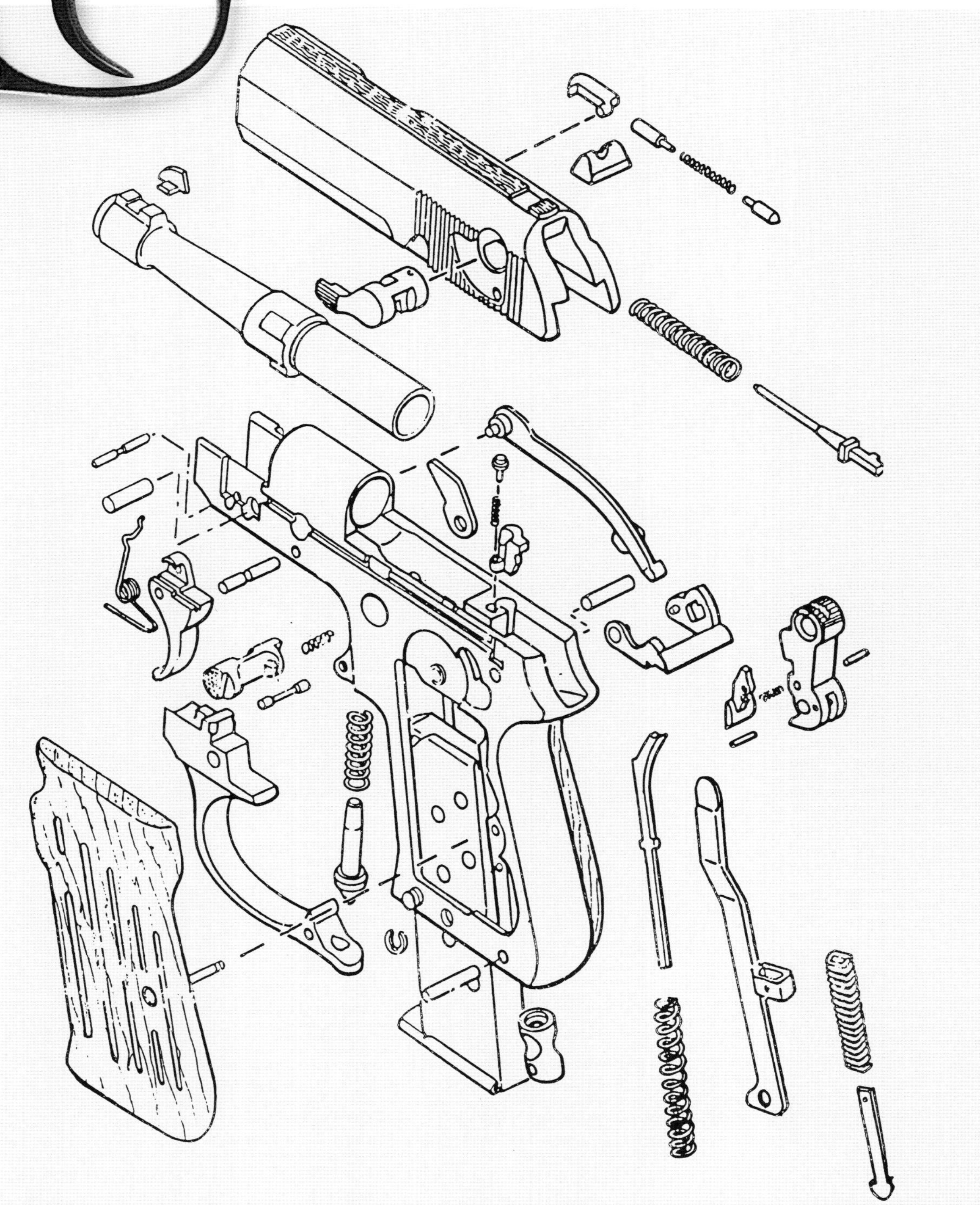

Die Explosionszeichnung der Ultra gibt einen guten Einblick in die völlig andere Technik der Waffe. Der Schließmechanismus ist unter den Griffschalen gelagert. (Blacksmith)

Kompromiß: Neben einem reinen Blechschlitten setzte der Konstrukteur an einem normalen P 38-Griffstück einen Abzugbügel, ebenfalls aus Blech, an. Die Bedeutung der Inschrift »No. 2« ist nicht bekannt. (Rankin)

Pistolen aus Blech

Nur ungern wandten sich die Konstrukteure der Waffenfabriken den Blechpistolen zu, denn dem Material haftete ein billiger und demnach minderwertiger Beigeschmack an. Doch qualitativ hochwertige Rohprodukte standen in der zweiten Kriegshälfte kaum noch zur Verfügung, und auch der Zeitfaktor bei der Herstellung spielte eine wichtige Rolle. Fritz Walther bastelte schon geraume Zeit vor den Engpässen an Blechpistolen. Bereits zur Zeit der »MP mit verdecktem Hahn« entwickelte er Techniken, die bisher nicht zur Pistolenproduktion zählten: Stanzen, Schweißen, Prägen und Bördeln.

Eine Modellbezeichnung für die so gefertigte Waffe hat es nie gegeben, und so wird das Muster hier als »MP-Blech« bezeichnet. Zwei zusammengeschweißte Halbschalen bildeten das Griffstück, auch der Schlitten bestand aus gestanztem Stahlblech. Im Gegensatz zu den Verriegelungsmechanismen der anderen MP-Modelle verfügte die Blechvariante über zwei Schwenkhebel, die unter dem Lauf lagen. Diese Hebel griffen in angenietete Paßstücke auf der Innenseite des Schlittens ein.

Bis 1943/44 passierte in Zella-Mehlis in dieser Richtung erst einmal nichts mehr. Während die Konstrukteure der konkurrierenden Firmen

Bereits zur MP-Zeit beschäftigte sich Fritz Walther mit Blechpistolen. Zum damaligen Zeitpunkt war es noch ein weiter Weg bis zur P 38 – wenn diese überhaupt bei der Blecharbeit als Ziel ins Auge gefaßt wurde. (Buxton)

Die »Blech 1« stellte eine vollkommen neue Konstruktion dar. Noch konnte auf gefräste Teile nicht gänzlich verzichtet werden. Von dieser Variante entstanden mehrere Exemplare, von denen heute noch zwei bekannt sind und in renommierten Sammlungen ruhen. (Sturgess)

Die auseinandergenommene Waffe gibt den Blick auf die interessante Technik frei. (Sturgess)

Walther und Mauser ab dieser Zeit mit Hochdruck an den Billigwaffen arbeiteten, entschieden sich Behörden immer wieder gegen die Muster. Dabei war interessant zu beobachten, daß sich die Entwicklungsmuster beider Firmen gelegentlich wie zweieiige Zwillinge darstellten. Das lag nicht nur an den bis in die Details gehenden Forderungen der Militärs. In immer kürzeren Abständen mußten die Firmen ihre Konzeptionen gemeinsam vorstellen. Und bei diesen Gelegenheiten bestand die Möglichkeit, über die Schulter des Konkurrenten zu blicken. So entstand zum Beispiel zunächst einmal bei Mauser die HSc und bei Walther die P 38 mit Blechschlitten. Die erste Walther-Arbeit in diesem Bereich dauerte nur kurze Zeit und teilte sich in zwei Modelle auf, der P 38 Blech mit flachem Schlitten und rundem Rücken. Bei beiden fielen der Signalstift und der Deckel fort. Beim Schlitten mit flachem Rücken blieb das Metall im Bereich vor der Kimme stehen. Bei der Fertigung mit rundem Rücken nutzten die Techniker bereits bestehende Maschineneinstellungen für die P 38. Hierbei fiel die Ausfräsung der Schlittenoberseite fort. Den Behörden reichte diese Rationalisierung nicht aus.

Die Konstrukteure bei Walther wandten sich von der P 38-Vorlage ab und versuchten ihr Glück auf einem neuen Gebiet. Es entstand eine Konzeption, die mangels einer klar definierten

Mit der »Blech 2« versuchte Walther, weitere Vereinfachungen zu erreichen, besonders beim Verschluß. (Sturgess)

damaligen Modellbezeichnung nun heute »Blech 1« genannt wird. Da die Neuentwicklungen noch in den Kinderschuhen steckten, führten verschiedene Faktoren das »Projekt Blech« ad absurdum. Eine Materialersparnis erfolgte nicht, denn die Herstellung war weder billiger noch einfacher. Das lag größtenteils an dem geschmiedeten Griffstück, dessen exakte Formgebung noch per Hand erfolgen mußte. Der Schlitten hingegen bestand aus einem Blechprägeteil, wozu der Stoßboden als integraler Bestandteil gehörte. Als Verriegelungssystem wählte Fritz Walther einen Drehlaufverschluß, und so wirkte der Rückstoß nur auf den Lauf samt Schlitten – ganz im Gegensatz zur P 38, wo über den Riegel das Griffstück diesen Stoß zusätzlich milderte.

Zu den Vorteilen des Drehlaufs zählte allerdings der Wegfall eines Verriegelungselements. Der Sicherungshebel saß am Griffstück, und bei dieser und allen folgenden Versuchswaffen – auch denen der anderen Firmen – verwendeten die Techniker ein P 38-Magazin. Der Grund hierzu lag auf der Hand: Zig Zulieferfirmen stellten die Magazine her, demnach lagen ausreichende Stückzahlen bereit. Weiterhin hätte ein neues Magazin dem Anspruch der Rationalität widersprochen.

Die nächste Pistole – die »Blech 2« – folgte unmittelbar nach Ablehnung der ersten Ausführung, wobei eine beträchtliche Reduzierung der gefrästen Teile gelang. Etliche Arbeitsgänge vereinfachten sich, wobei der Abzugbügel besonders ins Auge fällt. Aber auch hier machten die Behörden einen Strich durch die Rechnung. Walther mußte noch einen Schritt weitergehen. Mit der »Blech 3« lag schließlich eine Pistole vor, die außer dem Verschlußkopf und Lauf vollständig aus Blechprägeteilen bestand. Sowohl der Spannabzug als auch das Verriegelungssystem mit drehbarem Lauf fielen im Zuge der Vereinfachungsmaßnahmen weg. Die Pistole arbeitete jetzt als Rückstoßlader mit unverriegeltem Masseverschluß.

Traut den Bildern nicht: Seit vielen Jahren geistert ein Foto in der Fachliteratur herum, das eine Blechpistole der Firma Walther zeigt. Es ist tatsächlich eine Waffe aus Zella-Mehlis. »Nur: Die Abbildung ist falsch«. Irgendwann geriet ein schlechtes Foto in die Hände eines ganz speziellen Walther-Freundes. Und der restaurierte zeichnerisch die scheinbar fehlenden oder fehlbelichteten Teile. Daß der Verschluß bei der Originalaufnahme etwas zurückgezogen war, störte nicht weiter; die Waffe wurde dafür hinten länger. Da bisher alle Waffen aus dem Hause Walther einen Sicherungshebel auf der rechten Verschlußstückseite innerhalb der Spannrillen besaßen, malte er einen hinein. So entstand eine neue Walther-Waffe. (M. Kersten)

WALTHER
105
105
S
UKW AFC
SENDER
AN
AUS
LAUTSTAERKE
1934
FM
AM
AM BROADCAST
FM BROADCAST
MHz

Da die Vereinfachungen immer noch nicht reichten, stellte Walther einige Exemplare vollkommen aus Blech her. Diese Pistole gehört zur Walther-Sammlung und befindet sich in einem ausgezeichneten Zustand. Nähere Untersuchungen ergaben, daß wahrscheinlich keine spätere Überarbeitung erfolgte. Auf der linken Seite des Verschlußstücks ist die Zahl »105« eingebracht. (M. Kersten)

Mit dieser Version traf Fritz Walther zunächst einmal den Geschmack des Reichsführer-SS, beziehungsweise den seiner Lakaien. Am 1. Dezember 1944 erteilte der »Hauptausschuß Waffen« den Auftrag zur Lieferung von 20 000 solcher Walther-Blechpistolen für den Volkssturm. Dieses Kontingent sollte im Februar oder spätestens im März 1945 fertig sein. Einen Monat später bedankte sich Fritz Walther artig für diesen Auftrag, stellte jedoch den Abliefertermin in Zweifel, da es noch keinerlei Betriebsmittel zur Serienfertigung gab. Das hörten die zuständigen Stellen nicht besonders gerne. Sie stellten sechs Tage später in einem Telex fest, daß es sich um einen Auftrag der Dringlichkeitsstufe 1 handele. Und diese Stufe rangierte an erster Stelle des mittlerweile erlassenen »Führer-Notprogramms«. Unter diesem Zauberwort sollte Fritz Walther nun versuchen, die fehlenden Maschinen und Materialien zu erhalten. Die Geschichte zeigt, was bei der ganzen Angelegenheit herauskam – nämlich nichts. Die Blech-Ideen endeten mit wenigen Musterstücken, die heute zu den absoluten Raritäten gehören.

Die Baugruppen der »Blech 3«. (Sturgess)

Blick in die Griffstücke, von oben nach unten: die Blech 1, 2 und 3. (Sturgess)

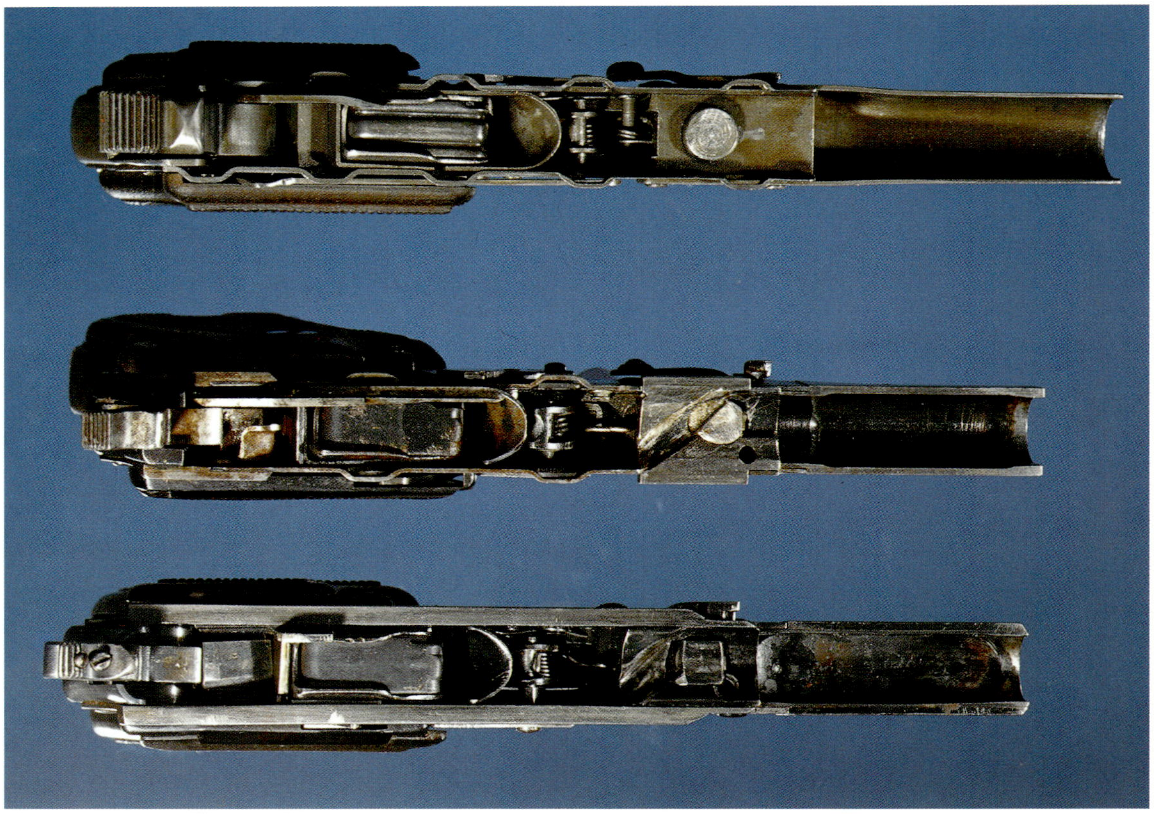

Allein für die erste Lieferung sollte Walther 20 000 Blechpistolen nach dem letzten Konstruktionsstand für den Volkssturm fertigen. Was nach dem heutigen Kenntnisstand davon blieb, sind die Waffe der Ulmer Sammlung und dieses Stück aus der Sturgess-Collection. *(Sturgess)*

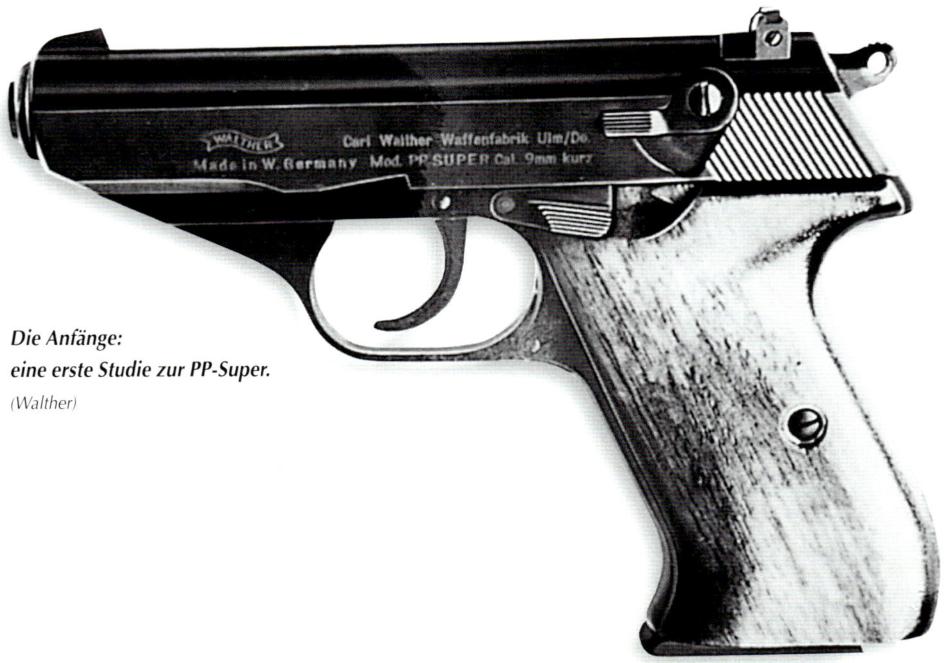

Die Anfänge:
eine erste Studie zur PP-Super.
(Walther)

DIE PP-SUPER

Ende der 60er Jahre reichte das bisherige Kaliber 7,65 mm Browning für die Dienstpistolen der Polizei nicht mehr aus. Von Anfang an besaß das Militär-Kaliber 9 mm Parabellum eine Favoritenrolle, obwohl viele Fachleute das Kaliber 7,65 mm für vollkommen ausreichend hielten.

Ein klassischer Fall: Bei Uneinigkeit ist ein Treffen in der goldenen Mitte angesagt. So bekundete die Polizei schließlich ihr Interesse an einem mittleren Kaliber. Die Patrone 9 mm × 18 aus Weltkrieg-Zwo-Tagen, damals entwickelt von den Firmen Gustav Genschow und Carl Walther, kam wieder zu Ehren.

Walther fragte bei der österreichischen Munitionsfabrik Hirtenberger nach, die gerade mit einer stärker geladenen Patrone 9 mm Browning experimentierte. Das Resultat erhielt den Namen »9 mm kurz Super«. Die Leistung lag aber unter derjenigen der bereits bekannten 9 mm Ultra. Hirtenberger stellte jetzt auch die »9 mm Police« mit 328 Joule und Geco die »9 mm Ultra« mit 332 Joule her. Diese Patronenart besaß eine Mündungsenergie zwischen den beiden anderen Kalibern.

Ein weiterer Vorteil bestand darin, daß eine Pistole für diese Patronenstärke noch keine Verriegelung benötigt. Im Herbst 1973 lagen die ersten Prototypen zur PP-Super in Ulm bereit. Zu den Versuchsmustern zählten auch Waffen mit Leichtmetallgriffstücken und Pistolen im Kaliber 7,65 mm. Die Fachpresse bezeichnete diese Weiterentwicklung der PP als nahezu ideale Combatwaffe.

Dazu ist eine Episode erwähnenswert. Vom 17. September bis 19. Oktober 1973 nahmen neun deutsche Polizisten an einer Schießausbildung im »Centre Nationale de perfectionnement du Tir« der »Police Nationale« in Paris teil. Ihre eigenen Dienstwaffen und pro Mann etwa 3 650 Schuß gehörten zum Reisegepäck. Zu den Teilnehmern zählte auch Walter Böhm aus Stuttgart, ein Beamter des dortigen LKAs. Vom Walther-Chef selbst stammte das bereits mit 5 000 Schuß belastete Versuchsmodell mit der Nummer »V 1014«, mit dem Böhm jetzt in Frankreich antrat. Der Beamte gab im Verlauf der Ausbildung nochmals 2 600 Schuß ab. Während bei anderen Waffen mit Leichtmetallgriffstücken Verformungen, Lockerungen, Risse oder gar Materialbrüche von Feingußteilen und Probleme mit Kunststoffteilen auftraten, blieb die Ganz-

PP-Super-Ausführungen:
1. Kaliber 9 mm kurz Super. Diese Pistolen sind – abgesehen von der Kaliberbezeichnung – an ihrem eigenen, sechsstelligen Nummernbereich zu erkennen: 100 001 – 101 300, also 1 300 Exemplare.
2. Kaliber 9 mm Ultra. Sie bilden das Gros der PP-Super. Neben der entsprechenden Kaliberinschrift ist diese Ausführung leicht an der fünfstelligen Nummer zu erkennen. Seriennummern-Bereich: 10 001 – 21 101. Stückzahl: 11 101.

Prototyp zur PP-Super. *(M. Kersten)*

Bei der PP-Super konnte der Käufer zwischen schwarzem oder braunem Kunststoff sowie Holzgriffschalen wählen.

(M. Kersten)

stahlwaffe PP-Super von solchen Schwierigkeiten nahezu unberührt. Unregelmäßigkeiten existierten nach dem Einbau einer stärkeren Schießfeder sowie der Modifikation von Auszieher und Ausstoßer nicht mehr.

Die PP-Super ist ein Rückstoßlader mit Spannabzug und Masseverschluß. Dadurch hielten sich auch die Maße und Gewichte in Grenzen, was jeder Träger dankbar zur Kenntnis nahm. Auf der linken Seite saß der Schlittenfanghebel, der eine schnelle Einsatzbereitschaft gewährleistet. Bei leergeschossener Waffe und hintengefangenem Schlitten reichte bei neu eingeführtem Magazin lediglich ein Daumendruck, um die Waffe wieder schußbereit zu machen. Der in die Spannrillen eingebettete Hebel bedient keine übliche Sicherung, sondern eine Entspannwalze. Durch die Hebelbetätigung schwenkt

PP-Super: Daten, Zahlen und Nummern:
Erste Lieferung nach Bayern am 23.12.1974 aus dem Nummernbereich: 10 001 – 18 960; die höchste Nummer in München: 14 804. Die Ausmusterung und der Verkauf auf dem freien Markt begannen 1975 und endeten mit der Einführung der P 7 am 30. Juli 1979. Als zweites Land führte Baden-Württemberg die PP-Super am 6.12.1974 ein. Sie erhielten 2 345 Pistolen in mehreren Lieferungen aus dem Bereich 10 015 – 18 952. Die Ausmusterung erfolgte am 29.11.1979. Das dritte Bundesland war Rheinland-Pfalz. Am 10.5.1975 wurden zunächst die beiden Exemplare 10 024 und 10 033 zu Versuchszwecken eingekauft. 2 452 Pistolen wurden geordert. Die erste Lieferung erfolgte im Juni 1975, die letzte im Oktober 1977. Die früheste Nummer war 10 284, die letzte 17 513. Am 29. November 1979 machte sie der Walther P 5 Platz.

dabei der Hahn in seine Ausgangsstellung zurück. Da er eine Ausnehmung besitzt, wird der Schlagbolzen nicht berührt. Nur im gespannten Zustand des Hahnes geht der Schlagbolzen durch einen Schieber nach oben und ermöglicht so eine Schußabgabe.

Aus der Anlehnung an die PP hat Walther nie einen Hehl gemacht, was allein schon die Modellbezeichnung »PP« verrät. Das »Super« stellt ein Fragment der ursprünglichen Kaliberbezeichnung dar. Tatsächlich trifft diese Namensgebung exakt auf nur 1 300 Exemplare mit dem eigenen Nummernbereich von 10 001 bis 11 300 zu, die das Kaliber 9 mm kurz Super besitzen. Diese Pistolen gingen zwischen Mai 1976 und November 1980 größtenteils in die USA. Alle anderen PP-Super besitzen das Kaliber 9 mm Ultra.

Daten PP-Super

Herstellung	1973 – 1979
Kaliber	9 mm Ultra und 9 × 18 kurz
System	Rückstoßlader
Verriegelung	unverriegelter Masseverschluß
Sicherung	Entspannwalze
Leergewicht	760 g
Gewicht, voll	825 g
Länge	176 mm
Höhe	124 mm
Breite	35 mm
Lauflänge	92 mm
Magazinkapazität	7 Patronen
Material	Stahl
Finish	brüniert
Griffschalen	Kunststoff (braun u. schwarz), Holz

Im Mai 1974 begann die Serienfertigung. Bereits einen Tag vor Heiligabend erfolgte die erste Lieferung an die Stadtpolizei in München. Baden-Württemberg schloß sich an und führte 2 345 Stück PP-Super am 31. Januar 1975 als Übergangswaffe ein. Schließlich orderte auch Rheinland-Pfalz 2 452 Exemplare, die in der Zeit von Juni 1975 bis Oktober 1977 in die Holster der Polizeibeamten wanderten. Das Schlußlicht bildete Schleswig-Holstein. Lediglich 35 Stück erhielt die Personenschutzgruppe. Bei den Bodyguards versahen sie vom 22. Mai 1975 bis zum 17. Februar 1983 ihren Dienst.

So gut diese Pistole auch war; aktuelle Ansprüche hatten sie überholt. Ab Sommer 1975 lag der erste Entwurf eines neuen Pflichtenheftes bereit. Walther sah die Chance für eine allumfassende Pistolenversorgung der bundesdeutschen Polizei schwinden und verkaufte die PP-Super nun auf dem Zivilmarkt. Mit der Nummer 21101 verließ im Jahre 1979 die letzte Pistole das Werk.

Bei Sammlern begehrt: die PP-Super im Kaliber 9 mm kurz. *(M. Kersten)*

WALTHER
Modell TP Cal. 6,35mm
062
001
Modell TP

Ein Prototyp auf dem Weg zur Serienwaffe: Noch befindet sich die Sicherung am Griffstück. (M. Kersten)

EISERNE RATION: TP

Früher bestimmten Taschenpistolen das Bild des Zivilwaffenmarkts, denn es gab kaum geeignete Verteidigungswaffen anderer Art – von den Typen für Militärs und Behörden einmal abgesehen. Mit der PP und PPK sahen viele das Aus für die kleinen Dinger, und die Nachfrage schien das zu bestätigen. Langsam setzte sich aber die Meinung durch, daß eine kleine Pistole – sozusagen als eiserne Ration – die Effektivität einer Verteidigung steigerte. Und so nahm Walther die Zweitwaffe im Jahr 1962 wieder ins Programm auf. Die erste Taschenpistole der Nachkriegszeit, kurz TP, besaß einen Masseverschluß und alternativ die Kaliber 6,35 mm oder .22 l.r.

Sie paßte tatsächlich in jede Tasche, und so fand das Gerät besonders bei der weiblichen Kriminalpolizei großen Anklang. Wie bei den frühen Modellen 1 und 9 lag der Lauf offen, und auch der Mechanismus besaß viel Ähnlichkeit mit den Vorgängern. Der 90-Grad-Sicherungshebel fand sich auf der linken Verschlußstückseite in einer Ausnehmung vor den 14 Spannrillen. Hinten kam ein Spannanzeiger hinzu. Gleich dem Modell 9 bestanden die Befestigungsplaketten der Griffschalen aus emailliertem Metall und symbolisierten stilistisch die weltumspannenden Aktivitäten Walthers.

Daten TP	
Herstellung	*1961 – 1978*
Kaliber	*a) .22 l.r., b) 6,35 mm*
System	*Rückstoßlader*
Verriegelung	*Masseverschluß/ unverriegelt*
Sicherung	*Hebel*
Leergewicht	*340 g*
Länge	*130 mm*
Höhe	*95 mm*
Breite	*23 mm*
Lauflänge	*65 mm*
Magazinkapazität	*6 Patronen*

Fertig: die Serien-TP im Kaliber 6,35 mm. (M. Kersten)

Ein weiteres Vorserienmodell mit Holzgriffschalen und geschwungenem Griffrücken. (M. Kersten)

296911
WALTHER
UNDER LICENSE OF
Carl Walther Waffenfabrik Ulm/Do.
WALTHER
Modell TPH Cal.22 l.r.

PP-Adaptionen für die Tasche: oben eine brünierte TPH aus Ulm, unten die Stainless-Version im Kaliber .22 l.r. von der Interarms in Virginia. (Kupsch)

TASCHENPISTOLE TPH

Ein Blick auf die im Sommer 1968 erschienene Taschenpistole mit Hahn (TPH) reichte aus, um festzustellen, von welcher Firma sie stammte. Nach Ablösung der TP entstand diese PPK im Miniformat, wobei neben dem Material und der sauberen Verarbeitung auch die inneren Werte mit dem großen Vorbild weitgehend übereinstimmten. Der Mechanismus erhielt lediglich eine auf die Taschenwaffe zugeschnittene Form. Auf ein Spann- bzw. Entspannstück und eine Hahnsperre verzichteten die Konstrukteure allerdings; sie lösten die Sicherheitsfrage auf andere Weise. Der Hahn erhielt zwei exakte Sicherungsrasten und die bewährte Sicherungswelle zur Fixierung des Schlagbolzens. Beim Sichern erfolgte gleichzeitig über den Auslösehebel eine Trennung der Abzugstange von der Abzugklinke, deshalb ließ sich der Abzug auch frei durchziehen.

Im Gegensatz zur TP erhielt die TPH einen geschlossenen Schlitten. Der Lauf entsprach mit seiner festen Installierung ebenfalls der PP/PPK. Für eine Taschenpistole aufschlußreich ist die Größe der Visierung: mit einem 2 mm breiten Korn und einem 3 mm-Ausschnitt in der Kimme lag die TPH recht nahe bei ihren größeren Geschwistern. Die Kunststoffgriffschalen mit Fischhautmuster tragen unten das Walther-Banner, und Holzgriffschalen gibt es im Zubehör. Für Ästheten – und solche, die sich dafür hielten – offerierte Ulm auch Luxusausführungen mit Eichenlaubgravur.

Bastlerwaffe: Die Taschenpistole mit Hahn – daher »TPH« – sollte ihren Namen zurecht bekommen. Der Hahn mußte außen liegen, und so probierte Walther die neue Technik an einer TP aus. (M. Kersten)

Musterstück: Nach dieser Vorgabe entstand nach dem Vorbild der PP die TPH. (M. Kersten)

25 Jahre TPH: Mitte 1995 entstand zum Jubiläum eine limitierte Sonderauflage in beiden Kalibern. Vom Pomp der Vorkriegszeit mit seinen schwülstigen Gravierungen und Vergoldungen ist Walther jetzt weit entfernt. Das dezent grau gebeizte Verschlußstück korrespondiert mit einem blauschwarzen Griffstück. Die Nußbaumgriffschalen weisen eine leichte Rankengravur auf. Wie üblich gehörten eine Urkunde und die Holzkassette zum Lieferumfang. Der eigene Nummernbereich beginnt bei CW 001. (M. Kersten)

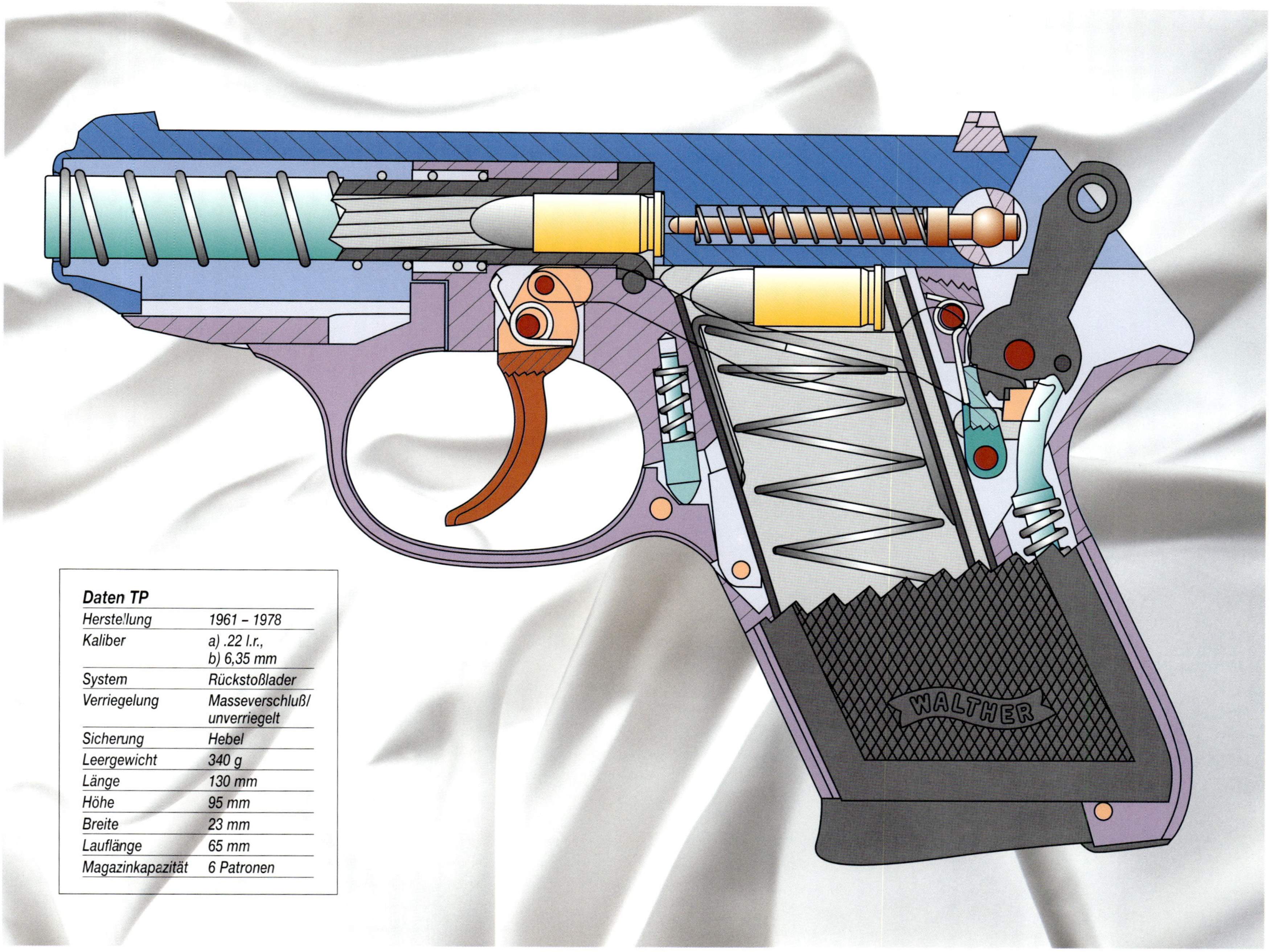

Daten TP	
Herstellung	1961 – 1978
Kaliber	a) .22 l.r., b) 6,35 mm
System	Rückstoßlader
Verriegelung	Masseverschluß/ unverriegelt
Sicherung	Hebel
Leergewicht	340 g
Länge	130 mm
Höhe	95 mm
Breite	23 mm
Lauflänge	65 mm
Magazinkapazität	6 Patronen

Schnittbild der TPH.

Die Silberne von Interarms

Mit rostträgem Stahl taten sich die Ulmer schwer. Eigentlich verwunderlich, denn der Trend ging seinerzeit in Richtung der Silberstücke, besonders in Amerika. Und deshalb nahm sich Interarms 1987 dieser Angelegenheit an. Nach der brünierten und schwarz eloxierten Ulmer Ausführung folgte eine .22 l.r.-Version vom Lizenzhersteller in Midland, Virginia. Neben dem Aussehen unterschieden sich die Zwillinge zunächst einmal im Gewicht. Das Ulmer Griffstück bestand aus Leichtmetall, die Stainless-Version logischerweise aus Stahl. Etwa 80 Gramm brachte die »Interarms-Waffe« mehr auf die Waage. Die Magazin-Ladeanzeigen der Ulmer TPH lagen auf der rechten Seite, Interarms verlegte sie nach links. Weiterhin besaßen die US-Magazine anstelle der Punktschweißung eine durchgehende Naht. Die sicherheitsbewußten Amerikaner bauten eine stärkere Schließfeder ein, und das weiße »Punkte-System« der Ulmer Visierung machte einem leuchtenden Rot Platz. Rot auf Silber ist zwar besser erkennbar, aber die Konturen von Kimme und Korn verschwimmen. Bei der Laufgestaltung zeigte die Silberne mehr Profil, was eine bessere Geschoßführung ermöglichte. Der außenliegende Ringhammer erfuhr eine optische Korrektur, und das Verschlußstück wies an der Mündung eine größere Wulst auf.

WALTHER
050134
P 5
050134 D
WALTHER
P 5 COMPACT

Generationswechsel: Aus der P 38 entstand ab Oktober 1975 die P 5. Ab Juni 1986 folgte dann die Compact-Version.
(Walther)

POLIZEIPISTOLE P 5

Im Jahr 1971 zeigte eine Umfrage bei der uniformierten Polizei Baden-Württembergs, daß sich 82 Prozent der Beamten eine andere Bewaffnung wünschten. Der Arbeitskreis II, eine Unterorganisation der ständigen Konferenz der Länder-Innenminister mit dem Aufgabengebiet »öffentliche Sicherheit und Ordnung«, beauftragte nach ähnlichen Analysen im gesamten Bundesgebiet die »Technische Kommission« mit der Erstellung eines Pflichtenheftes für eine neu einzuführende Faustfeuerwaffe. Die TK setzte diesen Punkt am 26. März 1974 auf ihre Tagesordnung, was zur Bildung der Arbeitsgruppe »Pflichtenheft Faustfeuerwaffen« führte.

Deren erste Aufgabe bestand nun darin, eine Bestandsaufnahme der möglichen Probanden bei den führenden Firmen vorzunehmen. Im März 1975 folgte ein erster Pflichtenheft-Entwurf,

Daten P 5	
Herstellung	ab 1977
Kaliber	a) 9 mm Para, b) 7,65 mm Para
Funktionssystem	Starr verriegelter Rückstoßlader
Verriegelungsart	Schwenkriegel
Abzugprinzip	Spannabzug
Gewicht, leer	797 g
Gewicht, voll	885 g
Länge	180 mm
Höhe	129 mm
Breite	32 mm
Visierlänge	134 mm
Kornbreite	3,5 mm
Kimmenausschnitt	3,9 mm
Lauflänge	90 mm
Magazinkapazität	8 Patronen
Material, Verschluß	Stahl
Material, Griffstück	Leichtmetall
V_0	a) 350 m/s, b) 365 m/s
E_0	a) 500 Joule, b) 400 Joule

Es kommt ausgesprochen selten vor, daß eine Firma ihr eigenes Produkt geschenkt bekommt. Zum 100jährigen Bestehen ließ es sich der Ulmer Graveur Josef Aichholzer aus Ulm jedoch nicht nehmen, genau das zu tun.
(M. Kersten)

und einen Monat später lag das »Pflichtenheft Faustfeuerwaffen, Katalog der Konstruktions- und Funktionsmerkmale einer Faustfeuerwaffe für den Polizeidienst« vor. Im Februar 1976 stimmte der Arbeitskreis II schließlich zu. Die »Erprobungslinien zur Beurteilung von Faustfeuerwaffen« existierten bereits seit Juni 1975, mußten jedoch schon Anfang März 1976 durch die Arbeitsgruppe »Erprobung von Pistolen 9 mm × 19« aktualisiert werden, da Dauerbelastungserprobungen fehlten.

Bei einer Sichtung der vorhandenen Modelle in der Grenzschutzschule Lübeck legten als Bewerber Heckler & Koch, SIG-Sauer und Mauser Pistolenentwürfe vor, und natürlich erschien auch Walther mit der P 4 und einem Muster der neuen P 5. Lebensdauer-, Funktions- und Falltests bei der Bundeswehr-Erprobungsstelle in Meppen führten letztendlich im März 1978 zur Deklarierung der Einführungsreife für die Pistolen P 225 (P 6) von SIG-Sauer, PSP (P 7) Heckler & Koch und der P 5 von Walther.

Der Konstruktionsweg der P 5 ist gut an den einzelnen Entwicklungsmodellen abzulesen. Ein frühes Muster sieht äußerlich eher wie eine P 38 mit Stummellauf aus. In Wirklichkeit setzten hier die Konstrukteure ein PP-Super-Griffstück mit einem Verschlußstück der P 38 zusammen. Dabei wanderte die klassische Sicherungs- und Entspannvorrichtung hinter den Abzugbügel.
(Walther)

V 1034

V 1035

V 1037

V 1038

V 1053

V 1201

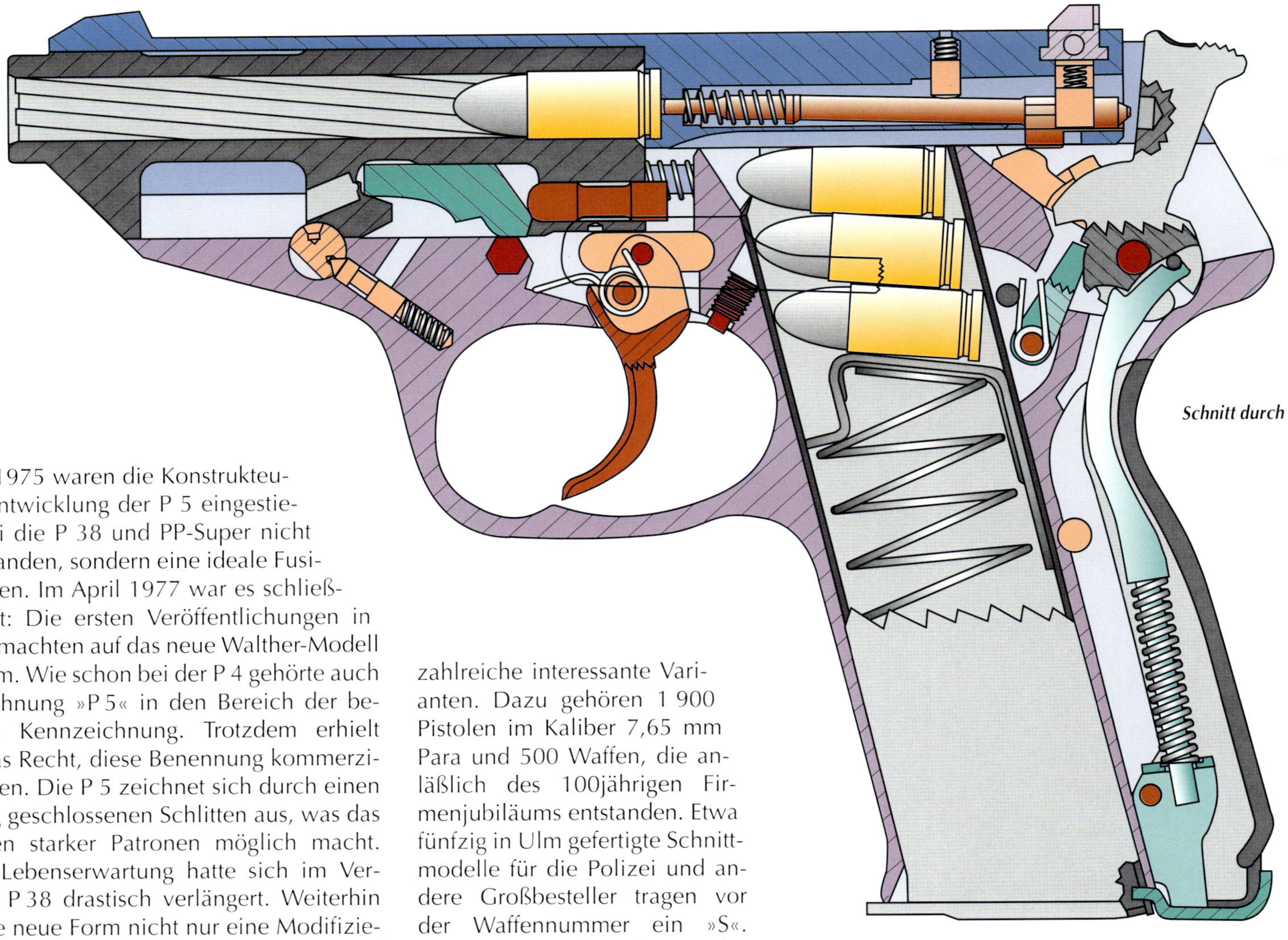

Schnitt durch die P 5.

Ende 1975 waren die Konstrukteure in die Entwicklung der P 5 eingestiegen, wobei die P 38 und PP-Super nicht nur Pate standen, sondern eine ideale Fusion eingingen. Im April 1977 war es schließlich soweit: Die ersten Veröffentlichungen in der Presse machten auf das neue Walther-Modell aufmerksam. Wie schon bei der P 4 gehörte auch die Bezeichnung »P 5« in den Bereich der behördlichen Kennzeichnung. Trotzdem erhielt Walther das Recht, diese Benennung kommerziell zu nutzen. Die P 5 zeichnet sich durch einen vollständig geschlossenen Schlitten aus, was das Verschießen starker Patronen möglich macht. Auch die Lebenserwartung hatte sich im Vergleich zur P 38 drastisch verlängert. Weiterhin brachte die neue Form nicht nur eine Modifizierung des von der P 38 stammenden Verriegelungssystems mit sich, sondern der neue Bedienhebel vereinte erstmalig die zwei Funktionen des Entspann- und des Schlittenfanghebels. Die starr verriegelte P 5 beinhaltete vier unabhängig vom Waffenträger wirkende Sicherungen: die Längsarretierung des Schlagbolzens, eine Ausnehmung in der Schlagfläche des Schlaghebels, eine Sicherheitsrast am Schlaghebel und eine Schießsicherung (Unterbrecher).

Die serielle Fertigung begann Mitte 1977 bei der Nummer 001 000. Die ersten Kontingente gingen nicht nur an die deutsche Polizei, sondern auch ins Ausland, denn hierzu lagen seit geraumer Zeit Behörden- und Zivilaufträge vor. Der Nummernbereich von 050 000 bis 100 000 blieb einer Lieferung an die niederländische Polizei vorbehalten, und einige Stücke fanden im Dezember 1978 ihren Weg zur Interarms. Von dort aus gelangten sie zu Truppenversuchen. Im November 1979 gingen etwa 60 weitere Pistolen an Sam Cummings. Die ersten echten Zivilwaffen tragen hinter der Waffennummer ein »D«. Selbstverständlich entstanden auch bei der P 5 zahlreiche interessante Varianten. Dazu gehören 1 900 Pistolen im Kaliber 7,65 mm Para und 500 Waffen, die anläßlich des 100jährigen Firmenjubiläums entstanden. Etwa fünfzig in Ulm gefertigte Schnittmodelle für die Polizei und andere Großbesteller tragen vor der Waffennummer ein »S«.

Nicht nur die Polizeien der Bundesländer Rheinland-Pfalz und Baden-Württemberg fanden Gefallen an der P 5. Unter vielen anderen Staaten ist sie in den Niederlanden und Nigeria eingeführt, und auch in den Vereinigten Staaten erfreute sie sich einer gewissen Beliebtheit. Kein Wunder, denn wenn schon James Bond in vier Filmen von der PP auf die P 5 umstieg, mochte das schon etwas zu bedeuten haben. Und wer will dem besten Geheimdienstler seiner Majestät schon widersprechen, wenn es um die Wahl einer effektiven Faustfeuerwaffe geht?

Daten P 5	
Herstellung	*ab 1977*
Kaliber	*a) 9 mm Para, b) 7,65 mm Para*
Funktionssystem	*Starr verriegelter Rückstoßlader*
Verriegelungsart	*Schwenkriegel*
Abzugprinzip	*Spannabzug*
Gewicht, leer	*797 g*
Gewicht, voll	*885 g*
Länge	*180 mm*
Höhe	*129 mm*
Breite	*32 mm*
Visierlänge	*134 mm*
Kornbreite	*3,5 mm*
Kimmenausschnitt	*3,9 mm*
Lauflänge	*90 mm*
Magazinkapazität	*8 Patronen*
Material, Verschluß	*Stahl*
Material, Griffstück	*Leichtmetall*
V_0	*a) 350 m/s, b) 365 m/s*
E_0	*a) 500 Joule, b) 400 Joule*

Die P 5-Alternative: Die umfangreichen automatischen Sicherungen der Standardwaffe reichten nicht aus, als man die P 5 für die Bundeswehr vorschlug. Denn eine manuelle Sicherung fehlte noch. Also mußte ein Schieber, Knopf oder ein anderes Bedienelement her. Walther entschloß sich zur Installation einer einfachen Druckknopf-Schiebesicherung im Verschlußstück. Im Hinblick auf ein mögliches Nachfolgemodell der P 1 erhielt diese P 5-Ausführung die Bezeichnung »P 1 A1«. Kaum mehr als zehn Pistolen stellten die Techniker her. Es kam aber zu keiner Einführung dieses Modells. So blieb es bei den wenigen Mustern mit modifiziertem Verschlußstück à la P 5 Compact. (M. Kersten)

Nummer 044 953: P 5 mit beidseitiger, zusätzlicher Sicherung im Verschlußstück. Ob mehrere Exemplare hiervon gebaut wurden ist nicht bekannt. (M. Kersten)

Nur etwa 50 Schnittmodelle der P 5 Standard stellte Walther für die Polizei und einige Großabnehmer her. Sie dienten als Anschauungsobjekte zur Technik- und Funktionsweise dieser Waffe. (Kupsch)

lther
rik Ulm/Do.
WALTHER

Mit der P 5 Compact entstand eine formschöne, universell einsetzbare Pistole. Neben dem Zivilmarkt orderten viele in- und ausländische Polizeien diese Waffe: Hier eine der ersten Waffen. Sie trägt die Nummer 150 003 und elegante, dunkle Nußbaumgriffschalen. (M. Kersten)

P 5 Compact

Mittlerweile merkten alle Waffenhersteller von Rang und Namen, daß in »der Kürze die Würze« lag. So entstand oft unmittelbar nach der Standardwaffe ein kleiner Ableger. »Kompakt« hieß dabei das Zauberwort, und nicht selten führten die willkürlichen Verkürzungen zu abenteuerlichen Konstruktionen. Im Gegensatz hierzu konzipierte Walther ihren P 5-Nachfolger direkt als kompakte Waffe und visierte dabei in erster Linie den Behördendienst an, weil Beamte in bestimmten Verwendungsbereichen, wie zum Beispiel der Zivilfahndung, eine Pistole wünschten, die zwar auf der P 5 basierte, jedoch geringere Abmessungen aufweisen sollte. Das bedeutete aber auch, daß es bei den Maßen eine untere Grenze geben mußte, damit die neue Variante robust genug blieb, um den täglichen Dienstgebrauch zu überstehen.

Im Juni 1986 begann man in Ulm mit der Konstruktion, und bereits drei Monate später konnten sich die Konstrukteure zufrieden zurücklehnen. Sie hatten die Abmessungen reduziert und dem Schlitten ein glattes Design verliehen, ganz nach den Wünschen der potentiellen Kunden. Der Magazinhalter saß unten am Griff und bei der Norm-Auflage als Druckknopf unter

Anfang und Ende: Aus der P 38 entstand erst einmal die P 5 und etwas später ihre jüngere Schwester, die P 5 Compact. Hiermit läutete Walther die letzte Runde in der Schwenkriegel-Technik ein. (Kupsch)

FREIE PRESSE
Veröffentlicht unter Zulassung Nr.21 der Militärregierung
schuld!"
Freisprüche
Gerichtssaal
150196
WALTHER
P5 COMPACT
12 Tode
Augenzeugenbericht
Das Schuldkonto der
Die Strafmaß
Es werden verurteilt:
1. Göring: Tod durch
2. Heß: lebenslänglich
3. Ribbentrop: Tod
4. Keitel: Tod
5. Kaltenbrunner: Tod durch den Strang
6. Rosenberg: Tod durch den Strang
7. Frank: Tod durch den Strang
8. Frick: Tod durch den Strang
Streicher: Tod durch den Strang

Ein Stück weiter: Zweckbestimmt für den behördlichen und militärischen Bereich ausgerichtet, ist die Folgeversion der Compact, die »L102 A1«. Hier das Versuchsmuster mit der Nummer V 1491.

(M. Kersten)

dem Abzugbügel. Ein Metallstreifen auf dem Griffrücken machte den Einsatz von flachen Griffschalen möglich. Weitere geringfügige Änderungen trugen mit zu einer gefälligen und auch von Frauenhand leicht zu bedienenden Handfeuerwaffe bei.

Im November und Dezember 1986 stellten Fachzeitschriften die P 5 Compact vor, doch erst im September 1987 verließ die erste Pistole mit der Nummer 150 001 das Werk. Das Einsatz-

Daten P 5 Compact

Herstellung	ab 1987
Kaliber	9 mm Para
System	Rückstoßlader
Verriegelung	Schwenkriegel
Abzugprinzip	Spannabzug
Gewicht, leer	750 g
Länge	170 mm
Höhe	130 mm
Breite	32 mm
Magazinkapazität	8 Patronen
Material, Verschluß	Stahl
Material, Griffstück	Leichtmetall
V_0	350 m/s
E_0	500 Joule

spektrum der Compact lag ähnlich wie bei der PPK größtenteils in der verdeckten Trageweise. Zu den ausländischen Bestellern gehörte nicht nur die britische Polizei, sondern auch das Verteidigungsministerium des Inselreichs, das 1989 eine größere Anzahl für einige Spezialeinheiten orderte. Die britischen Streitkräfte hatten bis dato bereits zahlreiche PPKs als »personal defence weapons« (PDW) im Kaliber .22 l.r. benutzt. Auch die über London ausgerüstete Gendarmerie der nordirischen Provinz, die »Royal Ulster Constabulary« (RUC), führte seit Beginn der irischen Unruhen Ende der 60er Jahre PPKs in 7,65 mm.

Die Briten lehnten allerdings die bisher vom Ulmer Werk angebotenen Nußbaumgriffschalen wegen möglicher Absplitterungen als zuwenig robust ab. Also setzte Walther Kunststoff ein, wobei eine trichterförmige Abschrägung der unteren Partie den Magazinboden nun frei zugänglich machte und ein absolut sicheres Einrasten des Magazins gewährleistete. Neben dem flächigen Fischhautmuster erhielt auch der Griffrücken eine derartige Rutschsicherung. Das alles brachte eine erhebliche Verbesserung der Handlage mit sich. Grund genug also, diese Konfiguration auch weiterhin – sozusagen als 2. Auflage – beizubehalten. Auch von einer glänzenden Brünierung nahm Walther bei diesem Auftrag Abschied, da sie für militärische Bereiche ohnehin ungeeignet ist. Ein rauher und widerstandsfähiger Phosphatüberzug leistete hier bessere Dienste. Selbst im Jahre 1995 steht die »P 5-Familie« noch hoch im Kurs. Und das nicht nur bei Behörden.

P 5 lang

Nun ist eine Gebrauchswaffe kaum dazu geeignet, sportliche Meriten zu erringen, aber dennoch können Leistung und Präzision zur Hochform auflaufen, wenn ein längerer Lauf ins Spiel kommt. Da es Ende der 80er Jahre zum guten Ton gehörte, neben einer Kurzvariante auch gelegentlich eine Langversion aufzulegen, erhielt die P 5 im Jahr 1987 ein verlängertes Rohr. Der erste Prototyp kam bei der Marktvorstellung wegen seiner ungewöhnlichen Laufgestaltung nicht sonderlich gut beim Käufer an. Nach Ausbohrung des Normallaufs und Einsetzen eines Sechs-Zoll-Rohres als Futterlauf saß über dem vorstehenden Teil ein Mantel aus Leichtmetall. Der war so gestaltet, daß er die Rundung des Schlittenoberteils aufnahm und bis zur Mündung weiterführte. Oben saß nun eine schräg aufsteigende Rampe, die vom Verschlußstück bis zur Mündung reichte und letztendlich das Korn trug. Die Visierung, samt der allseits verstellbaren Kimme, saß im Vergleich zu den Standardwaffen höher.

Der Grund hierzu erklärte sich aus dem in Erwägung gezogenen Lieferprogramm, welches ursprünglich drei Varianten aufweisen sollte:

- Vertrieb der kompletten Waffe,
- Erwerb von Lauf und Verschlußstück als Wechselsystem,
- alleiniger Verkauf des Langlaufs.

Bei der letztgenannten Version zählte eine höhere Kimme zum Lieferumfang, da über das schon vorhandene Korn auf dem Normalschlitten hinweg visiert werden mußte. Mit anderen Worten: ein Doppel-Korn. Die endgültige Version der P 5-lang, mit einem P 38-ähnlichen Lauf, stellte Walther schließlich auf der IWA 1988 vor. Die Dralllänge betrug anstelle der 250 mm beim Normallauf jetzt 476 mm, wodurch sich der Drallwinkel beträchtlich reduzierte.

Daten P 5 lang	
Herstellung	*ab 1988*
Kaliber	*9 mm Para*
System	*Rückstoßlader*
Verriegelung	*Schwenkriegel*
Abzugprinzip	*Spannabzug*
Gewicht, leer	*840 g*
Gewicht, voll	*973 g*
Länge	*242 mm*
Höhe	*129 mm*
Breite	*32 mm*
Visierlänge	*207 mm*
Kornbreite	*3,5 mm*
Kimmenausschnitt	*3,9 mm*
Lauflänge	*135 mm*
Abzugwiderstand	*SA: 3050 g, DA: 4550 g*
Magazinkapazität	*8 Patronen*
Material, Verschluß	*Stahl*
Material, Griffstück	*Leichtmetall*
V_0	*a) 350 m/s, b) 365 m/s*
E_0	*a) 500 Joule, b) 400 Joule*

Für Sportschützen und Sammler von Bedeutung: die P 5 mit langem Lauf. *(Moll)*

Das bewegliche oder »schwimmende« Patronenlager der PT-Ausführung. (M. Kersten)

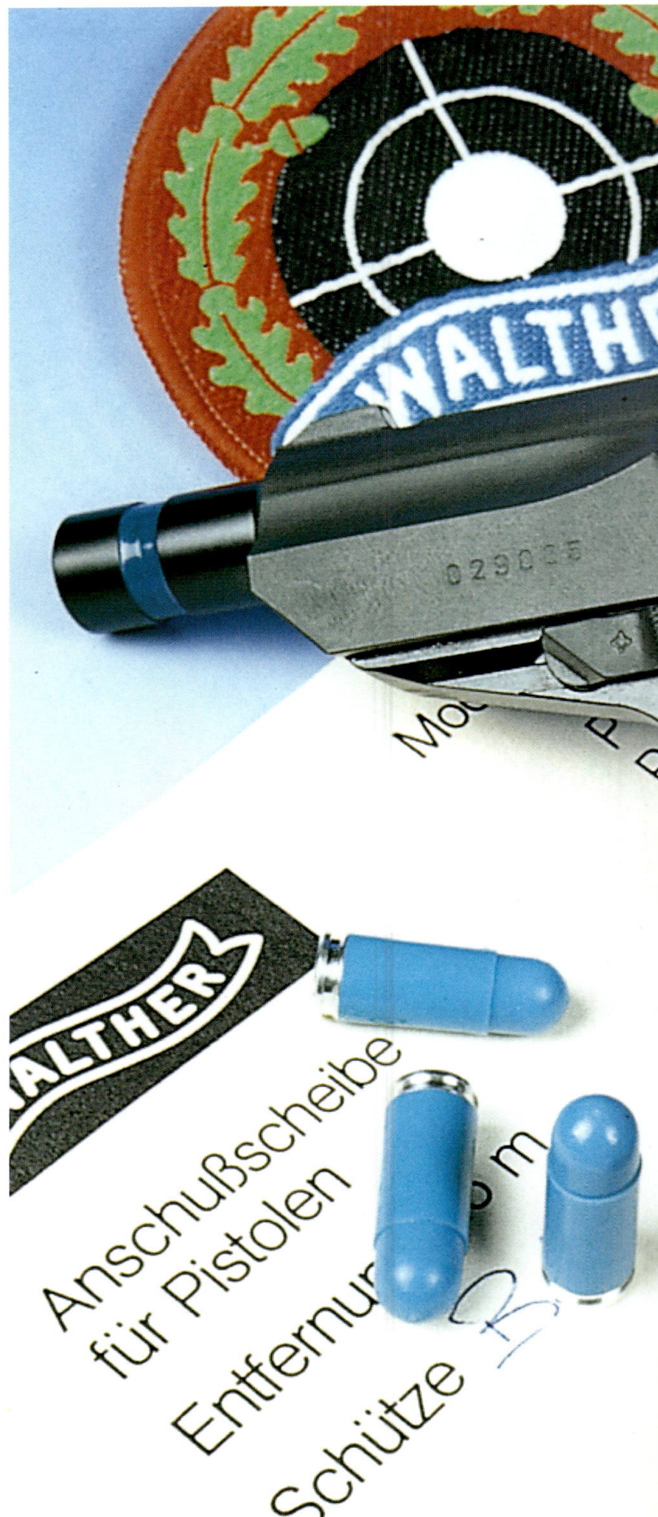

P 5: Plastik-Training

Bei den Behörden herrscht permanenter Schießstandmangel, worunter das Training leidet. Deshalb entstand der Wunsch nach alternativen Übungsmöglichkeiten, und hierfür sorgte die Firma Geco mit ihrer blauen Plastikmunition. Während einige Unternehmen komplette Waffen für diese Patrone fertigten, beschränkte sich Walther auf einen speziellen Lauf mit Impulsverstärker, einsetzbar in jede Serienwaffe. Das PT-Rohr (PT für Plastik-Training) wird einfach in den Schlitten und das Griffstück eingeschoben und durch Umlegen des Rohrhaltehebels fixiert. Es ist 23 Millimeter länger als der normale Lauf und trägt vorn einen Kennring in blauer Farbe, als Bezug auf die Patronenfarbe.

Ein normales Patronenlager reicht hier nicht aus, und so fand das sogenannte schwimmende oder bewegliche Patronenlager von David Marshall Williams, der unter anderem den .30 M 1 Carbine konstruierte und dessen Lager bereits 1937 bei Colt-Systemen zum Einsatz kam, ein neues Einsatzfeld. Denn die PT-Patrone bringt nicht die Leistung, die für den Rückstoß des Schlittens erforderlich ist. Das Lager besteht aus einer dickwandigen Hülse, die lose und somit axial beweglich in das Laufende eingesetzt ist und die Patronenhülse vollkommen umschließt. Durch diese Maßnahme wird die Angriffsfläche des Gases vergrößert und so der Rückdruckimpuls verstärkt. Einen Schwenkriegel sucht der Betrachter vergebens, denn das System arbeitet nur als unverriegelter Masseverschluß. Der Lauf trägt deshalb unten nur drei Blöcke, die als Halterung und Federgehäuse für das bewegliche Patronenlager dienen.

Bei der Schußauslösung reißt das Geschoß an einer Sollbruchstelle ab und erreicht im Gegensatz zur normalen Gefechtspatrone mit ihren 350 m/s eine Anfangsgeschwindigkeit (V_0) von satten 949 Metern pro Sekunde. Durch das geringe Gewicht des Plastikgeschosses von nur 0,42 g verliert sich allerdings rasch der Vortrieb. Bei V_5 sind es noch 735 m/s und bei V_{10} 545 m/s. Die Eindringtiefe in Fichtenholz auf 80 cm beträgt 24 cm, und auf 25 m reicht die Energie gerade noch für ein Blatt Papier. Trotzdem ist die Gefahrenzone auf 30 m anzusetzen. Bis zu einer Entfernung von zehn Metern ist die Präzision recht genau.

Daten P 5 lang	
Herstellung	*ab 1988*
Kaliber	*9 mm Para*
System	*Rückstoßlader*
Verriegelung	*Schwenkriegel*
Abzugprinzip	*Spannabzug*
Gewicht, leer	*840 g*
Gewicht, voll	*973 g*
Länge	*242 mm*
Höhe	*129 mm*
Breite	*32 mm*
Visierlänge	*207 mm*
Kornbreite	*3,5 mm*
Kimmenausschnitt	*3,9 mm*
Lauflänge	*135 mm*
Abzugwiderstand	*SA: 3050 g, DA: 4550 g*
Magazinkapazität	*8 Patronen*
Material, Verschluß	*Stahl*
Material, Griffstück	*Leichtmetall*
V_0	*a) 350 m/s, b) 365 m/s*
E_0	*a) 500 Joule, b) 400 Joule*

Walther setzte bei den Trainingswaffen auf einen Wechsellauf. *(M. Kersten)*

Der Trainingslauf besteht aus fünf Teilen: dem Lauf im Kaliber 8,2 mm, dem beweglichen Patronenlager mit Führungsansatz, einer Schraubenfeder für die Patronenlagerbewegung und einer Halteschlaufe für das Patronenlager. Letztere besteht aus einem U-förmigen Drahtstück aus Federstahl, welches Lauf und Patronenlager zusammenhält. Die ersten Lieferungen an die Polizei – ab der Nummer 1000 – erfolgten Mitte 1984, während die Fertigung für den Zivilmarkt im September 1984 begann.

Aus dem Wechselsystem, im Verbund mit einer normalen P 5, entwickelte sich schließlich eine eigenständige Übungswaffe, die »P 5-Üb«. Zur deutlichen Unterscheidung und als Warnhinweis erhielt die Waffe auf beiden Seiten blaue Marken sowie das Kürzel »Üb« für Übung eingraviert.

P 5: Kleinkaliber

Walther setzte beim Kaliber 7,65 mm erst einmal auf ein Wechselsystem. Behörden erhielten zur Erprobung einen Satz, bestehend aus einem Einstecklauf, einem speziellen Schlitten und entsprechenden Magazinen. Später folgte ein eigenständiger KK-Lauf, nebst Schlitten und Magazin. Dieses System stand auch als komplette Waffe zur Verfügung – und paßte sogar auf die P 4. Damit beendete die Firma Walther ihre Konstruktionen in diese Richtung. Nicht so Johann Uhl und das Unternehmen Greger in Dillingen, die das Thema 1988 wieder aufgriffen. Dabei entstand eine recht interessante Konstruktion mit einem geteilten Verschluß samt bogenförmig ausgebildeten Spannrillen. Ansonsten wurde die Verschlußstückform gewahrt. Gegenüber den 850 Gramm der Originalwaffe wiegt der Zusammenbau 110 Gramm mehr. Das liegt am Lauf, da wegen der kleineren Bohrung mehr Masse übrig bleibt. Und dieser Lauf steht in enger Verbindung zur Original-P5, denn er stammt von Lothar Walther aus Königsbronn. Eine spezielle Anfertigung des Grundmusters war hierbei nicht erforderlich. Als Basis dienten Läufe für Freie Pistolen mit ihren Präzisionsmaßen. Das Gerät arbeitet mit nur einer Schließfeder, was nicht zu den Neuheiten zählte, schließlich funktionierten bereits Generationen von kleinkalibrigen Walther-Pistolen nach diesem System. Der Schlitten der Uhl-Kreation hat nur einen Mitnehmer auf der rechten Seite; deshalb wird die andere Feder beim Rücklauf nicht komprimiert.

P 88 & CO.

Nach vielen Korrekturen begann die eigentliche P 88-Produktion im Januar 1987. (Kupsch)

P 88 Standard

Die Geschichte der P 88 ist äußerst reich an Facetten. Sie begann mit verpaßten Gelegenheiten und endete mit einer Schadensbegrenzung. Denn die konzeptionelle Weiterentwicklung der P 38 – wozu noch die P 5 zählte – fand Mitte der 80er Jahre bei Walther ein jähes Ende. Nun schwenkten die Konstrukteure bei der Verschlußtechnik auf das weltweit am häufigsten benützte System ein, den abkippenden Lauf von John M. Browning.

In den Entwicklungsbüros der meisten Firmen vernachlässigte man die eigenartigerweise stetig wachsende Zahl der Linkshänder recht schnöde. Nicht so in Ulm, wo schon die Prototypen der P 88 für Rechts- wie Linkshänder gleichermaßen gut zu handhaben waren. Hinter dieser Rücksichtnahme steckte nicht etwa ein plötzlicher Anfall von Mitleid oder ein Geistesblitz, sondern der Anforderungskatalog der US-Streitkräfte für eine neue Pistole: Das Kürzel JSSAP stand für »Joint Service Small Arms Program«, die in der zweiten Hälfte der 70er Jahre erstmals geäußerte Absicht des Pentagon, die legendäre .45er Colt Government-Pistole M 1911 A1 zugunsten einer Spannabzugpistole im NATO-einheitlichen Kaliber auszutauschen. Natürlich winkte dem Sieger in einer solchen Ausschreibung ein

Daten P 88	
Herstellung	*ab 1984*
Kaliber	*9 mm Parabellum*
System	*Rückstoßlader*
Verriegelung	*Browning*
Gewicht, leer	*895 g*
Gewicht, voll	*1085 g*
Länge	*187 mm*
Höhe	*142 mm*
Breite	*38 mm*
Visierlänge	*150 mm*
Lauflänge	*102 mm*
Magazinkapazität	*15 Patronen*
Material, Verschluß	*Stahl*
Material, Griffstück	*Leichtmetall*
Griffwinkel	*72 Grad*
V_0	*370 m/s*
E_0	*548 Joule*

millionenschwerer Auftrag, aber neben anderen Firmen versäumte auch Walther den Startschuß zum ersten Vergleichstest.

Die ersten konkreten Entwicklungsarbeiten an einer achtschüssigen Version begannen erst nach Bekanntwerden der ersten JSSAP-Sichtungsrunde im Spätjahr 1978. Was früher bei Walther gang und gäbe war – die durchgearbeiteten Schubladenlösungen nämlich – gab es nicht mehr. Die ersten beiden DA-Prototypen sahen noch recht konventionell aus, wobei gleich vier Bedienungselemente die Handhabung komplizierten: der Zerlege-, Schlittenfang- und beidhändig zu bedienende Sicherungshebel sowie ein beidseitiger Magazinlöseknopf. Die Arbeiten an diesem Entwurfsmuster dauerten bis in die frühen achtziger Jahre. Während dieser Zeit erweiterte sich die Magazinkapazität auf die von der US-Armee geforderten 15 Patronen, und auch Griff- und Verschlußstück erfuhren einige Änderungen, wobei sich die Konstrukteure bemühten, eine robuste Waffe mit einem ergonomisch richtigen Griff zu schaffen.

Was blieb, war eine Handvoll Prototypen, die an ihrer Vornummer »88« zu erkennen sind. Dieser Part der Konstruktion begann mit 881 200 und endete im Dezember 1982 bei 881 350. Im Februar 1983 stellte Walther die letzten Baumuster der Öffentlichkeit vor. In diesem Konstruktionsstadium besaß die Waffe bereits einen am Griffstück montierten, beidhändig zu bedienenden Mehrzweckhebel, der als Entspann- und Schlittenfanghebel fungierte. Die ursprüngliche Hebelei gehörte somit der Vergangenheit an. Eine der auffälligsten Neuerungen: Das Griffstück reichte jetzt bis zur Mündung. Obwohl in Deutschland und den USA Werbeprospekte in den Handel gingen, erreichte die Waffe in dieser Konzeption nie den Zivilmarkt, denn sie diente zur Erprobung bei der Bundeswehr, den amerikanischen Streitkräften und bei diversen Polizeien. Erst nach den Irrungen und Wirrungen der US-Tests bastelten die Konstrukteure an der P 88 weiter.

Als reine Militärwaffe wollten die Walther-Leute fortan ihre 16 Patronen fassende Pistole nicht mehr sehen, aber gleichwohl sollte sie für den behördlichen Bereich geeignet sein. Weitere Änderungen im Zeitraum von Januar 1983 bis Dezember 1986 folgten, wobei die erste Sequenz die Nummern 881 351 bis etwa 881 390 trugen, dann fiel die vorangestellte Kennziffer »88« fort.

Zu den bemerkenswertesten Neuerungen aus diesem Produktionsstadium zählte das jetzt kürzere Griffstück. Die eigentliche P 88-Produktion begann im Januar 1987 mit einem neuen Nummernbereich ab 001 001. Beim Verschlußstück setzte Walther auf konventionelle und qualitative Verarbeitung. Neben den wichtigsten mechanischen Teilen bestand das Verschlußstück aus gefrästem Ganzstahl mit integriertem Schlagbolzengehäuse samt Stoßboden. Kein Wunder also, daß der Schlitten satte 350 Gramm auf die Waage brachte. Aber wo Schatten ist, ist auch Licht, denn durch Masse entsteht Stabilität. Die fertigungstechnischen Vereinfachungen und eine großzügige Auswurföffnung zehrten davon. Letztere erstreckte sich über die volle Breite des Schlittens.

Beim Griffstück blieb es bei der Leichtmetallbauweise, und deshalb mußten Stahlarmierungen an den Belastungsstellen für die notwendige Festigkeit sorgen. Die Schlittenführung erstreckte sich über die gesamte Länge, unterbrochen durch die Öffnung des kastenförmigen Magazinschachts. Zusammen mit den Griffschalen entstand ein recht großer Griffumfang – und hier lag der Knackpunkt: Kleinere Hände waren damit überfordert, und der Hersteller mußte diesen Bereich abspecken. Der nun bauchige Griffrücken brachte gewisse Vorteile beim Deutschuß, und die vordere Griffstückpartie erhielt eine neue Form. Früher reichte der Rahmen bis zur Mündung, jetzt ließ er um etwa zwei Zentimeter verkürzt die Schließfederhülse frei.

Der vordere Bereich des Schlittens erhielt Auskehlungen, was sich bei der Holsterung positiv bemerkbar machte. Die Visiereinrichtung lag höher, und die senkrechten Rillen des Abzugs fielen weg. Eine Verbreiterung der Abzugstange diente als Rahmenabdeckplatte. Das Finish wechselte von einer grauschwarzen Ponderung zur Hoch- und Seidenglanzbrünierung. Aber alle diese Änderungen nützten recht wenig. Die Zeit war vertan, und der Vorsprung der Konkurrenz konnte nicht mehr aufgeholt werden. Wegen ihres Preises – und wahrscheinlich auch ihrer Kompliziertheit – zählte sie zur schwer verkäuflichen Ware. Konsequenterweise fuhr Walther Anfang der 90er die Fertigung zurück, stellte sie aber nicht vollständig ein.

Die ersten P 88 besaßen einen unförmigen, am Rücken abgeschnitten wirkenden Griff. (Walther)

P 88 Compact

Mitte des Jahres 1989 setzte sich der Konstrukteur Walter Ludwig mit der P 88 auseinander und steuerte die mechanische Vereinfachung und die Reduzierung der Maße und Gewichte an. Auf der IWA 1990 lag bereits ein Prototyp für das Publikum bereit, und diese jetzt als »P 88 Compact« bezeichnete Pistole hatte mit dem ursprünglichen Standardmodell kaum noch etwas gemein.

Die Kompaktversion stellte sich als leichte, handliche und in der Bedienung einfache Waffe vor, wobei die hohe Magazinkapazität und Schußpräzision erhalten blieben. Die Griffbreite betrug nur noch 33,4 Millimeter, und die beidseitigen Bedienhebel suchte der Kunde vergebens. Dafür saß links ein langer Schlittenfanghebel. Die Mechanik für die Entspannung und Sicherung wanderte in bekannter Manier in das Verschlußgehäuse, ausgelegt für eine beidseitige Verwendung. Die Schließfeder bestand aus mehreren verdrillten Drähten, was eine erhöhte Flexibilität mit sich brachte. Die Kimme saß starr im Schwalbenschwanz, und der Rahmen ging bei den frühen Modellen wieder bis zur Mündung. Die Gestaltung der Griffschalen ermöglichte einen freien Zugang zum Magazinboden, und durch einen zurückgesetzten Stoßbodenbereich gehörten Hülsenklemmer nun der Vergangenheit an. Im Frühjahr 1992 erschienen die ersten P 88 Compact aus der Serienfertigung auf dem Markt.

Die P 88 Compact verfügt über derartig viele Änderungen, daß eine neue Modellbezeichnung gerechtfertigt gewesen wäre. *(Walther)*

PACT

Für den militärischen Bereich kreierten die Ulmer Konstrukteure die P 88 A1. Die Brünierung machte einer stumpfen Phosphatierung Platz, und auch die Griffschalen kamen in einem glatten, matten Finish daher. (M. Kersten)

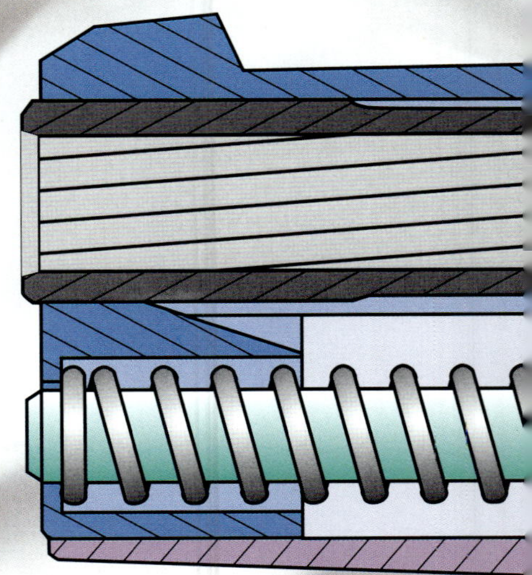

Schnittzeichnung der P 88 Compact

Für den Behördenbereich baute Walther Musterstücke mit einer einfachen Sicherung, und der Modellbezeichnung wurde ein »B« hinzugefügt. Hier der Prototyp zur späteren P 88 Police. (M. Kersten)

Daten P 88 Compact	
Herstellung	ab 1992
Kaliber	9 mm Parabellum
System	Rückstoßlader
Verriegelung	Browning
Gewicht, leer	822 g
Gewicht, voll	998 g
Länge	181 mm
Höhe	134 mm
Breite	33 mm
Lauflänge	99,8 mm
Visierlänge	139 mm
Züge	6; Rechtsdrall
Kornbreite	3,5 mm
Kimmenbreite	3,9 mm
Magazinkapazität	14 Patronen
Abzugprinzip	SA/DA
Abzugwiderstand	SA: 26,9 N, DA: 49,7 N
Material, Verschluß	Stahl
Material, Griffstück	Leichtmetall
V_0	340 m/s
E_0	541 Joule

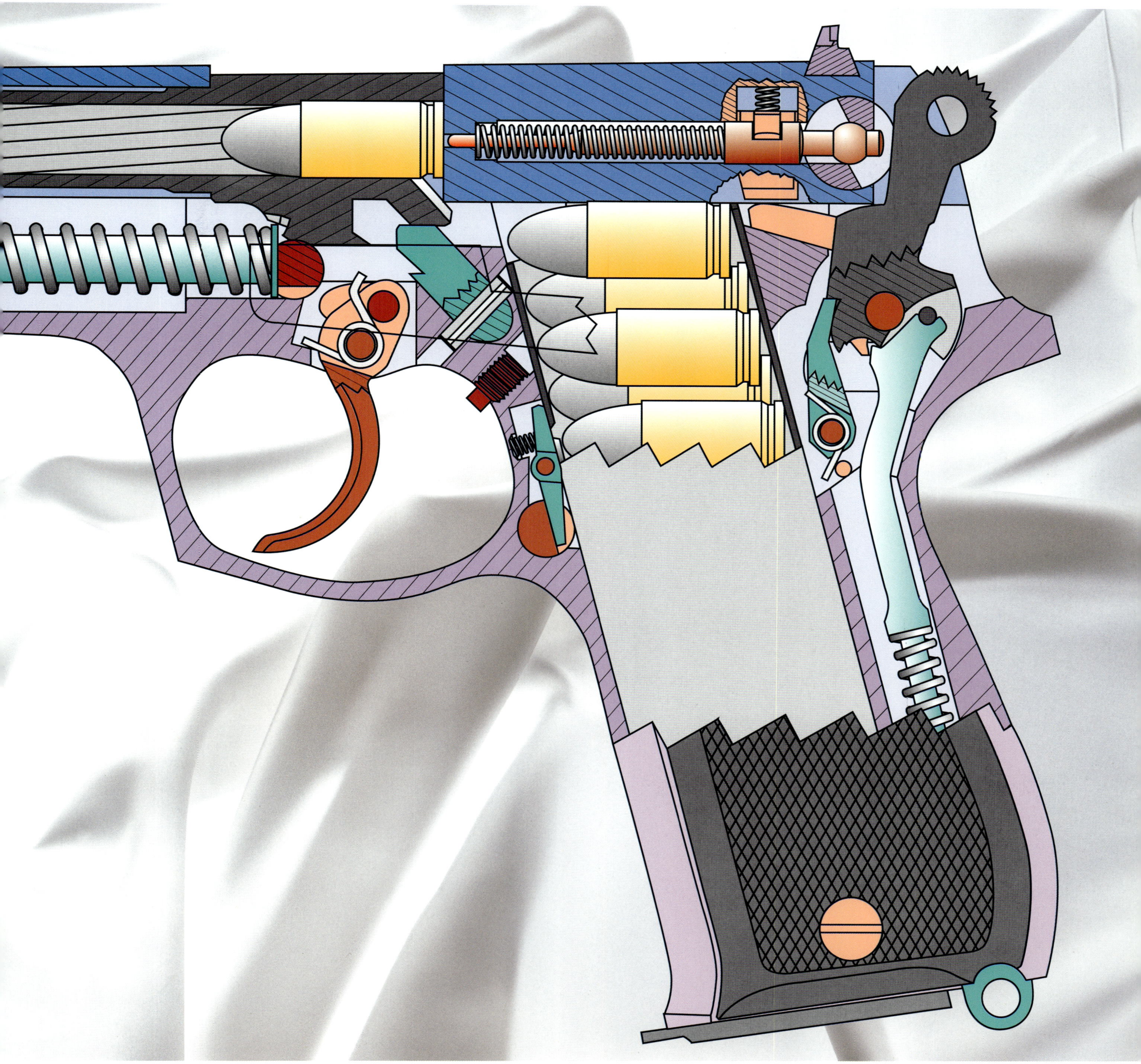

WALTHER
Made in Germany
WALTHER
9mm×19
10011

P 88 Champion mit Fünf-Zoll-Lauf und Kompensator. *(Stoll GmbH)*

Champion und Competition

Auf der IWA 1992 präsentierte das Ulmer Werk gleich zwei Ausbauvarianten der P 88 Compact für den Sportbereich. Das Ziel für dieses Doppelprojekt »Champion und Competition« beschränkte sich nicht nur auf die Sportler der einheimischen Schützenverbände DSB, BDS oder BDMP, auch ausländische Schützen sollten in den Genuß deutscher Qualitätswaren kommen. Während die Competition durch den Fachhandel über Walther/Ulm zu den Interessenten gelangt, entsteht die Champion bei der Großhandelsfirma Wischo KG.

Der Begriff »Champion« ist nichts anderes als die Bezeichnung für einen Sieger, einen Spitzenreiter. Dafür mußte die Sport-P 88 einige Voraussetzungen erfüllen, wie eine einwandfreie Funktion und Präzision auch beim Verschießen von Bleigeschossen, dazu einen trockenen Single-Action-Abzug mit Verstellmöglichkeiten und außergewöhnliche Haltbarkeit bei Dauergebrauch. Weiter Ansprüche betrafen die Präzision mit einem Streukreis von unter 60 mm auf 25 Meter Distanz, das ausgewogene Schießverhalten, den gut in der Hand liegenden und ausbaufähigen Griff, die lange Visierlinie mit allseits verstellbaren Zielkomponenten, Bedienbarkeit für Rechts- und Linksschützen, Kompatibilität mit den Regelwerken der Verbände und letztlich einen ausgereiften Ersatzteil-Service.

Das Ergebnis konnte sich sehen lassen. Ein neuer SA-Abzug in der P 88 Champion zeigt eine vorbildliche Charakteristik. Der Triggerstop läßt sich nur von innen einstellen, und durch die Änderung der Abzugfeder ist eine Reduzierung des Abzugwiderstandes bis zu 1100 Gramm möglich. Durch das Auswechseln der Abzugstange erhält der Sportschütze einen DA-Abzug. Um diese hohe Qualität zu erreichen, blieb die Innensicherung auf der Strecke. Die manuelle, beidseitige Hebelbedienung reicht jedoch für den Normalverbraucher aus, was auch auf den Abstand zwischen Abzug und Griffrücken von 68 Millimetern zutrifft. Eine Entspannvorrichtung für den sportlichen Bereich ist überflüssig und fiel deshalb weg. Charakteristisch für die Champion ist der 46 Gramm schwere Gewichts-Dummy aus Aluminium, aufschraubbar auf den sechs Zoll langen Lauf mit polygonähnlichem Profil. Neben dem Sechs-Zöller können alternativ Vier- und Fünf-Zoll-Varianten problemlos eingesetzt werden. Zum weiteren Zubehör zählt ein Wechsellauf mit Kompensator, 4-Zoll-Rohr ohne Laufgewicht und ein .22 l.r.-Wechselsystem.

Competition steht in der englischen Sprache für Wettkampf oder Wettbewerb, aber auch für

P 88 Competition mit Fünf-Zoll-Lauf. *(Stoll GmbH)*

P 88 Competition mit Fünf-Zoll-Lauf und Kompensator. (Stoll GmbH)

Daten P 88 Compact	
Herstellung	ab 1992
Kaliber	9 mm Parabellum
System	Rückstoßlader
Verriegelung	Browning
Gewicht, leer	822 g
Gewicht, voll	998 g
Länge	181 mm
Höhe	134 mm
Breite	33 mm
Lauflänge	99,8 mm
Visierlänge	139 mm
Züge	6, Rechtsdrall
Kornbreite	3,5 mm
Kimmenbreite	3,9 mm
Magazinkapazität	14 Patronen
Abzugprinzip	SA/DA
Abzugwiderstand	SA: 26,9 N, DA: 49,7 N
Material, Verschluß	Stahl
Material, Griffstück	Leichtmetall
V_0	340 m/s
E_0	541 Joule

P 88 Champion mit Vier-Zoll-Lauf. (Stoll GmbH)

Artenvielfalt: die sechszöllige P 88 Champion und die brünierte P 88 Competition mit Vier-Zoll-Lauf. *(Stoll GmbH)*

Konkurrenz. Die potentielle Käufergruppe dieser Ausführung findet sich bei der wachsenden Schützenzahl in den neuen Disziplinen des Bayerischen Sportschützenbundes, im DSB, wie zum Beispiel »Großkaliber-Kombinationswettbewerb« oder »Großkaliber-Sportpistole«, aber auch beim BDS. Das Grundkonzept der P 88 Competition entspricht dem der P 88 Compact, wobei die Modifizierungen beim Abzug- und Sicherungssystem sowie bei der Laufgestaltung ansetzen. Der Vorweg des Abzugs beträgt drei Millimeter, und das Abzuggewicht läßt sich durch eine einfache Änderung der Federwerte von 1360 g oder 1000 g einstellen. Ermöglicht wird das durch den Verzicht der unnötigen DA-Funktion, der Eingriffreduzierung der Hahn-Spannrast und der Aktualisierung der Sicherungen. Hierbei erfolgte eine Optimierung der Schlagbolzenrückführung, wobei anstelle einer langen Feder sich jetzt zwei kurze in der Wirkungsweise ablösen. Eine übernimmt die Rückholfunktion. Die andere sorgt dafür, daß bei leerem Abschlagen die Schlagbolzenspitze nicht zu weit heraustritt. Eine Lauf-Auswahl sorgt für eine adäquate Verwendung der Waffe. Der im Kaltfließ-Preßverfahren hergestellte 100 mm-Normal-Lauf besitzt konventionelle Züge und Felder, und ein alternativer Fünf-Zoll-Polygonlauf trägt zusätzlich ein Laufgewicht oder einen Kompensator.

Übung

Ein .22 l.r.-Gerät zu Übungszwecken fehlte noch in der P 88-Sammlung. Ende 1995 brachte Walther den entsprechenden Wechselsatz heraus. Die Schwierigkeiten, die bei allen reinen Wechselsystemen auftreten, lösten Peter Römer und seine Crew recht elegant. Komponenten wie das Laufwiderlager, der Laufhaltehebel und die Verschlußführung des als Basis dienenden konventionellen Griffstücks bezog der Konstrukteur in die Funktion des Wechselsatzes mit ein. Der Lauf besteht aus einem Mantel, in dem das eigentliche Rohr eingeklebt und verstiftet ist.

Daten P 88 Wechselsatz	
Herstellung	1995
Kaliber	.22 l.r.
Visierlänge	191 mm
Gewicht, Wechselsatz	565 g
Gewicht, Magazin	76 g
Länge, komplett	230 mm
Lauflänge	150 mm
Züge, Durchmesser	Feld: Ø 5,48 mm, Zug: Ø 5,64 mm
Drall	rechts

Komplett-Set: das Wechselsystem im Kaliber .22 l.r. zur P 88.
(M. Kersten)

Sportausführung: P 88 mit Wechselsystem im Kaliber .22 l.r. (M. Kersten Abb. rechte Seite)

Herausragendes Merkmal der PP 90 ist der überdimensionale Schwenkriegel.

(M. Kersten)

UNBEKANNT: DIE PP 90

Nach der P 88 mit ihren Varianten schien Walther eine Pause einzulegen – so zumindest für den außenstehenden Beobachter. Doch hinter den verschlossenen Türen der Entwicklungsbüros in Ulm ging die Arbeit unvermindert weiter. Walter Ludwig brachte eine neue Idee zu Papier, und später führte diese Arbeit zu einem Realstück. Die neue Ganzstahlpistole erhielt die Bezeichnung »PP 90«, hatte aber mit der konventionellen PP bis auf eine entfernte Ähnlichkeit des Verschlußstücks nichts gemein. Das belegen die technischen Aspekte dieser Konstruktion, die mit einigen bekannten Attributen aufwarteten.

Im vorderen Bereich des Abzugbügels sitzt ein Zerlegeschieber, der durch Herunterziehen die Verschlußstückarretierung löst. Nun kann der Schlitten etwa fünf Millimeter nach vorne geschoben und abgehoben werden, ganz wie bei den Pistolen VP 70, HK 4 und P 9 S aus dem Hause Heckler & Koch. Nach Abheben des Schlittens wundert sich der Waffenfreund über den überaus groß dimensionierten Schwenkriegel. Ein kurzes Vorschieben der Einheit reicht aus,

Mit der PP 90 baute Walther eine Ganzstahl-Neun-Para-Pistole im Design der klassischen PP, leider aber marktpolitisch zu spät. (M. Kersten)

den Lauf samt Rückholfeder und Schwenkriegel zu entnehmen. Inmitten des Riegels liegt ein weiteres Teil, das sich unten mit einer Ausnehmung an der Achse des Kammerfanghebels abstützt. Oben ist es ringförmig ausgebildet und umschließt den Lauf hinter der Schließfeder. So ist eine zusätzliche Pufferung gewährleistet. Anstelle der ansonsten gebräuchlichen Entspannsicherung legt eine einfache, doppelseitig installierte Flügelsicherung den Hahn im gespannten Zustand fest. Ist die Waffe entspannt und der Flügel nach unten gedreht, befindet sich der Abzug im Leerlauf.

Vor der Sicherung sind fünfundzwanzig schräge Spannrillen für den sicheren Halt beim Zurückziehen des Verschlußstücks eingefräst. Zwischen den Dreipunkt-Visierkomponenten liegt eine 8,5 Millimeter breite Schiene, die bei dem Muster allerdings in glatter Ausführung gehalten ist. Der große Abzugbügel läßt auch eine Verwendung mit Handschuhen zu, und ein Triggerstop bremst den Durchfall des Abzugs. Der Griff des Musterstücks ist lediglich mit zwei provisorischen, glatten Nußbaumgriffschalen bestückt. Das vierzehn Patronen fassende Magazin stammt von der P 88 Compact und wird durch einen beidseitigen Knopf gehalten.

WALTHER
NAME
Hammer Less Pistol
WALTHER
P 99
WALTHER

Ahnengalerie: Oben das noch namenlose Handmuster aus Holz, darunter das V-Modell 1615 mit der ursprünglich anvisierten Modellbezeichnung »Hammer-Less-Pistol«. Das Versuchsmodell 1644 schließt diese Reihe ab, daneben diverse Musterstücke aus Kunststoff und Metall zur Einrichtung der Spritz- und CNC-Maschinen.
(Kupsch)

DIE P 99

Nach der P 88 ging im Oktober 1996 die P 99 in Serie, womit ein Hinweis auf das Entwicklungsjahr mit der Modellziffer nicht mehr einherging. Hätte die Firma in dieser Hinsicht die Modellbezeichnung aus der Taufe gehoben, müßte sie konsequenterweise »P 94« lauten. Denn am 4. Januar 1994 begann die technische Leitung des Bereichs Feuerwaffen mit der Arbeit. Der Arbeitstitel lautete »HLP« – für »Hammerless Pistol« –, und auch dieses Kürzel wäre eine gute Bezeichnung gewesen. Bereits auf der IWA '95 bestand für einige Vertreter und Behörden-Fachpersonal die Möglichkeit einer ersten Inspektion.

Eine der innovativsten Neuerungen, Entspanntaste im Verschlußstück.
(M. Kersten)

Die neue Schließfederform kommt bei gleicher Leistung mit weniger Platz aus.
(M. Kersten)

Offiziell stellte die Fachzeitschrift »Visier« in ihrer Märzausgabe 1996 erstmals die neue Pistole ausführlich vor. Bis zum Juli 1996 entstanden etwa 50 Versuchswaffen. Ihnen folgte im August eine Kleinserie, die exakt nach 200 Exemplaren endete. Diese Waffen liegen, der permanenten Weiterführung des V-Nummernsektors zufolge, im Bereich V 1631 bis V 1860. Nach dem Kaliber 9 mm Parabellum werden Anfang 1997 die Variante .40 S&W und anschließend andere Pistolenkaliber folgen.

Die P 99 ist eine totale Neuentwicklung, also weder eine Adaption bekannter Pistolen, noch die Aufarbeitung etablierter Konzeptionen aus dem Hause Walther. Dem Ulmer Konstruktionsteam gelang es, zeitgemäße Ansprüche nach preiswerten Fertigungsmethoden mit für Walther-Pistolen gänzlich neuen Komponenten zu erfüllen. Mit der P 99 zieht auch das Kunststoffzeitalter in Form eines Polymergriffstücks bei der Ulmer Waffenfabrik ein. An besonders exponierten Stellen liefern Zumischungen von Karbonfasern oder Glasperlen – der Gleitfähigkeit wegen – dem Kunststoff Hilfestellungen. Als Nebeneffekt bringt die Waffe mit leerem Magazin lediglich 700 Gramm auf die Waage.

Daten P 99	
Kaliber	9 mm Parabellum
Gesamtlänge	180 mm
Gesamthöhe	135 mm
Gesamtbreite	29 mm
Lauflänge	102 mm
Visierlinie	158,5 mm
Kimmenausschnitt	4,3 mm
Korn	4,0 mm (austauschbar)
Gewicht, leer	700 g
Abzugwiderstand	SA: 2000 g, DA: 3500 g
Abzugweg	SA: 5 mm, DA: 14 mm
Abstand Griffrücken-Abzug	66/75 mm
Material, Griffstück	Polymer
Material, Verschlußstück	Stahl

Die Führungen für das Verschlußstück bestehen dagegen aus Metall und sind der Stabilität wegen bügelförmig ausgebildet und fest in den Kunststoff eingegossen. Eigentlich lassen sich Polymergriffstücke, die ja aus einem Guß gefertigt werden, nachträglich nur noch schwer verändern. Nicht so beim Griffstück der P 99. Der Griffrücken läßt sich herausnehmen und durch größere Zubehörteile aus Neopren oder Holz austauschen. In den stabilen, mit Mulden, Rillen und Noppen versehenen Griff paßt ein zweireihiges Magazin für sechzehn Patronen – und das alles bei einer Gesamtbreite von knapp drei Zentimetern.

Apropos Rillen: Vorn am Griffstück sorgen zwei Nuten für die Aufnahmemöglichkeit eines Lasermoduls, welches heute schon zum internationalen Standard bei Pistolen für den militärisch/behördlichen Bereich gehört, nur eben in der Heimat der P 99 noch als absolut verboten gilt. Ein weiterer Vorteil sorgte bereits bei den Sportmodellen von Walther vor etlichen Jahren für Aufsehen: Die Abzugkomponenten sind in Modulbauweise zusammengefaßt. Links und rechts am Abzugbügel sitzt der Magazinhalter, der nun nicht mehr mit dem Daumen, sondern mit dem Zeigefinger zu bedienen ist. Linksschützen wissen es längst: Mit dem Zeigefinger läßt sich viel vorteilhafter operieren. Die Waffe bleibt auch bei kurzem Daumen immer in Schußrichtung, und der Zeigefinger ist weit weg vom Abzug, wo er bei diesem Manöver ohnehin nichts zu suchen hat.

Das 350 Gramm schwere Verschlußstück wurde aus dem vollen Stahlstück gefräst. Optisch ansprechend ist die äußere Trapezform, wobei vollkommen ausreichend nur die beiden geraden Seitenflächen die schräggestellten Spannrillen tragen. Hinten schließt ein Kunststoffeinsatz das Verschlußstück ab. In einer tiefen Mulde ist der beim Spannvorgang hervortretende Signalstift nicht nur fühlbar, sondern auch außergewöhnlich gut sichtbar gelagert. Das ermöglicht ein Leuchtpunkt, der selbst bei Dämmerung noch optisch Signalwirkung zeigt. Die U-förmig weiß ausgelegte Kimme ist einstell- und auswechselbar.

Neu und ungewöhnlich ist die großflächige Drucktaste in ihrer eckigen Aussparung auf der linken Schlittenseite über den Spannrillen. Sie stellt die konsequente Weiterentwicklung des etablierten Entspannhebels dar, deren Eindrücken innen einen Hebel zur Seite schwenkt. Der Schlagbolzen löst sich, wird aber sicher an einer Nase abgefangen. Beim Oberflächenschutz ist Tenipherierung das neue Zauberwort, was heute dem Stahl nicht nur eine außerordentlich gute Rostresistenz, sondern auch ein gepflegtes Äußeres verleiht. Walther entwickelte diesen Schutz dank nachträglicher Politur zu einer Qualität, die sich optisch kaum noch von einer Brünierung unterscheidet.

Aber nicht die Äußerlichkeiten, sondern Funktion und technische Aspekte entscheiden über den Verkaufserfolg. Das Schlagbolzenschloß der P 99 kommt mit nur wenigen Teilen aus und ermöglicht dank seiner inneren Werte eine sehr schnelle Schußauslösung. So schiebt zum Beispiel bei Double-Action-Gebrauch ein krallenähnlicher Fortsatz der Abzugstange den Schlagbolzen symmetrisch nach hinten. Nach nur 9,5 Millimetern ist diese Rückwärtsbewegung beendet. Über eine Rundung geht die Abzugstange nach unten, wobei der Bolzen nach vorn schnellt. Dieser äußerst geringe Schlagbolzenweg bringt eine neue Bedien- und Vorspannmöglichkeit mit sich: Wenn man mit dem Daumen von hinten die obere Wölbung des Griffs und mit den restlichen Fingern oben das Verschlußstück umfaßt, läßt sich die Pistole mit einer Hand durch eine kurze Rückzugbewegung vorspannen. Weiterhin läßt sich die Waffe durch einen kurzen Druck im Spezialholster spannen. Die P 99 bleibt nach dem herkömmlichen Durchladen übrigens genauso gespannt wie jede andere Waffe. Der Abzug läßt das jedoch nicht erkennen; er bleibt in seiner vorderen Position und bietet so dem Schützen eine Art Vorwarnspanne bis zum Auslösepunkt.

9 mm
MADE IN GERMANY
V1644
WALTHER

Verschlußsache: Auch hier grüßt John Moses Browning, allerdings in einer modernen Version. (M. Kersten)

Gab der Waffe ihren Namen: Big Bore, die große Bohrung. (M. Kersten)

WALTHERS BIG BORE

Neben der P 99 arbeitete Walther an einer Projektstudie. Als Basis diente die klassische Government, die für sportliche Anwendungen maximiert und vielleicht später einmal in den Kalibern 9 mm Parabellum und .45 ACP angeboten werden sollte. Eine Waffe im amerikanischen »Standardkaliber« wäre nicht ohne Reiz, wäre es doch nach der Konstruktion der MP/F aus den späten 30er Jahren die erste Walther-Waffe in diesem Kaliber. Vorläufig bleibt es allerdings beim Studiengang, da der Sportmarkt gerade mit diesem Waffentyp überschwemmt ist und so ein geschäftlicher Erfolg in Frage gestellt wäre. Die Modellbezeichnung »Big Bore« sollte schließlich »große Bohrung« – nach dem Durchmesser des Laufs – und nicht, wie es eine weitere Übersetzung zulassen würde, »großer Langweiler« bedeuten.

Mit der Big Bore baute Walther die klassische Colt Government in einer Sportversion nach. *(M. Kersten)*

SIGNAL- UND SCHRECKSCHUSS-PISTOLEN

WALTHER

SIGNALE

Anfang der 20er Jahre befaßte sich Fritz Walther auch mit Signalpistolen. Am 22. Dezember 1926 erhielt er auf diesem Sektor für seine erste Entwicklung ein Patent mit der Nummer 506 011. Selbst heute noch hält die internationale Fachwelt den Entwurf dieser Leucht- und Signalpistole für einen der besten, der je ein Konstruktionsbüro verließ. Viele Waffenfabriken im In- und Ausland kopierten in der Folgezeit das Walther-Gerät.

Die Konstruktion der Leuchtpistole war beeindruckend. Kein Wunder, daß dieses Gerät im Laufe der Zeit immer wieder kopiert wurde. (Service K)

Die Signalpistole bestach durch ihre Formgebung und Technik. Die wenigen Einzelteile machten ein leichtes Zerlegen und Zusammensetzen möglich, da nur eine Schraube die Griffschalen fixierte und sich die restlichen Teile gegenseitig hielten. Bei unverriegeltem Lauf ließ sich der Abzug nicht bedienen, und auch ein unabsichtlicher Schlag auf den Hammer machte dem Gerät nichts aus, da sich der Hammer im ungespannten Zustand in einer festen Position befand. Fritz Walther konnte so auf eine manuelle Sicherung verzichten. Der Kipplaufverschluß öffnete sich durch einfaches Abwärtsführen des gleichzeitig als Abzugbügel dienenden Verschlußhebels.

Als Zusatzgerät bot Walther eine »Baumschraube« an, eine Spannklaue mit Schraube für die Befestigung in einem Baumstamm. Diese Einrichtung sollte die Abgabe von Signalen exakt in eine Richtung ermöglichen. Ob sich dieses bis zum Jahr 1936 gelieferte Teil bewährte, ist nicht bekannt.

Die Lauflänge der 36 mm breiten und 160 mm langen Pistole betrug zunächst 232 mm, später auch 155 mm. Speziell für die Polizei folgte 1932 eine Ausführung mit einem 100 mm langen Lauf als »Gaspistole«. Die Einzelteile der Signalpistole entsprachen den Walther-Qualitätsnormen, bestanden aus Stahl und entstanden in lehrenhaltiger Fertigung. 1425 Gramm wog die Signal- und 1235 Gramm die Gaspistole. 1934 kam als Leichtmetallversion das Modell »Heer« im Kaliber 4 (26,5 mm) mit einer beachtlichen Gewichtsverminderung heraus. Mit seinem 155 mm langen Lauf wog das Gerät nur noch 720 Gramm. Die Signalpistolen fanden vorwiegend bei der Reichswehr, ausländischen Armeen, der Polizei, im Zolldienst, bei der Küstenwacht, im Flug- und Eisenbahndienst und bei Rettungsexpeditionen im Hochgebirge Verwendung. Durch die Steighöhe der Raketen von bis zu 50 Metern blieben die Not- oder Alarmsignale lange Zeit und weithin sichtbar. Als alternatives Material verwandten die Hersteller zu einem späteren Zeitpunkt Zinkguß.

Zubehör

Daten	*Spannklaue*	*Baumschraube*
Länge	*125 mm*	*220 mm*
Breite	*36 mm*	*120 mm*
Höhe	*70 mm*	*115 mm*
Gewicht	*550 g*	*900 g*

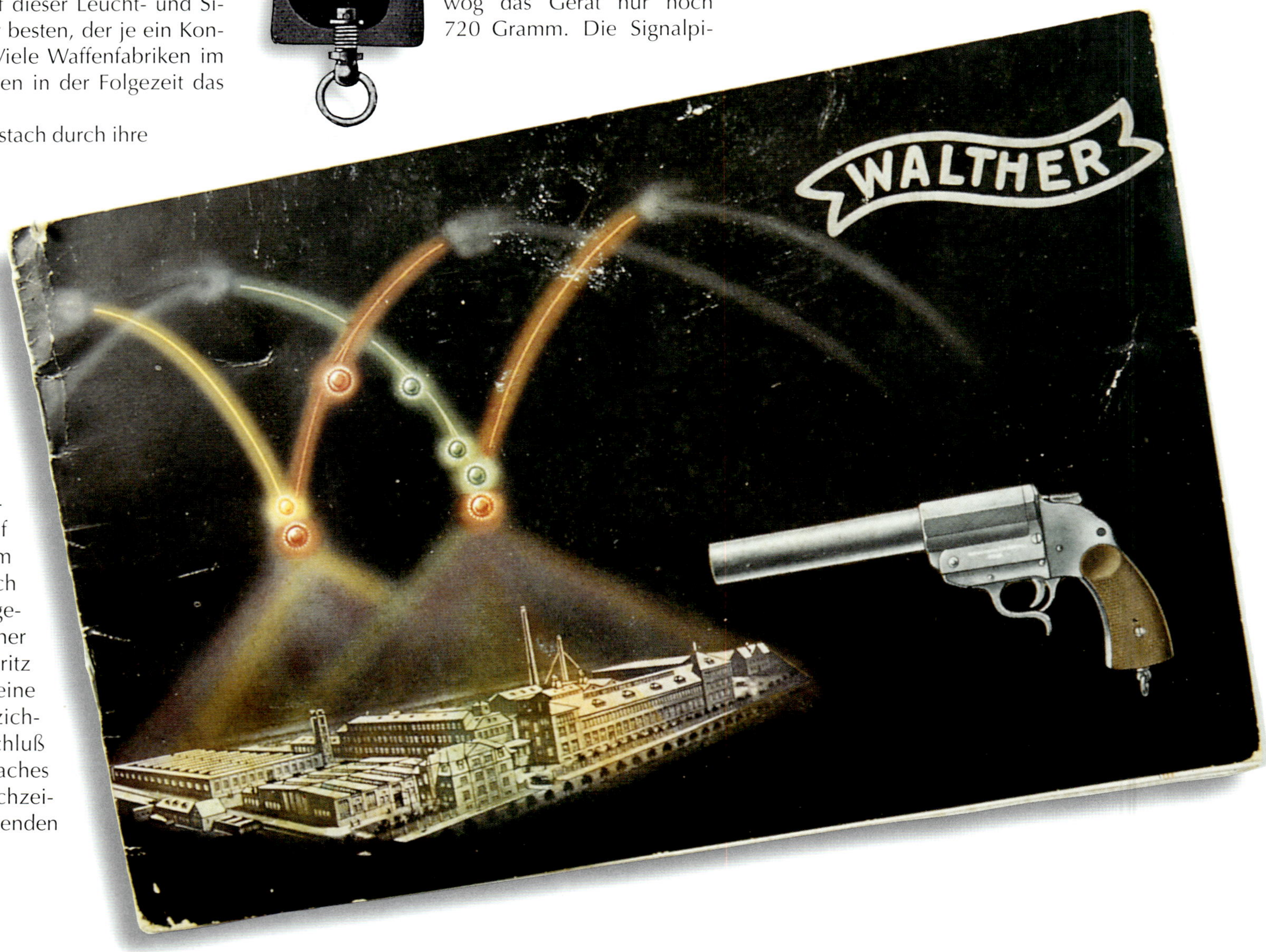

Mitte der zwanziger Jahre baute das Unternehmen die ersten Leuchtpistolen. Einfallsreich war auch das Titelbild der Bedienungsanleitung: Leuchtkörper erhellen die Fabrik in Zella-Mehlis und bilden dabei ein »W« für Walther. (M. Kersten)

Die mit einem 155 mm langen Lauf ausgestattete Signalpistole bestand zunächst aus Stahl. (M. Kersten)

Bereits ab 1934 kam die Signalpistole in Leichtmetallausführung auf den Markt. Durch den Alterungsprozeß bildeten sich durch die Zusammensetzung der für die Oberflächenbeschichtung verwendeten Lacke und Eloxierungen farbenfreudige Geräte. (M. Kersten)

STERNSIGNAL-PISTOLEN

Die Heerespistolen reichten für den materialfressenden Einsatz in der Kriegsmarine nicht aus. Also baute Walther eigens für diesen speziellen Bereich die einläufige SL und die SLD mit Doppelrohr aus rostfreiem Edelstahl. Auch zur Schloßmechanik bestanden seitens der Marine detaillierte Forderungen. So mußte selbst der völlig erschöpfte Überlebende eines Schiffbruchs noch in der Lage sein, die Waffe – zumindest theoretisch – mit einer Hand abzufeuern. Der Rückstoß beim Abfeuern war gewaltig, und so konnte die zweite Hand das Gerät am hölzernen Vorderschaft halten. Als sinnreiches Detail saß vorne am Schaft ein Ansatz. Dadurch wußte der Benutzer in der Dunkelheit sofort, wo die gefährliche Region der Mündung begann. Und auch als Widerhaken, zum Beispiel beim Anlegen auf der Reeling, war diese Idee sehr willkommen. Mit dem Auflegen des Geräts hatte es seine besondere Bewandtnis, schließlich brachte die SL 1,8 Kilogramm und die Doppelläufige satte 2,7 Kilogramm auf die Waage. Allerdings spielte das Gewicht nur eine untergeordnete Rolle, denn auf einem Schiff mußte keiner das Gerät weit tragen.

Der geringe Abzugwiderstand der SL lag bei 30 Ponds und bei der SLD sogar bei nur 26 Ponds. Nur bei gleichzeitiger Verwendung beider Läufe standen 45 Ponds an. Hinten am Stoßboden saß ein Ladeanzeiger, der gerade bei diesen Geräten Sinn machte; in den rabenschwarzen Nächten auf See blieb oft nur das Ertasten des Ladezustands übrig. Bei der SLD kam noch ein Wählschalter mit drei Stellungen hinzu: »r« für rechts, »l« für links und mittig für »Doppelschuß«. Und diesen Begriff schlugen die Walther-Arbeiter auch in seiner gesamten Länge in die hintere Rundung des Geräts ein. Auf der linken Seite befand sich ein großdimensionierter Sicherungsflügel.

Einigen Geschichten zufolge funktionierten Fundstücke aus versenkten U-Booten selbst noch nach mehreren Jahrzehnten einwandfrei. Etwas fragwürdig ist das schon, wenn man an die Anhäufung von Einzelteilen und die damit verbundene Mechanik denkt. 57 Teile bei der SL und 78 bei der SLD, das war außergewöhnlich viel für eine Signalwaffe. Kompakt und mit einer dichten Abdeckplatte versehen, saßen sie im hinteren Teil der Pistole. Und eine Abdichtung war wichtig, denn nicht alle Teile – wie zum Beispiel einige Schraubenfedern – bestanden aus Edelstahl. Die Laufverriegelung, der Auswerferzahn und der Auswerferstift stammten vom Modell Heer, und das gilt bei der SLD auch für den Verschlußhebel, die Riegelstange, den Gelenkbolzen und die beiden Federhülsen.

Wahrscheinlich 1936 gingen die ersten fertigen Stücke an die Marine. Damit lagen konstruktiv wirklich fertige Geräte vor, denn bis zur Einstellung der Produktion im Jahre 1944 wurde kein Deut mehr daran geändert – von einigen Stempelungen und unbedeutenden Stiftkürzungen einmal abgesehen. Allerdings konnte Walther in der heißen Phase der Rüstungsproduktion zwischen 1942 und 1945 die Fertigung der Sternsignal-Pistolen selbst nicht aufrecht er-

Leichtmetall-Version der Sternsignal-Pistole aus der Bell-Fertigung. (M. Kersten)

Zeichen & Beschriftungen:
Vor dem Zweiten Weltkrieg war es üblich, bei nahezu allen Waffen auf jedem Einzelteil einige Endzahlen der Seriennummer einzuschlagen. Nicht so bei den Sternsignal-Pistolen: Die Numerierung blieb auf das Griffstück, den Lauf, die Abdeckplatte und den Verschlußdeckel beschränkt. Dafür fand sich hier aber die komplette Nummer wieder. Der Kriegsmarine-Abnahmestempel bei frühen Fertigungen ist direkt unter dem Walther-Banner zu finden. Eine neue Ausführung des Stempels wanderte ab 1938 nach hinten, unterhalb der Halteschraube. Als Beschußstempel kommen bei der SL und SLD für den Zeitraum 1936 bis 1939 ausschließlich die Einschläge »U und B unter Krone« vor. Nach einer Änderung der Beschußvorschriften ab April 1940 folgte der Zella-Mehlis-Stempel »kopfstehendes Herz unter Adler«. Während diese Zeichen größtenteils auf der linken Waffenseite standen, stehen rechts weitere Einschläge: Neben »U und B unter Krone« kommt ein entsprechendes Zeichen mit »S« hinzu, ein Prüfzeichen für einen glatten Lauf/Schrotbeschuß. Eine »4 im Kreis« weist das Kaliber aus, und der »Wagenrad-Stempel« stellt das Kriegs-Code-Zeichen der Firma Heym dar. Ab 1. April 1940 durften nur noch Codierungen der Herstellerfirma nebst den letzten beiden Zahlen des Fertigungsjahres angebracht werden. Signalpistolen mit der Bezeichnung »ac 40« gibt es dabei nicht, denn diese Art der Kennung begann erst 1941. Interessant ist bei einigen Pistolen die Verwendung der Buchstaben »N« und »O«, gefolgt von einer Inventarnummer auf dem Griffrückenrahmen. Die Buchstaben stehen für Nord- und Ostsee.

Daten	SL	SLD	SLD Alu	SLD Alu/BW
Herstellung	1936(?)–1944	1936(?)–1943	1943/44	1964–1968
Kaliber	4 (26,65 mm)	4	4	4
System	Double Action	Double Action	Double Action	Double Action
Läufe	1	2	2	2
Sicherung	Hebel	Hebel	Hebel	Hebel
Leergewicht	1,81 kg	2,65 kg	1,38 kg	1,41 kg
Länge	430 mm	340 mm	340 mm	352 mm
Höhe	175 mm	175 mm	175 mm	175 mm
Breite	45 mm	80 mm	80 mm	69 mm
Lauflänge	230 mm	230 mm	230 mm	230 mm
Material	Edelstahl	Edelstahl	Aluminium	Aluminium
Einzelteile	57	78	78	unbekannt
Griffschalen	Holz	Holz	Holz	Holz
Finish	–	–	schwarz eloxiert	schwarz lackiert

Doppellauf-Sternsignal-Pistole »ac 42«. (M. Kersten)

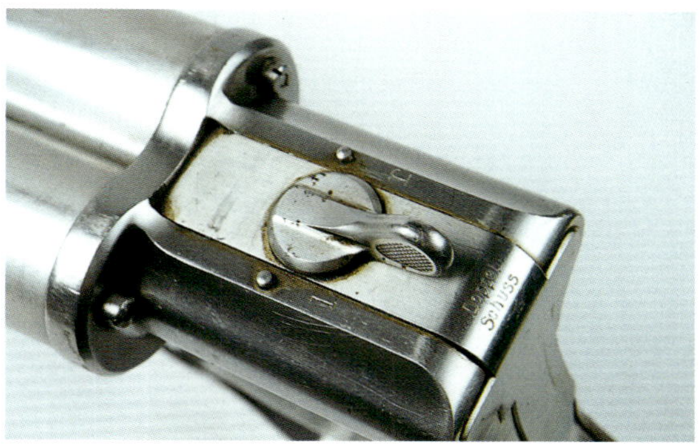

Wahlhebel: einstellbar ist der Einzelschuß, entweder links oder rechts oder der Doppelschuß. (M. Kersten)

halten. Deshalb übernahm die Firma Friedrich Wilhelm Heym in Suhl einen Großteil der Arbeit. Im zugehörigen Römerwerk entstanden etwa 90 Prozent der Läufe auf einer eigens dazu entwickelten Maschine. Vorbohren, bohren, reiben und honen: Diese Fertigungsgänge mußten dort zwei belgische Fremdarbeiter in Früh- und Spätschicht absolvieren. Zum Beschuß gingen die fertigen Läufe dann dienstags und donnerstags auf den hauseigenen Schießstand im Rimbachtal.

Vor dem Zweiten Weltkrieg verließen etwa 1200 SLD das Werk, und 1940 kamen zwei Serien zu je 800 Stück dazu. Weitere 1200 Stück folgten in den Jahren 1942 bis 1944, macht zusammen etwa 4 000 Exemplare. Noch geringer ist die Stückzahl der einläufigen SL: In der Vorkriegszeit erreichten ebenfalls 1200 Exemplare die Besteller. 400 im Jahre 1940, 800 im Jahre 1941, gefolgt von 200 Stück 1942 und schließlich 300 im Jahre 1943, also insgesamt etwa 3100 Stück. Davon sind relativ wenige erhalten geblieben – oder aber ein beträchtliches Kontingent lagert noch immer unerkannt in einem verstaubten Arsenal. Bis 1984 konnten nämlich lediglich 50 SLD und 40 SL lokalisiert werden.

Bereits 1940 hatten sich allgemein Signalpistolen aus Leichtmetall derart durchgesetzt, daß eine Nachfrage der Stahlmodelle aus Kosten- und Gewichtsgründen kaum noch bestand. Das nahm im Jahre 1943 Walther zum Anlaß, die SLD ebenfalls aus diesem Material herzustellen. Produktionskapazitäten in Zella-Mehlis standen allerdings nicht mehr zur Verfügung, und so ging die Fertigung zur »Liefergemeinschaft Westthüringische Werkzeug- und Metallwarenfabriken GmbH« – Code »eeu« – ins nahegelegene Schmalkalden. Die Anwendung von Leichtmetall beschränkte sich nur auf die großen Teile wie Rahmen und Lauf. In Schmalkalden entstanden bis 1944 etwa 6 500 dieser Geräte. Neben der »Liefergemeinschaft« baute offenbar auch die Firma »F. W. Heym, Suhl« vor 1940 einige wenige Geräte. Möglicherweise entstanden diese seltenen Stücke als Kleinserie oder aber als Muster für die Schmalkaldener Fertigung.

Die Rohstoffknappheit und Sparmaßnahmen der Kriegsjahre machten auch vor den Signalpistolen nicht halt. Ab 1942 saß in der linken Stoßbodenseite des Griffstücks ein gefederter Ladeanzeiger, und Blechteile ersetzten die bisherigen Materialien. Walther fertigte nur drei SLD-Muster gänzlich aus Blech. Eines der Exemplare gelangte später zum »Aberdeen Proving Ground« nach Aberdeen/Maryland, die beiden anderen wanderten in Privatsammlungen. Materialbedingt blieben Zugeständnisse an die Mechanik nicht aus. So verschwand der großdimensionierte Verschlußhebel über dem Abzugbügel. An seine Stelle trat ein Kippflügel auf der linken Rahmenseite. Auf einen Vorderschaft und Ladeanzeiger verzichtete Walther ebenfalls.

Die bereits erwähnte Geschichte der SLD-Fertigung bei Heym ist mit den wenigen Stücken aus den Jahren vor 1940 keineswegs beendet. Im Zeitraum von 1964 bis 1965 entstanden 685, gefolgt 1966/67 von 633 und schließlich 1968 nochmals 120 Exemplaren. Diese rund 1500 Stück gingen an die Marine und Luftwaffe der westdeutschen Bundeswehr. Damals hielt das Verteidigungsministerium wohl den Vorderschaft für unnötig, und so fiel er fort. Auch beim Oberflächenfinish trat der Rotstift in Aktion, denn anstelle einer Eloxierung verwandte Heym einen simplen, leicht abblätternden Lack. Vermutlich sind diese Stücke immer noch im Gebrauch oder aber lagern in irgendeiner Waffenkammer.

***Prospekt:** 1932 warb Walther mit diesem Faltblatt für eine neue Erfindung: die Gas-Alarm-Pistole als zuverlässiger Begleiter.* (M. Kersten)

KLEIN-SIGNALE

Die Startpistole

Neben den Großpistolen im Kaliber 4 differenzierte Walther anfänglich kaum zwischen Geräten für den sportlichen Knall beim Start oder den Drohgebärden bzw. der Abwehr von potentiellen Angreifern. So bot die Firma im Sommer 1932 ihre »Startpistole« auch als »Alarm-Gas-Pistole« an. Sie war das erste Gerät einer neuen Kategorie von Walther-Waffen und für die »6 mm Randfeuer-Platzpatrone lang, gebördelt« eingerichtet.

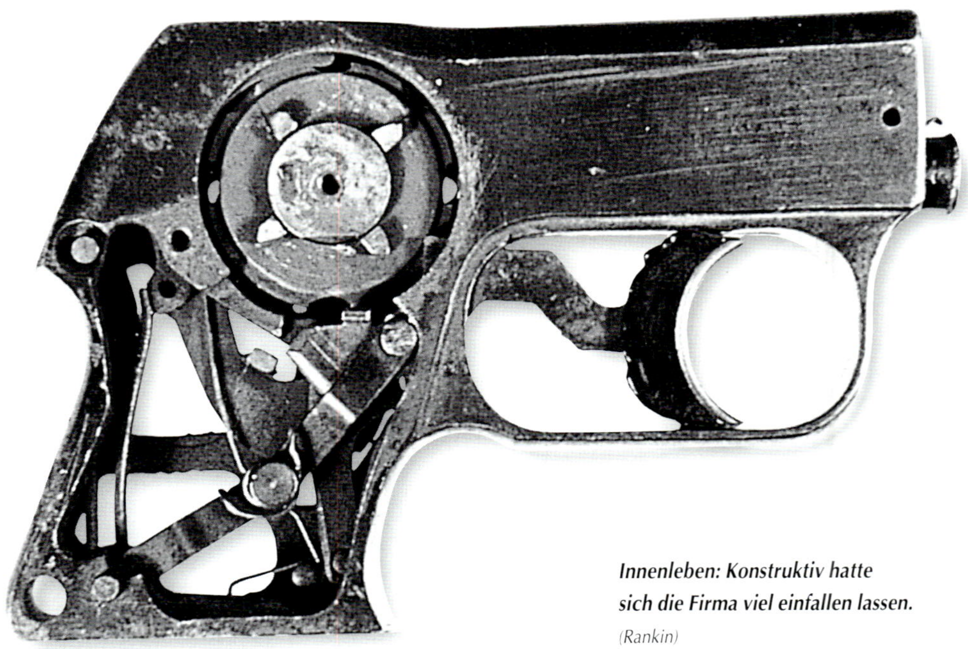

***Innenleben:** Konstruktiv hatte sich die Firma viel einfallen lassen.* (Rankin)

Walthers erste Gas-, Start- und Alarmpistole.
(M. Kersten)

Eine interessante Technik zeichnet dieses kleine Ding aus: Sechs Patronen gelangen nach dem Einschub mit einem Röhrenmagazin unterhalb des Laufs in eine Trommel. Wenn jetzt der unterhalb der Trommel liegende Hahn eine Patrone zündet, wird eine zuvor abgeschossene leere Hülse durch eine kreisförmige Öffnung an der Oberseite ausgeworfen. Zur gleichen Zeit drückt die Zubringerfeder des Magazins eine neue Patrone in die Ausnehmung der Trommel. Jedesmal entweicht Gas durch ein Loch vor der Auswerferöffnung und aus der Mündung. Wenn alle Patronen verbraucht sind, tritt der Kopf des Patronenzubringers in das ihm gegenüberstehende Lager der Trommel ein und verhindert so ein Weiterdrehen. Gleichzeitig ist der gesamte Mechanismus gesperrt. Am 29. August 1932 erhielt die Firma für diese Erfindung ein Patent mit der Nummer 557 876.

UP 1 und UP 2

Am 20. Januar 1955 ging eine Anmeldung von Fritz Walther – damals noch von Niederstotzingen in der Gartenstraße aus – über den Patentanwalt Dipl.-Ing. Prosper Landschütz an das Patentamt. Inhalt: eine Gas- und Schreckschußpistole. Diese Geräte wurden und werden oft belächelt, und das ganz zu unrecht. Von der konstruktiven Seite her unterscheiden sie sich nicht von den Ansprüchen scharfer Waffen. Das belegt auch eindringlich das unter der Nummer 1 013 200 am 9. Januar 1958 erteilte Patent. Die Erfindung bezieht sich auf Pistolen für Platzpatronen, die auch zum Verschießen von Zusatzpatronen mit Gas- oder Leuchtsätzen dienen und mehrschüssig eingerichtet sind.

Mit der UP 1 und UP 2 setzte Walther ab 1955 den bereits in Zella-Mehlis aufgenommenen Nebenzweig der Waffenfertigung fort. (M. Kersten)

Die Waffen besitzen einen langen, nach vorn gerichteten Gaskanal in Form eines Laufs und einen Magazintunnel, in dem ein mit Patronenlagern versehenes Stabmagazin schrittweise vor jedem Schuß weitergeschoben wird. Mit einem einfachen Spannabzug wird der Schlaghahn gespannt und das Magazin transportiert. Der zum Einsetzen von Zusatzpatronen oder -hülsen mit verschiedenen Füllungen für Rauch-, Gasentwicklung oder mit Leuchtsätzen dienende Gaskanal ist bei den bekannten Pistolen nur für bestimmte Durchmesser und Formen dieser Zusatzpatronen geeignet, so daß nicht beliebige, auf dem Markt befindliche Patronen verwendet werden können.

Vom langjährigen Walther-Mitarbeiter und Konstrukteur Fritz Barhelmes stammte das »Record Mod. A«, das in die Ulmer Fertigung einging. (M. Kersten)

Klein-Signale, Modell SP: Am 10. August 1972 erhielt Walther ein Patent mit der Nummer 1 553 924 für eine kleine Signalpistole. Diese Walther SP – für Signal-Pistole – ging nie in Fertigung, und so existieren nur einige Muster. Die doppelläufigen Signalpistolen besitzen einen schwenkbaren Schlagbolzen, der mit einem Umschalthebel zu bedienen ist. Er schwenkt aus der mittleren Sicherungsstellung heraus den Schlagbolzen wahlweise in die obere oder untere feuerbereite Stellung des Laufs.
(M. Kersten)

Record, Modell A

Fritz Barthelmes, Konstrukteur und Mit-Patentinhaber etlicher Walther-Entwicklungen, siedelte 1945 ebenfalls nach Heidenheim über. Dort beschritt er Anfang der 50er Jahre einen neuen Weg auf dem Sektor der Schreckschußpistolen und baute eine Billigwaffe, die er als »Weinberg- und Signalpistole Record« anbot. Später übernahm Walther den Vertrieb des DM 5,70 kostenden Geräts unter der Bezeichnung »Record, Modell A«. Sonderlich ernst nahmen die Käufer dieses kleine, einschüssige Gerät mit außenliegendem Hahn nicht. Das Patronenlager neigte sich gegenüber der Laufachse um 45 Grad, und der Lauf im Kaliber 7 mm erhielt ein Innengewinde zur Aufnahme eines Zusatzlaufs für das Kaliber 15 mm. Die 170 Gramm leichte Waffe warf die Hülsen automatisch aus.

Neben der einschüssigen Pistole bastelte man bei Walther auch an einer zweischüssigen Version. Ob diese allerdings den Markt erreichte, ist nicht bekannt.

Später kam eine zweischüssige Variante hinzu, die jetzt auch das Walther-Banner trug.
(M. Kersten)

PPK im Kaliber .315. Das Magazin faßt sieben Patronen. Maße: 155 × 100 × 25 mm. Gewicht: ungeladen 600 g. Lauflänge: 84 mm. *(Stoll GmbH)*

PPK Knall

Bei den Kopien der PPK ging es nicht immer um scharfe Waffen, denn auch Sammler und andere Kunden, die nicht in der glücklichen Lage waren, eine Waffenbesitzkarte ihr eigen nennen zu können, wollten diese »James Bond Pistole« besitzen. Also knallte es aus diversen Signalwaffen, stiegen Leuchtkörper in die Luft, und es strömte Reizgas. Die Waffen hierzu sind zum überwiegenden Teil nur Anlehnungen an die PPK und besitzen mehr oder weniger große Ähnlichkeit mit dem Urmodell. Umarex in Arnsberg produziert sowohl die Reck PK 800 als auch die Perfecta FBI 8000 in Eigenregie.

Um verhängnisvolle Verwechslungen mit scharfen Patronen zu vermeiden, besaßen früher alle Geräte das Kaliber 8 × 20 mm Knall. Die damaligen Platzpatronen produzierten einen enormen Feuerstrahl, gepaart mit jede Menge Rauch und Ruß. Hier gehörte gute Pflege zum Erhalt einer Waffe, denn der Schmauch griff das Material an. Dabei handelte es sich größtenteils um Zinkdruckguß der Sorte Z 410, einer Legierung mit minimalen Kupferanteilen, wodurch das Metall besser in jede Ecke der Form floß und auch die schwarze Farbe auf der Oberfläche viel besser haftete.

Neben den genannten Modellen bietet Umarex/Walther aber auch »doppelte Lottchen« an, die nur ein Fachmann aus nächster Nähe als Signal- und Alarmpistolen zu klassifizieren vermag. Dabei sollten sich selbst versierte Walther-Kenner diese Geräte näher ansehen, denn sie stellen eine willkommene Ergänzung zu einer bestehenden »scharfen Sammlung« dar. Für Waffenfreunde ohne WBK öffnet sich hier ein neues Sammelgebiet.

Modell	Kaliber	PTB-Nr.	Produktion
PPK	8 mm K	502	Okt. 1990 – Juni 1994
PPK	.315 K	585	ab Juni 1994
PP	9 mm P.A.K.	620	ab Mai 1994

Ein Hauch von Luxus: verchromter Schlitten der .315er PPK.
(Stoll GmbH)

Paßt zur brünierten PPK .315: Die PP im Kaliber 9 mm P.A.K. Die Maße: 170×109× 30 mm, Gewicht: ungeladen 600 g, Lauflänge: 102 mm. (Stoll GmbH)

Im Oktober 1990, unmittelbar nach der Lizenzerteilung durch Walther, begannen die Techniker bei Umarex mit der Umsetzung der scharfen PPK in ein originalgetreues Signalmodell, und wenige Monate später lief die Produktion im Kaliber 8 mm K an. Noch im selben Jahr gingen nahezu 15 000 Stück über die Ladentische. Für diese Waffe lag als Zubehör auch ein zehnschüssiges, verlängertes Magazin bereit, das an die alten Vorläufer aus Zella-Mehlis erinnerte. Durch die neue PTB-Gesetzgebung Ende Juni 1994 änderte sich das Kaliber in .315 K. Dabei reduzierte sich die Länge der Patrone um 3 Millimeter. Auch die Walther-PP durfte natürlich in der Arnsberger Kollektion nicht fehlen. Ab Mai 1994 ging sie ausschließlich im Kaliber 9 mm P.A.K. in den Handel. Interessant ist die Variantenzahl dieses Geräts, die von einer schlichten brünierten Ausführung mit Kunststoffgriffschalen bis zur Luxuswaffe mit Arabeskengravur und punzierten Nußbaumgriffschalen in einer Edelholzkassette reicht.

Pendant zur PPK Chrom: Die silberne PP im Kaliber 9 mm P.A.K. mit feinpunzierten Nußbaumgriffschalen. (Stoll GmbH)

P 88, Arnsberg

Ermuntert durch den großen Erfolg der PP und PPK folgte auf dem Schreckschuß- und Signalsektor als nächstes die Walther P 88 Compact, die ab Juni 1992 in den Kalibern 8 mm K und 9 mm P.A.K. zur Verfügung stand. Mit der P 88 gelangte erstmals eine Schreckschußwaffe auf den Markt, bei deren Entwicklung die Originalzeichnungen der scharfen Waffe zugrunde lagen. Durch die Gesetzesänderung wird die Schreckschuß P 88 ab Juni 1994 nur noch im Kaliber 9 mm P.A.K. hergestellt.

Farbenfroh: Die polierte und brünierte P 88 Compact trägt in einer anderen Version rot-grau eingefärbte Schichtholzgriffschalen. (Stoll GmbH)

Neben schwarzem Kunststoff zählen bei der vernickelten P 88 Compact auch punzierte Nußbaumgriffschalen zum Arnsberger Angebot. (Stoll GmbH)

Das Magazin der P 88 Compact im Kaliber 9 mm P.A.K. faßt zehn Patronen. Die Maße: 181 × 140 × 33 mm, Gewicht: ungeladen 1050 g, Lauflänge: 100 mm. (Stoll GmbH)

Das Paradepferd unter den Big Bores: Die »S«-Version mit brüniertem und poliertem Verschluß- und vernickeltem Griffstück sowie Combat-Holzgriffschalen und Targetabzug. (Stoll GmbH)

Modell	Kaliber	PTB-Nr.	Produktion
Big Bore	9 mm P.A.	K638	ab März 1995
Big Bore S	9 mm P.A.	K638	ab März 1995

Die Signal-Big Bore

Zumindest im Schreck-/Signalbereich ist die »Big Bore« seit einiger Zeit vertreten, auch wenn das Walther-Banner auf einer klassischen Government etwas fremd wirkt. Für den Walther-Sammler besteht also die Möglichkeit, diese Adaption als Belegstück in die Sammlung aufzunehmen, da mit einer scharfen Version in Kürze wohl kaum zu rechnen ist. Das Gerät kam bereits im März 1995 auf den Markt und wird in zwei verschiedenen Ausführungen hergestellt. Neben dem normalen Modell entstand die »Big Bore S«, eine Combatwaffe, deren Schlitten mit Gasentlastungsbohrungen sowie speziellen Combat-Griffschalen plus Fingerrillen und einem Daumenblech auf der linken Griffseite aufwartet.

1996 landeten die Arnsberger Chefs einen weiteren Coup. Ein Vertrag mit der Firma Colt erlaubt nicht nur die Nutzung der originalen Schlittenbeschriftung der legendären Governments, sondern regelt auch die Abnahme und den Vertrieb in den USA. So fertigt Umarex neben der Big Bore nun auch entsprechend beschriftete Kopien der Colt-Revolver.

Modell	Kaliber	PTB-Nr.	Produktion
P 88	8 mm K	428	Juni 1992 – Juni 1994
P 88	9 mm P.A.K.	429	Juni 1992 – Juni 1994
P 88	9 mm P.A.K.	613	ab Juli 1994

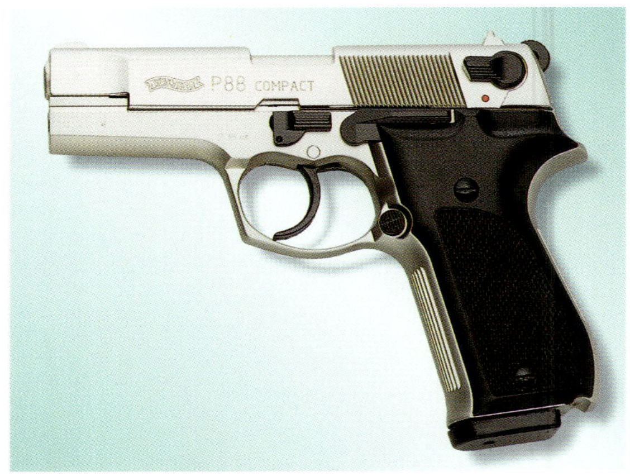

Nickelfinish: Die Big Bore im Kaliber 9 mm P.A.K. und schwarzen Griffschalen. Alle Griffschalenarten sind untereinander austauschbar. (Stoll GmbH)

Die Standard-Big Bore im klassischen Government Design, brüniert mit braunen Holzgriffen. (Stoll GmbH)

Die Ultimative: P 99 P.A.K.

Mit dem Modell P 99 im Kaliber 9 mm P.A.K. entwickelten die Arnsberger Techniker eine Signal- und Gaspistole, die sich nicht nur genau am Vorbild orientierte, sondern auch noch vor der scharfen Waffe in die Fertigung und somit in den Handel ging. Bereits im Februar 1996 begann der Vertrieb, und die Kunden wählen zwischen der Standardausführung mit klassisch schwarz brüniertem Verschlußstück oder einem Nickelfinish. Mit ihren 16 Patronen im Magazin stellt das Gerät die zur Zeit feuerstärkste Pistole ihrer Klasse dar. Magazinhalter und Entspanntaste sind im Gehäuse integriert und so gegen eine unbeabsichtigte Betätigung geschützt. Das Griffstück besteht wie bei der Originalwaffe aus äußerst widerstandsfähigem Kunststoff, und die wenigen Bedienelemente sind gleichermaßen für Rechts- und Linkshänder ausgelegt.

Daten P 99 P.A.K.	
Kaliber	*9 mm P.A.K.*
Gesamtlänge	*180 mm*
Gesamthöhe	*136 mm*
Gesamtbreite	*29 mm*
Gewicht, leer	*650 g*
Abzugsystem	*SA, DA*
Sicherung	*Entspannsicherung*
Magazinkapazität	*16 Patronen*
Material, Griffstück	*Polymer*
Material, Verschlußstück	*Zinkguß*

DIE LANG

WAFFEN

Die Walther-Langwaffen-Kategorien:
- Frühe Scheibengewehre nach Aydt & Martini
- Selbstspanner-Doppelflinten
- Kleinkaliber-Karabiner und Kleinkaliber-Sportbüchsen
- Großkaliber-Gewehre/Karabiner
- Maschinenkarabiner
- Maschinenpistolen

AYDT & MARTINI

Die Kopien der Scheibenbüchsen seines Suhler Nachbarn Carl Aydt begleiteten, neben den Gewehren mit Martini-System, Carl Walthers erste Schritte in die berufliche Selbständigkeit. Besondere Kennzeichnungen setzte Walther damals leider noch nicht auf seine Produkte; sie wanderten in einen Verkaufspool, eine Art frühe Vermarktungsgemeinschaft mit anderen Werkstätten.

Carl Wilhelm Aydt wurde am 26. Oktober 1847 in Bilfingen bei Pforzheim geboren. Um seine Kenntnisse zu erweitern, arbeitete er in verschiedenen Firmen, so zum Beispiel bei Mauser und in der Königlichen Gewehrfabrik Spandau. 1876 siedelte er nach Suhl über und konstruierte dort seine nach ihm benannten Büchsen, die er unter der Nummer 31 291 am 17. Januar 1871 patentiert bekam. 1887 übernahm Haenel die Fertigung. Carl Aydt trat hier in die für seine Waffen eigens gegründete Abteilung als Revisor und Schießmeister ein. Er starb am 9. November 1923.

Scheibenbüchse nach Aydt.
(Walther)

Walthers Automatikflinte bestand aus 88 Einzelteilen.
(Stoll GmbH)

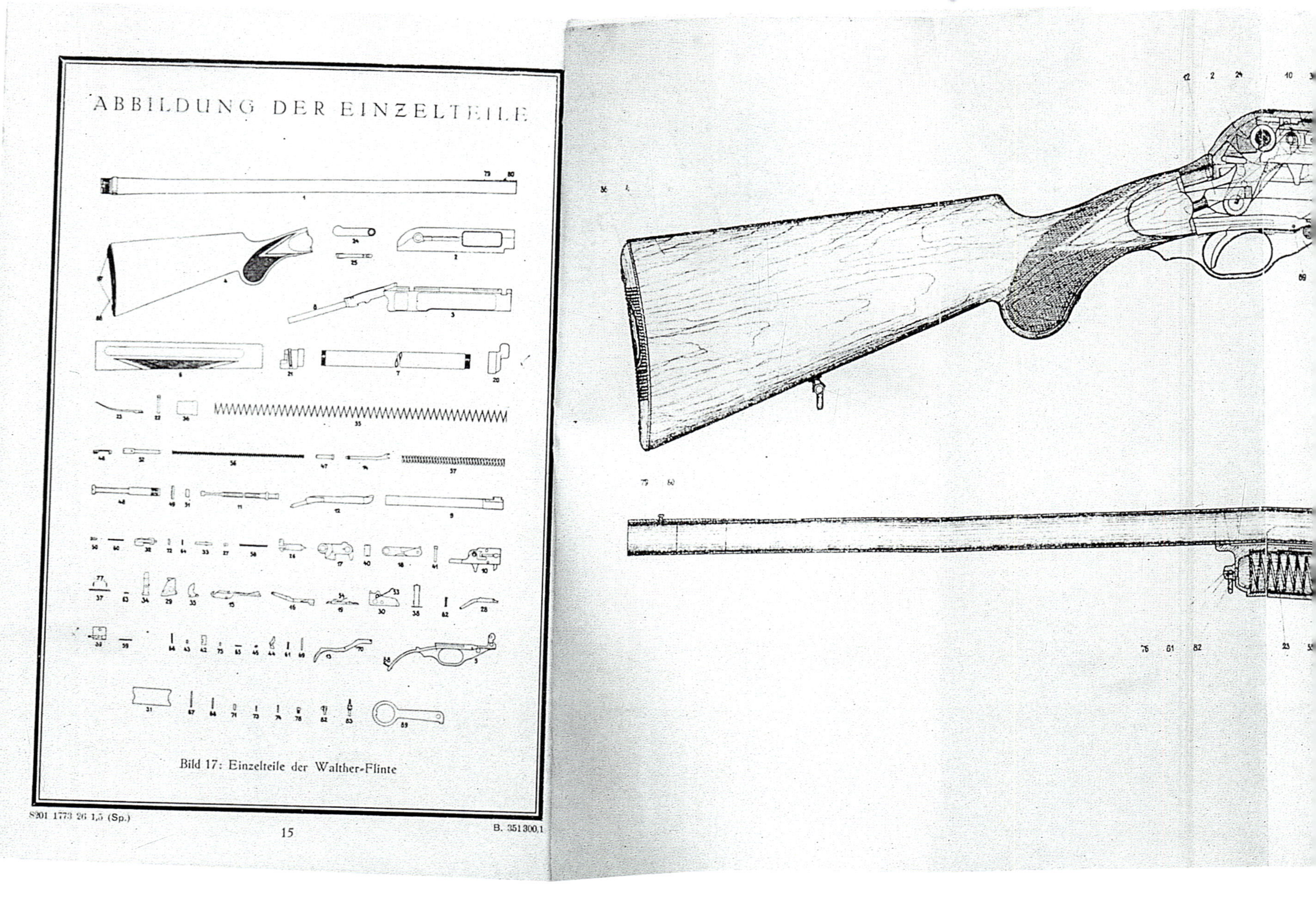

DIE KNIEGELENK-FLINTE

Eine beachtenswerte Entwicklung stellte Carl Walthers automatische Schrotflinte dar, eine an die Browning-Flinte angelehnte Konstruktion, die im Herbst 1921 den Markt erreichte. Dieses, mit einem beweglichen Lauf, einem Röhrenmagazin und einem Kniegelenkverschluß ausgerüstete und aus 89 Teilen bestehende Gerät stellte die Firma allerdings nicht selbst her, sondern überließ das der »Deutsche Werke AG« und wahrscheinlich auch der Firma Ortgies. Die als Rückstoßlader mit gleitendem Lauf und mecha-

Eine äußerst interessante Erfindung: Die automatische Flinte von Walther, die neben den Deutschen Werken auch von der Firma Ortgies gefertigt wurde.
(Stoll GmbH)

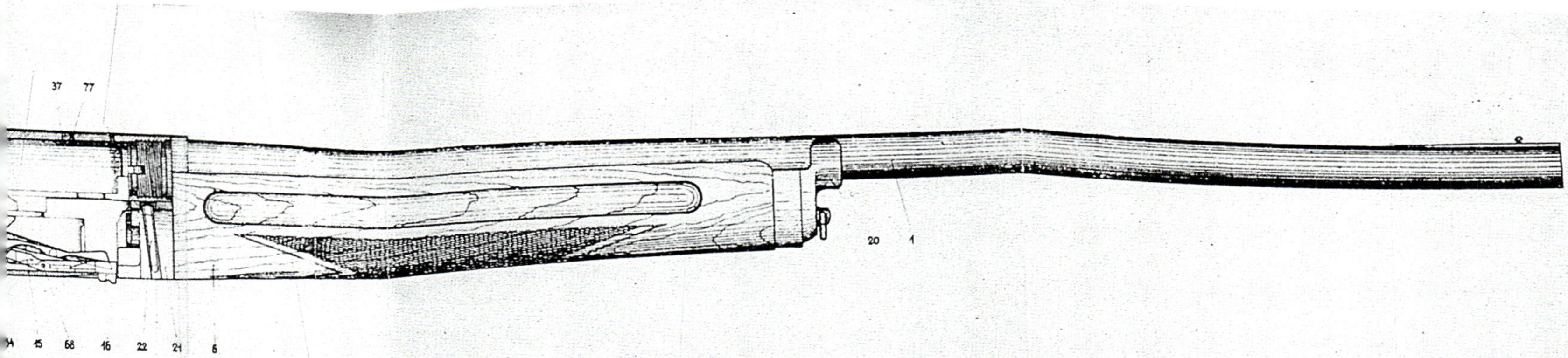

Bild 18: Schnitt durch die Walther=Flinte

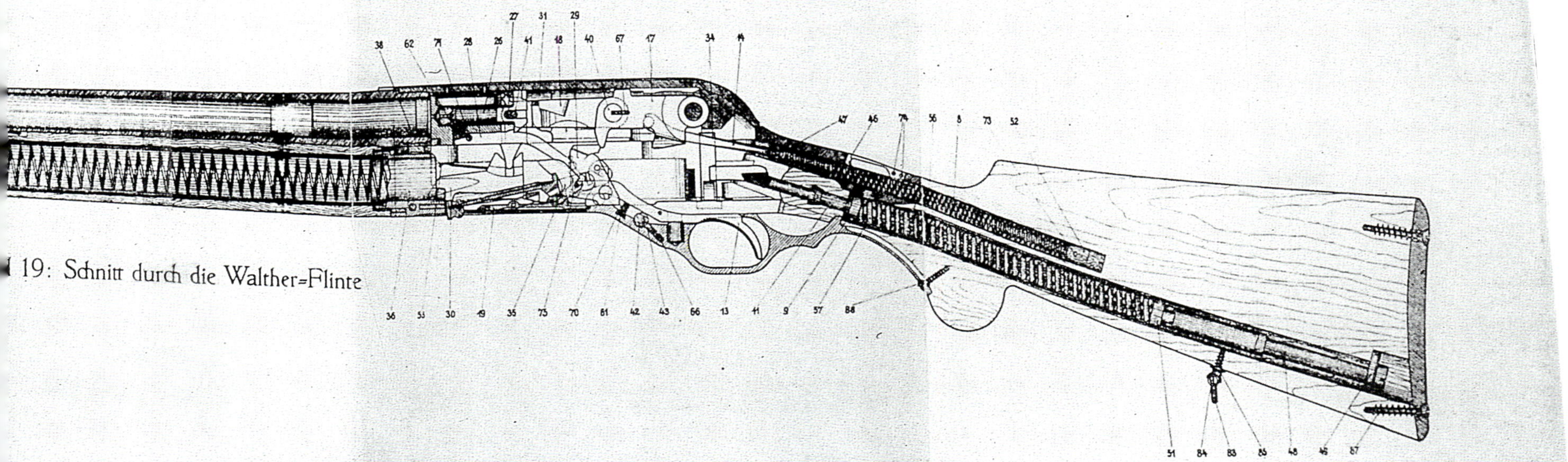

19: Schnitt durch die Walther=Flinte

GEBRAUCHSANLEITUNG
AUTOMATISCHE
SCHROTFLINTE

nischem Verschluß konzipierte Flinte besaß ein im Vorderschaft angebrachtes Röhrenmagazin für vier Patronen. Die Flinte arbeitete beim Auslösen des Abzugs völlig selbsttätig nach dem halbautomatischen Funktionsprinzip. Das Auswerfen der abgeschossenen Hülse, das Einführen der neuen Patrone in den Lauf sowie das Spannen des Schlosses für den nächsten Schuß besorgte die Rückstoßkraft. Die Sicherung ordnete Carl Walther vor dem Abzug an. Der nahtlos gezogene, 70 cm lange Lauf aus Kruppstahl trug an der Mündung eine Choke-Verengung von 0,8 mm.

DOPPEL-FLINTEN: WSF & WSFD

Im Jahre 1932 konstruierte Walther zwei weitere, diesmal eher konventionell anmutende Doppellauf-Flinten mit einem Anson & Deeley-System. Die Produktion lief neben der Pistolenfertigung in Zella-Mehlis. Die Waffen im Wahl-Kaliber 12 oder 16 offerierte die Firma zwar generell mit Läufen von 720 mm Länge, auf speziellen Kundenwunsch erfolgte jedoch auch eine Lieferung in kürzeren oder längeren Abmessungen, im Bereich zwischen 650 mm bis 750 mm. Der linke Lauf trug dabei eine volle, der rechte eine halbe Würgebohrung.

Das Gewicht der Walther-Selbstspanner-Doppelflinten betrug bei normaler Ausführung nur ca. 2,85 kg für Kaliber 16 und ca. 3 kg für das Kaliber 12. Die beiden Läufe besaßen zur Fixierung angeschmiedete Haken mit Nut und Leiste, die nach ihrer Verbindung zusätzlich mit Zinn verlötet wurden. Beim Öffnen der Waffe erfolgte eine automatische Sicherung der Abzüge und der Abzugstangen. Der Schaft saß durch eine Schraubenverbindung ausgesprochen fest an dem doppelt unterfrästen Kasten.

Walther-Flinten: Oben die Automatik mit einer Bedienungsanleitung der Firma Ortgies, unten eine WSFD.

(Stoll GmbH)

Der WSFD spendierten Walther-Fachleute eine feine Jagdgravur und Läufe aus Krupp-Stahl.

(Stoll GmbH)

Die fortschreitende Verbesserung der Flintenlaufgeschosse führte zur damaligen Zeit immer mehr dazu, die Doppelflinten auch für den Kugelschuß zu benutzen, und dazu gehörte eine Visierung. Damit nun dieses Visier beim Schrotschuß nicht störte, entwickelte Walther eine umlegbare Version und installierte es nur auf Bestellung. Der Visier-Stellschieber lag dabei versenkt rechts im Vorderschaft.

Das Modell WSFD genügte auch den verwöhntesten Ansprüchen in Sachen Technik und Sicherheit, denn die Abzugstangen für jeden Hahn legte Walther gleich doppelt an, wobei die obenliegenden die eigentliche Abzugtätigkeit und die unteren die Sicherheits- oder Fangarbeiten übernahmen. Diese zweiten Sicherheitsstangen schlossen einen der häufig vorkommenden Unglücksfälle bei Sturz oder Stoß auf den Kolben aus, indem sie das unbeabsichtigte Auslösen des Schusses ohne Betätigung des Abzugs verhinderten. Beide Flinten, die WSF und WSFD, verfügten über den Greener-Verschluß nach britischem Vorbild, eine automatische – oder auf Wunsch auch unabhängig funktionierende – Schiebesicherung, Signalstifte, eine mattierte Laufschiene, Kästen mit leichter Ätzgravur, Pistolengriffschaft mit Fischhaut und Backe oder englischen Schaft mit Fischhaut ohne Griff und Backe, Hornbügel und Hornkappe.

KK-GEWEHRE

Modell I und Modell II

In den 30er Jahren zählten die halbautomatischen Kleinkaliber-Modelle 1 und 2 zu den Verkaufsschlagern der Firma. Sie konnten als Selbstladebüchse, Einzellader oder Repetierer benutzt werden. Während das Modell 1 von der äußeren Form eher als Schonzeitbüchse gedacht war, nutzten Freizeit- und Sportschützen das Modell 2 mit seinem etwas an militärische Vorbilder erinnernden Kurvenvisier. Hier traten keine Schloßteile nach hinten heraus, was auch mögliche Verletzungen bei eventuellen Bodenreißern ausschloß. Das Verschlußführungsstück ließ sich mit einem Griff abheben, wodurch der Lauf und alle Schloßteile zur Reinigung frei lagen. Durch eine kleine Stellschraube war es dem Schützen möglich, den Abzug mit seinem gleichmäßig weichen Druckpunkt leichter oder stärker einzustellen. Die normalen Magazine beider Modelle faßten fünf Patronen; als Zubehör lagen Magazine für neun Patronen bereit. Zum Schutz des Korns diente ein leicht abnehmbarer Kornschützer, der gleichzeitig als Mündungsschoner fungierte.

Kleinkaliber: Oben Walthers Modell 1 mit Zielfernrohr, hergerichtet als Schonzeitbüchse für die Jagd, darunter ein KKJ aus der Ulmer Fertigung. *(Kupsch)*

In der vorderen Position des Kammerstengels ist das Modell 1 als Repetierer, in der hinteren Stellung als Automatik-Waffe zu verwenden. (Kupsch)

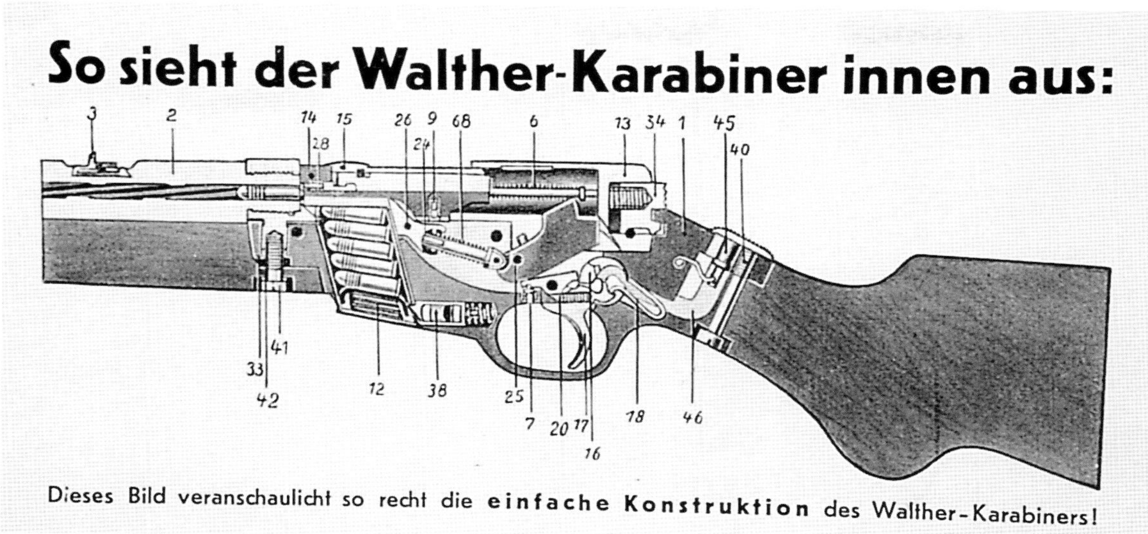

Das Innenleben der Modelle I und II. (Walther)

Daten	Modell I	Modell II
Kaliber	.22 l.r.	.22 l.r.
Sicherung	Flügel	Flügel, auf Wunsch Schiebesicherung
Gesamtlänge	1000 mm	1100 mm
Lauflänge	520 mm	620 mm
Abzug	Druckpunkt	Druckpunkt
Gewicht, ca.	2,5 kg	3,2 kg
Schaft	Nußbaum, Fischhaut, Kolbenkappe, Riemenbügel	Nußbaum, Rillen und Fischhaut, Kolbenkappe, Riemenbügel
Visierung	Standvisier für 50, 75 und 100 m	Kurvenvisier 30 - 200 m
Finish	brüniert	brüniert
Preise 1936	81,- RM	91,- RM
Zubehör	Diopter, Zielfernrohr	Diopter, Zielfernrohr

Man nannte es Wehrsport

Am 24. Oktober 1939 gab die »Dienststelle des Jugendführers des Dritten Reiches« bekannt: »Für die Leibeserziehung der Hitler-Jugend in der Kriegszeit ist von der Reichsjugendführung eine Ausbildungsvorschrift erlassen worden. Für die Hitlerjungen vom 16. bis zum vollendeten 18. Lebensjahr tritt eine Spezialausbildung im Geländedienst und Kleinkaliberschießen hinzu. Mit dieser vormilitärischen Ausbildung, die im Einvernehmen mit dem Oberkommando der Wehrmacht und des Heeres erfolgt, bereitet die Hitler-Jugend ihre drei ältesten Jahrgänge planmäßig auf den Wehrdienst vor und sichert unserer Armee einen mit Gelände und Schußwaffe bereits vertrauten Nachwuchs.« (Text gekürzt)

Im Vergleich zu den damals bereits erfolgten anderen Verlautbarungen gehörte diese Verordnung zu den eher noch gemäßigten Schriften. So lautete zum Beispiel die Überschrift eines umfangreichen Artikels des »Breslauer Beobachter« vom 1. April 1939: »Scharfschützen erwachsen aus der Hitler-Jugend.«

Der sogenannte Wehrsport hatte wenig mit Sport zu tun. Hier wurden Kinder auf das Militär und den Kampf an der Front vorbereitet. *(Service K)*

Die Übergänge zwischen dem etablierten Schießsport und dem Wehrsport gestalteten sich damals fließend, und aus runden Zielscheiben wurden Pappkameraden. Da in heutiger Zeit glücklicherweise eine deutliche Trennlinie zwischen Wehrsport und dem modernen Leistungssport besteht, gehören Waffen der ersten Kategorie nicht in den später folgenden Sportteil, sondern hierher.

Auch Walther fertigte also ein entsprechendes »Kleinkaliber-Wehrsport-Gewehr«, abgekürzt KKW, basierend auf den vorherigen KK-Modellen. Das Schloß erhielt eine Einwurfsmulde, und der um 180 Grad drehbare Sicherungsflügel legte die Kammer fest. Der Ganzschaft mit Handschutz bekam einen Ober- und Unterring sowie eine Schaftkappe aus Stahl. Die Absicht: das Gewehr glich so dem K 98k. Ein Haltestock am vorderen Ende des Schaftes diente zum Zusammenstellen mehrerer Gewehre.

Daten Wehrsport-Gewehr	
Kaliber	.22 l.r.
Verschluß	Drehzylinder
Sicherung	Flügel, 180 Grad
Gesamtlänge	1100 mm
Schaftlänge	990 mm
Anschlaglänge	330 mm
Lauflänge	660 mm
Visierung	Kurvenvisier bis 200 m
Finish	brüniert
Preis 1936	56,– RM

Die Konstrukteure lehnten das äußere Erscheinungsbild des »Deutschen Sportmodells, Original Walther« an die etablierten Wehrmachtswaffen an. Das »Walther-Sportmodell«, eine weitere Version dieser Langwaffengruppe, unterschied sich nur in einigen unwesentlichen Punkten vom Deutschen Modell. (Stoll GmbH)

Kleinkaliber-Büchsen: oben ein frühes KJS, in der Mitte ein KKH mit Schalldämpfer und unten ein KKJ mit Ganzschaft. (Stoll GmbH)

KKJ

Im Jahre 1953 nahm Walther in Ulm die KK-Gewehrproduktion wieder auf. Zur ersten Generation dieser Art zählten überwiegend reine Sportgeräte, aber auch Waffen für die Jagd und ab 1970, mit der KJS, Schießdisziplinen nach dem Deutschen Jagdschutzverband, wie die »Laufende Scheibe«.

1955: KKJ mit Standvisier. (Walther)

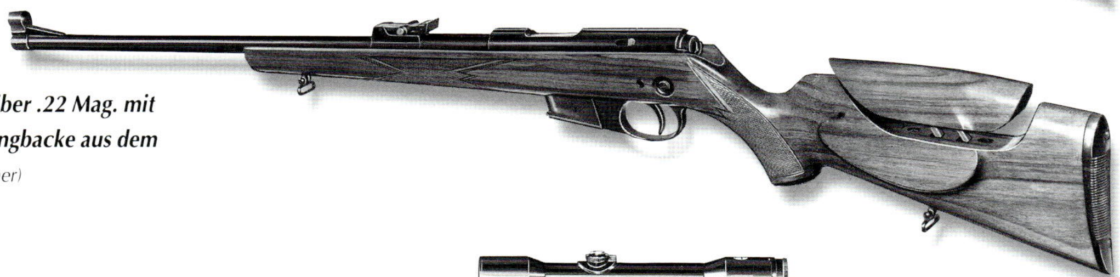

Ein KKJ-M im Kaliber .22 Mag. mit verstellbarer Springbacke aus dem Jahre 1963. (Walther)

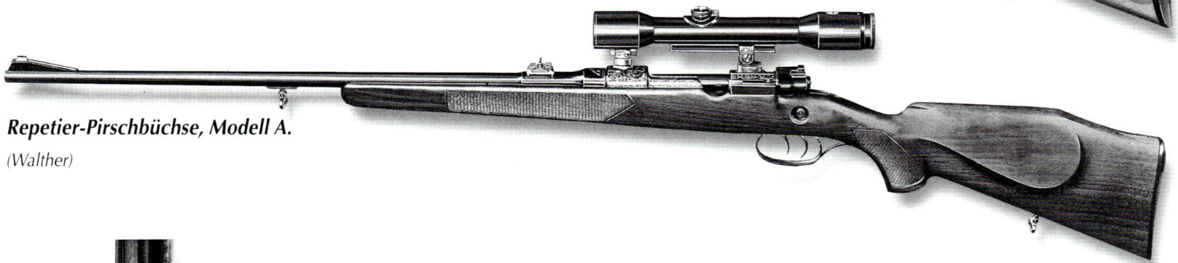

Repetier-Pirschbüchse, Modell A. (Walther)

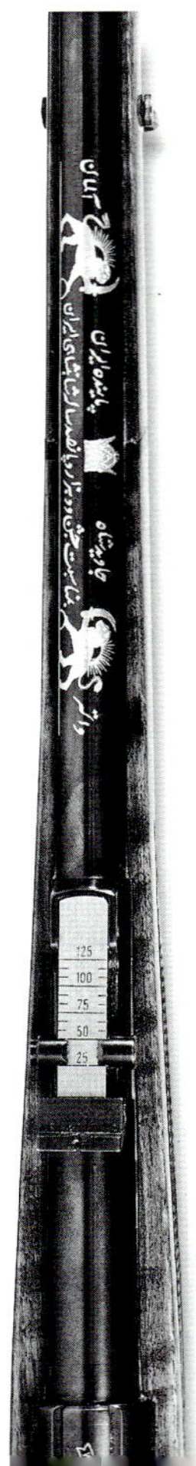

Für den Schah von Persien: Detail eines KKJ-Prachtstückes mit Ganzschaft. (Walther)

Das KKJ – oder besser die KKJ-Familie – bestand aus leichten und formschönen Schonzeit-Repetierbüchsen mit Druckpunkt, einem Kammerverschluß mit doppelter Verriegelung und der geräuschlosen Walther-Sicherung. Die mit Fischhautmuster versehenen Schäfte besaßen Backe und Pistolengriff, sowie feststehende Riemenösen. Während die »KKJ« eine Jagdbüchse mit Magazin darstellte, war die »KKJ-E« ein entsprechender Einzellader. Als Sonderausführung lieferte Ulm die Waffen mit Ganzschäftung, einem Stecher statt Druckpunktabzug, einem Standvisier mit Klappe, einer Gummikappe und Zielfernrohrmontage.

Die Versionen:

KKJ	5schüssig, Kaliber .22 l.r.
KKJ-E	1schüssig, Kaliber .22 l.r.
KKJ-V	5schüssig, Kaliber 5,6 × 35 R Vierlingspatrone (daher das »V«)
KKJ-VE	dito, 1schüssig
KKJ-H	5schüssig .22 Hornet (daher »H«)
KKJ-HE	dito, 1schüssig

KJS

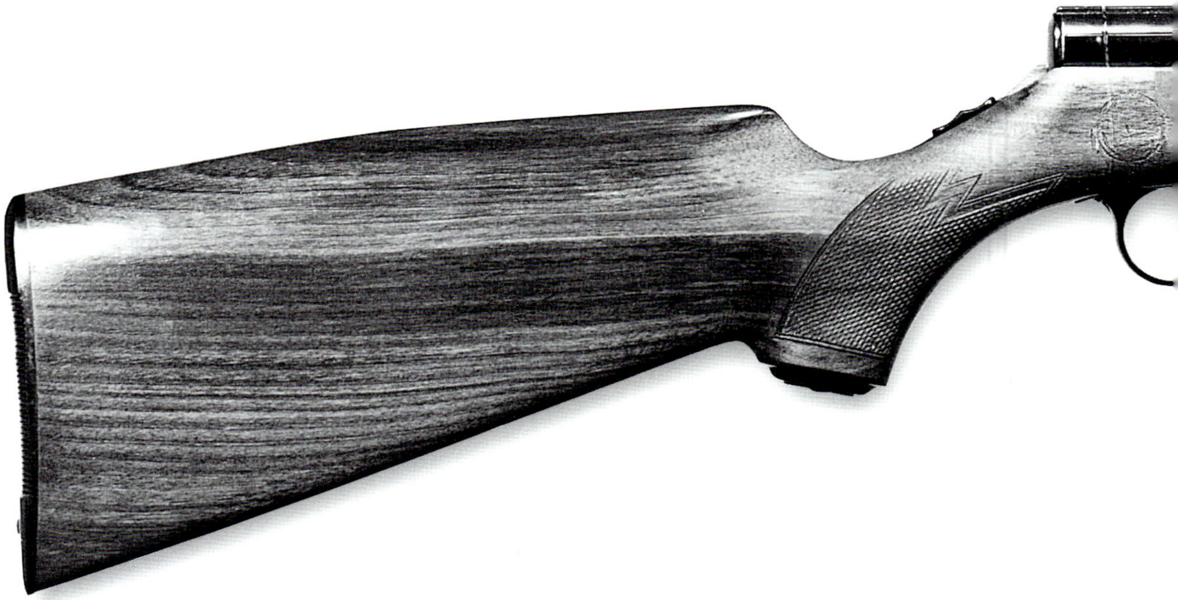

Treffsicherheit gehört zum Handwerkzeug des Waidmannes. Als entsprechender Trainingsanreiz entwickelte der Deutsche Jagdschutzverband (DJV) entsprechende Wettkampfdisziplinen. Ein bildlich dargestellter Keiler huscht in einer etwa 6 Meter breiten »Schneise« auf 50 Meter Distanz vorbei. Stehend freihändig, also weder angelehnt noch aufgestützt, soll tunlichst die »Zehn« – der Blattschuß – erzielt werden. Dabei ist ein jagdliches Kaliber mit einer Hülsenlänge von mindestens 35 mm vorgeschrieben. Weitere Disziplinen sind aus 100 Metern Entfernung in unterschiedlichen Anschlagarten zu bewältigen, wie der »stehende Bock«, der »Überläufer« und der »sitzende Fuchs«. Für dieses jagdliche Übungsschießen stellte die Firma Walther in den 70er Jahren die Einzellader-Büchse »KJS« her.

Die Verschlußkammer dieses Gewehrs lief in einer starken Hülse und trug oben eine 11-Millimeter-Schiene zur Befestigung des Zielfernrohres. Walther wählte den bewährten Zylinderverschluß, dessen Zweipunkt-Verriegelung durch eine Warze und den Kammerstengel erfolgte. Dabei ergab sich – dank der günstigen Abstimmung der Verriegelungsteile – ein idealer Öffnungswinkel von 90 Grad. Hinten an der Kammer lag die klassische Flügelsicherung, die den Verschluß sperrte und auf den Abzug wirkte. Da das Modell in den Kalibern .22 Hornet und .22 l.r. zu haben war, mußte auch der Stoßboden und Schlagbolzen für Zentral- und Randfeuer eingerichtet werden. Der gerade Kammerstengel trug einen kleinen Kugelkopf.

Der Jäger hatte die Wahl: Match-Abzug oder Stecher, denn beide Arten bot die Ulmer Firma an. Die beiden regulierbaren Abzugarten stellten geschlossene Einheiten dar, wobei die erste an der Verschlußhülse und der Stecher am Abzugbügel saß. Der Lauf saß fest in der Hülse eingepreßt, fixiert mit einem Stift. Ein Gewicht von etwa 220 Gramm gehörte zum Zubehör.

Edles Nußbaum mit Ölfinish prägte den massiven Schaft mit hochgezogenem, gerade verlaufendem, weil zielfernrohrgerechtem Rükken, glatten Schaftbacken und Gummikappe. Der steil ausgearbeitete Pistolengriff und die Griffpartien des Vorderschaftes erhielten eine kräftige Punzierung, wodurch ein festes Halten beim Mitschwingen mit dem Ziel ermöglicht werden sollte. Wegen des wuchtigen Schaftes im Schloßbereich setzte Walther den Abzug samt Bügel versenkt ein, denn das ergab eine geradlinige Bedienung mit dem Schießfinger. System und Lauf besaßen eine tiefschwarze Brünierung; eine Visiereinrichtung war natürlich nicht vorhanden, denn zum jagdlichen Schießen ist ein Zielfernrohr zwingend erforderlich. Die Optik kann durch eine Klemm-Montage befestigt werden. Zusammen mit der niedrigen Montage und dem hohen Schaftrücken erreichten die Ulmer eine günstige Kopfhaltung im Anschlag.

Daten KJS	
Herstellung	*1970*
Kaliber	*.22 Hornet, .22 l.r.*
System	*Zylinder*
Verriegelung	*Doppelverriegelung Warze u. Kammerstengel*
Sicherung	*Flügel*
Gewicht, leer	*3600 g*
Länge	*1130 mm*
Lauflänge	*650 mm*
Züge	*6*
Drall	*rechts*
Abzug	*Match oder Stecher*

Mitte der 50er Jahre nahm Walther die Fertigung von .22 l.r.-Wehrsportwaffen wieder auf, diesmal jedoch ausschließlich für die Verwendung in der Bundeswehr. Die Ausbildungskompanie Sonthofen erhielt 1956 einige Exemplare (oben), darunter eins der zivilen »Sportmodelle 5« aus der Zella-Mehlis-Zeit. *(Kupsch)*

Der 1958 entwickelte KK-Selbstlader erreichte nicht die Serienfertigung. (Walther)

Ulmer Streiflichter

Wehrsport 1956

Neben den jagdlichen und sportlichen Abnehmerkreisen ließ Walther in Ulm auch den militärisch/behördlichen Sektor nicht aus dem Auge. 1956 trug der Begriff »Wehrsport« noch nicht den Beigeschmack des Rechtsradikalismus. Tatsächlich gehörte diese, wenn auch etwas fragwürdige »Sportart«, lange Zeit zur Ausbildung in der Bundeswehr. So trat auch die Ausbildungskompanie in Sonthofen mit der Bitte an Walther heran, einen KK-Karabiner zu kreieren. 1956 stellte Walther ein solches Gerät vor. Eine größere Serie lief jedoch nicht an.

Selbstlader

Zur bereits genannten Kategorie der kleinkalibrigen Büchsen gehörte auch ein Selbstlader, der im Jahre 1958 erschien. Es war jedoch nur ein kurzes Debüt, denn auch diese Waffe ging nicht in Serie.

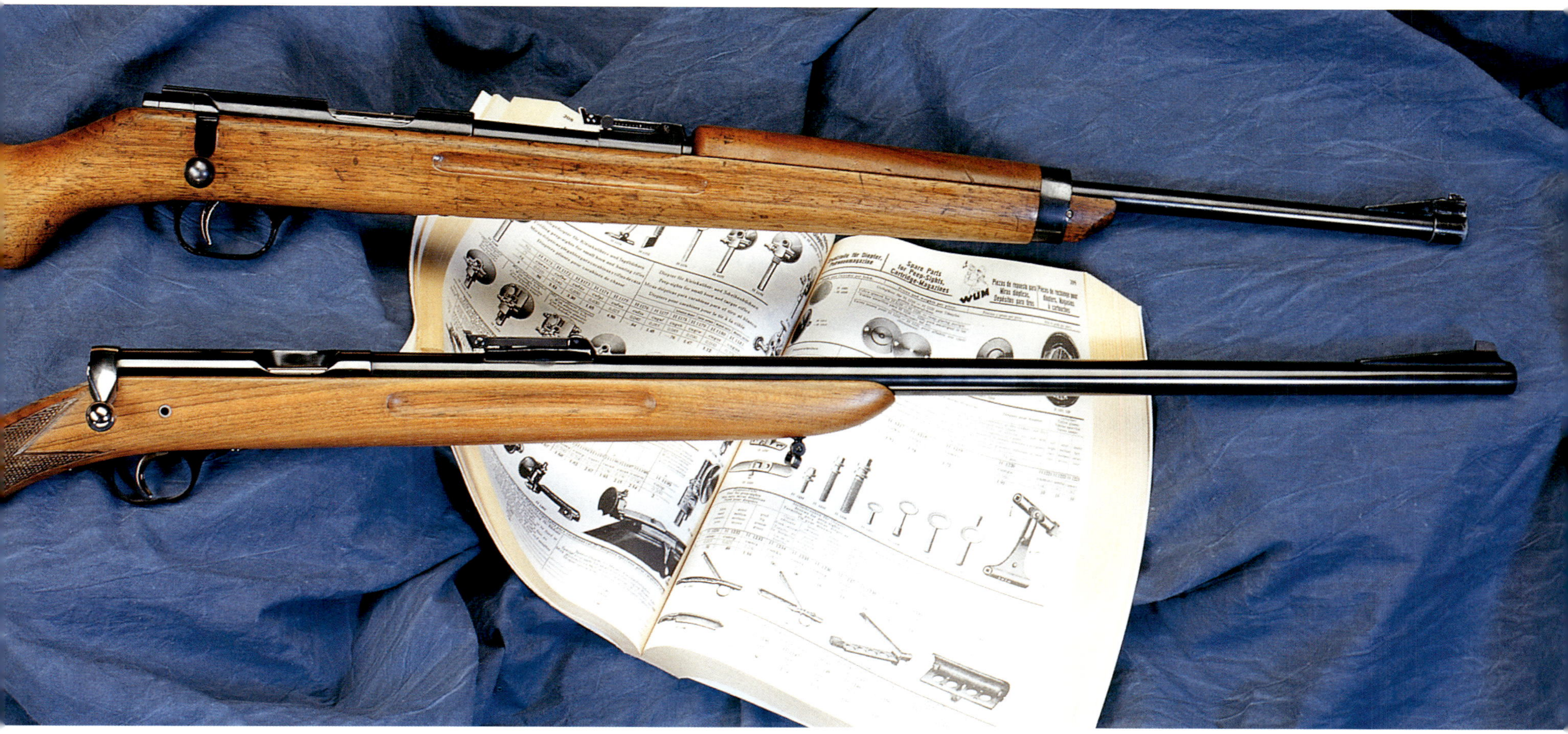

GROSSKALIBER

Das Scharfschützengewehr G 43 mit ZF 4 gehörte eine Zeitlang zu Hitlers Lieblingsprojekten. *(Kupsch)*

In Aktion: Die neuen Selbstlader sollten in den letzten Kriegsmonaten noch die Kampfkraft der deutschen Landser stärken. (Service K)

Lückenbüßer: Das G 41

Dieser Teil der Walther-Geschichte ist symptomatisch für die damalige Kriegszeit und gekennzeichnet durch ein wildes Durcheinander von Ansprüchen, Forderungen und Verwirklichungen. Während sich eine Firma gerade mit einer konkreten Entwicklung beschäftigte, erfolgten seitens der Wehrmacht schon neue Mittel-Streichungen, erneute Anforderungen, tiefgreifende Änderungswünsche und kurz danach ein abermaliges Verwerfen des ursprünglich angesteuerten Musters. Der Ursprung dieser Konfusion saß an höchster Stelle, denn der ehemalige Gefreite Adolf Hitler baute auf den Karabiner 98k. Nur unter größten Schwierigkeiten gelang es seinen Beratern, den angeblichen Weitblick des jetzt zum »Führer« und Oberbefehlshaber avancierten einfachen Soldaten auf modernere Errungenschaften für die Infanterie-Waffenausstattung auszurichten. Zunächst wollte dieser von sogenannten »Selbstladern« nichts hören, obwohl der Einsatz von halbautomatischen Gewehren beim Feind, etwa in Form russischer Tokarews oder amerikanischer Garands, längst zur Routine gehörte.

Auch in Deutschland gab es schon eine Vorgeschichte dieser speziellen Waffenart: Nach den Prinzipien von Hiram Maxim entwickelte Paul Mauser 1898 in Deutschland den ersten Selbstlader, dessen Erprobung bereits 1901 beim Heer lief. Das Gerät brachte aber noch ein zu großes Gewicht mit sich, daher legte Mauser 1902 zwei weitere Modelle vor. 1909 folgte ein Gasdüsenlader, der Anfang des Ersten Weltkriegs, zusammen mit dem Mondragon-Selbstlader, als »Flieger-Selbstladekarabiner 15« zum Einsatz kam. Diese Gewehre besaßen nicht nur eine große Störanfälligkeit, sondern die Patronenhülsen mußten vor ihrer Verwendung auch gefettet werden. Das machte den Einsatz im Grabenkrieg unmöglich. Auch spätere Arbeiten einiger Firmen, wie zum Beispiel Vollmers SG 29 oder Mausers G 35, gehörten nicht gerade zu den Spitzenprodukten.

Aber nicht nur Hitler allein stand den Selbstladern skeptisch gegenüber, auch das OKH vertrat recht gegenteilige Ansichten. Zumindest bei einigen führenden Militärs änderten sich die Meinungen, als die Landser beim Rußlandfeldzug auf die Simonow- und Tokarew-Selbstlader der Baureihen 1938 und 1940 stießen. Nicht wenige Soldaten warfen ihre Repetierer fort, um sich mit diesen Beutewaffen auszurüsten.

Die Deutschen litten ohnehin an einer Unterbewaffnung. Während im September 1939 eine zehnköpfige Schützengruppe noch mit neun K 98k, einem MG 34 und einer P 08 oder P 38 ins Feld zogen, erhielt der Gruppenführer erst ab 1941 anstelle seines Karabiners eine MP 38/40. Aber auch die Maschinenpistole erhöhte nicht wesentlich die Feuerkraft der Infanterie. Das Oberkommando der Wehrmacht strebte deshalb die Vereinheitlichung der Bewaffnung an und favorisierte einen »Maschinenkarabiner«. Auch den lehnte Hitler erst einmal kategorisch ab, zumal sich das Gerät noch in der Entwicklung befand.

Die Geschichte des Selbstladers begann aber schon wesentlich früher. Die Firmen Walther und Mauser arbeiteten im Einklang mit dem Militär bereits ab Mitte der 30er Jahre gezielt an diesem Waffentyp. So liefen im Jahre 1936 die ersten Erprobungen durch das Waffenamt, und 1938 folgte eine Truppenerprobung beim Lehrwaffenregiment. 1940 forderte schließlich das Heereswaffenamt die Firmen Walther und Mauser offiziell auf, einen Halbautomaten für die Standardpatrone 8 × 57 zu entwickeln.

Beide Unternehmen standen vor einer schwierigen Aufgabe, denn die Beschaffungsbehörde stellte gezielte Forderungen. Aufbauend auf die bereits gewonnenen Erkenntnisse und mit Blick auf die Präzision meinte das Waffenamt, daß der Lauf für eine Gasentnahme nicht angebohrt werden dürfe. Man wollte die damit verbundene Reduzierung der Mündungsgeschwindigkeit vermeiden. Auch ein rückstoßladendes Prinzip kam nicht in Frage, und deshalb blieb nur ein Gasdüsenlader übrig. Walther und Mauser entwickelten nun eine Waffe, deren Staudüse als breites, rundes Baustück komplett mit Kornträger an der – oder besser um die – Laufmündung saß. Beim Austritt des Geschosses baute sich vorn ein Gasdruck auf, der über eine lange Schubstange den Impuls für den Repetiervorgang übertrug. In weniger als einem Jahr hatten beide Fabriken bereits serienfertige Prototypen erstellt. Vom G 41(W) und G 41(M) war fortan die Rede, wobei die Buchstaben in Klammern auf die Entwicklungsfirma hinwiesen.

Das Gewehr 41 besaß ein 10 Patronen fassendes, feststehendes und nur von oben zu füllendes Magazingehäuse. Die Schubstange aus Blech lag im Gegensatz zu der Mauser-Variante über dem Lauf und wirkte auf den Stützklappen-Verschluß ein. Das OKH forderte einen Kammerstengel nach Vorbild des K 98k, doch Walther installierte nur einen kurzen Spannknopf. Einige Exemplare gingen zur Erprobung an die Front, ohne positives Resultat, wobei das Walther-Modell noch relativ günstig abschnitt.

Da der Preis der Walther-Waffe ohnehin günstiger lag, führte die Wehrmacht am 2. Dezember 1942 den Selbstlader als »G 41« ein. Bis zum 21. Dezember 1942 lieferten beide Firmen 2 941 Stück aus. Im Februar stieg die Stückzahl auf 5 969, wobei der Schwerpunkt zum Schluß bei der Walther-Fertigung lag. Von März bis Juli kam es in den erhalten gebliebenen Unterlagen zu einer Vermischung der Ist-Abnahmen des G 41 und G 43, so daß keine konkreten Zahlen mehr bekannt sind. Im August und September 1943 entstanden noch 21 040 Stück und anschließend sprach das OKH nur noch vom Abnahme-Soll. Bis Februar 1944 sollten demnach noch 40 000 Stück ans Heer gehen. Wieviel tatsächlich noch gefertigt wurden, ist unbekannt.

Die Fertigung lief bei Walther, versehen mit dem aktuellen Code »ac« und den Berlin-Lübecker Maschinenfabriken, unter »duv«. Während der Fronteinsätze häuften sich die negativen Rückmeldungen. Die Staudüse bewährte sich nicht. Erste Anzeichen der sogenannten »Entfeinerung«, verbunden mit den immer leerer werdenden Kassen des Deutschen Reiches und nicht zuletzt der weiteren Versuche zur Einführung eines Maschinenkarabiners, ließen das OKH die Selbstlader-Geschichte letztendlich nur halbherzig angehen. Die Firmen wollten ihre einmal konzipierten Entwicklungen aber nicht einfach ad acta legen. Und so setzten sich die Konstrukteure abermals an die Zeichenbretter, um die ganze Sache zu modifizieren.

Das Gasgestänge befindet sich unter dem hölzernen Handschutz. Die mit einer Feder versehene Schubstange bedient den Gaszylinder.
(Kupsch)

Oben: Von den Berlin-Lübecker Maschinenfabriken gefertigtes G 43 mit dem Code »duv« aus dem Jahr 1944, darunter liegt ein G 41 mit der typischen Staudüse, 1943 von derselben Firma hergestellt. (Kupsch)

Durch ein paar Federstriche wurde aus dem G 43 das K 43. Hier ein nur noch grob verarbeitetes Berlin-Lübecker Produkt von 1945, jetzt mit dem Code »qve« versehen.

(M. Kersten)

G und K 43

Am 20. Januar 1943 gingen die ersten Umkonstruktionen, jetzt als G 43 bezeichnet, zur Erprobung an die Infanterieschule nach Döberitz. Zum gleichen Zeitpunkt beschloß das OKH die Produktionsumstellung vom G 41 auf das G 43, ohne die Testergebnisse vorher zu kennen. Zur gleichen Zeit drängte der Maschinenkarabiner immer weiter ins Rampenlicht, und die Frage nach einer neuen Verwendungsmöglichkeit des G 43 stand im Raum. Als Scharfschützengewehr kam es in Frage, wenn es ein Zielfernrohr erhielt, und auch das Verschießen von Gewehrgranaten gehörte zur Diskussion.

Am 26. Juni 1943 befahl Hitler den Einsatz als Scharfschützengewehr mit ZF 4 und Schalldämpfer. Jede Schützengruppe sollte zwei Exemplare erhalten. Am 1. Oktober 1943 änderten sich die Pläne. Jetzt sollte das G 43 den K 98k vollkommen ersetzen. Unmittelbar danach begann die Serienfertigung. Nach wie vor trug das G 43 den Stützkappenverschluß des Vorgängers, wobei jedoch der Spannkopf von der linken auf die rechte Seite wanderte. Von der Staudüse fehlte nun jede Spur, denn der Gasantrieb funktionierte jetzt über den angebohrten Lauf. Ein Einsteckmagazin sorgte für eine bessere Handhabung. Rationelle Blechprägetechnik für den Verschluß, den Abzugbügel und das Magazin verdrängten die gefrästen Komponenten. Das gehörte zur Preisgestaltung. Auch das gegossene Verschlußgehäuse nebst Deckel, bei denen lediglich die Funktionsteile bearbeitet wurden, trugen weiter zur Kostenreduzierung bei.

Während die Fertigung des G 41 auslief, wuchs der G 43-Ausstoß. Zwischen den Soll- und Ist-Zahlen klaffte schnell ein großer Spalt, denn die Fertigungskapazitäten der Firmen waren nahezu erschöpft. Die Militärs beschlossen daraufhin pro Schützengruppe nur jeweils ein G 43 einzuführen. Erst im Dezember 1943 folgten Truppenerprobungen, mit nicht gerade hervorragenden Ergebnissen. Die einzige akzeptable Einsatzmöglichkeit sahen die Tester auch hier als Scharfschützengewehr. Im Laufe der bis 1945 andauernden Fertigung änderten sich immer wieder Details. So verwandelte sich 1944 der Name »Gewehr 43« in den »Karabiner 43«, was Sinn machte: von Anfang an entsprachen die Maße in etwa dem K 98k.
Fast alle K 43 erhielten rechts eine Aufschubmontage für ein Zielfernrohr. Während diese Schiene bei den ersten Exemplaren völlig glatt war, sorgte später eine Einfräsung dafür, daß durch das Einschnappen eines gefederten Hebels eine erhöhte Festigkeit des Glases beim Schießen bestand. Nur wenige der K 43 gehörten auch wirklich in die Scharfschützen-Kategorie, und an der Front blieb das ZF 4 eher ein seltenes Zubehörteil. Obwohl verschiedene Firmen, darunter Voigtländer & Sohn, Opticotechna und die I.G. Farben, das Glas herstellten: die Stückzahl reichte nie. Gegen Kriegsende führte die Wehrmacht noch das neue ZF 43/1 von Carl Zeiss/ Jena ein, aber nur noch wenige K 43 wurden mit diesem hochwertigen Glas bestückt.

Ende 1944 bestand der Handschutz des K 43 aus Plastik. Der Hintergrund: Die bisherigen Schichtholzschäfte zerbrachen häufig, da sie zur Aufnahme des Gasgestänges zu weit ausgehöhlt werden mußten. Bei wenigen Versuchsmodellen setzten die Hersteller Plastik auch für Ganzschäfte ein. Zum gleichen Zeitpunkt blieb der ansonsten geschlossene Spannkopf am Verschluß offen. Auch die Mündungsmutter fiel weg, die für die Aufnahme von Granat- oder Platzpatronen-Geräten diente. In den letzten Monaten der Fertigung verschwand die Sperrklinke am Verschlußdeckel. Die bis dato linksseitige Verschlußführungsbacke wurde durch eine an der rechten Seite ergänzt. Hierdurch stabilisierte sich die Führung.

Zu Hitlers Forderungen gehörte auch eine Dauerfeuer-Möglichkeit. Natürlich gehörte das G 43 in den Bereich der Halbautomaten, aber die Konstrukteure wollten diesem Wunsch Rechnung tragen. So installierte Walther kurzfristig eine Dauerfeuereinrichtung. Das machte eine spezielle Mündungsbremse nötig, die ein Hochschlagen der Waffe verhindern sollte. Längst gehörte der Maschinenkarabiner zur Ausrüstung der Truppe, aber trotzdem beauftragte die Infanterie-Abteilung am 25. Januar 1944 die Infanterieschule mit der Erprobung eines Dauerfeuer-G 43, bezeichnet als »G 43 DFE«.

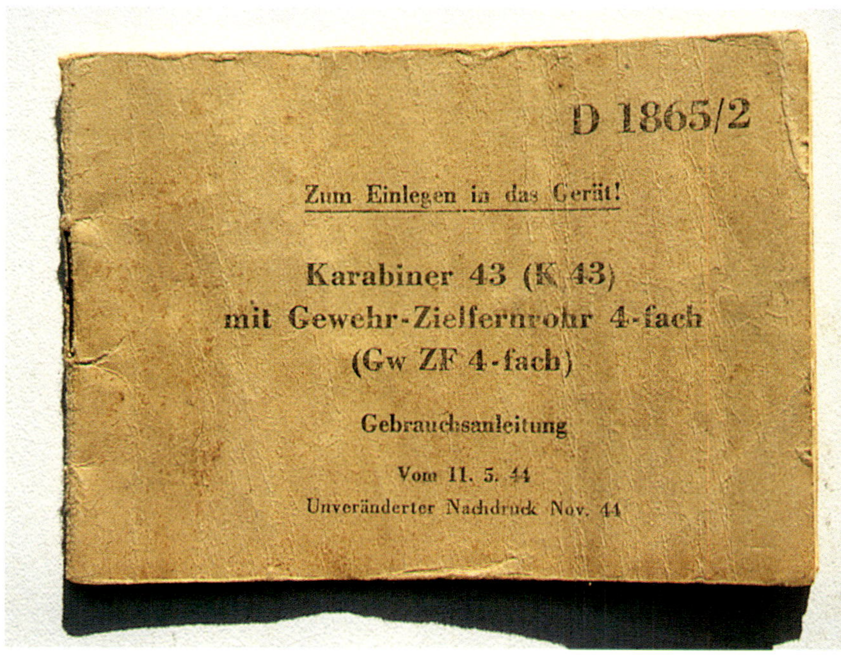

Bedienungsanleitung für das K 43 mit Zielfernrohr.
(M. Kersten)

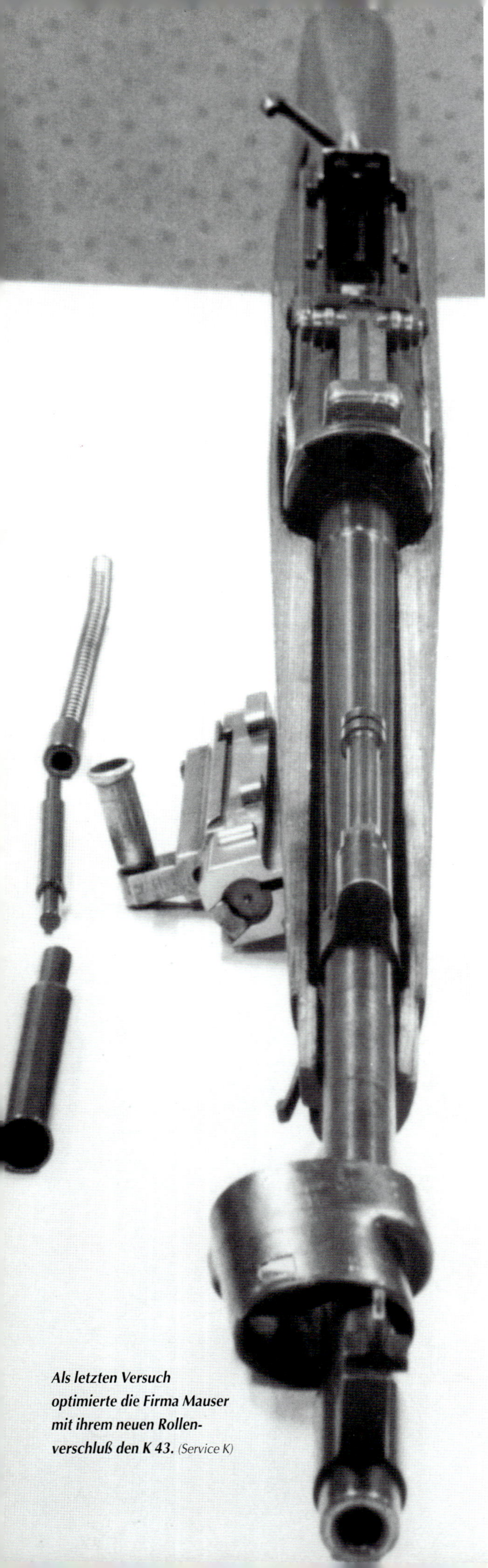

Als letzten Versuch optimierte die Firma Mauser mit ihrem neuen Rollenverschluß den K 43. *(Service K)*

ac: Walther
Nach Einstellung der G 41-Fabrikation ging es Ende 1943 nahtlos mit dem G 43 weiter. Während die »ac 43«, bedingt durch die späte Fertigungsaufnahme recht selten vorkommt, entstand das Gros der Waffen in der »ac 44«-Periode. Auch 1945 lief die Fertigung noch auf vollen Touren, das belegen die noch zahlreich vorhandenen Waffen mit der Stempelung »ac 45«, die bis zum Eintreffen der Amerikaner das Werk verließen. Alle Waffen tragen den Abnahmestempel »Adler über 359« auf der Hülse, dem Lauf und oft auf Kleinteilen, wie Abzug, Sicherungsbügel und Kornsattel. Ebensolche Stempelungen stehen auf den ZF-Montagen der Walther-Fertigung.

duv: Berlin-Lübecker Maschinenfabrik
Neben Walther bildete die Berlin-Lübecker Maschinenfabrik die zweitgrößte Produktionsstätte des K 43. Die mit dem Code »duv« bedachte Firma stellte erst im Laufe des Jahres 1944 vom G 41 auf das G 43 um. Anfang 1945 wechselte der Code in »qve«. Obwohl diese Codierung oftmals der Firma Walther zugeschrieben wird, gehört sie tatsächlich zur Berlin-Lübecker Maschinenfabrik. Es kommen also lediglich die Kürzel »duv 44« und »qve 45« vor. Die Waffen dieser Firma tragen als Abnahmestempel den »Adler über 214«.

bcd: Wilhelm-Gustloff-Werke
Bei den Gustloff-Werken lief die Herstellung des K 43 nur in geringem Umfang. Wahrscheinlich blieb die Fertigung nur auf das Jahresende 1943 beschränkt. Der Code »bcd« wurde ohne Jahreszahl eingegeben, und der Abnahmestempel besteht lediglich aus der Zahl »134«.

Als Vergleichswaffen standen ein MG 42 und die MP 43/1 zur Verfügung. Die Verwendung von normalen Infanteriepatronen brachte einen extrem starken Rückstoß mit sich, den auch die Mündungsbremse nicht verhinderte. Weitere Störungen trugen zu einem negativen Resultat bei, das die Infanterieschule am 8. Februar 1944 schriftlich niederlegte. In Zella-Mehlis mußten die Konstrukteure zur Kenntnis nehmen, daß Dauerfeuer nicht zu dieser G 43-Konzeption gehörte. Aber Walther ließ nicht locker, denn mittlerweile etablierte sich eine neue Kurzpatrone. Eine Umkonstruktion auf dieses Kaliber folgte, begleitet von einem 30schüssigen Magazin der MP 43. Doch auch diese Entwicklung verlief im Sande.

Übrigens: Nach dem Krieg zählte der K 43 weiter zur deutschen Bewaffnung. Die Volkspolizei der DDR führte sie als Dienstwaffe ein. Eine optische Überholung erfolgte in den 50er Jahren. Auf diesen Waffen ist der typische VOPO-Stempel »Sonnensymbol mit Wappen und Kennziffer« und ein »X-Stempel« zu finden. Nach dem geschichtsträchtigen Fall der Mauer gelangten diese Geräte auch auf den deutschen Sammlermarkt.

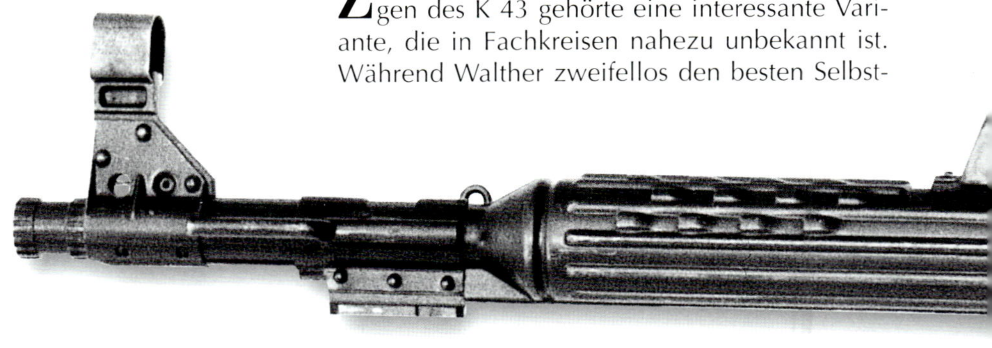

Letzter Versuch: Die Walther-Mauser Kombination 03

Zu den zahlreichen Versuchen und Änderungen des K 43 gehörte eine interessante Variante, die in Fachkreisen nahezu unbekannt ist. Während Walther zweifellos den besten Selbstlader hervorgebracht hatte, wartete Mauser 1943 mit einem hervorragenden Rollenverschluß auf. Anläßlich einer Besprechung am 5. August 1943 bei Mauser in Oberndorf, legten die dortigen Konstrukteure dem Wa Prüf 2 erstmalig einen Walther-K 43 mit dem von ihnen konzipierten Verschluß vor.

Diese Waffe sollte vorerst nur als Studienobjekt dienen. Im Dezember 1943 galt die Konstruktion aber bereits als abgeschlossen, und im Januar 1944 machte die Teile-Fertigung die Montage von zwei Mustergewehren möglich. Ende Februar hatte eines der Geräte bereits einen Dauertest von 2500 Schuß hinter sich und im März erhöhte sich die Belastung auf 6000 Schuß. Das Waffenamt orderte zwei weitere Versuchswaffen, die im April in den Test gingen. Im Mai folgten nochmals zwei Exemplare für interne Firmenversuche. Schließlich stand der Prüfungstermin in Kummersdorf fest: Am 1. Juni 1944 erstreckte sich dort die Erprobung auf einen kurzen Funktionsbeschuß und die sogenannte Gewaltprobe, bestehend aus Versandung, Kälte, verschiedenen Munitionsarten und Zündhütchen. Beanstandungen gab es nicht. Nun wollte die Behörde die Weitererprobung allein durchführen und über das Ergebnis berichten, beziehungsweise etwaige Änderungswünsche später mitteilen.

Während die Testreihen nur zufriedene Gesichter zurückließen und die amtlichen Tester nochmals zwei Exemplare orderten, teilte das Waffenamt gleichzeitig mit, daß diese Entwicklung wegen der neuen Maschinenpistole an Bedeutung verloren hätte. Anstelle des Selbstladers sollte das Scharfschützengewehr K 43 treten. Die Firmen machten jedoch weiter, und Walther sowie Mauser arbeiteten jetzt parallel – aber getrennt – an einer Schloßverbesserung. Im August sprach sich dann der Chef der Heeresrüstung gegen die Beschaffung eines speziellen Scharfschützengewehrs aus, und sehr schnell legten Walther und Mauser im Oktober ihre jeweiligen Verbesserungen vor. Mausers Vorschlag wurde akzeptiert. Der »Hauptausschuß Waffen« erklärte allerdings, daß die laufende Fertigung des Original Walther-K 43 wegen des Absinkens der Ausstoßzahlen keinesfalls unterbrochen werden dürfe. Die Konstrukteure sollten für den Fall der Fälle ihre Entwicklung als Schubkastenlösung bereithalten und abwarten. Damit hatte sich jedoch die Sache erledigt, der K 43 mit Rollenverschluß geriet in Vergessenheit.

Die ganze Entwicklung halbautomatischer Selbstlader für die Standardpatrone 8 × 57 lief seitens der Wehrmacht nur recht halbherzig. Die Militärs favorisierten ein ganz anderes Gerät: den Maschinenkarabiner. Den mußten sie nur ihrem Führer schmackhaft machen, was zweifelsohne zu den schwierigsten Aufgaben gehörte. Besaßen das G 41 und der K 43 noch einige Attribute und vor allem die Schäftung des alten Karabiners 98k, so mußte das Wunschgerät der Truppe in den Augen Hitlers geradezu als Fremdkörper wirken.

Eine andere Geschichte: Mkbs von Walther

Die Entwicklungsgeschichte des Maschinenkarabiners, der zunächst gegen den Willen Hitlers entstand, spiegelt viel vom damaligen Zeitgeist wieder. Erfahrene Troupiers und gestandene Generäle kuschten vor einem von Tobsuchtsanfällen geschüttelten Dilettanten. Mancher Fortschritt ließ sich nur hinter seinem Rücken bewerkstelligen, oft verbunden mit einem Karriererisiko für die Entscheidungskräfte. Ein Täuschungsmanöver gegenüber dem Diktator machte aus dem Maschinenkarabiner mit Kurzpatrone vorerst eine Maschinenpistole, die sich dann später zum Sturmgewehr umwandelte. Die Entwicklung der Waffe lief offiziell seit dem 18. Mai 1938 bei der Firma Haenel in Suhl im Auftrag des Waffenamtes. Als Bedingungen nannten die Auftraggeber die Fähigkeit zum Einzelschuß und Feuerstoß bei einer Einsatz-Reichweite von mindestens 800 Metern. Damit wollten die Beschaffer eine Art Flurbereinigung in der Bewaffnung bewerkstelligen, um Ausbildung, Nachschub und Instandsetzung zu vereinfachen.

Bei der Truppe existierten nebeneinander die verschiedensten Infanteriewaffen wie Maschinenpistole, Repetierer und Selbstladegewehr. Jede Kategorie besaß Vor- und Nachteile, und nun sollten alle Vorzüge in einer Waffe vereinigt werden. Zu den weiteren Überlegungen gehörte die Materialersparnis bei der Fertigung und die Möglichkeit für den Schützen, mehr Munition ohne Mehrbelastung mitführen zu können. Dabei half die 1938 begonnene Entwicklung einer neuen

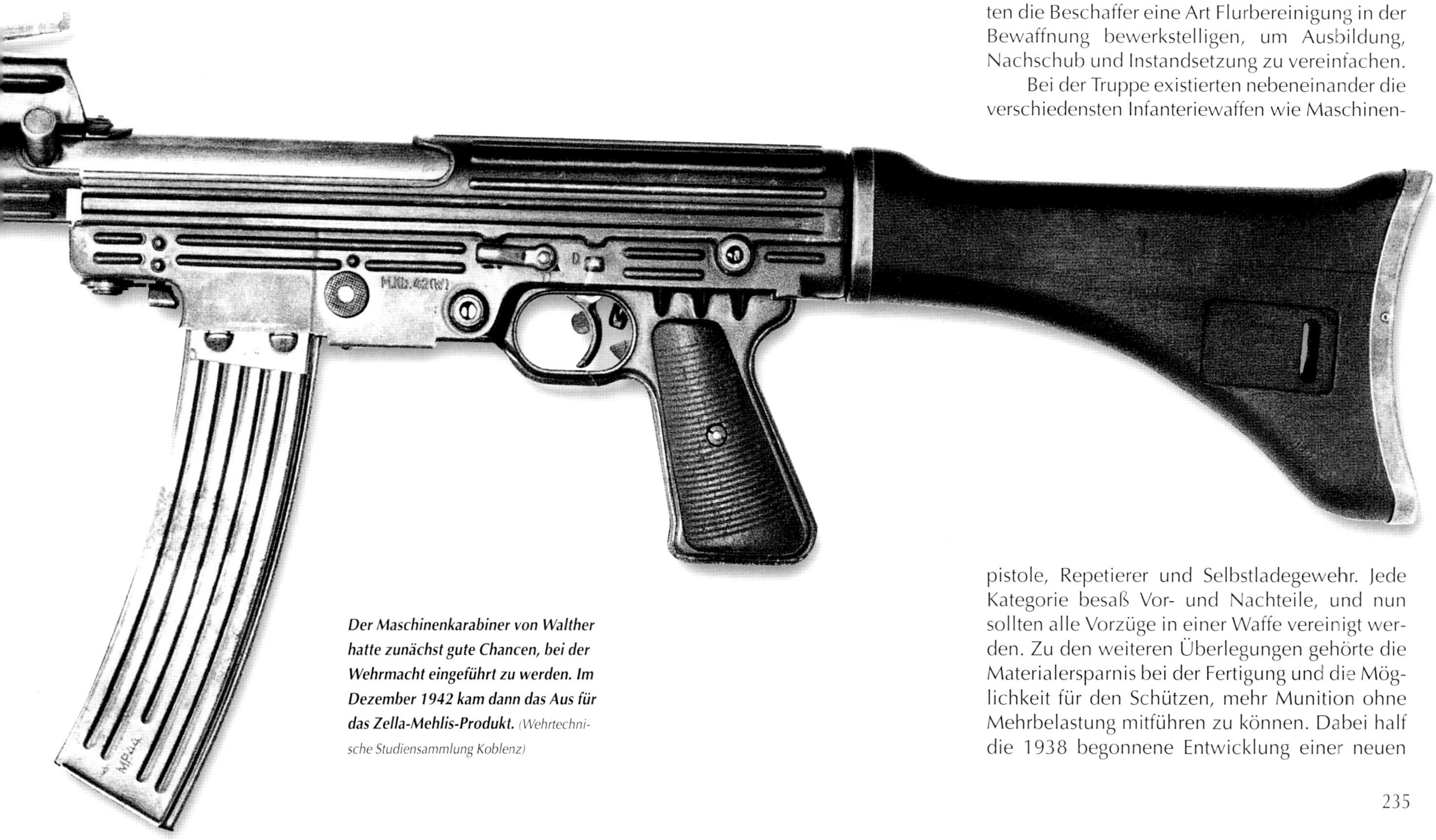

Der Maschinenkarabiner von Walther hatte zunächst gute Chancen, bei der Wehrmacht eingeführt zu werden. Im Dezember 1942 kam dann das Aus für das Zella-Mehlis-Produkt. *(Wehrtechnische Studiensammlung Koblenz)*

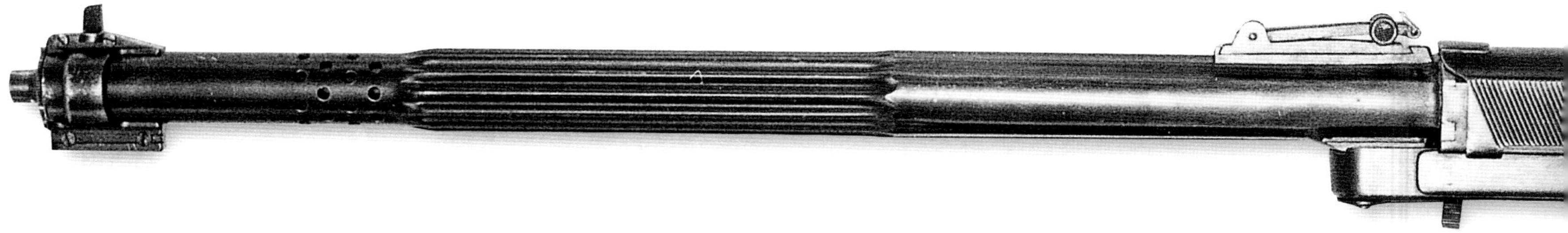

Patrone bei der Firma Polte aus Magdeburg, die Ende 1940 ihre Kurzpatrone im Kaliber 7,9 mm mit 33 mm Hülsenlänge vorlegte. Mit einer Pulverladung von 1,4 Gramm und einem Geschoß von 7 Gramm erreichte Polte eine Mündungsgeschwindigkeit von 650, später 685 Metern in der Sekunde. Ähnliche Versuche liefen bereits ab 1935 bei Geco, und auch die Firma Walther soll bis 1938 eine Kurzpatrone 7 mm in Erwägung gezogen haben.

Aber parallel mit der Serienreife der Polteschen Laborierung legte auch Hugo Schmeisser, Miteigner und Chefkonstrukteur von Haenel, seinen fertigen Entwurf für einen Mkb vor. Da Haenel nicht über das Know-how der Blechprägetechnik verfügte, mußte hier die Firma Merz einspringen.

Da alle Vorgaben für die neue Waffe nicht zur Geheimhaltung in den Reihen der Rüstungs-Konstrukteure zählten, steckten die Walther-Leute im Jahr 1940 ebenfalls die Köpfe zusammen. Resultat: Im Januar 1941 legten sie Pläne für einen von ihnen entwickelten Prototypen dem WaA vor. Sofort erhielten sie einen Auftrag für 200 Probe-Waffen. Die mußten allerdings bis zum August 1942 fertig sein. Anfang März 1942 stellte Walther den Militärs das erste Muster zur Verfügung, und die stellten fest, daß die Walther-Entwicklung den anderen Modellen voraus sei.

Die Funktionsweise ihres Mkb leiteten die Walther-Konstrukteure von drei experimentellen Gasdruckladern ab, die sie in der Zeit von 1939 bis 1941 gebaut hatten. Die firmeninterne Bezeichnung dieser Stücke lautete A 115 (1 bis 3). Zu den großen Vorteilen dieser A 115 zählte das Gasdrucksystem in einer Vorderschaftsröhre und das Hammerschloß im Pistolengriffstück sowie die Fertigung im Blechprägeverfahren. Alles schien für Walther glatt zu laufen, aber dann trat

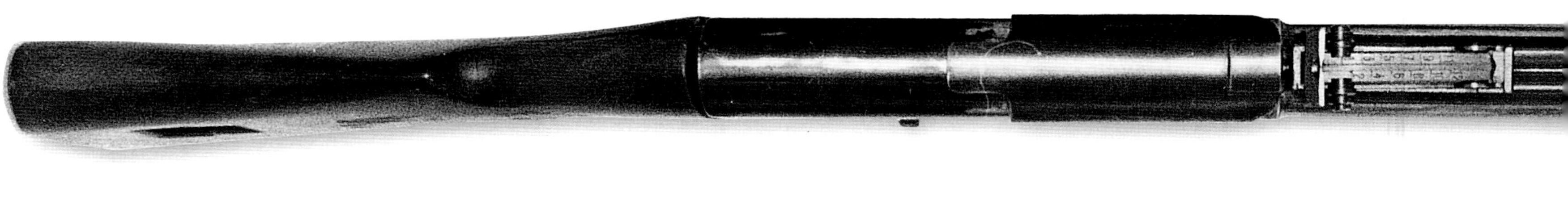

im Januar 1942 die Infanterie-Abteilung (In 2) und der General der Infanterie des OKH auf den Plan. Schließlich sollte die neue Waffe für »seine« Soldaten sein. Und daher habe er schließlich ein Wörtchen mitzureden. Was danach folgte, erinnert an die Sprachverwirrung beim Turmbau zu Babel. Technische Anforderungen und private Profilierungssucht machten eine konsequente Konstruktion unmöglich. Und die Firmen steckten mittendrin.

Am 30. März 1942 führte Walther ein erstes Muster in Kummersdorf vor. Der General fand Gefallen an diesem Gerät. Einen Tag später fiel die Haenel-Waffe beim Testbeschuß durch. Deshalb favorisierten die Tester am 5. April 1942, anläßlich eines Vortrages beim Chef des Generalstabes, den Maschinenkarabiner 1942 Walther – MK 42(W) – als neue Handfeuerwaffe für das Heer.

Bereits im November 1941 hatte Haenel vom WaA einen Probeauftrag über 50 Mkbs erhalten, die Ende April 1942 das Werk verließen. Am 14. April geriet ein solcher Maschinenkarabiner erstmalig in die Hände Hitlers, und er

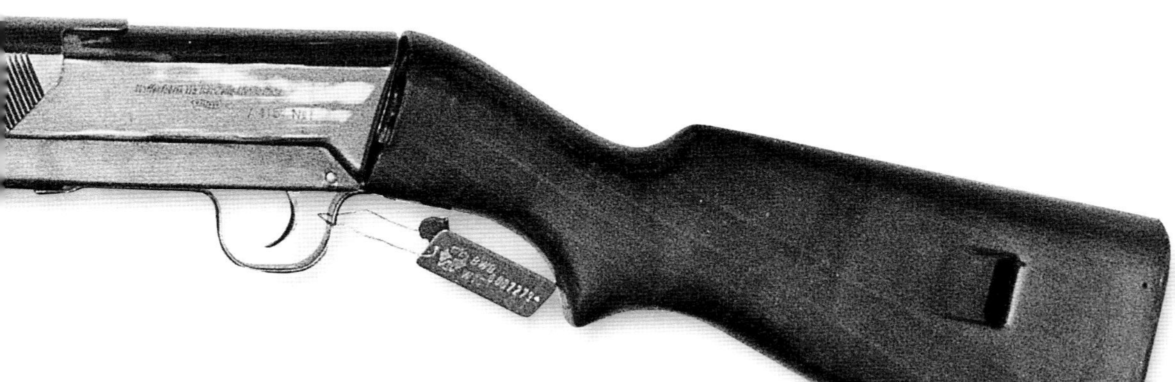

mäkelte: »Die Schußweite ist zu gering. Im Wüstenkrieg sind mindestens 1200 Meter erforderlich. Vier Millionen Maschinenkarabiner müßten gebaut werden. Bis zur vollständigen Ausstattung wäre also eine Doppelbewaffnung nötig. Das ist im jetzigen Kriege ungünstig. Sechs Milliarden Schuß Infanterie-Munition stehen zur Verfügung. Aber die können für den Mkb 42 nicht verwendet werden. Es liegt ein dringender Bedarf an schnellschießenden Maschinengewehren und Zielfernrohrgewehren vor. Diese Fertigungen haben Vorrang.«

Und so ging es weiter. Hitler wollte nicht, wohl aber das OKH. Sie beraumten wenige Tage später einen Versuch mit der Haenel-Waffe in der Infanterieschule in Döberitz an. Die Erwartungen, die man in den Mkb (H) setzte, erfüllten sich nicht. Das WaA beauftragte daraufhin die Gustloff-Werke in Suhl mit der Entwicklung eines Maschinenkarabiners, diesmal aber für die eingeführte Infanteriepatrone. Gustloff nannte diese Entwicklung »G 206«. Die Wehrmacht bezeichnete das Gerät einfach als Mkb 42(G).

Nach einem weiteren Test in Kummersdorf im Sommer 1942 lieferte Walther im Spätherbst die erste Serie des Mkb 42 aus, und am 3. Dezember 1942 konnten endlich die konkurrierenden Modelle im direkten Großvergleich getestet werden, wobei als weiteres Gegenstück der bewährte K 98k diente. Jetzt favorisierte die Infanterieschule den Haenel-Entwurf, denn sie erachteten die Walther-Entwicklung als zu kompliziert und empfindlich. Fortan ignorierte die Wehrmacht den Mkb (W), und das OKH zeigte kein Interesse mehr an der Zella-Mehlis-Waffe.

Dazwischen: A 115

Als Muster mit Wert könnte man das Selbstlader-Versuchsgewehr A 115 bezeichnen. Der Zeit entsprechend bestand, außer dem Lauf und den Verschlußteilen, alles aus Blech. Für diesen Gasdrucklader-Automaten ließen sich die Walther-Leute eine interessante Technik einfallen, wobei der Laufmantel gleichzeitig als Gaszylinder und Vorderschaft diente. Darin lag um den Lauf herum der nach vorne abdichtende, lange Kolben. Zur Kühlung besaß er etliche Löcher. Eine Verbindungshülse mit zwei Schubstangen, welche die Kolbenbewegung an den Verschluß weiterleiteten, schlossen sich an.

Auch die anderen Verschlußkomponenten waren simpel gestaltet. Das eigentliche Verschlußstück besaß einen starren Verschlußblock, eine Auszieherkralle und ein drehbar gelagertes Verriegelungselement mit vier Warzen, sowie ein Steuerstück samt Schlagbolzen. Vom Prinzip her ist die Technik mit einer gewöhnlichen Luftpumpe zu vergleichen. Pustet man vorne in das Ventilloch hinein, drückt die Luft die Stange samt Griff nach hinten. Auf den Selbstlader umgemünzt: Wenn die Mündungsgase auf die Stirnfläche des Kolbens trafen, stießen die Schubstangen das Steuerstück nach hinten. Dabei wurde über einen Nocken das Verriegelungselement etwa 30 Grad gedreht; die Verriegelung löste und der Verschluß öffnete sich.

Ein Musterstück gehörte ebenfalls zum Beutegut von 1945 bei der Besetzung der Walther-Fabrik in Zella-Mehlis. Nach zahlreichen Untersuchungen landete das seltene Exemplar zunächst beim Aberdeen Proving Ground in Maryland, um Mitte der achtziger Jahre durch ein Tauschgeschäft aus den Staaten wieder nach Deutschland zu gelangen. Es ist jetzt in der Wehrtechnischen Studiensammlung in Koblenz zu bewundern.

Das A 115 wies innovative Züge auf, die jedoch keiner bei der Wehrmacht erkannte. So blieb es bei wenigen Mustern, wovon ein Exemplar heute in der Wehrtechnischen Studiensammlung Koblenz zu bewundern ist. *(Wehrtechnische Studiensammlung Koblenz)*

Die Simplifizierung in der Waffenfertigung war kaum noch zu überbieten. Für das VG 1 wurde alles zusammengekratzt, was die Lager noch hergaben. (M. Kersten)

Walther-Gewehre für das Volk

Eigentlich gab es in den letzten zehn, zwölf Kriegsmonaten in Deutschland kaum noch etwas zu verteidigen, denn die Städte lagen längst in Schutt und Asche. Hitler, der mittlerweile in seinem Bunker in Berlin nur noch über »Fügungen« und »Wunder« lamentierte, wollte allerdings den großdeutschen Untergang nicht sehen. Für die aus Osten und Westen an den Grenzen des Reichsgebiet stehenden alliierten Truppen mußte neues Kanonenfutter her, in Form von Kindern und Greisen. Der Erlaß dazu erging am 25. September 1944. Was da zum »letzten und entscheidenden Schlag« zusammengetrommelt wurde, nannte sich »Volkssturm«, in Anlehnung an den Landsturm früherer Jahrhunderte. Dieses Aufgebot aus den Reihen eines ausgehungerten, ausgebluteten und weitgehend desillusionierten Volkes besaß wenig Stürmerisches. Die Kampfkraft des nicht einmal mit Uniformen und genügend Helmen versehenen Volkssturms kam mehr einem leichten Lüftchen gleich. Außerdem mangelte es an Waffen – und die kratzten gewisse Gauleiter schon aus Museumsbeständen zusammen.

Aber in den Ausführungen zum Führerbefehl hieß es, daß die Bewaffnung des Volkssturms in Zusammenarbeit mit den Gauleitern und den nachgeordneten Dienststellen des Reichsführers-SS zu erfolgen habe. Der Volkssturm sollte besonders in der Panzerabwehr und im Infanteriekampf dienen, deshalb erhielten die lebendigen Panzersperren erst einmal Panzerfäuste. Sonst lagen keine Waffen bereit, denn selbst die regulären Kampfverbände an allen Fronten verfügten kaum noch über ausreichendes Material.

Einfache Schießprügel mußten für den Volkssturm her, denn weder die Produktionskapazitäten der Rüstungsbetriebe noch die Rohstofflage ließen den Bau anderer Waffen zu. Ursprünglich dachten die Machthaber noch an den 98k, der sich schließlich stark vereinfacht zum »Volkskarabiner 98k« mauserte. Doch auch solche Eskapaden erwiesen sich als zu kostspielig. In Verkennung der Lage meinte Albert Speer sogar noch im Oktober 1944, auf eine spezielle Volkssturm-Bewaffnung gänzlich verzichten zu können. Im Gegensatz dazu hatten etliche Firmen längst reagiert. Überall brütete und bastelten die Techniker an Einzel- oder Mehrladern, entweder für die Normalpatrone oder die neu favorisierte Kurzpatrone 44. Denn alle erwarteten angesichts der »aufstehenden Massen« – schließlich sollten sechs Millionen Männer ausgerüstet werden – ein sattes Geschäft.

Am 1. November 1944 erhielt Hitler die ersten Muster (siehe Tabelle). Unwillig schüttelte er bei den Einzelladern den Kopf und lehnte sie konsequent ab. Ein schwacher Trost: die Walther-Waffe gefiel ihm am besten. Der Industrie-Werke-Mehrlader besaß ein 10-Schuß-Magazin des K 43 und die Waffe von Röchling war ein 5-Schuß-Streifenlader. Sämtliche Kurzpatronen-Geräte verwendeten das 30-Schuß-Magazin des Sturmgewehrs 44.

Bei den Mehrladern für die Normalpatrone machten einige Generäle Hitler das Modell der Deutschen Industrie-Werke für die Normalpatrone schmackhaft, und so ordnete der Diktator an, hiervon erst einmal 400 000 bis 450 000 Stück zu fertigen. Das bedeutete jedoch nicht, daß die restlichen Waffen nicht mehr getestet oder weiter entwickelt wurden. Vom 14. bis 16. November sollte in Kummersdorf erst einmal eine Belastung mit je 1000 Schuß Gewehrmunition sowie 20 Schuß Gewehr-Sprenggranaten erfolgen. Eigenartigerweise lagen jetzt auch Mehrlader-Versionen der Firma Walther vor, die, aus welchen Gründen auch immer, entweder Hitler nicht zu Gesicht bekommen durfte, oder aber zu diesem Zeitpunkt noch nicht fertig waren. Nur mit einem dieser Walther-Gewehre konnte der beabsichtigte Test weitgehend durchgezogen werden. Nachdem alle anderen Muster schnell ihre Schwachstellen zeigten, entstand beim Walther-Gewehr erst nach 87 Schuß ein Riß am Kolbenhals, der sich allerdings nicht erweiterte.

1. November 1944: Vorlagemuster für Hitler

Einreichende Firma	*A*	*B*	*C*	*D*
Walther, Zella-Mehlis	*1*	*–*	*–*	*–*
Appel, Berlin-Spandau	*1*	*–*	*–*	*–*
Bergmann K.G., Velten	*1*	*–*	*–*	*–*
Gustloff-Werke, Suhl	*1*	*–*	*–*	*1*
Deutsche-Industrie-Werke, Berlin	*–*	*1*	*2*	*–*
Röchling (Coenders), Wetzlar	*–*	*1*	*–*	*–*

A = Einzellader für Normal-Gewehrpatrone
B = Mehrlader für Normal-Gewehrpatrone
C = Mehrlader für Kurzpatrone
D = Selbstlader für Kurzpatrone

Der Walther-Favorit nannte sich fortan »VG 1«. Der Mehrlader »Volks-Gewehr 1« besaß ein 10 Schuß fassendes Magazin des K 43. Während die Techniker den Lauf innen auf einer Länge von drei Zentimetern auf einen Durchmesser von zehn Millimetern erweiterten, wurde er außen für die Aufnahme eines Gewehr-Granatgeräts abgedreht. Die hintere Fixierung erfolgte durch Einpressung in die Hülse plus einem zusätzlichen Stift. Das Schloß bestand aus den üblichen, aber einfach gefertigten Komponenten: Kammer und Auszieher, Druckbolzen mit Feder, Schloßteil-Sperre, Schlagbolzen plus Führungsbolzen, Schlagbolzenfeder, Gegenlager und Vorsteckscheibe. In den aufgenieteten Lagern an der Hülse saß drehbar die Abzuggabel mit Stollen sowie der Abzug samt Drucknase. Die Sicherung lag direkt im Abzugbügel und legte durch

***Sicherung:** Nur durch ein einfaches Verschieben der im Abzugbügel angebrachten Sperre konnte der Abzug festgelegt werden.* (M. Kersten)

***Abgedreht:** In den Magazinen lagerten noch größere Bestände an MG-Läufen. Diese wurden nun außen abgedreht und der VG-Fertigung zugeführt.* (M. Kersten)

***Schlagwirkung:** Kleinere Funktionsteile und Federn fixierten die Arbeiter mit Körner- oder Hammerschlägen.* (M. Kersten)

Daten VG 1	
Herstellung	1944
Kaliber	7,92 × 57 mm
System	Zylinder-Drehverschluß
Leergewicht	3,33 kg
Länge	930 mm
Visier	Standvisier 200 m
Lauflänge	400 mm
Drall	rechts
Züge	4
Magazinkapazität	10 Patronen
Magazin, voll	0,45 kg

Kummersdorf-Testwaffen, Dezember 1944

Mehrlader für auf 10 Patronen gekürztes Stgw.44-Magazin und Zylinder-Drehverschluß. Ausnahme: Steyr-Waffe (Ladestreifen)

Einreichende Firma	Gesamtlänge	Lauflänge	Gewicht
Walther (I)	930 mm	400 mm	3,33 kg
Walther (II)	890 mm	400 mm	3,12 kg
Erma	895 mm	412 mm	3,15 kg
Gustloff-Werke	880 mm	450 mm	3,10 kg
Mauser (I)	880 mm	430 mm	3,42 kg
Mauser (II)	900 mm	430 mm	3,38 kg
Rheinmetall-Borsig	860 mm	400 mm	3,12 kg
Steyr	920 mm	412 mm	2,48 kg

einfaches Umschwenken den Abzug fest. All das hielt ein einfach gearbeiteter Schaft zusammen.

Im Dezember 1944 drängte die Beschaffung von Infanteriewaffen immer mehr, und so schlug der Chef der Heeresrüstung vor, die Produktion des Karabiner K 98k gänzlich einzustellen. Statt dessen sollte eine großangelegte Fertigung des Walther-Volksgewehrs erfolgen. Das paßte Hitler überhaupt nicht; er lehnte diesen Vorschlag grundsätzlich ab. Um nicht weiter mit diesen Schießprügeln konfrontiert zu werden, überließ nun die Wehrmacht die Entwicklung und Fertigung den einzelnen Gauen.

»Bei der Entwicklungsfirma Carl Walther, Zella-Mehlis, ist ein Arbeitsausschuß Volksgewehr unter der Leitung von Herrn Fritz Walther, Telefon: Zella-Mehlis 651, Fernschreiber: 06 8184, gegründet, der für alle Fragen hinsichtlich Konstruktion und Fertigung zuständig ist. Die Firma Walther baut eine eigene Fertigung auf, die als Stamm- und Schulbetrieb arbeiten wird und Ratschläge, Verbesserungen, usw. allen fertigenden Betrieben zur Verfügung stellt.« So lautete es in einem als »geheim« eingestuften Schreiben vom 8. Dezember 1944 des »Hauptausschusses Waffen«, adressiert an alle Bezirksbeauftragten.

Am 17. Dezember 1944, morgens um 9.00 Uhr, trafen sich im Walther-Werk in Zella-Mehlis alle 66 verantwortlichen Leiter der Firmen, die mit der Fertigung der Volkssturm-Gewehre beauftragt werden sollten. Ihnen stand Fritz Walther als Leiter des »Arbeitsausschusses Volksgewehr« vor. Jeder Delegierte erhielt ein VG 1, wobei der Walther-Chef darauf hinwies, daß es sich um Handmuster handele und deshalb die einzelnen Teile nicht als verbindlich für die Serienfertigung anzusehen seien. Obwohl Zeichnungen hierzu bereits ab dem 8. Dezember beim Hauptausschuß Waffen in Berlin bereitlagen, übergab Fritz Walther zusätzlich einen Satz Geräteteilzeichnungen und eine Hauptfertigungskarte mit Arbeitsplänen.

Die Produktion des Volksgewehrs Walther sollte im ganzen Reich dezentral anlaufen. Hierzu mußten die Bezirksbeauftragten in ihrem Bereich eine geeignete Leitfirma benennen. Diese Firmen zählten dann als Hauptauftragnehmer für die Bestellungen durch den Reichsführer-SS und den Stabsführer des deutschen Volkssturms, beziehungsweise dessen Beauftragten, dem SS-Standartenführer Purucker. Die Leitfirma hatte die Aufgabe, jeden Betrieb, der für eine VG-Fertigung in Frage kam, zu erfassen und seiner Größe entsprechend mit Unteraufträgen zu versorgen. Hierzu arbeiteten Beauftragte bei Walther an speziellen Arbeitsplänen und Betriebsmittelzeichnungen. Diese sollten spätestens am 20. Dezember fertig sein. Die eigentlichen Betriebsmittel mußte jeder Gau jedoch selbst erstellen, wobei eine Neubeschaffung von Maschinen nicht in Frage kam. Auch die Materialversorgung lag größtenteils bei den Bezirken selbst. »Durch Auskämmung des letzten Winkels aller Läger, durch Verwendung z. B. von angearbeitetem Material aus inzwischen gestoppten Aufträgen, durch Einsatz von Material aus anderen Fertigungen, das nicht in den nächsten Monaten benötigt wird ...« sollte eine Fertigung sichergestellt werden.

Größte Schwierigkeiten bereiteten die Läufe, denn es standen keine Kapazitäten mehr zur Verfügung. So griffen die Firmen auf ausgediente Rohre anderer Waffen zurück. Das hieß konkret: In verschiedenen Depots der Luftwaffe lagerten noch größere Mengen Ersatzläufe für die Maschinengewehre 15, 17 und 81. Außen abgedreht standen sie dann der Volksgewehr-Fertigung zur Verfügung. Auch hierzu stellte Walther Arbeitsanleitungen und Beschußvorrichtungen zur Verfügung. Natürlich mußte bereits gestern alles fertig sein. Aber ganz so einfach wie sich die Herren die Fertigung vorstellten, ging es nicht. Im vorauseilenden Gehorsam nannten einige Delegierte bei der Besprechung Phantasie-Produktionszahlen von 200 000 Exemplaren im Monat.

Fritz Walther wies darauf hin, daß 100 000 bis 150 000 Stück realistischer seien. Auch ein gewisser Herr Millinger, ein Vertreter Puruckers, sorgte für Aufregung. Er stellte fest, daß bisher fünf verschiedene Volkskarabiner zum Anlauf kämen und gegebenenfalls noch weitere Modelle folgen sollten. Die Frage, ob die Möglichkeit bestehe, daß das Walther-VG durch ein anderes Muster abzulösen sei, verneinte Millinger ganz klar. Verständlicherweise herrschte nach dieser schizophrenen Aussage bei den Delegierten weiter Ratlosigkeit, doch keiner traute sich mehr, gezielt nachzufragen.

Nun folgte Schlag auf Schlag. Bereits am 21. Dezember 1944 bestellte das OKH 250 000 Volksgewehre. Lieferanten sollten neben Walther mit 50 000 Stück, die Brünner-Werke und Mauser in Oberndorf sein. Am 27. Dezember 1944, abends um 21.41 Uhr, erhielt Fritz Walther noch ein Fernschreiben von Purucker, der nach dem Stand der Dinge fragte. Auf keinen Fall dürfe die normale Fertigung durch die zusätzliche VG-Produktion gefährdet werden. Zwei Tage später antwortete Fritz Walther und stellte zum wiederholten Male fest, daß keinerlei Einschränkungen der laufenden Waffenfertigung entstehen würden. Weiterhin: »Die gesamte Fertigung ist im Gau Thüringen weitgehendst unterteilt. Die ersten Lieferungen erfolgen im Laufe des Monats Januar mit ca. 1 000 Stück, vorausgesetzt, daß keinerlei Gas- und Energiebeschränkungen erfolgen. Verschiedene Teile können bis zu 100 000 Stück pro Monat gefertigt werden, falls das nötige Material zur Verfügung steht. Es können also vom Gau Thüringen aus auch andere Gaue mit bestimmten Teilen beliefert werden.«

Es ist schon recht eigenartig, daß Fritz Walther in bezug auf die Produktion der Volksgewehre plötzlich über so viele und großzügig bemessene Kapazitäten verfügte, denn angeblich sollten zu diesem Zeitpunkt ja bereits alle Rüstungsbetriebe über ihre Grenzen hinaus belastet sein. Aber das wird sich kaum mehr klären lassen.

Die Entwicklung lief trotzdem weiter. Da die Kurzpatrone im Ansehen stieg, entwickelte Walther auch hierfür zwei Mehrlader mit einem auf zehn Patronen gekürztes Magazin des Sturmgewehrs 44. Beide Modelle fanden sich vom 15. bis 22. Dezember 1944 in Kummersdorf zum Testbeschuß wieder. Und hier gehörten Schaftbrüche beim Granatschießen zur Tagesordnung, wovon auch die Walther-Waffen nicht verschont blieben. Beim Modell 1 krachte es nach neun Schußabgaben, und das Modell 2 zerlegte sich bereits nach dem vierten Schuß. Allerdings bestanden sie die üblichen Kälte- und Staubversuche glänzend. Ob das als ausschlaggebender Faktor für die Auflage weiterer Muster diente, ist kaum anzunehmen. Es ist wohl zu einem gewissen Prozentsatz der allgemeinen Konfusion zuzuschreiben, daß Gustloff jetzt mit seinem Selbstlader wieder an Terrain gewann. Ein wesentlicher Aspekt ist jedoch die Tatsache, daß der Gau Thüringen diese Waffen bestellte. Der Gauleiter und gleichzeitige Gustloff-Chef hieß schließlich Fritz Sauckel.

Am 1. Januar 1945 ließ Purucker die Technischen Lieferbedingungen verteilen – und tatsächlich, ganz wie Millinger es damals ansprach: Es gab fünf unterschiedliche Typen:

- VG 1 Walther
- VG 2 Spreewerke
- VG 3 Rheinmetall
- VG 4 Mauser-Werke
- VG 5 Steyr

Damit aber nicht genug. In einer Vielzahl von Betrieben entwickelte jeder Werksleiter weiter und konstruierte dabei Schießprügel, die in Heimarbeit hergestellten Partisanenwaffen recht nahe kamen. Zu den offiziellen Anforderungen zählte der Nachbau der Sten-Maschinenpistole. Aber das ist eine andere Geschichte, mit der die Firma Walther nichts zu tun hat.

FÜR JAGD UND PRÄZISION

Von 1952 bis 1969 bot Walther Jagdbüchsen mit 98er System, Stecher, abgebogenem Kammergriff und einer seitlich angebrachten Walther-Jagdsicherung an. Letztere ließ sich nur in gespanntem Zustand betätigen, sperrte den Abzugstollen und arbeitete vollkommen geräuschlos. Hierzu zählte die »Walther Repetier-Pirschbüchse« in den Kalibern 6,5 × 57, 7 × 57, 7 × 64 und 8 × 57 IS. Die Lauflänge betrug 60 cm, die Schäfte mit Backe und Pistolengriff bestanden aus dunklem Nußbaumholz. Zur selben Kategorie gehörten auch Ganzschaftbüchsen, die infolge ihrer schnittigen Linienführung nur für die Kaliber 6,5×57 und 7×57 mit Lauflängen von 55 cm und 60 cm in Frage kamen.

JR

Mitte der 60er Jahre entstand der Wunsch, auch auf dem Jagdsektor mit einer neuen, eigenständigen Konstruktion aufzuwarten. Nach einer Analyse der Schwachpunkte in den Verriegelungen der Weatherby- und Mauser-Waffen entwickelte ein Team unter Federführung Dieter Keppelers einen neuartigen, sehr eleganten Zylinderverschluß mit sechs schräg gestellten Gewindewarzen. Nach einem etwas verfrühten Start kam das neue System Anfang 1972 in Form eines Jagdrepetierers auf den Markt. Als Bezeichnung diente einfach die Abkürzung »JR«. Je nach Kaliber enthielt das Magazin drei oder vier Patronen. Durch eine spezielle Vorrichtung im Gehäuse ließ es sich per Knopfdruck entladen, ohne daß die Patronen dadurch wie beim 98er über den Repetiervorgang herausgestreift werden mußten. Der geradlinige Kammerstengel besaß in seinem Innern ein bewegliches Element. Von unten auf den Knopf des Kammergriffs gedrückt, blockierte er das Schloß gegen ein unabsichtliches Öffnen. Bei der Schußabgabe entriegelte sich die Sperre automatisch. Als Sicherung wirkte eine flache, kleine Flügelsicherung am Schlößchen mit zwei Stellungen.

Die Sportkompanie der Bundeswehr zeigte Interesse an dem neuen Walther-Gewehr, und so entstand vorerst für Versuchszwecke eine Kleinserie als Biathlongewehr. Allerdings blieb es dabei; ein größerer Auftrag folgte nicht. Dann kam die Olympiade in München im September 1972,

Der Jagdrepetierer »JR« hat viele Gesichter. Hier als verschnittene und gravierte Jagdwaffe im Kaliber 7 × 64 mm mit Schwenkmontage und Zielfernrohr H & R 6 × 42 mm, sowie unten als normale Ausführung. (Stoll GmbH)

Gleiches Modell, andere Funktion: Der JR im Kaliber .308 ist als Scharfschützengewehr ausgebaut. (Stoll GmbH)

und mit ihr das Massaker an den israelischen Geiseln auf dem Flughafen von Fürstenfeldbruck. Sofort danach bauten die Polizeien von Bund und Ländern spezielle Anti-Terroreinheiten auf. Ohne die später üblichen Pflichtenhefte und Anforderungskataloge verwandelte Walther binnen weniger Monate den Jagdrepetierer in das Modell »JR Sniper« für die sogenannten Präzisionsschützenkommandos (PSKs) der Polizei: Die Techniker kombinierten das System mit einem 650 mm langen, an der Mündung 22 mm dicken und schweren Matchlauf und einem aus dem sportlichen Sektor entliehenen großflächig punzierten Lochschaft mit höhenverstellbarer Backe und Schaftkappe. Nach amerikanischen Vorbildern setzte Keppeler einen ab Werk feinjustierten Direktabzug ein. Schon im Frühjahr erhielten die ersten PSKs in Süddeutschland solche JR Sniper, darunter auch die Gruppe der Polizeidirektion Karlsruhe.

Zwei Bauserien entstanden; die erste mit brüniertem, die zweite mit parkerisiertem Finish. Eine Schwenkmontage nahm das Zielfernrohr auf. Je nach den Wünschen der Dienststellen handelte es sich dabei um das damals gerade neu auf dem Markt erschienene 2,5 bis 6fache Zeiss Diavari oder ein ähnlich starkes Schmidt & Bender. Die Walther-Präzisionsgewehre verblieben teilweise bis Anfang der 90er Jahre im aktiven Dienst und zeichneten sich durch hohe Präzision aus. Selbst die gebrauchten, ausgemusterten Gewehre brachten noch Spitzenergebnisse von 16 bis 18 mm großen Streukreisen auf 100 m zustande.

Das Problem des JR-Projekts lag weniger im System als in der Kostenkalkulation und in den nicht ausreichenden Kapazitäten bei der Entwicklung und Produktion. Das gleiche Handicap sollte einen der ambitioniertesten Vorstöße im Großkaliber-Gewehrbereich behindern.

WA 2000

Die kriminell und politisch motivierten Geiselnahmen konfrontierten die deutsche Polizei Anfang der 70er Jahre mit völlig neuen Einsatzbereichen, für die sie erst einmal die taktischen und technischen Lösungsansätze und die dazugehörigen Einsatzmittel schaffen mußte. Gleichzeitig erhielt dadurch die Forschung und Entwicklung bei den Scharfschützengewehren für Militär wie Polizei neue Impulse. Längst gaben sich die PSKs nicht mehr mit abgezweigten Armeegewehren zufrieden. Bei der Entwicklung der neuen Waffen für den sogenannten finalen Rettungschuß bei Geiselnahmen orientierten sich die Beschaffer an den Präzisions-Höchstleistungen im sportlichen Scheibenschießen.

Nach der Arbeit an dem JR Sniper ging das Walthersche Konstruktionsteam im fliegenden Wechsel daran, einen Halbautomaten zu schaffen: Denn neben den hochpräzisen Repetierern träumten die PSK-Einsatzleiter immer noch von einer Selbstladewaffe für den augenblicklichen zweiten, dritten und vierten Schuß für eventuelle Notsituationen, bei denen sich die Täter schnell bewegten. Die Ulmer präsentierten 1982, für die meisten sehr überraschend, den Prototypen eines sehr futuristisch konzipierten Selbstladers. Sie nannten ihn »WA 2000«, wobei das Kürzel für »Walther-Automat« steht.

Die Waffe ist auf einem aus Profilrohren bestehenden Rahmen aufgebaut. Der hintere Bereich des Rahmens ist durch das Gehäuse, das den Verschluß und den Lauf aufnimmt, fest verbunden. Vor dem Gehäuse, im Bereich der Zielfernrohrmontage, sitzen Verstärkungen, bestehend aus beidseitigen Verbindungsplatten. Das vordere Ende der Profilrohre wird durch zwei Verbindungsleisten versteift. Die Anordnung des Systems ist ein wesentliches Merkmal dieses Geräts. Durch die Verlagerung in den Hinterschaft entstand eine außerordentlich kurze und damit handliche Waffe. Der Lauf, das Kernstück der Waffe, ist die wichtigste Komponente für die Schußleistung und deshalb legten die Konstrukteure auch besonderen Wert auf die präzise Abstimmung zur Patrone. Die Außenform entsprach in bezug auf Schwingungen und Wärmeableitung den neuesten Erkenntnissen; der Zug/Felddurchmesser sowie Drall und Patronenlager wiesen die geringsten Toleranzen auf. Die Waffe

Walthers WA 2000 strahlt selbst heute noch eine große Faszination aus, obwohl es nicht mehr zum Programm der Ulmer Fertigung zählt. (Kupsch)

Durch die Verlagerung des Systems in den Hinterschaft wurde die Waffe sehr kurz. Schräg vor der Auswurföffnung liegt der Verschlußhalter. In der abgebildeten unteren Stellung ist das WA 2000 schußbereit. Schiebt man den Halter bei gleichzeitigem Zurückziehen nach oben, wird der Verschluß in seiner hintersten Stellung gehalten. (Kupsch)

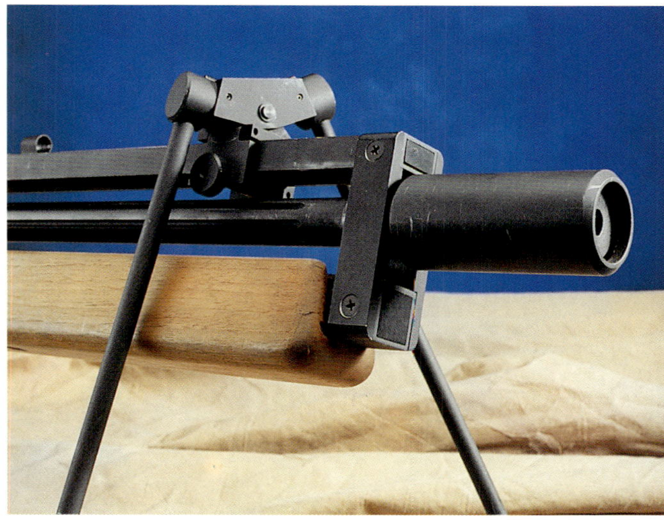

Eigenwillig wirkt auch das an der oberen Schiene montierte Zweibein. Aber hierdurch läßt sich die Waffe nicht nur leicht richten, die Aufhängung wirkt auch einem Verkanten entgegen. Die speziell entwickelte Mündungsbremse reduziert den Rückstoß um 50 Prozent. (Kupsch)

besitzt eine speziell abgestimmte Mündungsbremse, die den Rückstoß um ca. 50 % reduziert. Der sich um 60 Grad drehende Verschluß des Gasdruckladers besitzt sieben Verriegelungswarzen, und durch die Gasentnahmebohrung im Lauf wird ein Kolben bewegt, der den Entriegelungsvorgang einleitet. Der Verschluß bleibt nach dem letzten Schuß offen. Wird der Verschlußhalter nach unten gedrückt, gleitet der Verschluß nach vorne und führt eine Patrone zu. Die Waffe ist schußbereit.

Die Waffe besitzt ein herausnehmbares, einreihiges Magazin. Die Zuführung erhielt zwei Steuerkurven, die ein gleichzeitiges Vorgleiten mehrerer Patronen verhinderte. Eine Deformierung der Geschoßspitzen blieb dadurch aus. Abzugsystem, Schlagmechanismus, Abzug, Abzugbügel, Sicherung, Magazinführung mit Magazinhalter sind in der unteren Schiene eingebaut und bilden eine Einheit. Diese Untergruppe kann auf seine Funktion überprüft werden, ohne mit der restlichen Waffe in Verbindung zu stehen. Die beidseitig bedienbare Sicherung wirkt auf den Abzug und auf die Abzugstange.

Die zusätzliche Montage optischer Zieleinrichtungen ist denkbar einfach. Beim Wiederaufsetzen des Zielfernrohrs verändert sich die Treffpunktlage nicht. Spezielle Zielfernrohre mit einer Schnellverstellung für die Entfernungen von 100 bis 600 m zählten zum Zubehör, wobei Walther die Schnellverstellung schon vorab für optimale Laborierungen im Kaliber .308 Win. und .300 Win. Mag. individuell abstimmte. Die Rohrmontage wurde auf eine Prismenschiene bis zum Anschlag aufgeschoben und mit einer Klemmbacke fixiert. Durch diese neue Montage war sichergestellt, daß beim leichten Aufschieben des Zielfernrohrs kein Verschleiß auftrat, da der eigentliche Halt erst durch Klemmen erfolgte. Die Klemmstellung des Hebels konnte jederzeit mit Rastmuttern nachgestellt werden. Die Rahmenkonstruktion stellte den eigentlichen Schaft dar und übernahm die tragende Funktion, die bei herkömmlichen Waffen der Holz- oder Kunststoffschaft ist. Auf diesem Rahmen saßen drei Elemente: der Hinterschaft als Lochschaft, der Vorderschaft und der Schaftrücken. Alle Teile waren voneinander unabhängig befestigt und erlaubten somit eine individuelle Anfertigung oder nachträgliche Abstimmung auf den Schützen.

Von Anfang an entwarfen die Ulmer das WA 2000 so, daß es sich nicht nur für die Standardpatrone 7,62 × 51 NATO, sondern sich auch nach Auswechseln von Lauf, Magazin und Verschlußkomponenten für andere Munitionsarten eignete. Schon damals suchten Taktiker wie Hersteller nach einem Kaliber, das eine gestrecktere Flugbahn und höhere Präzision bei Entfernungen jenseits der 300 Meter lieferte. Als Favorit galt die Patrone .300 Winchester Magnum, so daß eine ganze Anzahl der Vorserien-Ausführungen des WA 2000 für dieses Kaliber ausgelegt war. Gleichzeitig existierten aber auch Wechselsätze für die 7,5 mm-Patrone der Schweiz, wo man sich ebenfalls einen Markt erhoffte.

Leider entstand nur eine kleine Serie des zukunftsträchtigen Gewehrs, das heute von Sammlern hoch bezahlt wird. Es mangelte schon in der ersten Hälfte der 80er Jahre im Walther-Werk am notwendigen Elan, das Projekt schnell durchzusetzen. Einige Kinderkrankheiten waren noch nicht überstanden; und auch die Behörden zögerten noch, denn auf sie wirkte das neue Gewehr gar zu modern. Andererseits kamen sie mit immer neuen Änderungswünschen und Zusatzforderungen. So blieb das WA 2000 buchstäblich im Sand stecken und wurde irgendwann ad acta gelegt.

Daten WA 2000

Herstellung	1982
Kaliber	a) .300 Win. Mag., b) .308 Win.
System	Gasdrucklader
Verschluß	Drehverschluß
Verriegelung	7 Warzen vorn
Gewicht, leer	mit ZF 7600 g
Länge	975 mm
Breite	84,6 mm
Lauflänge	650 mm
Züge	4
Feld/Zug Durchm.	7,62 / 7,83
Patronenlager	7,64 / 7,85
Magazinkapazität	a) 5 Patronen, b) 6 Patronen
Abzuggewicht	1200–1400 g
Abzugart	Druckpunkt
Kappenverstellung	Höhe: ± 30 mm
Schaft	Nußbaum
Abstand Kolbenkappe/Abzug	380 mm
Zielfernrohr	Schmidt & Bender
Absehen	$2^1/_2$–10 × 60 (30–30)

MASCHINEN-PISTOLEN

Eck-Verhältnis

Einschlag: Ein eingeschlagener Haltedorn vorn und die Schulterstütze halten die Waffe. Nur noch der Abzugfinger ist vom Schützen sichtbar. (Walther)

Keine Legende, sondern bereits legendär sind die Entwicklungen von Geräten im Zweiten Weltkrieg, mit denen der Schütze im wahrsten Sinne des Wortes »um die Ecke« schoß. Zu dem gebogenen Lauf gehörte eine sinnreiche, aber auch komplizierte und anfällige Visierung, damit man nicht nur im Winkel schießen, sondern auch zielen konnte. Die Versuche traten in der zweiten Kriegshälfte in eine praktische Erprobungsphase, besonders im Zusammenhang mit dem Maschinenkarabiner.

Beim Durchstöbern der Walther-Archive tauchten nun Fotos eines Gerätes auf, welches exakt die Zielsetzung des damaligen krummen Laufs beinhaltete. Weitere Belege oder gar das wahrscheinlich einzige Realstück müssen als verschollen gelten. Auch der abgebildete Schütze kann nicht zweifelsfrei identifiziert werden. Dennoch: »Das Ding« ist interessant, steht im Zusammenhang mit Walther und soll deswegen hier vorgestellt werden. Was bei genauerem Hinsehen auffällt: Die Waffe ist keine Neuentwicklung, sondern eine Beretta-MP, Typ 1938 A-49 in 9 mm Parabellum, mit einer Lauflänge von 232 mm und einem ansteckbaren Stangenmagazin für 40 Patronen. Der Kolben fiel einer Säge zum Opfer, und an seine Stelle trat eine allseits bewegliche Schulterstütze. Es wäre interessant zu wissen, ob sich der Spiegel hinter der

Die MP ist mit einem Dorn im Baum befestigt, hinter dem auch der Schütze Deckung findet. (Walther)

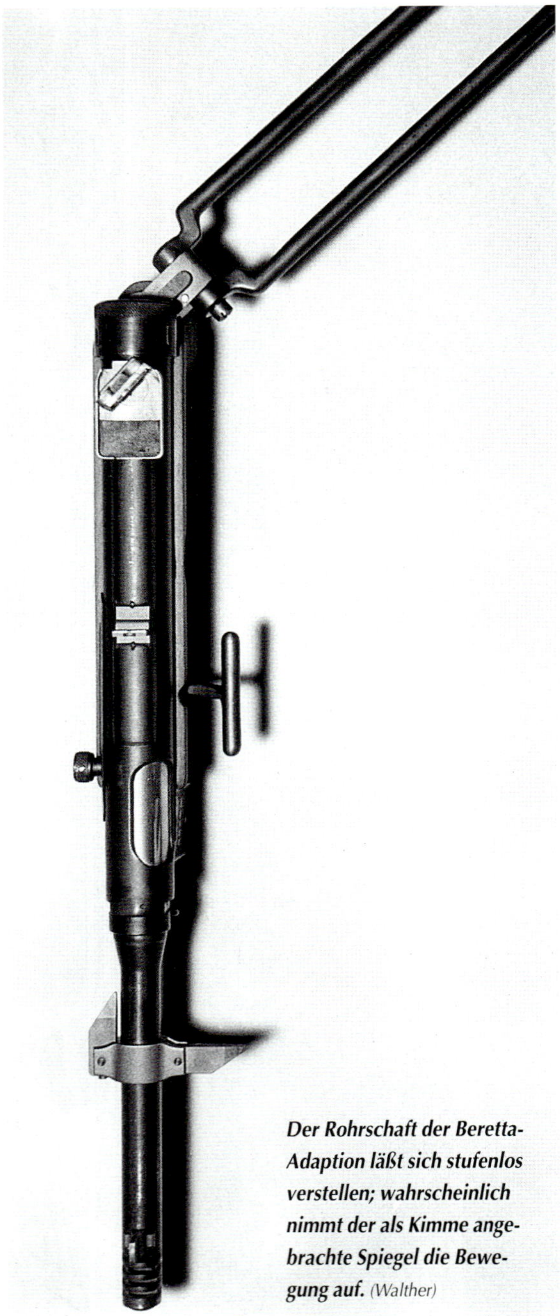

Der Rohrschaft der Beretta-Adaption läßt sich stufenlos verstellen; wahrscheinlich nimmt der als Kimme angebrachte Spiegel die Bewegung auf. *(Walther)*

Kimme, entsprechend der Stützendrehung einstellt, denn das würde Sinn machen. Etwa in der Mitte des Laufs sitzt eine Schelle, die zwei umklappbare Dorne trägt. Entsprechend einem Links- oder Rechtsanschlag lassen sich diese – als zusätzliches Halte-Element – in einen Baumstamm oder ähnliches einschlagen. In den hölzernen Vorderschaft ist weiterhin in einer Ausfräsung ein T-förmiger Haltehebel installiert, der ebenfalls beidseitig einsetzbar ist. Diese beiden Fixierungen sind wohl auch angesichts der auftretenden Kräfte beim Dauerfeuer nötig – wenn eine exakte Zielerfassung mit entsprechender Trefferquote überhaupt gegeben war.

Die Walther-MPs

Die Entwicklung einer Maschinenpistole ließ erstaunlich lange auf sich warten. Während Maschinengewehre zu Lande, auf dem Wasser und in der Luft bereits zum täglichen Bild gehörten, fristete die MP ein Schattendasein. Erst der in einer Pattsituation festgefahrene Grabenkrieg bewirkte ab 1916 die Suche nach neuen Waffensystemen. Nachdem Versuche mit einer für Reihenfeuer eingerichteten langen Pistole 08 nicht fruchteten, entwickelte der 1884 geborene Hugo Schmeisser in der Suhler Waffenfabrik von Theodor Bergmann eine kurzläufige, karabinerähnliche Schußwaffe für Pistolenmunition. Die mit dem 32-Schuß-Magazin ausgestattete Maschinenpistole ging als »MP 18« im letzten Kriegsjahr noch in den Fronteinsatz. Speziell für die neuentwickelten Sturmbataillone gedacht, kam sie natürlich viel zu spät, um irgendwelchen Einfluß auf den Kriegsausgang zu haben. Aber sie stellte in der Folgezeit ein Vorbild für etliche Modelle anderer Konstrukteure dar. Walther nahm sich erst nach dem Zweiten Weltkrieg dieser interessanten Waffengattung an. Die in Ulm gebaute Maschinenpistole fand jedoch ihre Käuferkreise nicht beim Militär, sondern bei den Polizeibehörden.

Die Entwicklung der beiden MP-Versionen begann 1963 mit der Waffennummer 5001 und durchlief verschiedene Prototypen-Stadien. Zu diesem Zeitpunkt gab es bereits eine Standard-Maschinenpistole bei der Bundeswehr, die israelische Uzi. Die deutschen Polizeien führten, wenn sie solche Dauerfeuerwaffen überhaupt in ihren Beständen hatten, vornehmlich ausländisches wie britische Stens oder italienische Berettas. Apropos Italien: Auch die Anregungen zur Walther-MP stammten aus diesem Land. Walther überarbeitete die Vorschläge im Hinblick auf eine moderne, zeit- und kostensparende Fertigungsmethode und wählte das Blechprägeverfahren als Ausgangspunkt für das Gehäuse. Weiterhin fügte die Firma ein durchdachtes Sicherungssystem hinzu. Dabei ließ sich die Waffe im gesicherten Zustand durchladen. Der Spannknopf stand fest, konnte aber mit dem Verschluß in einfachster Weise verriegelt werden. Das war

Die Kurzvariante in ihrer serienmäßigen Ausführung. *(Kupsch)*

Cal. 9 mm
Schußzahl: 5 Schuß
Schütze:
Ort:
Datum:
Modell: MP-K
MP-L
Ulm/Donau
Entfernung: 25 m
-MP
MP Walther Cal. 9mm
32189
E
S
D
VARIO-CINE-XENON AV MC 85-210mm
KREUZNACH

(M. Kersten)

unter Umständen wichtig, wenn etwa Verschmutzungen auftraten, denn so ließ sie sich wieder gängig machen. Auch eine Vorlaufsicherung trat automatisch in Kraft, falls beim Spannvorgang die Hand vom Spannknopf abrutschte.

Die Konstruktion besaß eine gute Führigkeit und vorbildliche Balance. Dafür sorgte die umklappbare Bügel-Schulterstütze und der weit nach vorn, über dem Lauf angebrachte Masseverschluß, der die Waffe auch beim Feuerstoß relativ ruhig hielt. Der Lauf wurde vorne am Stahlblech-Gehäuse durch eine Überwurfmutter fixiert. Das Gewinde hierzu diente ebenfalls als Basis für die Aufnahme eines zusätzlichen Schalldämpfers. Die Zielvorrichtung war vollkommen neu und unterteilte sich in eine offene Grob- und Diopter-Feinvisierung. Jederzeit konnte auch auf ein optisches Lichtpunktzielgerät – geeignet zum Schießen in der Dämmerung und bei Nacht – zurückgegriffen werden. Zum Reinigen ließ sich die MP im gesicherten Zustand durch einige Handgriffe zerlegen, ohne daß Teile herausfielen.

Zwar begann die Numerierung der Walther-MP bei 5001, aber die ersten Stücke – hier die 5025 – hatten mit der späteren Serienfertigung kaum Ähnlichkeit. Der gravierendste konstruktive Unterschied bestand in der schrägen Magazinzuführung. (Service K)

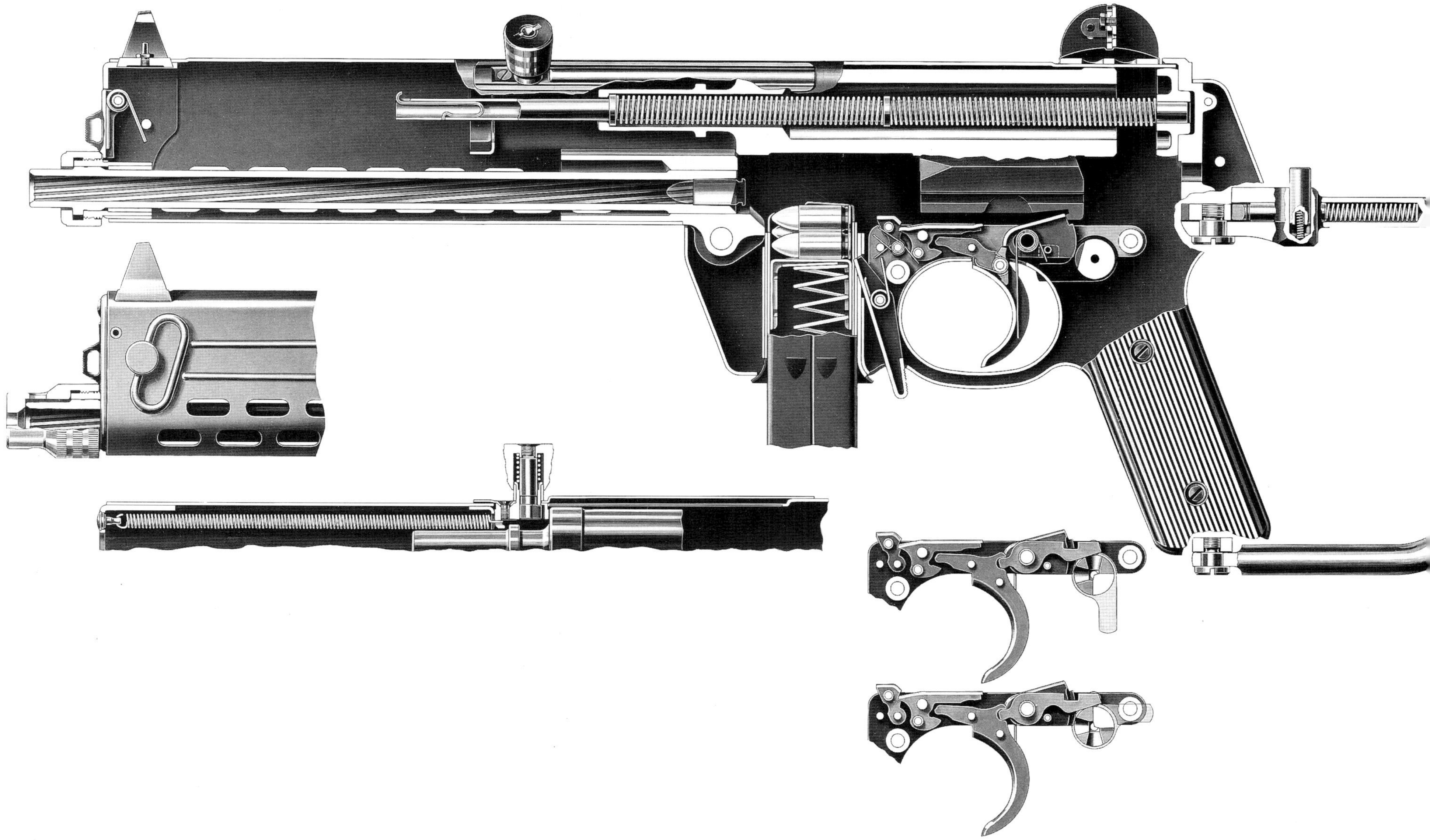

Daten	MP lang	MP kurz
Kaliber	9 mm Para	9 mm Para
Kadenz/Min.	550 Schuß	550 Schuß
Gewicht, ohne Magazin	3 kg	2,8 kg
Gewicht, Magazin leer	0,2 kg	0,2 kg
Gewicht, Magazin gefüllt	0,63 kg	0,63 kg
Magazinkapazität	32 Patronen	32 Patronen
Länge mit ausgeschwenktem Klappschaft	746 mm	659 mm
Länge mit eingeschwenktem Klappschaft	460 mm	373 mm
Länge Hinterkante Klappschaft bis Abzug	385 mm	385 mm
Gesamthöhe	215 mm	215 mm
Länge der Visierlinie	357 mm	270 mm
Lauflänge	260 mm	173 mm

Zubehör: 1 Magazin; Tragriemen; Manöverpatronengerät; Anschußscheibe; Bedienungsanleitung.

Eine MP lang im Nummernbereich unter 5100. *(Service K)*

Die Kimme verfügt über einen normalen Einschnitt (oben) und eine Diopter-Bohrung in der Mitte. (M. Kersten)

Die Laufmutter läßt sich abschrauben und durch ein Manöver-Patronengerät ersetzen. Der federunterstützte Drücker oben fixiert die Überwurfmutter. (M. Kersten)

Mit der Nummer 5001 begann 1963 die Auslieferung von gleich zwei verschiedenen Typen: der Walther MPl und MPk. Dabei stand das »l« für »lang« und das »k« für »kurz«. Hinzu kam eine weitere Unterteilung, denn die beiden MP-Typen konnten sowohl als reine Dauerfeuer-Waffe, oder aber mit zusätzlicher Umschaltmöglichkeit auf Einzelfeuer geordert werden. Besonders bei den Länderpolizeien stieß die Waffe auf größeres Interesse, so in München und Berlin. Bei »Berlin«, verbunden mit der Jahreszahl »1963«, wird der Kenner der Materie sicherlich hellhörig werden, denn – wie bereits bei den Kurzwaffen – gehörte eine direkte Belieferung zu den Wunschträumen der Ulmer Fabrik. Auch hier half Manurhin aus. Fortan versahen die Berliner Polizisten ihren Dienst mit der »MPL MANURHIN-MULHOUSE (France) Cal. 9 mm«, versehen mit allen nötigen französischen Abnahmestempeln.

Militärische oder artverwandte Produktionen fallen unter das Kriegswaffen-Kontrollgesetz (KWKG) und erfordern deshalb auch beim Hersteller einen enormen Sicherheitsaufwand. Da Walther auf diesem Sektor nur die MP herstellte, gaben sie 1985 diesen Produktionsbereich auf. Doch sie konnten auf über 27 000 verkaufte Exemplare zurückblicken, die auch im Ausland – zum Beispiel in Mexiko, Chile und Venezuela – ihren Dienst versahen.

Endkontrolle in der MP-Fertigung. (Walther)

Beim Übungsschießen: Die MP lang mit aufgesetztem Aimpoint-Zielgerät im Einsatz beim Berliner Präzisionsschützenkommando Ende der 70er Jahre. *(Schiller)*

LICHT INS DUNKEL

Anfang der 60er Jahre fielen Laser-Zielhilfen und Nachtsichtgeräte noch in die Kategorie Science-fiction. Entsprechendes gab es nicht, nur das Problem war schon vorhanden: Wo auch die Jäger über das fehlende Büchsenlicht klagten, stand die Polizei nächtens erst recht im Dunkeln. Gerade aber unter den besonderen gesetzlichen Gegebenheiten des polizeilichen Waffengebrauchs bedurfte es besserer Mittel als die bislang zur Ausstattung gehörigen leistungsschwachen Taschenlampen mit ihren Blockbatterien und Knopfloch-Aufhängungen.

(Walther)

Die Militärs experimentierten in den 50er und 60er Jahren mit Infrarot-Scheinwerfern und damit korrespondierenden Nachtsichtgeräten. Israelische und belgische Werke bauten für die Uzi einen großen Scheinwerfer, der an der Bajonettwarze fixiert und mit einem zweiten Pisto-

Lichtgerät an der P 38. *(M. Kersten)*

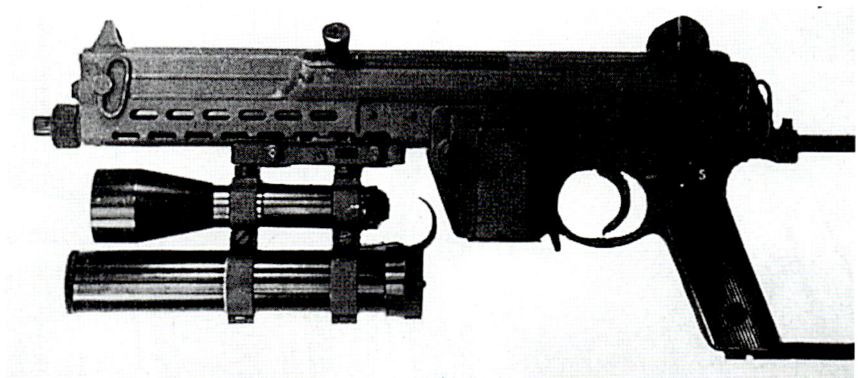

Die erste Ausführung bestand lediglich aus einer Stablampe mit zusätzlichem Batteriebehälter plus hakenförmigem Zugschalter. Dieser Abzug war noch nach oben gerichtet. *(Service K)*

lengriff versehen, in Schießrichtung gut 20 bis 30 Meter weit leuchten konnte.

Die Carl Walther GmbH ging noch einen Schritt weiter und konzipierte eine sinnvolle Kombination aus Scheinwerfer und Zielgerät. Unter dem Lauf saß eine stablampenähnliche Vorrichtung, samt einer zweiten Batterieröhre und einem Schalter, vergleichbar mit einem auf den Kopf gestellten Abzug. Das ganze Paket diente bei der MP als eine Art Vorderschaft und konnte von der zweiten, unterstützenden Hand im Anschlag bedient werden. Beim Vorgehen ließ sich die Lampe schnell ein- und ausschalten, ohne daß der Schütze dafür die Hände umsetzen mußte.

Nach einigen Irrwegen und Verbesserungen erreichte die Entwicklung 1976 ihren Endstand und wurde freudig von den SEKs aufgegriffen. Denn mit dem Strahler an der MP ließ sich nicht nur das polizeiliche Gegenüber anstrahlen, identifizieren oder blenden: Ohne Visierung, quasi im freien Hüftanschlag, konnte der Benutzer immer sicher sein, wohin sein Schuß ging. Denn ein schwarzer Punkt in der Mitte des Schweinwerferkegels diente als Zielhilfe und zeigte bei korrekter Justierung des Strahlers genau die Treffpunktlage an. Neben der MPk und MPl bestand auch – ohne Umbau – eine Installationsmöglichkeit an diversen Pistolen.

Bessere Batterien und neue Birnentypen führten später zu kleineren Ausmaßen derartiger Geräte. Auch heute noch, wo Laserzielgeräte im Spezialeinsatzbereich zum gewohnten Inventar zählen, gibt es noch Verwendungsmöglichkeiten für solche Strahler. Was festzuhalten ist: Walther leistete hier vor über zwei Jahrzehnten die Pionierarbeit für ein polizeiliches Hilfsmittel, was sich heute aus dem taktischen Spektrum nicht mehr wegdenken läßt.

Zielhilfe an der PP. Hierbei ist interessant, daß für diese Konstellation eigens Holster gefertigt wurden. *(M. Kersten)*

(Walther)

TRAINER UND MASCHINEN

Trainer

Eine noch so gute Schießsport-Ausrüstung nützt wenig, wenn keine geeigneten Trainingsmöglichkeiten bestehen. Nachdem viele nationale und internationale Schützenverbände die Anstöße der Industrie aufnahmen und mehrschüssige Luftpistolen verwendeten, stand die Frage »nach dem anderen Ende« im Raum. Walther entwickelte deshalb zwei programmierbare Scheibenanlagen. Die Einscheibenanlage »Club-Trainer« für Duell und Standard sowie die Fünfscheibenanlage »Club-Master« für Schnellfeuer, Duell, Standard und Zufallsprogramme, wahlweise mit Ringauswertung oder elektronischer Trefferanzeige. Die handlichen Komponenten sind auf jedem Luftgewehrstand ohne Umbau einsetzbar. Die Steuer- und Anzeigeneinheit befindet sich beim Schützen. Innen verbirgt sich eine frei programmierbare Eprom-Technik, um auch bei zukünftigen DSB- oder UIT-Regeländerungen flexibel zu sein.

Den nächsten Schritt konnten Besucher auf dem Walther-/Umarex-Stand auf der Nürnberger Fachmesse im März 1996 besichtigen: den Prototyp einer computergesteuerten Klappscheibenanlage für das schnelle dynamische Schießen im IPSC-Stil, mit CO_2-Pistolen wie der CP 88. Erste Vorstellungen im Herbst des Jahres, etwa bei der Bayerischen Meisterschaft oder im Anschluß an die Olympia-Austragung in Atlanta, fanden begeisterten Anklang bei der Schützenjugend. Hier entstand in Arnsberg und Ulm nicht nur eine billige Trainingsmöglichkeit für das Großkaliberschießen, sondern der Keim für eine neue Sportart mit eigenen Regeln und Bedingungen.

Maschinen

Neben ihren bekannten Produkten baute Walther auch selbst die Werkzeuge. Und dazu gehörten durchaus »große Kaliber«. Im Jahre 1964 stellten die Werksangehörigen stolz ihre erste im Eigenbau gefertigte Fräsmaschine vor. 1971 folgte der Nutenfräsautomat »NFA20«. Diese Maschine, der jahrzehntelange Erfahrungen als Entwicklungsgrundlage dienten, entstand aus eigenem Bedarf heraus. Bewußt für kleine und mittelgroße Nutenherstellung konzipiert, legten die Konstrukteure besonderen Wert auf die wirtschaftliche Bearbeitung neuzeitlicher Werkstoffe. Selbst eine Hilfskraft konnte bei einer Kleinserie gleichzeitig zwei Maschinen dieses Typs bedienen. Die »NFA20« zeichnete sich durch praktische Sondereinrichtungen, wie einen Fräs-Spindelantrieb mit Bremsmotor und Zahnflachriemen aus. Daran schloß sich im Jahre 1973 die »NFD20« an, wobei das »D« für einen Doppelspindel-Einsatz stand. Mit der »NFE20« stand kurze Zeit später eine elektrohydraulische Apparatur zur Verfügung. Im Jahre 1972 erschien die Vertikal-Stoßmaschine »StV 50« für kleine Stoßarbeiten. Auch hier hatte Walther aus »der

1964 stellten die Walther-Techniker stolz ihre im Eigenbau gefertigte Nutenfräsmaschine vor. (Service K)

Not eine Tugend« gemacht, denn entsprechende Geräte gehörten nicht zum Angebot des Marktes. Vorteilhaft war die »StV 50« für Arbeiten im Waffen- und Büromaschinenbau sowie immer dort, wo mit äußerster Präzision in Serie gearbeitet werden mußte. Es folgte die »StV 100«, eine Weiterentwicklung für besondere Aufgabenbereiche. Neben der Einbringung von Nuten mußte auch ein Gerät für das Fräsen planer Flächen her. Deshalb baute Walther die Planfräsmaschine »PF1«, die sich besonders für die Massenfabrikation eignete. Universell einsetzbar war hingegen die Doppelspindel-Fräsmaschine »DF1«.

Aber obwohl die Maschinen einen guten Absatz fanden, stellte sich dieser Produktionszweig zu kostenintensiv dar und wurde deshalb eingestellt. In den 80er Jahren steigerte sich das technische Niveau dermaßen, daß die Ulmer Firma partiell wieder auf Fertigungsmaschinen von Fremdfirmen wie beispielsweise »Steinel«, »Mägerle«, »Sunnen« und »Werner« zurückgriff. Diese Apparate standen nicht nur für den Eigenbedarf, sondern auch für die Fertigung von Auftragsarbeiten zur Verfügung. Und so bot sich Walther an:

»Als mittelständisches Unternehmen, das vornehmlich im Sport- und Verteidigungswaffenbau tätig ist, haben wir uns entschlossen, unsere Fertigungstechnologie auch anderen Firmen zur Verfügung zu stellen. Neben den Maschinen verfügen wir über ein ausgedehntes Oberflächenbearbeitungs- und Härtereispektrum, wie Brünieren, Phosphatieren, Hart-Eloxieren, Schnellstahlhärten, Salzbadhärten und Anlassen. Da wir über einen leistungsfähigen Werkzeugbau verfügen und unsere Qualitätssicherung einschließlich NC-Meßmaschine dem NATO-Standard (AQAP-1) entspricht, sind wir für eine Komplettbearbeitung und Prüfung von Teilen eingerichtet.«

(Service K)

DER SPORT

WALTHER
WALTHER CUP
WaltherCup-Finale München '94
Dynamit Nobel
RWS
1995
TESTSTAND
BEZ. MÜNCHEN
1995

***Walther for Winners:* Plakat der Firma von 1996 mit Walther-Spitzenschützen aus aller Welt.** (Walther)

VON MEISTERN UND MEISTERMACHERN

Schon immer haben Akteure ihre Fähigkeiten gemessen. Waren es früher die Steinwürfe der Urmenschen, die Speerwerfer, Bogen- und Armbrustschützen, so sind es heute die Pistolen- und Gewehrschützen. Was ursprünglich als Bemessungsgrundlage zur Auslese der besten Jäger oder Kämpfer gedacht war, die schließlich den Fortbestand der Gruppe sicherten, reduzierte sich später zur reinen Leistungsschau. Zuerst war es spielerisches Wetteifern, dann nannte man es Sport. Geschichtlich belegt ist die Stadtverteidigung durch die Bogen- und Armbrustschützen im Mittelalter. Sie schlossen sich zu Gilden, Vereinen und Gesellschaften zusammen und genossen ein großes Ansehen. In vielen hundert Schützenvereinen, deren Geschichte manchmal bis zum Jahr 800 zurückreicht, wird noch heutzutage sowohl altes Kulturgut gehegt als auch der moderne Sport der heutigen Zeit betrieben. Bereits 1429 fand übrigens in Nürnberg das erste Scheibenschießen mit Handrohren statt, 1498 lief in Leipzig sogar schon ein Wettkampf mit gezogenen Büchsen. Das Gewehr wurde zum Sportgerät und verdrängte den Bogen und die Armbrust immer mehr.

Am 26. Februar 1822 erblickte in Zella-St. Blasii Albert Sterzing das Licht der Sportwelt. Er rief am 11. August 1861, anläßlich des Deutschen Turnertages in Gotha, zur Gründung des Deutschen Schützenbundes auf. 1862 erhielt er

Albert Sterzing, Gründer des DSB.
(Service K)

Zeichnung aus dem 16. Jahrhundert: »Buchsenschutzen am grossen Frieschiessen in Zürich«.
(International Shooting Union, mit freundlicher Genehmigung)

das Amt des Vorsitzenden und später den Titel des Präsidenten. Am 17. Oktober des Jahres 1889 verstarb er.

Das Sportschießen in seiner jetzigen Form entwickelte sich aber erst seit Beginn dieses Jahrhunderts. Besonders nach dem Ersten Weltkrieg begünstigte die Konstruktion von kostengünstigen Kleinkaliberwaffen die Ausbreitung des Sportschießens in weiten Bevölkerungskreisen. 1933 lösten die braunen Machthaber den Deutschen Schützenbund auf, um ihn in den Deutschen Schützenverband zu integrieren. Nach dem Zweiten Weltkrieg gelang es bereits 1947 dem Kölner Kardinal Frings, bei den Alliierten die Wiederzulassung des »Bundes der Historischen Deutschen Schützenbruderschaften« zu erwirken. Am 17. November 1951 trafen sich die Schützenvereine zur Neugründung des Deutschen Schützenbundes in Köln. 1954 zählte der Bund schon 182 000 Mitglieder, und die ständig wachsende Beliebtheit des Sportschießens führte zu einem weiteren, immensen Mitgliederzustrom, der den DSB mit etwa 1,5 Millionen Mitgliedern zum viertgrößten Fachverband des Deutschen Sportbundes werden ließ. Seine Anerkennung als gleichberechtigte Sportart fand der Schießsport zu Beginn der 50er Jahre durch die Aufnahme des DSB als ordentliches Mitglied in den Deutschen Sportbund.

Im Juni 1985 beschloß das Internationale Olympische Komitee endlich, nun auch die Schießsportdisziplin »Luftpistole« in das olympische Wettkampfprogramm aufzunehmen. Diese Entscheidung mußte zwangsläufig kommen, denn im Jahr zuvor etablierte sich bereits das Luftgewehrschießen im Programm der fünf Ringe. Eine entscheidende Rolle dürften hierbei die Stimmen der etwas weniger vermögenden Nationen gespielt haben, nicht nur wegen der Kosten einer Teilnahme an Olympischen Spielen, son-

Neben seiner Firmentätigkeit widmete sich Carl Lothar Walther dem Gebrauchspistolen-Schießen und speziell der Olympischen Schnellfeuerdisziplin. In den 30er und 40er Jahren war er lange Zeit Mitglied der deutschen Pistolen-Nationalmannschaft und gewann dabei deutsche Einzel- und Mannschafts-Meisterschaften, so die Bronzemedaille bei den Weltmeisterschaften 1927 und – wie hier abgebildet – im Oktober 1940 die Silbermedaille beim Dreiländerkampf Finnland – Schweden – Deutschland.

(Klaus Walther, mit freundlicher Genehmigung)

Ausgerüstet mit Walther-Waffen, von links: Hans Riederer, Juri Ermolenko und Silke Johannes.
(Umarex)

dern auch wegen der Geldbeträge, die notwendig sind, um Schießsportler zu internationalen Schützen mit Medaillen heranzubilden.

Spitzensport ist seit vielen Jahren ohne Sponsoring nicht mehr denkbar, da der Trainingsaufwand und die Teilnahme an Wettkämpfen oft keine geregelte Arbeitszeit der Sportler zulassen. Zwar förderte die Firma Walther bereits seit über 50 Jahren den Sport, das reichte aber in der heutigen Zeit nicht mehr aus. So wird dieser Bereich jetzt verstärkt angegangen, um erfolgversprechenden Schützen die Möglichkeit zu geben, sich verstärkt auf das Training zu konzentrieren. Die finanzkräftige Unterstützung, die Walther nun einzelnen Schützen und Schützenverbänden zukommen läßt, ermöglichte mehreren Sportlern einen kometenhaften Aufstieg. Dazu zählten auch Silke Johannes (Europameisterin), Artem Khadschibekov (Europameister) und Olga Klotschneva (Vize-Europameisterin) aus Rußland. Die beiden letztgenannten holten 1996 olympisches Gold in ihrer speziellen Disziplin. Doch auch Stipendien werden bei besonderen Fällen von Walther vergeben. Eine monatliche Förderprämie ermöglichte zum Beispiel der in Deutschland studierenden mongolischen Pistolenschützin D. Monchbajar bei den Asienspielen 1995 in Djakarta zu starten. Resultat: eine Gold- und eine Silbermedaille. Zwei olympische Quotenplätze für Atlanta waren ihr hiermit sicher.

KK-SPORTWAFFEN

- KK-SPORTPISTOLEN
- KK-SPORTGEWEHRE

Entwicklungsreihe: PP-Sport, Olympia sowie die Jubiläumswaffe GSP. (Kupsch)

Olympia-Pistole
Walthers Patent
25 Jahre
GSP
DEUTSCHE WAFFEN-U. MUNITIONSFABRIKEN AKTIENGESELLSCHAFT
RANDFEUER
PATRONEN
KAL.22 LANG
FÜR BÜCHSEN
DWM
L. Hermann
Neu-Ulm

Olympia 1936: Offizielles Plakat der Spiele in Berlin. *(Service K)*

DIE KK-PISTOLEN

Die Olympia für die Olympiade

Für den Sport besaßen die Walther-Brüder schon immer ein offenes Ohr, und das bezog sich nicht allein auf das Schießen. Erich Walther sponserte 15 Jahre lang den Skisport. Fritz, Georg und Carl Lothar Walther zählten selbst zu den passionierten und guten Pistolenschützen ihrer Zeit, und so kannten sie auch die Probleme dieser Sportart sehr genau. Was lag da näher, als sich konstruktiv dieser Waffenkategorie anzunehmen?

1925 brachte Walther die erste, speziell für den Sport konzipierte Pistole unter dem Titel »Automatische Walther-Sport-Pistole Kal. 22 long rifle« heraus. Sie kostete bei ihrer Einführung 80 Reichsmark. Ein hoher Preis, gemessen an den Konkurrenzmodellen »Römer« und der »Stock-Pistole für Sport- und Scheibenschießen D.R.P.«, denn diese lagen nur bei 30 RM, beziehungsweise 60 RM. Sportler, die den Schießsport wirklich ernsthaft praktizierten, nahmen jedoch die Walther. Denn mit dieser Pistole erwarb der Schütze eine Universalwaffe, die sich für verschiedene Disziplinen eignete und demzufolge den Geldbeutel nicht allzu stark strapazierte.

Mit einer der ersten Walther-Sportpistolen versehen, nahm der Reichswehr-Oberleutnant Heinz Hax im Jahr 1932 als einziger Deutscher in der Kategorie Schnellfeuer an der Olympiade in Los Angeles teil. Fritz Walther hatte ihm dafür das Modell geradezu auf den Leib geschneidert. Verblüfft mußten die amerikanischen Sportler, die ausschließlich mit den Woodsman-Pistolen von Colt schossen, der Erfolg des Deutschen zur Kenntnis nehmen. Immerhin, die Silbermedaille hatte er auf Anhieb erreicht – und das mit einer Waffe, die bis dato kaum einer kannte. Dieser Erfolg galt als eine Sensation, und sofort orderten US-Importeure dieses Gerät für ihre Wettkämpfer.

Die drei Ersten im Schnellfeuer-Pistolenschießen bei der Siegerehrung, von links: Torsten Ullman (3.), Schweden; Cornelius van Oyen (1.), Deutschland; Heinz Hax (2.), Deutschland. (Service K)

Olympia läßt grüßen: 1936 Berlin

Noch während die Olympischen Spiele 1932 in Los Angeles liefen, legte sich das Olympische Komitee auf Berlin als nächsten Austragungsort fest. Beim Auswahlverfahren in Deutschland stellte sich heraus, daß die Schützen selbst noch Anfang 1934 ausschließlich mit Walther-Sportpistolen des Modells 1925 und sogar mit einigen Colt-Woodsman schossen. Aber an den Walther-Waffen lag es nicht, daß nahezu regelmäßig Waffenhemmungen auftraten. Die verwendeten Kupferhülsen der KK-Munition waren einfach zu weich, und gerade bei der Walther-Waffe machten sich die Hülsenklemmer, bedingt durch das Schlittengewicht, deutlich bemerkbar. So orderten die Initiatoren weitere Colt-Woodsman, denn mit diesen Geräten funktionierte alles tadellos. – Ansporn für die Firma Walther, weiterhin intensiv auf dem Sektor Sportpistole tätig zu sein.

Trotz aller Widrigkeiten stellten die Walther-Pistolen ihre Treffgenauigkeit und Feuergeschwindigkeit bei den Wettbewerben unter Beweis. Der 50jährige Cornelius van Oyen aus Brandenburg wurde in der Disziplin »Schnellfeuerpistole« vor Heinz Hax Olympiasieger. Die Bronzemedaille erhielt Torsten Ullmann aus Schweden, den vierten Platz belegte Papadimas aus Griechenland. Den fünften Rang erreichte schließlich Helge Meuller aus Schweden, und beim Scheibenpistolenschießen auf 50 Meter gewann der 23 Jahre alte Erich Krempel aus Suhl die Silbermedaille. Alle schossen ihre Plätze mit Walther-Waffen, genauso wie Hauptmann Handrich, der Gewinner der Goldmedaille im Modernen Fünfkampf.

Im Scheiben-Pistolenschießen siegte der Schwede Torsten Ullman (Mitte) mit 559 von 600 möglichen Ringen vor dem deutschen Schützen Krempel (rechts) und dem Franzosen Jamonniéres. (Service K)

Modell 1925

Bei der Herstellung der ersten Sportpistole, Modell 1925, griffen die Walthers auf einige Vorrichtungen und Werkzeuge für das Modell 6 zurück, die ohnehin nutzlos im Werk herumstanden. Das belegen die frappierende Ähnlichkeit und die Maße der jeweiligen Griffstücke. Die

»Die geeignete Pistole für das Olympia-Pistolenschießen 1936«, so pries Walther die überarbeitete Sportpistole noch Anfang 1935 an. Eine patronenförmige, aufschraubbare Hülse ließ sich mit Sand oder Bleischrot füllen, bis das für den Schützen richtige Gewicht gefunden war. (Walther)

Federverschluß-Pistole im Kaliber .22 long rifle (oder lang für Büchsen wie es damals oft noch hieß) besaß einen innenliegenden Hahn und einen kräftigen Holzgriff, der gut in der Hand lag. Der leichtgängige Abzug verfügte über einen verstellbaren Druckpunkt.

Besonderes Augenmerk legte Fritz Walther auf die Gestaltung des Magazins, um so eine der hauptsächlichen Störungsursachen zu kurieren. Zur seitlich eingeschobenen Kimme gehörte als Pendant ein höhenverstellbares Korn. Das Zerlegen der Pistole war außerordentlich einfach und ließ sich ohne jedes Werkzeug mit ein, zwei Handgriffen bewerkstelligen. Im Schlitten saß eine besondere Rast, mit der sich über die Sicherung der Selbstladevorgang ausschalten ließ. Danach funktionierte das Gerät als Einzellader, zum Beispiel für die Übung »50 m Scheibenpistole«. Das Modell bewegte sich in einem gesonderten Nummernblock von 100 bis ca. 6 900.

Ein frühes Modell von 1932. *(Walther)*

Daten Modell 1925	
Herstellung	1925
Kaliber	.22 l.r.
Gewicht	ca. 800 g
Länge	270 mm
Höhe	130 mm
Breite	28 mm
Visierlänge	235 mm
Lauflänge	190 mm
Magazinkapazität	10 Patronen
V_0	280 m/s
E_0	11 m/kg
Geschoßgewicht	2,6 g
Streuung auf 35 m	2,5 × 2,5 cm
Streuung auf 50 m	3,5 × 3,5 cm

Modell 1932 (Olympia I)

Bis zum Ende des Jahres 1934 beseitigte Fritz Walther die noch vorhandenen Mängel des Vormodells. Das »Modell 1932« konnte sich bereits »Olympia-Pistole« nennen.

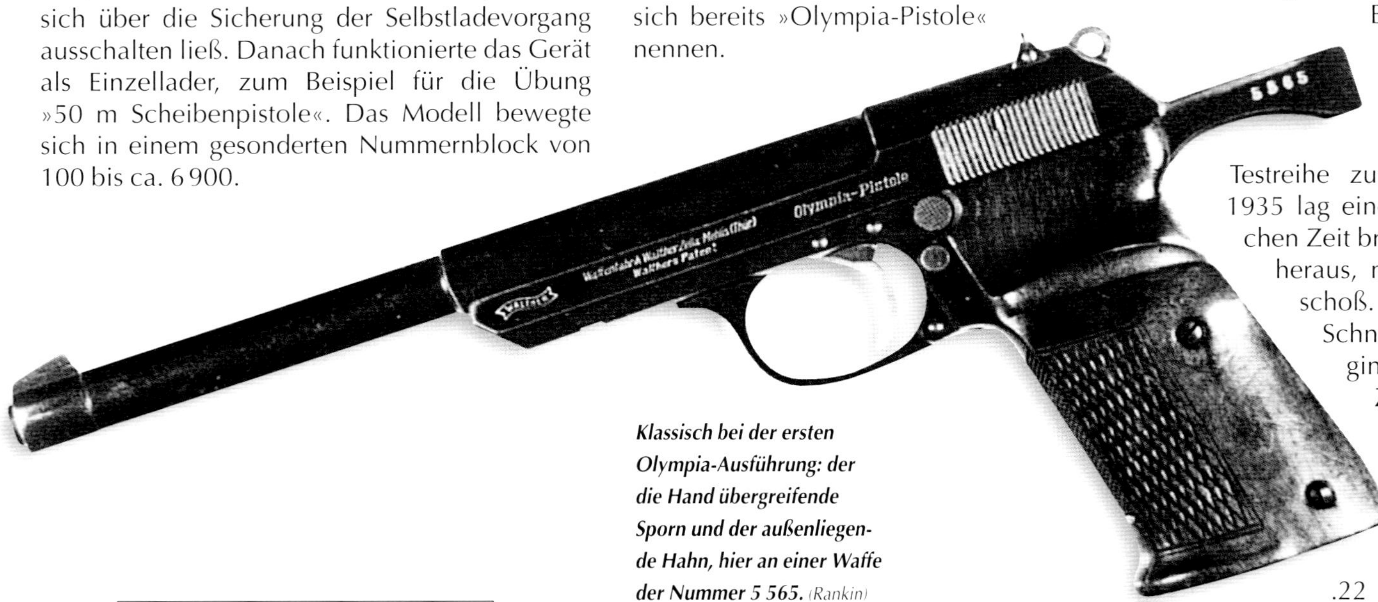

Klassisch bei der ersten Olympia-Ausführung: der die Hand übergreifende Sporn und der außenliegende Hahn, hier an einer Waffe der Nummer 5 565. *(Rankin)*

Die ersten Stücke gingen zunächst einmal nach Wannsee auf den dortigen Schießplatz und damit in die Hände des deutschen Auswahlkaders der bevorstehenden Olympiade. Um einen kurzen Abzugweg und damit eine Erhöhung der Feuergeschwindigkeit zu erreichen, ließ Fritz Walther bei diesen Pistolen einfach den Druckpunkt weg. Die ersten Modelle, die bereits den Namen »Olympia« trugen, tatsächlich aber als reine Vormodelle der späteren Serie zu bewerten sind, besaßen einen außenliegenden Hahn und oberhalb der Handwurzel einen die Hand übergreifenden Griffsporn. Eben auf diesem Sporn konnte ein Kimmenträger installiert werden, um die Visierlinie zu verlängern. So jedenfalls dachten es sich die Konstrukteure. Diese Idee bewährte sich jedoch nicht, weil Kimme und Korn gegenläufige Bewegungen machten, die sich letztendlich bei den kurzen Schußserien nachteilig auswirkten. Die Schützen monierten das zu Recht.

Aus diesem Grund fertigte Walther auch nur wenige Stücke, deren Nummern im 1925er-Block zwischen 5 500 und 6 900 lagen. Nach der Ablehnung durch die Sportler folgte eine Umkonstruktion gemäß den Anregungen und Erkenntnissen der wohl als Testreihe zu bewertenden Vorstellung. Ende 1935 lag eine geänderte Version vor. Zur gleichen Zeit brachte RWS eine neue KK-Munition heraus, mit der das Modell ausgezeichnet schoß. Trotzdem war sie für die Disziplin Schnellfeuer nicht geeignet. Walther ging dieses Manko mit verschiedenem Zubehör, wie Mündungsbremsen und Gewichten, an. Leider ohne Erfolg – und die Zeit drängte.

Wer nun den genialen Vorschlag machte, es einmal mit einer Variante im Kaliber .22 kurz zu versuchen, ist leider nicht mehr überliefert. Jedenfalls gingen die Konstruk-

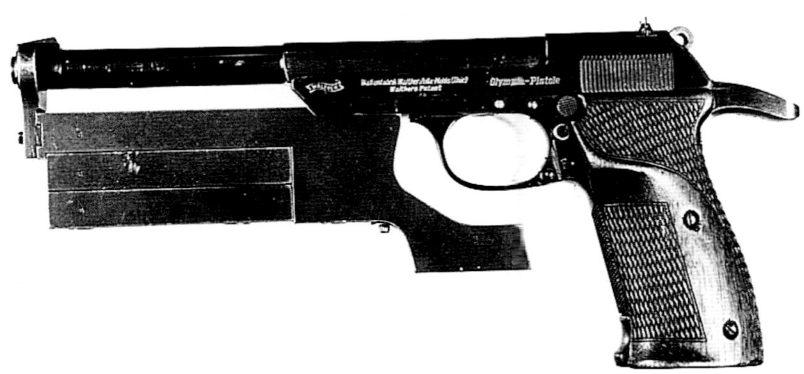

Eine kurze Entwicklungszeit später: Der Sporn ist bogenförmig heruntergefeilt, vorn sitzt eine Befestigungsvorrichtung mit vier Gewichten (Waffennummer 6 882). *(Rankin)*

Eine zeitgenössische Werbeschrift, natürlich politisch eingefärbt, denn unter der Waffe zeigt sich nicht nur Cornelius van Oyen, sondern auch der Reichsadler mit Hakenkreuz. *(Walther)*

teure in Zella-Mehlis sofort ans Werk, stellten einen Schlitten aus Leichtmetall her und änderten das Magazin und den Auswerfer. Den Rest besorgte RWS. Anfang 1936 lag die Munition ».22 kurz für Selbstlader« bereit. Alles funktionierte hervorragend, und Walther lieferte abermals einige Pistolen an die Auswahlmannschaft. Vor den denkwürdigen Spielen in Berlin stand allerdings noch ein Vergleichsschießen mit Ungarn und Schweden auf dem Programm, bei denen die .22 kurz-Musterstücke an die Spitzenschützen verteilt wurden.

Auch bei der normalen Sportpistole gab es anfänglich einige Schwierigkeiten. Wenn sich die zwei Arretierschrauben der Gewichtsbefestigung lockerten, wanderte die Treffpunktlage extrem aus. Um das zu vermeiden, fixierte man im Werk die Gewichte kurzerhand ausschließlich am Griffstück. Kurzum: Bis zur Olympiade lagen ausgereifte Walther-Sportpistolen vor, mit denen die deutsche Mannschaft ihre Konkurrenten auf die hinteren Plätze verwies.

Modell »OLYMPIA« (II)

Die neuen Modelle besaßen jetzt einen runden Lauf und einen innenliegenden Hahn. Die Gewichte befanden sich am Griffstück, angeschraubt vor dem Abzugbügel und vorn am Lauf mit einer Gabel befestigt. Nach der speziellen Konstruktion für den Schnellfeuer-Bereich lag nun erstmals ein Modell in zwei verschiedenen Kalibervarianten vor: die Walther-Olympia – mit oder ohne Laufgewichte – im Kaliber .22 l.r. und die Schnellfeuer-Version im Kaliber .22 kurz.

Gerade die letztere ist heute ein gefragtes Sammlerstück, denn hiervon fertigte Walther speziell für die Olympia-Sportler nicht mehr als 50 Exemplare. Erstmalig wählte die Firma einen Nummernbereich, der bei 200 O begann. Dabei ist das »O« wirklich ein O und keine »0« (Null), denn es steht für »Olympia«. Bis zur Einstellung der Produktion gegen Ende des Jahres 1944 behielt man diese Bezeichnung bei. 1937 folgten noch einige Änderungen. Der Lauf, jetzt nicht mehr rund, besaß auf der Unterseite eine Nut für den Einschub eines verstellbaren Gewichts. Das

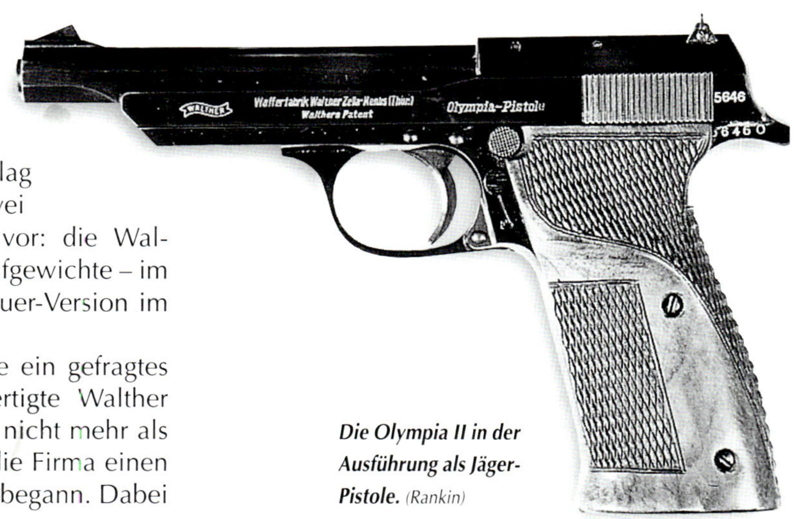

Die Olympia II in der Ausführung als Jäger-Pistole. *(Rankin)*

hintere Gewicht war demnach vom Rest getrennt. 1938 führte eine überarbeitete Form zu einem gebogenen, handfreundlichen Griffrükken.

Aber nicht nur das: Eine neue Version mit der Bezeichnung »Jäger-Pistole» wurde in diesem Jahr aus der Taufe gehoben, und das aus gutem Grund. Das Reichs-Waffengesetz vom 18. März 1938 regulierte streng die Personengruppen, die zum Führen einer Schußwaffe berechtigt waren, wenn sie ein Bedürfnis nachweisen konnten. Gleichzeitig stellte aber das neue Waffenrecht den gültigen Jagdschein erstmals einem Waffenschein gleich, und berechtigte die Jäger zum Mitführen von Kurzwaffen für Fangschuß und Selbstverteidigung. Die Deutsche Jägerschaft verpflichtete ihre Waidmänner nun zum Üben und führte eine Pistolendisziplin ein. Die dafür benutzten Modelle waren auf eine Lauflänge von zehn Zentimeter beschränkt, auch die Daumenauflage am Griff sollte nur einen Zentimeter breit sein. Schließlich wollte sich die grüne Zunft von den Schießsportlern abheben, und deshalb erfolgte in Zella-Mehlis auch der Startschuß für die »Jäger-Pistole«. Walther witterte hier sofort einen neuen und finanziell potenten Kundenkreis.

Olympia (II)		
Daten	***Standard***	***Schnellfeuer***
Herstellung	*1935*	*1935*
Kaliber	*.22 l.r*	*.22 kurz*
Gewicht, leer	*890 g*	*815 g*
Länge	*305 mm*	*305 mm*
Höhe	*120 mm*	*120 mm*
Breite	*45 mm*	*45 mm*
Lauflänge	*220 mm*	*220 mm*
Visierlänge	*265 mm*	*265 mm*
Magazinkapazität	*10 Patronen*	*6 Patronen*
Haupt-Zusatzgewicht	*460 g*	
Vordere Zusatzgewichte, à	*180 g*	
Hinteres Zusatzgewicht	*90 g*	
Gabelverbindung	*20 g*	

Die Kimme trug eine rote, das Korn eine weiße Farbmarkierung. Aller guten Dinge sind – in diesem Fall – fünf, denn neben der »Olympia-Jäger«, »Olympia-Sport«, »Olympia-Sport mit Laufbeschwerung« und der Olympia-Schnellfeuer« kam auch noch die »Olympia-Fünfkampf« auf den Markt.

Modelle »OLYMPIA«, ab 1938

Die einzelnen Daten zur Sportversion: Gesamtlänge 272 mm, Lauflänge 190 mm, Visierlänge 235 mm. Höhe 124 mm und Breite 45 mm. Das Magazin faßte zehn Patronen, und das Gewicht der leeren Waffe lag bei 860 g. Das zusätzliche, standardmäßige Laufgewicht betrug 350 g. Sie kostete 77 RM und die Version mit Laufgewichten fünf Mark mehr.

Bei der Schnellfeuer-Version betrug das Leergewicht 785 g, und das Magazin faßte sechs Patronen. Ansonsten waren alle Daten gleich. Der Preis lag bei 96 RM. Das »Jäger-Modell« gab es mit zwei unterschiedlichen Abzugformen. Die Gesamtlänge war 202 mm, die Lauflänge 100 mm, die Visierlänge 165 mm, die Höhe 124 mm und die Breite 45 mm. Das Gewicht betrug 725 g, und das Magazin konnte mit zehn Patronen geladen werden. Die ersten Pistolen lagen im Nummernbereich der klassischen Sportserie, nach 2 000 O. Der Preis betrug 193 877 Reichsmark.

Das Fünfkampf-Modell brachte es auf eine Gesamtlänge von 322 mm, denn für diese spezifische Disziplin konnte ein 240 mm langer Lauf verwendet werden. Die Visierlänge betrug somit 280 mm. Die Höhe und Breite entsprachen den anderen Modellen, während das Leergewicht bei 1 000 g und sowohl das Zusatzgewicht als auch das verschiebbare Gewicht bei 350 g lag. Als Besonderheiten installierte das Werk einen Ladeanzeiger, setzte ein Elfenbeinkorn ein und färbte die Visierung rot. In der ersten Zeit durfte diese Disziplin nur im Kaliber .22 l.r. durchgeführt werden. Das änderte sich erst nach 1950; jetzt war auch das Kaliber .22 kurz gestattet.

Viel tat sich nun nicht mehr. 1939 wurden die Griffe unten etwas fülliger, aber bis zum Kriegsende blieb alles beim alten. Sämtliche Olympias funktionierten über einen unverriegelten Masseverschluß, der eine nur linksseitige Verschlußfeder mit einer kurzen Führungsstange besaß. Diese Art der Schlittenverlängerung unter dem fest mit dem Griffstück verbundenen Lauf schauten sich später einige andere Hersteller ab, darunter auch Smith & Wesson für die Sportpistole Modell 41. Der Olympia-Schlitten trug auch die seitlich durch zwei Madenschrauben verstellbare Kimme. Er ließ sich wie bei der PPK abnehmen, wenn der Abzugbügel nach unten weggeklappt wurde. Die ersten Olympia-Modelle besaßen allerdings noch einen Entriegelungsknopf im Abzugbügel. Es ist übrigens kein Zufall, wenn selbst heute noch Sportpistolen der damaligen Zeit – gleich welcher Kategorie – auftauchen, die dem »Standard« nicht entsprechen. Zwar war man in Zella-Mehlis an die Grundkonzeption gebunden, ging aber stets auf Anregungen und Sonderwünsche aus dem Kundenkreis ein. Ein deutliches Beispiel hierfür sind die variierenden Lauflängen, die bei einer Festbestellung direkt ab Werk gefertigt wurden, und die heute begehrte Sammelobjekte sind.

Die Walther/Hämmerli 200 mit 190 mm langem Lauf. *(M. Kersten)*

Sensation oder Überarbeitung? Eine Olympia mit 240 mm-Lauf der »Hämmerli-Kategorie«, aber: die Firmeninschrift weist Walther in Ulm als Hersteller aus. (M. Kersten)

Daten	*Standard*	*Schnellfeuer*
Herstellung	*ab April 1952*	*ab Juli 1952*
Kaliber	*.22 l.r.*	*.22 kurz*
Leergewicht	*860 g*	*785 g*
Länge	*272 mm*	*272 mm*
Höhe	*125 mm*	*125 mm*
Breite	*45 mm*	*45 mm*
Visierlänge	*235 mm*	*235 mm*
Lauflänge	*190 mm*	*190 mm*
Magazinkapazität	*10 Patronen*	*6 Patronen*
Verschlußmaterial	*Stahl*	*Leichtmetall*
Zusatzgewichte, total	*700 g*	

Reinkarnation: Olympia von Hämmerli

Vielleicht kann man das Aufleben der schon vor dem Krieg zu Ehren gekommenen Olympia-Modelle als Wiedergeburt bezeichnen. Fritz Walther selbst blieb eine derartige Renaissance während der ersten Jahre nach dem Krieg versagt. Aber er räumte einer anderen Firma die Lizenzrechte ein, und die Schweizer Firma Hämmerli AG in Lenzburg griff gern zu. So begann im April 1952 die erneute Produktion des Modells 1939, erst einmal in der Schnellfeuer-Version im Kaliber .22 kurz. Die Herstellung setzte mit der Nummer 101 ein. Das Verschlußstück bestand aus Leichtmetall.

Einige Monate später kam die Version in .22 l.r. mit Stahl-Verschlußstück hinzu, deren Seriennummern mit der 5 001 starteten und die sich vom Vorkriegsoriginal durch den fehlenden Ladeanzeiger abhob. Auf den Waffen prangten als Herkunftszeichen »Lenzburg Hämmerli-Walther Switzerland Olympia-Pistole«.

Bei den Olympischen Spielen in Helsinki schossen bereits alle Medaillengewinner entweder mit den neuen Hämmerli-Pistolen oder noch mit originalen Walther-Modellen der Vorkriegsproduktion. Ab 1954 bauten die Schweizer auch Versionen mit dreischlitziger Mündungsbremse. Außerdem konstruierten sie einen neuen Abzug, der sich auf Werte zwischen 600 bis 700 Gramm einstellen ließ. Die Visierkomponenten gab es in drei verschiedenen Breiten. Ein Jahr später kam auf Wunsch von einigen Spitzenschützen eine Variante mit einem 24 cm langen Lauf hinzu. Und auch ein neuer Griff, dessen Form von der Freien Pistole stammte, fand dankbare Abnehmer. Vier unterschiedliche Ausführungen standen nun zur Verfügung, und die mußten auch mit Modellnummern differenziert werden:

- Modell 200: Lauflänge 190 mm, Standardgriff
- Modell 201: Lauflänge 240 mm, Standardgriff
- Modell 202: Lauflänge 240 mm, verstellbare Griffschalen
- Modell 203: Lauflänge 190 mm, verstellbare Griffschalen

Bei den Olympischen Spielen 1956 in Melbourne erzielten diese Pistolen Gold und Silber, aber gleichzeitig verschwanden die Modelle 201 und 202 wieder; der lange Lauf bewährte sich nicht. Dafür kamen die »204« und »205«, ausschließlich im Kaliber .22 l.r. und speziell für den amerikanischen Markt, hinzu. Als Besonderheit verfügten sie über eine allseits verstellbare Mikrovisierung. Die beiden Modelle entsprachen in ihrer Griffgestaltung den ausgemusterten Typen. Nach den nationalen USA-Richtlinien stand das Abzuggewicht werkseitig auf 950 Gramm. 1958 machten neue Bestimmungen der UIT eine weitere Änderung bei den Pistolen im Kaliber .22 kurz notwendig. Die Zusatzgewichte verschwanden, und die Griffschalen durften nicht breiter als 50 mm sein. 1962 baute Hämmerli schließlich die eigenen Sportmodelle 206 und 207. Damit war die Herstellung der Walther-Olympia in der Schweiz beendet, auch wenn die späteren Hämmerli-Modelle 212 und 215 noch auf den Walther-Konstruktionen basieren sollten.

Aus dem Modell 6 entwickelte sich die »Olympia«, und auch die Serien-PP avancierte zum Sportmodell. *(Kupsch)*

WALTHER
Waffenfabrik Walther Zella-Mehlis (Thür.)
Walthers Patent
Olympia-Pistole
54 90
54900
Carl Walther Waffenfabrik Ulm/Do.
Modell PP Sport Cal.22 LR

PP Sport

Bereits 1956 baute das Ulmer Walther-Werk – parallel zu Manurhin – auch die PP Sport in eigener Regie. Um den Druckpunkt des Abzugs leichter einstellen zu können, erhielten diese Sportgeräte keinen Spannabzug. Vor Abgabe des ersten Schusses mußte der Hahn mit dem Daumen gespannt werden. Dafür erhielt das Schlagstück anstelle des Rings einen griffigen, großflächigen Hahnsporn. Da aber das Vorspannen beim gezielten Scheibenschießen ohnehin dazu gehört, bildete der fehlende Double-Action-Abzug kein Manko. Trotzdem bauten die Ulmer ihn ein, wenn dies ein Kunde extra bestellte.

Daten PP Sport				
Kaliber	.22 l.r	.22 l.r.	.22 kurz	.22 kurz
Lauflänge	206 mm	155 mm	206 mm	155 mm
Gesamtlänge	280 mm	230 mm	280 mm	230 mm
Höhe	125 mm	125 mm	140 mm	140 mm
Breite: Verschluß-stück/Griff	22/34 mm	22/34 mm	22/34 mm	22/34 mm
Gewicht, leer	725 g	690 g	725 g	690 g
Visierlinie	225 mm	175 mm	225 mm	175 mm
Laufgewicht: 160 g				

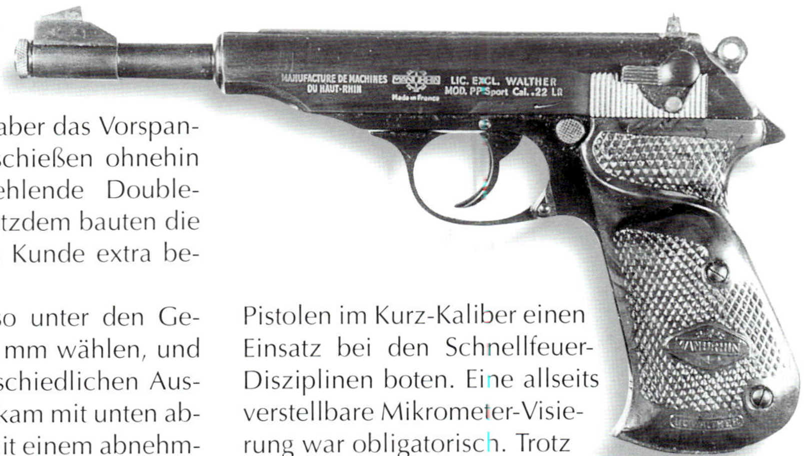

Der Käufer konnte ebenso unter den Gesamtlängen von 230 oder 280 mm wählen, und das wiederum bei zwei unterschiedlichen Ausführungen. Die Standardwaffe kam mit unten abgerundeten Griffschalen und mit einem abnehmbaren Kornsattel. Hier blieb noch die Möglichkeit zum Austausch der gebogenen gegen konventionelle Griffschalen, plus Magazin mit Verlängerung. Als zweite Version bot Walther die Pistole direkt mit einer Laufbeschwerung an, die später auch zum Zubehör zählte. Letztendlich stand dem Schützen die Kaliberwahl unter .22 l.r. und .22 kurz offen, wobei Pistolen im Kurz-Kaliber einen Einsatz bei den Schnellfeuer-Disziplinen boten. Eine allseits verstellbare Mikrometer-Visierung war obligatorisch. Trotz Wunschsysteme und Baukastenprinzip zählte die PP Sport zu den schießportlichen Kompromissen, und spezielle, auf den Sport zugeschnittene Pistolen liefen ihr schnell den Rang ab. Doch auch heute ist sie noch gern gesehen – in gut geführten Walther-Waffensammlungen.

PP Sport aus der Ulmer Produktion. (M. Kersten)

Feinst einstellbar: die Mikrometer-Visierung der PP Sport.

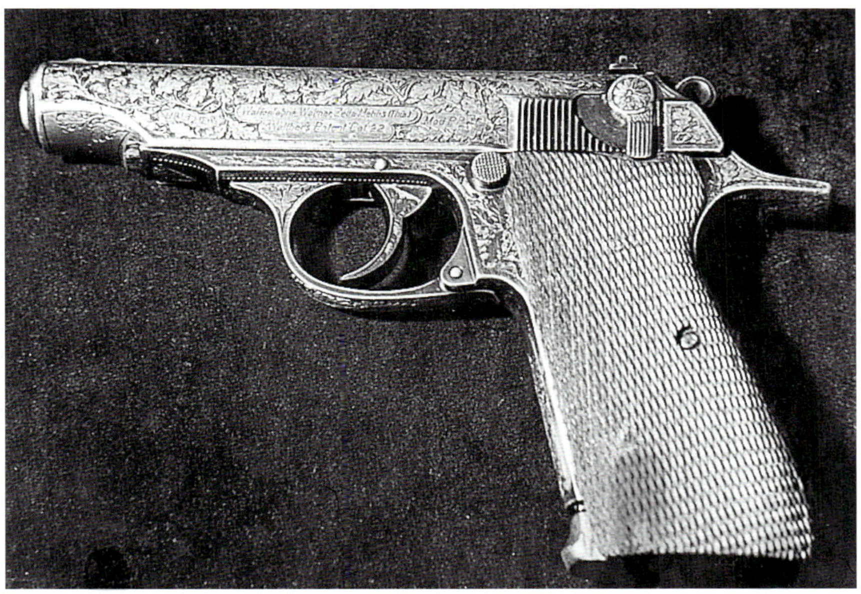

Ein wohl einmaliges Stück: Eine reich gravierte, frühe Zella-Mehlis-PP mit Nußbaum-Griffschalen im Kaliber .22 l.r. Als Besonderheit erinnert der lange Griffstück-Dorn an die konstruktiven Anfänge der Olympia-Pistole. (Rankin)

Werbebild zur PP Sport mit Laufbeschwerung. (Walther)

Luftpistolen, Kaliber .22 l.r.

Kleinkaliber-Luftpistolen? Bei Walther keine Unmöglichkeit, zumindest nicht in einer gewissen frühen Konstruktionsphase, als die Firmenleitung bereit war, auf der Suche nach neuen Sportwaffen und Absatzmärkten ungewöhnliche Wege zu gehen. Anfang der 50er Jahre lag mit dem Modell LP 53 eine solide Luftpistole vor, der Walther außer Druckluft auch noch andere Antriebsgase zutraute. Von der Idee her bestechend, denn beim Knicken des Laufs spannte sich anstelle der Druckfeder jetzt ein Schlagbolzen. Ganz so einfach, wie sich die Geschichte anhört, ging es jedoch beim Umbau nicht vor sich. Nur das äußere Gerüst, sprich: die Modellform an sich, ließ sich verwenden. Konstruktionsbedingt blieben größere Eingriffe im Innenleben nicht erspart, schließlich mußte nicht nur ein Patronenauszieher für diesen Einzellader, sondern auch eine Sicherung installiert werden.

Als Basisgerät wählte Walther die erste Ausführung der LP 53, mit der »Verschlußstück«-Form der Olympia-Pistole. Zwei Exemplare entstanden, die später als »SP Mod. 53« und »SP Mod. 54« (SP für Sport-Pistole) im Firmenarchiv verschwanden.

Die Weiterführung des Konstruktionswegs beweist ein zweites Muster mit der Bezeichnung »SP Mod. 54«. *(M. Kersten)*

Bei Walther schien nichts unmöglich: Die Luftpistole LP 53 wurde versuchsweise auf die Kleinkaliber-Patrone .22 l.r. umgerüstet. Das durchaus ernsthafte Experiment erhielt die Bezeichnung »SP Mod. 53«. (M. Kersten)

Musterstück:
Anfang der 70er Jahre entstand dieses einschüssige Vorlage-Modell im Kaliber 4 mm zur Ergänzung des Sportsektors. In die Produktion ging dieses sehr präzise schießende Gerät jedoch nicht. (M. Kersten)

Modell
komplett

Keine Vierlinge: Die Nachfolger der Olympia. GSP der 70er Jahre, die persönliche OSP von Karl-Heinz Walther, eine GSP neueren Datums und die ultramoderne OSP 2000 (von links nach rechts). (Kupsch)

Olympia-Nachfolger: OSP

Mit der neuen Olympischen Schnellfeuer-Pistole präsentierten die Ulmer Konstrukteure 1961 einen Generationswechsel. Das Kürzel OSP steht bis zum heutigen Tag als Synonym für diese Wettkampf-Disziplin. Neun Jahre später sorgte die OSP für ungläubiges Staunen bei der Weltmeisterschaft 1970 in Phönix/USA: Giovanni Liverzani stellte mit ihr den Weltrekord mit 598 von 600 möglichen Ringen ein – ein Ergebnis, das 13 Jahre lang Bestand hatte. Bei den Weltmeisterschaften 1974 in Thun in der Schweiz schafften die Schützen mit der OSP nicht nur Gold und Silber in der Einzel-, sondern auch in der Mannschaftswertung. Bei den Weltmeisterschaften 1978 in Seoul/Korea belegten OSP-Schützen gar die vorderen fünf Plätze, plus Mannschafts-Gold. Auch bei den Olympischen Spielen 1984 in Los Angeles gewinnt der Japaner Takeo Kamachi damit die Goldmedaille, ebenso wie Ralf Schumann 1992 in Barcelona. Den Schlußpunkt setzte 1996 der Bulgare Emil Milev mit seiner Silbermedaille in Atlanta.

Es war wirklich ein grundlegend neues Gerät, das Walther den Sportlern anbot und in den folgenden Jahren immer wieder modifizierte. Die Munitionszuführung erfolgte vor dem Abzug und stellte damit zugleich einen wichtigen Beitrag zur Vorderlastigkeit dar. Neu war auch der Abzugmechanismus in Modulbauweise und eine aktualisierte Form des anatomischen Griffs. Nur im gespannten Zustand ließ sich das Gerät sichern, und der Verschluß blieb nach dem letzten Schuß in seiner hinteren Position stehen. Zur Vergrößerung der Vorderlastigkeit diente ein unter den Lauf aufschiebbares Gewicht. Obligatorisch auch hier ein äußerst präzises und allseits verstellbares Mikrometer-Visier.

Daten OSP	
Herstellung	ab 1961
Kaliber	.22 kurz
Gesamtlänge	298 mm
Gesamthöhe	150 mm
Gesamtbreite	48 mm
Visierlänge	228 mm
Lauflänge	85 mm
Züge	6
Drall	rechts
Gesamtgewicht	1120 g
Abzuggewicht	100–200 g
Magazinkapazität	5 Patronen
Spannwiderstand	1200 g

Ralf Schumann, geboren am 10.6.1962 in Meißen, erreichte 1978 mit einem Landesrekord den 1. Platz der 1. DDR-Meisterschaft. 1982 wechselte er nicht nur zum »Klub für Sportschießen Leipzig«, sondern auch von seinem Margolin-Umbau zur Walther OSP. Neben vielen anderen Plazierungen auf dem Siegertreppchen holte er bei den Olympischen Spielen 1988 in Seoul Silber und 1992 in Barcelona die Goldmedaille.

GSP im Kaliber .32 S & W long WC. Die im Baukastenprinzip konzipierte Präzisionswaffe besitzt einen universell einstell- und auswechselbaren Druckpunktabzug. Alternativ stehen Wechselsätze im Kaliber .22 kurz und .22 l.r. zur Verfügung. (Walther)

Die GSP-Generation

Der allseits orientierte Pistolenschütze träumte lange von einer Waffe, mit der er nicht nur sämtliche Kleinkaliber-Disziplinen absolvieren, sondern auch Großkaliber schießen konnte. Dafür mußte früher pro Schießart ein eigenes Gerät her. Das ging nicht nur ins Geld, auch das »Warmwerden« mit der Pistole kostete beim Wechsel von einer Disziplin zur nächsten Konzentration und Zeit. Dem leistungsorientierten Sportler reichte auch die für den Sport modifizierte PP längst nicht mehr. Also mußte etwas Neues her – eine »Gebrauchs-Sport-Pistole«, GSP, wie das Kürzel der 1968 vorgestellten Walther-Sportpistole für den allgemeinen Gebrauch lautete.

Dabei kam die Ähnlichkeit mit der OSP nicht von ungefähr, denn beide Waffen besitzen die gleiche technische Basis. Immer wieder befaßten sich die Konstrukteure über die Jahre mit der GSP, was sich im Laufe der Zeit auch an seiner äußerlichen Wandlung erkennen ließ. Denn trotz der allgemeinen Marktakzeptanz störte viele Sportschützen der serienmäßige Abzug; der Mindestabzugwiderstand von 1360 Gramm lag schwerpunktmäßig auf dem trocken stehenden Druckpunkt. Die Alternative bestand darin, den Widerstand über den Vorzug auf wenige hundert Gramm herabzusetzen. Bei der IWA 1988 präsentierte Walther dann diese Möglichkeit als neuen Druckpunktabzug. Dessen Komponenten lagen wohlbehütet in einem Leichtmetallgehäuse. Der Lagerblock aus Messing nahm die Stellschrauben für den Druckpunkt, das Vorzugsgewicht und den Triggerstop auf. Nun konnte jeder Schütze das Sportgerät auf seine Bedürfnisse gezielt einstellen. Und mit »jeder Schütze« waren auch die Sportler gemeint, die eine ältere GSP besaßen. Dank einer übersichtlichen Bedienungsanleitung ließ sich das neue Modul problemlos austauschen.

GSP im Kaliber .22 l.r. (Walther)

Ende 1971 folgte dann eine kleine Sensation: die GSP im Kaliber .32 S & W long Wadcutter, oder besser gesagt: das neue GSP-System. Denn mit wenigen Handgriffen ließ sich aus dem Basisgerät jetzt einerseits eine kleinkalibrige Sport- oder Standardpistole, andererseits aber auch eine Großkaliber-Gebrauchspistole zusammenstellen. Ab 1976 (und mit der Waffennummer 6 7001 auf einer GSP .22 l.r.) zeigte sich der GSP-/OSP-Komplex als Bereich der unbegrenzten Möglichkeiten. Aus den einzelnen, durch eigene Wechselsätze erweiterbaren Modellen entstand nun ein komplettes, »interdisziplinäres« System. Das Griffstück mit seinen drei korrespondierenden Oberteilen machten den schnellen Umbau und Einsatz in verschiedenen Schießsportarten möglich. Der gelegentliche Zusatz »MV« bedeutet, wie bei den anderen Sportgeräten zuvor, nichts anderes als »matt vernickelt«. Durch diese Veredelung erreichte die GSP nicht nur einen besseren Oberflächenschutz, sondern auch ein elegantes Aussehen.

GSP MV im Kaliber .22 l.r. *(Walther)*

GSP MV im Kaliber .32 S & W long WC. »MV« steht für »matt vernickelt«. Bei der GSP-Familie kann der Kunde die Geräte ohne, oder mit Rechts-, bzw. Linksgriff erwerben. *(Walther)*

Die Krönung: Jubiläums-GSP im Kaliber .22 l.r. in einer limitierten Sonderausführung. *(Walther)*

Apropos Eleganz: 1994 feierte die GSP ihren 25. Geburtstag. Deshalb offerierte Walther eine auf 1 000 Exemplare limitierte Jubiläumsauflage mit reichhaltiger Zusatzausstattung: ein 70 g-Laufgewicht, beschriftet »25 Jahre GSP«, ein Klappkorn und zwei Magazingewichte. Alles verpackt in einem Alukoffer samt Urkunde. Edel und teuer wirkt auch die Waffe selbst: Während das Griffstück gleich der GSP MV ein nickelmattes Finish aufweist, besitzt das .22 l.r-Verschlußstück eine Titanbeschichtung. Die Griffschale besteht aus grau eingefärbtem Schichtholz und trägt eine Plakette. Ein wunderschönes Stück zum damaligen Preis von 2549 DM sowohl für Sammler als auch für Sportschützen, obwohl ein gebrauchsmäßiges Schießen mit diesem Kunstwerk eigentlich viel zu schade ist.

Daten	GSP, .22 l.r.	GSP, .32 S & W	OSP Match, .22 kurz
Gewicht	1180 g	1280 g	1120 g
Länge	292 mm	292 mm	298 mm
Höhe	150 mm	150 mm	150 mm
Breite	50 mm	50 mm	50 mm
Visierlänge	220 mm	220 mm	239 mm
Lauflänge	107 mm	107 mm	85 mm
Gasbohrungen	–	–	5
Magazinkapazität	5	5	5
Abzuggewicht	1000/1360 g	1360 g	100–200 g

Die momentan letzte Version, die GSP Atlanta.
(Walther)

Die OSP-Match-Komponente

Bei der OSP-Match stellten sich ab 1988 etliche Änderungen zur Vorgängerversion ein: Bei den Gasentlastungsbohrungen in Normalstellung sind alle fünf Bohrungen geöffnet. Zum Verschießen von Munition mit geringerem Gasdruck konnte jetzt die fünfte Bohrung geschlossen werden. Hierzu löste der Schütze die Laufhalteschraube und eine kleine Inbusschraube im Schieber. Dieser ließ sich jetzt nach vorn ziehen, bis er bündig mit der Mündung war. Eine neue Griffschale mit großer Handballenauflage, verstellbar in zwei Bereichen, lag wie maßgefertigt in der Hand. Die Befestigung mittels Zentralschraube ermöglichte eine noch individuellere Gestaltung der Griffschale im Daumen-/Zeigefingerbereich. Der kurze, präzise schießende Lauf bot mehr Möglichkeiten der Griffgestaltung ohne die Maximallänge zu überschreiten. Die kompakte Bauweise der Waffe und das leichte Verschlußstück waren Garanten für eine extrem ruhige Lage der Pistole beim Schuß. Zur OSP-Match gehört serienmäßig ein 40 g-Laufgewicht; ein weiteres, gleich großes Gewicht von 100 g ist als Zubehör erhältlich.

Der Industriekaufmann Daniel Leonhard erkämpfte sich mit seiner OSP 2000 den zweiten Quotenplatz für Atlanta.

(Walther)

Die OSP 2000

Auf der IWA 1994 stellte Walther die bisher letzte Version der Olympia-Schnellfeuer-Pistole vor, die OSP 2000. Die neue Griffschale von Cesare Morini entsprach den neuesten ergonomischen Erkenntnissen. In ständiger Weiterentwicklung unter Mitarbeit von Spitzenschützen wurde bei diesem Modell die Visierlinie verlängert und tiefer gesetzt. Der OSP-Verschluß wiegt 70 Gramm, und der umstrittene Vario-Lauf der letzten Jahre verschwand wieder. Das Alu-Zusatzgewicht von 40 Gramm vorn an der Mündung gab es nun auch als 100 g-Stahlblock.

Die OSP 2000.
(Walther)

Daten OSP 2000

Herstellung	1994
Kaliber	.22 kurz
Gesamtlänge	298 mm
Gesamthöhe	142 mm
Gesamtbreite	50 mm
Gewicht	1160 g
Abzuggewicht	100–200 g
Kimme	2,6/2,3/2,9 mm
Korn	2,1/2,4 mm
Visierlänge	274 mm
Lauflänge	85 mm
Magazinkapazität	5 Patronen
Ausführung	schwarz brüniert/eloxiert

Die Wechselsätze

Die Wechselsätze im Kaliber .22 kurz, .22 l.r. und .32 S & W long WC bestehen aus dem kompletten Oberteil, zwei Magazinen und einer OSP-Abzugeinrichtung beim Kaliber .22 kurz. Da jetzt die Modelle GSP/OSP ein einheitliches Griffstück besitzen, reichen wenige Handgriffe zur Wechselsystem-Montage. So kann zum Beispiel auf einer GSP .22 l.r. – ab der Nummer 67 001 – auch ein später erworbener Wechselsatz im Kaliber .32 oder .22 kurz aufgesetzt werden. Lediglich beim Modell OSP sind eine Abzugeinrichtung 1 000 oder 1 360 Gramm und ein Paar Sportpistolen-Griffschalen erforderlich.

Freiheit, die ich meine: FP

Die oft als »Königsdisziplin« bezeichnete Freie Pistole ist bereits sehr alt. Schon 1896 in Athen zählte sie zum Wettkampfprogramm bei den Olympischen Spielen, damals mit einem 30-Schuß-Programm auf 30 Meter Distanz geschossen. 1900 in Paris mußten 60 Schuß auf 50 Meter und 1908 in London auf 45,7 Meter absolviert werden. Die nunmehr krumme Zahl ergab sich aus der hier gebräuchlichen Distanzmessung von 50 Yard. 1912 stellten die Funktionäre schließlich verbindliche Regeln auf, die sich nach dem »Pariser Modell« orientierten: Entfernung 50 Meter, 60 Schuß auf 10er Ringscheibe. Das Programm hielt sich fast unverändert bis in die heutige Zeit.

Die Freiheit bezog und bezieht sich auf die freie Wahl bei der Form der Faustfeuerwaffe. Dabei ist es gleichgültig, ob der Sportler mit einer Pistole oder einem Revolver antritt. Nur das Kaliber .22 l.r., die Einzellader-Funktion und eine offene Visierung sind vorgeschrieben. Beim Griff besagt das Reglement, daß die Hand bis zur Handwurzel umschlossen sein kann, aber an keinem Teil des Arms abgestützt werden darf. Das Handgelenk muß frei beweglich sein. Damit standen freischaffenden Künstlern Tür und Tor offen, und mancher Griff glich eher einer modernen Skulptur. Aber wer will schon bei einem Wettkampf mit einer gewöhnlichen Gebrauchswaffe antreten? Über die Jahre entwickelte sich für diese Disziplin eine spezielle Pistolenart, deren Hauptmerkmal der anatomisch geformte Griff und der zumeist sehr weit freistehende Lauf ist. Ähnlich spezielle Kreationen bauten bereits englische Büchsenmacher gegen Ende des 18. Jahrhunderts, indem sie die damaligen Steinschloßpistolen, sonst reich dekoriert und mit langen Vorderschäften versehen, auf ihre reine Funktionalität beschränkten. Die Grenzen zwischen sportlichen Scheibenpistolen, Reise- oder Stiefelpistolen und die zur Bereinigung von Ehrenhändel verwendeten Duellpistolen verschwammen dabei – Hauptsache, die Waffen schossen präzise.

Walthers FP

Im Jahr 1977 schuf Walther eine erste Hochleistungswaffe für die Kategorie »Freie Pistole«, wobei die Modellbezeichnung »FP« nahelag. Mit einem berührungslosen Abzug- und Auslösemechanismus trat sie mit den Schweizer Hämmerli-Waffen und den sowjetischen TOZ 35 und MC 55 in Konkurrenz. Aber die Elektronik führte zu keinen befriedigenden Ergebnissen, auch bei den Konkurrenzfirmen nicht. Trainer und Schützen führten das auf den ultrakurzen Auslöseweg zurück, der kaum von einem menschlichen Finger genutzt werden kann. Die Nachfrage blieb gering, und deshalb lief die Produktion der »FP« schon 1987 aus.

Nun überraschte Walther bei der IWA 1989 die Branche mit der Mitteilung, daß es ab sofort die Walther-FP wieder gäbe, und das mit einer völlig neuen Elektronik.

Aber auch bei der Mikroelektronik braucht eine Platine noch Platz, und der Umfang der Batterie erfordert ein anderes Pistolendesign als mechanische Modelle. Den Schrittmacher implantierte Walther in einem klobigen Vorderschaft. Durch die neue SMD-Technik (Surface-Mounted-Design = Subminiatur-Elektronikteile) reduzierte sich der Strombedarf extrem, so daß – O-Ton Walther – »mit einer Batterie etwa 1000 Schuß in 24 Stunden« möglich sein sollten. Ein optionaler Akku brachte es auf 500 Schuß, und eine dritte Leuchtdiode gesellte sich zu den bisherigen zwei Dioden auf der Oberseite des Vorderschafts. Wie bei einer Verkehrsampel leuchtet es jetzt rot, gelb, grün. Die Farben waren tatsächlich dem Straßenverkehr entlehnt: Bei Rot kann nicht ausgelöst werden, weil zum Beispiel der Verschlußhebel geöffnet oder der Kondensator noch nicht aufgeladen ist. Gelb sieht der Schütze, wenn nur noch etwa 100 Schuß problemlos zur Verfügung stehen, und grün steht für den freien Schuß. Zeigte die Ampel gar nichts an, sollte der Schütze entweder den kleinen Einschaltknopf bedienen oder den Energiespender überprüfen.

Der Lademechanismus funktioniert wie bei anderen Modellen. Freie Pistolen besitzen meist einen Fallblock-Verschluß, der das Schlagbolzensystem in sich trägt und der zum Laden nach unten wegklappt. Bei der FP lagert der Block jedoch auf einer Querachse unterhalb des Laufs.

Der lange Vorderschaft der FP beherbergt die Elektronik und das Abzugsystem.

(Kupsch)

Diese ungewöhnliche Drehblockbefestigung war »den Walthers« wohlvertraut, denn bereits »Urvater Carl« baute schließlich dieses von Aydt entwickelte System in seine Scheibenstutzen ein.

Der Verschlußhebel sitzt auf der rechten Seite, und ein breiter, den Lauf überspannender Quersteg ermöglicht das leichte Aufziehen. Dabei drückt die Hebelkante den Auszieher zurück, eine leere Hülse wird aus dem Patronenlager gezogen. Die abgesenkte Oberkante des Blocks dient als Lademulde, in der sich eine Patrone bis zum Auszieher problemlos einschieben läßt. Die letzten fünf Millimeter und damit das Einschieben in die Laufzüge am Ende des Patronenlagers besorgt der Block selbst, denn beim Schließen schiebt er Patrone und Auszieher bündig vor. Der Abzug ist im Prinzip nichts anderes als ein kleiner Schalter. Sein Widerstand läßt sich zwischen 5 und 40 Gramm regulieren. Dieser Widerstand entsteht nicht wie bei mechanischen Modellen durch die Spannung zwischen sich berührenden Metallzungen, sondern durch eine winzige Feder oberhalb des Abzugkopfes. Wegen des minimalen Widerstands verwenden die Techniker nur eine Rändelschraube als Auflage für den Abzugfinger. Durch Lösen, Verdrehen und Wiederanziehen läßt sich die Lage der Schraube beliebig variieren.

Die Abzugfunktion wurde grundlegend verändert. Bisher durchbrach die Abzugstange eine Lichtschranke, und der Elektromagnet im Verschlußblock gab den Schlagbolzen frei. Jetzt sitzt eine Lochblende an der Abzugstange. Wenn nun der Abzug berührt wird, reicht ein Lichtstrahl aus, der durch die Blende auf den Empfänger trifft. Ein Mikroschalter, der erst bei vollständig geschlossenem Ladehebel den Stromkreis freigibt, sorgt für zusätzliche Sicherheit.

Bei der Freien Pistole sind alle Zielkomponenten erlaubt, optische Vergrößerungen natürlich ausgeschlossen. Bei der neuen Walther FP läßt sich die Länge der Visierung durch Verschieben des Kornblocks verändern. Das A und O bei der Freien Pistole aber ist der Griff. Hier darf fleißig gebastelt werden und das machte Walther bei der FP seit 1977 auch, in Form einer extravaganten und nicht alle Sportler ansprechenden Ausführung. Bereits im Erscheinungsjahr stellten Kenner der Materie die Frage, ob diese Sportpistole wirklich ein Trumpf von Walther sei. Sie war es nicht; 1990 fand die Produktion ihr endgültiges Ende.

Der Tank: Unten im Vorderschaft sitzt ein Batteriefach, das eine handelsübliche 9-V-Blockbatterie aufnimmt. *(Kupsch)*

Die alte Platine der FP war noch mit konventionellen Elektronikteilen ausgestattet. *(Kupsch)*

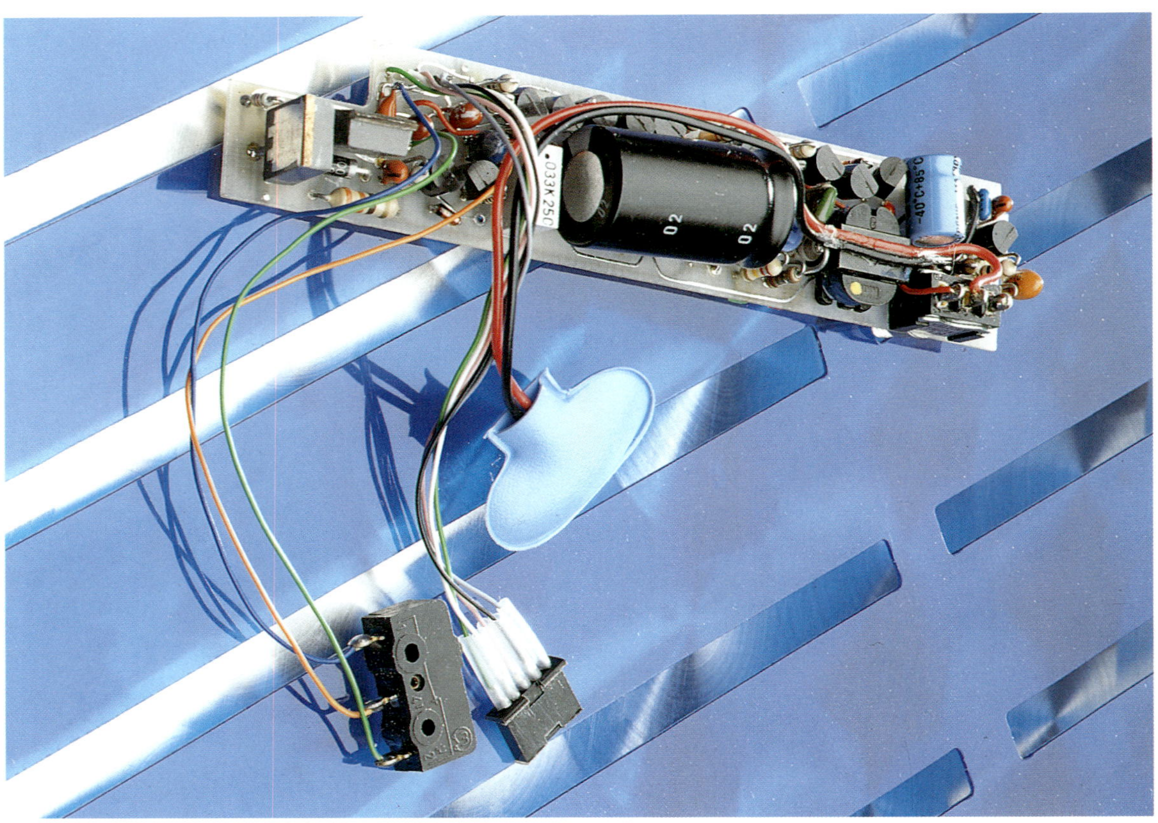

Daten FP	
Herstellung	*1977–1987, 1989–1990*
Kaliber	*.22 l.r.*
Verriegelung	*Fallblock*
Länge	*440 mm*
Höhe	*160 mm*
Breite	*90 mm*
Gewicht	*1400 g*
Visierlänge	*378 mm*
Lauflänge	*300 mm*
Abzuggewicht	*5–40 g*
Stromversorgung	*9-V-Block*

Do not misuse. Connect correctly.
Do not recharge.
● Utiliser correctement. Respecter les polarités + et –. Ne pas recharger.
● Nur sachgerecht verwenden.
Auf richtige Polarität achten.
Nicht wieder-aufladbar.
● Impiegare appropriatamente. In-
220 μF
GPF

Generationen:
Etwas mehr als 50 Jahre liegen zwischen diesen beiden Waffen: Oben das ultramoderne Power-Match aus Ulm, darunter eine Meisterbüchse aus Zella-Mehlis.
(Stoll GmbH)

DIE KK-SPORTGEWEHRE

Die Walther-Meisterbüchse

Zu den Zella-Mehlis-KK-Gewehren 1 und 2 für eine allgemeine Verwendung gesellten sich schnell spezielle Kleinkaliber-Sportbüchsen – und hierbei besonders die Walther-Meisterbüchse, auch Sportmodell »Meister« genannt – deren Konstruktion sich besonders durch den sehr kurzen, nur 5 mm langen Schlagbolzenweg auszeichnete. Die damit erreichte Verkürzung der Auslösezeit war von Bedeutung, denn eine größere Zeitspanne von der Zielerfassung mit Abzugbetätigung bis zur Zündung der Patrone macht eine Ablenkung von der Ziellinie wahrscheinlich. Das kannte man bis dato nur von den Blockverschluß-Büchsen, und so entwickelte sich die Nachfrage der Sportschützen nach dem neuen Walther-Gewehr recht erfreulich. Die Firma vergaß in Werbeschriften natürlich auch nicht zu erwähnen, daß der Streukreis unter Garantie nicht mehr als 2 cm betrug und somit die Regel der Deutschen Versuchsanstalt von 3 × 3 cm übertraf.

Daten	Meisterbüchse	Meisterbüchse, Olympiamodell	Meisterbüchse, Olympiamodell Sonderausführung
Kaliber	.22 l.r.	.22 l.r.	.22 l.r.
Waffenlänge	1130 mm	1130 mm	1150 mm
Lauflänge	650 mm	650 mm	650 mm
Visierlänge	520–625 mm	800 mm	800 mm
Gewicht	3500 g	3900 g	6000 g
Zubehör	Diopter	Diopter	Diopter

Lauf und Verschlußhülse besaßen lange schwalbenschwanzförmige Nuten zur Aufnahme von Mikrometer-Visierungen, und Einfräsungen am hinteren Ende der Verschlußhülse ermöglichten das Aufschieben eines Diopters. Das Mikrometer-Visier verfügte über drei verschiedene Kimmen, einstellbar nach den Lichtverhältnissen. Zu den Kimmen gehörten entsprechende Einschiebekorne und zwar in Dach-, Rechteck- und Mantelperl-Form. Nur beste, jahrelang getrocknete Nußhölzer fanden beim Schaft Verwendung, mit Leinöl-Finish und sauber poliert. Am Pistolengriff und Vorderschaft schnitten die Schäfter Fischhaut ein; geprägte Kolbenkappen plus Riemenbügel rundeten das Bild der lehrenhaltig gefertigten Büchse ab.

Die Meisterbüchse in der Ausführung »Olympiamodell« oder »Meisterbüchse mit Olympiaschaft« zählte schon eher zu den rein leistungsorientierten Wettkampfwaffen. Das Gewehr besaß einen schweren Schaft mit feinen Fischhaut-Verschneidungen und einem ausgeprägten Pistolengriff, der in der zeitgenössischen Werbung zum sogenannten Kaisergriff hochstilisiert wurde. Aber das Ende der sportlichen Ambitionen war damit noch nicht erreicht. Das schaffte erst die »Olympia-Sonderausführung« mit ihrem Sattelkorn, auswechselbar in Ausführungen zu je zwei Ring- und Balkenkornen im Tunnel. Der Mikrometerdiopter war mit Feststellschrauben versehen, und der Schaft besaß einen Durchgriff für den Daumen der rechten Hand und eine verstellbare Kolbenkappe. Der Vorderschaft erhielt eine aufgerauhte Gummieinlage sowie eine Handstütze für das Stehend-Schießen. Zur Reflexvermeidung machte die bekannte Hochpolitur von Lauf, Schloßhülse, Korn und Diopter einer matten Brünierung Platz. Ein neuartiger leichtgängiger Druckpunkt ließ einen verstellbaren Widerstand bis 300 Gramm zu.

Das Walther- und Deutsche Sportmodell

»Das Kleinkaliberschießen ist ein Volkssport geworden, den auch Personen ausüben können, für die andere Sportarten nicht in Frage kommen. Er übt das Auge, stärkt die Willenskraft und gibt eine ruhige, sichere Hand.« So warb Walther für sein neues »Walther-Sportmodell«

	Sportmodelle	
Daten	Walther-Sportmodell	Deutsches Sportmodell
Kaliber	.22 l.r.	.22 l.r.
Verschluß	Drehzylinder	Drehzylinder
Sicherung	Flügel	Flügel
Waffenlänge	1100 mm	1100 mm
Lauflänge	650 mm	660 mm
Kurvenvisier	bis 200 m	–
Visierlinie	–	505 mm
Gewicht	3,8 kg	3,5 kg

Das »Deutsche Sportmodell, Original Walther« unterschied sich nur in unwesentlichen Punkten von dem »Walther-Sportmodell«.
(M. Kersten)

und kündigte damit besonders dem süddeutschen Raum harte Konkurrenz an. Schließlich mochte Fritz Walther die dort gebräuchlichen Zimmerstutzen mit ihren Mini-Kalibern, Daumenkanzeln, Stechern und Dioptern nicht sonderlich und bezeichnete sie oft abwertend als Schießmaschinen. Seine modernen Kleinkaliberwaffen dagegen seien nicht nur für den reinen Sport, sondern auch für das jagd- und gefechtsmäßige Schießen geeignet, betonte er. Tatsächlich entsprach das Sportmodell den Wünschen und Anforderungen der Sportverbände. Das Schloß ließ sich ohne Werkzeug in kürzester Zeit zerlegen, und Hülsen- oder Patronenklemmer im Lager gehörten aufgrund einer großzügigen Ladeöffnung der Vergangenheit an. Konkurrenzlos auch die kurze Zündung durch einen einteiligen, nur 20 Gramm wiegenden Schlagbolzen, verbunden mit einer reibungslosen Führung.

Eine spezielle Abzugkonstruktion vermied eine Veränderung der Druckpunktstellung. Die hervorragende Schußleistung verdankte die Waffe ihrem nach einem besonderen Verfahren gezogenen Lauf. Kammergriff und Verriegelung lagen am Ende der Schloßhülse; so blieb eine Verschmutzung der Verriegelungsnuten durch stark gefettete Bleigeschosse aus. Neben dem speziellen »Walther-Sportmodell« fabrizierte Walther um 1935 das »Deutsche Sportmodell«, auch bezeichnet als »Einheits-Kleinkaliberbüchse«. Wesentliche Unterschiede bestanden zwischen den beiden Waffen jedoch nicht.

»Das Deutsche Sportmodell vereinigt alle Erfahrungen, die in den letzten Jahren mit Kleinkalibergewehren gemacht wurden. Ich habe mich schon seit langer Zeit auf Kleinkaliberbüchsen spezialisiert, und mit meinen Büchsen wurden schon vor Jahren Höchstleistungen erzielt, z. B. bei der Deutschen Meisterschaft 1933 im Kleinkaliberschießen des Deutschen Schützenbundes die weitaus beste Leistung«, so der Firmenchef in einer Produktbeschreibung.

Erfolge blieben nicht aus: Beim Nationalen Kleinkaliberschießen in Hamburg am 21. und 25. Mai 1933 um das »Grüne Band des Hamburger Polizei-Stadions« wurde sowohl der Einzelwettbewerb »D« (Schnellfeuer, beliebige Visierung) als auch der Einzelwettbewerb »E« (Große Serie zu je 20 Schuß, liegend und stehend) mit Walther-Büchsen gewonnen. Eine neue Weltbestleistung schaffte Walther-Mann Erich Spörer beim Postwettkampf im Kleinkaliberschießen zwischen Deutschland, England und Amerika: Von 400 möglichen Ringen wurden 398 mit einer Walther-Büchse erzielt.

Die Walther-Sportbüchse »Modell 5« entwickelte sich zu einem Verkaufsschlager.
(M. Kersten)

Walther-Sportbüchse, Modell 5

Ein Renner im Walther-Angebot wurde nach den Modellen 1 und 2, dem Sportmodell und der Meisterbüchse die »Sportbüchse, Modell 5«. Diese abgespeckte Version der Meisterklasse eignete sich besonders für den damals ins Visier genommenen »Volkssport«. Die ausgesprochen schlanke und elegante Waffe mit alternativem Dach-, Rechteck- oder Perlkorn besaß ein Kurvenvisier mit drehbarer Kimmenplatte.

Die Einteilung der Visierstange ging von 25 bis 200 m, und für die seitliche Feineinstellung sorgten an der Visierstange fünf Teilstriche. Die Seitenverstellung um einen Teilstrich verlegte den Treffpunkt in 50 Meter Entfernung um einen Zentimeter. Die mit einer Flügelsicherung ausgestattete Waffe besaß einen Nußbaumschaft mit Pistolengriff und Fischhautmuster, eine geprägte Kolbenkappe und einen Riemenbügel.

Daten Sportmodell 5	
Gewicht	*3,5 kg*
Länge	*1130 mm*
Lauflänge	*650 mm*
Visierlänge	*505 mm*

Einige Erfolge mit Walther-Waffen 1938:

DEUTSCHE MEISTERSCHAFT BERLIN
Kleinkaliber-Gewehr, liegend, internationale Bedingung
1. Steigelmann, Nürnberg
2. Spörer, Zella-Mehlis

Kleinkaliber-Gewehr, stehend, internationale Bedingung
1. Steigelmann, Nürnberg
2. Spörer, Zella-Mehlis

Kleinkaliber-Gewehr, Jugendschießen, militärischer Anschlag
1. Bürgerschützen Calbe
2. Schützenverein Hemsbach

Pistolenschießen, gebrauchsmäßig, Einzel
1. Dr. Wehner, Wiesbaden
2. Greiner, Zella-Mehlis
3. Gruhle, Dresden
4. van Oyen, Berlin

Pistolenschießen, gebrauchsmäßig, Mannschaft
1. Schützengesellschaft II, Zella-Mehlis
2. Schützengesellschaft I, Zella-Mehlis

Schnellfeuerschießen
1. Leupold, München
2. Spörer, Zella-Mehlis

DEUTSCHES TURNFEST, BRESLAU
Kleinkaliber-Gewehr, internationale Bedingung
1. Steigelmann, Nürnberg

Pistolenschießen, gebrauchsmäßig
1. Skjellat, Berlin
2. Bucherer, Zella-Mehlis

INTERNATIONALES SCHIESSEN, BUDAPEST
Kleinkaliber-Gewehr, liegend
1. Steigelmann, Nürnberg (Weltrekord und ungarischer Meister)

Pistolenschießen, gebrauchsmäßig, Einzel
1. Dr. Jasper, Wernshausen (Ungarischer Meister)

Pistolenschießen, gebrauchsmäßig, Mannschaft
1. Deutschland

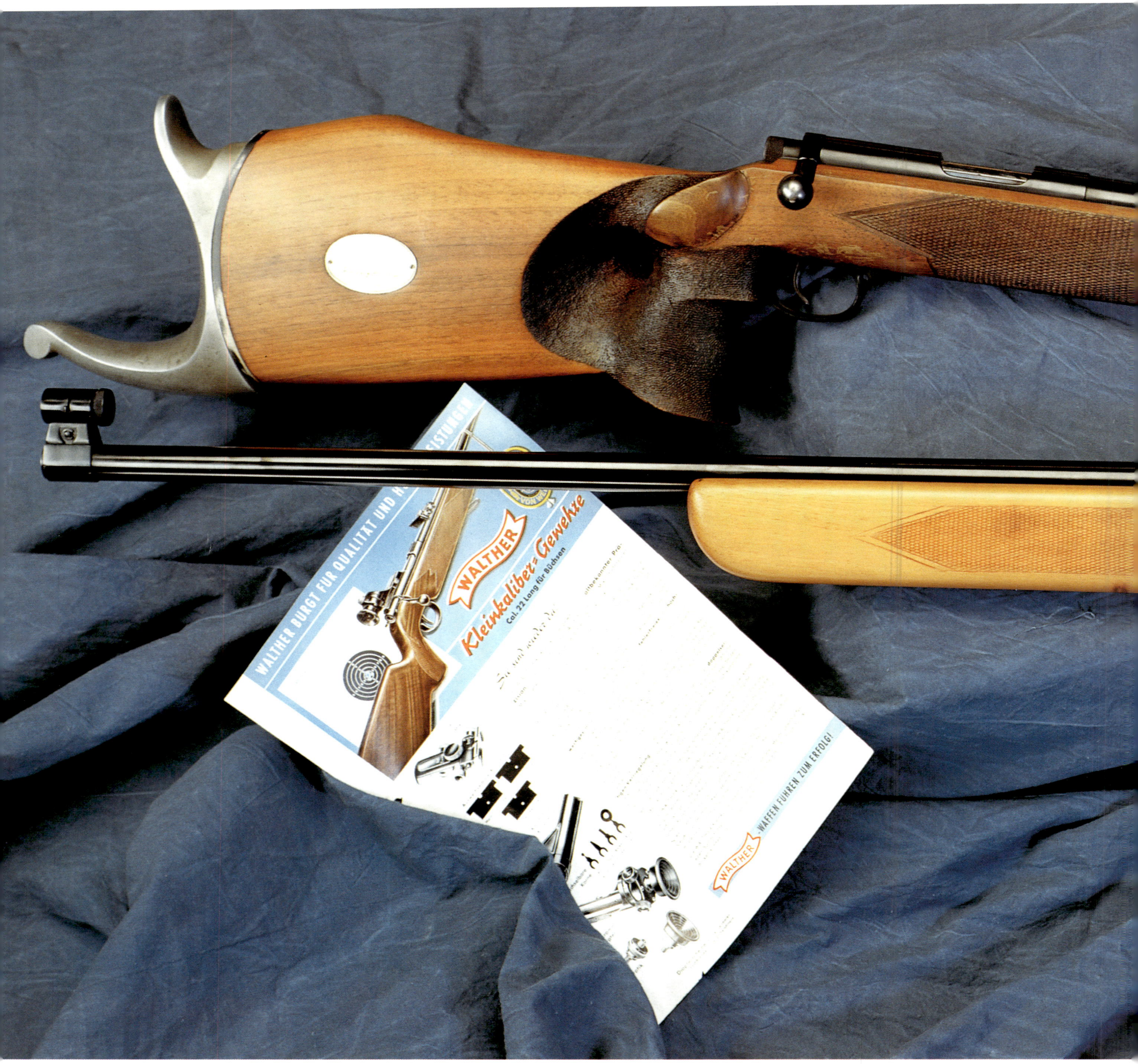
WALTHER BURGT FÜR QUALITÄT UND
WALTHER
Kleinkaliber-Gewehre
Cal. 22 Long für Büchsen
WALTHER
-WAFFEN FÜHREN ZUM ERFOLG!

Wettkampfbüchsen:
Vorn ein KKM der Ulmer Fertigung aus dem Jahre 1956, hinten eine mit Hakenkappe versehene Sonderausführung der Olympiabüchse aus Zella-Mehlis. Sie wurde 1941 als »Ehrenpreis an Tiroler« dem Gauleiter Franz Hofer übergeben. (Kupsch)

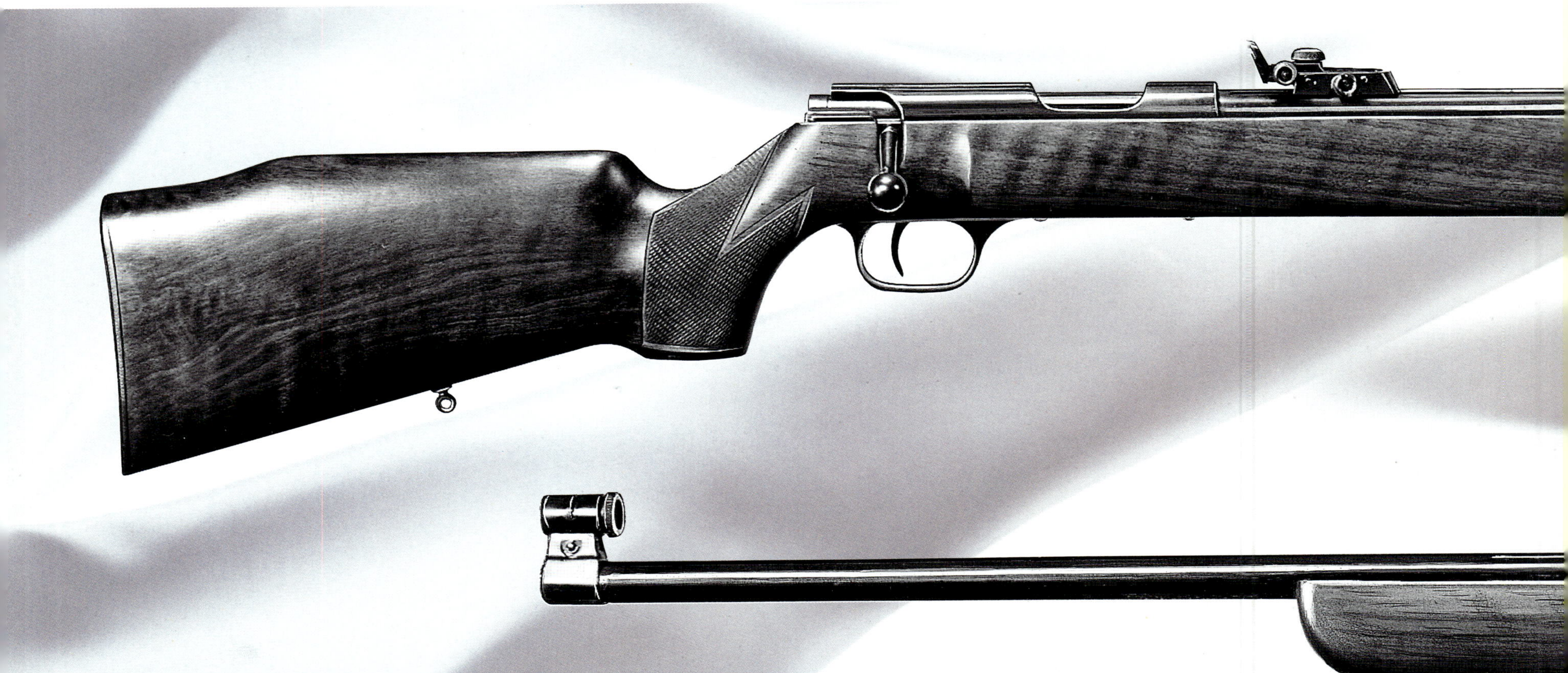

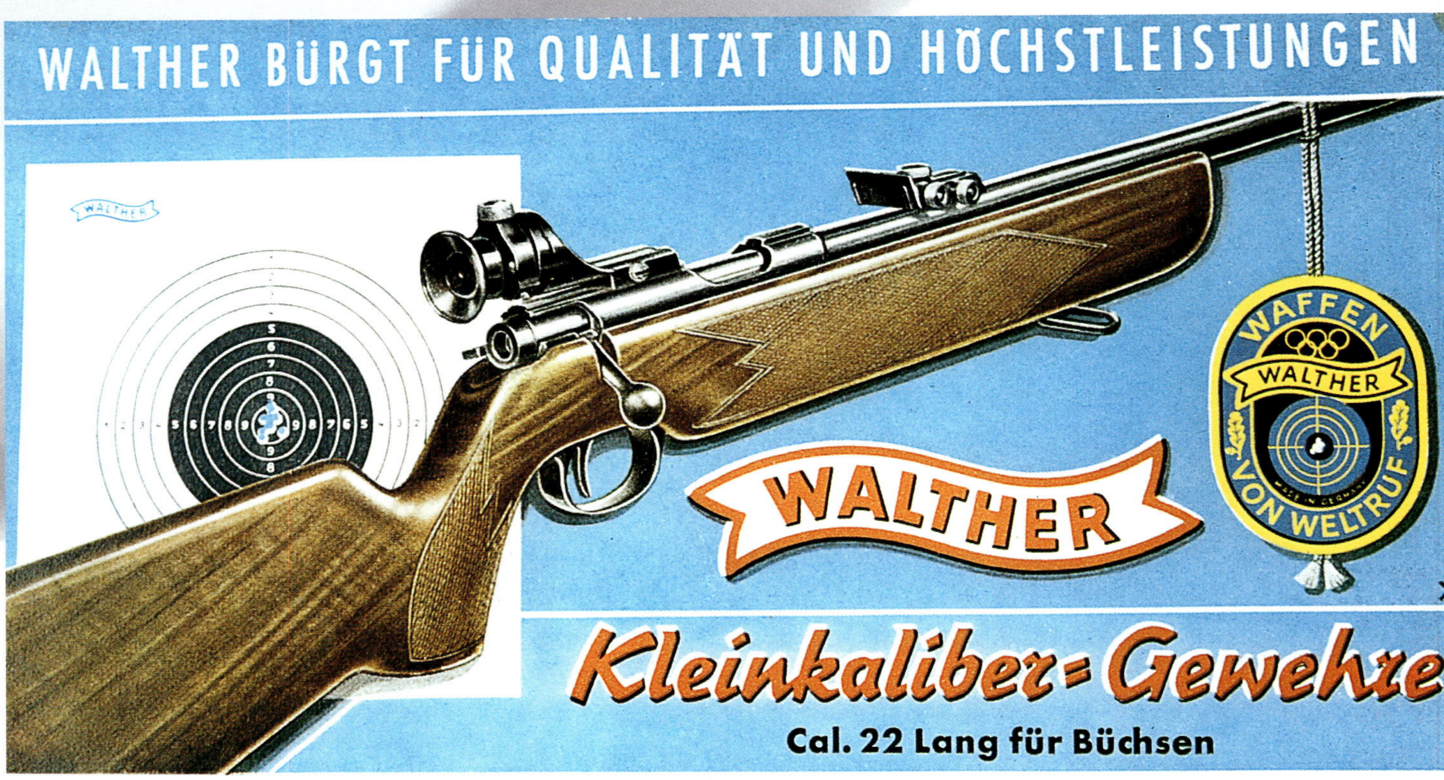

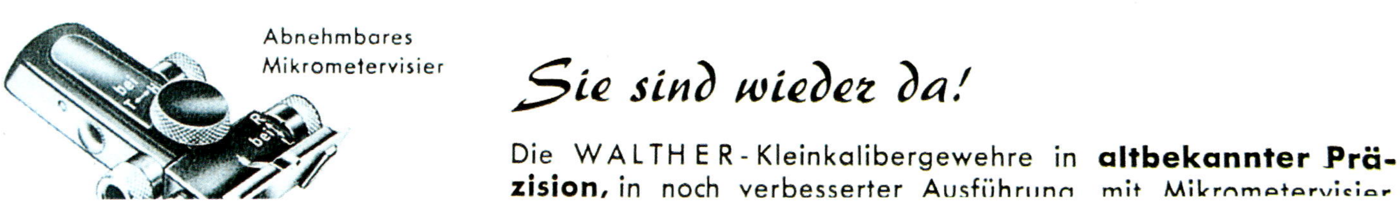
Abnehmbares Mikrometervisier

Sie sind wieder da!

Die WALTHER-Kleinkalibergewehre in **altbekannter Präzision,** in noch verbesserter Ausführung mit Mikrometervisier

»Sie sind wieder da!«, stellte Walther in Ulm 1953 in diesem Prospekt freudig fest. (Walther)

Daten	KKS-V	KKS-D	KKM
Kaliber	.22 l.r.	.22 l.r.	.22 l.r.
System	Einzellader	Einzellader	Einzellader
Schloß	Kammerverschluß mit doppelseitiger Verriegelung		
Sicherung	Flüge	Flügel	Flügel
Gesamtlänge	1110 mm	1110 mm	1110 mm
Lauflänge	650 mm	650 mm	650 mm
Visierung	Mikrometer 50, 100, 150 m	Mikrometer-Diopter	Mikrometer 50, 100, 150 m/ Mikrometer-Diopter
Gewicht	3600 g	3600 g	4000 g
Schaft	Nußbaum, Pistolengriff, Fischhaut	Nußbaum, Pistolengriff, Fischhaut	Nußbaum, Pistolengriff, Fischhaut

Oben ein KKS-V von 1953.
Unten: KKS-D, Baujahr 1954.

Ulmer Fertigung

»Sie sind wieder da, die WALTHER-Kleinkaliberbüchsen in verbesserter Ausführung, altbekannter Präzision, mit Mikrometer-Visier, Diopter und verstellbarem Druckpunkt«, so jubelte im Mai 1953 Fritz Walther in den ersten Annoncen, die auf die in Ulm wiederaufgenommene Herstellung hinwiesen. Schnell sollte sich das Angebot auf fünf verschiedene Modelle erweitern. Die ersten Büchsen einer neuen Serie waren die KKS und KKM. Das »S« stand für »Standard«, das »M« für »Match« und gleichzeitig auch für »Meister«, da diese Geräte als Neuauflage der ehemaligen Meisterbüchse anzusehen sind. Die »KKS-D« besaß einen Diopter und »KKS-V« stand für »Büchse mit Visierung«. Während die »KKJM« eine Jagdbüchse mit Magazin beschrieb, steht bei der »KKJE« der letzte Buchstabe für Einzellader. Im März 1955 kam noch eine verbesserte Matchbüchse als »KKM II« hinzu. Diese Modellreihe lief bis Dezember 1963. Ab Oktober 1963 ging es dann mit den Modellen UIT-Standard, UIT-Lochschaft und neuen KK-Match-Modellen weiter.

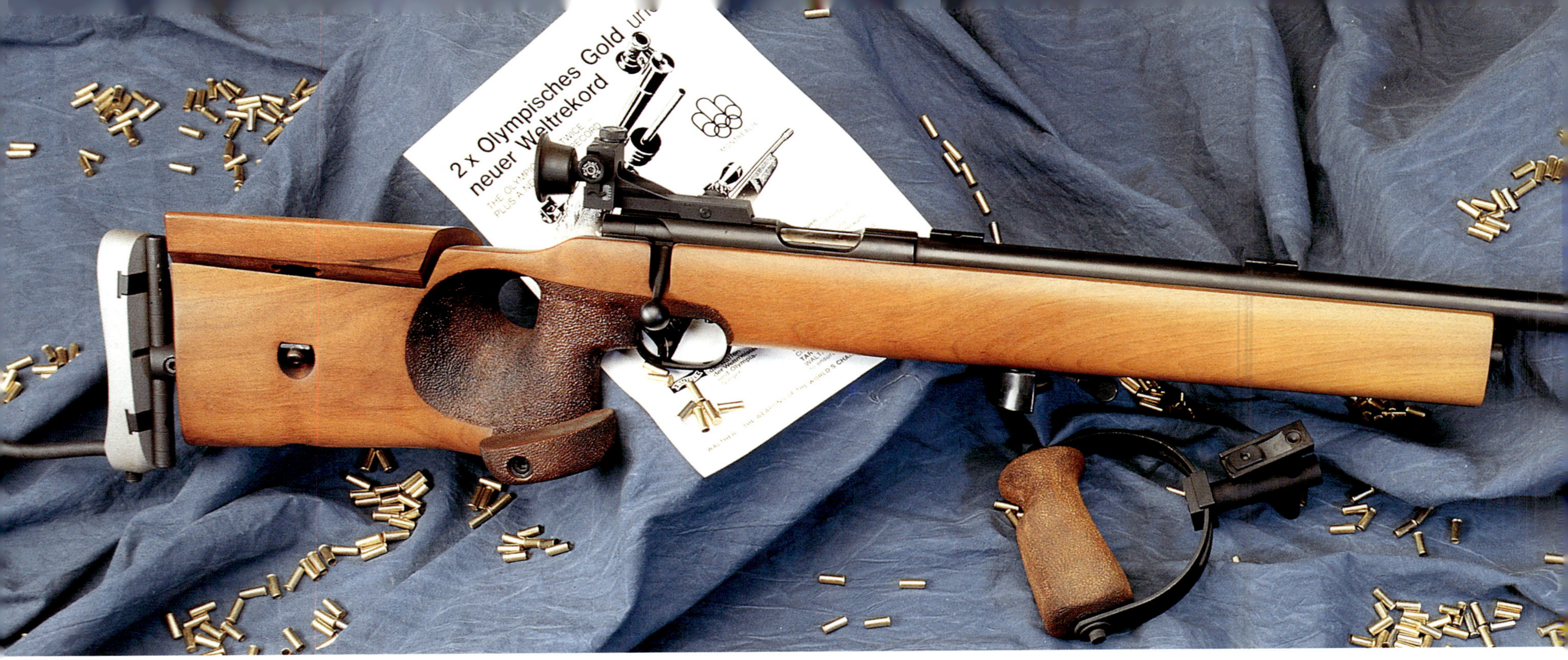

KK-Match von 1973. (Kupsch)

Das KKM II aus dem Jahre 1958 kann seinen Ursprung nicht verleugnen: Die Meister- und Olympiabüchsen aus Zella-Mehlis standen Pate. (Walther)

Modell KK-Match

Eine Goldmedaille bei der Olympiade in Montreal 1976 stellt nur eines der herausragenden Ergebnisse dar, denn ein Name ist untrennbar mit dem Walther KK-Match verbunden: Malcolm Cooper. Neben dem amerikanischen Ex-Senator von Nebraska und Gesamtchef des olympischen Schießprogramms in Atlanta, Gary Anderson, war er damals der einzige, der in der »Königsdisziplin« des Gewehrschießens zweimal hintereinander olympisches Gold holte: 1984 in Los Angeles und 1988 in Seoul. Anderson gewann den Dreistellungskampf 1964 und 1968 mit seiner Großkaliberwaffe auf 300 Meter.

Der Dreistellungskampf hat viele Namen, wodurch es beim Nicht-Fachmann gelegentlich zu Irritationen kommt. So spricht die Sportordnung des Deutschen Schützenbundes (DSB) von der »Freien Waffe auf 50 oder 300 Meter«. International heißt es »Free Rifle 3 × 40 shots«. Die meisten Schützen, die sich dem bis zu fünf Stunden andauernden Schieß-Marathon verschrieben haben, schießen mit dem KK-Gewehr auf 50 Meter. Die von manchen als anspruchsvollere Variante deklarierte 300-Meter-Strecke gehörte nur bis München 1972 zum olympischen Programm.

Freigewehre sehen anders aus als übliche Sportgewehre. Alle besitzen einen sogenannten Lochschaft. Durch die stehengelassene Brücke oberhalb des Daumenlochs erhält der Kolben eine bessere Stabilität. Die Schaftbacken lassen sich durch Rändelschrauben verstellen. Auffälligstes Merkmal sind wohl die Handstütze und die Hakenkappe, natürlich ebenfalls alles individuell anzupassen. Die Läufe und Verschlüsse ähneln denen der Standardgewehre – mit dem Unterschied, daß ohne die Beschränkung des Gesamtgewichts auch ein dickerer Lauf möglich ist. Dadurch verbessert sich die Präzision und Vorderlastigkeit.

Alle Spitzenschützen legen auf ein besonders schnelles Auslösen des Schusses Wert. Und deshalb bemühen sich die Konstrukteure um immer kürzere Zeiten. Entscheidend sind hier vor allem das Gewicht des Schlagbolzens und der Weg, den er aus der gespannten Ruhestellung bis zum Patronenboden zurücklegen muß. Der Zylinderverschluß mit Kammerstengel hat sich bei Matchwaffen so bewährt, daß praktisch alle Hochleistungswaffen damit ausgestattet werden. Weil der Gasdruck der Randfeuerpatrone Kaliber .22 l.r. nicht sonderlich hoch ist, verriegeln Kleinkaliber-Schlosse nur am hinteren Ende des Schlosses durch zwei gegenüberliegende Warzen. Das Ausziehen der abgeschossenen Hülsen übernehmen zwei Krallen. Eine kleine Schwelle unten im Schloßkasten hebelt die Messinghülsen so aus, daß sie im hohen Bogen die Ladeöffnung verlassen.

»Beliebige Visierung, bestehend aus zwei Zielmitteln« schreibt die Sportordnung vor. Also Diopter, deren Genauigkeit heutzutage nur noch mit Präzisionsgeräten festgestellt werden kann. Daneben Filter und Polarisationsvorsätze, die allen Beleuchtungsverhältnissen die besten Voraussetzungen abringen.

Der KK-Match-Bereich bringt technisch vollendete, formschöne Wettkampfwaffen mit hervorragender Schußleistung hervor. Wichtig sind dabei das einheitliche Match-System mit verstellbarem Abzug, Universaldiopter von 10 bis 100 m (also vom Luftgewehr bis KK-100 Meter) sowie anatomisch ausgewogene Nußbaumschäfte für den Rechts- und Linksschützen. Die Universalmodelle, ausgestattet mit einstellbarem Schaftrücken und Schaftlänge, zeigten sich gegenüber der KK-Vorgängergruppe schon als Großfamilie.

Legende des Schießsports: Malcolm Douglas Cooper. Die Erfolgsbilanz des Briten ist beeindruckend. Zweimal Olympiasieger, viermal Weltmeister und zehnmal Europameister in Gewehrdisziplinen. Mit dem Walther KK-Match errang er Gold 1984 in Los Angeles und 1988 in Seoul, Disziplin »Dreistellungskampf 3 x 40 Schuß«.

(Walther)

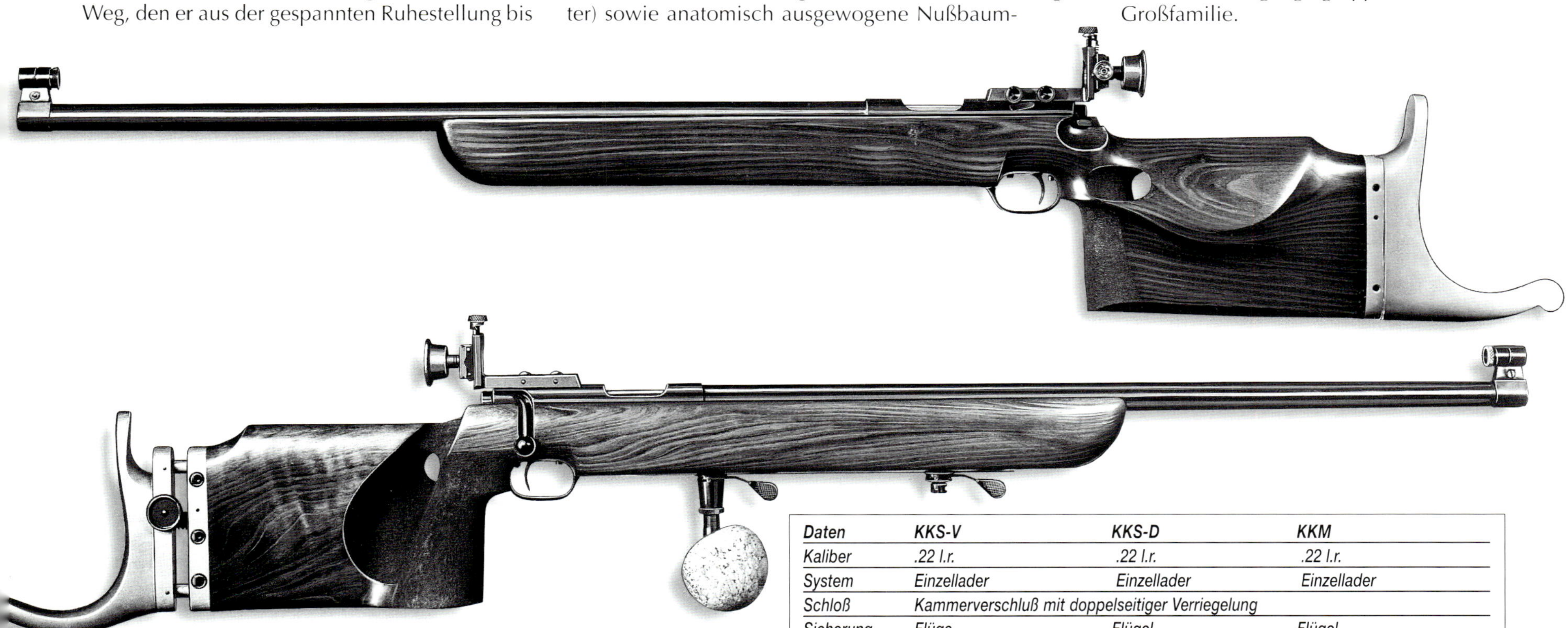

Frühe KK-Match in verschiedenen Ausführungen.

Daten	*KKS-V*	*KKS-D*	*KKM*
Kaliber	*.22 l.r.*	*.22 l.r.*	*.22 l.r.*
System	*Einzellader*	*Einzellader*	*Einzellader*
Schloß	*Kammerverschluß mit doppelseitiger Verriegelung*		
Sicherung	*Flüge*	*Flügel*	*Flügel*
Gesamtlänge	*1110 mm*	*1110 mm*	*1110 mm*
Lauflänge	*650 mm*	*650 mm*	*650 mm*
Visierung	*Mikrometer 50, 100, 150 m*	*Mikrometer-Diopter*	*Mikrometer 50, 100, 150 m/ Mikrometer-Diopter*
Gewicht	*3600 g*	*3600 g*	*4000 g*
Schaft	*Nußbaum, Pistolengriff, Fischhaut*	*Nußbaum, Pistolengriff, Fischhaut*	*Nußbaum, Pistolengriff, Fischhaut*

Verschiedene Anwendungen, unterschiedliche Waffen: Oben das Modell UIT-BV-Universal, unten ein KJS aus dem Jahre 1968. (Kupsch)

UITs

Modell UIT-Spezial

Mit diesem Gerät baute Walther 1968 eine preiswerte Standardwaffe, lieferbar auch mit einem 5 Schuß fassenden Magazin.

Modell UIT-Match

Bei diesem 1976 entstandenen Modell lag das KK-System besonders tief im Schaft. Eine gute Griffigkeit ergab sich durch den abgerundeten und punzierten Vorderschaft. Ein hoher Schaftrücken und die durch Prismenblocks erhöhte Visierlinie erlaubten eine gerade und somit unverkrampfte Kopfhaltung.

Modell UIT-Match-Universal

Dieses Gerät bot Walther als Spitzenwaffe für den anspruchsvollen Schützen an. Durch einen einstellbaren Schaftrücken ließen sich vier verschiedene Höhen erreichen. Außerdem gehörte eine Seitenverstellung dazu – und das in 20 verschiedenen Varianten.

Modell UIT-BV-Universal

Ein Präzisions-Sportgewehr mit Blockverschluß, daher »BV«, und mechanischem Abzug, verwendbar für alle Standard-Disziplinen, besonders aber für den Dreistellungskampf.

UIT-BV-Universal.
(Kupsch)

Modell UIT-E-Universal

Das »E« für die Hochleistungswaffe für den Dreistellungskampf stand für den feinst einstellbaren elektronischen Abzug mit kontaktloser Schußauslösung. Die Stromversorgung erfolgte über 4 Alkali- oder Ni-Cd-Akku- Mignonzellen. Die Einstellung des Druckpunkts erfolgte im Werk und konnte von außen nicht verändert werden. Die weitere, wesentliche Neuerung stellte der Universalschaft mit 20 Einstellmöglichkeiten dar.

Fast eineiige Zwillinge: Oben das UIT-Match, unten das UIT-Match-Universal.
(Stoll GmbH)

UITs, von oben: Laufende Scheibe, Lochschaft und Spezial.
(Stoll GmbH)

Modell UIT-Laufende Scheibe

Auch zwischen Jagd und Sport gibt es Annäherungspunkte. So kennt der Sportschütze die »Laufende Scheibe«. Sie wurde von rechts und links bei unterschiedlichen Geschwindigkeiten beschossen. Aufgrund dieser anderen Voraussetzungen war auch das KJS als Grundversion wenig geeignet. Walther glich also das Gerät den Sportbestimmungen an. Die Büchse »UIT-Laufende Scheibe« im Kaliber .22 l.r. entstand.

»Spitzenleistungen unterstreichen die Sonderstellung dieser Waffe ...«, stellte Walther in einer Firmenschrift fest und konnte es später auch belegen: Postoianov schaffte mit diesem Gerät 1973 einen Weltrekord und holte sich damit nicht nur in jenem Jahr, sondern auch 1974 den Weltmeistertitel. Weiterhin wurde er 1975 Weltmeister und stellte den Weltrekord ein. Es folgte olympisches Gold und Weltrekord in Montreal 1976. Nach den 1988er-Spielen in Seoul fiel das Kleinkaliber durch das Raster; als Ersatz schoß man nun diese Disziplin mit dem Luftgewehr. Im Januar 1989 machte der Keiler einer normalen Wettkampfscheibe Platz, die jetzt über eine zwei Meter breite Strecke fuhr. »Das soll das ehemalige Schweinetreiben in publikumswirksamere Bahnen lenken«, war von der UIT zu hören.

Der Kammerstengel des Lochschaft-KK-Gewehrs ist im Gegensatz zur KJS leicht nach oben gebogen und trägt am Ende eine 25 mm-Kugel. Einen Abzug mit Stecher gibt es nicht, nur einen puren Match-Abzug. Gemäß der Sportordnung ist das Abzuggewicht ab Werk auf 500 Gramm eingestellt.

Modell KK-Silhouette

Dieses Modell stand speziell für das Schießen auf metallische Zielfiguren zur Verfügung.

Technische Daten	*UIT-Spezial*	*UIT-Match-Universal*	*UIT-Match*	*UIT-Laufende Scheibe*	*KK-Silhouette*	*KK-Match*	*UIT-BV-Universal*	*UIT-E-Universal*
Kaliber	*.22 l.r.*	*.22 l.r.*	*.22 l.r.*	*.22 l.r.*	*.22 l.r.*	*.22 l.r.*	*.22 l.r.*	*.22 l.r.*
Lauflänge	*650 mm*	*650 mm*	*650 mm*	*600 mm*	*600 mm*	*650 mm*	*650 mm*	*650 mm*
Gesamtlänge	*1120 mm*	*1120 mm*	*1110 mm*	*1085 mm*	*1060 mm*	*1210 mm*	*1120 mm*	*1120 mm*
Abzug	*Match*	*Match*	*Match*	*Match*	*Match*	*Match*	*Match*	*M.-Elektr.*
Patronen im Magazin	*5*	*–*	*–*	*–*	*–*	*–*	*–*	*–*
Gewicht, ca.	*4,7 kg*	*5,0 kg*	*3,9 kg*	*3,8 kg*	*7,4 kg*	*4,6 kg*	*4,7 kg*	*4,7 kg*

KK 200 S

Als Walther nach der Übernahme durch den Umarex-Konzern 1994 vage ankündigte, man wolle »eingestellte Fertigungsbereiche neu beleben«, wußten Insider, daß die Firma nun wieder Kleinkaliber-Gewehre bauen würde. Schließlich hatten die Schwaben mit dieser Waffenart jahrzehntelang den deutschen und internationalen Schießsport bereichert. Kein Wunder, daß der Walther-Stand auf der IWA im März 1994 umlagert war. Denn hier lagen die ersten Prototypen des neuen Gewehrs. Zwar hatte man bis Anfang Juli noch nicht die letzten Details für die 2 500-Mark-Waffe festlegen können, aber immerhin konnten sich die Besucher einen ersten Gesamtüberblick verschaffen. Das »S« steht für »Standard«, aber eine Regel-Ausführung der bisherigen Geräte war es nicht. Denn Walther plante von Anfang an neu, ohne bestehende Strukturen zu übernehmen. Allerdings mußte man das Rad nicht neu erfinden. Schon das UIT-BV besaß wie das KK 200 S eine eckige Systemhülse, die sich einfacher in einem Schaft fixieren läßt als eine runde Ausführung. Drei lange Schrauben, die vor dem Abzug mittig unterhalb der Laufachse sitzen, halten das System jetzt fest an seinem Platz. Die vordere Schraube mündet in eine runde Buchse, die wiederum in ein Gegenstück im Schaftinneren paßt. Diese Verbindung sitzt, wie übrigens alle Kontaktstellen des Gewehrs, festsaugend ineinander und sorgt so für eine stets gleiche Lage. Die Ganzstahlhülse, auf etwa 58 Rockwell gehärtet, mißt insgesamt 21 Zentimeter. Vorn wurde von unten ein schräger Schlitz von 85 Millimetern Länge eingeschnitten, dessen Wände durch drei Inbusschrauben gegeneinander gepreßt werden können. Der bis kurz vor dem Auswurffenster eingeschobene Lauf aus Spezialstahl wird durch die Inbusschrauben und eine vierte Schraube direkt von unten gehalten.

Der Lauf ist im Vergleich zu den ehemaligen Walther-Waffen dieser Kategorie fünf Zentimeter kürzer und steckt in einem Mantel aus Präzisionsstahl. Dieser dient als Träger für Vordergewicht und Kornfuß und reicht bis in eine Rille in der Systemhülse. »TIN« ist das Kürzel für eine goldfarbene Titannitrit-Beschichtung, die nicht nur hervorragende Gleiteigenschaften besitzt, sondern auch extrem hart und haltbar ist. Kein Wunder also, daß der Verschluß – das Herzstück der Waffe – mit diesem Verfahren »bearbeitet« wurde. Römer verkürzte weiterhin den Weg des 13 Gramm schweren Schlagbolzens auf nur 3 Millimeter. Das brachte eine extrem schnelle Schußauslösezeit.

Bei Matchgewehren kommt es darauf an, daß jede Patrone möglichst geradlinig ins Patronenlager eingeschoben wird, damit das Weichblei-Geschoß nicht bereits in diesem Stadium in der Längsachse verdrückt oder anderweitig beschädigt wird. Daher entscheiden schon die Kantenform und die gleichmäßige Federspannung von Hülsenrandhalter/Auszieher und Auswerferklinke über den Erfolg: Beide müssen den Patronenrand gleichmäßig vorschieben und dann kurz vor der Verriegelung über ihn hinweggleiten. Unterschiedliche Winkel, 90 Grad beim Auszieher und 35 Grad beim Auswerfer, befördern dann die leere Hülse im stets gleichen Bogen aus dem Fenster.

Die Verriegelung beim KK 200 S erfolgt über den mit einer zusätzlichen gefederten Kugel ausgestatteten Kammerstengel und einen gegenüberliegenden Block von 7 Millimeter Breite und

KK 200 S. *(Walther)*

Zielhilfe mit feinmechanischer Höchstpräzision: Mit spielfreier Seiten- und Höhenverstellung sowie als Störlichtblende ausgebildetes Diopterrohr. (Walther)

12,5 Millimetern Länge. Das Abzugmodul halten zwei Stifte im Gehäuse. Der werkseitig eingestellte Vorzug von etwa 2 Millimetern ist »blind«. Das bedeutet, daß von Hause aus der Abzug direkt am Druckpunkt steht und der Vorzug lediglich durch eine Feder simuliert wird, die das Züngel vom Druckpunkt wegzieht. Der neue Abzug ermöglicht daher eine echte Direkteinstellung, also ein sicheres Auslösen ohne jeden Vorzug und ohne die Gefahr, daß der Schlagbolzen bei harten Stößen oder bei hastigem Schießen der Kammer vorzeitig ausklinkt. Dazu wird einfach eine Druckpunktschraube entfernt. Natürlich lassen sich aber auch die sonst üblichen Features wie Vorzug und Widerstand regulieren.

Der Diopter entspricht dem bisherigen Standard. Alternativ sind natürlich Schaftvarianten für alle erdenklichen »Händer« zu kommen. Ob links, rechts oder auch beidhändig: alles kann mit unterschiedlichen Aufpreisen erworben werden.

Daten KK 200 S

Herstellung	ab 1994
Kaliber	.22 l.r.
System	Zylinder
Gewicht	5250 g
Länge	1095 mm
Visierlänge	825–880 mm
Lauflänge	500 bis 550 mm
Drall	rechts
Abzuggewicht	80 g (ab Werk)
Schaft	Birke/Schichtholz

Futuristisch – KK 200 Power Match.

(Kupsch)

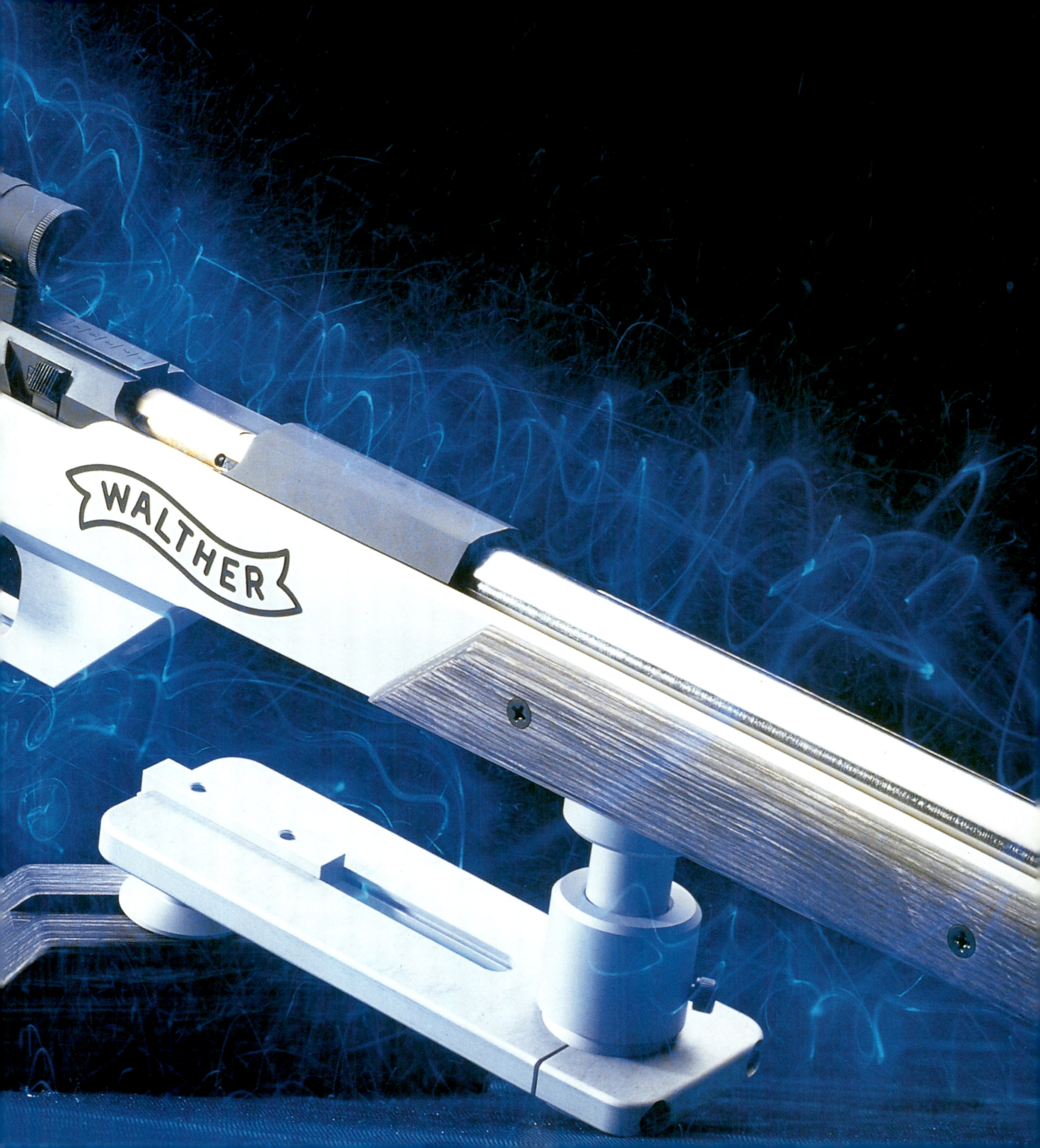
WALTHER

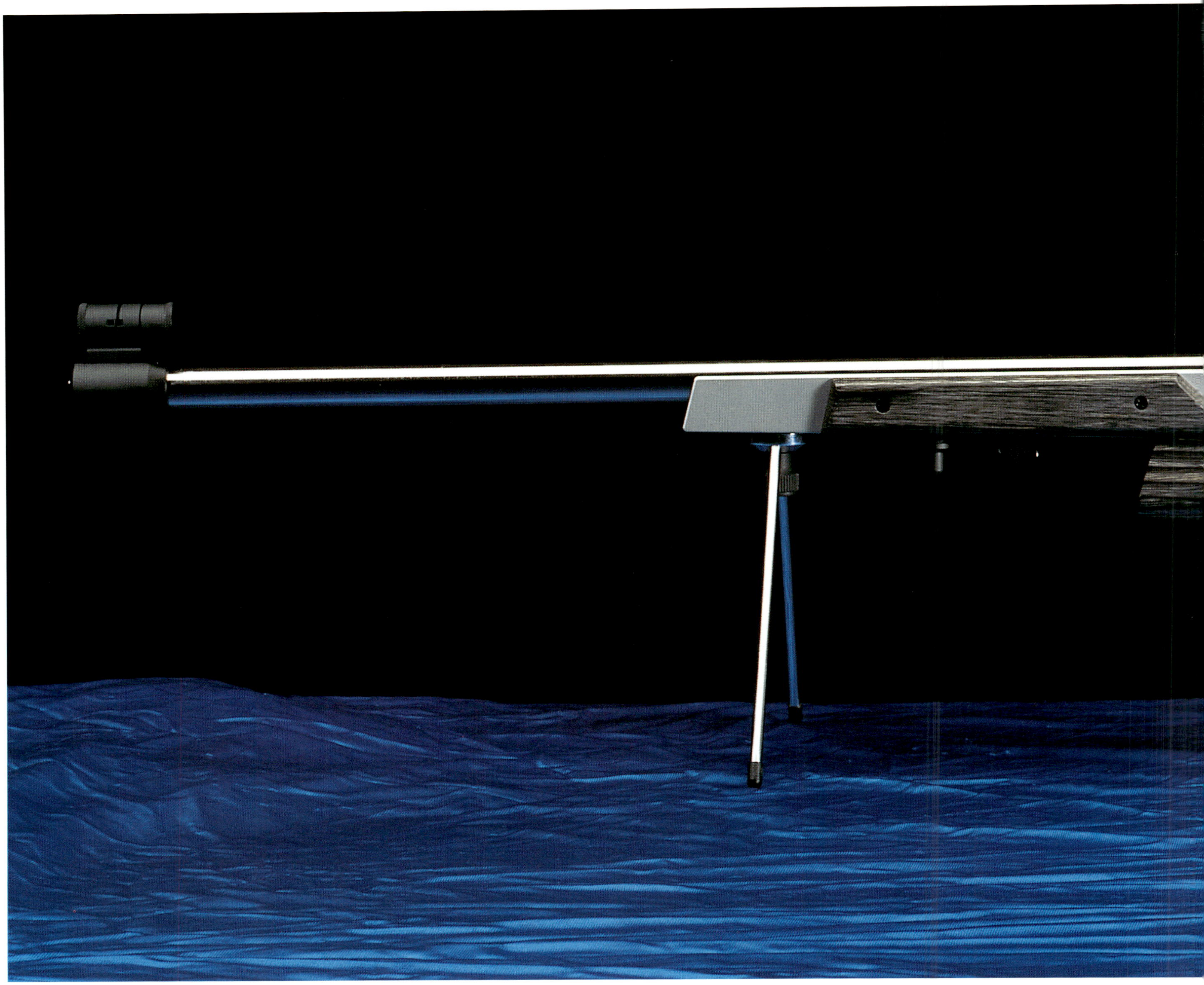

KK 200 Power Match. Das Ulmer Power Match stellte in Atlanta seine Fähigkeiten unter Beweis. Und so wird die innovative Waffe sicherlich als Basis-Konzeption für längere Zeit das Bild der schießsportlichen Auseinandersetzungen bestimmen. *(Kupsch)*

KK 200 Power Match

Es ist schon etwas ungewöhnlich, wenn Sportler zu einem Wettkampf reisen, ohne ihr entsprechendes Gerät mitzunehmen. Und das trifft ganz besonders bei den Schießdisziplinen zu, denn Waffe und Schütze bilden eine Einheit. Das Gerät ist auf den Schützen exakt abgestimmt, und der Schütze kennt sehr genau die »kleinen Marotten« seiner »besseren Hälfte«.

Deshalb wunderten sich im März 1995 beim Internationalen Saisonauftakt der Sportschützen (ISAS) in Dortmund nicht wenige, als Alexander Kudelin und Artem Khadzhibekov ohne Ausrüstung anreisten. Erst am Vorabend des Dreistellungskampfes rückte das Serviceteam

von Walther mit Koffern an. Kudelin, Waffenmechaniker seiner Nationalmannschaft und sein Kollege packten ganz selbstverständlich die beiden KK 200 Power Match aus und stellten die Leichtmetall-Schäfte auf ihre Körpermaße ein. Einige Probeanschläge folgten – das war alles. Am nächsten Morgen stand der Wettkampf an, und Kudelin erreichte mit 1163 von 1200 und 98,2 Ringen im Finale den fünften Platz. Khadzhibekov schaffte im Vorlauf 1159 Ringe. Leider zu wenig für das Finale, aber was für überzeugende Ergebnisse mit einer fremden Waffe!

Auslösender Faktor für die Existenz dieses Geräts war Hubert Bichler aus Unterhaching bei München. Der Kniend-Weltmeister von 1990 und Olympia-Vierte beim Liegend-Schießen fragte in Ulm an, wie es denn nach dem Standardmodell 200 S mit einem Freigewehr ausse-

Daten KK 200 Power Match	
Herstellung	ab 1995
Kaliber	.22 l.r.
System	Zylinder
Gewicht	5900 g
Gesamtlänge	1220 mm
Visierlänge	825–880 mm
Lauflänge	648 mm

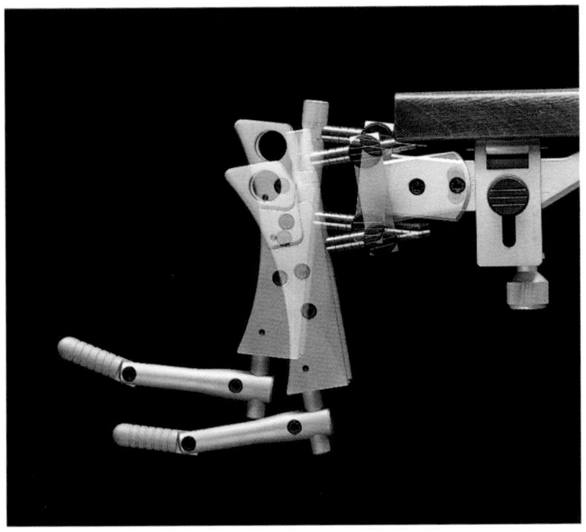

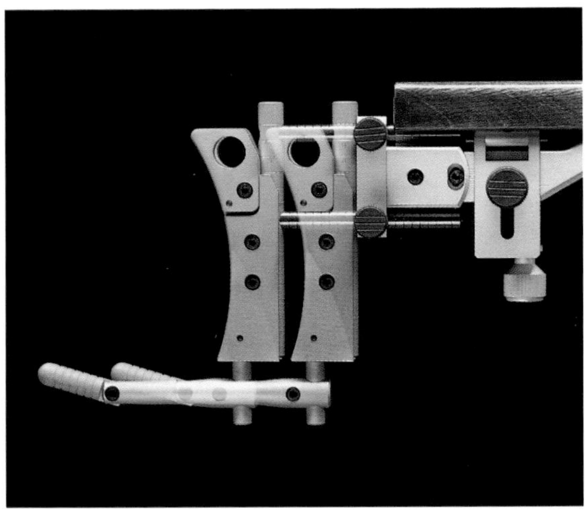

Ungeahnte Möglichkeiten: Es gibt keine Position, die nicht speziell für den Schützen eingestellt werden kann. (Kupsch)

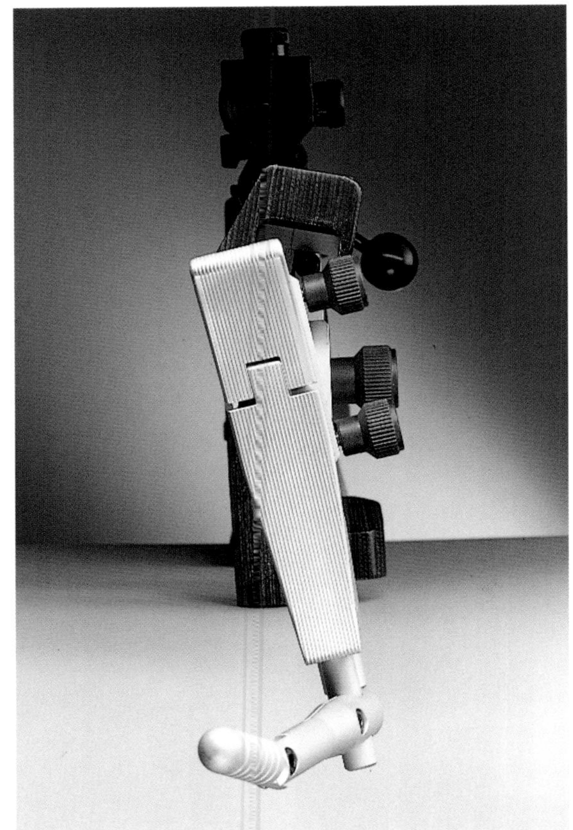

hen würde. Die neuen Firmenchefs Pflaumer und Wonisch ließen sich hierzu aber etwas Besonderes einfallen. Sie wollten weg von der immerwährenden Modifizierung etablierter Geräte. Neu und zeitgemäß mußte die neue Waffe für die »Königsdiziplin« sein. In enger Zusammenarbeit mit Bichler entstand schließlich das »Power Match«. Einem Außenstehenden wird sicherlich erst auf den zweiten Blick bewußt, daß es sich um ein Schießeisen handelt. Vom Styling her könnte es durchaus auch als moderne Skulptur angesehen werden. Beim Material herrscht Leichtmetall vor; es ersetzt das traditionelle Schaftholz. Nur mit diesem Stoff lassen sich Massen ausschließlich auf ihre Funktionselemente beschränken. Beim Holz muß aus Stabilitätsgründen zuviel Substanz übrigbleiben. Aber einfaches Aluminium reicht auch nicht aus. So mußten die Techniker lange Zeit nach einer geeigneten Legierung suchen, die auch ein gewisses Maß an Vibrationsfestigkeit versprach. An besonders exponierten Stellen wurde Kunststoff angebracht, und schön gemasertes, dunkles Holz ergänzte das Bild.

Das titannitrierte System für das futuristische Gewehr geht auf das KK 200 S zurück und wird durch einen 648 Millimeter langen, matt gebürsteten, vernickelten Lauf ergänzt. Um die Schwingungen vollends in den Griff zu bekommen, wird die eckige Hülse mit drei hintereinanderliegenden Inbusschrauben gegen den Schaft gedrückt. Dazwischen sitzen hauchdünne Kunststoffdichtungen. Den 70 Zentimeter langen Rumpf bildet ein U-Profil, wobei im vorderen Drittel zwei 5,5 Zentimeter lange aufgeschraubte Holzplatten die haltende Hand unterstützen. Hinter dem Schloß geht der Schaft nach einem 30-Grad-Gefälle wieder in die Waagerechte über. Hier sitzt dann die gesamte Mechanik der Schaftbacke und Hakenkappe. Die eckige Backe läßt sich in der Längsachse drehen und auslagern. Die Höhenverstellung wird mit der »silbernen« Metall-Rändelmutter von unten besorgt. Die mittig sitzende schwarze Schraube fixiert die ganze Sache. Die beiden hinteren Schrauben halten die individuelle Einstellung der Kappe. Kontrapunkt der fließenden Form ist der »Broomhandle«, der besenstielartige Pistolengriff. Selbstverständlich ist er verstellbar, damit auch jede Schützenhand den geeigneten Abstand zum Abzug bekommt. Als Sonderzubehör gibt es ihn auch mit Handkanten-Auflage.

Für den Stehend-Anschlag liegt zum Höhenausgleich ein Holzstück oder eine Handstütze bereit. Beide lassen sich in einer Prismenschiene unter dem Vorderschaft einsetzen. Die neue High-Tech-Waffe aus Ulm lieferte aber nicht nur modernes Styling, sondern auch Erfolge, zum Beispiel in den Händen von Khadzhibekov bei den Europameisterschaften 1995 in Zürich: mit 1265,3 Ringen holte er sich den ersten Platz, den Olympiatest beim Weltcup 1996 in Atlanta gewann er ebenso.

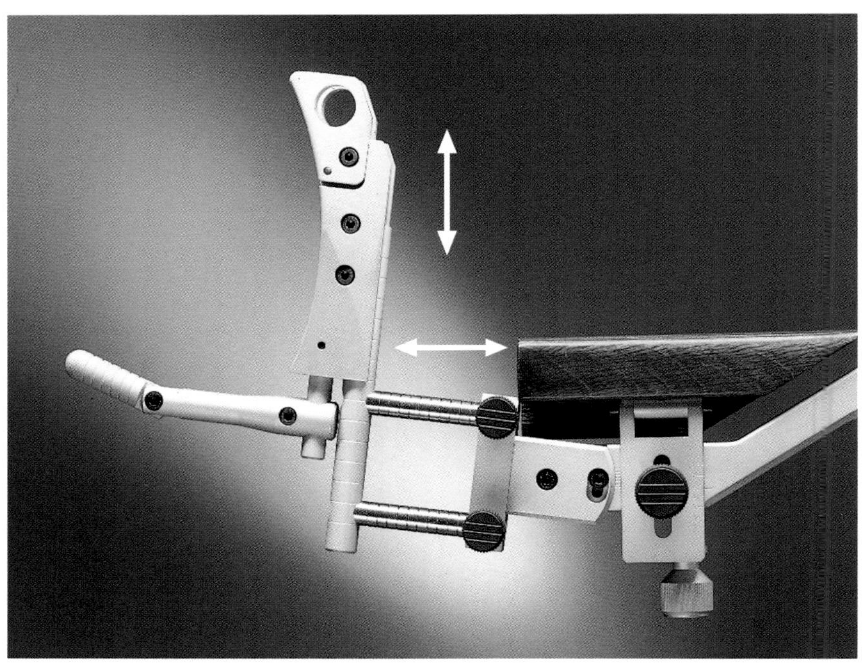

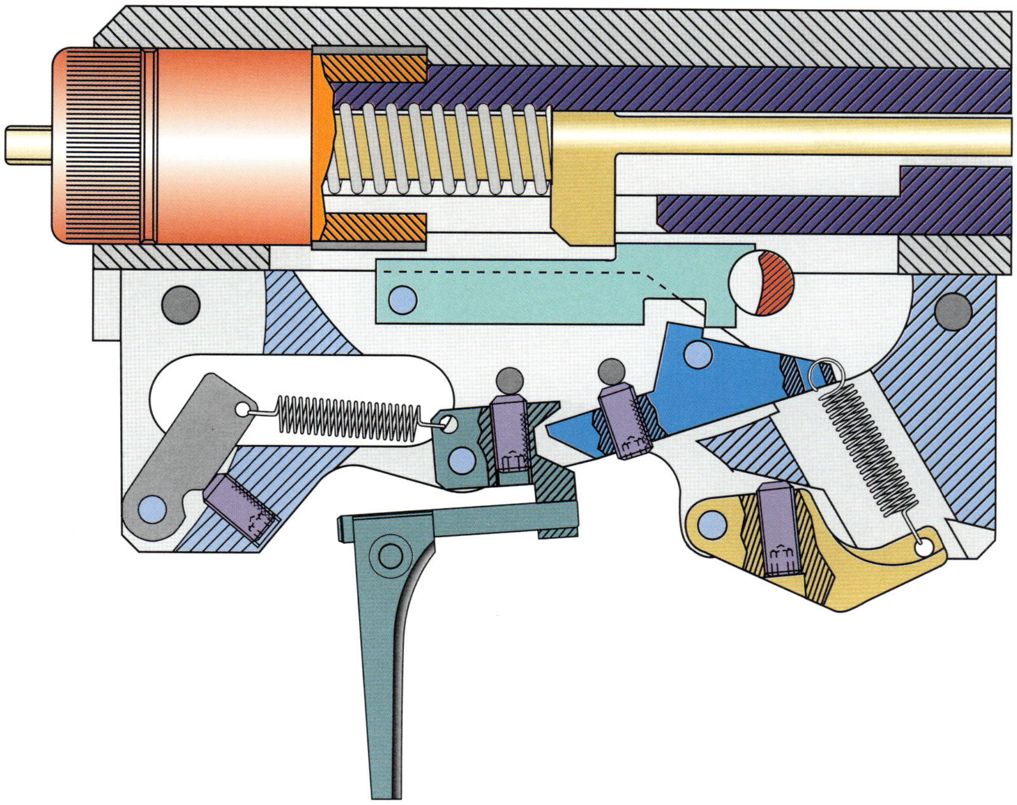

Hubert Bichler, Weltmeister von 1990, gab den Anstoß zur Konstruktion des ***Power Match.*** *(Walther)*

40 Jahre Waffengeschichte – oben das Federdruck-Modell LP 53, unten die Kohlendioxyd-Waffe CP 3. Kupsch

LUFTWAFFEN

- LUFTPISTOLEN
- CO_2-PISTOLEN
- LUFTGEWEHRE
- CO_2-GEWEHRE

DIE SACHE MIT DER LUFT

Die Besatzungsmächte erließen nach dem Krieg zunächst ein generelles Verbot des Schießsports und erlaubten höchstens Knallkorken und Spielzeuggewehre. Dabei gehörten Luftgewehre und -pistolen seit jeher zu den Billigwaffen eines Schießvergnügens, das sich traditionsgemäß auf den Jahrmärkten etablierte. Ob Blumen, Tonpfeifen, Bierdeckel oder Teller: Die Luftgeräte zählten zu den Spielzeugen, und die gehörten den Kindern – oder eben Erwachsenen, die Kind geblieben waren. Erste Lockerungen seitens der Alliierten betrafen dann auch erst einmal diesen Sektor.

Da mit anderen Waffen, etwa KK-Gewehren oder gar Großkaliber-Büchsen, auf lange Sicht kaum gerechnet werden konnte, orientierte sich der Schießsport an den »Kirmesbüchsen«, besonders in der Sowjetischen Besatzungszone, wo die in Westdeutschland als »Rummelgewehre« bekannt gewordenen Suhler Repetier-Luftgewehre für 4,4 mm Rundkugeln zum wichtigsten Schießsportgerät der späteren DDR und ihrer Gesellschaft für Sport und Technik avancierten. Wohl jedem westdeutschen Sportler war dagegen damals klar, daß nach einer möglichen, generellen Aufhebung des Schußwaffenverbots die letzte Stunde für die »Luftpumpen« kommen würde. Schließlich hatten sich die Sportler und Freizeitschützen bereits vor dem Krieg auf den Zimmerstutzen oder die KK-Büchse eingeschossen. Und diese Meinung herrschte nicht nur in Deutschland vor. Selbst noch 1966, als die Schweiz bei den Schießsport-Weltmeisterschaften in Wiesbaden in der Mannschaftswertung die Goldmedaille holte, fragten sich viele ausländische Spitzenmannschaften, ob es überhaupt möglich wäre, mit Druckluftgewehren wettkampfmäßig zu schießen. Auch Gerhard Kümmet aus Kronach wurde bei diesem Wettkampf mit seinen 40 Schüssen nur Weltmeister, weil dem Ausrichterland eine Disziplin zur Auswahl freistand. Und Deutschland wählte das Luftgewehr.

In Niederstotzingen und Ulm machte sich Fritz Walther bezüglich der Druckluftwaffen – neben anderen Firmen, die ebenfalls vor einem neuen Anfang standen – schon seit etlichen Jahren seine eigenen Gedanken. Und so entstanden nicht nur neue Fertigungstechniken, verbunden mit akzeptablen Geräten, auch das Bild der Druckluftwaffen änderte sich vom Spielzeug zum Sportgerät. Es kam der Tag, an dem die gebräuchlichen Zielscheiben nicht mehr ausreichten, denn die laufend verbesserte Präzision erlaubte zu viele Maximaltreffer. Die Ziele mußten verkleinert werden, und keiner redete mehr von der letzten Stunde der Druckluftwaffen. Im Gegenteil, 1984 erfolgte die Aufnahme als olympische Disziplin.

Das Schießen mit Druckluftwaffen ist problemlos, denn Trainingsmöglichkeiten gibt es überall. Und besitzt der Schütze einmal seine Waffe – wenn man es als solche noch bezeichnen will –, so sind die Folge- und Munitionskosten konkurrenzlos gering. Mit nur minimalem Aufwand läßt sich damit überall Breitensport betreiben, und auch von der ökonomischen und ökologischen Seite her findet diese Waffengattung allgemeine Akzeptanz. Es entsteht weder Lärm noch Rauch.

„Vater, bitte eine Luftbüchse, aber nur eine Walther!"

Zeitdokument: Nur sechs Jahre nach dem Zweiten Weltkrieg war eine solche Werbung noch möglich. In unserer heutigen, angeblich so liberalen Zeit würde ein Kesseltreiben gegen den Inserenten einsetzen. (Walther)

Werbeprospekt der ersten Stunde. (Walther)

und die schießbegeisterte
WALTHER
LUFTPISTOLE
Spanngriff und Kornschutz
Zum Spannen der Luftpistole wird der Spanngriff auf den Lauf aufgeschoben, wodurch sich die Luftpistole mühelos spannen läßt.
Die WALTHER Luftpistole
rungsprobe bestanden und
Um den Wünschen
nachzukommen,
Neukonstruk
gefunden.
Druckpunkt
ändert. Durch
Sportpistole
Pistolenschützen
enschießen erlernen wollen, geschaffen werden
hervorragende Leistung, niedrigster Aufwand im Gebrauch und
hießen, das sind die Merkmale der
WALTHER LUFTPISTOLE Mod. LP. 53
mit neuer ABZUGKONSTRUKTION
Kaliber: 4,5 mm
Lauf: aus bestem Material und
gezogen,
Visierung: Mikrometervisier mit
auswechselbaren Kor
2 Kimmenblätter,
Abzug: mit leichtem Druck
Gesamtlänge: 310 mm
Höhe: 150 mm
Gewicht: 1150 g
Preis: DM 116.–
Für den Gebrauch der WA
1. Spannen und Laden
Auswechselbare Kimmenblätter
Dreieckkimme
Halbrundkimme
Trapezkimme
Auswechselbare Korne
Dach-korn
Perl-korn
Balken-korn
WALTHER
WALTHER

DIE LUFTPISTOLEN

LP 53

Als Fritz Walther im Mai 1953 sein 1150 Gramm schweres und 310 Millimeter langes Modell »LP 53« auf dem Markt anbot, steckte das sportliche Schießen mit einer Luftpistole noch in den Kinderschuhen. Viele sahen in der LP 53 zuerst einmal nur ein weiteres Freizeitgerät für den

Daten LP 53	
Herstellung	*1953–1976*
Kaliber	*4,5 mm*
Gewicht	*1150 g*
Länge	*310 mm*
Höhe	*150 mm*
Breite	*41 mm*
Visierlänge	*235 mm*
Lauflänge	*240 mm*
Züge	*12*

Schießspaß oder ein Trainingsgerät für das »echte« Pistolenschießen. Doch es handelte sich bereits um eine Vollwertwaffe, konzipiert als eigenständige Pistole im Luftdruckwaffen-Sektor. Tatsächlich wurde das Gerät, nicht zuletzt durch ihre elegante Form in Anlehnung an die Olympia-Pistole, bei den Schützen schnell populär. Kein Wunder also, daß die Produktion 23 Jahre lief und erst 1976 endete. Und was die Eleganz betraf, so paßte sie ausgezeichnet zum Superagenten James Bond, der mit diesem doch recht schmalbrüstigen Kaliber, freundlich von den Plakatwänden zum Film »Liebesgrüße aus Moskau« lächelte.

Der Kolben und die Auslöseteile saßen vertikal im Griff, und zum Spannen lag der Lieferung ein besonderes Zubehör bei. Das kugelförmige Holzgebilde mit eingesetztem Metallkonus war recht nützlich, denn immerhin benötigte der Schütze zum Herunterdrücken des Laufs einen Kraftaufwand von gut acht Kilogramm. Dabei hätte ein Abrutschen durch das scharfkantige Korn böse Verletzungen in der Handfläche verursachen können. Damit die zwölf Züge des 240 Millimeter langen Laufs bei diesem Vorgang nicht beschädigt wurden, endeten sie bereits bei 185 Millimetern. Um eine brauchbare Anfangs-

Eine späte Ausführung der LP 53. Der beiliegende Prospekt und die Bedienungsanleitung zeigen noch eine frühe Version mit der geschwungenen Hinterpartie der Olympia-Pistole.
(Kupsch)

Den Knicklauf dichteten Leder oder Kunststoff ab. Die durch eine Rändelmutter seitlich und in der Höhe verstellbare Kimme wird durch eine gefederte Kugel gehalten. (Kupsch)

geschwindigkeit bei einem nur 42 Millimeter messenden Spannweg zu erreichen, setzte Walther zwei Spannfedern ein. Dabei lag die kürzere und stärkere in der anderen Kolbenfeder. Die Hebelwirkung beim Herunterdrücken des Laufs ging auf den Abzugbügel über, der wiederum für die Federkompression sorgte. Während des ganzen Vorgangs sperrte ein Haken den Abzug. Nach Einlegen eines Diabolos und Schließen der Waffe benötigte die Luft nur knappe 15 Millimeter, um das Geschoß zu erreichen. Beim Auslösevorgang mußte der Schütze 1,5 Kilogramm bewältigen.

Die Visierung zählte bereits zu den Präzisionsinstrumenten. Neben dem auswechselbaren Korn ließ sich die Kimme durch Blätter mit Trapez-, Halbrund- und Dreieck-Ausschnitt nachrüsten. Für Verstellungen sorgte eine Rändelschraube mit untenliegendem Nocken, die auch eine Rastung erlaubte. Zum Zubehör zählte ein Laufgewicht. Zunächst waren die Griffschalen braun, später schwarz. Das Material der Laufdichtung änderte sich im Laufe der Zeit von Leder in Kunststoff.

Für eine sportliche Verwendung im heutigen Sinne eignete sich die LP 53 wegen ihres harten Prellschlags jedoch nicht. Aber den schaffte Walther beim nächsten Modell ab.

Gehörte zum Lieferumfang: Ein spezieller Spannklotz verhinderte böse Verletzungen. (Kupsch)

Die LP 2 (rechts) erhielt einen vornliegenden Spanngriff und prägte damit das Bild der neuen Luftpistole.
Bei der späteren LP 3 Match (links) ließ sich die Handballen-Auflage individuell verstellen. (Kupsch)

Daten LP 2

Kaliber	4,5 mm
Gewicht	1300 g
Länge	335 mm
Höhe	160 mm
Breite	40 mm
Visierlänge	300 mm
Lauflänge	240 mm
Züge	12

Kräftige Handarbeit zählte zu den Voraussetzungen, um die LP 2 schußbereit zu machen. (Kupsch)

LP 2

»Die Walther-Luftpistole Modell LP 2 ist eine Neukonstruktion, entwickelt aus alten Erfahrungen und neuen Ideen. Sie ermöglicht ein absolut rückstoßfreies Schießen«, stand in der Bedienungsanleitung dieser Waffe zu lesen. Und damit hatte Walther mit wenigen Worten exakt das Gerät beschrieben. Denn überdeutlich ist die Ur-Waffe LP 53 zu erkennen. Nur die Technik gestaltete sich anders, das zeigte schon der vorne liegende Spanngriff. Den hob der Schütze vom Abzugbügel ab, um ihn extrem über die Griffachse hinaus herunterzuziehen. Dort blieb der Griff erst einmal stehen, und beim Rückwärtsgang nahm man möglichst die gesamte Handfläche zur Hilfe, um mit einem kräftigen und kurzen Ruck den Hebel in seine Ausgangsstellung zurück zu bringen. Das spannte die Waffe zum Schuß. Nun mußte der Riegelhebel am Griffstück, unterhalb des Laufs, nach oben gedrückt und gleichzeitig der Lauf abgekippt werden. Nach dem Laden mit einem Diabolo und dem Zurückdrücken des Laufs stand einer Schußabgabe nichts mehr im Wege. Die LP 2 verfügte über ein noch genaueres Mikrometer-Visier als die LP 53. Die Verstellung um drei Rasten ergab auf zehn Metern eine Treffpunktveränderung um einen Ring. Auch der Abzug ließ sich vielfach einstellen. Die Griffschalen bestanden aus Kunststoff. Auf Wunsch und gegen Aufpreis lagen Holzgriffschalen für Links- oder Rechtsschützen bereit; ein kleiner Koffer mit Samtausstattung und Platz für die Geschoßdose gab der Waffe das nötige Ambiente beim Transport.

LP 3 & LP 3 Match

Die LP 3 und die LP 3 Match besaßen ebenfalls ein Kompressionssystem. Mit dieser Pistole gewannen Schützen zahlreiche nationale und internationale Meisterschaften, denn inzwischen hatten die Sportschützen den Wert des Schießens mit der Luftpistole erkannt und dieses Gerät voll akzeptiert. Und deshalb arbeitete Walther darauf hin, eine wirklich prellschlagfreie Pistole zu schaffen. Das Spannen der Pistolen erforderte allerdings einige Körperkraft.

Es gibt aber technische Unterschiede zwischen der LP 2 und den LP 3, etwa das neue Laufaußenprofil und die stärkere Aussparung oberhalb des Griffs. Dadurch lag die Waffe tiefer in der Hand (Abstand Laufachse/Hand). Zusätzlich erhielt der Werksgriff eine verstellbare Handkantenauflage.

LPM 1

Keiner in der Branche glaubte daran, daß Walther nochmals zur »reinen Luft« zurückkehren würde. Mittlerweile waren 25 Jahre seit der LP 3 vergangen, und seit zehn Jahren setzten die Konstrukteure in Ulm auf CO_2. Auf der IWA 1990 präsentierten sie aber eine neue Waffe der alten Art, LPM 1 genannt. Sie arbeitete, wie ihr Vorgänger, mit vorkomprimierter Luft.

Konstruktionen dieser Art benötigen einen großen Spannhebel, bei deren Gestaltung und Funktionsweise die Techniker manchen Kompromiß eingehen müssen. Ein kleiner Hebel zehrt an der Muskelkraft, und ein groß dimensioniertes Teil stört das Design. Die Walther-Leute lösten das Problem durch eine integrierte Mechanik, wobei die Hebelwirkung über eine Umlenkung verstärkt und so der Kolbenweg künstlich verlängert wurde. Lediglich 7,8 Kilogramm standen noch an. Und das war besonders für die Jugend und das schöne Geschlecht ein leicht zu bewältigender Aufwand.

Es dauerte ein Vierteljahrhundert, bis Walther mit der LPM 1 wieder diesen Sektor des Sportschießens betrat.

(Stoll GmbH)

Längerer Kolbenweg gleich größerer Kompressionsraum ergibt höhere Geschwindigkeiten, so lautet die Faustformel. Aus diesem Grund brachten es frühere Pistolen dieser Art meist nur auf schlappe 120 Meter pro Sekunde. Deshalb konnten sie nicht mit starken Federdruck- oder gar Kohlendioxidwaffen mithalten. Bei Walther wurde das mit der LPM 1 anders. 150 Meter in der Sekunde wurden die Diabolos schnell. Das ermöglicht die Kompressionsraum-Füllung von 70 Kubikzentimetern, die auf einen halben Kubikzentimeter zusammengepreßt wird. Zum Laden schiebt der Schütze den Spannhebel nach vorn. Dabei saugt der in Richtung Mündung gleitende Kolben Luft durch den Lauf in den Kompressionsraum. Jetzt kann der Ladehebel geöffnet werden, der gleichzeitig ein Rückschlagventil aktiviert. Die Luft aus dem Kolben entweicht nicht mehr und wird beim Schließen des Spannhebels zusammengedrückt. Nun legt man in die Lademulde vor der Kimme ein Diabolo, das beim Schließen des Ladehebels durch einen Dorn selbsttätig in den Lauf eingeführt wird. Eine eingebaute Sperre verhindert eine vorherige Abzugbetätigung.

Daten LPM 1	
Herstellung	*ab 1990*
Kaliber	*4,5 mm*
Gewicht	*1400 g*
Länge	*398 mm*
Höhe	*146 mm*
Breite	*55 mm*
Visierlänge	*360 mm*
Lauflänge	*252 mm*
Abzuggewicht	*500 g*
Kimmenbreite	*3,8 mm*
Kornbreite	*4,2 mm*

Nach Abschrauben des Griffes läßt sich das starkwandige Abzugmodul herausnehmen. Jetzt können die Widerstände für Vorzug und Abzug eingestellt werden. Das Abzugzüngel hat eine breite Kunststoffauflage, die sich vor- und zurückschieben läßt und damit jeder Fingerhaltung anzupassen ist. Der Abstand zwischen Abzugzunge und Griffrücken läßt sich von 63 bis 83 Millimetern variieren. So haben weder jugendliche Kurzfinger noch längere Fingerglieder mit der LPM 1 Probleme. Die 36 Zentimeter lange Visierlinie legten die Walther-Techniker extrem tief an. Die Laufachse weist direkt in die Handwurzel im Griff. Die Kimme sitzt auf einem Sockel, bleibt aber mit 22 Millimetern relativ flach über der Hand.

Neben der Standardversion war die LPM 1 auch mit Nickelfinish erhältlich. *(Stoll GmbH)*

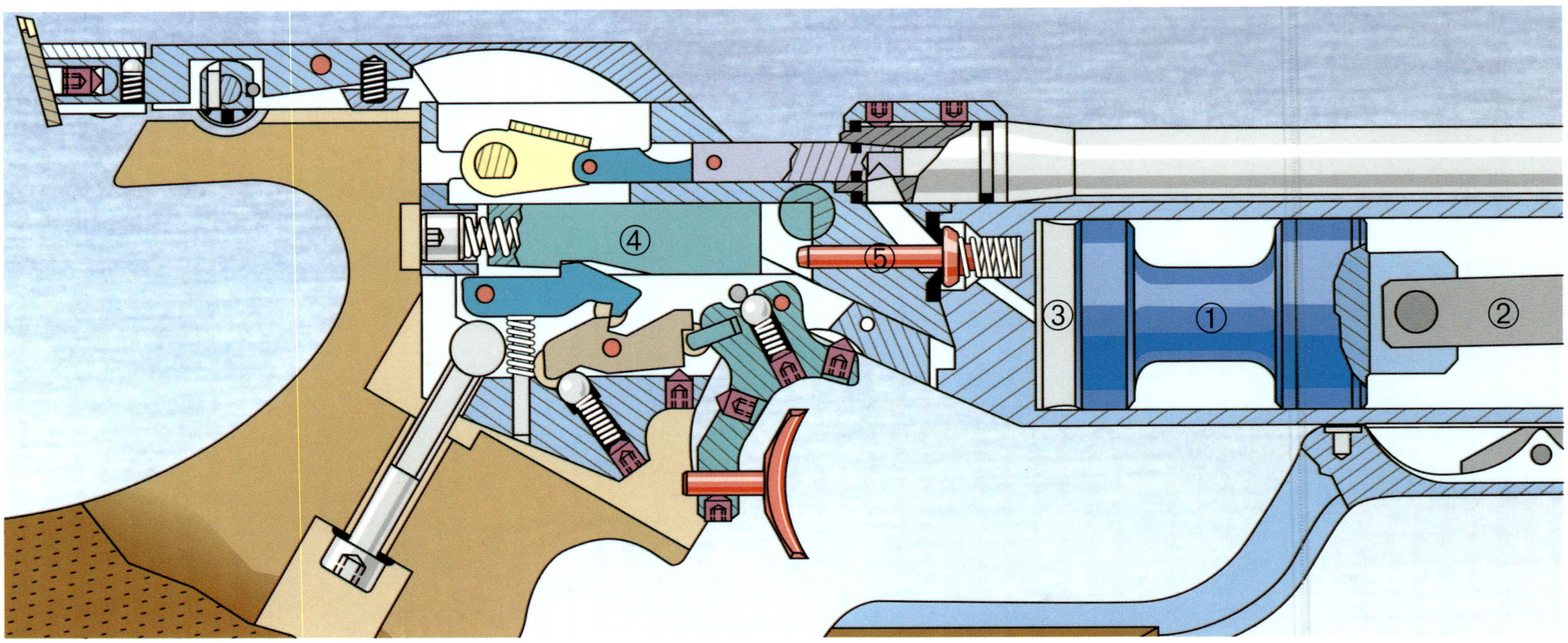

① = Kolben, ② = Kolbenstange, ③ = Komprimierte Luft, ④ = Schaftstück, ⑤ = Ventil.

AIR
LP 200
LP 201
AIR

LP 200 Power Air

Der Zugang der LP 200 Power Air in die Walther-Luftpistolenfamilie ist fast ein Quantensprung, verglichen mit den bisherigen Waffen. Als erstes fällt bei der LP 200 der eckige Laufmantel mit den markanten drei Streifen und den oben aufgesetzten, zum Zubehör zählenden Laufgewichten von je 35 Gramm auf. Der Mantel wird durch eine Madenschraube dicht hinter dem Korn fixiert. Vor der im Rohr zurückgesetzten Mündung sitzt eine Entlastungskammer mit einem von vorn eingesetzten, hellen Alu-Ring als Abschluß. Nach vielen Versuchen mit Kompensator-Bohrungen in allen Richtungen hat sich diese eckige Form als die günstigste erwiesen. Die Kartusche aus fünf Millimeter starkem und hochfestem Aluminium unterscheidet sich kaum von ihrer CO_2-Schwester. Der Zuwachs der Wandstärke hat seinen Grund. Denn es gilt, einen Druck von 300 bar zu verkraften, wodurch die Zusatzbezeichnung »Power Air« total gerechtfertigt ist.

Der Inhalt des Preßluft-Tanks reicht für 500 Schuß, und trotz des enormen Drucks läßt sich die Kartusche mit der bloßen Hand abdrehen. Das Nachfüllen erfolgt mittels einer 300-bar-Vorratsflasche, wie es sie in Taucher-Shops und neuerdings auch direkt vom Walther-Werk gibt. Mit dem mitgelieferten Manometer ist eine Kontrolle jederzeit möglich.

Der Abzug wurde nochmals optisch und technisch überholt. Die Inbusschraube, die vom scharfem Schuß auf Trockentraining umschaltet, sitzt auf der rechten Gehäuseseite. Das komplette Abzugmodul mit seinem verkürzten Bügel läßt

Mit der LP 200 Power Air sind bis zu 500 Wertungsschüsse möglich.
(Stoll GmbH)

Daten LP 200 Power Air	
Herstellung	*ab 1995*
Kaliber	*4,5 mm*
System	*Preßluft*
Gewicht	*1195 g*
Länge	*395 mm*
Höhe	*130 mm*
Breite	*50 mm*
Visierlänge	*342–357 mm*
Lauflänge	*230 mm*
Kimmenbreite	*3,3–4,3 mm*
Kornbreite	*4,2 mm*
Griffwinkel	*112–120 mm*

Geradlinige Silhouette, austariertes Gewicht: die LP 200.

(Stoll GmbH)

sich mit drei Handgriffen auswechseln, wenn man zuerst den Griff abmontiert und dann die beiden Halteschrauben links und rechts leicht herausdreht. Das ist jedoch kaum nötig, denn alle Einstellungen, wie Vorzugsweg und –widerstand, Druckpunkt und Triggerstop, lassen sich von außen regulieren. Bei der Visierung läßt sich sogar die Breite des Kimmeneinschnitts verlängern. Neu ist auch ein Zeichen über dem Walther-Banner. Das »F in der Krone« steht für Fürstenberg, einer Holzbearbeitungsfirma, die auch zum Umarex-Konzern gehört. Zwei Inbusschrauben halten die Handkantenauflage. Die Fingerrillen, die Ausfräsungen für die Maus und den Fleischwulst am Fingeransatz sitzen optimal. Der Griff läßt sich auch in der Neigung zur Längsachse um acht bis zehn Grad steiler stellen, was besonders Sportpistolen-Schützen mögen.

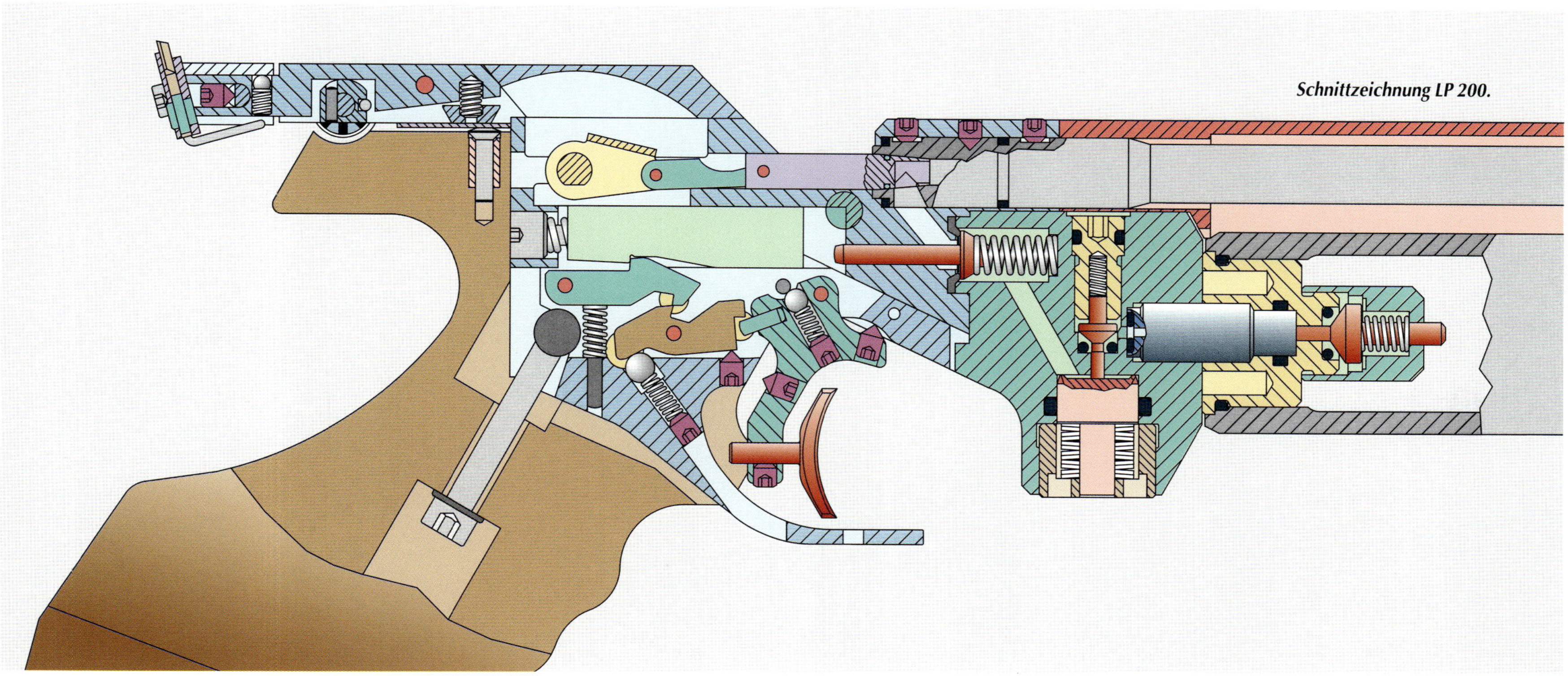

Schnittzeichnung LP 200.

Mit der LP 201 Power Air präsentierte Walther erstmalig eine Preßluftpistole mit senkrechter Kartusche.

(Stoll GmbH)

LP 201 Power Air

Durch die Anordnung des Tanks verschiebt sich der Schwerpunkt weit nach hinten, was eine ausgezeichnete Handlage ergibt. Speziell Frauen, Junioren oder Freie-Pistolen-Schützen wissen diese Gewichtsverteilung zu schätzen. Durch die in drei Positionen fixierbare Gewichtstange läßt sich der Schwerpunkt beliebig verstellen und zum Beispiel auch eine gewollt verkantete Handhaltung ausgleichen. Die auf eine 300-bar-Technik ausgelegte Waffe garantiert dem Schützen mit einer Tankfüllung die Abgabe von 280 bis 320 Schüssen bei einer vom Werk eingestellten Geschwindigkeit von 150 m/s. Wie bei der ansonsten baugleichen LP 200 kann auch hier der Griff um acht Grad in Längsrichtung geschwenkt und die Breite der Kimme stufenlos verstellt werden.

Wie bei allen Match-Luftpistolen verwendet auch die LP 201 im Spezialverfahren gehärtete Werkzeugstahl-Klinken im Abzug und garantiert dadurch eine langjährig gleichbleibende Abzugcharakteristik.

Die CO_2-Pistolen

Die Anfangsschwierigkeiten bei den CO_2-Waffen gehören heute der Vergangenheit an. Bei einer Füllmenge von 53 Gramm und einem Verbrauch je nach eingestellter Geschwindigkeit zwischen 0,15 und 0,17 Gramm pro Schuß, können um die 350 Schuß abgegeben werden. Es ist gewährleistet, daß der Schuß Nummer 280 mit der gleichen Anfangsgeschwindigkeit den Lauf verläßt, wie der 15. oder 166. Schuß. Ein paar Selbstverständlichkeiten sollten jedoch beachtet werden: So ist es opportun, stets mit einer nach der Anleitung gefüllten Kartusche in den Wettbewerb zu gehen.

CP 1

CP 1 hieß die erste Waffe dieser Kategorie, mit der die Firma Walther in eine neue technische Ära schritt. Die Firma setzte auf das CO_2, und man dachte sogar darüber nach, das konventionelle LP-Lieferprogramm aufzugeben. Die CP 1 basierte auf einem Patent der Österreicher Emil Senfter und Viktor Idl, die zuvor gemeinschaftlich einige Waffentypen dieser Art fertigten, dann aber getrennte Wege gingen. Die bedeutendste Neuerung bestand in dem horizontal angebrachten Tank, der mit seinem Gewicht von 400 Gramm und 200 Millimetern Länge den Charakter der Pistole bestimmte. Obwohl die Kartusche nicht als Laufbeschwerung vorgesehen war, erfüllte sie diesen Anspruch trotzdem. Schließlich war auch die Beschränkung der Sportordnung, bezüglich einer 40-Millimeter-Maximallaufhöhe revidiert worden.

Die 53 Gramm Fassungsvermögen – das sind 0,072 Liter – bescherten mit mindestens 300 Schußabgaben eine enorme Kapazität. Der Prüfdruck beträgt 250 bar. Natürlich ist die Kartusche nach- und auffüllbar. Der Lauf mißt in der Länge 215 Millimeter und in der Stärke nur 12 Millimeter. Ein leichter Choke gewährleistet eine saubere Kugelführung bis zur Mündung und liefert die Basis für eine ausgezeichnete Präzision. Acht Züge mit Rechtsdrall sind spanlos eingedrückt. Die Laufachse liegt mit 5 Millimetern über der Handoberkante außergewöhnlich tief und sorgt somit für einen vorteilhaften Schwerpunkt. Der einteilige, aus Nußbaum bestehende Griff, ist an die GSP-Struktur angelehnt, besitzt jedoch einen flacheren Winkel von 60 Grad. Die technischen Aspekte sowie das Handling sind mit den nachfolgenden Modellen weitgehend identisch.

CP 2

Die Firma garantierte bei der Einführung, daß der Schütze eine Pistole in die Hand bekomme, auf die man sich verlassen könne. Das war nicht zuviel versprochen. Schließlich trat eine ganze Familie an, und zwar die:

- CP 2,
- CP 2 Match,
- CP 2 Match Junior,
- CP 2 mit steilem Griff.

Die Kartusche kann jederzeit, auch ohne leergeschossen zu sein, gewechselt und nachgefüllt werden. Eine Aufbewahrung der Waffe sollte immer mit abgeschraubter Kartusche erfolgen. Die zwischen der Kartusche und dem Waffenventil befindliche Gasmenge für etwa einen Schuß entweicht beim Abnehmen durch leichtes Zischen. Beim Füllen der Kartusche ist es vor allem wichtig, daß sie mit flüssigem CO_2-Gas auf die maximale Menge von 53 Gramm gefüllt wird. Dazu ist es notwendig, daß die Temperatur der Kartusche mindestens 20 Grad Celsius kälter ist als die Hauptflasche. Hier ist schon einmal ein Kühlschrank recht dienlich, aber auch durch rasches Abblasen der Rest-Gasmenge kühlt der Tank in Sekunden stark ab.

Bei der CP 2 ist der Abzug vom Werk eingestellt, kann aber vom Schützen geändert werden. Der Vorzugsweg, der Triggerstop, der Druckpunkt und das Abzuggewicht lassen sich mit Hilfe eines Schraubenziehers regulieren. Für Trockenübungen kann der Schütze auch auf einen Trainingsabzug umstellen. Auch mit diesem Gerät wurden Medaillen gewonnen. So errang zum Beispiel Klaus Adamek aus Laichingen (Ulm) bei der Europameisterschaft im März 1985 in Varna (Bulgarien), gegen stärkste russische und schwedische Konkurrenz, die Goldmedaille.

Daten	CP 2	CP 2-Match	CP 2-Match Junior	CP 2 mit steilem Griff
Kaliber	4,5 mm	4,5 mm	4,5 mm	4,5 mm
Höhe	150 mm	145 mm	145 mm	150 mm
Länge	380 mm	380 mm	370 mm	350 mm
Breite	48 mm	48 mm	48 mm	48 mm
Visierlänge	330 mm	330 mm	330 mm	330 mm
Lauflänge	220 mm	220 mm	220 mm	220 mm
Gesamtgewicht mit gefülltem Behälter, ca.	1180 g	1150 g	1070 g	1180 g
Abzuggewicht	500 g	500 g	500 g	500 g
Korn	4,2	4,2	4,2	4,2
Kimmenblatt	3,8	3,8	3,8	3,8

Die ersten CO_2-Waffen aus dem Hause Walther: Unten die CP 1, darüber die CP 2. (Kupsch)

CP 3

Auf Basis der CP 2 entstand die CP 3 mit tiefer gelegter Visierlinie. In schwarz eloxierter und brünierter Ausführung besaß sie das GSP-Visier und eine neue Griffschale. Die CP 3-Match-MV wies ein elegantes, matt vernickeltes und brüniertes Finish auf. Neben der neuen Griffschale kam das CP 2-Visier hinzu. Die Kartuschenfüllung reichte für etwa 350 Schußabgaben. Ab Juni 1991 gab Walther ein neues Abzugsystem heraus. Nun saß das System leicht auswechsel- und einstellbar in einem verzugsfreien, aus Vollmaterial gefrästen Alugehäuse. Justiert werden konnten der Längs- und Rollwinkel für den Abzugfinger, Triggerstop, Vorzugsweg, Vorzugskraft, Druckpunkt und Abzugkraft. Das Verhältnis zwischen Vorzug und Druckpunkt ließ sich stufenlos regulieren. Dieses System hatte Zukunft, denn es fand sich in etlichen Folgemodellen wieder.

CP 5

Bei der im März 1989 vorliegenden CP 5 flossen abermals innovative Neuigkeiten in die Konstruktion ein. Fünf Schußabgaben hintereinander machten sie zu einer idealen Trainingswaffe für die Schnellfeuer- oder Sportpistole – und das, obwohl es für den vom Deutschen Schützenbund und der Internationalen Schützenunion UIT geplanten Wettbewerb »Mehrschüssige Luftpistole« damals noch gar keine Regeln gab. Dieser Mehrlader besaß, wie bereits die Vorgänger, einen abnehmbaren Druckgas-Behälter unter dem Lauf. Ein extrem kurzer Abzugweg und ein Abzugwiderstand unter 100 Gramm erlaubten zudem eine schnelle Schußfolge. Die Schußauslösung erfolgte jetzt elektronisch mit Hilfe einer hochmodernen, mikro-miniaturisierten Steuerelektronik, allgemein als »SMD«-Technik bekannt. Neben der Standardausführung fertigte Walther wieder eine »MV«-Variante. Wegen der störungsanfälligen Magazinführung, dem Geschwindigkeitsverlust durch den Magazintransport und dem aufwendigen Abzug wurde die Produktion der CP 5 aber Ende 1995 eingestellt.

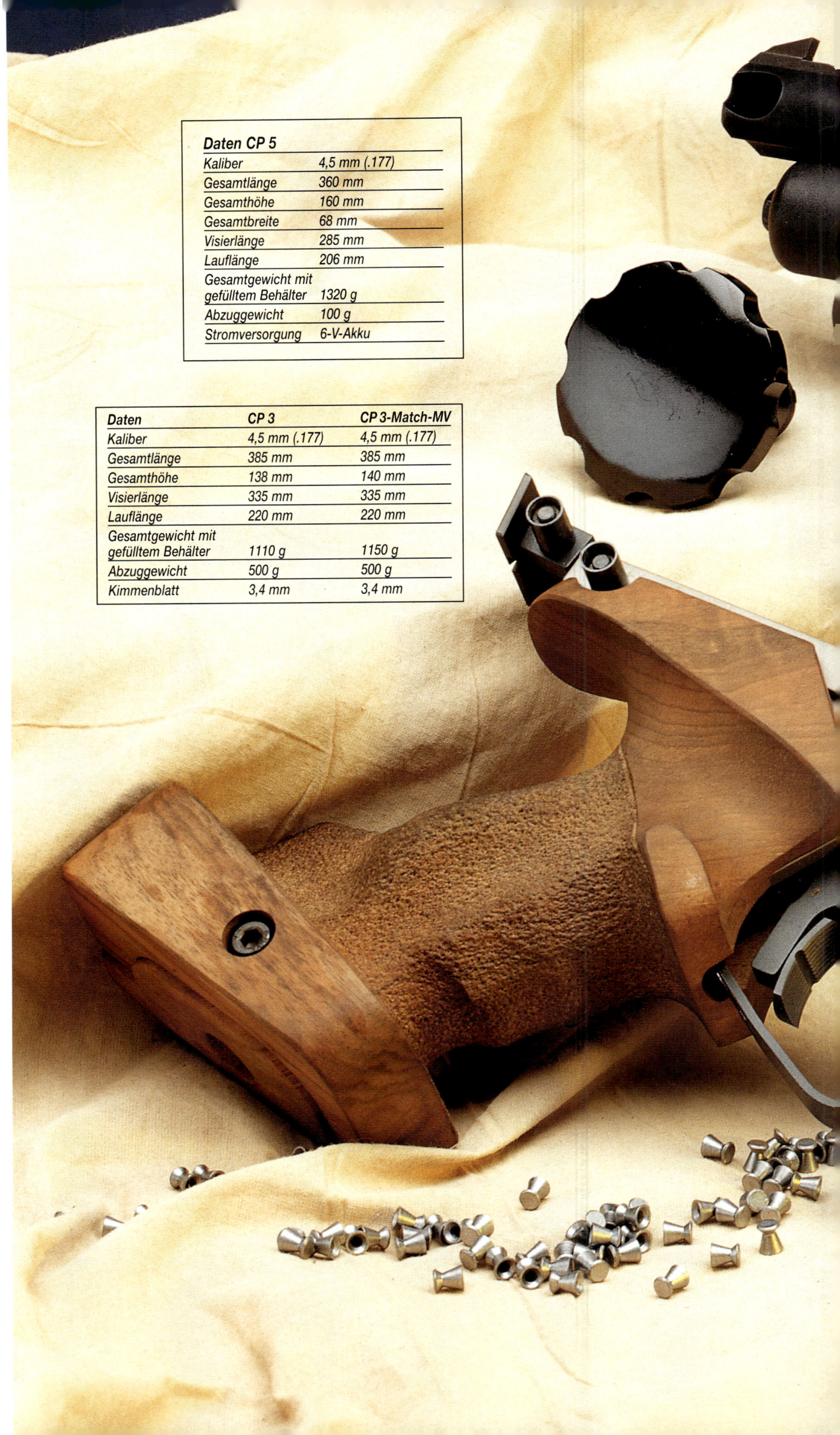

Daten CP 5	
Kaliber	4,5 mm (.177)
Gesamtlänge	360 mm
Gesamthöhe	160 mm
Gesamtbreite	68 mm
Visierlänge	285 mm
Lauflänge	206 mm
Gesamtgewicht mit gefülltem Behälter	1320 g
Abzuggewicht	100 g
Stromversorgung	6-V-Akku

Daten	CP 3	CP 3-Match-MV
Kaliber	4,5 mm (.177)	4,5 mm (.177)
Gesamtlänge	385 mm	385 mm
Gesamthöhe	138 mm	140 mm
Visierlänge	335 mm	335 mm
Lauflänge	220 mm	220 mm
Gesamtgewicht mit gefülltem Behälter	1110 g	1150 g
Abzuggewicht	500 g	500 g
Kimmenblatt	3,4 mm	3,4 mm

Fortsetzung:
Unten die CP 3, oben die CP 5.
(Kupsch)

WALTHER
CP5 cal.4,5
VARTA
CP3 cal.4,5

CPM 1

IWA 1992. Öfter mal was Neues, sagte sich Walther: Und so erhielt die neue CPM 1 eine schräg angesetzte CO_2-Kartusche. Die Vorteile: Der Schwerpunkt lag jetzt tiefer, dadurch blieb die Waffe ruhiger im Anschlag. Durch Zusatzgewichte vorn oder im Griff ließ sich die Balance der Pistole besser ausgleichen. Zu 90 Prozent wurde nur Gas und kein flüssiges CO_2 abgezapft. Das änderte zwar nichts an der Trefferleistung, weil die Geschwindigkeitsunterschiede in der Regel unter 10 m/sek. blieben. Aber die bei flüssigem CO_2 entstehenden Eiskristalle wirken in Waffen, die viel geschossen werden, mit der Zeit wie Schmirgelpapier im Lauf.

Die CPM 1 ist ein Zwilling, deshalb die verblüffende Ähnlichkeit mit der LPM 1. Nur der lange Spannhebel für das Kompressionssystem unterscheidet beide, und zunächst war sogar von

einem Nachrüst-Umbausatz von CO_2 auf Kompression die Rede. An Griff und Abzugsystem hatten die Ulmer Techniker jedoch eine Menge verändert. Der verstellbare Tirelli-Holzgriff erhielt eine senkrechte Rille für die Hautwulst vor den Fingeransätzen, und der Kanal für den Abzugfinger wurde abgeflacht, so daß selbst kurze Finger nicht mehr am Holz anliegen. So wird eine Übertragung der Abzugbewegung auf die Waffe vermieden. Die Fingerrillen sind hingegen nur angedeutet, denn extreme Ausbuchtungen passen nicht zu jeder Hand. Der Griff bringt die Schießhand fast auf Höhe der Laufachse und damit auch nahe unter die Kimmenoberkante. Der Abzug kommt von der mattvernickelten CP 3-Match. Das verzugfreie Alugehäuse besitzt außer dem Züngel keine Plastikteile mehr. Alle Funktionen lassen sich ohne Ausbau einstellen, und zwar unabhängig voneinander. Durch eine neue Anordnung der Abzugklinken erhielt das Gerät eine trockene Abzugcharakteristik, wie sie bisher nicht möglich war. Die mit 115 Grad zum Griff hin geneigte Kartusche faßt 40 Gramm CO_2 und läßt sich wegen ihrer angerauhten Oberfläche ohne Werkzeug abschrauben. Sie wurde aus hochfestem Aluminium F 54, das eine Zugkraft von 54 kg pro Quadratmillimeter besitzt, mit einer Wandstärke von 3,5 Millimetern gefertigt, um einen schnelleren Wärmeaustausch zu erzielen. Bei jedem Schuß verdunstet nämlich eine gewisse Menge des Flüssiggases, das den Tank etwas abkühlt. Das Leichtmetall nimmt dann die Umgebungstemperatur wieder schneller an als Stahl. Eine eingebaute Berst-Sicherung bläst das Gas langsam ab, wenn der Druck im Tank über 250 bar ansteigt. Durch die schräge Anordnung konnten die Techniker den Verbrauch pro Schuß von etwa 0,25 auf 0,17 bis 0,20 Gramm senken, je nach Geschoßgeschwindigkeit. Auch das Laufinnere ist neu. Jetzt werden zwölf Züge mit Rechtsdrall statt der vormaligen acht Rillen eingehämmert. An der Mündung und im Gehäuseblock, dort, wo der Laufansatz steckt, mißt der Lauf zwei Millimeter mehr im Durchmesser. Der Bereich innerhalb des hell eloxierten Mündungsaufsatzes, der das Korn trägt, wurde beim Hämmern verengt. Fachlich richtig ausgedrückt: gechoked.

Copperfield läßt grüßen: 1994 lieferte Walther abermals ein innovatives und stilistisch ansprechendes Match-Gerät, die »Blue Magic«. Als Basis diente die bewährte CPM 1. Der Abzugwiderstand zeigte sich jetzt absolut konstant. Eine perfekte Schußleistung ermöglichte der gehämmerte Präzisionslauf und die mit minimalsten Toleranzen gefertigte Mündung. Es folgte die CPM Atlanta, eine CPM 1 mit gerader Kartusche in blau.

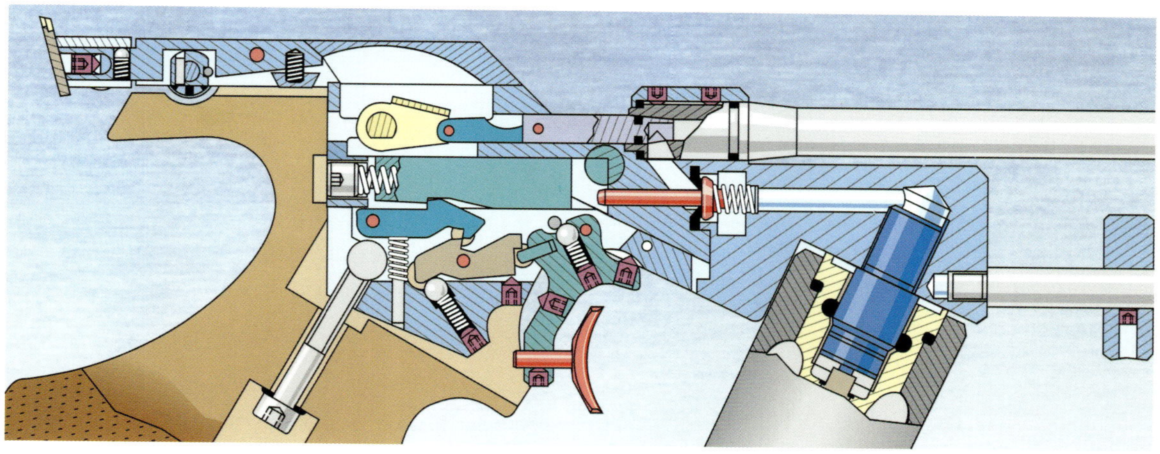

Schnittzeichnung der CPM 1.

Daten CPM 1	
Kaliber	4,5 mm
Gewicht	1080 g
Länge	385 g
Höhe	140 mm
Breite	49 mm
Visierlänge	335 mm
Lauflänge	220 mm
Abzuggewicht	500 g
Kimmenbreite	3,8 mm
Kornbreite	4,2 mm

Im Gegensatz zur Sonderausführung »Blue Magic« besitzt die Standard-CPM 1 ein schwarzes Design.

(Stoll GmbH)

CP 200 und CP 201

»Power Target Line« – mit diesem Slogan präsentierte Walther auf der IWA 1996 die neueste Generation der CO_2-Match-Pistolen. Der Tank ist beim Modell CP 200 waagerecht, bei der CP 201 senkrecht angeordnet. Beide Waffen besitzen einen Laufmantel aus Dur-Aluminium mit integriertem Kompensator. Die neuentwickelten anatomischen Fürstenberg-Griffschalen lassen sich um acht Grad in Längsrichtung schwenken und sind in drei Größen erhältlich. Verschiebbare Zusatzgewichte am Laufmantel – und beim Modell CP 201 eine unter dem Lauf angebrachte Gewichtsstange – sowie eine 3,3 bis 4,4 Millimeter in der Breite stufenlos verstellbare Kimme ermöglichen es jedem Schützen, die Waffe seinen individuellen Bedürfnissen anzupassen.

Daten CP 200 + CP 201	
Herstellung	ab März 1996
Kaliber	4,5 mm (.177)
Gesamtgewicht	1110 g
Gesamtlänge	398 mm
Gesamthöhe	140 mm
Gesamtbreite	50 mm
Visierlänge	343/347 mm
Lauflänge	232 mm
Abzuggewicht	500 g
Kimmenbreite	3,3–4,4 mm

CPM Atlanta: Der Lauf besitzt Gasentlastungs-Bohrungen, wodurch eine Stabilisierung der Waffe im Schuß erreicht wird.

(Stoll GmbH)

Die CP 200 entspricht, bis auf ihr Antriebsmittel, exakt der LP 200, genauso wie die hier abgebildete CP 201 der LP 201 gleicht. (Stoll GmbH)

CP-Zubehör. (Stoll GmbH)

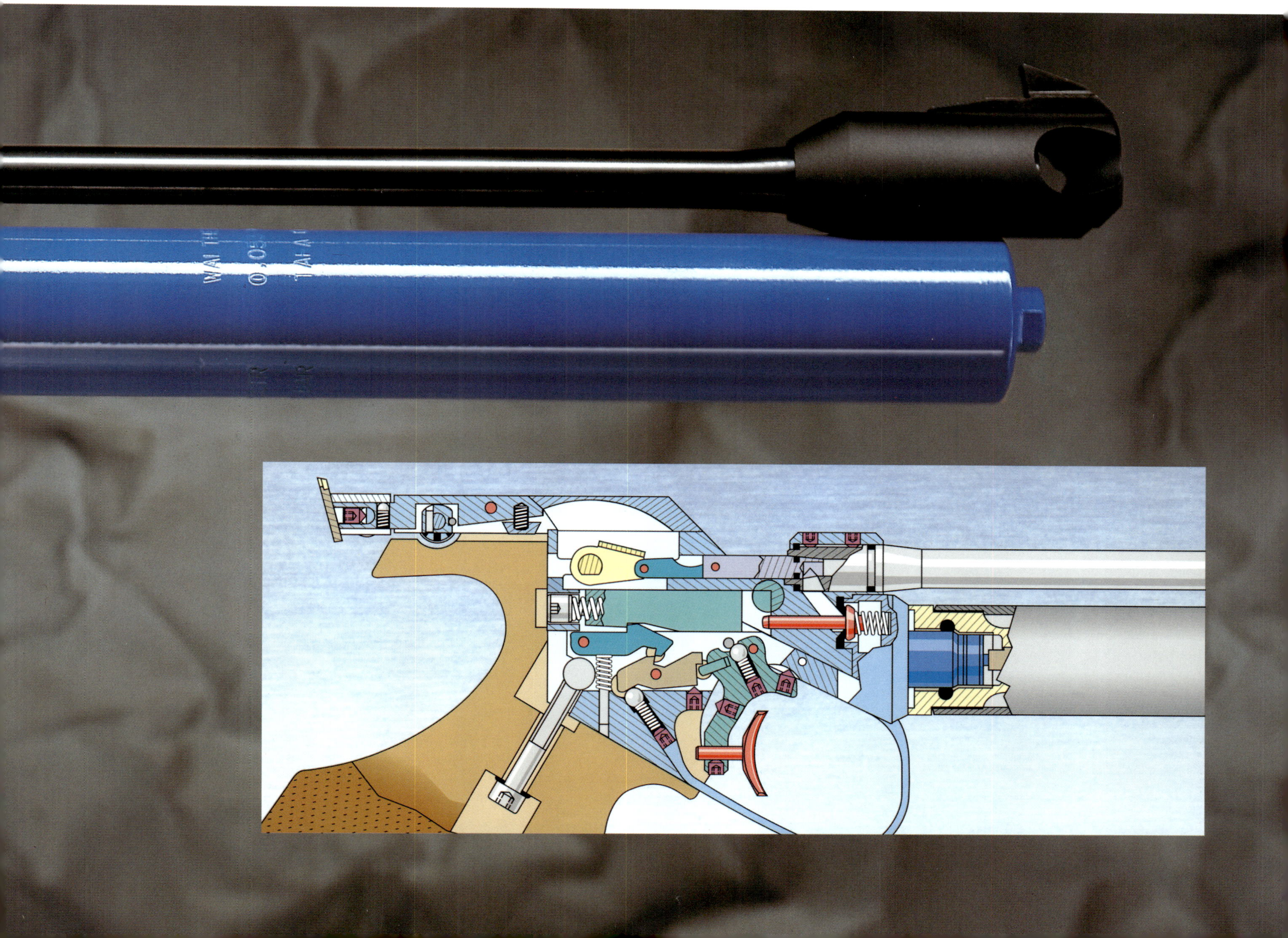

CP 88

Neben den Geräten für den Hochleistungssport betrat Walther/Umarex Anfang 1996 mit der CP 88 einen Bereich, der bisher ausschließlich ausländischen Firmen gehörte. »Just-for-fun«-Waffen ist vielleicht der falsche Begriff für die neue Pistolengeneration, denn die Modelle eignen sich nicht nur für das Schießen um des Schießens willen, sondern im besonderen Maße auch für Übungszwecke. Dabei besitzen sie einen neutralen Charakter, da sie nicht nur zum waffenbesitzkartenfreien Einstieg für den Leistungssport, sondern auch als Vorstufe zum scharfen Schießen herangezogen werden können. Schließlich unterscheiden sie sich – vom äußeren Erscheinungsbild her – kaum von ihren großen Vorbildern aus der P 88-Klasse. Aber innen sieht alles ganz anders aus, denn die Power kommt von einer 12-Gramm-Kapsel mit CO_2.

Die Auswahl läßt keine Wünsche offen. Zunächst kann zwischen der reinen CP 88 (entsprechender Standard-P 88) und der CP 88 Competition (wie P 88) unterschieden werden. Für alle Modelle liegt ein Wechselsystem mit Kompensator bereit, wobei dieser natürlich nur optischen Gründen sowie der Gewichtserhöhung dient. Beide Versionen sind in brünierter und vernickelter Ausführung und weiterhin mit schwarzen Kunststoff- oder Nußbaum-Griffschalen erhältlich.

Nach ausgiebigen Analysen von mehrschüssigen Freizeitmodellen anderer Firmen entwickelten die Arnsberger Konstrukteure neue Techniken, die auch zu Patenten führten. Anstelle des ansonsten billigen Kunststoffs bei den Vergleichswaffen nahm Umarex für das Griff- und Verschlußstück einen hochwertigen Zinkdruckguß. Hierdurch lag das Gewicht des Geräts höher – und damit für Wettkämpfe sogar besser – als beim Originalmodell, der scharfen P 88. Das Know-how der CP 88 steckt aber unter dem Verschlußstück, denn da dreht sich eine acht Diabolos fassende Trommel. Zu sehen bekommt man diese allerdings erst, wenn der vom Originalmodell abgeschaute Demontagehebel betätigt wird. Allerdings besitzt dieser jetzt eine vollkommen andere Funktion. Er öffnet den Verschluß nach vorne, so daß problemlos die kleine Trommel entnommen oder eingesetzt werden kann. Nach dem Schließen ist die CP 88 bei manueller Umschaltung der Sicherung feuerbereit. Als DA-Pistole besteht jetzt die Möglichkeit zu einer raschen Schußfolge. Auch der Magazin-Haltekopf erhielt ein neues Betätigungsfeld. Drückt man rechts darauf, löst sich die linke Griffschale. Und darunter liegt die CO_2-Kapsel, die mittels einer Rändelschraube vorjustiert werden kann. Der Vorteil bei der Sache: Trotz DIN-Norm bestehen zwischen den Anbietern doch Unterschiede (bis zu plus/minus 2 Millimetern) in den Längen dieser Kartuschen, die so auszugleichen sind. Trotzdem besteht keine Gefahr bei zu starkem Anziehen: Die Kapsel wird erst durch die als schwenkbaren Magazinboden getarnte Klemmvorrichtung angestochen.

Nach Lösen einer Inbusschraube läßt sich der Schlitten abschieben. Die acht Schuß fassende Trommel wird einfach eingelegt. *(Kupsch)*

Daten CP 88	
Hersellung	ab Februar 1996
Kaliber	4,5 mm (.177) Diabolo
System	CO_2-Semi-Automatik
Sicherung	Schlagbolzen- und Abzugsicherung
Höhe	135 mm
Länge	180 mm
Breite	32 mm
Visierung	Balkenkorn, seitenverstellbare Kimme
Visierlänge	138 mm
Lauflänge	4 Zoll
Gewicht	1050 g
Magazin	8-Schuß-Trommelmagazin
Abzugsystem	Single- und Double-Action
Zubehör	Wechsellaufsystem, 4 und 6 Zoll, Aimpoint, Mikrometervisier

Wunsch-CP 88:
Der Schütze wählt zwischen einer vernickelten oder brünierten Ausführung. Weiterhin stehen vier oder sechs Zoll lange Läufe zur Verfügung. (Kupsch)

Competition
CP 88
500
Finale Match
cal .177
4,5 mm
Made in
Germany

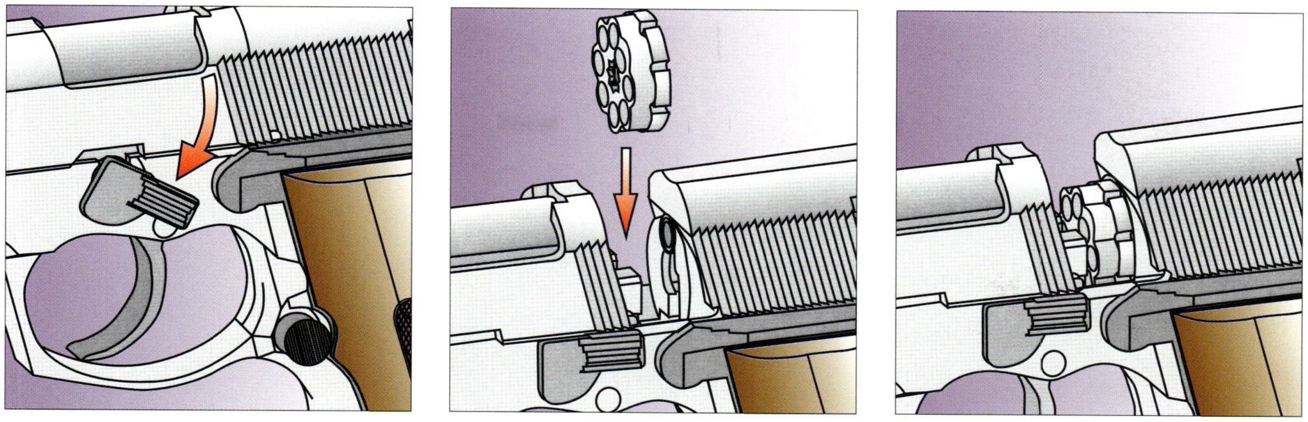

Schnelladesystem:
8schüssiges Trommelmagazin zum leichten und sicheren Laden der Waffe.

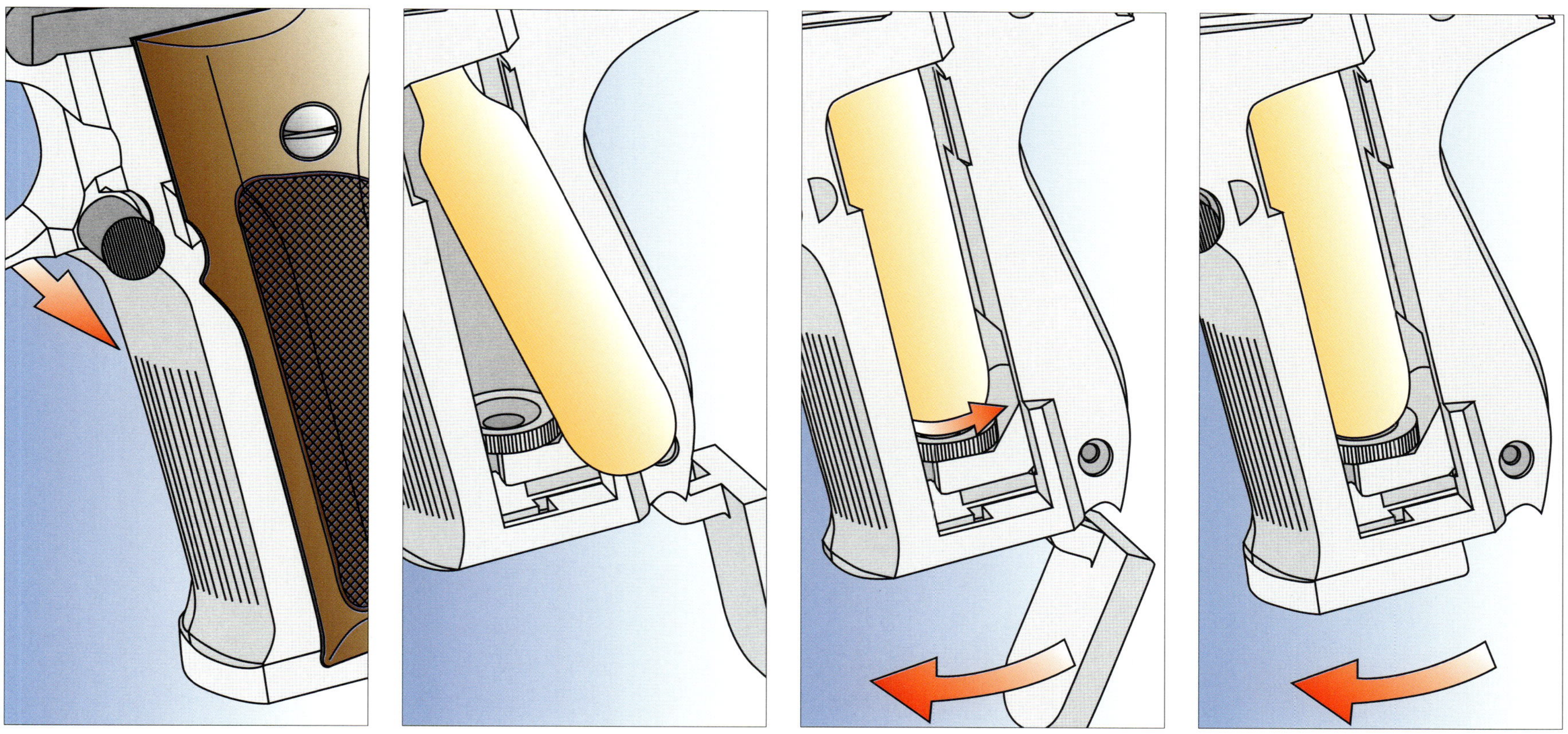

CO_2-Power System:
Das Power-Spannsystem garantiert schnelles und sicheres Wechseln der CO_2-Kapseln.

Dank der Modulbauweise sind die einzelnen Komponenten austauschbar. *(Kupsch)*

Vergessen: Die CO_2-OSP

Schon früh dachten die Ulmer Konstrukteure an eine CO_2-Waffe im OSP Design. Es wurde nichts daraus und das Musterstück geriet in Vergessenheit. *(M. Kersten)*

Für die Konzeption der CP 88 hätten die Umarex-Konstrukteure eigentlich nur im Archiv von Walther nachzuschauen brauchen, denn da lag seit geraumer Zeit ein vergleichbares Muster. Aber davon wußte kaum einer. Irgendwann während der frühen Konstruktionsphase der OSP, überlegten die Techniker in Ulm, ob nicht auch ein entsprechendes mit Luft betriebenes Gerät den Markt beleben könnte. Sie wählten als Antrieb CO_2-Kapseln und spendierten ihrer Konstruktion gleich zwei Tanks dieser Art, eingebaut und damit unsichtbar im Griff, unter den anatomischen Nußbaum-Griffschalen. Daß es sich um ein reines Muster handelt, zeigt schon die lästige Wechselmöglichkeit. Jeweils beide Schrauben einer Schale sind zu lösen, um an den Hohlraum heranzukommen. Vergleichbar der CP 88 sitzen auch hier die CO_2-Fläschchen gasdicht und bombenfest durch zwei Inbusschrauben mit Haltetellern, die von unten festgezurrt werden.

Die gesamte Ansicht zeigt das Provisorium des Prototyps, was bei einer Weiterverfolgung dieser Konzeption mit Sicherheit noch grundlegend hätte überarbeitet werden müssen. Das gesamte Gehäuse besteht aus zusammengesetzten, naturbelassenen Stahl-Einzelelementen. Vielleicht war das für die Konstrukteure günstig, denn durch dieses Baukastensystem ließen sich Schritt für Schritt Ergänzungen oder Versuche mit einzelnen Komponenten durchführen. Das wichtigste und optisch störendste Element zugleich ist die zehn Diabolos fassende und nur manuell zu bedienende Trommel. Sie wird durch Ziehen an der Achse gelöst und kann anschließend mit spitzen Fingern herausgenommen werden. Unschön ist auch noch die Verlegung der »Gasleitung«. Da im oberen Bereich kein Platz mehr zur Verfügung stand, sucht sie jetzt ihren (Irr-)weg durch den Griff, über den unteren Bereich des eigens dafür ausgefrästen Abzugbügels in das vordere Drittel des Griffstücks. Durch eine Messingkupplung unterbrochen, landet sie schließlich unmittelbar hinter der vor dem Lauf stehenden Kugel. Positiv ist der leichtgängige und gut eingestellte Abzug sowie die ausgesprochen niedrige Visierlinie. Auch die Balance und damit die Ausgewogenheit des Gesamtgewichts wirkt ansprechend. Interessant und ungewohnt ist der Spannvorgang, bei dem die beidseitig angeordneten, trapezförmigen und mit Rillen versehenen Spannknöpfe etwa einen Zentimeter nach vorn gezogen werden müssen. Dann rastet das damit verbundene Gestänge in die Abzugmechanik ein. Bei der Schußauslösung schlägt die mit einer Feder versehene Stange zurück und gibt hierbei eine Portion Gas frei.

Daten CO_2-OSP

Kaliber	*4,5 mm*
System	*CO_2*
Höhe	*132 mm*
Länge	*310 mm*
Breite (Gehäuse)	*19 mm*
Visierung	*Mikrometer*
Visierlänge	*286 mm*
Lauflänge	*120 mm*
Gewicht	*1220 g*
Magazin	*Trommel, 10 Schuß*
Abzug	*SA*

Ähnlich der späteren CP 88 stand ein Trommelmagazin zur Debatte, aber das Querformat zerstörte recht nachteilig die glatte Linie der Waffe. *(M. Kersten)*

WALTHER

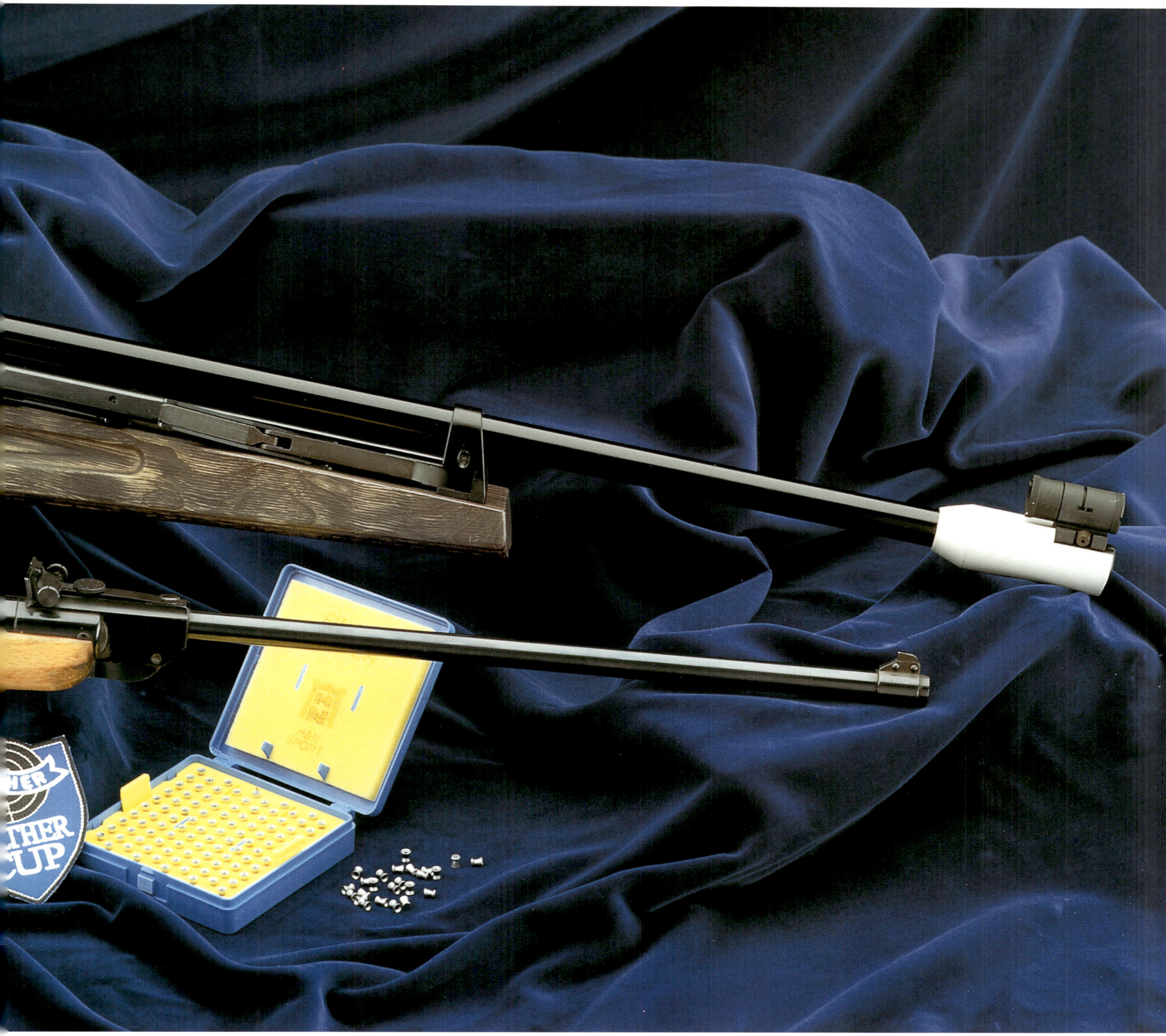

Im Wandel der Zeit: Unten das LG 51 Z, mit dem Fritz Walther wieder in die Waffenproduktion einstieg, darüber das moderne LGM 2. (Stoll GmbH)

LG wie Luft-Gewehr

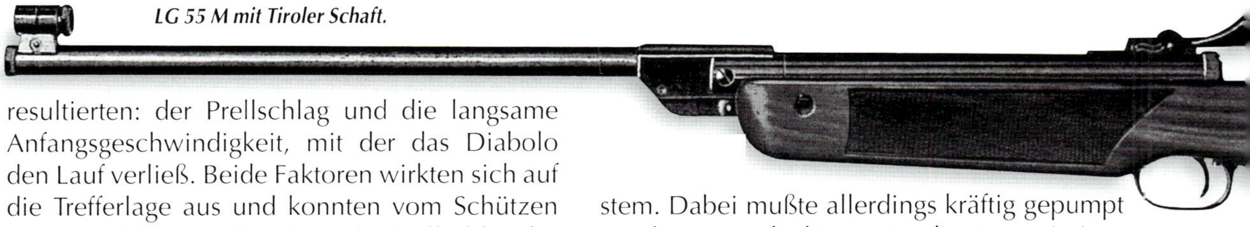

LG 55 M mit Tiroler Schaft.

Fritz Walther tüftelte schon unmittelbar nach seiner Ankunft im Ulmer Raum an gewissen Luftgewehr-Konstruktionen, und dabei zeigten sich seine Erfahrungen im Bereich der KK-Waffen als äußerst nützlich. Die galt es jetzt nur auf die Hobby-Luftgewehre zu übertragen. 1951 war die erste Walther-Schußwaffe nach dem Krieg fertiggestellt, das Druckluftgewehr-Modell 51.

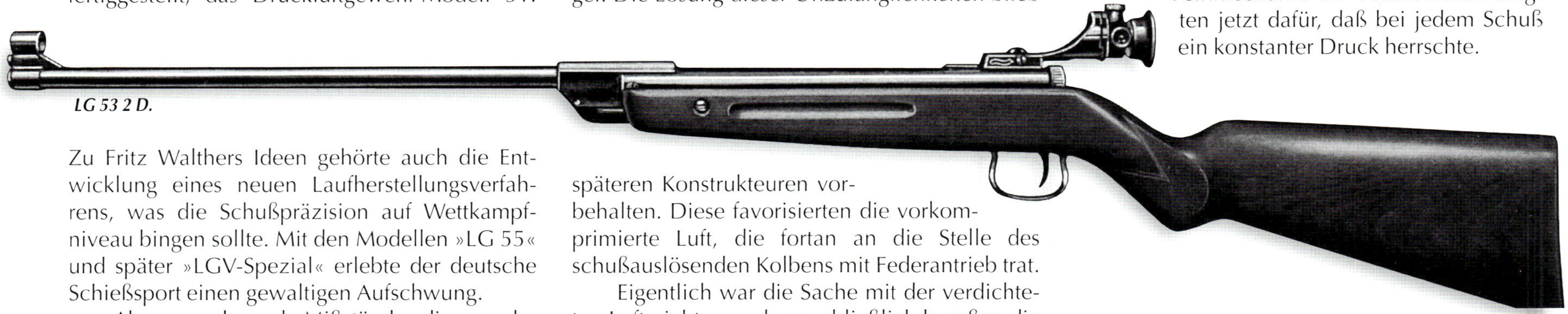

LG 53 2 D.

Zu Fritz Walthers Ideen gehörte auch die Entwicklung eines neuen Laufherstellungsverfahrens, was die Schußpräzision auf Wettkampfniveau bingen sollte. Mit den Modellen »LG 55« und später »LGV-Spezial« erlebte der deutsche Schießsport einen gewaltigen Aufschwung.

Aber es gab auch Mißstände, die aus der Verwendung des Federdrucks für den Luftantrieb resultierten: der Prellschlag und die langsame Anfangsgeschwindigkeit, mit der das Diabolo den Lauf verließ. Beide Faktoren wirkten sich auf die Trefferlage aus und konnten vom Schützen kaum egalisiert werden, denn der Prellschlag des vorschnellenden Kolbens übertrug sich sofort auf den Lauf und beeinflußte die Flugbahn der Kugel. Die Lösung dieser Unzulänglichkeiten blieb späteren Konstrukteuren vorbehalten. Diese favorisierten die vorkomprimierte Luft, die fortan an die Stelle des schußauslösenden Kolbens mit Federantrieb trat.

Eigentlich war die Sache mit der verdichteten Luft nicht neu, denn schließlich besaßen die alten Windbüchsen um 1645 schon dieses System. Dabei mußte allerdings kräftig gepumpt werden. Jetzt funktionierte die Komprimierung durch eine einzige Hebelbewegung. Gutes Dichtungsmaterial und eine sorgsam verbesserte Feinmechanik im Ventilbereich sorgten jetzt dafür, daß bei jedem Schuß ein konstanter Druck herrschte.

LG 51.

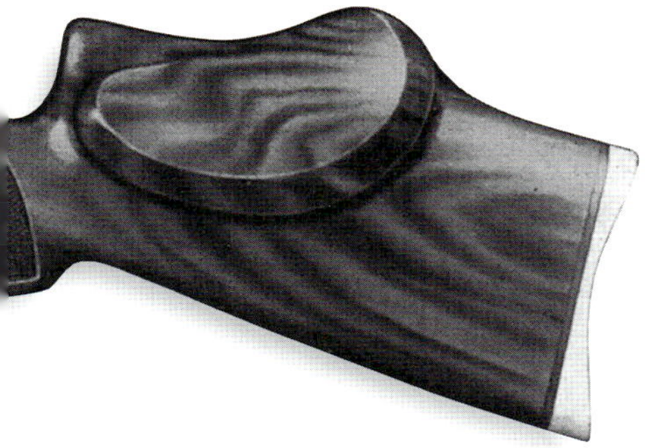

Modell LG 51

Das sportliche Schießen mit Luftwaffen entwickelte sich in den 50er und 60er Jahren rasant zum Breitensport, und dazu trug auch Walthers LG 51 bei. Die Ergebnisse, die jung und alt mit diesem Gewehr auf vielen Schießveranstaltungen erzielten, sprechen für sich. Bei dem größten schießsportlichen Ereignis des Jahres 1951, dem auf dem Münchener Oktoberfest veranstalteten bayerischen Landesschießen, räumten Schützen mit diesem Gewehr alle ersten Preise der Einzelmeisterschafts- und Mannschaftswertung ab. Aber schließlich traten auch über 75 Prozent mit dem Ulmer Modell an. Eine Sonderleistung vollbrachte ein Meisterschütze auf einem Gauschießen. Er schoß auf acht Meter Entfernung 19 Fünfer hintereinander, denn der Vorläufer der heutigen Zehner-Ringscheibe besaß als Mittelpunkt nur die Fünf. Zwischenzeitlich versuchte man es vielerorts aber auch mal mit einer Zwölfer-Scheibe.

Gezogene Läufe gestatteten die Alliierten anfänglich nicht, und so besaßen die Rohre der ersten Ausführungen des Modells 51 noch eine glatte Innenwandung. Das währte jedoch glücklicherweise nicht lange. Auf Grund der laufend eingehenden Rückmeldungen des Benutzerkreises modifizierte Walther sein Modell LG 51 weiter. Außer den ab 1953 gestatteten gezogenen Läufen erhielt das Gewehr einen Kornfuß für auswechselbare Korne und als Alternativlösung für die offene Visierung einen Diopter. Das 2,6 Kilogramm leichte und 1 050 Millimeter lange Luftgewehr besaß einen nachstellbaren Druckpunktabzug mit automatisch wirkender Abzugsicherung. Marktpolitisch stellte es einen Dauerbrenner dar, selbst in den 60er Jahren befand es sich noch als »Modell LG 51 Z« im Firmenangebot.

***Unikat:** Walther experimentierte in der Ulmer Frühzeit mit unterschiedlichen Techniken. So erhielt dieses Gewehr einen unten gelagerten und damit senkrecht zu bedienenden Spannmechanismus mit langer Übersetzungsstange. Einem Karabiner ähnlich wurde das Diabolo durch einen Führungsdorn samt Kammerstengel eingeführt.*

(Stoll GmbH)

Modell LG 53 ZD und LG 53 M

Die korrekte Modellbezeichnung des modifizierten »LG 51« lautet »LG 53 ZD«. Denn 1953 erhielt das Gewehr einen Zieldiopter und eine automatische Abzugsicherung. In der Normalausführung fehlte diese Visierung jedoch, so daß gelegentlich einfach vom »Modell 53« die Rede ist. Die Maße und Gewichte sind mit der 51er Version identisch. Der Pistolengriff erhielt ein Fischhautmuster, und der Kunde wählte nun bei der Bestellung zwischen einem Buchen- oder Nußbaumschaft. Zum Zubehör zählten Stecher, ein einfaches Visier, die verstellbare Diopterblende und Sonnenschutzgläser.

Beim »LG 53 M« vermißt der Betrachter die schlanke und elegante Linienführung. Der Schaft wirkt fast klobig, und das hat natürlich seinen Grund in der Verwendungsklasse. Denn das »M« steht für »Match«, und der mit einer Backe ausgestattete Schaft bringt das nötige Gewicht im Anschlag. Immerhin 4000 Gramm bringt das Gewehr auf die Waage, das sind 1400 Gramm mehr als beim schlanken Kollegen.

Mit einer späteren Version des LG 53 ZD (unten) lehnte Fritz Walther die Form der Waffe an die bekannten Meisterbüchsen an. Das abgebildete Gewehr besitzt die Nummer 050 000; darüber ein LG 55 M.

(Stoll GmbH)

Modell LG 54 Mg

Wie Fritz Walther schrieb, war es seit jeher sein Bestreben, den Anhängern seiner Fabrikate nicht nur das Beste zu liefern, sondern auch den Wünschen der Kundschaft in jeder Hinsicht Rechnung zu tragen. Und das tat er 1954 mit seinem Luftgewehr-Mehrlader-Modell LG 54 Mg, wobei die letzten beiden Buchstaben für »Magazin« stehen. Nicht ohne Genugtuung stellte der Firmenchef fest: »Von der Überlegung ausgehend, ein Mehrlader-Luftgewehr zu bringen, welches für Rundkugeln mehrschüssig und für Diabolokugeln als Einzellader verwendet werden kann, dürften wir mit der soliden Ausführung und einfachen Handhabung ein sehr beliebtes Modell geschaffen haben.«

Das LG 54 Mg war ein dem Modell LG 51 Z angeglichenes Gewehr mit Kipplauf. Der Vorteil

Mit dem Modell LG 54 Mg versuchte sich Walther mit einem Mehrlader-Gewehr auf Basis des erfolgreichen Modells 51.
(M. Kersten)

bestand in der einfachen Laufpflege – abgesehen vom alternativen Einsatz als Einzellader und damit für sportliche Zwecke. Fünf Rundkugeln faßte das oben mit einer Plexiglasscheibe und unten mit zwei Verschlußzapfen versehene Rundmagazin, das auf eine Hülse gesteckt und durch Rechtsdrehung arretiert wurde. Bei der Verwendung von Diabolo-Kugeln für den Einzelschuß steckte man anstelle des Magazins einen Verschlußkopf auf, um eine vollkommene Abdichtung zu erreichen.

Modell LG 55 M

Das Modell LG 55 M mit Diopter-Visierung und einer automatischen Sicherung für den Spannvorgang eignete sich besonders für die 10-Meter-Entfernung. Das »M« stand für »Meister-Luftgewehr«. Apropos Meister: Neben vielen anderen Preisen holte sich die Mannschaft aus der Schweiz bei der Weltmeisterschaft 1966 in Wiesbaden mit diesem Gewehr die Goldmedaillen.

Systems nach hinten. Der Prellschlag blieb nahezu aus. Und das machte sich eben auch beim Wettkampf bezahlt.

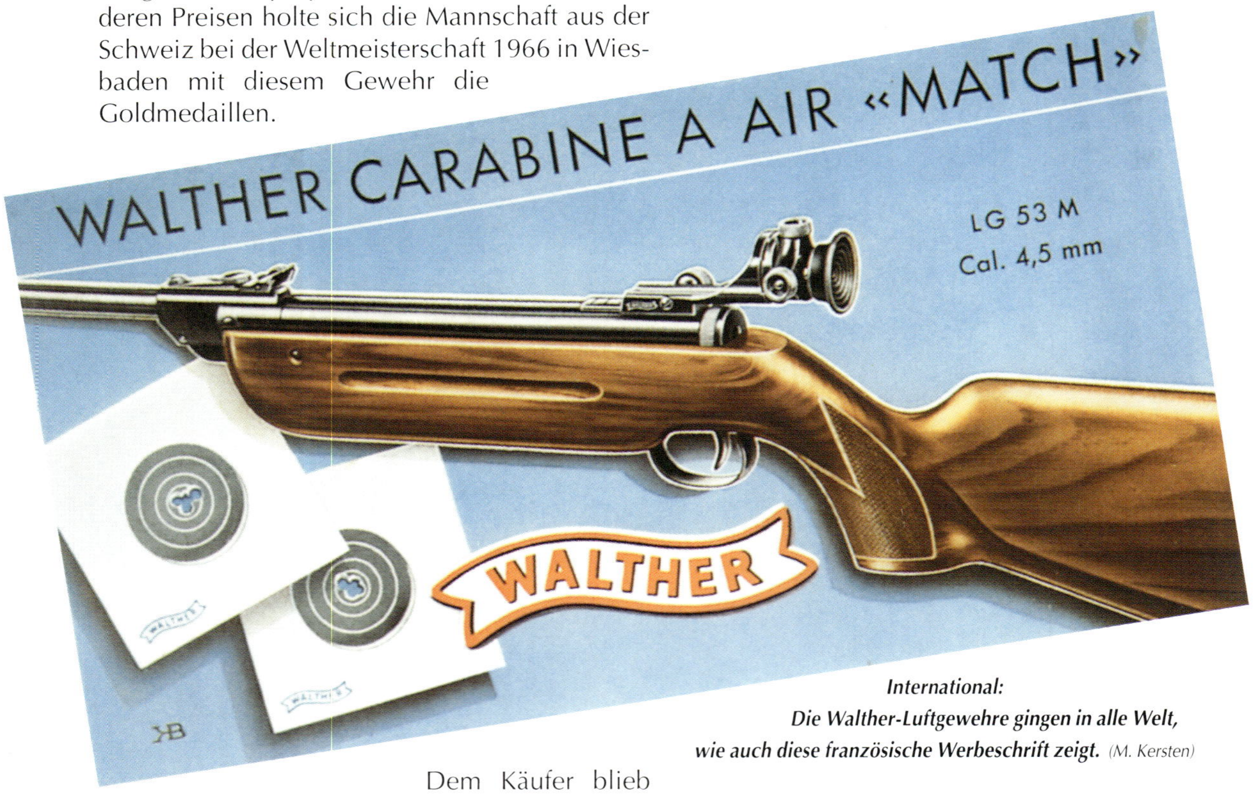

International: Die Walther-Luftgewehre gingen in alle Welt, wie auch diese französische Werbeschrift zeigt. *(M. Kersten)*

Dem Käufer blieb allerdings die Qual der Wahl: Neben der generellen Alternative des Buchen- oder Nußbaumschaftes – in einfacher oder Tiroler Ausführung – stand eine Normalversion mit einem Gewicht von 4 100 Gramm einer Version mit Laufmantel und 4 400 Gramm gegenüber. Durch die Vorderlastigkeit der letzten Variante eignete sich diese Waffe auch gut zum KK-Vorbereitungstraining. Aber was blieb, war der gefürchtete Prellschlag, durch den der Schütze immer wieder die Zehn verpassen konnte.

Die Firma Diana versuchte damals dem Problem mit zwei gegenläufigen Kolben beizukommen. Das System setzte sich nicht durch, weil es zu viele bewegliche Einzelteile enthielt und die schwache Feder nicht mitspielte. 1963 hatte die Firma Feinwerkbau aus Oberndorf mit ihrem Federdruck-Luftgewehr 150 die Nase vorn. Ein seitlicher Hebel besorgte das Spannen. Während die Kugel den Lauf verließ, rollte der obere Teil des

Die LGVs

Die LGVs sind eine kleine Waffenfamilie mit Knicklauf und Prellschlag, zu der zunächst das 1964 erschienene Standardmodell »LGV« zählt. Im Jahre 1968 schloß sich das »LGV-Spezial« und 1969 die kleinere Ausführung »LGV-Junior« an. Mit dem »LGV-Junior-Dreistellungskampf« folgte 1972 das letzte Modell dieser Reihe. Das Kipplaufsystem mit geteilter Kolbenfeder erleichterte das Spannen zwar wesentlich, spannen konnte der Schütze aber erst, wenn zuvor der Verriegelungshebel gedrückt wurde. Beim Knicken spannte sich die Feder, die Verriegelung folgte automatisch. Hierbei schob sich ein schräger Stahlkeil unter einen Bolzen. Zahlreiche Verstellmöglichkeiten waren natürlich obligatorisch.

Sportliche Steigerungen (v. o.): LGV-Spezial, LGR-Match und das LG 90. *(Stoll GmbH)*

WALTHER
MATCH

Die LGR-Familie

Im Gegensatz zum »LGV« bildete sich beim »LGR« bald eine Großfamilie heraus. Die Standardausführung erschien nahezu gleichzeitig mit der letzten LGV-Version auf dem Markt. Während in der Zwischenzeit Feinwerkbau mit seinem Modell 300 praktisch alle Rekorde für sich verbuchen konnte, griff jetzt wieder Walther bei der Vergabe der Goldmedaillen ein.

Der Kipplauf gehörte nun der Vergangenheit an, denn das LGR verfügte über eine Seitenspann-Einrichtung mit Kompressionsvorrichtung. Der Vorteil gegenüber den Federdruck-Konkurrenten bestand in der erheblich verkürzten Auslösezeit. Bei Betätigung des seitlich angebrachten Hebels wurde die Luft durch den Lauf und in den Kompressionsraum angesaugt. Im letzten Viertel nahm der Kolben das Schlagstück mit und rastete in der Zwischenklinke des Abzugsystems ein. Das Dekompressionsventil schloß sich vorher. Um den weiteren Weg noch nutzen zu können, befanden sich zwei Bohrungen in der Hülse, die in der hintersten Stellung nochmals für den Druckausgleich sorgten. Der Gesamthub des Kolbens betrug elf Zentimeter. Damit eine vertretbare Übersetzung zum Spannhebel erfolgte, wurde ein doppeltes Gelenk verwendet. Dieses trug auch etwas zur kraftsparenden Hebelei bei, denn immerhin verdichtete sich die Luft auf über 100 bar.

Daten	*LGR*	*LGR-Match*	*LGR-Match-Universal*	*LGR-Laufende Scheibe*
Herstellung	*1974–1989*			
Kaliber	*4,5 mm (.177)*	*4,5 mm (.177)*	*4,5 mm (.177)*	*4,5 mm (.177)*
Gesamtlänge	*1120 mm*	*1135 mm*	*1135 mm*	*1135 mm*
Lauflänge	*500 mm*	*500 mm*	*500 mm*	*500 mm*
Gesamtgewicht	*4,8 kg*	*4,7 kg*	*4,6 kg*	*4,7 kg*

Das Resultat: eine Mündungsgeschwindigkeit von 172 Metern in der Sekunde. Bei einem Geschoß von 0,5 Gramm macht das eine Mündungsenergie von etwa 7,4 Joule aus – gerade knapp unter dem zulässigen WBK-freien Wert, denn das Waffengesetz zieht die Grenze bei 7,5 Joule. Ganz ohne Prellschlag ging es allerdings immer noch nicht, schließlich wirkte das Schlagstück als eine bewegliche Masse, bei der jedoch ein Kunststoffpuffer den Aufprall auf das Schlaggehäuse dämpfte. Außerdem liefen die Einwirkungen der Geschoßmasse und Geschwindigkeit konträr, und letztendlich kam noch die Massenträgheit des 5 200 Gramm schweren Gewehrs hinzu.

Eine starre Klemmverbindung verband den Lauf mit der Hülse, und das Diabolo konnte über eine mit Dichtungen versehene Ladeklappe in den Laufansatz geschoben werden. Die Visiereinrichtung bestand aus einem Korntunnel sowie einem fein einstellbaren Universal-Diopter, stufenlos versetzbar montiert auf einer 45 Millimeter langen Prismenschiene. Für beide Komponenten stand zahlreiches Zubehör zur Verfügung wie Adlerauge, Irisblende und Kornblätter.

Die Abzugkomponenten mit ihrer Einstellmöglichkeit von 150 bis 350 Gramm saßen in einem speziellen Gehäuse an der Hülse. Der Schaft des Standard-LGR mit seiner nicht allzu hochgezogenen Backe verfügte über eine verstellbare Kappe aus Gummi, verlängerbar durch Zwischenplatten um jeweils einen Zentimeter. Der mit einer Zubehörschiene für Zusatzgewichte von 150 oder 280 Gramm versehene Vorderschaft stieg zur Mündung hin leicht konisch an. Beim Holz wählte der Käufer zwischen Buche und Nußbaum-Matchschaft mit punziertem Pistolengriff.

Das um 5 Millimeter kürzere und um 100 Gramm leichtere »LGR-Match« stand für die reine Wettkampfausführung. Die Schaftbacke war höher gezogen, und der Vorschaft stieg steiler an. Vorne verjüngte er sich und besaß eine zur Hälfte umgreifende Punzierung. Bei den Internationalen Meisterschaften der USA 1978 in Phönix schafften die Schützen hiermit neue, über dem Weltrekord liegende USA-Rekorde – die Ringzahlen bei den Herren 394, den Junioren 392 und den Damen 390.

Die Schäftung des »LGR-Match-Universal« zeigte sich in seiner Ausführung zwar weitgehend identisch mit dem Vorgänger-Modell, jedoch ließ sich die Schaftbacke auswechseln, wobei drei unterschiedliche Varianten zur Verfügung standen. Die Visierlinie erhöhte sich um zehn Millimeter.

Für die Newcomer im Schießsport nahm Walther beim »LGR-Junior« einige Reduzierungen der Maße und Gewichte vor. Das System blieb gleich; ein weiterer Vorteil bestand in der Austauschbarkeit der einzelnen Komponenten. So konnte aus dem »Junior« später ein »Erwachsener« werden.

Die »Laufende Scheibe« beim Luftgewehr entwickelte sich von einer Übungsart zum Pendant und Ersatz der KK-Disziplin; entsprechend reagierten auch die Hersteller. Wie beim KK-Gewehr besaß der Schaft der für die Disziplin »LGR-Laufende Scheibe« angepaßten Ausführung einen Daumendurchbruch und vorn starke Punzierungen am Mittelschaft für die bewegungsausführende linke Hand.

Eine Rändelmutter machte die stufenlose Höhenverstellung der aus dem Schaft geschnittenen Backe möglich. Zwei senkrechte Bolzen, die mit Inbusschrauben gekontert werden mußten, verliehen der ganzen Sache Stabilität. Die nach dem Reglement nur um 30 Millimeter verstellbare Schaftkappe bestand aus glattem Holz, damit sie leichter beim schnellen Anschlag an die Schulter gleiten konnte. Vorn am Lauf saß ein abnehmbares Vordergewicht. Auf der Hülse konnte ein beliebiges Zielfernrohr installiert werden.

Das LGR zählte zum damaligen Zeitpunkt zu den weltbesten Waffen, bis 1984 das neue Feinwerkbau-Gewehr 600 erschien. Für Walther war das gleichzeitig der Antrieb, noch intensiver in die Neukonstruktion der Druckluftwaffen einzusteigen.

Gold!

Bei der 23. Olympiade 1984 in Los Angeles war es das erste Mal, daß das Luftgewehr-Schießen (damals wohl schon die meistgeschossene Sportwaffen-Disziplin weltweit) unter den fünf Ringen an den Start ging. Der Franzose Philippe Heberlé startete mit seinem Walther-Match-Gewehr und erzielte gleich Gold. Dabei stand der damals 21jährige Feuerwehrmann aus Belfort nicht zum ersten Mal auf dem Siegerpodest. Neben vielen anderen Auszeichnungen holte er sich schon ein Jahr zuvor, bei der Weltmeisterschaft 1983 in Innsbruck, Gold. In seinem Regal stand ebenso die Trophäe des Vize-Europameisters von Budapest. Aber der erste Luftgewehr-Olympiasieger zu sein, das war doch etwas spürbar anderes. 1985 ging es übrigens weiter – bei der Weltmeisterschaft in Mexico-City errangen Heberlé und sein Walther-LGR wieder Gold.

Das Goldmodell LGR:
Philippe Heberlé holte sich auf der Olympiade 1984 in Los Angeles und bei den Weltmeisterschaften 1984 in Innsbruck und 1985 in Mexiko mit diesem Modell das begehrte Edelmetall.
(Kupsch)

Modell LG 90

Seitenspanner, Vorkomprimierung und kurzer Lauf, diese Attribute bekam das im März 1989 erschienene LG 90 von seinen Vorgängern mit. Das bedeutet jedoch nicht, daß es nur eine Modifizierung bekannter Geräte war. Nur noch die Backenverstellung, Teile des Abzugs und der Diopter glichen dem Vorgänger. Mit dem LG 90 stieg Walther in eine neue Generation der Kompressionswaffen ein. Vom Konzept her zeigte sich das LG 90 als Druckluft-Einzellader mit starrem Lauf, Vorkomprimierung der Preßluft und Schwenkhebelverschluß. Die Auslösung des Kompressions-Kammerventils besorgte ein Schlagstück. Ein wesentlicher Leitgedanke bei der Konstruktion war der Ermüdungsfaktor für den Schützen durch die Hebel-Aktionen gewesen, der sich bei längeren Wettkämpfen immer wieder in einem Leistungsabfall zeigte. Um ergonomische Voraussetzungen zu schaffen, verlegte

Ladeklappe:
Diabolo in den Lauf einschieben,
Klappe schließen, fertig.
(Kupsch)

Walther den Drehpunkt nach vorne. Dazu mußte aber erst einmal das Kompressionssystem entgegengesetzt zur Schußrichtung eingebaut werden. Denn nur so kann der seitliche Kompressionshebel in einem 120-Grad-Schwenk nach vorn geöffnet werden und schließlich beim Rückzug die eingesogene Luft verdichten. Das kam der menschlichen Anatomie entgegen.

Zum Thema Luft: Exakt 76,38 cm^3 werden bei jeder Hebelei angesaugt und sofort auf 0,43 cm^3 verdichtet. Das entspricht einem Druck von etwa 177 bar, der wiederum eine Mündungsgeschwindigkeit von etwa 180 Metern in der Sekunde erzeugt. Die bei der Kompression der Luft auftretenden Temperaturen, bis über 1000 Grad Celsius, schaffen nur hochbelastbare Polyurethan-Dichtungen. Wegen des rostfördernden Kondenswassers braucht die Konstruktion ein Kompressionsrohr aus Stahl mit einem doppelt geführten Leichtmetallkolben.

Mit einem Hebel verbindet man, als Quintessenz des Physikunterrichts, immer sofort Kraftaufwand. Ganz so arg ist der aber nicht. Denn durch eine wohldurchdachte Übersetzung schufen die Ulmer gleitende Verhältnisse. In Zahlen umgesetzt reichte die Skala der progressiven Hebelübersetzung von 1 : 4,08 bis 1 : 12,9. Mit anderen Worten bleibt der Kraftaufwand auch beim ansteigenden Kompressionsdruck gegen Ende der Spannbewegung konstant. Integraler Bestandteil der Hebelmechanik ist eine Sicherung, die den Schützen beim versehentlichen Loslassen vor Verletzungen bewahrt. Hierbei sorgt eine kleine Feder für das Zurückhalten der Sperrklinke, solange der Hebel normal bewegt wird. Läßt man ihn jedoch los, wird ein Gegengewicht beschleunigt, daß die Wirkung der Feder außer Kraft setzt. Die Sperre rastet schützend ein – ein Prinzip ähnlich wie beim Sicherheitsgurt im Auto.

Steht der Hebel in der vorderen Stellung, öffnet sich durch eine verdeckte Zugstange auch die Ladeklappe. Sie springt unter Federdruck auf und gibt den Ladeansatz frei. Dabei tritt eine Sicherung in Aktion, die beim Ladevorgang den Schlagbolzen in Längsrichtung festlegt: Erst beim manuellen Schließen der Klappe ist er gespannt. Sein verlängerter und rot gekennzeichneter Schaft steht hinten sicht- und fühlbar heraus. Nun erst kann der Abzug betätigt werden, und

Daten	LGR	LGR-Match	LGR-Match-Universal	LGR-Laufende Scheibe
Herstellung	1974–1989			
Kaliber	4,5 mm (.177)	4,5 mm (.177)	4,5 mm (.177)	4,5 mm (.177)
Gesamtlänge	1120 mm	1135 mm	1135 mm	1135 mm
Lauflänge	500 mm	500 mm	500 mm	500 mm
Gesamtgewicht	4,8 kg	4,7 kg	4,6 kg	4,7 kg

das mit einem zwischen 50 und 130 Gramm einstellbaren Gewicht, ganz wie der Benutzer will. Der Abzug gibt den 29 Gramm leichten Schlagbolzen frei, der nur einen Weg von 5,8 mm benötigt. Dann trifft er erschütterungsfrei auf das gehärtete und polierte Auslaßventil aus Stahl. Über den Leitkanal des Ventilblocks und den Umlenkkanal der Verschlußklappe gelangt die Luft in Bruchteilen von Sekunden in den Laderaum des Laufs. Da der Lauf ohnehin nur 480 Millimeter lang ist, hat das Diabolo längst die Mündung verlassen, bevor man ans »Mucken« denkt.

Die eigentliche Mündung liegt um einen Millimeter versenkt und weit innen in dem Lauf verborgen, der das Mantelrohr überragt. Das verhindert nicht nur mögliche Beschädigungen dieses fragilen Bereichs, auch das präzisionsmindernde sogenannte Aufgehen durch Material-Entspannung bei der Fertigung ist so ausgeschlossen. Gewinde für das Einschrauben des Laufs gehören der Vergangenheit an, denn gelegentlich kam es zu Verspannungen und Biegestütz-Momenten, die auf die Präzision wirkten. Dafür gibt es jetzt eine spannungsfreie Klemmmontage, die den Lauf sicher mit der Hülse verbindet. Äußerlich ist das Modell mit dem CG 90 identisch, denn es ist als Pendant und Alternative zur Kohlesäure-Waffe ausgelegt. Seitlich aufgeklebte Farbstreifen auf dem mit einer Schiene für Zubehör ausgestatteten Vorderschaft sollen die sportliche Note unterstreichen. Mit dem Schaft können sowohl Rechts- als auch Linkshänder etwas anfangen. Die beidseitig punzierten Auskehlungen des Nußbaumschaftes mit Pistolengriff sind für beide Parteien gleich gut geeignet. Die Schaftbacke hat mit 60 Millimetern ihren niedrigsten Stand unter der Visierlinie und kann alternativ in den Stufen 8, 16 und 24 Millimeter erhöht werden. Natürlich ist auch die Schaftkappe verstellbar. Zum Trockentraining reicht übrigens nur die Verstellung des Stellbolzens auf die Markierung »T«. So tritt bei der Schußauslösung lediglich der Abzug und das Schlagstück in Aktion.

Modell LGM 1

Der Markt ist heiß umkämpft, und die Konkurrenz schläft nicht. Und für Walther sind Feinwerkbau und Anschütz gleichwertige Gegner, die in Ulm die Konstrukteure und Marketingfachleute auf Trab halten. Auf der IWA im März 1991 legten sie deshalb schon das Nachfolgemodell des Kompressionsgewehrs LG 90 vor, das LGM 1.

Wieder hatte sich viel getan: Der Hebelmechanismus war erneuert und der Spannvorgang verbessert worden. Die Lademulde ähnelte jetzt denen der Luftpistolen-Generation von Walther, und das Diabolo brauchte der Schütze selbst nicht mehr in den Lauf einzuführen. Das besorgte ein Stößel, der das Bleistückchen von der Mulde aus jedesmal gleich weit in den Lauf hineindrückte. Dies schloß Quetschungen oder Beschädigungen an den hochwertigen Match-Diabolos weitgehend aus. Eine Zahnstange verhinderte das Zurückschlagen, wenn der Hebel beim Spannen aus der Hand gleiten sollte. Die Lauflänge betrug nur noch 474 Millimeter, und zur Verlängerung der Visierlinie diente auch hier wieder ein Rohrmantel, auf dem der Korntunnel saß.

Daten LGM 1	
Herstellung	ab März 1991
Kaliber	4,5 mm
Gewicht	5000 g
Länge	1120 mm
Höhe	242 mm
Breite	90 mm
Visierlänge	795–2845 mm
Lauflänge	474 mm
Abzuggewicht	70–130 g
Universaldiopter	10–100 m

Das LGM bekam einen Nußbaumschaft mit kontraststarken, schwarz eingefärbten, punzierten Grifflächen. Die italienischen Schäfter hatten, wie beim CG und LG 90 den Abzugbügel in den Schaft integriert. Dadurch hat die haltende Hand eine etwas größere und weiter zurückreichende Stützfläche. Für Schützenvereine gab es einen alternativen Kombischaft, der Links- und Rechtsschützen gleichermaßen paßte und so die Clubkasse schonte.

Das LGM 1 setzte konsequent den eingeschlagenen Weg der Leistungsoptimierung fort.
(Stoll GmbH)

High-Tech pur:
Neben den bekannten Attributen, wie innovative Technik und saubere Verarbeitung, besticht das LGM 2 durch sein modernes Design und den zeitlos schönen Schaft aus Alaska-Birke. Eine raffinierte Mechanik erlaubt ein leichtes und bequemes Spannen. Das gilt auch für Linksschützen, denn es gibt ein entsprechend linksseitig ausgelegtes System samt korrespondierendem Schaft. *(Stoll GmbH)*

Modell LGM 2

Zwei Jahre später trat das LGM 2 auf, das dritte Modell innerhalb von vier Jahren. Wieder lag ein quasi von Grund auf neu konzipiertes Sportgerät vor, denn vom LGM 1 stammten nur noch die bewährtesten Komponenten. Für den neuen Schichtholzschaft wählte die italienische Firma Tirelli jetzt blaugraue Alaska-Birke mit brauner Einfärbung, einer Punzierung an den Griffstellen und einem schlanken Vorderschaft für den Dreistellungskampf.

Auch an zweckdienliche Kleinigkeiten hatte der Hersteller gedacht. Konstrukteur Peter Römer auf die Frage, warum denn die vorn eingelassene Riemenschiene einen kleinen Überstand aufwies: »Wir wollen das Einfädeln und Fixieren des Riemenbügels erleichtern.« Neben der Backe erhielt auch die Schaftkappe eine neue Form. Der Anatomie des menschlichen Körpers folgend, saß die Kappe nicht mehr fest am Schaft, sondern auf zwei 15 Millimeter langen Blöcken, die sich schräg zum Körper neigten. Darunter verbarg sich ein Hohlraum für zusätzliche Gewichte. Unterschiedliche Laufgewichte ergänzten das Balance-Programm. Die Schaftbacke saß auf zwei umsteckbaren Plastikeinsätzen, die von den Vorgängermodellen übernommen wurden, jetzt allerdings mit einer stufenlosen Verstellung.

Nur 5 800 Gramm waren nötig, um den in einer mehrfach übersetzten Kompressionstechnik doppelt geführten Kolben zu spannen. In zwölf Zügen führte der nochmals auf eine Gesamtlänge von nur 41 Zentimeter verkürzte Lauf das Geschoß, darüber saß der längere Laufmantel. Die Ladevorrichtung erhielt jetzt eine zusätzliche Funktion: Der Dorn für die Einführung des Diabolos war hohl; das brachte die Druckluft genau an ihren Bestimmungsort: in den Trichter des Diabolos. Auch der Abzug war vollkommen neu konstruiert worden. Obwohl seit jeher die Abzüge von Walther weltweite Anerkennung fanden, gab es noch eine Steigerung. Das Züngel lagerte jetzt auf einer von zwei parallelen Stangen und so in Drucknähe jeder nur denkbaren Lage des Abzugfingers. Die wenigen beweglichen Abzugkomponenten bestanden aus Chrom-Molybdän-Stahl und garantierten eine lange Standzeit. Und die wollten auch die Ulmer genau feststellen. Nach 50 000 Schuß wurde es jedoch langweilig, denn bis dato hatte sich noch kein Unterschied in der Abzugcharakteristik gezeigt.

Den Schlagbolzenweg reduzierten die Techniker auf 5,5 Millimeter. In Verbindung mit der starken Feder entstand so eine extrem kurze Schußentwicklungszeit. Der von Otto Repa entwickelte Walther-Diopter fiel diesmal 15 Millimeter kürzer aus, damit man ihn beim Anbau von langen Irisblenden und Farbfiltern dennoch im korrekten Abstand zum Auge montieren konnte. Die härteste Probe mußte das LGM 2 beim ersten Walther-Cup bestehen, der während

Daten LGM 2

Herstellung	ab 1993
Kaliber	4,5 mm
System	Kompression
Gewicht	5100 g
Länge	1090/1050 mm
Breite	50 mm
Visierlänge	750–795 mm
Lauflänge	655/410 mm

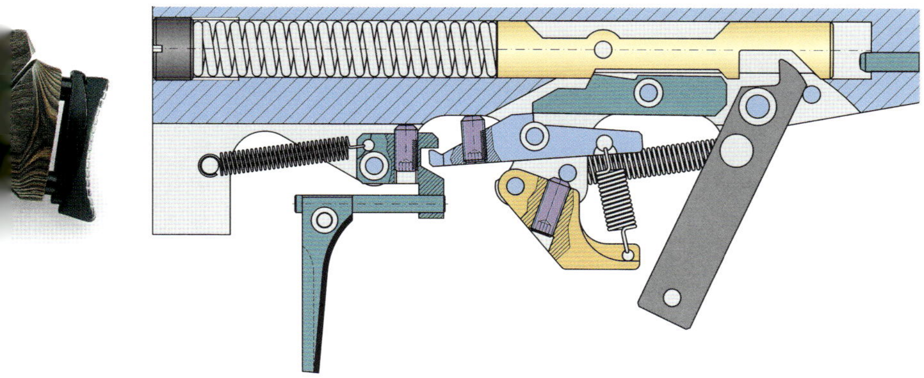

Abzugsystem:
Bei geöffneter Lademulde ist der Abzug automatisch gesichert. Neu konstruierter Direktabzug mit Klinken aus spezialgehärtetem Schnellarbeitsstahl. Vorzugsweg, Abzuggewicht, Druckpunkt und Position der Fingerlage exakt einstellbar. Schnelligkeit des Abzugs und kurze Strömungswege bringen eine Schußentwicklungszeit im Millisekundenbereich.

der Deutschen Meisterschaft 1994 in München durchgeführt wurde. Der in der Vorrunde als Fernwettkampf angesetzte Cup lockte die 25 besten Vierer-Teams Deutschlands zum Finale auf die Olympia-Anlage. Dort ging es immerhin um einen Mercedes-Sportwagen und einige USA-Reisen. Wie bei keinem anderen Wettkampf waren die Bedingungen für alle Schützen gleich. Jeder Teilnehmer bekam vor dem Start ein nagelneues LGM 2 in die Hand gedrückt, mit dem der Wettkampf zu bestreiten war. Wer nach dem Match von der Qualität der neuen Matchwaffe überzeugt war, konnte sie direkt kaufen – und das waren nicht wenige.

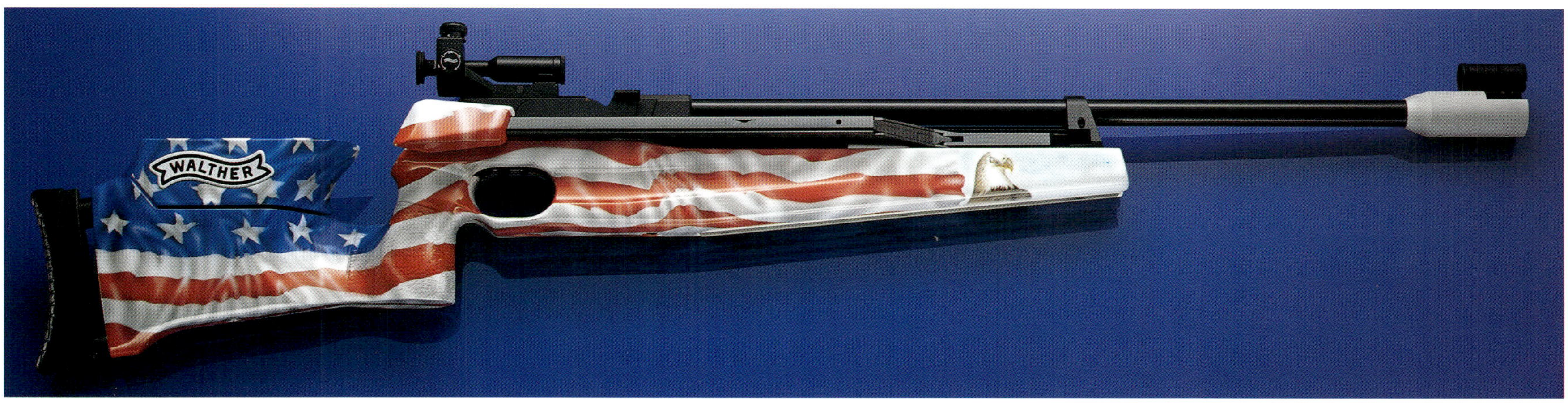

LGM 2 mit Sonderschaft USA.
(Stoll GmbH)

Modell LGM LFD

Der russische Topschütze Jeuri Ermolenko wechselte kurz vor der Europameisterschaft im finnischen Vantaa einfach sein Gewehr. Eigentlich ein Unding, denn schließlich sind Waffe und Schütze meist über Jahre hinweg vereint. Er wollte die »Laufende Scheibe 10 Meter« aber mit dem neuen Walther-Produkt bestreiten. Eine Eingewöhnungszeit mit der aus der Serie stammenden Waffe gab es praktisch nicht. Aber das Ergebnis erteilte allen Zweiflern eine Abfuhr: Ermolenko wurde Sieger in der Herren-Wertung und stellte im Normalprogramm und Finale jeweils einen neuen Weltrekord auf.

Aber es gab noch andere mit Walther-Gewehren ausgerüstete Spitzenkräfte – wie die 17jährige Silke Johannes aus Niedersachsen, die zum Beispiel ihren Erfolg in der Juniorenklasse mit 369 Ringen komplettierte. Die neue Europameisterin verbesserte ihren eigenen Weltrekord um vier Ringe.

Das Kürzel LFD steht für die olympische Wettkampf-Disziplin »Laufende Scheibe«, die für den präzisen, schnellen Schuß auf ein bewegliches Ziel besondere Bedingungen in der Waffenform benötigt. Mehr als bei anderen Langwaffen bestimmt hier die Balance des Gesamtgewichts die Fähigkeit des Benutzers, sein Sportgerät auf die Scheibenbewegung im Anschlag einzurichten und mitzuführen.

Die Schaftlänge des Walther LFD kann durch zwei Distanzrohre variiert werden. Auch für die persönliche Gewichtsverteilung ist gesorgt. Ein hohler Hinterschaft nimmt bei Bedarf entsprechende Zusatzgewichte auf. Auf dem Laufmantel sitzt vor der Mündung das Gegenstück, ein etwa 400 Gramm schweres Laufgewicht. Es wirkt mit seinem Gewicht dämpfend auf den Bewegungsablauf beim Mitschwingen mit der fahrenden Scheibe. Überschießende Bewegungsvorgänge sollen so auf ein Minimum reduziert werden. Auch ein anderes Ladesystem ist erforderlich, denn die Zielfernrohr-Montage erlaubt keinen langen Hebel an der rechten Seite der Ladeklappe. Also mußte eine Winkelübersetzung her. Beim Abzuggewicht ist bei dieser Disziplin kein Mindestwert vorgegeben, deshalb sind die Direkt-Abzüge in allen erdenklichen Punkten umstellbar. Werksmäßig erfolgt eine Einstellung auf etwa 100 Gramm. Die Sportregeln erlauben beim Zielfernrohr nur eine nicht verstellbare vierfache Vergrößerung. Im Sichtfeld gibt es im Gegensatz zur Jagd und anderen sportlichen Disziplinen nur zwei senkrechte Zielstachel für den Rechts- und den Linkslauf, die unabhängig voneinander justierbar sind.

Die Lademulde öffnet sich beim Spannen selbsttätig. Ein Ladestift schiebt das Diabolo stets an die gleiche, richtige Position im Lauf.

(Stoll GmbH)

LGM 2 Laufende Scheibe.

(Stoll GmbH)

LGM 2 Junior

Im August 1995 stellte Walther das neue Jugendluftgewehr, basierend auf dem LGM 2 vor. Durch eine besondere Hebelübersetzung wird der Spannwiderstand deutlich reduziert. Normalerweise sind es 6 bis 8 Kilogramm, die bewältigt werden müssen, hier nur 5,5 kg. Um für Jugendliche eine gute Balance und Ausgewogenheit zu erreichen, verkürzte Walther neben dem Laufmantel auch den Schaft, bei gleichzeitiger Erhaltung aller Verstellmöglichkeiten. Der Lauf entspricht dem großen Modell. Dadurch ergibt sich die Garantie, daß durch Austausch des Laufmantels und Anbringung der Schaft-Distanzscheiben aus dem Jugendmodell ein ausgewachsenes LGM 2 werden kann.

LGM 2 Junior.
(Stoll GmbH)

Raubkatzen

Raubkatzen gehören seit einiger Zeit zum gewohnten Anblick in der Luftgewehr-Szene rund um die Fertigungsstätten Ulm und Arnsberg. Während die hochklassigen Match-Gewehre auch verwöhntesten Ansprüchen genügen, baut die »Raubkatzen-Abteilung« Walther-Modelle für den Breitensport. Mit einigen Pluspunkten allerdings, denn die Geräte sind mit ihren verkürzten und verstellbaren Schäften durchaus für den Sprung vom Schießspaß in Keller und Garten auf die normalen Schießstände geeignet. Das belegen auch die exakt nach der Sportordnung verstellbare Schaftkappe und die an die jeweiligen Anschläge anpaßbare Backe, die wie bei den großen Matchgewehren justiert werden kann. Auch die kantigen Vorderschäfte stehen im Handling ihren größeren Geschwistern kaum nach.

Kurz vor Weihnachten 1994 konnten Olympia-Sieger in spe und andere Interessenten ihre »Raubkatze« erwerben. Und das zu einem günstigen Preis. Das etwas teurere Walther Jaguar wird über einen Seitenhebel gespannt, der Lauf bleibt stets in derselben Position. Als typische Federdruckgewehre verteilen die Kolben der beiden Raubkatzen mehr oder weniger spürbare Prellschläge. Die beeinflussen zwar etwas die Schulter des Schützen, nicht aber die Flugbahn des Geschosses.

Oben: Jaguar, unten: Panther

Daten	Panther	Jaguar
Herstellung	ab 1994	ab 1994
Kaliber	4,5 mm	4,5 mm
System	Federdruck/ Kipplauf	Federdruck/ Seitenspanner
Spannwiderstand	6900 g	7500 g
Gewicht	3270 g	3380 g
Länge	1070 mm	1040 mm
Visierlänge	430/710 mm	400/720 mm
Lauflänge	450 mm	410 mm
Schaft	Buche gefärbt	Buche gefärbt
Kimme	Rechteck	Rechteck
Korn	Balken (Tunnel)	Balken (Tunnel)
Zubehör	Diopter	Diopter

Für die individuelle Anpassung lassen sich alle Komponenten des CGM einfach und schnell verstellen. Der neu konstruierte Direktabzug mit Klinken aus spezialgehärtetem Schnellarbeitsstahl garantierte eine höhere Lebensdauer.
(Stoll GmbH)

Die CO_2-Gewehre

»Dem Schützen gilt ein Ehrenpreis, der nicht die rechte Ausred' weiß«, lautet ein Ausspruch. Und den hörte man oft bei den ersten Einsätzen der CO_2-Gewehre. Wenn nämlich ein Schuß mal daneben ging, lag es an der Waffe oder am System. Seit der Einführung von Kohlendioxid-Geräten für den Sport diskutieren die Fachleute – und solche, die sich dafür halten – eifrig das Pro und Kontra beider Systeme. Während viele in den CO_2-Sportwaffen die Ablösung der mechanischen Hebelei sahen, bemängelten die Kompressions-Fans die steten Ladekontrollen und die Abhängigkeit von Versorgungsquellen.

Im Grunde genommen arbeiten CO_2- und Preßluftwaffen nach dem gleichen Prinzip. Anstelle der Luftzufuhr durch den Hebel sitzt parallel unter dem Lauf ein großer Tank mit Treibstoff. Das ursprünglich gasförmige CO_2 läßt sich unter hohem Druck und bei niedrigsten Temperaturen verflüssigen und abfüllen. Nur eine kleine Menge bleibt dabei gasförmig. Hiervon wird bei jedem Spannvorgang etwas in eine Zwischenkammer abgezapft, was sich beim Öffnen des Ventils spontan entlädt. Was die Pistolenschützen sofort überzeugte, ließ die meisten Gewehrschützen skeptisch dreinblicken. Sie wollten lieber ihre Unabhängigkeit behalten und sich auf die Muskelkraft verlassen. Dennoch gab und gibt es Disziplinen, etwa beim Luftgewehr-Dreistellungskampf oder bei der Laufenden Scheibe, wo sich die Schützen für eine Kohlendioxid-Waffe entscheiden – daher hat Walther auch hier einige Eisen im Feuer.

CG 90

Zwei Schützen traten bei der Weltmeisterschaft 1987 in Bukarest mit einem neuen Gewehr an, was sich noch nicht in der Serienproduktion befand, dem neuen CO_2-Gewehr Modell CG 90 von Walther. Es war nicht nur das einzige Kohlendioxid-Gerät im Finale, sondern lieferte auch eine Medaille. Als 1992 die olympische Disziplin »Laufende Scheibe« vom Kaliber .22 l.r. zur »Luftwaffe« wechselte, stand Walther neben dem Verwandten LG 90 mit der CG 90-Kohlendioxidversion ebenfalls Gewehr bei Fuß. Zum Lieferumfang zählten hier zwei nachfüllbare, 280 Millimeter lange und 34 Millimeter starke zylindrische Gasdruckbehälter, deren Füllmenge je nach eingestellter Mündungsgeschwindigkeit für 250 bis 300 Schuß ausreichten. Leer wogen sie etwa 600 Gramm. Die Kartuschen wurden einfach in das unter dem Lauf liegende Systemrohr eingeschoben und mit dem zum Zubehör zählenden Spezialschlüssel in den Aufnahmeblock geschraubt. Die Entnahme, selbst einer nicht ganz leeren Kartusche, blieb ebenso möglich, da sich das Gasentnahme-Ventil automatisch schloß. Vom System her ist das CG 90 ein Einzellader mit vertikal arbeitendem Schwenkhebelverschluß. Durch eine Schlagstück-Auslösung erfolgt die Öffnung des Auslaßventils. Der Abzugwiderstand kann von 70 bis 140 Gramm eingestellt werden. Auch mit diesem Gerät blieb Walther dem Prinzip der einst mit der LGR-Reihe eingeführten Ladeklappe treu. Der Hebel hierzu ist beidseitig symmetrisch angeordnet. Der Abzug für das Trockentraining bewährte sich bereits bei der CP 2. Ein Grund mehr also, ihn auch in das CG 90 einzubauen.

Daten	*CG 90*	*CG 90-Junior*
Herstellung	*ab 1987*	*ab 1988*
Kaliber	*4,5 mm*	*4,5 mm*
Gewicht	*4600 g*	*3700 g*
Länge	*1120 mm*	*1010 mm*
Höhe	*255 mm*	*255 mm*
Breite	*62 mm*	*50 mm*
Lauflänge	*480 mm*	*480 mm*
Visierlänge	*845 mm*	*800 mm*
Visierung	*Universal-Diopter*	*Universal-Diopter*
Abzuggewicht	*30–200 g*	*30–200 g*

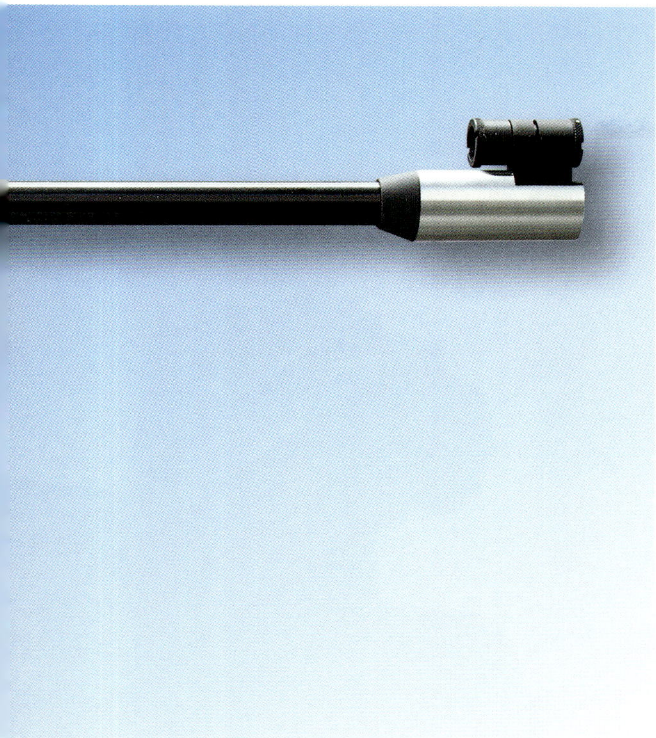

Oben: CGM LFD, unten: CGM Junior.

(Stoll GmbH)

CG 90 Junior

Während sich die Großen vorwiegend für die klassische Art des Luftgewehrs mit seiner Hebelei begeistern, greifen die Vereine für ihre Nachwuchsschützen gern auf die Kohlendioxid-Geräte zurück. Beim Luftgewehr-Dreistellungskampf lassen sich diese Waffen auch beim Liegend- oder Kniend-Anschlag gut laden und sind hervorragende Übungsmodelle für spätere KK-Wettkämpfe. Die Junior-Modelle, auf kleinere Körpermaße zugeschnitten (mit ihren kürzeren und dünneren Schäften) wiegen in der Regel 1,5 Kilogramm weniger als ihre großen Geschwister. Um das schnelle Wachstum der Benutzer auszugleichen, liegen Zwischenstücke für die Schaftkappe bereit.

Daten	CGM	CGM-LFD
Herstellung	ab 1994	Ende 1994
Kaliber	4,5 mm	4,5 mm
Gewicht	4300 g	4240 g
Länge	1095 mm	1270 mm
Höhe	255 mm	210 mm
Breite	62 mm	62 mm
Lauflänge	420 mm	420 mm
Visierlänge	820 mm	–
Abzuggewicht	70–130 g	100–500 g
Ringkorne	3,8; 4,2; 4,4; 5,4 mm	

Die Bedienung ist leicht. Ein doppelseitiger Hebel wird nach oben gezogen, wodurch sich die Ladeklappe öffnet. Auf der rechten Seite muß ein kleiner Inbusbolzen verdreht werden, und schon hat man einen Abzug für das Trockentraining.

CGM

1994 legte das Ulmer Team mit dem CGM erneut ein konzeptionell geradliniges Sportgewehr vor. Selbstverständlich übernahm es bewährte Elemente der Vorgängermodelle, so den vom LGM 2 stammenden Verschlußblock aus Leichtmetall. Der trägt den durch eine selbstzentrierende und selbstjustierende Klemmontage fixierten Lauf. Den Laufmantel hält lediglich eine vordere Frontbrille. Der Druckbehälter für das Kohlendioxid ist unter dem Lauf befestigt. Und dieser sollte grundsätzlich aufgeschraubt sein, wenn die Waffe gelagert wird. Dadurch wird das sensible Ventil nicht dauernd unter Druck gehalten. Neben dem Standard-CGM und dem CGM LFD gesellte sich bald die Junior-Ausführung, das CGM Junior, hinzu. Abgesehen von seinen geringeren Abmessungen ist es mit dem CGM identisch.

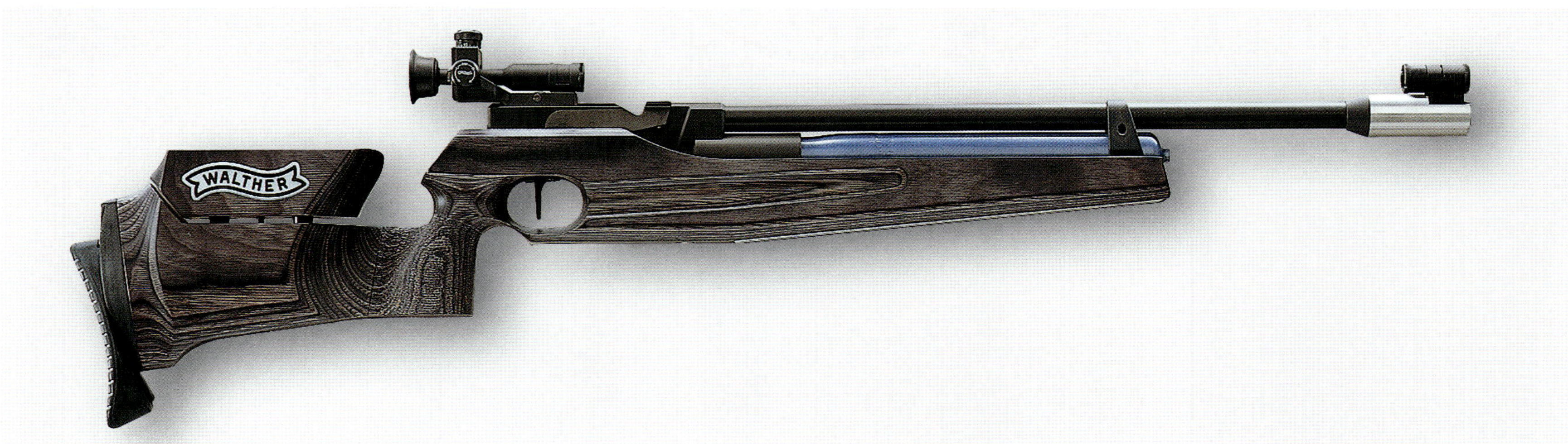

WALTHER

DAS PRESSLUFT-GEWEHR LG 200

Gewehrschützen legen großen Wert auf die Zuverlässigkeit ihrer Sportwaffe, wobei die gleichbleibende Geschwindigkeit der Geschosse und die Präzision an erster Stelle rangieren. Nach Messungen im Test erlaubt das Preßluft-Gewehr Modell LG 200, bei voller Tankfüllung, die Abgabe von 700 Schüssen. Dabei weist ein Manometer an der Vorderseite der Kartusche ständig auf den noch vorhandenen Druck hin.

Das gedämpfte Schlagstück verhindert den gefürchteten Prellschlag und somit das Springen der Waffe. Auch beim Abzug ließen sich die Konstrukteure in Ulm wieder etwas aktuelles einfallen: Mit einem neuartigen Abzugwinkel, der Klinken aus Chrom-Molybdän-Stahl enthält, löst sich der Schuß extrem trocken und schnell. Damit ist ein Verreißen der Waffe kaum noch möglich. Natürlich läßt sich das Abzugzüngel in alle Richtungen verstellen. Neu ist auch die überarbeitete Schaftform, nun mit einem anatomisch geformten Pistolengriff. Als hervorragende Visier-Komponente spendierten die Ulmer dem LG 200 einen hochpräzisen, walzengelagerten Diopter mit Spindelführung.

Der Schütze schwenkt beim LG 200 also nur noch den Ladehebel auf, legt das Diabolo ein und schließt den Hebel wieder. Selbst das Einführen des Geschosses in den Laderaum besorgt die Waffe selbst.

ATLA

PERSPEKTIVEN: INS JAHR 2000 UND WEITER

Langsam neigt sich dieses Buch seinem Ende zu. Das geschieht ohne eigentlichen Abschluß, denn dem rasanten Tempo, mit dem in Ulm und Arnsberg laufend innovative Neuerungen die Werke verlassen, steht ein Autor ziemlich hilfslos gegenüber. Aber irgendwann muß einmal ein Schlußstrich gezogen werden. Das geschieht natürlich mit der Option, diesen Strich in einigen Jahren wieder weiter nach hinten zu verlagern. Werfen wir am Ende einen kurzen Blick auf die jüngste Vergangenheit.

96

2 × Gold und 3 × Silber

»Es sind noch 337 Tage bis Atlanta«, verkündete Wulf-H. Pflaumer am 17. August 1995 bei einer Pressekonferenz anläßlich der Deutschen Meisterschaften. »Wir befinden uns im Countdown und sind sicher, daß wir genau zum richtigen Zeitpunkt und im entscheidenden Moment die richtungsweisende Zukunft im Druckwaffenbereich vorstellen.«

Daß er recht hatte, zeigte sich, als bei den Olympischen Spielen zwei Gold- und drei Silbermedaillen mit Walther-Waffen gewonnen wurden.

Arthem Khadschibekov. (Walther)

Die Wettkämpfe

Ein weiter Weg führte von den ersten olympischen Wettkämpfen im Luftgewehr 1984 in Los Angeles bis zu den Erfolgen in Atlanta, zwölf Jahre später. Aber schon damals errang ein Schütze mit dem Walther-LG die Goldmedaille, und 1996 konnte die Firma stolz vermelden: »In Atlanta waren wir so erfolgreich wie nie!«

Arthem Khadschibekov aus Rußland, ein 26jähriger Computertechniker, hatte sich im Vorfinale mit 594 Ringen für den Endkampf auf der Olympiaschießanlage Wolf Creek mit seinem Walther-Match-Luftgewehr qualifiziert. Er lag aber um zwei Ringe hinter dem amtierenden Weltmeister Wolfram Waibel aus Österreich. Doch beim Finalschießen bewies der Russe vor 8 000 Zuschauern, daß er die besseren Nerven besaß. Bereits nach dem fünften Schuß zog Khadschibekov an Waibel vorbei; er schoß zweimal hintereinander 10,6 und war dann nicht mehr einzuholen. Erst vor zwei Jahren hatte der damals noch weitgehend unbekannte Topschütze auf das neue LGM 2 gewechselt und mit die-

Khadschibekov holte sich mit seinem LGM 2 das olympische Gold: Wolfram Waibel erreichte die Silbermedaille, und Jean-Pierre Amat aus Frankreich schaffte den 3. Platz. (Walther)

Spannende Wettkämpfe konnten die interessierten Zuschauer begeistern. (Walther)

ser Waffe seinen Siegeszug beschritten, der ihn schließlich auf das Podest in Atlanta führte.

Und erst ein Jahr vor der Olympiade hatte das Ulmer Werk auf der IWA 1995 das neue Kleinkalibergewehr KK 200 Power Match vorgestellt, mit dem sich Walther im Markt für KK-Sportwaffen zurückmeldete. Trotz der geringen Vorlaufzeit starteten in Atlanta drei der neuen, recht futuristisch wirkenden Freigewehre beim Liegendwettkampf auf 60 Schuß in 90 Minuten,

Dreier-Gespräch, von links: 1. H. E. Marqués de Samaranch, IOC-Präsident, 2. Olegario Vázquez Raña, UIT-Präsident und IOC-Mitglied, 3. Horst G. Schreiber, UIT-Generalsekretär. (W. Schreiber)

2 x Silber für Serguei Belajew. (Walther)

dem früheren »English Match«. Welche hohen Anforderungen in dieser Disziplin an die Starter ergingen, zeigt ein Vergleich mit der 1992er Olympiade. Damals hatte der Koreaner Eun Chul Lee noch mit 597 Ringen und 105,5 Finalringen Gold erzielt. Mittlerweile lag der Weltrekord bei vollen 600 Ringen. 596 Zähler reichten in Atlanta noch nicht einmal aus, um ins Finale zu kommen.

Als Viertplazierter mit 598 Ringen ging Serguei Belajew aus Kasachstan mit seiner Power Match in den Endausscheidungskampf, bei dem 10 Schuß liegend in je 45 Sekunden geschossen wurden. Belajew, Walther-Testschütze und maßgeblich an der Entwicklung der Waffe beteiligt, lieferte sich eine nervenaufreibende Kopf-an-Kopf-Punktejagd mit dem Erstplazierten und errang mit 105,3 Finalringen die Silbermedaille. Zwei Tage später stand Belajew wieder im Finale, diesmal im KK-Dreistellungskampf, 10 Schuß stehend in je 75 Sekunden. Er holte sich das zweite Silber, knapp geschlagen von dem Franzosen Amat, war aber damit der erfolgreichste KK-Schütze dieser Olympiade.

In den Kurzwaffen-Disziplinen errang Olga Klotschneva die Goldmedaille beim Luftpistolenschießen (Damen: 40 Schuß in 75 Minuten) mit der Walther LP 200, auf die sie seit Jahren vertraut. Klotschneva trat als Zweitplazierte ins Finale und schoß sich mit 101,1 nicht nur auf das Siegerpodest, sondern stellte noch einen neuen Final-Weltrekord in der Damenklasse auf.

Olga Klotschneva, hier abgebildet mit der Walther LP 201, gewann die Goldmedaille in der Disziplin Luftpistole.

Auch Wulf-H. Pflaumer (Abb. rechts) konnte sich über diese tolle Leistung freuen.

(Walther)

Die fünfte Medaille, Silber, errang eine Walther-Pistole OSP in der Hand des bulgarischen Schnellfeuerschützen Emil Milev, der den Sieg an den unnachahmlichen Ralf Schumann abtreten mußte (der 1992 in Barcelona Gold mit der OSP geholt hatte). Mit diesem vielseitigen Medaillensegen konnte die Firmenleitung in Arnsberg und das Werk in Ulm durchaus zufrieden sein – soviel Gold und Silber hatten die Waffen mit dem Walther-Banner bislang noch nicht bei einer Olympiade eingeheimst. Andererseits bildeten die Lorbeeren von Atlanta kein Ruhekissen, sondern Ansporn für die nächste Runde »Olympia 2000« in Australien.

Silbermedaille für Emil Milev, dem Schnellfeuerschützen aus Bulgarien.

(Walther)

Olga Klotschneva auf dem »Siegertreppchen«. Die Freude war groß, als ihr die Goldmedaille überreicht wurde.

(Walther)

Die Skyline von Atlanta, Georgia bei Nacht. *(Bavaria, Messerschmidt)*

ANHANG

FÜR DEN SAMMLER

Sammeln und jagen waren die beiden Voraussetzungen, die unsere menschliche Evolution nicht nur begleiteten, sondern erst ermöglichten. Kein Werkzeug hat unsere Kultur so geprägt wie die Waffe. Und deshalb ist es nur legitim, diese zu studieren und zu erhalten – kurz: eine Sammlung anzulegen. Wie differenziert Sammelgebiete – und die dahintersteckende Motivation sein können, zeigen die folgenden, beispielhaften Bereiche:

Die Produkte der Firma Walther

Dieses außerordentlich umfangreiche Sammelgebiet wird äußerst selten angestrebt. Grund hierfür ist die breite Produktionspalette der Firma, die über die letzten 110 Jahre schließlich nicht nur Waffen, sondern auch Büromaschinen umfaßt.

Die Waffen der Firma Walther

Alle Lang- und Kurzwaffen der Firma. Als Begleitmaterialien dienen in der Regel Holster, Zubehör und Schriftgut, wie zum Beispiel Bedienungsanleitungen.

Die Langwaffen der Firma Walther

Ein Sammelgebiet, was ausschließlich die Langwaffen der Firma Walther betrifft, ist sehr selten und relativ unergiebig, da Walther auf diesem Sektor nicht allzuviele Produkte auf den Markt brachte. Weiterhin reichen manche Modelle – wie die Maschinenkarabiner – in den Bereich des KWKG (Kriegswaffen-Kontrollgesetz) und sind daher für den Privatsammler nicht zugänglich.

Die Pistolen der Firma Walther

Mit Abstand gehört dieses Gebiet zu den Favoriten im Themenkreis der Waffensammlungen. Es hat einen generalisierenden Charakter, da es auch alle spezifischen Bereiche, wie zum Beispiel Behörden- und Militärwaffen umfaßt. Im Anschluß daran kann eine Sammlung der Folgefertigungen stehen, welche zum Beispiel Nachbauten anderer Firmen beinhalten.

Die Walther-Modelle 1 bis 9

Dieses interessante Spezialgebiet umfaßt die ersten Pistolen-Entwicklungen der Firma von 1908 bis 1929. Die einzelnen Modelle werden gezielt nach Ausführungen, Versionen und nach Stempelungen der Bedarfsträger gesammelt.

Die Walther PP und PPK

Hier werden ausschließlich diese beiden Modellreihen gesammelt, wobei besonderer Wert auf die unterschiedlichen Ausführungen und auf Belegstücke des Entwicklungsweges gelegt wird. Hinzu kommt nicht nur die Differenzierung nach Fertigungsjahren und -firmen, sondern auch die Erfassung von Bedarfsträgern, die oftmals ihre Waffen durch Stempelungen kenntlich gemacht haben. Im Anschluß können Nachbauten anderer Firmen stehen.

Die Walther P 38 und ihre Vorläufer

Nur diese Modellreihe wird gesammelt, die von den ersten MPs über die HPs zu den verschiedenen Ausführungen der P 38 geht. Auch hier gehören spezielle Stempelungen zum Sammelgebiet. Nachbauten anderer Firmen gab es relativ wenige. Gleichwohl können sie in die Sammlung integriert werden. Als Folgemodell kann die P 5 angesehen werden.

Militär- und/oder Behörden-Kurzwaffen

Bei diesen beiden Sammelgebieten stehen nicht die Walther-Pistolen im Vordergrund; sie sind lediglich Bestandteile. Es kommt hier zu einer Vermischung unterschiedlicher Walther-Modelle (PP/PPK und P 38, etc.) mit Produkten anderer Firmen – oftmals auch aus anderen Ländern. Eine solche Sammlung hat gezielt den Nachweis einer entsprechenden Verwendung durch den Bedarfsträger – meist durch Stempelungen – zu erbringen.

Die Sportwaffen der Firma Walther

Dieses äußerst interessante Sammelgebiet wird gezielt nur selten angegangen. Der Sportschütze ist in erster Linie an einer Waffe interessiert, die seine Leistung steigert. Für ihn spielt es keine große Rolle, wann und wie dieses Gerät entstanden ist, bzw. in welchem Zusammenhang es mit der Geschichte steht. Andererseits findet ein Waffensammler auf den anderen, bereits genannten Gebieten, ein umfassenderes Betätigungsfeld. Allerdings stellen die Lang- und Kurzwaffen für den Sport einen sehr wichtigen Bereich dar, da sie nicht nur diesen Zweig der Fertigung und Entwicklung der Firma, sondern auch – und das im besonderen Maße – die Entwicklung des Sports dokumentieren. Es sei nur an die unterschiedlichen Ausführungen der Olympia-Pistole oder der OSP/GSP erinnert. Zwei weitere, nicht zu unterschätzende Aspekte: Eine Sammlung etwa von Walther-Luftpistolen umfaßt inzwischen schon zahlreiche Modelle und Varianten. Vor allem ist sie von jedermann ohne behördliche Vorgaben wie einer Sammler-Waffenbesitzkarte aufzubauen.

Aus diesem Spektrum soll eine Sammlung näher vorgestellt werden:

Chefsache

Was drückt das Engagement eines Firmenchefs besser aus als das Sammeln der eigenen Produkte? Schon als Jugendlicher lag das Hauptinteresse von Wulf-H. Pflaumer bei den Walther-Waffen. Später, als er seine Leidenschaft für die Jagd entdeckte, gehörte die WSFD zur Standardausrüstung. Als sich dann die Möglichkeit ergab, außer einzelnen Waffen direkt die ganze Firma zu erwerben, waren nicht nur geschäftliche Interessen die auslösenden Faktoren für die Übernahme. Heute hat es der Firmenchef leicht. Hin und wieder kauft er gleich ganze Sammlungen auf, um an die noch fehlenden Stücke zu kommen. Dabei gehört er jedoch nicht zur Kategorie der Ego-Sammler, die sich im stillen Kämmerlein allein über eine neue Errungenschaft freuen. Vielmehr möchte er die verlorengegangen Realstücke für die Firma zurückgewinnen, um das Wirken der Familie Walther zu dokumentieren. So wird eines Tages vielleicht einmal eine Anthologie entstanden sein, die der einst so berühmten Zella-Mehlis Sammlung gleichkommt und möglicherweise auch der Öffentlichkeit zugänglich gemacht wird.

ENTWICKLUNGEN ZU DEN PISTOLEN 1–9: MODELLE, AUSFÜHRUNGEN, VERSIONEN

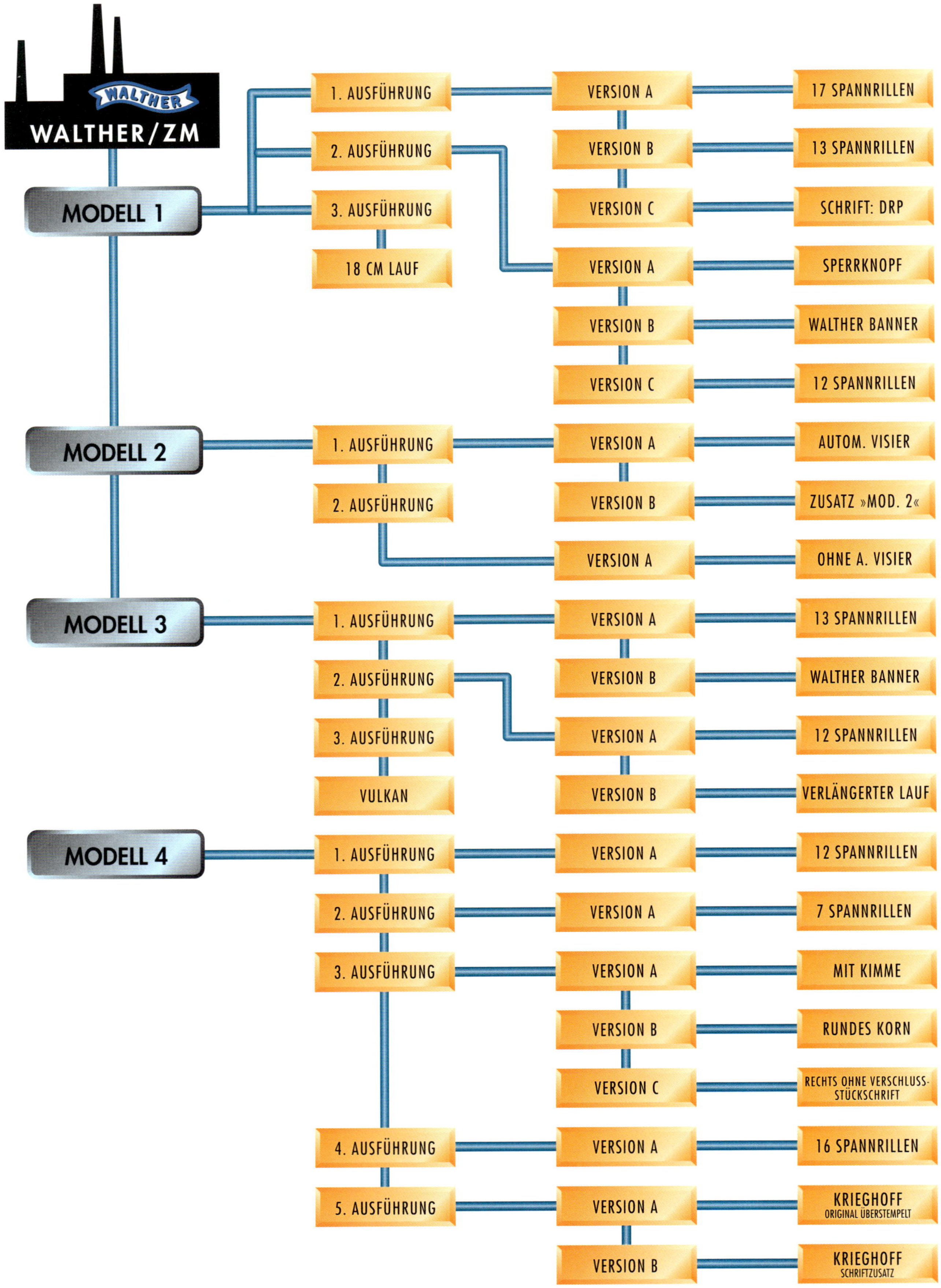

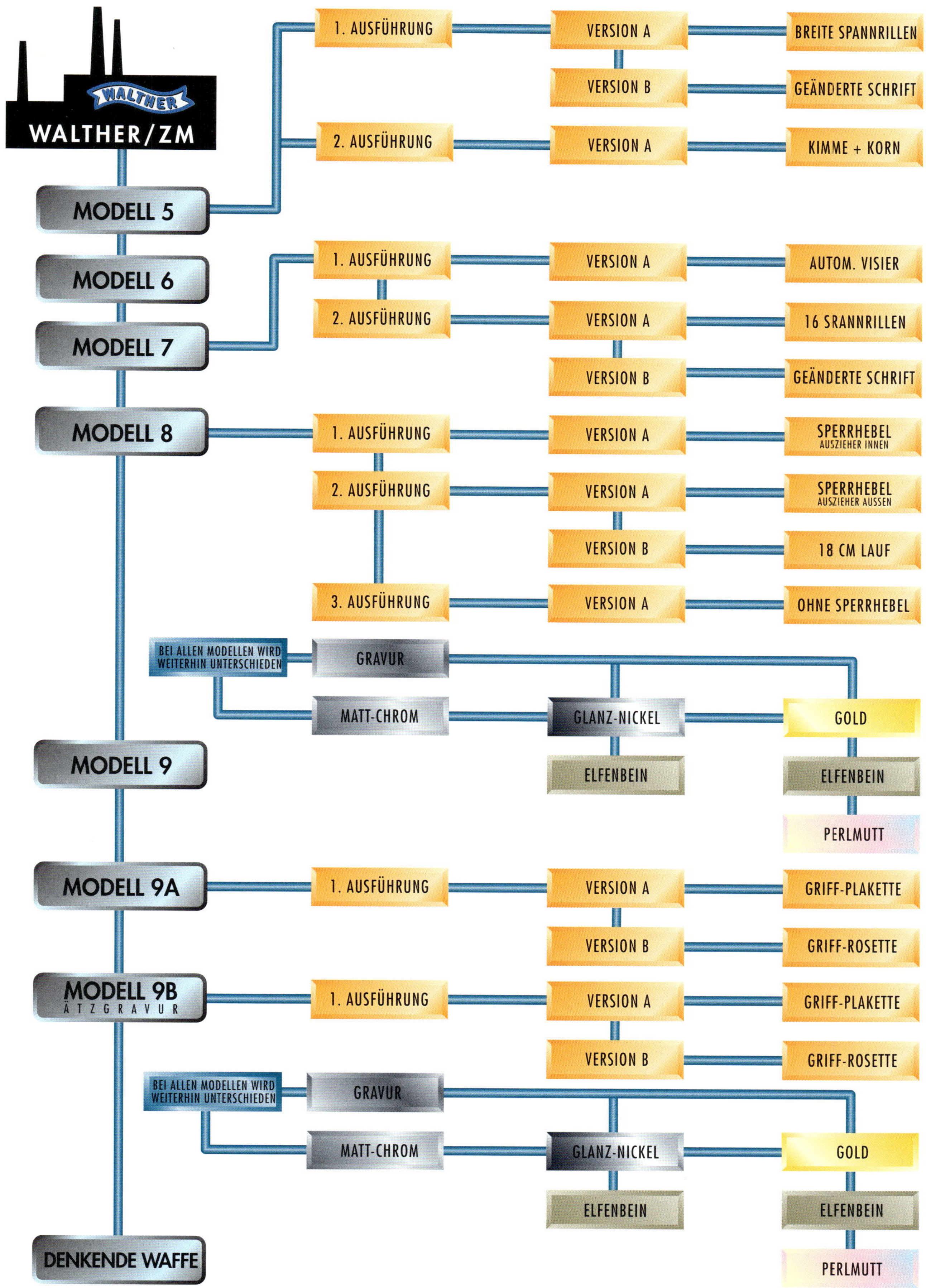

WALTHER
WALTHER/ZM
MODELL 5
1. AUSFÜHRUNG
VERSION A
BREITE SPANNRILLEN
VERSION B
GEÄNDERTE SCHRIFT
2. AUSFÜHRUNG
VERSION A
KIMME + KORN
MODELL 6
MODELL 7
1. AUSFÜHRUNG
VERSION A
AUTOM. VISIER
2. AUSFÜHRUNG
VERSION A
16 SRANNRILLEN
VERSION B
GEÄNDERTE SCHRIFT
MODELL 8
1. AUSFÜHRUNG
VERSION A
SPERRHEBEL AUSZIEHER INNEN
2. AUSFÜHRUNG
VERSION A
SPERRHEBEL AUSZIEHER AUSSEN
VERSION B
18 CM LAUF
3. AUSFÜHRUNG
VERSION A
OHNE SPERRHEBEL
BEI ALLEN MODELLEN WIRD WEITERHIN UNTERSCHIEDEN
GRAVUR
MATT-CHROM
GLANZ-NICKEL
GOLD
ELFENBEIN
ELFENBEIN
PERLMUTT
MODELL 9
MODELL 9A
1. AUSFÜHRUNG
VERSION A
GRIFF-PLAKETTE
VERSION B
GRIFF-ROSETTE
MODELL 9B ÄTZGRAVUR
1. AUSFÜHRUNG
VERSION A
GRIFF-PLAKETTE
VERSION B
GRIFF-ROSETTE
BEI ALLEN MODELLEN WIRD WEITERHIN UNTERSCHIEDEN
GRAVUR
MATT-CHROM
GLANZ-NICKEL
GOLD
ELFENBEIN
ELFENBEIN
PERLMUTT
DENKENDE WAFFE

ENTWICKLUNGEN ZUR PP; MODELLE, AUSFÜHRUNGEN, VERSIONEN

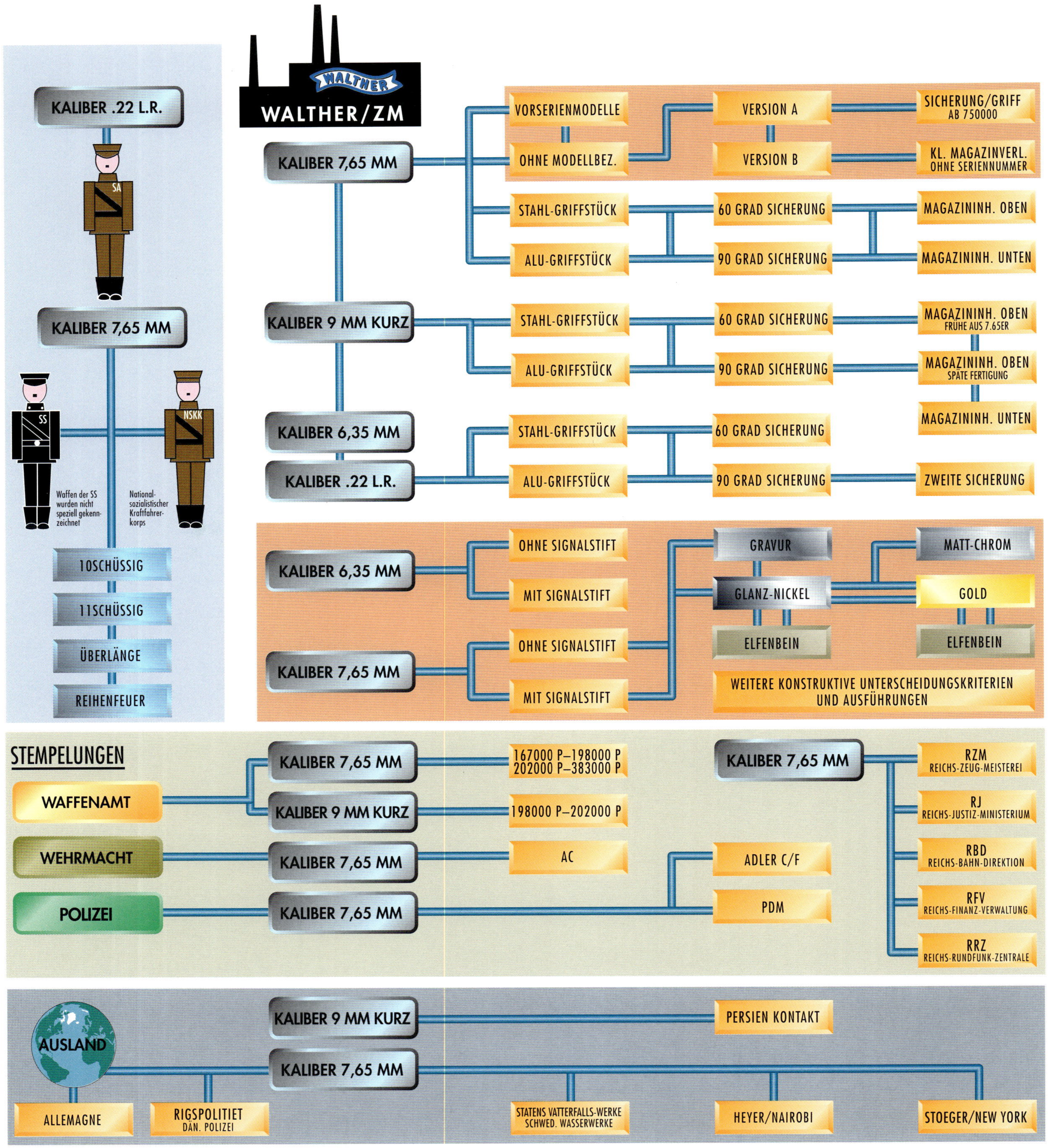

ENTWICKLUNGEN ZU DEN PISTOLEN 1–9: MODELLE, AUSFÜHRUNGEN, VERSIONEN

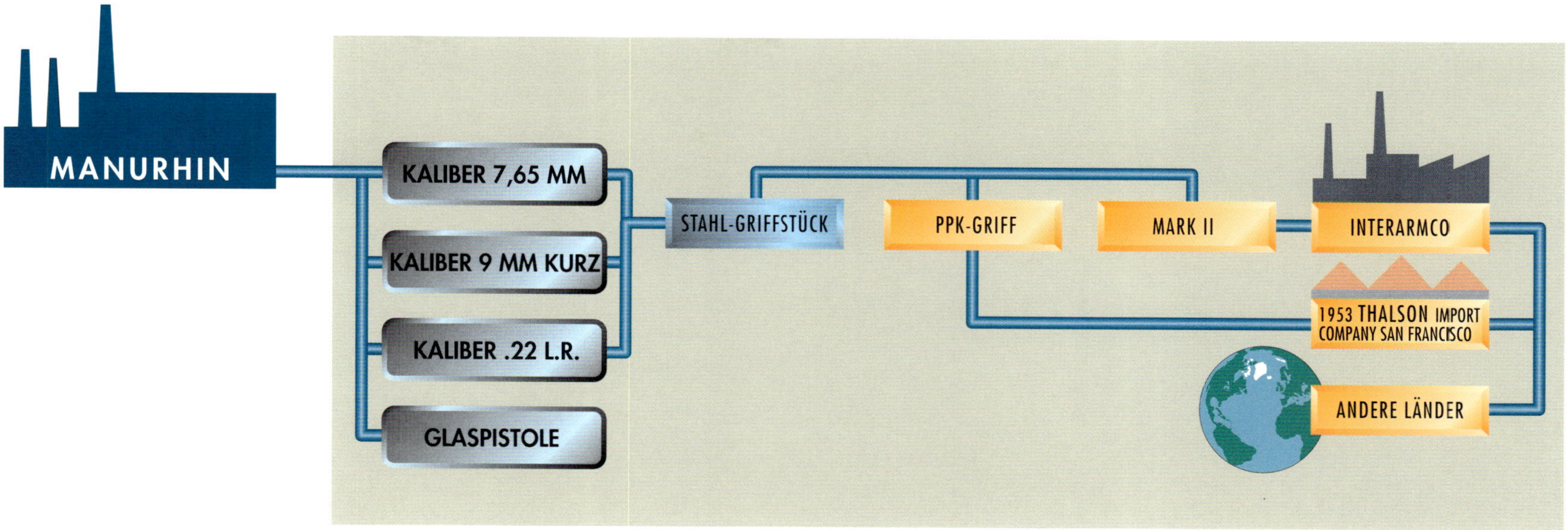

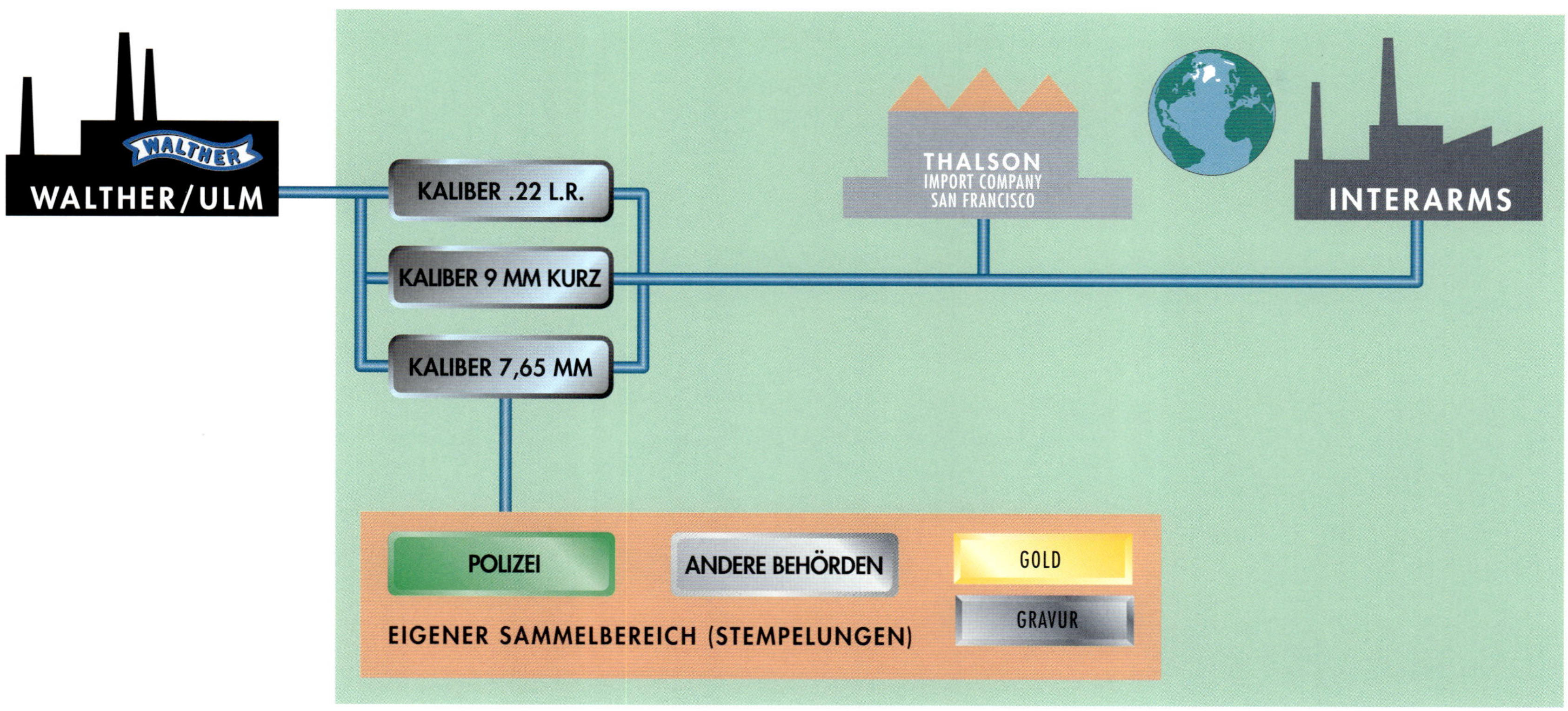

ENTWICKLUNGEN ZUR PPK; MODELLE, AUSFÜHRUNGEN, VERSIONEN

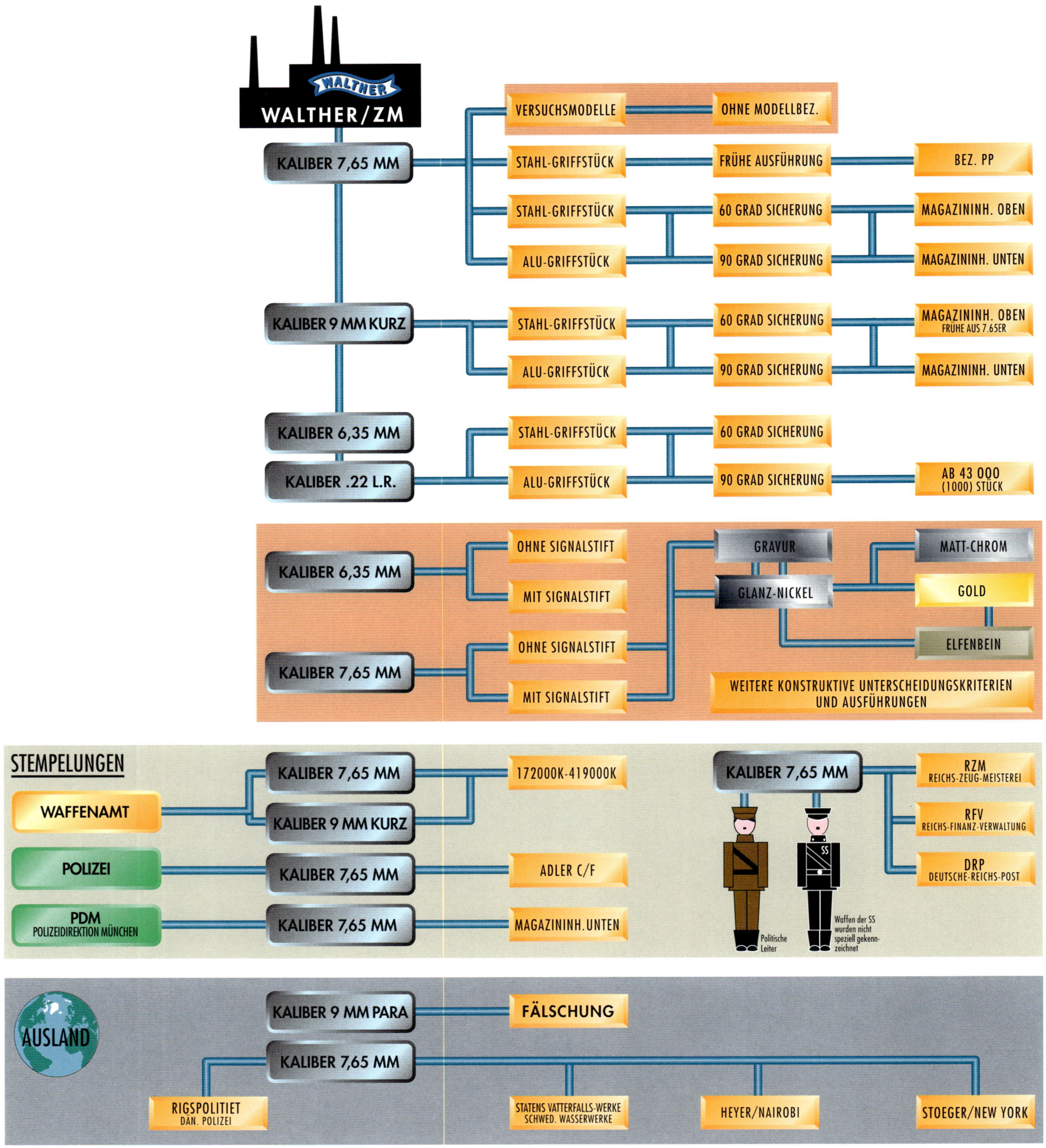

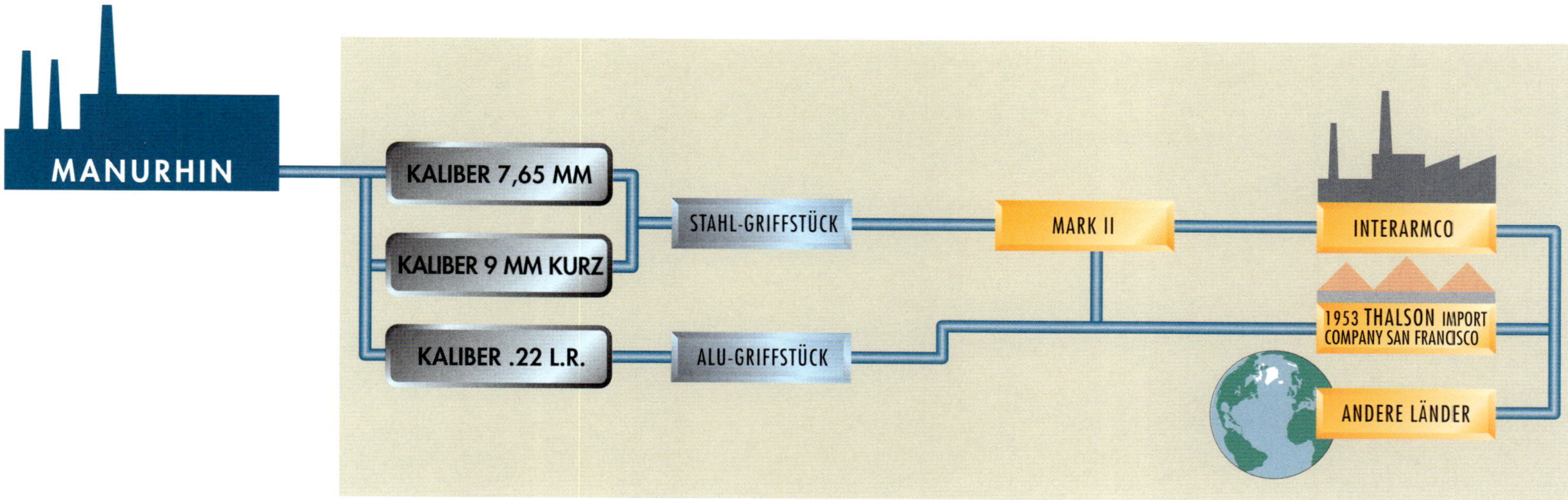
MANURHIN
KALIBER 7,65 MM
KALIBER 9 MM KURZ
KALIBER .22 L.R.
STAHL-GRIFFSTÜCK
ALU-GRIFFSTÜCK
MARK II
INTERARMCO
1953 THALSON IMPORT COMPANY SAN FRANCISCO
ANDERE LÄNDER

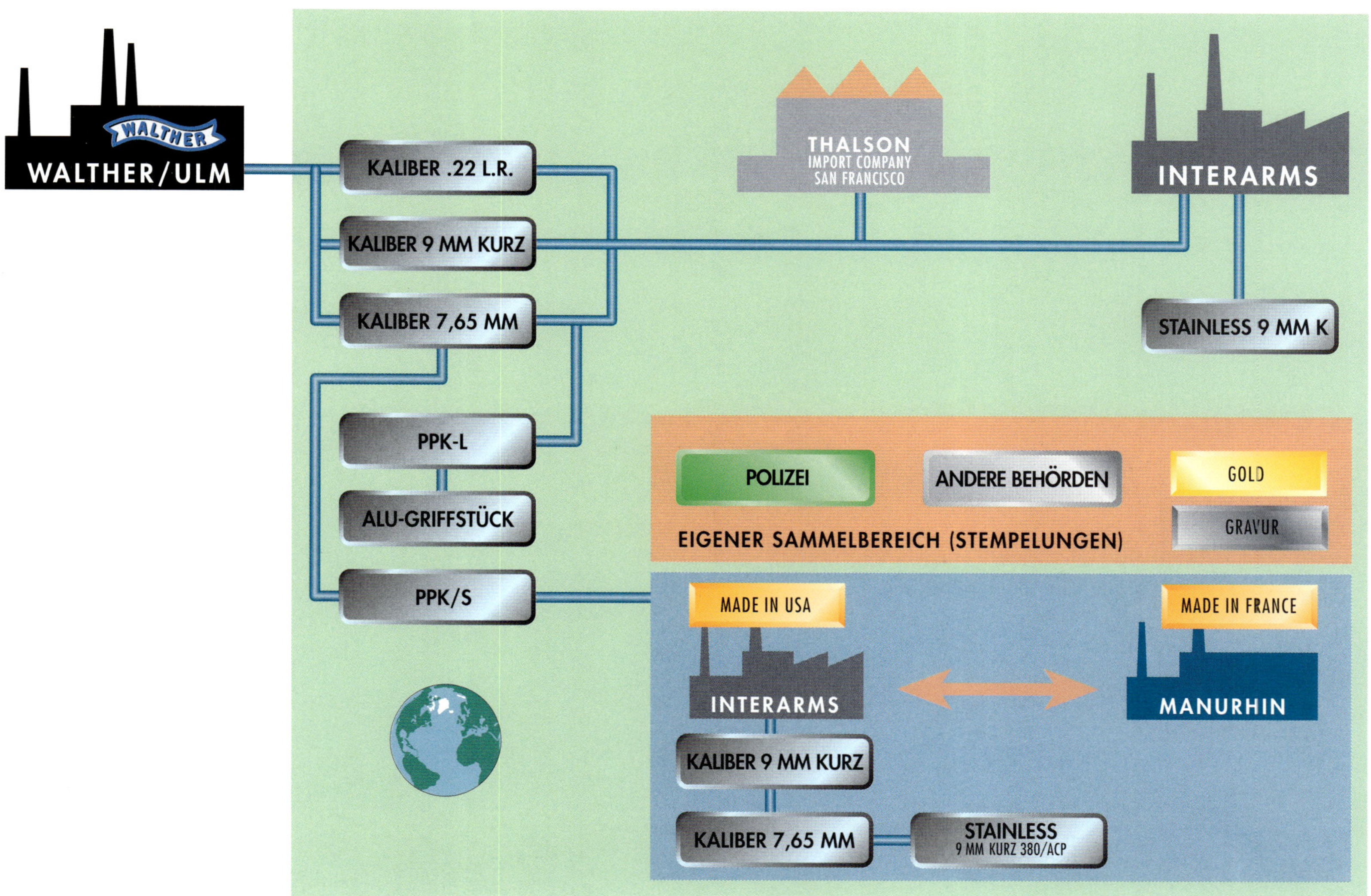
WALTHER
WALTHER/ULM
KALIBER .22 L.R.
KALIBER 9 MM KURZ
KALIBER 7,65 MM
PPK-L
ALU-GRIFFSTÜCK
PPK/S
THALSON
IMPORT COMPANY
SAN FRANCISCO
INTERARMS
STAINLESS 9 MM K
POLIZEI
ANDERE BEHÖRDEN
GOLD
GRAVUR
EIGENER SAMMELBEREICH (STEMPELUNGEN)
MADE IN USA
MADE IN FRANCE
INTERARMS
MANURHIN
KALIBER 9 MM KURZ
KALIBER 7,65 MM
STAINLESS
9 MM KURZ 380/ACP

VERWENDUNGSBEREICHE DER PP UND PPK (ZELLA-MEHLIS-ZEIT)

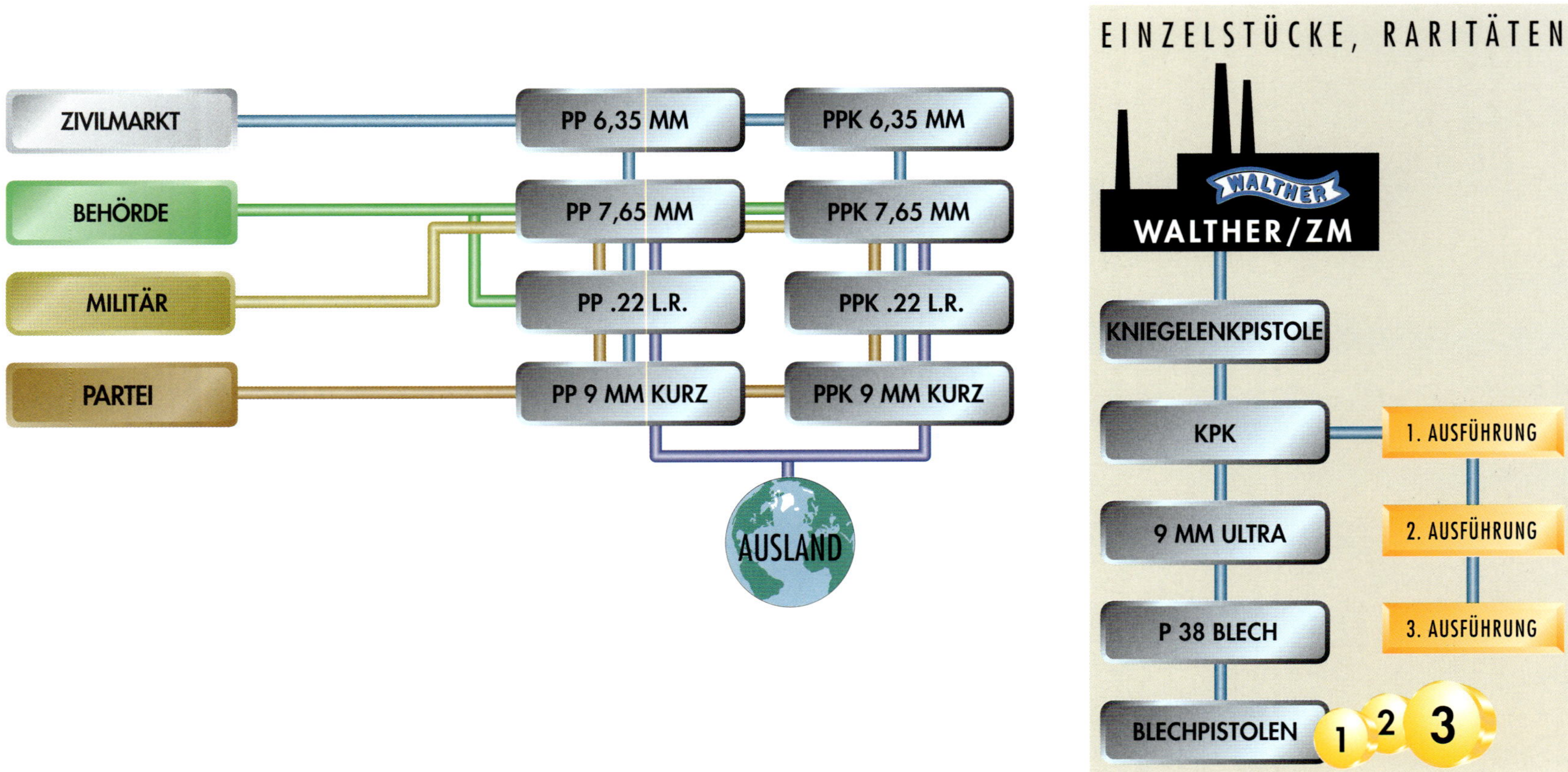

VERWENDUNGSBEREICHE DER PP UND PPK NACH 1945

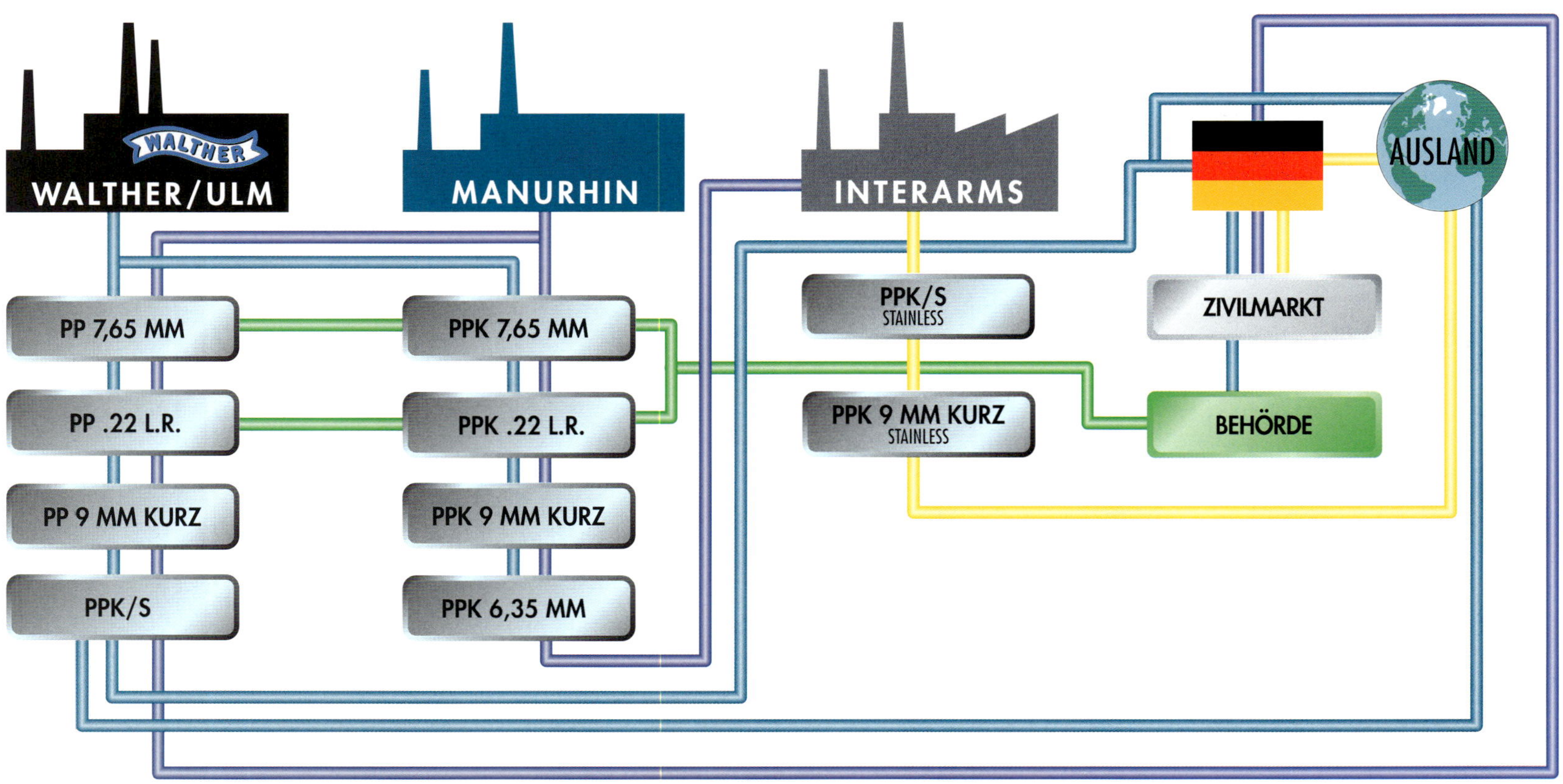

ENTWICKLUNGEN ZUR P 38; MODELLE, AUSFÜHRUNGEN, VERSIONEN

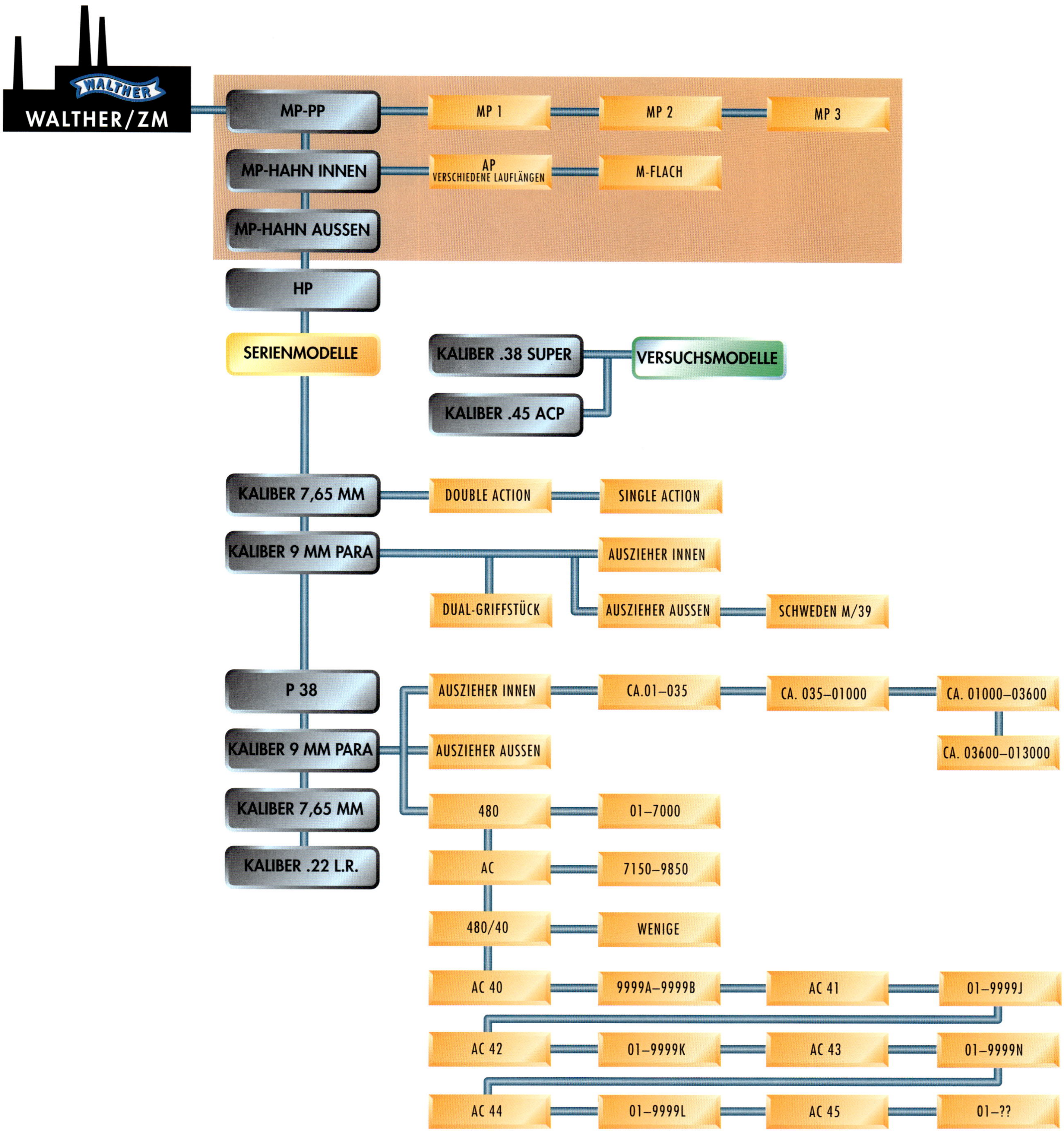

ENTWICKLUNGEN ZUR P 38; MODELLE, AUSFÜHRUNGEN, VERSIONEN

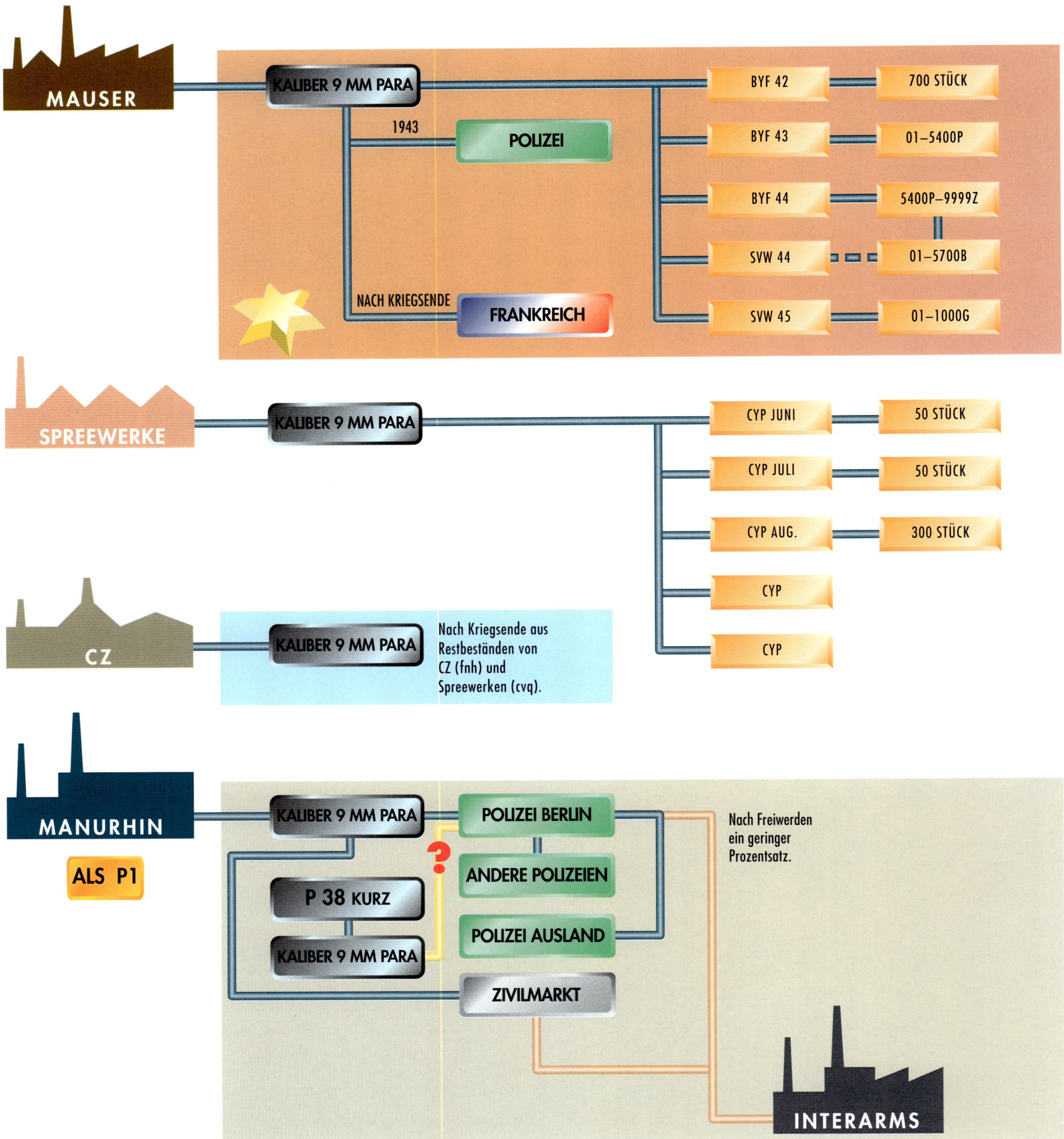

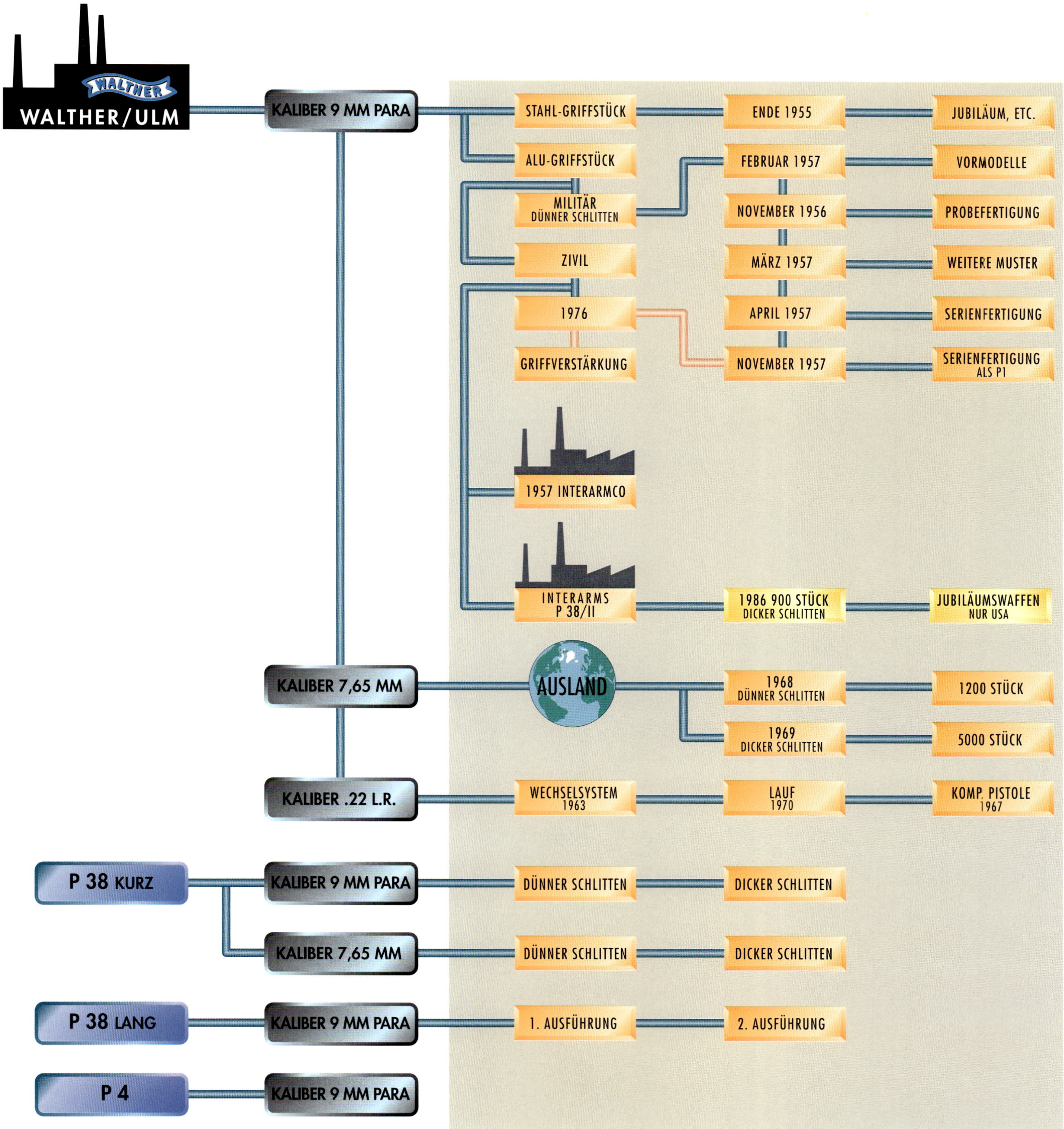
WALTHER
WALTHER/ULM
KALIBER 9 MM PARA
STAHL-GRIFFSTÜCK
ENDE 1955
JUBILÄUM, ETC.
ALU-GRIFFSTÜCK
FEBRUAR 1957
VORMODELLE
MILITÄR DÜNNER SCHLITTEN
NOVEMBER 1956
PROBEFERTIGUNG
ZIVIL
MÄRZ 1957
WEITERE MUSTER
1976
APRIL 1957
SERIENFERTIGUNG
GRIFFVERSTÄRKUNG
NOVEMBER 1957
SERIENFERTIGUNG ALS P1
1957 INTERARMCO
INTERARMS P 38/II
1986 900 STÜCK DICKER SCHLITTEN
JUBILÄUMSWAFFEN NUR USA
KALIBER 7,65 MM
AUSLAND
1968 DÜNNER SCHLITTEN
1200 STÜCK
1969 DICKER SCHLITTEN
5000 STÜCK
KALIBER .22 L.R.
WECHSELSYSTEM 1963
LAUF 1970
KOMP. PISTOLE 1967
P 38 KURZ
KALIBER 9 MM PARA
DÜNNER SCHLITTEN
DICKER SCHLITTEN
KALIBER 7,65 MM
DÜNNER SCHLITTEN
DICKER SCHLITTEN
P 38 LANG
KALIBER 9 MM PARA
1. AUSFÜHRUNG
2. AUSFÜHRUNG
P 4
KALIBER 9 MM PARA

VERWENDUNGSBEREICHE UND HERSTELLER DER HP UND P 38 (ZELLA-MEHLIS-ZEIT)

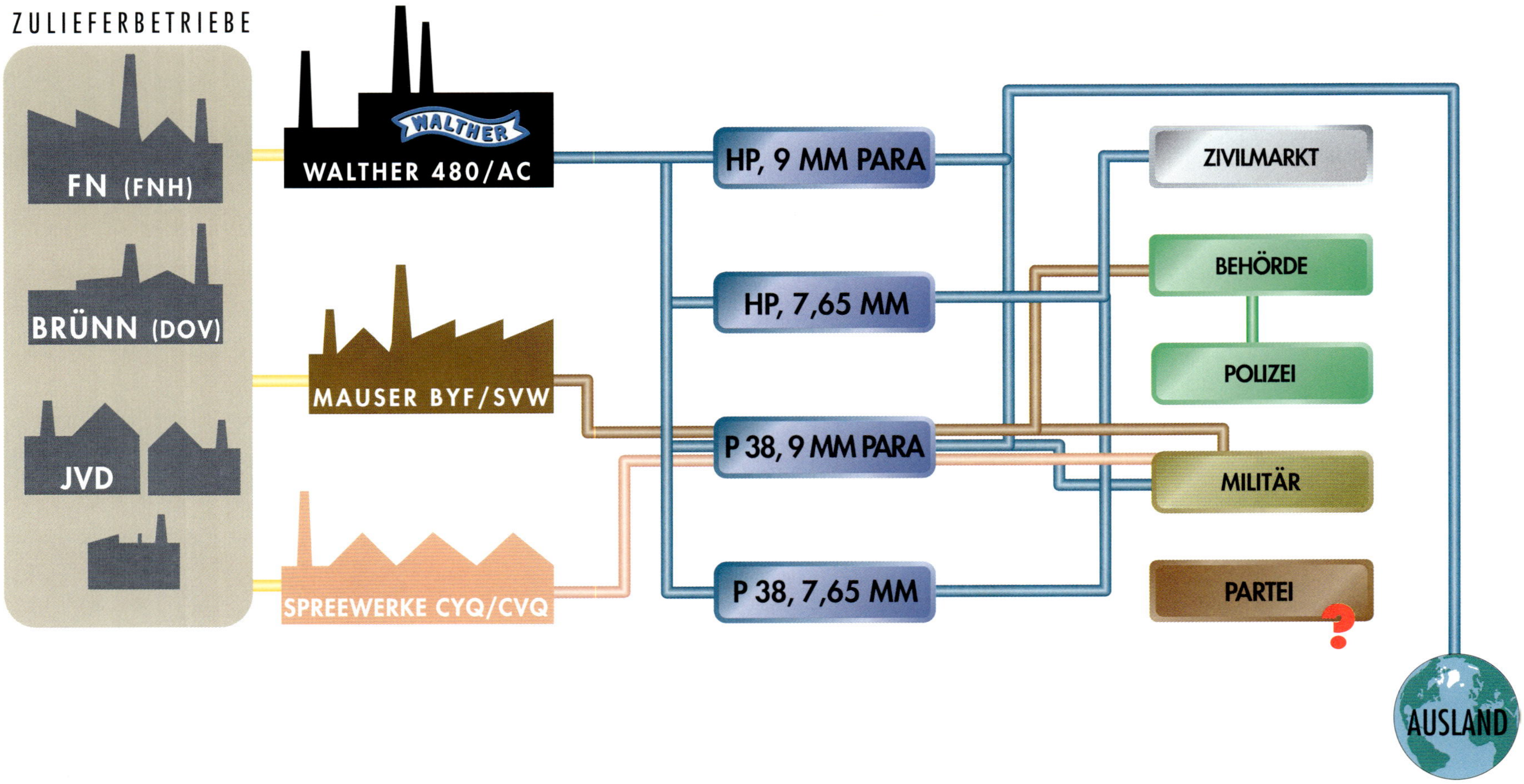

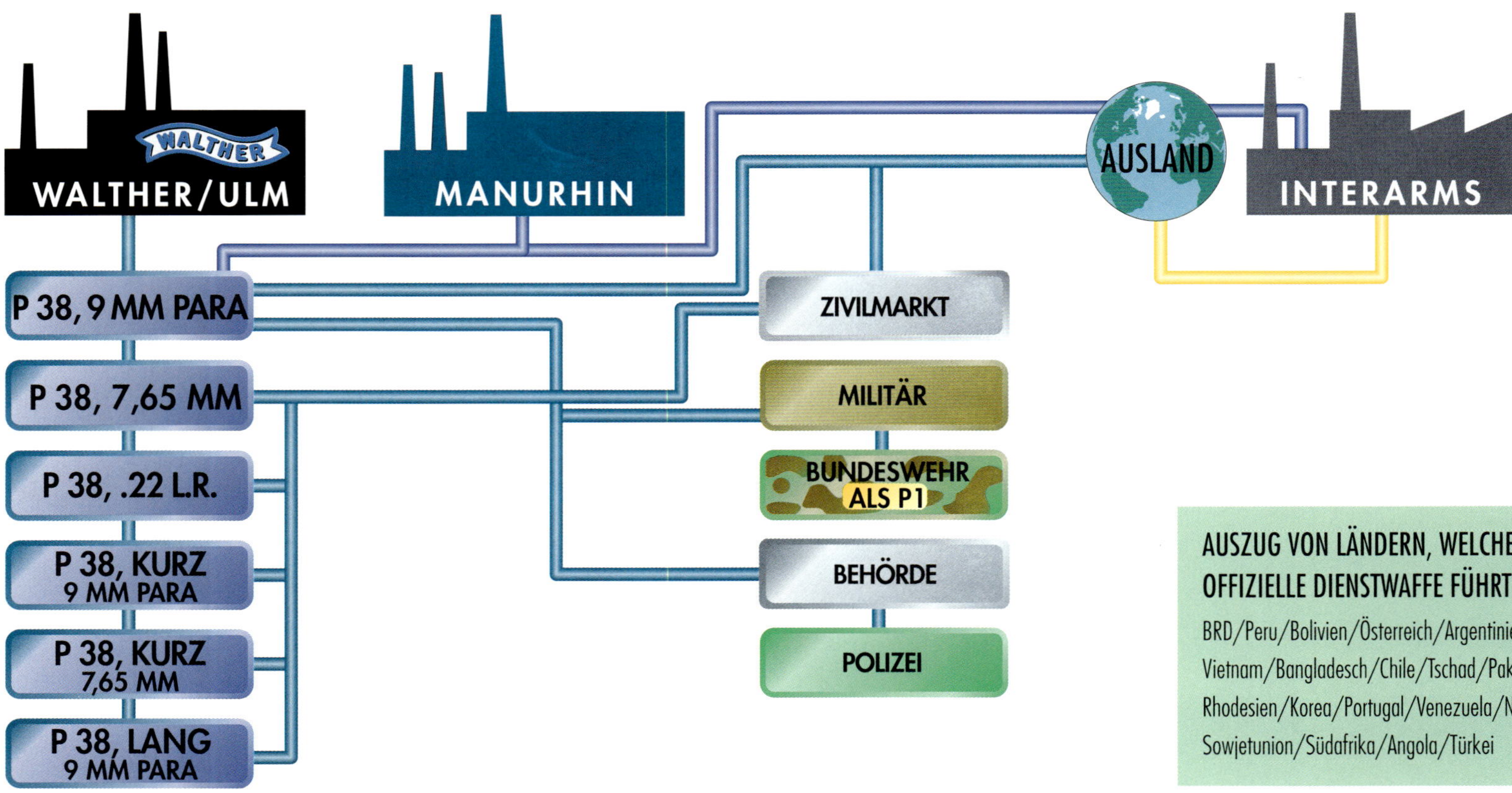

AUSZUG VON LÄNDERN, WELCHE DIE P 38 ALS OFFIZIELLE DIENSTWAFFE FÜHRTEN UND FÜHREN.

BRD/Peru/Bolivien/Österreich/Argentinien/Kolumbien/Vietnam/Bangladesch/Chile/Tschad/Pakistan/Paragua/Rhodesien/Korea/Portugal/Venezuela/Norwegen/Sowjetunion/Südafrika/Angola/Türkei

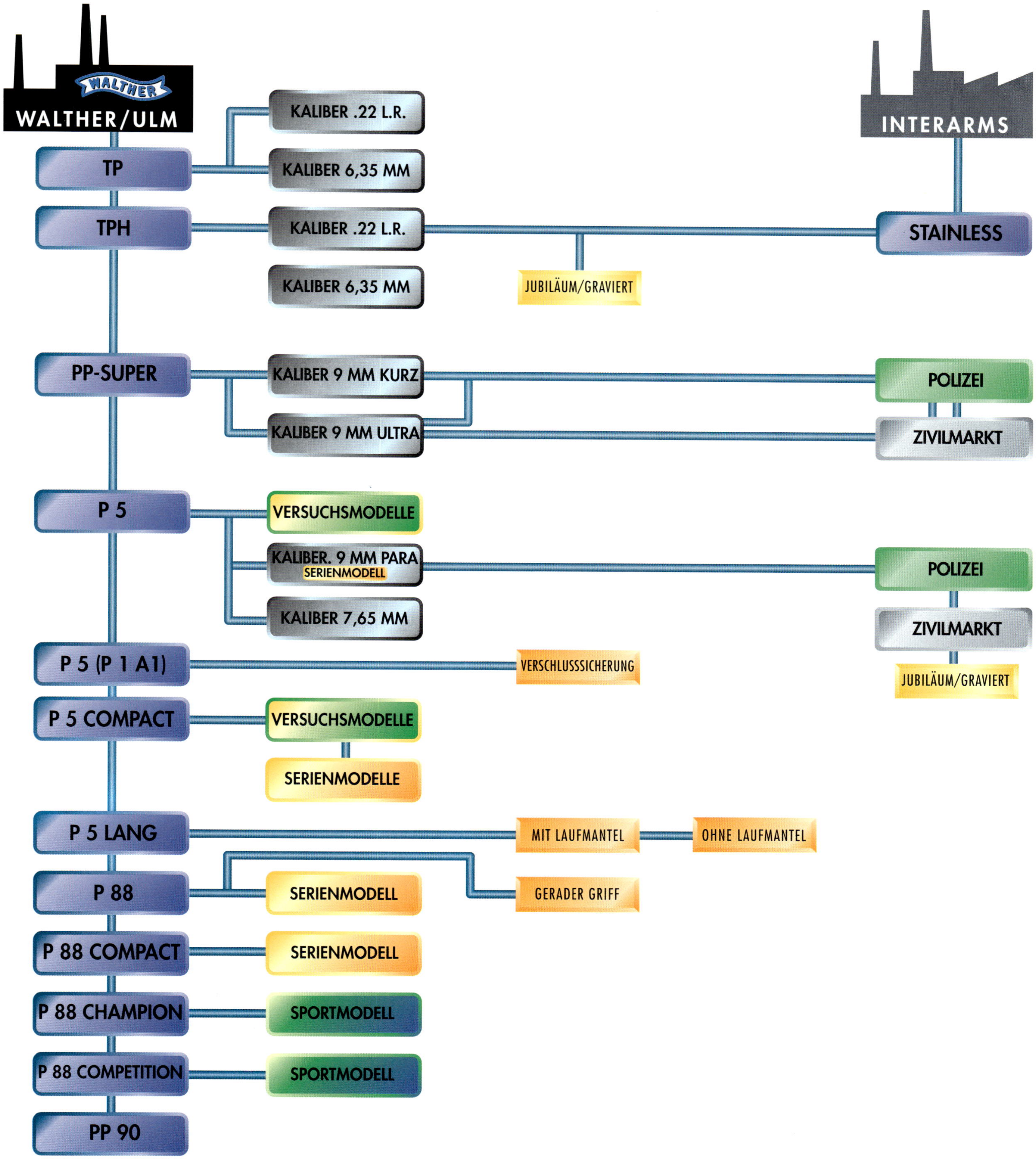
WALTHER
WALTHER/ULM
INTERARMS
TP
KALIBER .22 L.R.
KALIBER 6,35 MM
TPH
KALIBER .22 L.R.
KALIBER 6,35 MM
STAINLESS
JUBILÄUM/GRAVIERT
PP-SUPER
KALIBER 9 MM KURZ
KALIBER 9 MM ULTRA
POLIZEI
ZIVILMARKT
P 5
VERSUCHSMODELLE
KALIBER. 9 MM PARA
SERIENMODELL
KALIBER 7,65 MM
POLIZEI
ZIVILMARKT
JUBILÄUM/GRAVIERT
P 5 (P 1 A1)
VERSCHLUSSSICHERUNG
P 5 COMPACT
VERSUCHSMODELLE
SERIENMODELLE
P 5 LANG
MIT LAUFMANTEL
OHNE LAUFMANTEL
P 88
SERIENMODELL
GERADER GRIFF
P 88 COMPACT
SERIENMODELL
P 88 CHAMPION
SPORTMODELL
P 88 COMPETITION
SPORTMODELL
PP 90

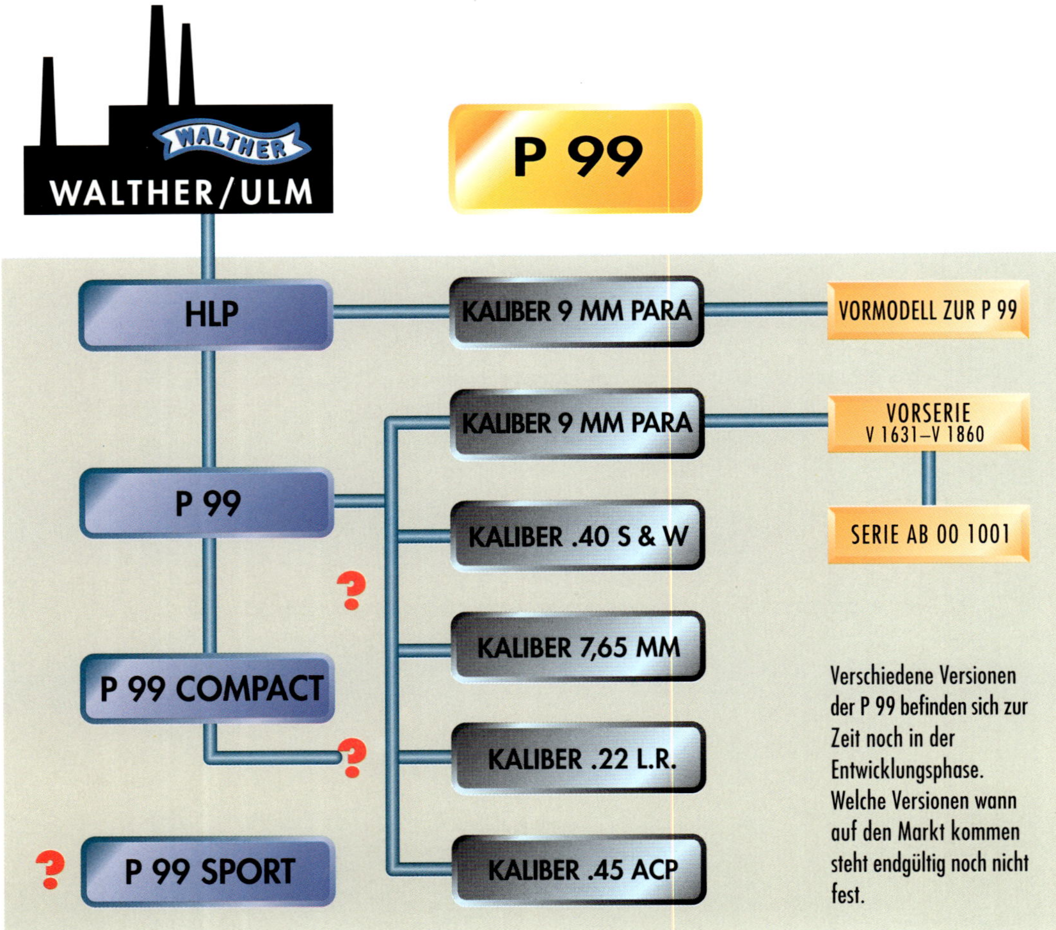
WALTHER
WALTHER/ULM
P 99
HLP
KALIBER 9 MM PARA
VORMODELL ZUR P 99
KALIBER 9 MM PARA
VORSERIE
V 1631–V 1860
P 99
KALIBER .40 S & W
SERIE AB 00 1001
KALIBER 7,65 MM
P 99 COMPACT
KALIBER .22 L.R.
P 99 SPORT
KALIBER .45 ACP
Verschiedene Versionen der P 99 befinden sich zur Zeit noch in der Entwicklungsphase. Welche Versionen wann auf den Markt kommen steht endgültig noch nicht fest.

Alle Patente

Immer wieder wurde berichtet, daß Fritz Walther die Rechte an über achtzig Patenten besaß, nur: aufgezählt wurden sie nie. Mit der folgenden Auflistung der Walther-Patente wollen wir dem interessierten Fachmann einen kleinen Service bieten. Anhand dieser Liste lassen sich weitere – und mit Sicherheit äußerst interessante – Recherchen betreiben. Eine Ausarbeitung unsererseits hätte den Rahmen dieses Buches bei weitem gesprengt.

Land	Nummer	Anmeldedatum	Titel
DE	235944	08.08.1909	Rückstoßlader mit feststehendem Lauf

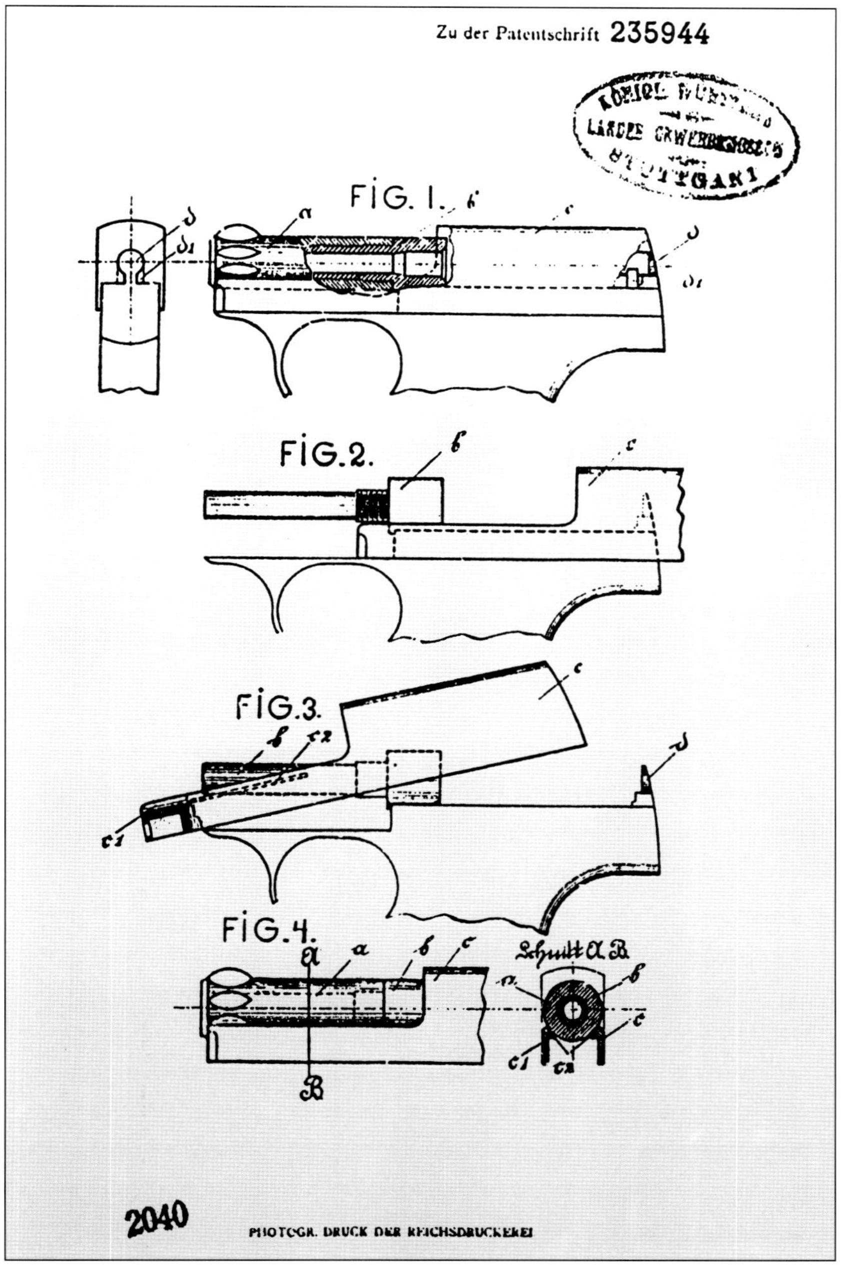

Am 8. August 1909 erhielt Carl Walther unter der Nummer 235 944 sein erstes Patent.

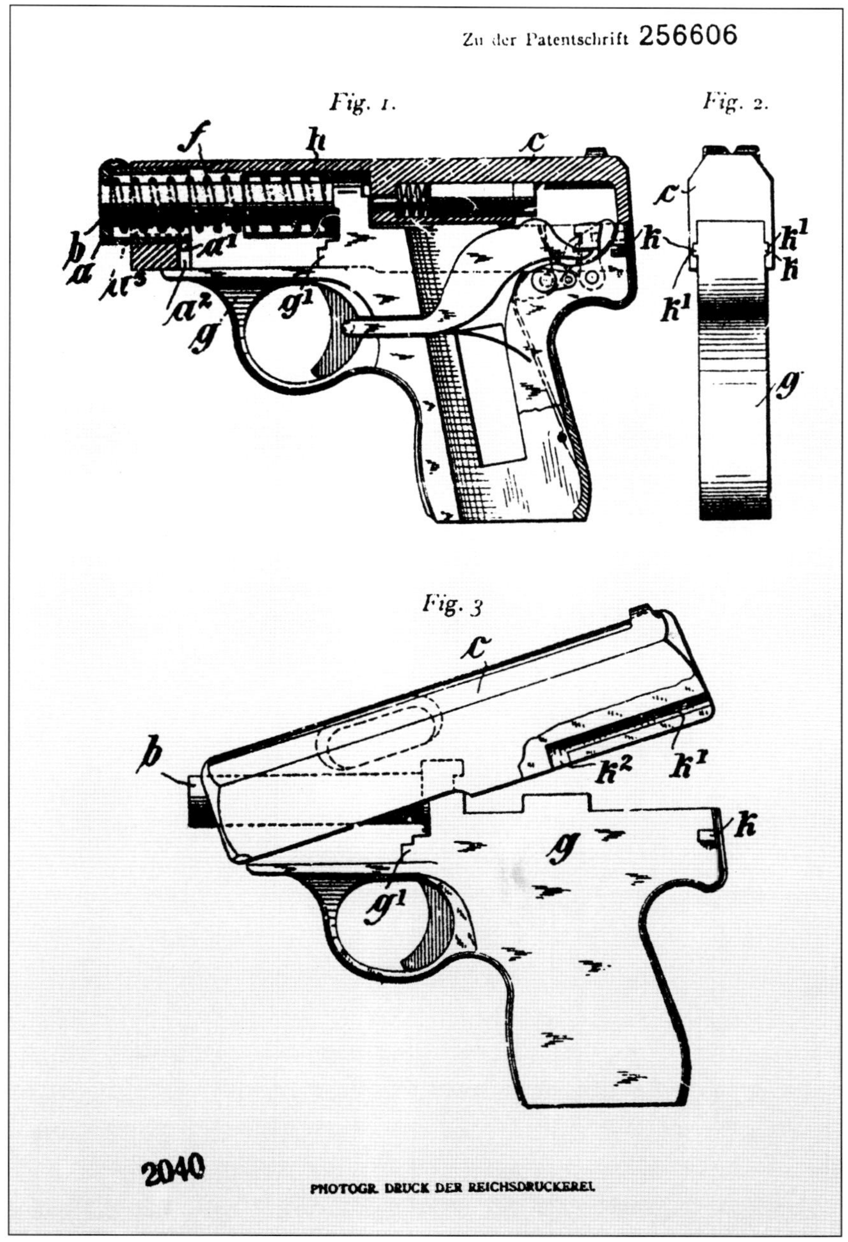

22. Oktober 1911: Carl Walther in Zella St. Blasii bekommt unter der Nummer 256 606 einen weiteren, kleinen Rückstoßlader, diesmal mit geschlossenem Verschlußstück patentiert.

Land	Nummer	Anmeldedatum	Titel
DE	256606	22.10.1911	Rückstoßlader mit feststehendem Lauf und auf dem Griffstück geführtem, in seinem Vorderteil hülsenartig ausgebildetem Verschlußstück
DE	271863	08.01.1913	Ladeanzeiger für Rückstoßer
DE	313774	05.10.1917	Kopierschleifmaschine mit umlaufender Schleifscheibe zum Schleifen profilierter Fräser
DE	318506	10.01.1917	Zylinderverschluß für Feuerwaffen

Land	Nummer	Anmeldedatum	Titel
DE	323225	22.01.1918	Vorderschaftmagazin für Mehrladewaffen
DE	320168	25.05.1918	Selbstladewaffe mit feststehendem Lauf
DE	314767	25.05.1918	Vorrichtung zum selbsttätigen Unterbrechen des Reihenfeuers
DE	312918	25.05.1918	Ladevorrichtung für Handrückstoßwaffen
DE	315058	25.05.1918	Trommelmagazin für Handfeuerwaffen
DE	313011	25.05.1918	Patronenauszieher für Handfeuerwaffen
DE	353029	25.05.1918	Hebelauswerfer für Selbstlader
DE	314093	25.05.1918	Vorrichtung zum selbsttätigen Unterbrechen des Reihenfeuers von Schnellfeuerwaffen unter Verwendung eines Schalters
DE	313334	19.06.1918	Verschl. für das Auswerferloch a. selbstt. Feuerw. mittels e.v. Verschlußteil
DE	333249	29.06.1918	Trommelmagazin für Schußwaffen
DE	328432	29.06.1918	Trommelmagazin für Schußwaffen
DE	314768	08.08.1918	Selbstladewaffen mit feststehendem Lauf
DE	315613	08.08.1918	Selbstladewaffen mit feststehendem Lauf
DE	315614	31.08.1918	Selbstladewaffe mit feststehendem Lauf
DE	315009	31.08.1918	Trommelmagazin für automatische Handfeuerwaffen
DE	334451	23.10.1918	Trommelmagazin für Schußwaffen
DE	333198	22.11.1918	Kniegelenkverschluß für selbsttätige Feuerwaffen
DE	593956	17.03.1919	Sicherungseinrichtung
DE	328013	23.04.1919	Kniegelenkverschluß für selbsttätige Feuerwaffen
DE	325375	17.05.1919	Vorderschaftmagazin für Mehrladewaffen
DE	319461	24.06.1919	Befestigung der Griffdeckel an dem Griff von Handfeuerwaffen
DE	325374	24.06.1919	Handfeuerwaffe
DE	332575	24.06.1919	Selbstladepistole mit feststehendem Lauf
DE	334042	15.07.1919	Selbstladewaffe mit feststehendem Lauf
DE	334448	15.07.1919	Selbstladewaffe mit feststehendem Lauf

Land	Nummer	Anmeldedatum	Titel
DE	331273	24.08.1919	In Form der Normalpatrone gehaltenes Fassungsstück für Zielmunition
DE	332398	24.08.1919	Schlagbolzen für Handfeuerwaffen, lösbare mit dem Schlagbolzenkörper verbundene Spitze
DE	938789	10.10.1919	Selbstladeflinte mit beweglichem Lauf
DE	340813	29.11.1919	Rückstoßlader mit Kniegelenkverschluß
DE	333248	30.11.1919	Ladeanzeiger für Rückstoßlader
DE	335901	30.11.1919	Selbstladewaffe mit feststehendem Lauf
DE	333250	06.01.1920	Patronenmagazin für Selbstladewaffen
DE	347235	10.01.1920	Selbstladewaffe
DE	340812	10.01.1920	Selbsttätige Feuerwaffe mit Kniegelenkverschluß und einer das hintere Gelenkglied drehenden Handkurbel
DE	334950	13.03.1920	Einrichtung an selbsttätigen Feuerwaffen
DE	342318	09.04.1920	Kniegelenkverschluß für selbsttätige Feuerwaffen
DE	326373	28.09.1920	Befestigung der Griffdeckel an dem Griff von Handfeuerwaffen
DE	3515093	15.10.1920	Selbstladewaffe mit feststehendem Lauf und einem auf dem Griffstück gleitend geführten Verschlußstück
DE	370276	02.03.1921	Selbstladepistole mit feststehendem Lauf
DE	365265	12.05.1921	Schlagbolzenanordnung mit auf der Rückwand geschlossenem Verschlußstück von Selbstladewaffen
DE	371852	26.08.1921	Ladeanzeiger
DE	363438	09.11.1922	Selbsttätige Feuerwaffe mit Kniegelenkverschluß
DE	386982	10.02.1923	Hahnschloß für Selbstladepistolen
DE	390298	28.03.1923	Selbstladepistole mit Hahnschloß
DE	375994	22.05.1923	Magazinhalter für Selbstladewaffen
DE	380115	31.08.1923	Selbstladepistole

Zu der Patentschrift **390298**
Kl. **72h** Gr. 1

Abb. 1.

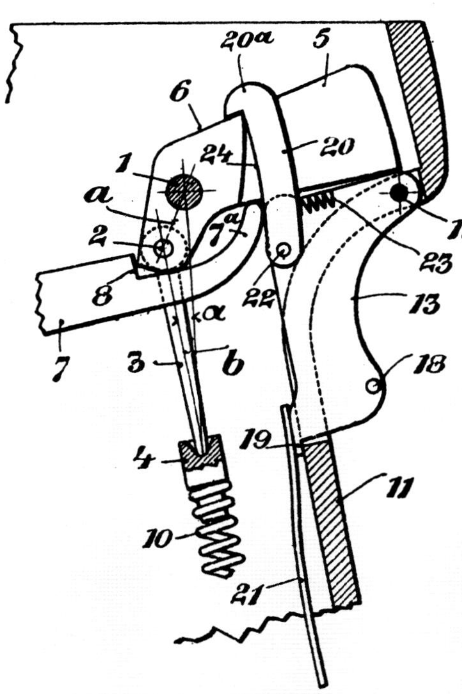

Abb. 2.

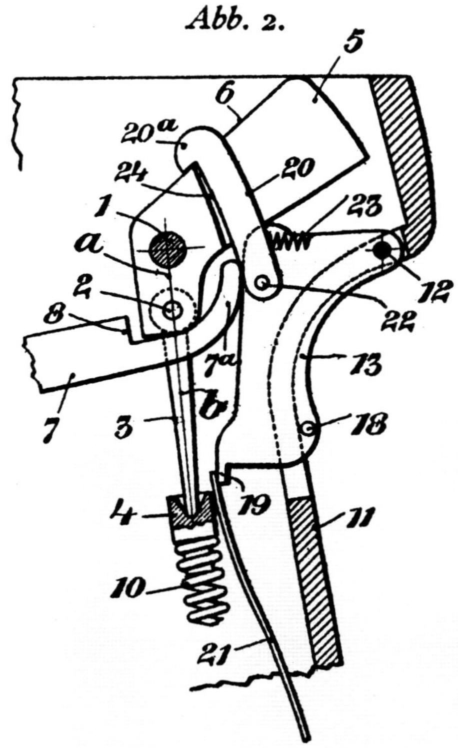

Abb. 3

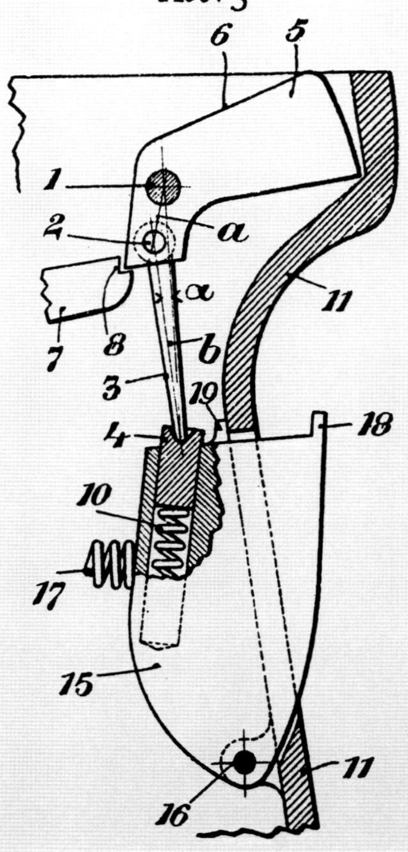

Abb. 4.

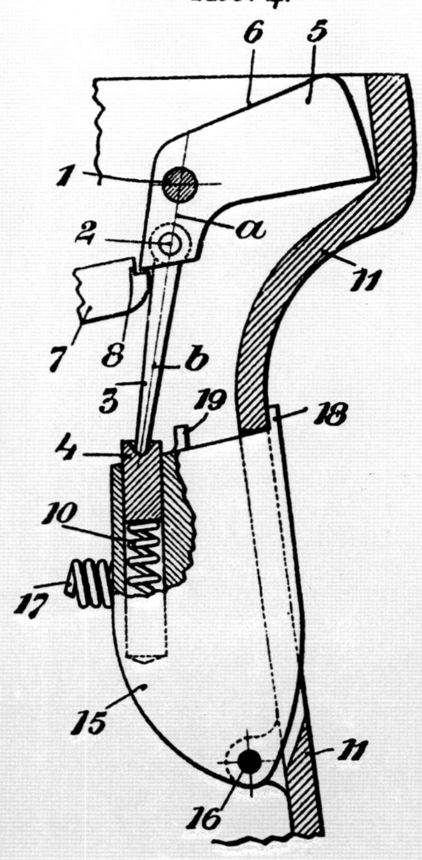

Eine Idee, zwei Ausführungsbeispiele:
Ein Hahnschloß mit Spannmöglichkeit über einen Spannhebel am Griffrücken. Diese Entwicklung – die nie in die Tat umgesetzt wurde – verbuchte Georg Walther unter der Patentnummer 390 298 für sich.

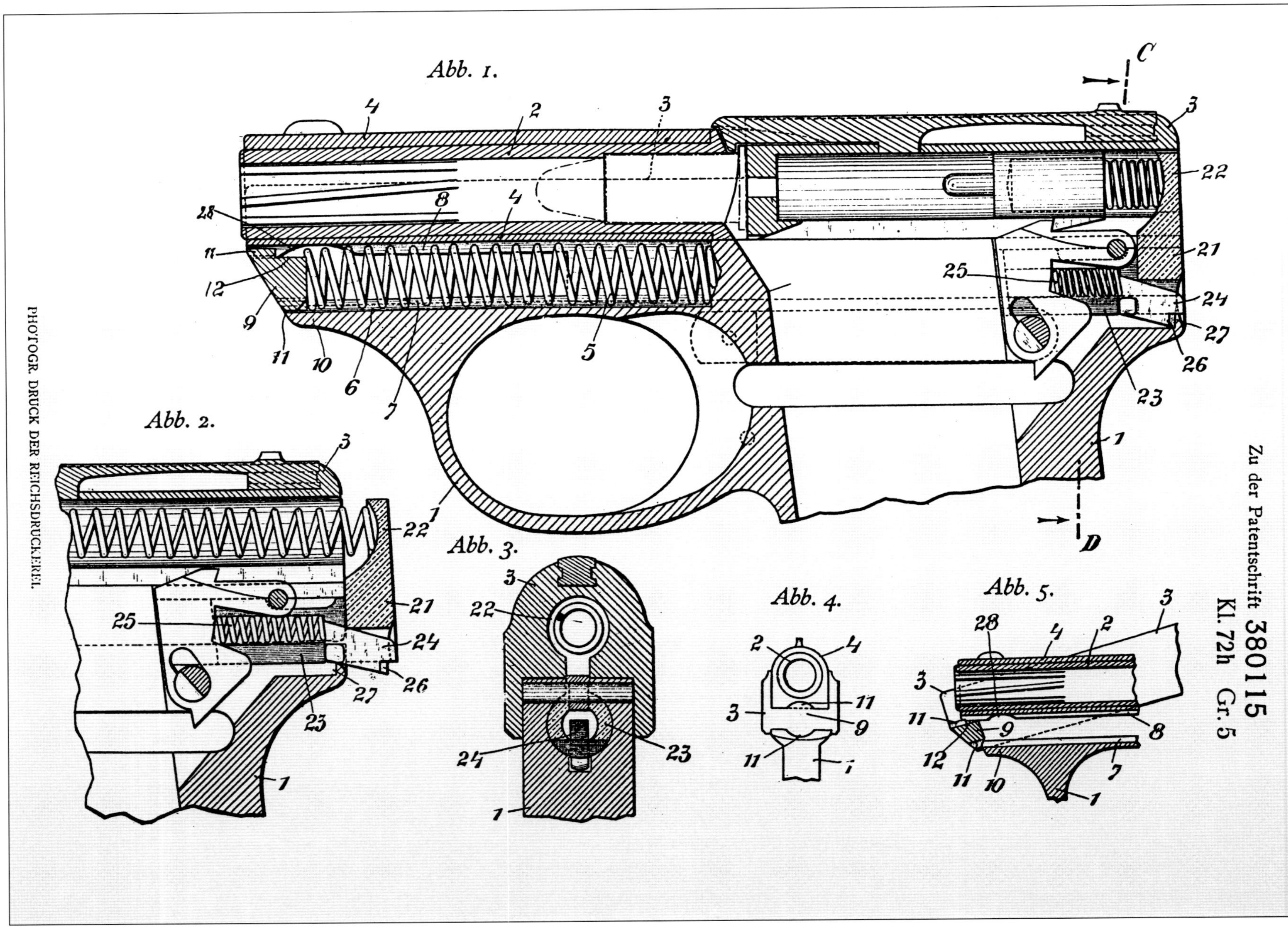

Patentiert im Deutschen Reich ab dem 2. März 1921: Fritz Walthers Modell 9.

Land	Nummer	Anmeldedatum	Titel
DE	446763	22.01.1924	Selbstladepistole mit Magazin und Revolver-Selbstspannschuß mit Spannabzug
DE	428784	09.08.1924	Kleinkalibriges Gewehr als Einzel- und Selbstlader mit Mauserverschluß
DE	506921	09.06.1926	Kleinkaliberbüchse
DE	433937	15.09.1926	Selbstladepistole
DE	506011	22.12.1926	Leuchtpistole
FR	634617	18.05.1927	Pistolet automatique à magazin
DE	455508	20.05.1927	Herstellung von Zahnkränzen mit Klinkzähnen an Bremsringen und Bremskörpern für Freilaufnarben
DE	481109	06.08.1927	Verfahren zum Gießen von Kugel-und Rollenkäfigen
DE	507493	17.09.1930	Trommelmagazin für Schußwaffen
DE	578765	07.11.1930	Selbstladepistole
DE	557876	17.01.1931	Mehrschuß-Schreckschußwaffe
DE	520437	11.03.1931	Hahnschloß für Selbstladepistolen
DE	586322	29.12.1931	Selbstladewaffe mit auswechselbarem Lauf

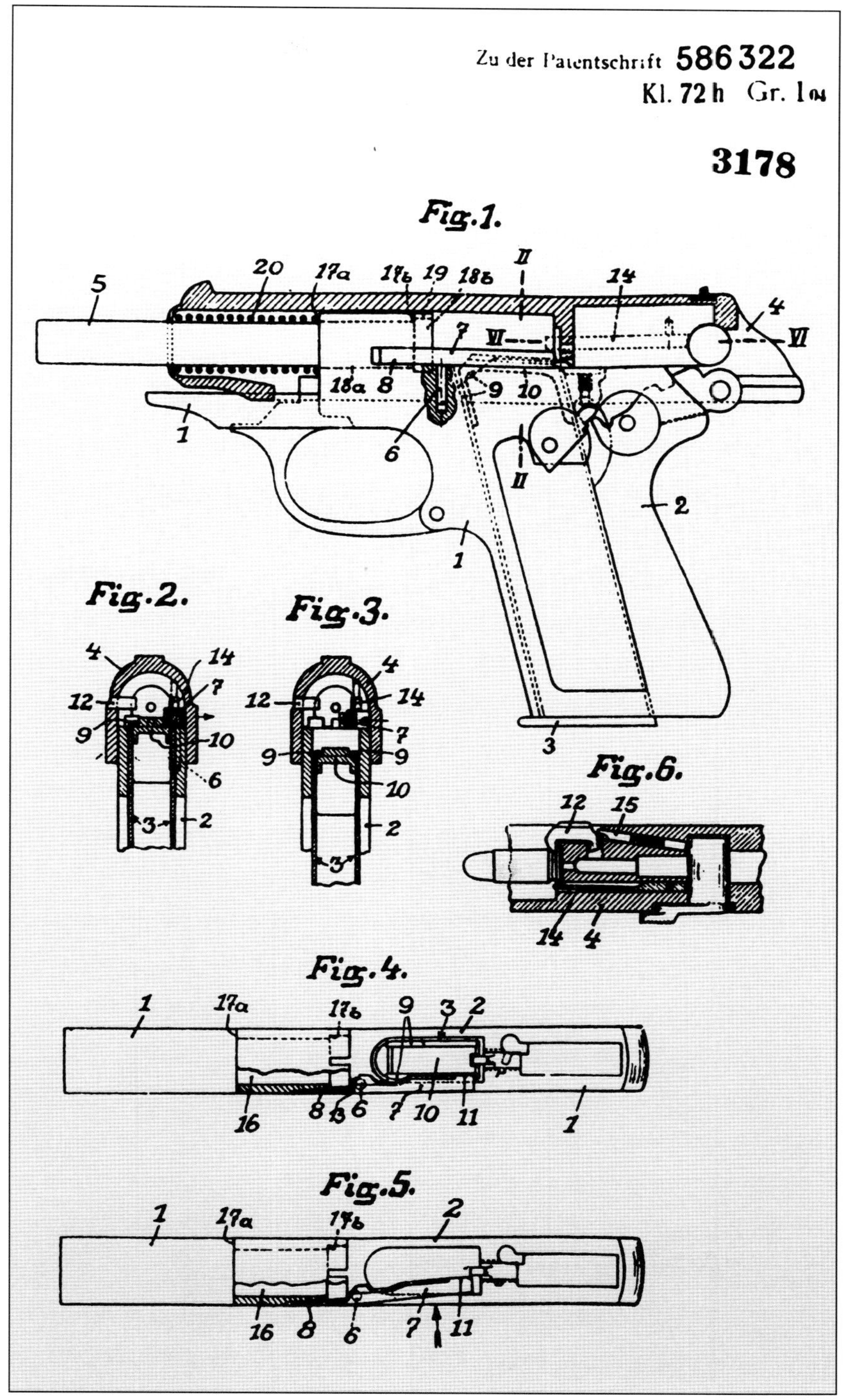

Nur oberflächlich betrachtet eine normale PP: Ab dem 29. Dezember 1931 lief für die Carl Walther Waffenfabrik diese PP-Ausführung mit einer Laufwechsel-Möglichkeit auf andere Kaliber. Realstücke dieser Art sind nicht bekannt.

Land	Nummer	Anmeldedatum	Titel
US	3308803	21.01.1932	Verbesserungen an Luftdruckwaffen
DE	374403	23.06.1934	Handfeuerwaffe
DE	582231	11.08.1933	Visierklappenumlege-vorrichtung
DE	638052	11.07.1933	Zylinderverschluß mit zentraler Sicherung und drehbarem Kammergriff, aber umdrehbarer Kammer
DE	637296	24.11.1933	Abzugeinrichtung für Schlösser mit Zylinder-verschluß
DE	376446	23.07.1934	Handfeuerwaffe
DE	621316	05.11.1935	Rückübertragungseinrichtung an Sprossenradrechen-maschinen

Land	Nummer	Anmeldedatum	Titel
DE	678066	08.01.1936	Selbstladepistole
US	21315992	13.02.1936	Automatic pistol
DE	677094	14.02.1936	Selbstladepistole
DE	1370972	15.02.1936	Abzugeinrichtung für Handfeuerwaffen
DE	706038	10.04.1936	Selbstladepistole
DE	678067	11.07.1936	Entspannungseinrichtung für Selbstladepistolen
DE	684146	07.07.1936	Abschußgerät, insbesondere für Leuchtkugeln aus Luft-fahrzeugen

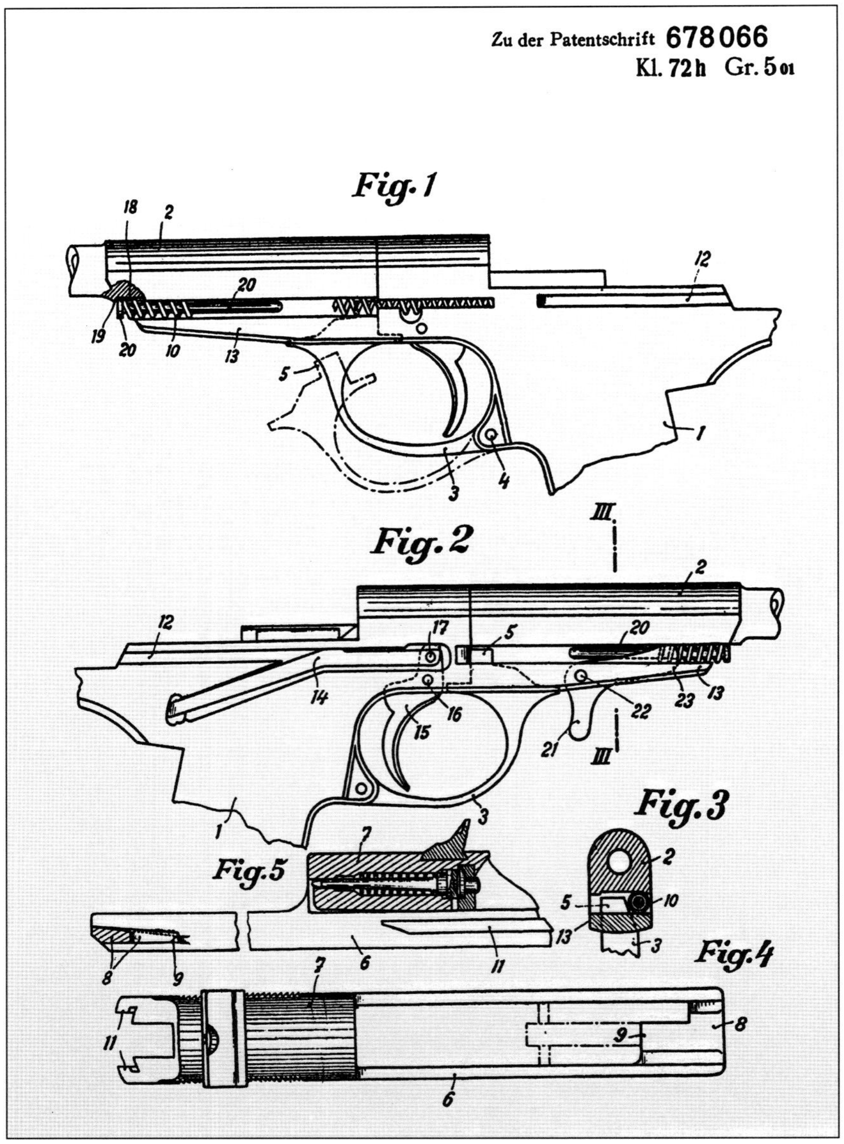

Patent 678 066 vom 8. Januar 1936: Fritz Walther macht sich weitere Gedanken zum Schließ-mechanismus seiner Waffen.

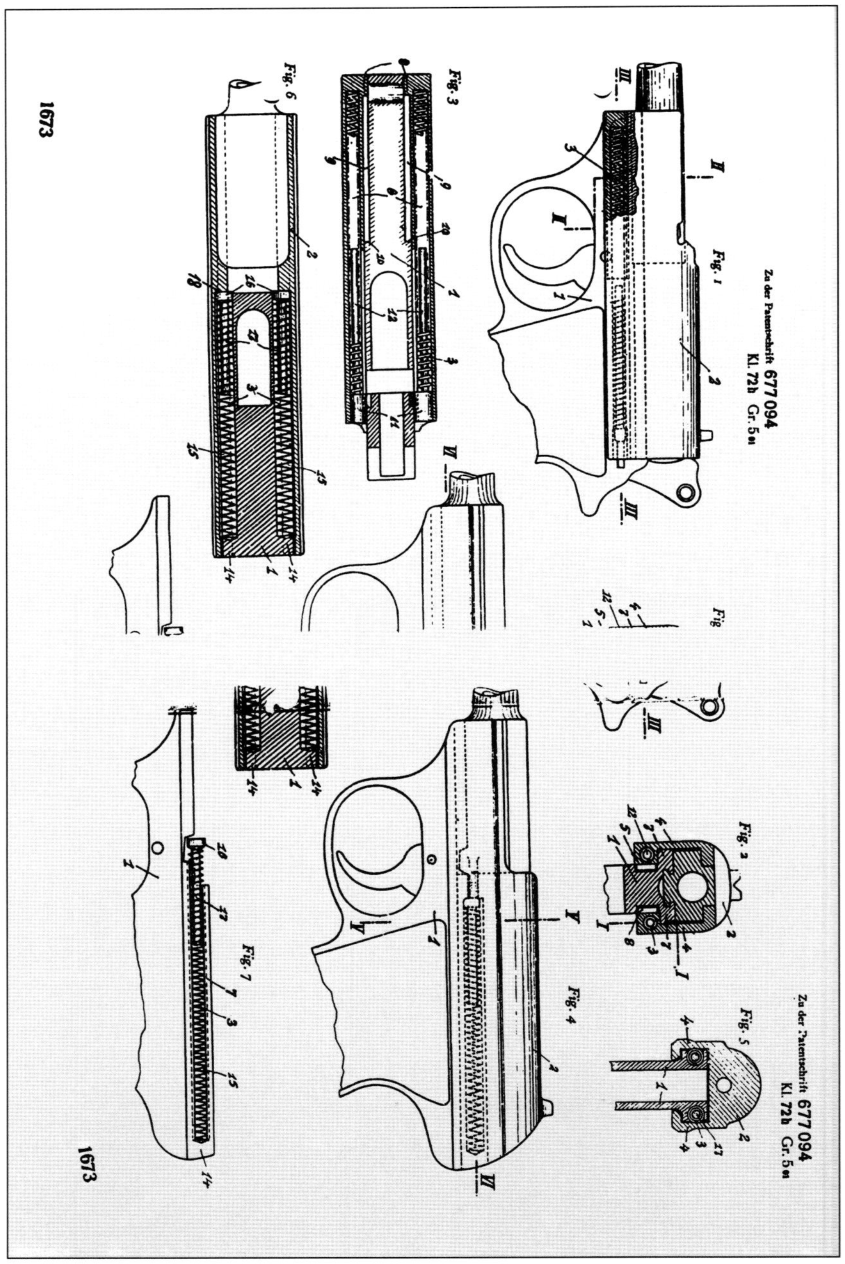

14. Februar 1936: Mit dem Patent 677 094 ist Fritz Walther auf dem Weg zur P 38. Interessant: Als Ausgangspunkt wählte er hier eine PP.

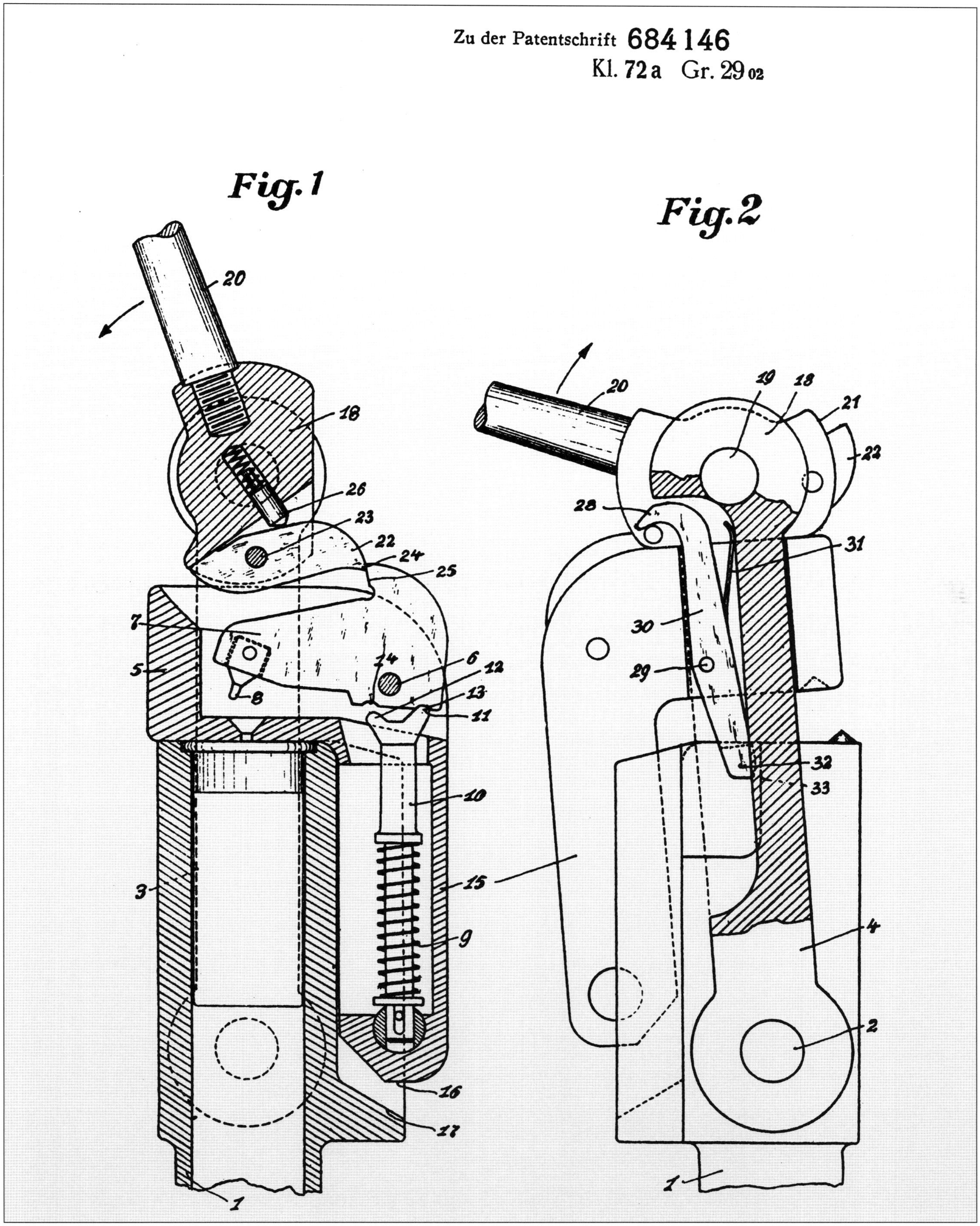

Auch damit beschäftigte sich Fritz Walther: Das Patent 684 146 vom 7. Juli 1936 zeigt ein Abschußgerät für Leuchtkugeln aus Luftfahrzeugen.

Zu der Patentschrift 686 559
Kl. 54g Gr. 1 02

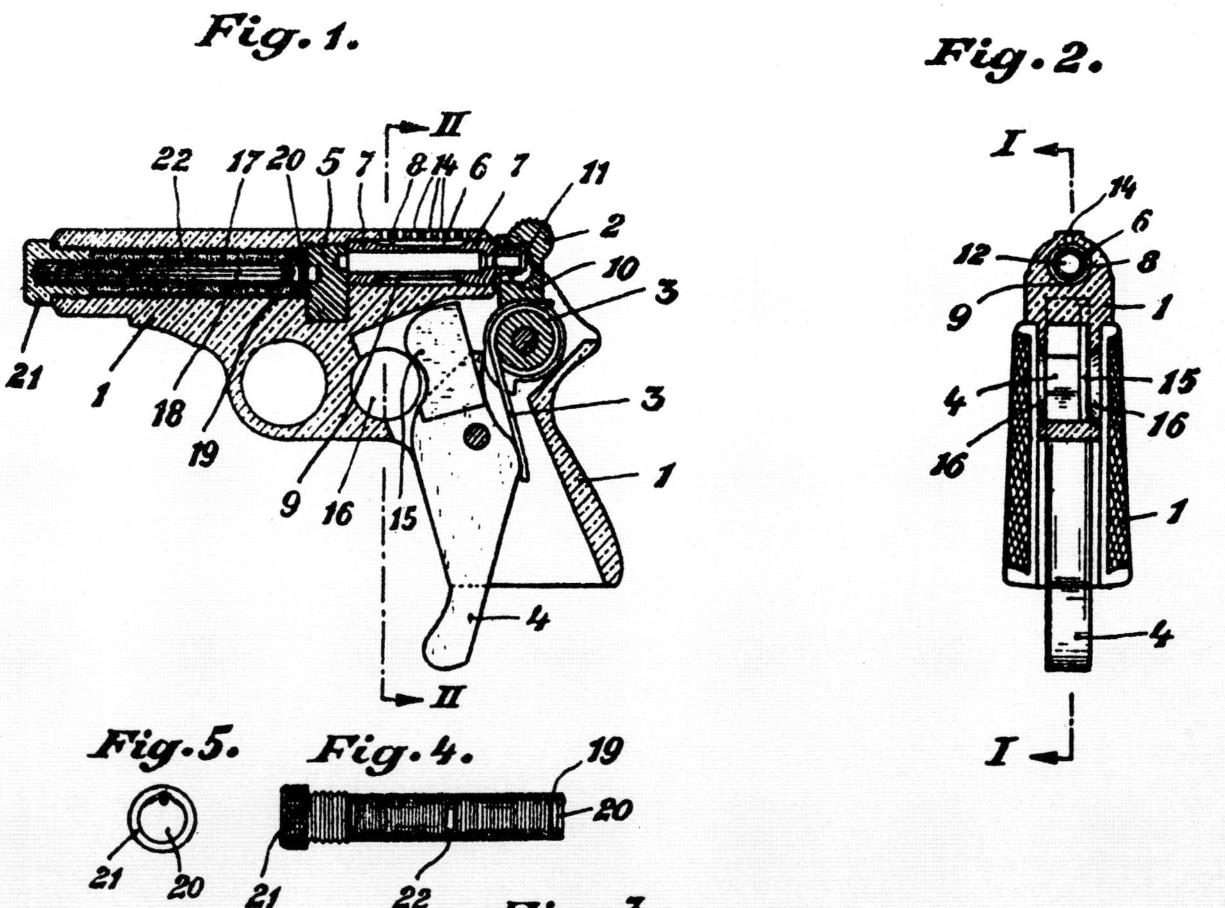

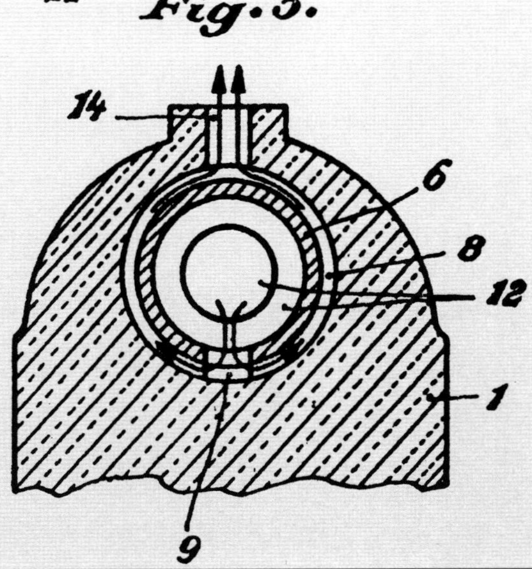

Multifunktionell: Fritz Walthers Reklamepistole vom 26. Juli 1938. Im Lauf ist Nähzeug untergebracht und der Abzugbügel dient als Zigarrenabschneider. Was wie eine Magazinverlängerung aussieht ist in Wirklichkeit der Auslösemechanismus für den Abschneider. Und doch: auch Knall-Kapseln können eingesetzt werden.

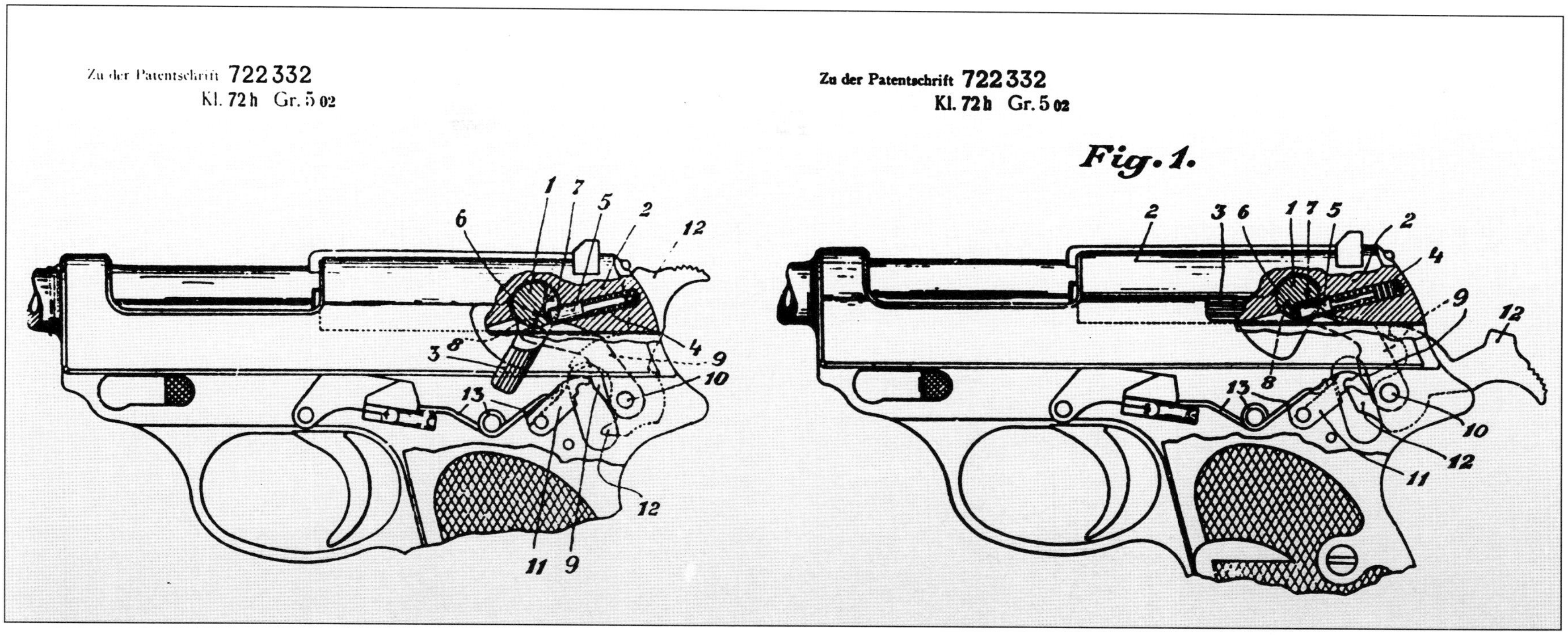

Nicht nur Fritz Walther, sondern auch der Firmenangehörige Walter Hassenstein erhielten am 18. Februar 1939 unter der Nummer 722 332 ein Patent für eine Entspannsicherung, auch einzubauen in die P 38.

Land	Nummer	Anmeldedatum	Titel
DE	721702	27.10.1936	Selbstladewaffen mit gleitendem Lauf und verriegeltem Verschluß
DE	664926	20.11.1936	Aus flachem Blech hergestelltes Pistolenmagazin
CH	195687	08.04.1937	Selbstladewaffe
DE	669844	06.05.1937	Stufenlos verstellbares Visier
DE	674182	27.05.1937	Kniegelenkverschluß für Selbstladewaffen
CH	198439	09.07.1937	Sicherungseinrichtung an Selbstladepistolen zum Entspannen des Hahnes
CH	199224	25.10.1937	Handfeuerwaffe-Selbstladewaffe
DE	726501	11.01.1938	Schloß für automatische Handfeuerwaffen
DE	682124	18.02.1938	Verfahren zur Verhütung von Unfällen beim Übungsschießen mit Handfeuerwaffen
DE	715176	02.04.1938	Vom Abzugmechanismus gesteuerte Schlagbolzensicherung
DE	690670	17.04.1938	Kastenmagazin
DE	106300	16.05.1938	Schloß für automatische Handfeuerwaffen
DE	7515134	16.05.1938	Schloß für automatische Handfeuerwaffen
DE	707630	18.05.1938	???
DE	686559	26.07.1938	Reklamepistole
DE	679508	30.08.1938	Befestigung von Einsteckläufen in Schrotläufen
DE	104954	23.01.1939	Gasdüse für Gasdrucklader

Land	Nummer	Anmeldedatum	Titel
CH	209877	14.02.1939	Automatische Handfeuerwaffe
DE	722332	18.02.1939	Selbstladewaffe, insbesondere Selbstladepistole mit einer Entspannungssicherung
DE	210102	21.02.1939	Spannabzugmechanismus mit Druckpunktwirkung für Handfeuerwaffen
DE	213926	20.03.1939	Klappvisier für Schußwaffen
DE	674081	04.04.1939	Ladeeinrichtung an Zimmerstutzen mit einem aus der Schießanlage herausschwenkbarem Ladearm
DE	698157	22.11.1939	Befestigung von Einsteckläufen in Schrotflinten
DE	757260	03.10.1940	Spannabzug
DE	701801	24.01.1941	Visier mit seitlich verstellbarer Kimmenplatte
DE	110518	26.02.1942	Magazinsperre für Einsteckmagazine
DE	110585	05.03.1942	Visiereinrichtung für Handfeuerwaffen

Land	Nummer	Anmeldedatum	Titel
DE	108688	11.03.1941	Verschlußhalter an Selbstladegewehren
DE	719462	09.04.1942	Einrichtung an Fräsdornen von Fräsmaschinen
DE	110911	27.04.1942	Magazinfüller für Magazine von Selbstladewaffen
DE	108957	29.04.1941	Abdeckung für die untere Öffnung von Magazin und Schloßkasten bei Mehrladegewehren
DE	758792	12.05.1941	Sicherung für Selbstladewaffen
DE	109364	22.07.1941	Schießübungsgerät
DE	111367	27.07.1942	Hahnspannabzug für selbsttätige Feuerwaffen mit Hahnschloß
DE	733068	01.08.1941	Verschlußhebel mit U-förmigem Querschnitt für Leuchtpistolen
DE	111520	22.08.1942	Schließfedereinrichtung von Selbstladewaffen
DE	111788	30.09.1942	Spannabzug für Selbstladewaffen
DE	111164	14.10.1942	Gasdrucklader
DE	111830	13.10.1942	Selbstlader mit Stützklappenverschluß
DE	111840	14.10.1942	Bockvisier für Handfeuerwaffe
DE	112192	10.12.1942	Patronenmagazin für Schußwaffen mit Patronenzuführungs- und Anschlagrippen am Ende des Magazinkörpers
DE	112405	05.01.1943	Selbstladepistole
IT	406481	02.02.1943	Sistema di scatto per armi automatische a ripetitione
IT	4015318	11.02.1943	Fucile automatico
DE	753518	02.03.1943	Mehrfachsicherung für hahnlose Selbstladepistolen
IT	4015749	05.03.1943	Abdeckung für die untere Öffnung von Magazin und Schloßkasten bei Mehrladergewehren
IT	408361	17.04.1943	Verschlußhalter an Selbstladegewehren
DE	113192	15.05.1943	Einrichtung an Gasdruckladern zur Erzeugung eines gleichbleibenden Gasdrucks
DE	113250	12.05.1943	Patronenauszieher für Schußwaffen
DE	113389	10.06.1943	Selbsttätige Sicherungseinrichtung für Handfeuerwaffen mit Hahnschloß
DE	113417	21.06.1943	Patronenladestreifen für Handfeuerwaffen
DE	113544	17.07.1943	Fernrohrhalterung für Gewehre und Maschinenwaffen
DE	760856	30.07.1943	Schloß für Selbstladewaffen
DE	758700	04.08.1943	Hahnschloß für selbsttätige Mehrladewaffen
CE	236790	05.08.1943	Leitkurvenvisier mit in den Visierfuß eingesetztem Kurvenstück
DE	114080	23.10.1943	Selbsttätige Schlagbolzensperre für Selbstladepistolen
DE	114136	03.11.1943	Selbstladepistole
FR	901082	11.01.1944	Pistolet automatique
DE	114480	25.01.1944	Fernrohrhalterung für Gewehre und Maschinenwaffen
DE	114599	25.02.1944	Visiereinrichtung für Hand- und Faustfeuerwaffen
DE	114600	25.02.1944	Einrichtung zum Abdecken von Laufmündungen an Schußwaffen
IT	591732	19.10.1944	Estrattore di cartucce per armi a fuoco automatiche
DE	115868	27.01.1945	Einrichtung zum Lockern der im Patronenlager sitzenden Patronenhülse bei Zylinderverschlüssen mit vorderer Verriegelung bei Gewehren
DE	115870	27.01.1945	Zylinderverschluß für Gewehre
DE	115871	27.01.1945	Auszieheinrichtung für Handfeuerwaffen
DE	116008	20.03.1945	Bockschiebevisier für Handfeuerwaffen
DE	824160	08.07.1949	Abdichtung zwischen Lauf und Druckluftzylinder von Luftdruckwaffen
DE	1640923	03.07.1950	Luftdruckwaffe
DDR	10585	13.10.1950	Abdichtung zwischen Lauf und Laufdruckzylinder von Luftdruckwaffen
DE	891215	08.02.1951	Mehrladeeinrichtung für Luftdruckwaffen
DE	1658099	19.01.1951	Magazineinrichtung für Sport- und Luftdruckwaffen
DE	802424	12.02.1951	Fahrradhandgriff
DE	1034513	04.04.1952	Sicherung mit quer verschiebbarem Sicherungsbolzen für Sport- und Jagdgewehre
DE	10419	10.12.1952	Luftdruckwaffe mit Hebelspannung
DE	1706597	24.12.1952	Laufverriegelung für Luftgewehre mit Laufspannung
DE	924735	25.12.1952	Laufverriegelung für Luftgewehre mit Kipplauf

Land	Nummer	Anmeldedatum	Titel
DE	876370	11.05.1953	Magazineinrichtung für Luftdruckwaffen
DE	876571	18.05.1953	Selbsttätige Sicherungsvorrichtung für Luftdruckwaffen
GB	754040	19.06.1953	Improvements in or relating to firearms
US	101648	27.08.1953	Automatic firearm
DE	976273	12.11.1953	Abzugeinrichtung für Schußwaffen
DE	1013200	19.02.1 954	Pistole für Platz- und Zusatzpatronen

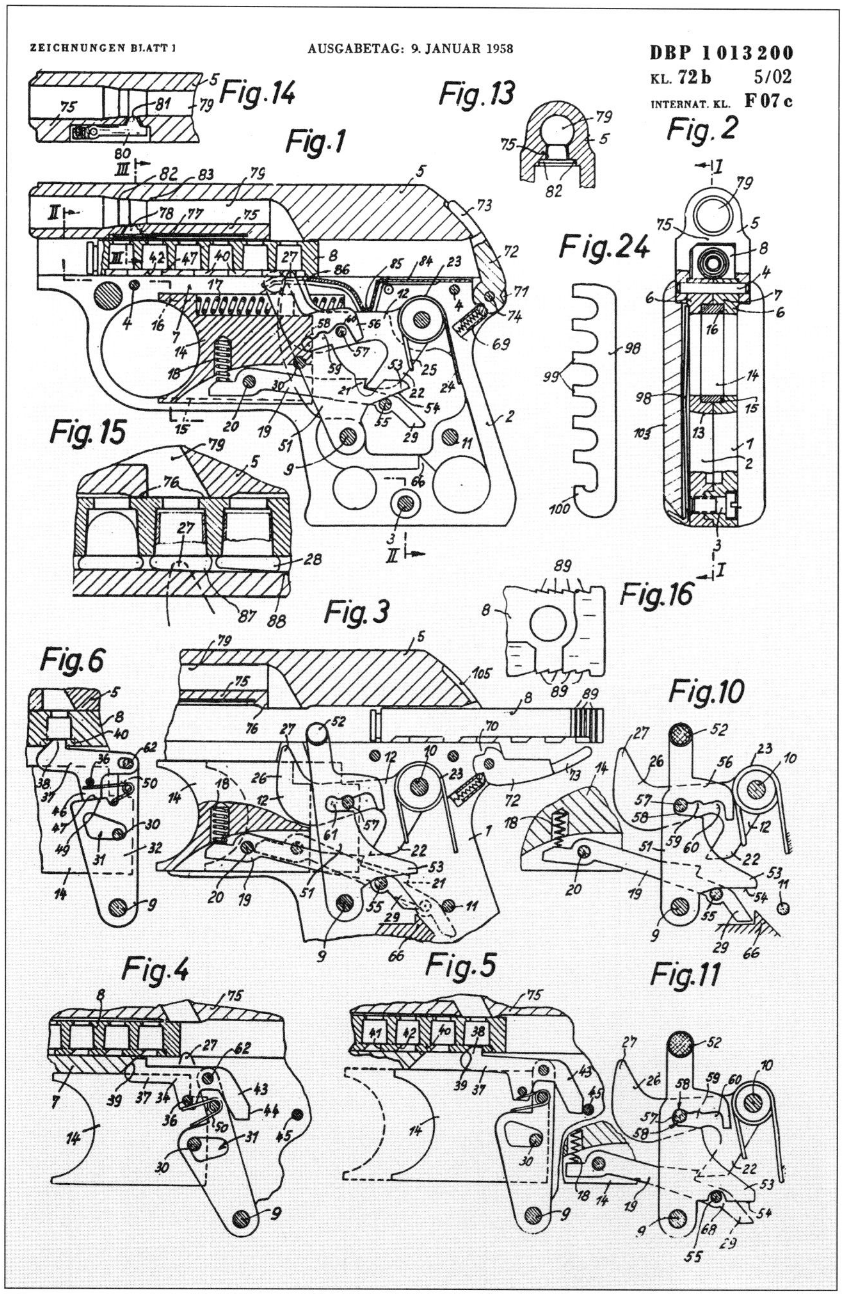

Kein Kinderspiel: Das Patent 1 013 200 vom 9. Januar 1958 zeigt deutlich, daß auch Schreckschuß/Gaswaffen, wie hier die UP 1, Höchstleistungen vom Konstukteur verlangen.

Land	Nummer	Anmeldedatum	Titel
DE	1010873	07.05.1954	Abkommen für Zielfernrohre
DE	941836	18.05.1954	Patronenrahmen für Knallpistolen
DE	1687860	01.06.1954	Pistole für Platzpatronen zum Verschießen von Zusatzhülsen oder Patronen
DE	912903	03.06.1954	Luftkolben für Druckluftwaffen
DE	1081352	19.06.1954	Handfeuerwaffe zum Schießen aus seitlicher Deckung
FR	1112036	19.06.1954	Dispositif auxiliare de vise pour et armes parposte
ES	216011	15.07.1954	Un dispositivo en arms de fuego
DE	1701541	21.01.1955	Alarm- und Gaspistole
DE	9215157	14.03.1955	Visier für Handfeuerwaffen
DE	1706198	31.03.1955	Kastenmagazin
DE	1706197	02.05.1955	Ausziehereinrichtung, insbesondere für Kleinkaliberbüchsen
DE	1711300	07.05.1955	Diopter für Gewehre
BE	529771	05.07.1955	Dispositif pour armes
DE	932296	29.08.1955	Verstellbares Visier für Handschußwaffen
DE	932776	08.09.1955	Bockvisier für Handfeuerwaffen
DE	1721139	10.09.1955	Fernrohrdiopter
DE	940692	22.03.1956	Luftpistole mit Luftzylinder und Luftkolben im Griffstück
DE	943275	17.05.1956	Magazineinrichtung für Luftdruckwaffen
DE	1736516	01.08.1956	Handballenstütze für Sportwaffen
DE	1736517	11.08.1956	Halterung für den Schießriemen und/oder die Handstütze an Sportgewehren aller Art
DE	960614	21.03.1957	Abzugeinrichtung für Luftdruckwaffen
DE	1747351	20.04.1957	Abzugeinrichtung für Schußwaffen
DE	1747352	19.06.1957	Abzugeinrichtung für Sportwaffen
DE	1121981	24.05.1958	Vorrichtung zum wahlweisen Einstellen von Dauerfeuer, Serienfeuer oder Einzelschuß an automatischen Handfeuerwaffen
GB	940839	10.11.1958	Optical aiming device
DE	1146408	14.01.1959	Automatische Handfeuerwaffe
DE	1113397	11.05.1959	Doppelvisiereinrichtung für Handfeuerwaffen aller Art
DE	1841348	05.11.1959	Luftgewehr
GB	878668	12.01.1960	Automatic hand firearm

Land	Nummer	Anmeldedatum	Titel
DE	1809442	19.02.1960	Verschlußriegelsicherung an aufklappbaren Handfeuerwaffen
DE	1815732	11.05.1960	Handstütze für Sportgewehre
DE	1129871	19.05.1960	Sicherungseinrichtung für halbautomatische und vollautomatische Waffen
DE	1832362	21.01.1961	Visiereinrichtung für Feuerwaffen
DE	1157969	02.02.1961	Visiereinrichtung für Schußwaffen
DE	1189411	18.03.1961	Schlagbolzensicherungseinrichtung für Feuerwaffen
DE	1147872	05.04.1961	Abzugeinrichtung für Feuerwaffen
DE	116664	15.05.1961	Visiereinrichtung für Schußwaffen
DE	1164279	15.06.1961	Druckluftschußwaffe
DDR	40865	17.06.1961	Druckluftschußwaffe
US	3192632	29.01.1962	Visiereinrichtung für Schußwaffen
DE	411625	28.02.1962	Schlagbolzensicherungseinrichtung für Faustfeuerwaffen
DE	1208221	23.03.1962	Verschlußspanneinrichtung für automatische und halbautomatische Feuerwaffen
DDR	37590	27.05.1962	Abzugeinrichtung für automatische Feuerwaffen
FR	1333822	13.06.1962	Druckluftschußwaffe
US	3233601	25.06.1962	Compressed air weapon
DE	1428788	26.10.1962	Sicherungseinrichtung für eine Abzugeinrichtung an automatischen Feuerwaffen
CH	422588	21.02.1963	Verschlußspanneinrichtung für automatische und halbautomatische Feuerwaffen
US	3255667	11.03.1963	Breech tensioning and displacing device for firearms
DE	1206331	11.03.1963	Druckluftschußwaffe
DE	974324	05.11.1963	Diopter mit auswechselbar eingesetzter lichtabsorbierender Glasscheibe
DE	1482627	12.12.1963	Druckluftschußwaffe
DE	1969534	12.12.1963	Druckluftschußwaffe
DE	1428628	26.02.1964	Elastische Dichtung für Druckluftschußwaffen
DE	1275412	30.11.1964	Schalldämpfer für Feuerwaffen
DE	1978147	30.11.1964	Schalldämpfer
CSR	115511	15.02.1965	Napinaci ustroij zavern automatizkichy a poloautomatizkiych strelmyozbrani
DE	1453940	25.02.1965	Sicherungseinrichtung für Handfeuerwaffen
US	3184876	25.03.1965	Firearms
DE	1279508	14.05.1965	Schalldämpfer für Schußwaffen
DE	1703420	14.05.1965	Schalldämpfer für Schußwaffen
DE	1976501	14.05.1965	Schalldämpfer für Schußwaffen
DE	1923298	03.06.1965	Abzugmechanismus für Sportwaffen
DE	1453941	05.06.1965	Trainingseinrichtung für wettkampfmäßige Schnellfeuerwaffen
CSR	116877	15.06.1965	Pojistne zartzeni prosamson abijeci a strojni zbrane
DE	6608069	15.01.1966	Luftkolben für Druckluftwaffen
DE	1553921	06.07.1966	Schalldämpfer
DE	1968987	26.03.1966	Handgriffschäftung für Feuerwaffen
DE	1977746	06.07.1966	Schalldämpfer
DE	1553964	15.07.1966	Luftkolben für Druckluftwaffen
DE	1553922	18.01.1967	Handfeuerwaffe mit Zylinderverschluß
CSR	132120	18.01.1967	Valcovy zaverovy mechanism pro ruzni zbrane
DE	1553924	15.03.1967	Doppelläufige Signalpistole
DE	475540	26.10.1967	Handfeuerwaffe mit Zylinderverschluß
FR	1542097	30.10.1967	Culasse pour armes à feu portatives
DE	1816404	21.12.1968	Schlagbolzensicherung für Handfeuerwaffen
DE	1703549	08.06.1968	Zylinderverschluß für Handfeuerwaffen
CH	545454	18.07.1968	Handfeuerwaffe mit Zylinderverschluß
FR	915582	30.08.1968	Culasse pour armes à feu portatives
DE	1994305	09.05.1968	Vorrichtung zum Aufrauhen von Handgriffschäften an Handfeuerwaffen
DE	1988530	16.03.1968	Schaftkappenanordnung für Sportwaffen
DE	1986996	14.03.1968	Führungsschiene zur Riemenhalterung für den Schießriemen an Sportgewehren
US	3379188	23.12.1968	Druckluftschußwaffe
US	3371441	05.03.1968	Safety mechanism for a firearm
DE	1903018	22.01.1969	Druckluftventil für Druckluftschußwaffen mit Kipplauf
US	3633303	24.01.1969	Firing pin safety device

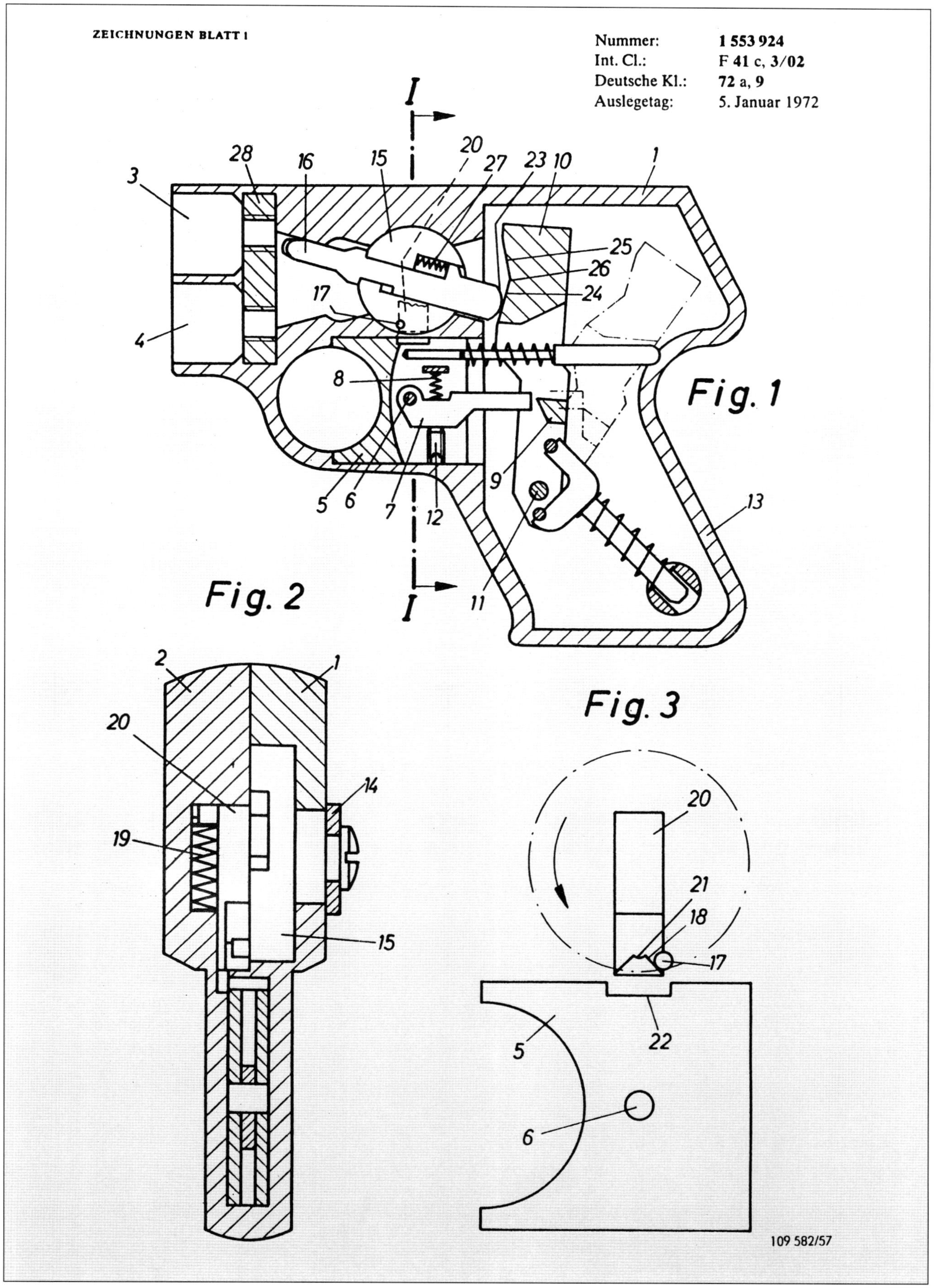

Das Patent 1 553 924 vom 10. August 1972 zur Signalpistole SP.

Land	Nummer	Anmeldedatum	Titel
DE	6912350	24.03.1969	Handfeuerwaffe mit Patronenkasten und zickzackförmig übereinanderliegend angeordneten Patronen
DE	1919943	19.04.1969	Schlagbolzensicherung für Feuerwaffen
DE	6923251	11.06.1969	Schlagbolzensicherung für Feuerwaffen
DE	6934615	03.09.1969	Gewichtsausgleich als Laufbeschwerung an Handfeuerwaffen
DE	6924780	06.11.1969	Schlagbolzensicherungsvorrichtung für Repetierschußwaffen
DE	504665	03.03.1970	Schlagbolzensicherungseinrichtung für Handfeuerwaffen
DE	2007066	17.02.1970	Schlagbolzensicherungsvorrichtung für Feuerwaffen
US	3601918	22.01.1970	Firing pin safety mechanism
DE	7113941	25.04.1970	Verschlußverriegelung für Feuerwaffen
DE	7015485	25.04.1970	Verschlußverriegelung für Feuerwaffen
FR	2044734	20.04.1970	Dispositif de sûreté de percuteur pour armes à feu, Schlagbolzensicherung
DE	2024751	21.05.1970	Druckgasbetriebene Repetierschußwaffe
DE	2104877	04.05.1971	Schalldämpfer für Handfeuerwaffen
DE	7128887	28.07.1971	Schaftkappe für Sportwaffen
DE	7120007	29.07.1971	Schaftkappe für Sportwaffen
DE	7129686	03.08.1971	Schaft mit Backe für Sportwaffen
DE	2157420	19.11.1971	Waffenlauf-Befestigungs- und Auswechselvorrichtung für Handfeuerwaffen
DE	2202781	21.01.1972	Jagdmesser
DE	2212211	14.03.1972	Schlagbolzensicherung für Feuerwaffen
DE	2213744	22.03.1972	Einrichtung an Kipplauf-Luftgewehren zum Dreistellungs-Kampfschießen
CH	539833	25.05.1972	Schalldämpfer für Handfeuerwaffen
FR	2176061	14.03.1973	Verrou de sûreté de percuteur arme à feu
DE	7314614	17.04.1973	Diopterschiene und Ladestreifenaufnahme an Repetierhandfeuerwaffen
DE	2338191	27.07.1973	Zieleinrichtung für Handfeuerwaffen und Luftdruckwaffen
DE	2350269	06.10.1973	Verschlußmechanismus einer Handfeuerwaffe
DE	2362464	15.12.1973	Schlagbolzensicherungseinrichtung für Handfeuerwaffen
DE	7400248	05.01.1974	Waffenfutteral für Faustfeuerwaffe
DE	2404053	29.01.1974	Auslöse-Vorrichtung, insbesondere Zündvorrichtung für Waffen
US	3830002	20.08.1974	Firing pin safety for firearms
DE	7436555	02.11.1974	Gewehrschaft für Sportwaffen
DE	7440852	07.12.1974	Biathlon-Waffentragevorrichtung
DE	2554955	06.12.1975	Schlagbolzensicherung für Handfeuerwaffen
FR	7609993	09.05.1975	Dispositif de fermeture pour armes à feu automatiques, fonctionnant sous la pression d'un gaz
DE	7536087	13.11.1975	Windabdrift-Meßvorrichtung
DE	7536755	19.11.1975	Magazin für Handfeuerwaffen
HU	173294	06.12.1975	Schlagbolzensicherungseinrichtung für Handfeuerwaffen
DE	7526465	21.08.1975	Gewehrschaft für Sportwaffen
DE	2259345	28.01.1975	Elektronisch gesteuerter Abzug
US	3877167	15.04.1975	Device for mounting a gun barrell on a firearm
US	4009536	29.01.1975	Elektrisch gesteuerte Abzugeinrichtung
US	4090316	06.12.1975	Firing pin safety device for hand firearms
DE	2540419	11.09.1975	Schalldämpfer
DE	251902	17.04.1975	Spannabzugmechanismus für Handfeuerwaffen
DE	2520588	09.05.1975	Verschlußeinrichtung für Gasdruckladewaffen
DE	2517002	17.04.1975	Spannabzugmechanismus für Handfeuerwaffen
DE	2554955	06.12.1975	Schlagbolzensicherung für Handfeuerwaffen
DE	3942278	09.03.1976	Schlagbolzensicherung für Handfeuerwaffen
DE	2414115	23.03.1976	Druckluftschußwaffe
DE	7628043	08.09.1976	Voranschlag-Haltekontrollvorrichtung für Sportwaffen zur Anwendung vornehmlich auf bewegliche Ziele auf Schießständen
DE	7631074	05.10.1976	Druckgasbetriebene Druckluftwaffe mit Umschalteinrichtung zum wahlweisen Trainingsbetrieb
AT	345696	19.11.1976	Schlagbolzensicherungseinrichtung für Handfeuerwaffen

Land	Nummer	Anmeldedatum	Titel
CH	620763	02.12.1976	Schlagbolzensicherung für Handfeuerwaffen, insbesondere Selbstladewaffen
FR	7636705	06.12.1976	Dispositif de sécurité par blocage du percuteur dans armes à feu à main
DE	7639397	16.12.1976	Elektronisch gesteuerte Abzugeinrichtung für Handfeuerwaffen
DE	2656996	16.12.1976	Elektronisch gesteuerte Abzugeinrichtung für Handfeuerwaffen
DE	7710173	30.03.1977	Tragriemenhalterung für ein- oder mehrläufige Jagdwaffen
DE	2719496	02.05.1977	Vorderschaft, insbesondere für Sportwaffen
DE	7715504	14.05.1977	Visierkammeranordnung für Feuerwaffen
DE	7715775	18.05.1977	Verschlußfangvorrichtung für Selbstladepistolen
DE	723813	26.05.1977	Verstell- bzw. einstellbare Laufmündungen für Kugelgelläufe
DE	2731853	14.07.1977	Luftdruckschußwaffe
CH	626441	02.11.1977	Elektronisch gesteuerte Abzugeinrichtung an einer Handfeuerwaffe
DE	3227180	21.07.1982	Selbstladepistole
AT	349940	15.09.1978	Elektronisch gesteuerte Abzugeinrichtung für Handfeuerwaffen
DE	2841747	26.09.1978	Vorrichtung zum Befördern eines Schützes an Webmaschinen
DE	2853777	13.12.1978	Verschlußmechanismus für Handfeuerwaffen, insbesondere Sportgewehr
DE	2855224	21.12.1978	Schlagbolzensicherung für Handfeuerwaffen, insbesondere Selbstladepistolen
DDR	133358	27.12.1978	Elektronisch gesteuerte Abzugeinrichtung für Handfeuerwaffen
DE	2926559	30.06.1979	Elektrische Abzugseinrichtung für Schußwaffen
DE	2905770	15.02.1979	Magazinhalter
AT	363346	22.10.1979	Schlagbolzensicherung für Handfeuerwaffen, insbesondere Selbstladepistolen
GB	2038458	21.11.1979	Hand firearm having firing-pin safety mechanism
CH	641271	29.11.1979	Schlagbolzensicherung für Handfeuerwaffen, insbesondere Selbstladepistolen
US	4313274	11.12.1979	Firing pin safety device for handfirearms
DE	3004055	05.02.1980	Gewehrschaft
US	4326353	07.02.1980	Magazine catch release for a hand firearm
DE	3035609	20.09.1980	Vorrichtung zum Ableiten der Wärme bei Waffenläufen, insbesondere von Maschinenwaffen
DE	3035796	23.09.1980	Selbstladepistole
DE	3028853	30.07.1980	Abzugeinrichtung für Schußwaffen
DE	8027313	13.10.1980	Visier-Anschlagkontrollvorrichtung für Sportwaffen jeder Art, einschließlich Armbrust- und sonstiger Schießgeräte
DE	3042935	14.11.1980	Vorrichtung zum Ableiten der Wärme bei Waffenläufen, insbesondere von Maschinenwaffen
DE	3046039	06.12.1980	Elektrische Auslöse- oder Zündvorrichtung für Waffen, insbesondere Sportpistolen oder Sportgewehre
DE	81020643	28.01.1981	Schaftkappe, insbesondere für Sportgewehre
DE	8107239	13.03.1981	Gasdruckbetriebene Schußwaffe
DE	3120230	21.05.1981	Lauf für Handfeuerwaffen, insbesondere Sport-und Jagdgewehre
AT	369540	30.06.1981	Schußwaffe, insbesondere Langwaffe
BE	889638	15.07.1981	Arme à feu, en particulier arme longue
FR	2510247	21.07.1981	Arme de tir, notamment à canon long
DE	3128848	22.07.1981	Schußwaffen, insbesondere Langwaffe
DE	3129182	24.07.1981	Schaftbacke, insbesondere für Sportgewehre
GB	2102925	27.07.1981	Improvement in firearms
AT	371928	11.09.1981	Schaftkappe, insbesondere für Sportgewehre
DE	8132021	03.11.1981	Druckgasbetriebene Schußwaffe
AT	371927	17.11.1981	Druckgasbetriebene Schußwaffe
AT	382713	03.05.1982	Schaft, insbesondere für Sportgewehre
BE	893188	14.05.1982	Schaftbacke, insbesondere für Sportgewehre
CSR	191240	15.05.1982	Anhebbarer Schlagbolzen

Land	Nummer	Anmeldedatum	Titel
DE	3218765	18.05.1982	Stütze für Schußwaffen, insbesondere Präzisionsgewehre
UDSS	938753	25.06.1982	Verschlußmechanismus für Handfeuerwaffen, insbesondere Sportgewehre
GB	2104829	08.07.1982	Gun-stock and cheek-piece, especially for sporting guns
DE	3227180	21.07.1982	Selbstladepistole
DE	8221173	24.07.1982	Vorrichtung zum Ablassen eines Teils des Gases aus CO_2-Kartuschen für Druckluftwaffen
FR	2374614	30.07.1982	Elektronisch gesteuerte Abzugeinrichtung
DE	3237329	08.10.1982	Abzugeinrichtung für Schußwaffen, insbesondere Sportpistolen
DE	3242102	13.11.1982	Abzugeinrichtung für Sportwaffen, insbesondere druckgasbetätigte Waffen
DE	8234024	03.12.1982	Schaftbacke, insbesondere für Sportgewehre
DE	8307047	11.03.1983	Schaftkappe, insbesondere für Sportgewehre
DE	8317518	16.06.1983	Druckgasbetriebene Schußwaffe, insbesondere Sportpistolen
DE	3326853	26.07.1983	Diopter Zielvorrichtung
DE	3337378	14.10.1983	Elektronischer Schießsimulator für scharfe Schußwaffen
US	4422256	27.12.1983	Adjustable cheek-piece for a shoulder firearm
DE	8401541	20.01.1984	Schußwaffe mit Zielhilfsgerät
DE	3401855	20.01.1984	Zielhilfsgerät für Schußwaffen
DE	8412306	19.04.1984	Abzugeinrichtung für Schußwaffen, insbesondere Sportwaffen
DE	8418555	20.06.1984	Schußwaffe, insbesondere Sportpistolen
DE	3426229	17.07.1984	Verschluß für Schußwaffen, insbesondere Kipplaufwaffen
US	4481863	13.11.1984	Operating lever for the block and hammer of a self-loading handfirearm
US	4430822	14.02.1984	Firearm, particulary a rifle
DE	3508731	12.03.1985	Schußwaffe, insbesondere druckgasbetätigte Schußwaffe
DE	3517051	11.05.1985	Schutzkappe für Ventile an luftbereiften Fahrzeugrädern
DE	8514101	11.05.1985	Diopter-Zielvorrichtung
DE	8510234	06.06.1985	Laufgewicht für eine Schußwaffe, insbesondere Sportpistolen

Land	Nummer	Anmeldedatum	Titel
DE	3527394	31.07.1985	Druckgasbetriebene Schußwaffe
DE	3540608	15.11.1985	Elektronischer Schießsimulator
US	4554745	26.11.1985	Device for aligning an adjustable sight element in a sight system for rifles
DE	3543114	06.12.1985	Druckgasbetriebene Schußwaffe
DE	8536144	21.12.1985	Druckgasbetätigte Schußwaffen
DE	3602603	01.02.1986	Abzugeinrichtung für Schußwaffen
DE	3622901	08.07.1986	Visiereinrichtung für Schußwaffen
DE	3631262	13.09.1986	Vorrichtung zur Schuß-Simulation für eine Handfeuerwaffe
DE	8625687	26.09.1986	Rohrförmige Zielmittel für Schußwaffen
DE	3703577	06.02.1987	Auslösevorrichtung für Luftdruckwaffen
DE	8702711	21.02.1987	Abzugeinrichtung für Schußwaffen
DE	3713988	25.04.1987	Druckgasbetätigte Schußwaffe
DE	3716338	15.05.1987	Anlage zum simulierten Schießen
DE	3731944	16.09.1987	Druckgasbetätigte Schußwaffe, insbesondere mit CO_2-Gasbetriebene Sportwaffe
DE	87135655	09.10.1987	Gewehrschaft, insbesondere für Sportgewehre
DE	3740219	27.11.1987	Abzugeinrichtung für Schußwaffen
DE	3808102	11.03.1988	Sicherungseinrichtung für Schußwaffen, insbesondere Selbstladepistolen
DE	3812815	16.04.1988	Schaftbacke, insbesondere für Sportgewehre
DE	38215788	29.07.1988	Druckgasbetätigte Schußwaffe
DE	3834529	11.10.1988	Schaft für Schußwaffen, insbesondere Sportgewehre
DE	88168301	11.10.1988	Schaft für Schußwaffen, insbesondere Sportgewehre
DE	3837973	09.11.1988	Sicherungseinrichtung für das Entspannen des Schlaghammers einer Selbstladepistole
DE	8815234	07.12.1988	Schaftkappe für Schußwaffen, insbesondere Sportwehre
DE	3843222	22.12.1988	Luftdruckwaffe

Land	Nummer	Anmeldedatum	Titel
DE	3908362	15.03.1989	Ventilanordnung für eine druckgasbetätigte Schußwaffe
DE	3911804	11.04.1989	Einrichtung zur Kenndatenermittlung bei Handschußwaffen
DE	8915168	23.12.1989	Auswechselbares Korn für Schußwaffen, insbesondere Sportpistolen
DE	4007098	07.03.1990	Luftdruckwaffe
DE	4013124	25.04.1990	Schlagbolzensicherung
DE	90053230	10.05.1990	Abzugsicherung für Schußwaffen
DE	4031937	09.10.1990	Schießanlage
DE	3014658	23.10.1990	Spannhebel für Luftdruckwaffen
DE	9100352	12.01.1991	Schießanlage
DE	4101723	22.01.1991	Abzugeinrichtung für Schußwaffen
DE	4108009	13.03.1991	Schießanlage für das sportliche Schießen
DE	9207484	03.06.1992	Schußwaffe (Kompensator)
DE	9303405	09.03.1993	Schaftbacke
DE	9315963	20.10.1993	Abzugeinrichtung für Schußwaffen
DE	4336553	27.10.1993	Druckgasbetriebene Schußwaffe

Einige Patente, deren Erscheinungsdatum nicht bekannt ist:

CSR	169774	Zieleinrichtung
DE	1034109	Montagewerkzeug für offene federnde Sicherungsringe
DE	114304	Pistole mit Spannabzug und Entspannungssicherung
DE	927009	Diopter
CSR	177196	Spousteci ustroji pro zbrane
CSR	168637	Schlagbolzensicherung
CSR	157646	Valzovy zaverovy mechanism pro rucni zbrane
SE	414223	Elektronisch gesteuerte Abzugeinrichtung für Handfeuerwaffen
GB	4134223	Electrical trigger mechanism for firearms
DE	111147	Pistolentasche

DANKSAGUNG DER HERAUSGEBER

Unser Dank geht an die Autoren Manfred Kersten, Warren H. Buxton und James L. Rankin, sowie an Dr. David Th. Schiller und Ulrich Eichstädt für die Überarbeitung des Manuskripts. Herrn Udo Weispfennig danken wir nicht nur für den Verlag des Buches, sondern auch für seine weitreichende, begleitende Tätigkeit. Weiterhin haben wir uns bei folgenden Personen und Institutionen für ihre freundliche Unterstützung zu bedanken:

(in alphabetischer Reihenfolge der Nach-, bzw. Firmennamen)
Blacksmith Verlag
Charlotte Bohn, geb. Walther
Lutz Bohn
Bernhard Dostal (VdW)
Walter Funk (Fa. Walther)
Roland Gleixner (VdW)
Werner Hampel (Fa. Walther)
Firma Hämmerli
Klaus Hedler
Joachim Hertrampf (Fa. Walther)
Jörg Hoffmann
Imperial War Museum, London
Wolfram Kriegleder (Fa. Walther)
Heinz D. Kupsch (Visier)
Heinrich Möckl (Fa. Walther)
Friedrich-Wilhelm Moll (VdW)
Sonny Olmstead (Mohawk Arms)
Joachim Riedel
Bernd Rolff (VdW)
Max Schwarz (Fa. Walther)
Christian Springer (Firma Springer)
Stoll GmbH, Arnsberg
Dr. G. L. Sturgess
U. S. Army
Klaus Walther (Fa. Lothar Walther)
Gregor Wensing (VdW)
Horst Wesp (Fa. Walther)
Manfred Wörz (Fa. Walther)
Raymond J. Zyla (Fa. Mohawk Arms)
und den vielen anderen Mitarbeiten unserer Firmen, sowie dem »VdW« und allen Waffen- und Walther-Freunden, die uns wertvolle Informationen zur Verfügung stellten.

BILDVERZEICHNIS

Warren H. Buxton
Service K
Manfred Kersten
Heinz D. Kupsch
James L. Rankin
Dr. David Th. Schiller
Stoll GmbH
Dr. G. L. Sturgess
Firma Umarex
U. S. Army
Firma Walther

QUELLENVERZEICHNIS

In nahezu jedem Literaturverzeichnis werden die Artikel diverser Zeitschriften recht stiefmütterlich behandelt. Dabei stellen sie meist einen außergewöhnlich wichtigen Beitrag zur Erfassung der Thematik dar. Deshalb werden die für dieses Buch gesichteten Arbeiten hier einzeln, zusammen mit den Hinweisen auf spezifische Bücher, aufgeführt.

Die für dieses Buch hinzugezogenen Schriften in alphabetischer Reihenfolge:

Aicher, Hans: Neuauflage (Walther FP). DWJ 7/90
Aicher, Hans: Sportliche Ambitionen (P 88 Champion). DWJ 5/93
Bärlin, Gustav: Freie Pistole. DWJ 3/81
Benz, Martin: Eiserne Ration (TPH Stainless). VISIER 3/89
Christensen, Vagn / Schäfer, Karl: Die Walther-Sternsignalpistolen. DWJ 9–12/1981, 1/1982
Christensen, Vagn / Schäfer, Karl: Die Zink-Signalpistolen Modell Heer. DWJ 2–3/1983
Eichstädt, Ulrich: Rohr-Post (Walther CG 90). VISIER 1/1989
Eichstädt, Ulrich: Auf Stellungssuche (Walther KK-Match). VISIER 10/1989
Eichstädt, Ulrich: Die Trumpfkarte (Walther Freie Pistole). VISIER 11/1989
Eichstädt, Ulrich: Chefsache (Walther LPM 1). VISIER 2/1991
Eichstädt, Ulrich u. Kriegleder, Wolfram: Carl der Große. VISIER 5/1991
Eichstädt, Ulrich: Feder-Gewichte (CP 3 Match MV). VISIER 5/1991
Eichstädt, Ulrich: Luftkampf (Walther LGM 1). VISIER 6/1991
Eichstädt, Ulrich: Die Notlösung (Geschichte der Walther Luftgewehre). VISIER 9/1991
Eichstädt, Ulrich: Über kurz oder lang (Walther CG 90 Junior). VISIER 2/1992
Eichstädt, Ulrich: Senkrecht-Starter (Walther CPM 1). VISIER 4/1992
Eichstädt, Ulrich, Steinbach, Ulrike: Gold-Quelle (Walther Olympia-Pistole). VISIER 7/1993
Eichstädt, Ulrich: Mit Volldampf in die Zukunft (Walther LGM 2). VISIER 8/1993
Eichstädt, Ulrich: Schicht-Wechsel (Walther LGM 2). VISIER 7/1994

Eichstädt, Ulrich: Geheime Verschlußsache (KK 200 S). VISIER 9/1994
Eichstädt, Ulrich, Richter, Gerd : Scheinwerfer (PPK-Signalpistolen). VISIER 1/1994
Eichstädt, Ulrich: Eine Klasse für sich (Luftgewehre Jaguar und Panther). VISIER 2/1995
Eichstädt, Ulrich: Doppelt und dreifach (GSP). VISIER 3/1995
Eichstädt, Ulrich: Bewegungs-Studie (Modelle LGM LFD u. CGM LFD). VISIER 5/1995
Eichstädt, Ulrich: Kommando-Brücke (KK Power Match). VISIER 6/1995
Eichstädt, Ulrich: Der Preßluft-Hammer (Walther LP 200). VISIER 9/1995
Eichstädt, Ulrich: Golf-Kurs (WaltherCup 95). VISIER 10/1995
Ezell, Edward Clinton: Small arms of the world. Stackpole Books, 1983
Ezell, Edward Clinton: Handguns of the world. Stackpole Books, 1981
Fréres, Günter: Die Walther DJV Wettkampfbüchse Modell KJS. DWJ 9/76
Gerards, John: Das neue LG 90 von Carl Walther. Caliber 7/89
Gerards, John: Eine ausgereifte Konstruktion (Walther LGM 2). Caliber 3/94
Geschichts- u. Museumsverein Zella-Mehlis (Hrsg.): 100 Jahre Beschußanstalt Zella-Mehlis. Zella-Mehlis 1993
Görtz, Joachim: Produktionszahlen der P 38 1939-1942. DWJ 9/82
Görtz, Joachim: Selbstladegewehre der Wehrmacht, Planzahlen und Abnahme 1942–1944. DWJ 4/87
Grimm, Peter Ernst: Walther TPH aus rostträgem Stahl. SWM 3/89
Handrich, Hans-Dieter: Vom Gewehr 98 zum Sturmgewehr. Mittler-Verlag, Herford 1993
Hogg, Ian V. / Weeks, John: Pistolen aus aller Welt. Motorbuch-Verlag, Stuttgart, 1988
Hoffschmidt, E. J.: Know Your Walther P 38 pistols. Blacksmith Corp. Chino Valley
Hoffschmidt, E. J.: Know Your Walther PP & PPK pistols. Blacksmith Corp. Chino Valley
Horlacher, Richard: Die kleinen Ladys (Walther Mod. 9). VISIER 3/1994
Hübner, Siegfried F.: Die neue Combatpistole PP Super. DWJ 3/74
Hugo, Martin, Benz, Martin: Dienstmädchen (Geschichte der P 38). VISIER 8/91
Kersten, Manfred: Die Walther-Pistolen: Daten, Fakten, Perspektiven (unveröffentlichtes Manuskript)
Kuch, Norbert: Sag niemals nie (Geschichte der PP/PPK). VISIER 3/93
König, Klaus-Peter: Eine Waffenfamilie auf Erfolgskurs (Wather OSP/GSP). IWS 1/83
König, Klaus-Peter: Luftgewehre, Präzisionsgeräte für den Leistungssport (Wather LGR). IWS 1/84
König, Klaus-Peter: Präzisionsgewehre für die Polizei (WA 2000). IWS 1/84
König, Klaus-Peter: Walther PPK/S in Stainless-Steel. IWS 6/87
König, Klaus-Peter: Walther P 38 Lang. IWS 4/88
König, Klaus-Peter: Walther-Luftgewehr LG 90. IWM 4/90
Kutrib, Ingo: Zink-Signalpistole, Modell Heer. Waffenfreund März 1995
Krieg, Max M.: Walther P 4. SWM 2/88
Müller, Bernd: Heißkalt erwischt (Walther CP 3). VISIER 6/92
Montgomery of Alamein: Kriegsgeschichte; Weltgeschichte der Schlachten und Kriegszüge, Frankfurt 1972
Mrosek, Hartmut, Benz, Martin: Maßarbeit (WA 2000). VISIER 9/89
Mrosek, Hartmut, Pentermann, Hermann: Gaswerke (G 41/43). VISIER 2/92
Nocher, Klaus: Matchluftgewehr Modell LGR. DWJ 1/76
Pause, Alex: Meistermacher (Carl Wilhelm Aydt). DWJ 11/89
Pawlas, Karl R.: Die Gustloff-Pistole. Waffen-Revue Nr. 42
Pawlas, Karl R.: Die Waffen des Deutschen Volkssturms. Waffen-Revue 71–75, 77
Peelen, S.: P 38-Patente. DWJ 11/75
Perey, Karlfranz: Neue Gesellschafter. Caliber 4/93
Perey, Stefan u. Sabel, Peter: Walthers P 88 Compact. Caliber 4/92
Reckendorf, H.: Die Militär-Faustfeuerwaffen des Königreiches Preußen und des Deutschen Reiches. Selbstverlag
Rankin, James L.: Walther Pistolen 1908–1983. Zürich 1983
Rankin, James L.: Walther PP und PPK 1929–1945. Zürich 1982
Schaar, Rudolf: Die Walther GSP Kal. .32. DWJ 5/72
Schaar, Rudolf: Taschenpistolen: Die Walther TPH. DWJ 7/72
Schäfer, Karl: Markenzeichen von Waffenherstellern, Schuß und Waffe 2. Dietkon 1985
Schäfer, Karl: Die Walther-Pistole Modell PP für die iranische Polizei. DWJ 3, 4/82
Schiller, Dr. David Th., Koßmann, Peter: Mit Fug und Recht (Polizei/Walther P 5). VISIER 11/89
Schiller, Dr. David Th.: Chinakracher (PP-Kopien aus China). VISIER 12/92
Schiller, Dr. David, Th.: Spät-Zünder (P 88 Compact). VISIER 5/92
Schiller, Dr. David, Th.: Die Schatzsuche (Cummings/Interarms). VISIER 12/93
Schönebeck, Jürgen: Mauser P 38. DWJ 8/84
Schönebeck, Jürgen: Die Ulmer Walther P 38/P1. DWJ 6/86
Schönebeck, Jürgen: Das Gewehr/Karabiner 43. DWJ 2/87
Schreier, Lothar: 100 Jahre Zella-Mehliser Beschußanstalt. Waffenfreund 3/93
Schweinsberger, Hans M.: Beschußamt Ulm. DWJ 8/76
Steindler von, R. A.: Selbstladepistole Indian Arms P 380. DWJ 10/77
Stiefel, Dieter: Die denkende Schußwaffe (Modell 9). DWJ 12/79
Wensing, Gregor: Selbstladepistole PP Super. DWJ 2/85
Wensing, Gregor: Die Maschinenpistolen MPL und MPK. DWJ 6/87
Wimmel, Walter E.: Little Tom machte Geschichte. SWM, 2/85
Wimmel, Walter E.: Neu: Walthers Multiladerpistole P 88. SWM 9/87
Wimmel, Walter E., Grimm, P. E.: Walther P 88. SWM Nr. 15
Wirnsberger, Gerhard: Walther Modell KJS und UIT Laufende Scheibe. DWJ 3/72
Wirnsberger, Gerhard: Die Betriebsreportage/ Walther-Waffen Ulm/Donau. DWJ 5/1980
Wirnsberger, Gerhard: Walther-Automat 2000. DWJ 9/82
Wirnsberger, Gerhard: Suhler Impressionen. DWJ 7, 8, 12/1990
Toland, John: Adolf Hitler, Bergisch-Gladbach 1977

Unterlagen von Frau Charlotte Bohn, geborene Walther
Unterlagen der Firmen Walther und Umarex